KB233890

미디어
생태계의 미래

미디어 생태계의 미래

(사)21세기방송통신연구소 편

한국학술정보(주)

발간사

21세기방송통신연구소 창립 20주년을 맞이하여 『미디어 생태계의 미래』라는 제목으로 본서를 발간하게 된 것을 집필자 여러분들과 함께 진심으로 기쁘게 생각합니다.

본서에서는 방송과 통신으로 대변되는 전통적인 미디어뿐만 아니라 신생 매체로 각광받는 인터넷과 SNS 그리고 스마트미디어에 이르기까지 다종다기한 전자미디어(electronic media)의 세계와 이들이 전개할 사회변혁의 모습들을 그려내고 있으며 아울러 정책방향들을 제시하고 있습니다.

본서에서 '미디어 생태계'라는 용어를 사용한 것은 이제 개별 미디어의 존속 발전은 독자생존으로서는 불가능하고 다른 미디어와의 융합, 성장, 퇴보의 반복으로 연관되어 있다는 사실을 전제하고 있습니다. 세계의 신문 산업은 방송 산업과의 兼營으로부터 비즈니스 모델을 찾고 있으며, 방송과 통신의 융합은 미디어 산업계의 보편적 추세가 되고 있으며, 스마트미디어는 음성, 데이터, 영상정보를 통합하여 제공하며 이동성, 쌍방향성 등 기존 미디어를 통합한 종합 미디어로서 그 역할이 부상하고 있습니다. 콘텐츠-플랫폼-네트워크-단말기 산업도 자력갱생의 개별 영역으로 존재하는 것이 아니라 공존공생의 생태계를 조성해야만 그 미래를 개척해 나갈 수 있습니다.

신문, 방송, 통신매체 간의 상호兼營도 금지하면서, 아울러 민족과 국가를 정보 교류의 마지노선으로 구축했던 20세기적 미디어 질서와 규범은 스마트미디어의 등장과 이동통신의 확산, 그리고 국제화라는 사회변혁의 시대적 흐름에는 더 이상 대응할 수 없는 미디어 발전 모델이 되고 있습니다.

주지하는 바와 같이 자본주의 역사와 그 궤적을 같이하는 신문매체는 종이의 발명, 부르주아지의 대두, 사상의 자유시장론과 그 사회적 맥락을 같이했기 때문에 정치권력으로부터 허가와 검열 없는 표현의 자유를 주창하게 되었고 私企業 체제로 발전하게 되었습니다. 20세기에 도입, 발아한 방송과 통신매체는 전파와 유선네트워크의 발명, 독점자본주의와 가족신문의 선정주의에 대한 반발을 그 사회적 배경으로 하고 있기 때문에 언론 표현의 자유보다는 공공성, 공익, 보편적 서비스, 공영방송 체제 등 이른바 미디어의 公概念이 강조되었습니다. 20세기 후반에 출현한 인터넷과 SNS는 일반시민들이 매스미디어로부터 박탈된 표현의 자유와 정보 발언권을 확보하게 해주었고 그 표현의 미숙함과 무책임성에도 불구하고 여론 형성과 소통과정에서 참여와 개방성을 부여했다는 점에서 미디어 발달사적 의의를 지니고 있습니다.

모든 아날로그 정보를 0과 1로 표준화하는 디지털 혁명은 방송과 통신의 융합을 비롯, 인터넷 신문과 인터넷 방송과 같은 혼성매체(hybrid media)의 출현을 야기시키고 있습니다. 아울러 최근 급속히 진행되고 있는 미디어의 글로벌화와 모바일 및 스마트미디어의 탄생은 미디어의 생태계가 어떻게 진화, 성장, 퇴보할지 그 미래를 불확실하게 하고 있습니다.

동시에 이러한 미디어 생태계의 변화는 우리의 개인적인 삶과 윤리로부터 정치, 경제, 사회, 문화 활동에 이르기까지 일대 변혁을 예고하고 있습니다.

본서는 이러한 인식을 기초로 하여 개별 미디어의 특성에서부터 사회변화와 정책제언에 이르기까지 다양한 미디어의 생태계를 예측하고 진단해 보았습니다. 한치 앞을 예측할 수 없는 미디어 생태계의 장기적인 비전을 제시하기보다는 5년 정도의 단기전망에 치중해 보았습니다.

본서에서 여러 집필진들이 그려내고 있는 전통미디어 발전과 성장 그리고 신생매체의 등장은 단순한 기술혁명에 그치지 않고 변화무쌍한 사회변혁을 예고하고 있습니다. 그러나 미국 연방대법원이 인터넷 규제에 대해 "혼돈이 곧 자유"라고 판시하면서 규제완화를 주창한 바와 같이 이러한 혼돈은 인류의 보편적 자유를 확대해 왔음을 미디어 발달사는 입증해주고 있습니다.

본서 『미디어 생태계의 미래』를 발간하는 21세기방송통신연구소는 본인이 20년 전에 창설한 연구소입니다. KBS 보도본부장을 마지막으로 언론계를 떠나 정계에 입문한 필자는 3선 국회의원과 문화공보부 차관, 국회 사무총장 등 요직을 거쳤습니다만 마음의 고향인 언론계와 방송계에 대한 관심을 지속적으로 견지해 왔습니다.

국회의원으로서 상임위원회는 줄곧 문화관광위원회에 소속하였고, 문화공보부 차관으로서는 민영방송 SBS의 개국, 종합유선방송의 도입의 견인차 역할을 하였습니다. 국회 사무총장으로서는 국회방송의 개국과 DMB 관련 법안을 통과하는 데 일조하였습니다. 정계를 떠난 최근 몇 년 동안 저는 21세기방송통신연구소를 운영하면서 매월 방송통신 분야 20여 명의 학자들과 함께 미디어 생태계를 연구하고 토론해 왔습니다. 이 책은 이러한 몇 년간의 노고들을 집대성한 결실물이기도 합니다. 또한 연구 멤버들로서 다루기 부족한 영역은 별도의 집필진으로부터 원고를 청탁하여 본서의 완성도를 높이고자 하였습니다.

본서의 원고 형식은 논문형, 기사형 등 다양한 형태이며 그 내용의 방향도 전적으로 집필진에게 선택케 하였습니다. 그러므로 본서의 내용은 연구소의 공식 의견이 아님을 밝히고자 합니다.

본서는 방송, 통신, SNS, 스마트미디어 등 다양한 영역을 다루고 있으며 집필진들도 각계 각 분야의 다양한 학자群으로 구성되어 있기 때문에 내용의 일관성과 체계성이 결여되어 있음은 본서의 흠결이라 할 수 있습니다. 그러나 동시에 본서 집필진들이 보여 주는 다양한 패러다임과 관점들은 다른 저서들과 비교우위를 확보할 수 있는 장점으로 볼 수도 있겠습니다. 모쪼록 많은 분들의 지도와 편달을 부탁드립니다.

끝으로 본서는 21세기방송통신연구소가 20년간 노력해온 끝에 내놓은 하나의 결과물입니다. 그런 뜻에서 20년간 토론과 연구에 참여했던 교수님들을 비롯한 전문가들, 집필자 여러분들 그리고 물심양면으로 성원해주신 모든 분들께 감사를 드립니다.

또 본서가 발간되기까지 성심성의를 다해 주신 한국학술정보(주) 편집진 여러분과 21세기방송통신연구소 김진호 사무국장과 김혜운 씨에게도 진심으로 감사의 말씀을 드리고자 합니다.

(사)21세기방송통신연구소

이사장 강용식

목차 

PART 05. SNS시대와 미디어 생태계

PART 06. SNS시대의 인간과 소통

방송 생태계의 미래

한국 방송생태계의 미래

정윤식 | 강원대학교 신문방송학과 교수

1. 서언

국가마다 방송정책의 내용과 특성이 다르지만 공익을 방송이념으로 하거나 공영 방송 제도를 채택했던 서구 자본주의 국가에서는 1980년대 이후 두 번의 큰 방송정책의 전환이 있었다. 1980년대 미국, 유럽, 일본의 신보수주의 정권의 등장과 함께 케이블TV, 위성방송 등 뉴미디어 방송 도입과정에서 추진된 신문, 대기업의 방송시장 진입과 민영화, 규제완화 정책이 첫 번째 방송정책 전환이었다면, 미국의 1996년 통신법 제정과 2003년 영국의 커뮤니케이션 법 제정 이후 최근 급속히 추진되고 있는 디지털 전환, 미디어 융합, 글로벌화 정책이 두 번째 방송정책의 전환과정이라 할 수 있다.[1] 이러한 방송정책은 전통적인 방송의 이념과 가치인 공익 또는 공적 책임을

---

1 1차 방송정책과정에서의 논쟁은 신문, 대기업의 뉴미디어 방송시장 진입 문제였다. 2차 방송정책과정에서는 통신자본, 외국자본의 진입 문제가 주로 초점이 되고 있다. 다만 미국과 한국에서만 이미 1980년대 유럽 국가에서는 종결된 신문-방송 兼營문제가 최근에 제기되고 있다.

    ✚ 미디어 생태계의 미래

전제하면서도 민영화, 경쟁, 글로벌화, 미디어 융합 등 규제 완화 정책으로의 전환을 의미하는 것이다. 국내에서도 보수정권으로의 정권교체라는 "한국적 특수성"과 디지털 컨버전스 기술혁명이라는 "세계적 보편성"이 서로 맞물려 현 정부와 집권당은 미디어법 개정에서 보듯이 규제완화와 경쟁, 시장친화적인 정책을 추진하고 있다. 여기에 대해 野圈 및 진보세력은 이러한 방송정책은 방송의 공익과 공적 책임에 대한 중대한 도전이며 보수언론의 여론 독점으로 인해 민주주의 질서를 훼손할 것이라는 우려를 강력하게 표명하였다. 미디어법 제정과정뿐만 아니라, KBS 수신료 인상문제, 미디어렙 경쟁체제 도입, 지상파 재송신 문제에 이르기까지 국내 방송정책은 혼선과 갈등의 와중에 있다. 국내 방송정책과정에서 야기되는 혼돈과 갈등은 새로운 방송 질서 구축을 위한 諸 사회세력 간의 다양한 접근방법과 인식의 차이에서 비롯된 점도 있지만 국내 방송법제가 새로운 환경변화에 적응하기에는 미비하거나 방송정책의 우선순위가 불명확하기 때문이다.

본 연구는 이러한 인식을 토대로 한국 방송정책의 특성과 문제점을 방송법 및 관련 법제[2]를 통해 분석하고 방송환경변화에 적합한 미래의 방송정책을 제시하는 데 그 연구목적을 두고자 한다. 아울러 미국, 영국, 독일, 프랑스, 일본 등 외국의 방송정책과 법제를 비교분석하고자 한다. 한국보다 10여 년 앞서 뉴미디어 방송을 도입하고 방송정책 전환을 추진했던 국가들이 경험하고 논쟁했던 정책 쟁점들은 국내 방송정책을 평가하고 새로운 대안을 제시하는 데 유용한 분석틀을 제공해 줄 수 있을 것이다. 본 연구의 연구대상으로는 국내 방송법 및 방송 관계 법률에 나타난 방송정책의 이념, 방송 정책체계(관할권 분쟁 등), 공영방송 정책, 소유/兼營 정책, 경쟁 정책을 분석하고자 한다.[3] 연구방법으로는 역사적 연구방법, 문헌연구, 비

---

2 국내 방송 관련법으로는 「방송통신위원회의 설치 및 운영에 관한 법률」과 시행령, 「한국교육방송공사법」 및 시행령, 「방송문화진흥회 법」, 「지상파텔레비전방송의 디지털 전환과 디지털방송의 활성화에 관한 특별법」 및 시행령, 「인터넷 멀티미디어 방송사업 법(IPTV 법)」 및 시행령, 「전파법」 및 시행령, 「방송통신위원회 규정」 등이 있다.

3 본 연구에서는 방송법에서 주요 부문을 차지하고 있는 심의, 편성 등 내용규제정책과 시청자(수용자) 정책은 지면관계상 생략하였다. 공영방송의 편성정책은 외국 사례를 참조하면서 검토하였

교대상 국가 방송법에 대해 내용분석방법을 실시하고자 한다. 미국 방송정책은 방송과 통신의 융합을 주도한 1996년 통신법(Telecommunication Act), 신문-방송 겸영 논쟁을 촉발한 2003년 FCC소유권 규칙(media ownership rule)과 그 논쟁 사례, 영국의 방송정책은 경쟁과 규제 완화, 글로벌화를 추진했던 2003년 커뮤니케이션 법(Communication Act)과 공영방송 BBC의 존속, 발전을 보장한 2007년 칙허 장(Royal Charter)과 협정서, 독일의 방송정책은 연방헌법재판소의 방송 판결,[4] 프랑스의 방송정책은 최근 사르코지 우파 정권이 추진한 공영방송 개혁조치,[5] 그리고 일본의 방송정책은 공영방송정책 관련 문헌을 주로 분석하고자 한다.

2. 방송정책의 이념

국내 방송법 및 방송 관련 법률에서 제시한 방송법은 그 이념으로 주로 공익이나 공적 책임[6]에 대해 언급하고 있는 데 반해 현 정부 출범 이후 정부조직법 개편으로 탄생한 「방송통신위원회 설치 및 운영에 관한 법률」에서는 방송통신 융합, 국제경쟁

다. 내용규제 정책과 시청자 정책은 방송의 공익성을 강조하는 영역이기 때문에 비교적 대립되는 정책 쟁점이 적다고 판단하였다. 그러나 이 부문을 다루지 못한 점은 본 연구의 흠결로 남는다.

4 공영방송의 내부적 다원주의를 보장한 1·2차 방송 판결, 경쟁과 뉴미디어 방송 도입·민영화·규제완화를 인정한 3·4·5차 방송 판결, 공영방송의 다각경영을 인정한 6차 방송 판결, 공영방송의 수신료 결정 과정을 간소화한 7차 방송 판결을 주로 분석하였다.

5 프랑스 공영방송 개혁조치 분석은 성욱제(2009), "프랑스 미디어개혁의 방향과 시사점", 『정보통신정책연구원 이슈리포트 09-02』; 성욱제(2009), "프랑스 공영방송법 제정: 배경, 과정, 의미", 『방송통신연구』, 2009년 여름호; 성욱제 역(2009), "2009년 프랑스 공영방송법", 『정보통신정책연구원 정책자료 09-02』을 주로 참조했음.

6 방송법 제1장 총칙은 한국방송의 목표이자 방송정책의 이념을 제시하고 있다. 방송법의 목적(1조)은 "방송의 자유와 독립을 보장하고 방송의 공적 책임을 높임으로써 시청자의 권익 보호와 민주적 여론형성 및 국민문화의 향상을 도모하고 방송의 발전과 공공복리의 증진에 이바지"하는 것이다. 방송법의 목적 규정을 분석해 보면, 방송법의 기본이념은 크게 ① 방송의 자유와 독립성 확보, ② 방송의 공적 책임, ③ 시청자 주권 제고, ④ 방송발전과 공공복리의 증진 등이다. 또한 방송법 3, 4, 5조에서는 시청자의 권익 보호, 방송편성의 자유와 독립, 방송의 공적 책임, 방송의 공정성과 공익성 등을 규정하고 있다.

　　　　　　　　　　　　　✦ 미디어 생태계의 미래

력, 기술발전, 공정경쟁 등의 이념[7]을 제시하고 있다. 국내 방송법상 이와 같은 다양한 방송 이념이나 정책방향의 제시는 정책결정과정에서 이해관계를 반영하는 수단으로 거대담론을 동원할 여지가 크다. IPTV법 제정과정에서 통신사업자들은 자신의 입장을 대변하는 수사(rhetoric)로서 "유료방송 시장의 경쟁 촉진"을 주장하였고 케이블TV 사업자들은 "동일 서비스 동일 규제의 원칙(공정경쟁론)"을 주장하였다. 신문-방송 兼營 논쟁이 핵심이었던 미디어법 제정과정에서는 "여론 독과점", "다양성", "민주주의", "경쟁(지상파 독과점 해소)", "글로벌 미디어 경쟁력"이 제기되었다. KBS 수신료 인상 논쟁 과정에서는 적정한 수신료 산정만이 아니라 그 전제조건으로서 "지역성(localism)" 보장, "정치적 독립성(거버넌스 문제)", "기술발전(디지털 전환)", "효율성(구조조정)", "공정성", "상업성 배제", "글로벌 미디어 육성" 등이 방송정책의 가치와 이념으로 제기되었다. 이와 같이 국내 방송법제는 이념의 우선순위가 명확하지 않다.

미국의 1996년 통신법은 미국의 공익개념 — 지역성, 다양성, 경쟁[8] — 중에서 경쟁의 원칙이 가장 앞서고 있음을 표방하고 있다. 96년 법에서는 반독점법(Antitrust Law)과 커뮤니케이션법이 충돌될 경우에는 경쟁법이 우선함을 명기하였다.[9] 최근 미국에서는 "효율성(efficiency)",[10] "기술 개발" 등도 중요 이념으로 부각되고 있다.

---

7 「방송통신위원회의 설치 및 운영에 관한 법률」 제1조(목적)에서는 "이 법은 방송과 통신의 융합환경에 능동적으로 대응하여 방송의 자유와 공공성 및 공익성을 높이고 방송 통신의 국제경쟁력을 강화하며 방송통신위원회의 독립적 운영을 보장함으로써 국민의 권익보호와 공공복리의 증진에 이바지함을 목적"으로 하고 있다. 또한 동 법률 제2조(운영원칙) 2항에서는 "방송통신위원회는 방송통신 기술과 서비스의 발전을 장려하며 공정한 경쟁 환경의 조성을 위하여 노력하여야 한다"라고 하고 있다.

8 미국의 방송통신정책기관인 FCC가 발행한 모든 문건들은 공익(public interest)의 하위 이념으로 지역성(localism), 다양성(diversity), 경쟁(competition)을 열거하고 있으며 최근에는 기술혁신(innovation)이 추가되는 경향이 있다.

9 1996년 텔레컴법 조항에서는 "통신법이 경쟁법의 어느 조항을 수정하거나 적용을 제한하거나 혹은 폐기하는 것으로 해석되지 않아야 한다"는 조항을 신설하고 있다. 이 조항은 합병에 대한 일반적인 경쟁법의 적용을 허용하는 데 그 목적이 있다. 즉, 합병과정에서 경쟁법과 DOJ의 결정을 FCC와 통신법에서 변경하지 못한다는 의미로 해석된다.

10 세계의 이목을 모았던 AOL-Time Warner의 합병에 대한 FCC 문헌[Memorandum Opinion and Order("AOL-Time Warner Order"). Cs Docket NO.00-30, 2001]과 AT&T-Media One 합병에 대한 FCC 문헌[Memorandum Opinion and

독일의 연방헌법재판소의 3·4·5차 방송 판결은 경쟁(외부적 다원주의 모델)과 "事實의 規範力"[11]으로서 뉴미디어 방송의 도입은 인정하면서도 1·2차 방송 판결에서 제시한 내부적 다원주의 모델(공영방송)의 존속 발전을 전제하고 있다. 또한 공영방송은 방송의 책무상 "基本的 供給"이며 뉴미디어 방송은 "補充的 供給"임을 밝히고 있다.

그렇다면 국내 방송정책의 이념으로서 공익, 공적 책임론을 우선할 것인가? 시장/경쟁 논리를 우선할 것인가? 본 연구에서는 공영방송 또는 지상파방송의 존속, 발전을 보장하는 동시에 경쟁원리의 도입을 적극 추진하는 혼합적 모델을 제언하고자 한다. 한국은 1980년대부터 이미 공영방송과 지상파방송 중심으로 방송질서가 형성되어 왔고, 민간의 창의와 활력, 그리고 시장원리보다는 방송의 공적임무와 '시청자 주권'이 강조되고 이를 방송의 자유와 책임으로 인식하고 있다는 점을 고려해야 하기 때문이다. 그러나 디지털 컨버전스와 글로벌 시대라는 변화하는 방송환경에 대응하기 위해서는 경쟁원리의 도입과 소유/겸영규제의 완화가 필요하다. 또는 매체별로 기능과 역할을 분담하여 공영방송이나 종합편성채널 등에 대해서는 다양성 등 공적 가치를 강조하고 뉴미디어 방송에 대해서는 시장/경쟁논리를 도입하는 방안도 고려할 수 있다. 또한 방송법에서는 거대 담론(공적 책임, 시청자 주권 등)을 제시하기보다는 미국과 같이 지역성, 다양성, 경쟁, 효율성, 기술개발 등 단순한 하위개념으로 재정비할 필요가 있다. 하위 개념은 지수화, 계량화해야 할 것이다. 미국의 신문-방송 겸영 과정에서는 다양성 지수(diversity index)가 개발되었고, 국내 미디어법 시행과정에서도 "다양성위원회"가 신설되면서 지수화 작업이 진행되고 있다. 경쟁원리 도

Order("AT&T-Media One Order"). File Nos. BTCCT-19991116ABA, 2000]을 분석해 보면 효율성의 개념이 다른 어떤 개념보다 우위에 있음을 확인할 수 있다.

11 事實의 規範力은 독일 4차 방송 판결에서 나온 개념이다. 유럽에서 오락적인 방송 프로그램이 전파 월경되는 현상 속에서 국내 프로그램에만 공적 책임을 강조할 수 없다는 이론이다. 즉, 현실 구속력이 법제도적 논리형식보다는 선행한다는 견해이다. 영국에서는 ITV(Ch 3) 방송국들이 디지털 전환과정에서 도산하자 미국 자본 유입을 위해 완전 개방체제로 전환했다. 독일에서도 대형미디어 그룹인 키르히(Kirch) 그룹은 미국 자본이 M&A하였다. 사실의 규범력이 기존의 소유권 규제나 공익성 보장 장치를 무용화시키고 있는 사례라 하겠다.

◆ 미디어 생태계의 미래

입 시에도 시장획정, 시장지배적 사업자의 지위, 기업결합의 기준, 시장상황평가 등에 대해 계량적 접근방법이 적극 모색되어야 할 것이다. 지수화, 계량화 작업은 추상적인 이념논쟁을 약화시키고, 사회적 합의를 유도할 수 있는 대안이 될 수 있을 것이다.

3. 방송 정책체계

미디어 융합 현상이 진전됨에 따라 방송정책 결정과정에서 행정기관, 입법부, 사법부 등 방송 정책체계의 혼선과 대립이 가속화되고 있음은 세계적인 추세이다. 국내에서는 과거 정부 시절에는 방송 주무부서와 통신 주무부서와의 갈등이 첨예하였다. 향후 경쟁 정책의 비중이 높아지면 경쟁당국(국내에서는 공정거래위원회)과 방송통신위원회와의 정책대립도 현재보다 커질 것으로 예상된다. 현 정부에서는 입법부와 사법부의 영향력이 방송정책 결정과정에서 크게 확대되고 있는 추세이다. 미디어법은 국회 입법으로 성안되었으며 미디어법 위헌소송, 미디어렙 경쟁체제 도입, 지상파 재송신 문제 등은 사법부와 헌법재판소의 판결에 따랐다. 입법부와 사법부의 방송정책결정과정에서의 영향력 확대는 방송정책결정과정의 합리성과 민주화라는 긍정적 측면도 있지만 정책결정을 지연시키고 다수의 정책주체들의 참여는 정책갈등을 높일 수도 있다. 이와 같이 국내에서는 방송주무기관과 경쟁당국 그리고 입법부, 사법부 간의 역학구도는 향후 방송정책의 방향을 결정하는 주요 변수가 될 것이다.

일본은 정부부처인 총무省, 영국과 프랑스는 정부부처가 실질적인 방송정책 관할권을 확보하면서 민간행정기구[12]에게 상당히 권한을 위임한 형태이다. 영국과 프랑스에서는 정부부처가 민간행정기구의 위원, 공영방송 사장 및 이사 임명권 등 인사

---

12 영국은 OFCOM, 프랑스는 CSA이다.

권과 예산권, 공영방송과의 업무 및 편성협약 및 수신료 결정권 등을, 민간행정기구에서는 민영방송과 프로그램 심의, 통신영역에 대한 권한을 분담하고 있는 형태이다. 비유컨대 정부부처가 실질적인 권한을 가지면서 하위영역은 수렴청정하고 있는 형국이다.

미국 FCC의 경우는 의회에 대해 책임을 지며 "규칙 제정(rule making)"권만으로 운용되고 법률 제안권은 의회에 있다. 미국은 2003년 FCC가 신문-방송 겸영을 허용하는 소유권 규칙을 제정하자, 이에 대한 반대의 표시로 의회는 FCC 예산을 동결시키려 하였다. FCC 위원들은 상, 하원 미디어 관련 소위원회에 출석하여야 하며 매년 연차보고서를 작성해야 한다. 미국 법원은 2003년 FCC 소유권 규칙에 대해 정지명령(injunction)을 내렸고 FCC에게 다양성 지수(DI: Diversity Index)를 개발할 것으로 명령하였다. 경쟁당국의 정책결정 과정에서 영향력이 가장 확고한 국가도 96년 통신법 제정 이후의 미국이다.

독일의 연방정부는 통신, 州 정부는 방송을 관장하고 있다. 방송통신 융합문제가 제기됨에 따라 연방과 州 정부 간의 권력 투쟁이 심화되고 있다. 또한 독일은 연방정부와 州 정부, 보수정당과 진보정당, 공영방송과 민영방송, 공익論과 산업論의 대립이 전개될 때마다 연방헌법재판소는 다수의 방송 판결을 통해 독일 방송질서와 규범을 형성해왔다.

요약컨대 각 국가마다 방송 정책체계와 그 절차는 상이하지만 정부부처가 정책 결정의 관할권을 주로 행사하는 일본, 영국, 프랑스 형의 집중형 정책체계와 미국(의회, 사법부, 경쟁당국), 독일(주 정부와 연방헌법재판소)의 분립형 모델로 구분할 수 있겠다. 미국은 이른바 삼권분립의 원칙과 방송의 정치적 독립 보장 장치로 분립형 정책체계 모델을 채택하고 있는 것으로 보인다. 독일은 연방제 국가의 특성과 나치 독일의 방송정책에 대한 반성으로 州 정부가 방송정책을 주도하고 있는 한편, 방송정책의 갈등 조정자로서 연방헌법재판소의 역할이 역사적으로 검증되고 있다.

정책체계 집중형은 역시 방송의 정치적 독립성 보장이 어렵다는 문제점이 지적되며, 정책 집행의 효율성이 장점이라 하겠다. 정책체계 분립형은 미국의 사례에서 보듯이 2003년에 제기되었던 신문-방송 겸영 문제가 아직까지 논의가 진행 중일 정도로 정책결정이 지연되고 사회적 갈등이 점증한다는 사실이다. 독일의 경우도 여러 州 사이의 "州 間 協約"을 통해 국내 방송법제를 제정해야 하며, 헌법재판소의 판결에 따라 정책결정이 되는 경우가 많으므로 변화하는 미디어 환경에 신속히 대처할 수가 없다. 최근 일본의 방송법 개정, 사르코지의 미디어법 개정, 영국의 2003년 법개정과정과 비교해 볼 때 미국과 독일의 방송정책은 거의 진전이 없는 상태이다.

국내 방송체계는 중앙 집중적인 정치체계에 부합하는 집중형 모델이 바람직하다고 판단된다. 집중형으로 정책체계가 개편되더라도 사회민주화가 진전되면 입법부와 사법부의 관할권은 지금처럼 강화되기 마련이다. 국내 방송정책은 비교대상 국가들에 비해 10여 년 후발주자라는 사실을 감안할 때 더욱 그러하다. 이런 의미에서 현정부는 출범 초기 정부조직개편을 서둘렀고, 이러한 정부조직개편의 핵심사항 중의 하나가 舊 정보통신부와 舊 방송위원회를 통합한 방송통신위원회의 설립이었다. 이를 위해 정부조직법 개정과 함께 「방송통신위원회 설립 및 운영에 관한 법률」이 마련되었다. 방송통신위원회는 정치적 독립성과 균형성을 보장하기 위해 여권 추천위원은 위원장을 포함한 3명의 위원, 야당 추천위원은 2명 등 3년 임기의 5명의 위원으로 구성되었다. 이른바 미국식 FCC 모델이라 하겠다. 방송통신위원회 출범의 의의는 방송통신융합시대에 대비하여 방송영역과 통신영역 간의 갈등을 조정하고 정책의 일관성을 유지하기 위한 정책적 선택이었다. 그러나 정부조직개편과정에서 방송위원회는 방송통신심의위원회와 양분되고, 정보통신부는 산업정책과 발전자금의 상당부문이 지식경제부로 이관됨에 따라 양 부처의 통합은 기대할 만한 시너지 효과를 거두는 데는 미흡한 것으로 보인다(김정태, 2010). 여/야 추천위원으로 구성된 방송통신위원회가 정책결정과정에서 사회적 갈등을 조정할 수 있는 정책 타협의 場으로서 기능할 때 의회와 사법부의 역할은 축소될 것이며 아울러 방송정책의 신속성과 효율성을 담보할 수 있다.

경쟁 정책을 둘러싸고 공정거래위원회와 방송통신위원회와의 관할권 분쟁도 가속화되고 있다. 한국은 전문정책기관(방송통신위원회)과 경쟁당국(공정거래위원회) 모두에게 경쟁정책에 대한 규제권한을 부여하면서도 별다른 조정장치를 두지 않고 있다. 통신분야는 전기통신기본법, 사업법 등을 통해 특별법 우선의 원칙, 전문기관 관할권을 주장할 수 있는 법적 근거가 많으나 방송 부문에서는 법적 미비로 경쟁정책의 상당부문을 향후 공정거래위원회가 관할할 가능성이 상존하고 있다. 따라서 경쟁법제와 방송/통신법제가 모든 경쟁정책 영역에서 충돌할 것이 아니라 일부 제한된 영역을 경쟁당국에게 일임하거나 역할 분담체제를 지향하는 미국식 방식을 지향하는 방안을 검토할 필요가 제기된다.[13] 경쟁법의 전문성을 인정할 수 있는 제한적 영역은 1차적으로 경쟁법제에 일임하는 것이 바람직하다. 예를 들면 시장획정과 기업결합심사는 1차적 심사는 경쟁규제기관이 담당하고 다른 경쟁정책 부문은 전문규제기관(방송통신위원회)이 담당하는 것도 검토해 볼 수 있다. 미국과 한국은 공히 이중심사제(나성현, 2006)이나 한국의 경우는 중복심사 또는 정책적 혼선을 초래하고 있다는 점에서 영역별로 규제권한을 조정할 필요가 있다. 특히 방송통신위원회에서는 불공정거래행위, 부당한 공동행위 등을 방송 관련 법제로 규제하고 이를 재허가 조치와 연계하는 방안을 적극 검토할 필요가 있다.

4. 공영방송 정책

현행 방송법에서는 공영방송의 개념이 없으며 다만 KBS에 대해서만 방송법에서 다루고 있기 때문에 여기에서는 공영방송 정책을 KBS에 국한하기로 한다.

국내 공영방송의 정의와 범주는 크게 보아 KBS, MBC, EBS에 이르기까지 광범위

---

13 미국의 경쟁당국과 FCC 간의 역할 분담은 (나성현, 2006)을 참조할 것.

　　　　　　✦ 미디어 생태계의 미래

하며 방송법상 공적 책임은 종합편성을 하고 있는 지상파방송社 간에게는 차별이 없다. 따라서 방송법상 공영방송의 정의와 범주를 명확히 할 필요가 있으며 여기에 의거하여 공영방송의 정치적 독립성과 거버넌스 문제, 프로그램 편성 원칙, 재원, 지상파 재송신, 경영다각화, 보편적 서비스 중계권, 재난방송 등 현안 방송정책에 대한 투명하고도 예측 가능한 방송정책이 검토되어야 한다. 여기에서는 KBS에 대한 문제점을 1) 정치적 독립과 거버넌스 문제, 2) 프로그램의 공익성과 편성, 3) 수신료 정책과 다각경영으로 구분하였고, 해외사례 분석과 함께 개선방안을 제시해 보고자 한다.

1) 정치적 독립과 거버넌스 문제

공영방송은 정부 또는 집권 정당의 의지와 이데올로기를 전파, 확산하는 기능과 역할을 현실적으로 수행하는 것이 국내외 공영방송의 실제 모습이지만, 공영방송의 이념형(Ideal type)은 일찍이 독일 연방헌법재판소가 1 · 2차 방송 판결에서 판시한 바와 같이 "대립되는 다양한 견해를 수렴하여 여론형성과정에서 사회통합기능과 역할을 수행"하는 것이며 미국 FCC가 다양성 요건으로 주장하는 "견해 다양성(viewpoint diversity)" 보장이다. 그러기 위해서는 이른바 방송의 정치적 독립이 제도적으로 보장되어야 하지만 실제 공영방송은 어느 나라나 인사권, 소유권, 규제권의 정부로부터 독립이 자유롭지 못하다.

공영방송 사장 선출과정을 국가별로 유형화해 보면 ① 영국 BBC와 같이 행정부의 영향력이 상당한 국가,[14] ② 독일과 같이 사회조합주의 또는 이익집단 모델로서 각 계각층을 대표하는 다수의 대표(방송위원)들이 참여하여 선출하는 방식(독일 제2방

---

14 영국은 정부가 BBC의 독립규제기관인 트러스트(Trust) 위원 전부를 임명하고, 그 트러스트가 사장을 선출하기 때문에 정부가 사장 임명을 간접적으로 주도한다고 볼 수 있다. 또한 영국 정부는 BBC에 대해 프로그램 중단권도 행사할 수 있다(NHK, 2011 및 KBS, 2007 참조). 그러나 영국 BBC는 이라크 사태 보도문제를 둘러싸고 토니 블레어 수상 시절 임명한 BBC 사장이 반기를 들었다. 그는 면직을 당했지만 BBC의 자율성을 과시한 바 있다. 또한 영국 정부는 BBC 역사상 포클랜드 전쟁 오보 사건 이외에는 한 건도 프로그램 중단권을 행사한 적이 없다고 한다. 즉, 영국은 방송법제상에는 정부의 통제권이 강력히 행사될 수 있지만 실제는 전통과 관습으로 정치적 독립을 보장해 오고 있다고 하겠다.

송인 ZDF 위원은 77명에 이르며 이를 내부적 다원주의 모델이라 함), ③ 일본 NHK 와 프랑스의 공영방송과 같이 여권이 추천한 인사 중에서 야권이 동의하는 방식으로 구분해 볼 수 있겠다. 일본 NHK 경영위원회는 12명의 위원으로 구성되며 집권당은 5명의 위원을 추천한다. 사장 선출과정에서는 2/3(8명)의 동의를 받아야 한다. 이러한 방안을 "특별다수제"[15]라고 한다. 집권당 이외에도 소수 정당들의 동의를 받아야 하는 구조이다. 프랑스 사르코지 대통령은 최근 미디어법 개혁을 통해 공영방송 사장을 대통령이 직접 임명하며 다만 민간행정기구(CSA)의 청문을 거쳐 국회의 동의를 받아야 한다. 국회의원의 2/3가 반대할 경우 사장임명을 철회할 수 있다(NHK, 2011).

일본 방식과 프랑스 방식은 외견상 다른 방식처럼 보이지만 실질적으로는 여권이 추천하고 야권의 동의를 받아 사회적 합의를 유도한다는 측면에서 그 본질은 같다고 볼 수 있다. 독일 모델과 같은 사회조합주의 모델을 우리 현실에 적용시킬 경우 이익 단체의 대표성을 선별하기 어렵고 사회적 비용이 과도할 것으로 예상된다. 일본 모델은 여/야 간에 상호합의가 되지 않고 야당이 무조건 반대했을 경우는 어떻게 결정하는 것인지에 대한 의문이 제기된다. 프랑스 모델이 방송의 정치적 독립성이라는 논리형식에는 문제가 있지만 대통령이 공영방송의 독립성에 대해 책임을 지며, 국회나 방송통신위원회의 청문을 거친다면 실질적으로는 다른 어떤 사장선출방식보다도 방송의 정치적 독립성 또는 중립성을 보장할 수 있는 인사가 임명될 수도 있을 것이다. 어느 국가든 공영방송 사장은 정치적 임명이기 때문에 선임과정에서 대통령과 국회의 권한을 강화하는 것이 바람직할 수도 있기 때문이다.

독일의 경우는 사장선출 과정이나 공영방송의 의사결정 과정에서 막후에서 정당의 정치적 영향력이 상당하다고 한다. 단정할 수는 없지만 이념적으로나 법제적으로 가장 이상적으로 보이는 독일 공영방송 모델이 실제로는 의사결정의 비효율성과 함께 정치적 압력에 가장 취약하며, 반대로 정치적 통제장치가 가장 강력한 영국이 실

---

15 KBS 노동조합은 이 방안을 사장 선출방안으로 제안하고 있다.

    ✦ 미디어 생태계의 미래

제로는 정치적 독립성이 가장 강하다는 점은 아이러니하다. 방송의 독립성은 법제도적 문제가 아니라 한 국가의 전통과 관습이라는 사실을 시사해 준다.

공영방송의 소유권은 ① 프랑스와 한국과 같이 정부가 소유하는 방식, ② 일본과 같이 특수법인 형태, ③ 독일과 같이 공법상의 營造物[16] 등 다양한 형태가 있지만 원론적으로 가장 바람직한 모델은 일본과 독일 모델, 즉 정부의 소유권이 가능한 배제된 형태 — 민영화를 의미하는 것은 아님 — 라 하겠다. 국내 공영방송의 소유권 개편은 현실적으로 그 변화를 모색하기 어렵다. 다만 공영방송의 특수한 법적 지위를 인정하여 감사원, 국회 등으로 분산되어 있는 경제적 규제를 방송통신위원회로 일원화하는 것이 바람직할 것이다.

공영방송의 규제권은 ① 내부조직으로서 일본 및 한국의 경영위원회 및 이사회 형태, ② 독일의 사회조합주의 및 이익집단 통제 모델, ③ 영국의 트러스트와 같이 별도의 독립규제기관 형태로 구분할 수 있다. 특히 영국의 트러스트는 다른 규제기관(OFCOM)의 규제나 통제를 받지 않는다는 점에서 주목을 요하는 제도적 장치라 하겠다. 영국과 같이 KBS 공영방송위원회(또는 경영위원회)를 설립하여 BBC 트러스트와 같이 규제감독기구로 할 경우 현재 방송통신위원회와의 권한 충돌과 조정 문제가 발생한다. KBS가 BBC와 같이 재원 안정성, 다채널 기능, 프로그램 공익성 등 공영방송의 책무를 완전히 수행할 단계에서는 검토해 볼 만한 정책대안이 될 수 있을 것이다.

2) 프로그램의 공익성과 편성

국내 방송관련 법률에서는 공영방송에 대해 특별한 공적 책무나 편성 의무를 부여하지 않고 있다. KBS2와 MBC는 의무재송신 규정도 면제되고 있으며, 외주제작 규

---

16 독일 연방헌법재판소는 공적인 방송영조물에 의한 방송은 국가행정의 일부로 파악하였다. 이로써 인적, 물적 결합체로서의 방송국은 공적인 시설이 되고 그에 따라 공적인 책임을 지게 된다. 그러나 국가행정의 일부이지만 국가행정을 줄이기 위해 독립적인 행정주체에게 국가의 임무를 이전시키는 것이기 때문에 이러한 공영방송 조직은 국가로부터 독립된 인격을 갖는 자치행정의 영역이다(고민수, 2006).

정도 다른 지상파방송과 차별화되지 않는다. 지역 프로그램 편성비율은 지역민방보다도 적은 실정이다. 미국처럼 청소년/아동 프로그램에 대한 편성의무도 없다. 국내 편성정책은 큰 원칙과 가이드라인이 있는 것이 아니라 각 국내방송사의 제작 요건을 고려한 규제기관과 방송사 간의 협상의 산물로 보인다. 그러나 KBS와 MBC가 공영방송으로 그 공적 책무를 수행하자면 영국, 프랑스의 공영방송처럼 다른 지상파방송과 차별화되는 다양한 편성정책이 의무적으로 구현되어야 한다. 즉, 미디어 소유규제완화 정책에 대응하여 공영방송 편성규제를 강화한 영국,[17] 프랑스 모델[18]을 참고할 필요가 있다. 다시 말해 공영방송의 공익성을 보장하기 위해 편성정책을 강화해야 한다. 국내 영상물 보호 및 확대 정책, 지역방송 프로그램 확대, 청소년·아동 보호 프로그램 확대, 장애인 등 소수자 보호 프로그램 확대, 글로벌 정책으로서 한류영화 제작 등을 검토할 수 있겠다.

3) 공영방송의 수신료와 다각 경영정책

지상파방송 중심시대에 독과점 체제로 안주해왔던 공영방송이 多미디어, 多채널 상황이라는 경쟁체제 속에서 존속, 발전하려면 안정적인 수신료 정책과 함께 다각 경영을 법제도적으로 보장받아야 한다.

---

17 영국의 방송 정책은 급속한 소유/겸영의 규제완화 정책을 추진하면서 편성정책에서는 강력한 규제정책을 추진하고 있다. 즉, 구조규제(소유 및 兼營규제)는 완화하되 편성규제를 강화하여 구조규제 완화에서 비롯될 수 있는 그 역기능을 완화하거나 차단하려는 의도인 것으로 보인다. 공영방송 BBC1, 2는 OFCOM에 의해 다양한 규제를 받고 있는데 양측이 합의한 내용은 다음과 같다. 첫째, BBC도 예외 없이 영국의 다른 지상파, 유료방송과 마찬가지로 외주제작 25% 규정을 준수해야 한다. 둘째, 국내영상물 보호 정책으로 주요 시간대 규제를 실시하고 있다. 주요 시간대에서는 국내 프로그램을 주로 할당하되, BBC1과 BBC2는 채널별로 다소 차이를 두고 있다. 셋째, 지역뉴스 및 시사정보는 시간량 규제 및 주요 시간대 규제를 하고 있다. 넷째, 지역 프로그램의 장르 및 시간할당을 하고 있다. 다섯째, 시간할당과 함께 예산할당 방법도 선택하고 있다(KBS, 2007 및 이상훈 외, 2009 참조).

18 프랑스의 편성규제는 1980년대 이후 특별한 변화 없이 지속되고 있다. 대체로 프랑스의 제작편성규제는 상당히 구체적이다. 국내 제작물과 유럽 제작물에 대한 보호주의 정책을 다른 유럽 제국보다 강력히 추진하고 있다. 특히 지상파 주요 방송사에 대해서는 공/민영 구분 없이 주요 시간대 규제를 하고 있다. 방송 영화물에 대해서도 편수, 시간대에 이르기까지 강력한 제작, 편성 규제정책을 추진하고 있다. 외주 제작, 방송 양상물의 제작 및 외주정책에 있어서는 주요 시간대, 할당량뿐만 아니라 투여된 제작비 기준을 설정하고 있다(이상훈 외, 2009).

30년 동안 국내 공영방송의 수신료는 2,500원으로 동결되고 있으며, 최근 KBS 이사회가 1,000원 인상한 月 3,500원 案도 방송통신위원회를 거쳐 국회에 승인을 기다리고 있다. 30년 동안 수신료가 동결된 것은 방송의 공정성, 독립성 논쟁과 함께 조직의 비효율성에 대한 문제 제기 때문이었다. 또한 수신료 정책결정과정이 "KBS 이사회-방송통신위원회-국회"라는 多단계를 거치는 과정도 한 요인이 되는 것 같다.

영국 BBC는 이미 오래전부터 물가연동제로 안정적인 수신료 체제를 확립했으며 프랑스도 사르코지 대통령의 미디어 개혁조치로 과거에는 수신료 60% 체제(광고는 40%)에서 장기적으로는 수신료 100% 체제로 이행하게 되었다. 사르코지 대통령은 공영방송의 정체성 위기를 발생시키는 근본적인 이유가 광고에 있다고 판단하였다. 현재의 공영방송이 민영방송과 그 차별성이 드러나지 않는 이유는 공영방송이 수신료뿐만 아니라 광고로부터 재원의 상당 부문을 보조받는 이중적인 재원구조에서 비롯된 것이며 광고를 재원으로 하는 이상, 시청률 경쟁의 압박으로부터 벗어날 수 없다는 것이다. 결국 이러한 시청률 경쟁으로부터 공영방송사를 자유롭게 만들기 위해 그가 제시한 것이 공영방송사의 광고폐지이다(성욱제, 2009b). 독일에서는 7차 방송판결에서 수신료 결정절차를 간소화하기 위하여 방송전문가를 배제하고 회계, 경영전문가 위주(16명)로 "수신료 산정위원회(본명은 공영방송 소요재원 규모를 조사하기 위한 위원회)"를 구성하였다. 위원의 임기는 4년이며, 2년마다 심사보고서를 제출한다. "내용관여 배제의 원칙"에 따라 정부, 국회, 공영방송사 등 이해관계자의 참여가 배제된다. 수신료 인상과정에서 논란이 예상되는 공정성, 독립성 문제 등 내용관여에 대해서는 州 間 協約이나 방송법 개정으로 대신하자는 것이다(전정환/변무웅 옮김, 2002). 오직 회계, 경영전문가들이 정기적으로 수신료 산정을 검토한다는 측면에서 효율적인 수신료 정책 결정과정이 아닌가 한다. 수신료 정책의 정치적 독립화가 수신료산정위원회의 특징이라 하겠다.

미디어 융합 시대에서 공영방송의 존속 발전을 보장하기 위한 정책은 첫째, 독일,[19] 영국,[20] 일본[21]과 같이 공영방송의 다각경영에 대한 제도적 보장장치가 마련되어야 한다. 그러나 국내 공영방송 KBS는 방송법상 다각경영 ─ 상업화와 글로벌화, 지상파 다채널 전략, 민간자본과의 전략적 제휴 등 ─ 에 대한 명확한 규정이 없는 법적 미비 상태이다.

국내방송 법제 개편과정에서는 첫째, 공영방송의 다각 경영의 범위를 설정하여야 한다. 최근 일본 방송법 개정이 의미하는 바와 같이 700MHz 잉여 지상파 주파수를 활용하여 통신사업까지 진출할 수 있는가? 뉴미디어 방송사업에만 진출할 수 있는가? 영국 BBC와 같이 다채널 지상파채널 전략에 집중할 것인가? 둘째, 자회사를 설립 운영할 경우 BBC와 같이 대기업, 외국자본과의 전략적 제휴를 가능하게 할 것인가? 셋째, 상업화와 글로벌화 전략의 추진을 허용할 것인가에 대해 명확히 해야 할 것

---

19 독일의 공영방송이 출판사업을 비롯한 경영다각화를 추진하자 민영방송사업자(뉴미디어 방송)들은 공영방송의 존재 의의와 성격 규정에 대한 反論을 제기하였다. 연방헌법재판소의 제6차 방송 판결은 이원 방송제도로의 이행과정에 있어서 공영방송의 업무범위의 확대를 연방헌법재판소가 보장하는 동시에, 이원방송제도가 공영방송 주도로 정착되어야 함을 비교적 분명히 규정하고 있다는 점에서 그 시사점이 있다. 판결의 요지는 다음과 같다. ① 독일 기본법(헌법)은, 이원방송질서 속에서 공영방송이 맡고 있는 기본적 공급을 보장하는 것을 국가의 의무로 한다. ② 공영방송의 존속과 발전의 보장은, 장래 전통적 방송기능을 계승하는 신기술에 의한 신서비스(뉴미디어, 유료방송)에까지 이른다. ③ 이원방송질서에 있어서, 공영방송과 민영방송을 엄격히 분리하는 것을 헌법상 의무화하지는 않는다. 기본법으로 보면 "모델의 수미일관성"의 의무는 생기지 않는다. ④ 사업자의 제휴 또는 기타 형태로 공동제작프로그램을 할 수 있으며, 공영방송은 그 기본적 공급의 채무를 제한받지 않아야 한다. 제6차 방송 판결은 기본법 제5조 1항 2호의 방송의 자유는 제1차 방송 판결과 같이 "봉사하는 자유"임을 재차 확인하고, 이원방송제도하에서도 민영방송의 도달범위, 프로그램의 다양성이 한계가 있는 이상 입법자(立法者)는 공영방송에 필요한 기술적, 조직적, 인원적, 財源적 보장을 강조하고 있다. 또한 공영방송이 뉴미디어와 유료방송에의 참여, 즉 방송매체의 교차소유도 허용되고 있으며, 모델의 수미일관성(首尾一貫性) 원칙보다는 "공영방송의 민영방송으로의 자본 참가"를 허용하는 혼합모델을 지지하고 있다(하마다 주니치, 1991; 하마다 주니치. 1999를 참조하였음).

20 BBC는 ① BBC 트러스트제, ② 송신공사 매각과 내부 구조조정, ③ 루퍼트 머독과 같은 대자본과 외국자본과의 전략적 제휴 ④, 물가연동제에 기초한 수신료와 안정적이고 다양한 재원 구조, ⑤ 위성방송, 인터넷방송, Freeview와 같은 지상파 디지털, 모바일, 브로드밴드 등 다양한 플랫폼 진입, ⑥ 콘텐츠의 상업화 전략, ⑦ 분리 자회사 방식 등을 통해 디지털 컨버전스 환경에 적응해 나가고 있다. 영국 정부는 2007년 BBC에 대한 칙허장(Royal Charter)과 협정서를 수여하면서 상업적 활동을 재차 공인하고 있다. BBC는 이미 1990년대부터 칙허장과 협정서에서 상업화와 글로벌화(BBC 월드뉴스 등)를 추진하고 있다. 다만 BBC는 공공활동과 상업활동을 위한 분리되고 투명한 회계시스템을 유지해야 하며 분리자회사 방식으로 이를 추진하고 있다. 수신료를 사용하여 상업활동을 교차보조하면 안 된다. BBC는 대자본인 루퍼트 머독과 미국자본의 Crown Castle과 지상파 디지털 방송인 Freeview 서비스를 추진하고 있으며 지상파 디지털 채널(6개)로는 VOD, 10대, 인터넷 등으로 유아, 청소년 대상 중심의 다양한 서비스를 실현하고 있다(KBS, 2007).

21 일본 공영방송 NHK는 세계 최대의 위성방송 사업자이다(NHK, 2011).

     ✚ 미디어 생태계의 미래

이며 이를 법제화해야 할 것이다.

5. 소유/겸영 정책

소유권/겸영 논쟁은 방송정책의 핵심이다. 누가 방송매체를 소유하는가는 그 국가의 언론 표현의 자유, 미디어 역학, 기술발전, 글로벌화 수준 그리고 정치적 헤게모니와 민주주의를 측량하는 척도가 되기 때문이다.

국내 소유/겸영정책의 핵심은 주지하는 바와 같이 신문-방송 겸영과 종합편성채널 문제이다. 국내 신문-방송 겸영정책 결정과정에서는 여론 독과점과 다양성 문제가 주로 제기되었다. 그러나 미국의 2003년 미디어 소유권 규칙 논점 과정에서 보듯이 신문-방송 겸영과 종합편성채널 도입은 여론 독과점과 다양성 문제를 비롯하여 음란물 문제, 언론 노동자의 정리해고 문제 등이 예상된다. 여기에서는 미국의 신문-방송 겸영 논쟁의 정책 쟁점들을 2003년 미디어 소유권 규칙 제정 과정을 중심으로 정리해 보고 국내 신문-방송 겸영정책의 시사점을 탐색해 보기로 한다.

1) 2003년 미국 신문-방송 겸영 정책[22]과 한국 방송정책에 대한 시사점

미국은 1975년부터 동일 지역에서 신문과 방송의 겸영을 금지하고 있다. 2003년 FCC는 이들의 겸영을 허용하는 미디어 소유권 규칙 개정안을 통과시켰다. FCC 공화당 추천 위원 3명은 "현재 미국사회는 1975년보다 다양한 미디어(케이블TV, 위성방송, 인터넷 등)가 속출하고 있기 때문에 신문-방송의 겸영을 일부 허용한다 하더라도

---

22 미국의 신문-방송 겸영정책은 FCC(2003), *2002 Biennial Regulatory Review—Review of the Commission's Broadcast Ownership Rules and Other Rules Adopted Pursuant to Section 202 of the Telecommunication Act of 1996*.을 주로 참조하였음.

여론 형성의 다양성에 영향을 미치지 않을 것이다(relevant market theory)"[23]라고
주장하였다. 일부 미디어 경제학자들은 "실제 대형미디어 회사나 신문-방송을 겸영
하는 회사들의 프로그램들이 재정이 열악한 회사[24]들의 프로그램보다 그 질도 우수
하며 공익성(지역성, 다양성)도 실현하고 있다"는 사실을 계량적으로 증명하기도 하
였다. 그러나 의회에서 다수 의원들은 "동일 지역에서 한 사업자가 신문과 지상파방
송을 동시에 소유할 경우 특히 선거과정에서 정치적 영향력을 행사할 것"이라고 우
려하였고, 시민단체, 언론노동자(PD, 기자, 작가 등)들은 "96년 통신법 체제 이후 경
쟁체제가 가속화됨에 따라 미디어 시장이 음란, 외설물로 가득 차고, 저널리스트의
정리해고로 표현의 자유가 위축되었다"고 주장하였다. 또한 이들은 96년 법 이후 "대
형화된 미디어 기업들은 다양한 여론의 형성에 기여하는 것이 아니라 뉴스의 軟性化
및 모(母)기업의 이해만을 대변할 뿐 민중의 목소리는 대변하지 못 하고 있다"고 주
장하였다. 마침내 법원에까지 비화된 신문-방송 겸영 논쟁은 미 법원이 미국 FCC의
소유권 규칙 개정안이 여론의 다양성을 보장한다는 사실을 입증하지 못하고 있다고
판결함으로써 신문-지상파방송의 겸영 규칙을 무효화시켰다.

요약컨대 공화당 위원들의 시장/경쟁적 관점(market/competition oriented
perspective)과 논리는 "관련시장 확대론"과 "미디어 집중이 다양성과 공익성
을 보장"한다는 것이었으며, 민주당 위원들을 비롯한 반대측(diversity oriented
perspective)의 논리[25]는 "음란, 외설 증가", "저널리스트의 직업 안정성",[26] "뉴스 연
성화"와 의회를 중심으로 한 "여론 독과점" 문제가 제기되었다. 미국의 신문-방송 겸
영정책이 국내 방송정책(종합편성채널 정책)에 시사하는 바는 다음과 같다.

---

23 M&A 변호사 출신이었던 파월 FCC 위원장이 이 논리를 주도했다.

24 1975년 신문-방송 겸영 배제의 원칙을 도입했던 당시 이미 신문-방송 겸영하고 있었던 회사
들은 지금까지도 겸영을 허용해주고 있다.

25 비판적 견해를 잘 정리한 국내 논문으로서는 (김승수, 2003)을 참조할 것.

26 음란, 외설물 문제가 쟁점이 되는 가운데 마이클 잭슨 여동생의 乳頭 노출사건은 시청자들의 분
노를 샀고, 작가, 기자 등 저널리스트들도 강력히 저항했다. 미국도 국민정서가 정책결정의 중
요한 요소가 된다.

     ✦ 미디어 생태계의 미래

첫째, 음란, 외설 등 상업화의 우려이다. 종합편성채널 등의 도입으로 방송시장에서 경쟁이 가속화될수록 이런 문제가 제기될 가능성이 크다.

둘째, 저널리스트의 고용과 직업안정성 그리고 편집권 확보 등 여론 독점에 대한 우려이다. 종합편성채널 및 보도채널사업자 등 다수 사업자의 출현은 국내에서는 고용창출효과를 기대하고 있으나 신문사의 방송사업 진출이 이른바 "승자의 저주" 현상으로 전환할 때 정리해고나 언론노동 강도가 어떻게 변화할지 주목된다.

셋째, 뉴스의 연성화 문제이다. 보도시장에서의 경쟁이 치열해짐에 따라 심층보도가 늘어날지, 연성화가 늘어날지 주목된다. 조선, 동아, 중앙, 매일경제 등 국내 유력 일간지의 종편 진출이 저널리즘의 질을 한 차원 높일 것인지, 아니면 선정주의로 전락할 것인지를 지켜보아야 할 것이다.

2) 소유/겸영 관련 정책 제언

국내 방송정책상 소유규제는 미디어 융합 시대에는 부적합한 "단위 매체별 지분제한 규제", "동일 매체 간 점유율 규제"로 규제방식이 법제화되어 있다. 따라서 여기에서는 시청점유율 규제, 수평적 규제체제 등 새롭게 제기되고 있는 소유/겸영 방식을 검토해보고 국내 적용 가능성을 탐색해 보고자 한다. 미디어 융합 시대에 필요한 소유/겸영정책을 제언하면 다음과 같다.

첫째, SBS를 비롯한 지역민방, 종합편성채널 등에 부가하고 있는 단위 매체별 1인 지분제한은 폐지해야 한다. 과거 KBS, MBC만 존재하던 시절에 신생매체로 출범한 민영 지상파방송 SBS는 당시 특혜시비를 불식하기 위해 1인 지분제한 규정(30%)을 적용하였다. 이 규정은 위성방송, 위성DMB로부터 최근 종합편성채널에 이르기까지 무조건 30% 원칙이 적용되고 있다. 다수의 주체가 참여하는 컨소시엄 방식은 의사결정도 더디게 하며 다수 참여자의 동의 없이는 투자자본의 확대도 불가능하므로 조직 운영이 아주 어렵게 된다. 지상파방송에만 49% 지분제한 규정을 설정했던 프랑스도 최근 이 규정을 삭제하였다.

둘째, 국내 방송법제의 소유 규제는 주로 단일미디어 소유규제나 동종 미디어 복수 소유 규제에 치중되어 왔으나 향후에는 전체 방송시장의 시장점유율이나 장기적으로는 전체 미디어 시장 점유율로 전환해야 합리적인 정책이 될 것이다.

국내 소유/겸영정책은 외국 경쟁자를 물리칠 수 있는 규모의 국내 기업을 육성하기 위해 자유화 정책을 취하는 동시에 국내적으로 미디어 다양성을 보장하는 규칙을 만들어야 하는 이율배반적 요구를 충족해야 한다. 미디어 독점상황의 판단에 있어서 신문, 방송, 인터넷, 기타 뉴미디어 등 사회에 존재, 활동하는 모든 미디어를 종합적으로 보고 독점을 판단할 것인가, 아니면 미디어 유형별로 독점을 문제 삼을 것인가, 아니면 단위 매체별로 독점을 판단할 것인가 하는 점이 해명되지 않으면 안 될 쟁점으로 제기된다. 또한 미디어의 교차소유(cross ownership)가 어떤 범위에서 규제될 수 있는가 하는 문제도 검토되어야 한다(박용상 · 방석호 · 이한우, 2005). 전체 미디어 시장에서 독점과 다양성 문제를 판단하는 것이 논리적으로 타당하나 미국의 다양성 지수 개발과정에서 보듯이[27] 아직 매체 간 영향력에 대한 상대적 가중치에 대한 합의가 이루어지지 않는 현 상황에서는 신문-방송 겸영이나 방송통신 융합 문제도 당분간 독일과 같이 방송시장 점유율로만 규제할 수밖에 없을 것으로 판단된다. 또한 국내 방송정책의 규제완화의 속도를 고려해 보면 아직까지 전체 미디어 시장 점유율을 고려하기에는 시기상조이며 다만 독일, 미국과 같이 뉴미디어 방송시장에서의 시장 점유율 규제를 채택할 필요가 있을 것이다.

셋째, 신문, 공영방송에 대한 경쟁법의 적용 예외 문제이다. 1996년 통신법 이후 미국에서 진행되고 있는 추세를 정리해 본다면 일반경쟁법의 적용이 강화되고 있는데 이는 미디어 영역에 대한 특수성의 인정 범위가 좁아지고 있다는 점을 의미하고 사회문화적 고려보다는 경제적 고려가 비중이 높아진다는 것을 의미한다. 문제는 일반 경쟁법이 미디어 분야에서 추구하여야 할 목표들을 얼마나 잘 달성해 낼 수 있을

---

27 미국을 비롯한 각 국가의 다양성 지수 개발 문제에 대해서는 (유의선, 2009) 논문을 참조할 것.

까 하는 점이다. 일반경쟁법의 장점은 경제적 효율성을 제고할 수 있다는 것인데 미디어 산업은 경제적 효율성뿐만 아니라 의견의 다양성 보장과 민주성 촉진 등 다양한 가치들을 내포하고 있다. 또한 경쟁법은 경쟁의 결과에 대한 관심보다는 경쟁의 과정에 더 많은 관심을 가지고 있다. 만약 경쟁의 과정이 더 공정하다면 경쟁의 결과로 독점이 형성된다 하더라도 문제 삼지 않는 경향이 강하다. 여론의 다양성 측면에서 본다면 아무리 공정한 경쟁의 결과라고 하더라도 한 미디어 매체가 독점하는 상황은 결코 바람직하지 않다(이상승·조성국, 2010).

미국의 동일지역에서 신문-지상파방송 겸영 논쟁에서는 경쟁법의 원리를 적용하지 않고 여론 독과점 문제와 다양성 지수 개발 문제가 논의되었다. 국내 신문-종합편성채널 진입 논쟁 과정에서도 신문의 여론 독과점 문제와 다양성 지수 개발 문제가 논의되었다. 즉, 신문과 공영방송과 같은 전통언론에 대해서는 관련 시장획정과 기업결합심사와 같은 경쟁원리의 적용보다는 여론형성에 미치는 미디어 사업체의 사회적 영향력 문제가 정책 쟁점이 되는 것이다. EU에서는 회원국의 공영방송은 독과점법의 적용을 면제하고 있다. 수신료에 의해 재원이 보장되는 공법상의 법인은 "확장 프로그램의 도입(새로운 채널의 운영)"에서도 시장점유율의 적용을 받지 않는다(박용상·방석호·이한우, 2005). 독일 연방헌법재판소의 6차 방송 판결은 공영방송의 존속/발전을 보장하고 모든 기술과 서비스 진입을 허용하고 있다. 명시적 경쟁법 예외조항에 상당한다고 하겠다. 공영방송은 원래 공공독점체제로부터 출발한 미디어이기 때문에 그 소유구조나 권력적 성격, 지배적 사업자의 위치 등을 고려한 EU국가의 정치적 판단이라 하겠다. 일본에서는 신문의 지상파방송 진입은 허용하는 대신 막강한 자본력을 가진 통신자본(NTT 등)은 방송시장 진입이 제한되어 있다.

미국은 미디어 경쟁 정책에서 신문과 지상파방송을 예외로 하고 미디어 사업자의 힘과 크기는 보지 않는다. 즉, 관련시장을 획정하고 그 시장에서 경쟁이 촉진된다면 거대 미디어 사업자가 진출해도 무방하다. MVPD 시장(미국의 유료방송 시장)에서 케이블TV가 독점사업자이었기 때문에 이미 지상파방송을 소유한 루퍼트 머독의 뉴스 코퍼레이션사는 위성방송에 진입할 수 있었다.

국내 경쟁정책도 신문과 공영방송 그리고 지상파방송의 신생매체에 대한 진입이나 異種매체의 겸영에 대해서는 여론 독과점과 이를 측정할 수 있는 다양성 지수 문제로 논의가 집중되어야 한다. 다만 유료방송 시장에 대해서는 다음에서 논의하고자 하는 시장획정과 시장점유율 측정이 필요하다고 하겠다.

6. 경쟁 정책

국내 방송정책은 경쟁정책에 대해서는 방송법에서는 명기되지 않았고 다만 「방송통신위원회의 설치 및 운영에 관한 법률」에도 선언적으로 만 규정되어 있다. 신문-방송 겸영과 공영방송 정책이 지역성, 다양성 등 공익적 관점에서 주로 논의되어야 한다면, 케이블TV, 위성방송, IPTV 등 뉴미디어 방송과 향후 도입될 신생매체는 경쟁정책의 도입이 필수적이다. 여기에서는 그동안 국내 방송 경쟁정책을 주도했던 의무재송신, 프로그램 액세스권(PAR: Program Access Rule) 등 공정경쟁론 및 매체 간 균형발전론의 문제점을 지적하고 그 개선방안을 제시하고자 한다. 또한 관련 시장획정과 시장점율 규제와 수평적 규제체제 문제도 다루기로 한다.

1) 공정경쟁論 및 매체 간 균형발전論의 재해석: 의무재송신, PAR, 콘텐츠 동등접근권을 중심으로

국내 방송정책 결정과정에서 후발 미디어의 조기 시장정착을 위한 명분으로 공정경쟁론 또는 매체 간 균형발전론이 제기되었다. 케이블TV 사업자는 지상파방송사업자의 방송시장에서의 독과점 현상을 비판하면서 지상파방송의 의무재송신을 요청하였고, 위성방송사업자는 케이블 MSP 프로그램에 대한 동등한 접근권(미국의 PAR

✦ 미디어 생태계의 미래

에 해당한다고 할 수 있음)[28]을 주장하였다. IPTV 사업자는 IPTV법에 명기된 "콘텐츠 동등접근권"을 명분으로 지상파방송 프로그램이나 뉴미디어 방송 프로그램을 기존 방송과 차별 없이 공급해줄 것을 요구하였다. 즉, 케이블TV의 의무재송신, 위성방송의 프로그램 액세스권, IPTV의 콘텐츠 동등접근권은 공정경쟁정책 또는 매체 간 균형발전론의 핵심 논리였다. 그러나 지상파방송 입장에서 본다면 과거 1960년대 단순히 지상파방송의 중계기능(common carrier)에 머물던 케이블TV가 지금은 방송시장의 점유율도 지상파방송의 경쟁매체가 될 정도로 성장했을 뿐만 아니라 초고속 인터넷 서비스, VoIP(케이블 전화) 등 TPS서비스까지 구현하는 상황에서 의무재송신, 또는 매체 간 균형발전, 공정경쟁 정책이라는 명문으로 프로그램을 계속 무료로 제공해 줄 수는 없는 입장이라고 하겠다.

또한 케이블TV 입장(특히 MSP)에서는 유료방송시장의 직접적인 경쟁자, 즉 전송체의 차이만 있을 뿐 프로그램 내용이나 방송의 특성이나 지위가 동일한 매체인 위성방송에게 자신이 제작한 프로그램을 제공한다는 것은 오히려 反경쟁적, 反시장적인 행위로 이해할 수도 있겠다. 특히 케이블 MSP 입장에서는 비록 후발매체라고 하지만 위성방송과 IPTV를 동시에 운영하면서 이들을 결합판매까지 하고 있는 거대 통신사업자 KT[29]에게 — 설사 의무재송신 규칙과 같이 프로그램을 무료로 제공하지 않

---

28 다채널 유료방송 시장의 활성화를 위해서는 핵심적 프로그램에 대한 접근을 법적으로 강제해야 하고, 이를 위해 우리보다 오래된 다채널 방송의 역사를 가지고 있는 미국이 1992년에 도입한 프로그램 접근규칙과 같은 법령을 국내에도 도입해야 한다는 견해가 있다. 수직적 결합 관련 문제점으로는 수평결합을 통해 시장력을 확보한 MSO가 PP들을 수직적으로 결합하는 경우 프로그램의 차별적 거래나 시장봉쇄전략의 가능성이 커진다는 것을 들 수 있다. 미국에서는 1992년 케이블법에 의해 1993년 4월 1일 FCC는 케이블 시스템(SO)이 소유지분을 갖고 있는 프로그램공급자에게 모든 경쟁적 플랫폼(delivery system)에 동일한 조건으로 프로그램을 공급하도록 요구하는 이른바 Program Access Rule을 공표했다. PAR은 SO와 수직적으로 결합된 PP가 경쟁관계에 있는 MVPD (MMDS, DBS, SMATV 등)에 대한 채널 공급에 있어서 유통이나 판매의 조건, 기간 및 가격 등에서 차별하는 것을 금지하고 있다. 또한 SO와 수직적으로 결합된 PP와 배타적으로 프로그램 배급계약을 하는 것을 금지하고 있다. PAR의 목적은 시청자들의 프로그램 이용가능성 증진과 매체 간 경쟁의 활성화로 구분할 수 있다. 즉 기존 사업자인 케이블 사업자에 대한 경쟁을 증진시키는 방법으로 신규 진입자인 위성방송이 경쟁력을 갖출 수 있는 발판을 마련해 준다는 의미도 있다. PAR은 SO가 5%이상의 지분을 갖고 있는 수직적 결합상태의 케이블 프로그램 공급자만을 대상으로 한다. FCC는 2007년까지 PAR의 연장을 결정했다(오 정호, 2006).

29 매년 통계 상의 차이는 있지만 KT의 연간 매출액은 20조 여 원으로서 전체 방송시장의 2배 정도로 추산된다.

는다 하더라도 — 위성방송 프로그램은 "PAR 원칙" 그리고 IPTV에게는 "콘텐츠 동
등접근권"에 의거, 프로그램을 무차별로 제공한다는 것은 지적재산권 침해라는 법리
적 문제뿐만 아니라 공정한 시장 게임의 법칙 측면에서도 이해하기 어려운 것이다.
지상파방송 또한 1960년대 도입된 의무재송신 제도를 50여 년이 경과한 지금 거대
통신 사업자에게 자기가 만든 프로그램을 무료로 제공한다는 것은 이해하기 어려운
것이다.

의무재송신, PAR, 콘텐츠 동등접근권 등은 미국 방송의 역사 법제로부터 그 근원
을 찾을 수 있으며 국내의 미디어 역학(dynamics)과는 부합되지 않는 측면이 있다.
매체 간 프로그램 공급관계에 대한 미국의 사례를 보면 FCC는 지상파와 케이블의 관
계에서는 "재송신 동의 규칙"에 의거, 지역 지상파방송의 판단에 따라 케이블TV에
대해 의무재송신을 하게 하거나 아니면 프로그램을 공급하지 않아도 된다. 이미 미
국의 케이블TV는 소수의 대형 MSO 체제(미국은 한 사업자가 케이블 시장의 30%까
지 SO를 소유할 수 있음)이기 때문에 재송신 동의 규칙은 지역방송에 대한 배려이며
매체 간 균형발전이며 공정경쟁 정책이라 할 수 있겠다.

케이블TV와 위성방송의 관계에서는 케이블 MSP 상위 20개 채널은 프로그램 액
세스룰(Program Access Rule)을 적용하여 위성방송에게 프로그램을 공급하도록 하
고 있다. 후발미디어인 위성방송에 대한 진흥정책이라 할 수 있다. FCC가 PAR을 채
택하기까지는 그럴 만한 이유가 있었다. 미국의 전기통신사업자들은 FCC의 Open
Sky Policy에 의거, 1980년대 초반 위성체를 발사하고 이른바 "Gold Rush"라 할 만
큼 위성방송 사업에 적극 참여했으나 케이블 PP의 프로그램 공급중단으로 완전히 실
패하게 되었다. 1980년대 당시 케이블TV는 미국 전 가정의 40 % 정도 보급되어 있
었다. 케이블 PP 입장에서는 위성방송에게도 프로그램을 제공하고자 하였지만 케이
블 PP들은 위성방송에 프로그램 공급을 중단하지 않으면 케이블 프로그램을 방송하
지 않겠다는 케이블 SO의 위협에 굴복하고 말았다. 이러한 역사적 경험을 바탕으로
1990년대 중반부터 PAR 규칙이 잠정규칙 — 7년마다 FCC가 재검토 — 으로 제정되

　　　　　　　　　　　　　　　　　✦ 미디어 생태계의 미래

면서 위성방송이 활성화되었다. 미국은 시대와 상황에 따라 경쟁정책을 촉진하기 위하여 잠정적으로 매체 간 균형발전 차원에서 취약매체를 보호하려는 경향을 보이고 있다. 그러나 대체로 유럽에서는 양자 간의 자율계약으로 프로그램 공급을 결정하도록 하고 있다.[30] 한국에서도 KBS1과 EBS의 의무재송신 규칙 적용을 제외하고는 당사자 간 자율계약 방식을 따르고 있다고 하겠다. 지상파방송과 케이블TV 간의 지상파 재송신에 대한 최근 판례[31]만 보더라도 더 이상 공정 경쟁론 또는 매체균형론은 더 이상 설득력을 유지하기 어려울 것 같다. 이를테면 삼성전자가 운영하는 스마트미디어에 매체 간 균형발전과 공정경쟁의 명분으로 지상파방송의 의무재송신, 케이블 MSP의 액세스룰을 적용하기는 어려울 것이다. KT와 SKT와 같은 통신사업자가 기술적 잠재력이 풍부한 네트워크를 보유하고 프로그램까지 조달받는다면 네트워크의 한계가 있는 지상파방송과 케이블 MSP의 경우에는 장기적으로는 존립을 위협받게 될지도 모른다.

그러나 위성 DMB 사례에서 보는 바와 같이 대기업이라 하더라도 기존 프로그램을 원천적으로 공급거절을 당하면 신규 사업은 존립하기 어려울지도 모른다. 그런 의미에서 신생 미디어가 관련시장에서 10% 정도 시장점유율을 확보할 때까지 지상파나 케이블 프로그램을 공급하는 임시 조치는 고려해 볼 수도 있겠다.

---

30 영국은 지역성이 강조되는 케이블TV에 대해서는 지상파 의무 재송신 규제를 하지만, 위성방송에 대해서는 자율계약제를 채택하고 있다. 영국의 케이블TV는 BBC1, BBC2, ITV, Channel 4, Channel 5를 전송할 의무를 지니는 반면, 위성방송은 법적인 의무재송신 의무를 지니지 않고 사업자 간 자율계약을 통하여 지상파를 재송신한다.

31 중앙지방법원(2009가합132731) 사건판결요약문을 보면 다음과 같다. 의무재송신 관련 수신설비 등의 관리 형태, 영업행위, 방송신호의 변경, 방송법 규정의 해석 등 여러 가지 사정을 종합하면, 이 사건 방송 재송신은 케이블방송 가입자가 디지털 지상파방송을 편리하게 수신할 수 있도록 단순히 도와주는 기능만을 수행하는 행위라고 할 수 없고 피고들이 주체가 되어 행하는 독자적인 방송행위라고 할 것이어서 저작권법상 동시중계방송에 해당한다. 피고들이 주장하는 묵시적 합의 존재, 신의성실의 원칙 위반이나 권리남용 등은 받아들이지 아니한다. 결국 피고들이 디지털 지상파방송을 동시재전송하는 것은 원고들의 동시중계방송권을 침해하는 것이다(침해 인정). 결론은 침해정지청구 인용/간접강제 청구 기각이다. 원고들이 침해정지 청구를 인용하여 소장송달 다음 날인 2009.12.18부터 새로 케이블방송에 가입한 수신자에게 디지털지상파방송을 동시재송신하는 것을 금지한다. 한편 이 판결이 선고되면 시청자들의 시청권 보호를 위해 피고들이 원고들과 협의 등을 통하여 원만한 해경방안을 모색할 것으로 보이기 때문에 간접강제청구는 기각(피고들이 판결선고 후 단기간에 침해정지의무를 위반할 개연성이 있다고 보기 어려움).

이상에서 살펴본 바와 같이 프로그램의 공급관계는 미디어 융합 현상이 가속화되고 매체 간의 경쟁이 심화될수록 이른바 공정경쟁론이나 매체 간 균형발전론보다는 사업자 간 자율관계로 진행할 수밖에 없을 것이다. 국내 지상파 TV와 케이블TV 간의 재전송 문제에서 보는 바와 같이 결국 최종 정책적 쟁점은 요금정책으로 귀결될 것이다. 통신요금정책은 접속료 산정방식이 체계화되었으나 방송은 요금정책이 미비한 상황이므로 상호 협상과 중재 그리고 저작권과 같은 일괄 타결방식도 검토해 볼 만하다.

2) 관련 시장 획정과 시장점유율 규제

미디어 융합에 따른 시장획정 문제가 중요해지는 분야로는 허가 및 합병심사, 결합판매, 상호보조, 담합, 필수설비에 대한 규제 등 매우 많다. 시장획정 시에서는 대체성, 보완성, 거래단계 등을 기준으로 시장 간의 수평적, 수직적 관계가 파악되어야 한다. 만약 신규시장과 기존시장 간에 대체성이 강하다면 신규시장과 기존시장은 수평적 관계로서 동일한 시장으로 획정된다. 이런 의미에서 IPTV는 케이블TV와 위성방송 등과 대체성을 띠고 있기 때문에 동일시장으로 간주해야 할 것이다. 방송 관련 시장획정의 경우는 대체로 판례 및 경쟁법에서 1차적으로 규정하고 2차적으로는 방송 소유권 규정에 따른다.

미국의 경우 지상파방송을 제외한 유료방송은 MVPD(Multichannel Video Program Distribution)로 동일시장으로 간주하고 있으며 FCC 소유권 규칙에 따라 한 사업자가 시장점유율 30%까지 미디어 사업체를 소유할 수 있다. 독일의 경우 공영방송인 ARD와 ZDF는 독과점 규제 예외이며 민간방송사업자는 시장점유율 기준으로 유료방송시장의 30%까지 미디어 사업체를 소유할 수 있다. 시장점유율은 방송시간 점유율로 측정한다. 영국의 경우는 한 방송사업자가 — 국내사업자든 외국자본이든 구분 없이 — BBC를 제외하고는 전체 방송사업자를 전부 M&A할 수 있다. 영국은 BBC를 제외하고 지상파방송과 유료방송 시장을 동일시장으로 간주하고 있다고 하겠다. 영국의 시장획정은 EU위원회가 회원국에게 권유하고 있는 네트워크/콘텐츠의 분리와 수평적 규제체제에 부응하는 정책적 선택이라 할 수 있다. EU위원회는 회원국에게 1공영 2상업 체제를 이상적인 방송모델로 구조개편할 것을 권유하고 있다. 유럽의 공영방송들이 대체로 40%(영국 BBC, 독일의 ARD와 ZDF, 프랑스 공영방송사들)의 시장점유율을 확보하고 있는 추세임을 볼 때 한 민간 방송사업자가 30% 시장을 점유하게 한다면 장래에는 1공영 2상업 체제로 전환될 것이다.[32]

한국의 경우도 관련시장을 첫째, 공영방송인 KBS를 제외한 전체 방송시장을 동일시장으로 볼 경우, 둘째, 지상파방송과 유료방송을 구분하여 시장획정을 구분하는 방법을 고려해 볼 수 있겠으나 현 단계로서는 우선 유료방송시장을 동일시장으로 간주하는 것이 바람직할 것이다.

3) 수평적 규제체제

수평적 규제체제란 망(網)에 따른 방송역무의 차별(수직적 규제체제)을 없애는 경쟁체제 도입을 의미한다. 지금 EU와 영국에서는 지상파, 뉴미디어 등 네트워크에 따른 소유규제/편성규제/광고규제/요금규제의 차별화를 없애는 이른바 수평적 규제체제 도입을 적극 검토하고 있다.

국내에서 통합법제의 전제로서 수평적 규제체제를 도입하기 위해서는 수평적 규제체제를 주도하고 있는 EU와 영국의 특수성을 이해해야 한다. 왜 EU와 영국만이 수평적 규제체제를 법제화하고 있으며 미국, 독일, 프랑스는 왜 침묵하고 있는가? EU는 1980년대 후반부터 "국경 없는 TV계획" 등을 통해 회원국 간의 방송시장 통합을 추진해 왔으며 통신 및 시청각서비스 전반에도 회원국 간의 표준화 정책을 추진하였다. EU통합의 기본 목적이 회원국 간의 "사람, 물건, 서비스 간의 자유로운 이동과 유통"에 있다고 한다면 방송과 통신 그리고 시청각서비스 분야의 자유로운 교역과 유통은

---

32 유럽 방송의 소유권에 대해서는 Advisory Panel to the CDMM on Media Concentrations, Pluralism and Diversity Questions, 2002; Enterprise Act 2002, 2004; KEK, 2004; OFCOM, 2003 참조.

필연적인 정책적 선택이다. 그러나 회원국 개별 국가의 이익과 다양한 규제정책은 미디어 분야의 통합과 표준화를 곤란하게 하거나 지연시키는 요인으로 작용하고 있다. 이러한 상황에서 수평적 규제체제의 도입은 방송매체별, 방송/통신서비스 간 미디어 법제와 규범의 통합을 위한 정책이라 하겠다. 영국은 2003년 커뮤니케이션법을 통해 미디어 시장에서 경쟁, 규제 완화, 글로벌 정책을 추진하고 있기 때문에 개별 국가로서는 가장 먼저 수평적 규제체제를 선택한 것이다. 수평적 규제체제는 기존의 방송질서와 역사, 규범을 표준화하므로 실제 추진과정에서는 사업자들의 반발이 예상된다.

국내에서 수평적 규제체제를 도입한다면 공영방송사의 특수한 지위와 역무만 제외하고 지상파방송, 케이블TV, 위성방송, IPTV 등의 소유/겸영규제, 편성규제, 허가/진입규제 등을 표준화하는 것으로 해석된다. 지상파방송, 유료방송, 융합서비스는 매체 도입 당시의 시대정신이나 사회적 상황 그리고 방송매체의 사회적 책무를 반영하기 때문에 역사적으로 다른 허가/진입규제, 소유/겸영규제, 편성규제를 받아 왔다. 지상파방송, 종합유선방송, 위성방송, DMB 등 매체별로 사업자의 지위와 역무가 판이한 수직적 규제체제에 익숙한 국내에서는 수평적 규제체제의 도입은 소유/겸영규제, 허가/진입규제, 편성규제 등이 자유화되지 않고서는 현 단계로서는 수용하기 어려운 과제이다. 그러므로 매체 간 상이하게 규제되고 있는 허가/진입규제, 편성규제, 소유/겸영규제를 어느 정도 표준화한 이후 점진적으로 검토해 보는 것이 바람직하다. 다만 콘텐츠의 사회적 영향력이 약한 통신영역부터 수평적 규제체제를 도입하고 방송부문에서는 "융합서비스-유료방송-지상파방송"순으로 그 도입을 점진적으로 검토해야 할 것이다. 그러나 장기적으로 수평적 규제체제를 염두에 두고 지상파방송, 뉴미디어 방송, 융합 서비스 간의 과도한 편성규제의 차별화를 줄이고 상호 수렴하는 편성규제 및 정책 방향을 검토해야 할 것이다.

　　　　　　　　　　　　✦ 미디어 생태계의 미래

7. 정책제언

본 연구는 한국 방송정책의 특성을 방송법제 분석을 통해 파악하고 그 문제점과 개선방향을 찾고자 했다. 아울러 미국, 유럽(독일, 영국, 프랑스), 일본의 방송정책과 법제분석도 병행하면서 세계적인 추세를 파악하고 이를 국내 방송정책과 법제 개편의 참고사항으로 하였다. 연구결과를 집약하면서 다음과 같은 정책제언을 하고자 한다.

첫째, 미디어 융합 시대에는 지역성, 다양성, 경쟁, 효율성, 기술혁신, 사실의 규범력, 국제규범 등의 다양한 정책이념들이 상호 충돌하면서 한국 방송정책과 법제 개편과정을 주도할 것이다. 이러한 이념과 가치들이 정책결정과정에서 규범 조화적으로 작용하기 위해서는 정책의 우선순위를 결정해야 한다. 또는 매체별로 그 이념과 가치들을 분리함으로써 정책의 혼선을 피해야 한다. 신문과 지상파방송의 다각경영에 대해서는 다양성, 지역성 등 공익적 이념이 뉴미디어 방송에 대해서는 경쟁이념을 적용해야 할 것이다.

둘째, 방송정책결정과정에서 방송통신위원회, 공정거래위원회 입법부, 사법부 등 다양한 정책체계는 민주적 의사결정이라는 장점은 있지만 정책갈등을 높이고, 정책 지연 현상을 유발한다. 방송통신위원회의 위상 강화와 함께 전문성 제고가 요청된다. 특히 경쟁법과 방송/통신법제와 충돌을 방지하기 위해 시장획정, 기업심사에 대해서는 경쟁당국(공정거래위원회)에 1차적인 심사권을 부여하고 그 외 모든 권한은 전문규제기관(방송통신위원회)에서 최종 관할권을 갖는 역할 분담 방안을 제시하고자 한다.

셋째, 공영방송의 존속 발전을 보장하기 위해서는 인사권, 소유권, 규제권의 정치적 독립성 확보와 함께 이를 보장할 수 있는 거버넌스 체제 구축이 요청된다. 아울러 경영다각화와 수신료 정책을 통해 재정적 건전성을 확보해야 한다. 영국은 공영방송에 대해서는 강력한 공공모델(BBC: 8개 다채널, 상업화, 국제화, 물가연동 수신료 체제)을 채택하면서 동시에 지상파방송과 뉴미디어 방송에 대해서는 완전 시장모델(수평적 규제체제, 자본자유화, 시장점유율 폐지)을 추진하고 있다. 프랑스 또한 多공영체제를 단일회사로 통합하고 수신료 100% 체제로 전환함으로써 공영방송과 상업방송이 동시에 공존할 수 있는 재정적 토양을 마련하였다. 공영방송의 존속발전 보장을 확실히 보장하는 동시에 경쟁과 규제완화 정책이 동시에 추진되는 것을 확인할 수 있었다. 한국의 방송정책도 공영방송의 확대論과 함께 뉴미디어 시장확대론을 동시에 정책적으로 추진해야 한다. 수신료 정책은 공영방송 확대론의 필요충분조건이므로 독일의 7차 방송 판결에서 제시한 바와 같이 "내용관여 배제의 원칙"과 "회계/경영 전문가 참여 원칙"을 수용할 것을 제언한다. KBS와 MBC가 공영방송으로 그 공적 책무를 수행하자면 영국, 프랑스의 공영방송처럼 다양한 편성정책이 구현되어야 한다.

넷째, 소유/겸영정책은 미디어 융합 시대에 부응하기 위해 현재 단위매체별 지분제한, 동종 매체별 점유율 규제는 폐지되어야 한다. 뉴미디어 방송시장은 동일시장의 개념으로 획정하고 시장점유율 방식으로 전환해야 한다. 소유/겸영정책에는 다양성 지수, 경쟁법 그리고 정치적 판단과 사회적 합의가 동시에 수렴되어 한다. 미국의 신문-방송겸영 논쟁에서 제기되었던 음란 · 외설물 증가, 뉴스의 연성화, 언론노동의 직업 안정성 문제 등은 종합편성채널 정책에서 유의해야 할 정책과제이다.

다섯째, 의무재송신, PAR, 콘텐츠 동등접근권은 매체균형발전론과 공정경쟁론의 제도적 보장장치였다. 후발 미디어에 대한 정책적 배려 차원에서 나온 이 개념은 이제 그 설득력이 상실되고 있다고 생각한다. 미국식 서비스 경쟁 개념이 미디어 사업자의 사회적 영향력을 중시하는 대륙법적 전통과는 부합하지 않을 수도 있다. 결국 프로그램 공급관계는 사업자 간 자율계약관계로 이행하게 되며 요금 정책의 중요성이 부각될 것이다. 수평적 규제체제의 도입은 EU와 영국의 특수성에서 비롯된 정책이다. 미국, 독일, 프랑스도 관망하는 입장이며 우리의 경우 시장점유율 단계를 거친 이후에 고려해볼 만한 정책이다.

한국 방송정책의 혼선과 갈등을 극복하자면 정치 · 사회 諸 세력 간의 사회통합이

＋ 미디어 생태계의 미래

전제되어야 한다. 방송정책결정과정은 "정치·사회적 통합-방송정책의 안정성-방송
법제 정비"라는 단계를 거치기 때문이다. 정보화된 민주사회를 건설하기 위해서는
공익 및 공영방송 확대論과 함께, 시장/경쟁 원리(시장점유율, 수평적 규제체제)를
동시에 추구해야 하며 이런 측면에서 한국 방송법제의 전면적 개편과 재정비가 요청
되는 시점이다.

고민수(2006), 「한국방송공사의 법적 지위에 대한 고찰: "공공기관 지배구조 혁신방안"에 대한 비판적 분석을 중심으로」, 『방송문화연구』 제18권 1호, pp.153~181.

김승수(2003), 「미국의 매체규제 완화 논쟁」, 『방송연구』 여름호.

김희수 외(2002), 「미국의 1996년 통신법 개정의 영향 분석(Ⅰ)」, 『정보통신정책연구원 연구보고서』.

김정태(2010), 『디지털 시대 방송법 해설』, 커뮤니케이션북스.

나성현(2006), 「미국의 통신사업자 인수합병심사제도」, 『정보통신정책연구원 이슈페이퍼』.

박용상·방석호·이한우(2005), 『신문법과 언론구제법에 대한 헌법소원 심판 청구이유 보충서』, pp.69~120.

방송통신위원회(2009), 『방송통신 법령집』.

성욱제(2009a), 「프랑스 미디어개혁의 방향과 시사점」, 『정보통신정책연구원 이슈리포트』 09-02, pp.22~27.

성욱제(2009b), 「프랑스 공영방송법 제정: 배경, 과정, 의미」, 『방송통신연구』, 2009년 여름호. pp.163~192.

성욱제 역(2009c), 「2009년 프랑스 공영방송법」, 『정보통신정책연구원 정책자료』 09-02, pp.1~28.

오정호(2005), 「국내 유료방송시장의 시장획정과 공정경쟁의 방안」, 『프로그램 수급 관련 유료 방송시장 공정경쟁방안 연구』, pp.1~58.

유의선(2009), 「미디어 다양성: 정책함의와 접근방법」, 『방송통신연구』 2009년 가을호, pp.42~68.

이상승·조성국(2010), 『미디어 시장집중 및 규제정책 연구: 미국을 중심으로』, 한국

언론재단. pp.101~103.

이상훈 외(2009), 「국내 제작 편성규제제도 개선방안 연구」, 방송통신위원회, pp.46~76.

장일(2002), 「영국 커뮤니케이션 법안의 주요 내용」, 「세계의 언론법제 하권」, 한국언론재단, pp.153~155.

전정환·변무웅 역(2002). 「독일방송헌법판례」, 한울아카데미, pp.394~440. 중앙지방법원(2009가합132731).

정윤식(1993), 「독일 방송법제와 정책」, 「방송연구」, 1993년 여름호, pp.258~298.

정윤식(2005), 「미디어 융합의 동인, 전개양상, 정책과제」, 정보통신정책연구원, 05-22.

KBS한국방송(2007). 「2007년 BBC 칙허장」.

Advisory Panel for Media Diversity(2002), *Media Diversity in Europe*.

AIJA(ed.).(2000). *Antitrust and New Media*. 3-443.

Barron, J. A.(2000). Structural Regulation of the Media and the Diversity Rationale. *Federal Communications Law Journal*, Vol.52. 555~560.

Bird&Bird(2002). *Media Ownership in France*.

Bled, Slovenia(2004). *Concentration of media ownership and its impact on media freedom and pluralism*.

Botein, M.(1998). *Regulation of the Electronic Mass Media*. 187~250

Compaine, B. M. & Gomery, D.(2000). *Who Owns the Media?* 37~586.

FCC(2000). Memorandum Opinion and Order ("AT&T-MediaOne Order"). File Nos. BTCCT-19991116ABA (2000). 1~18.

FCC(2001). Memorandum Opinion and Order ("AOL-Time Warner Order"). Cs

Docket NO.00-30(2001). 1~74.

FCC(2003), *2002 Biennial Regulatory Review-Review of the Commission's Broadcast Ownership Rules and Other Rules Adopted Pursuant to Section 202 of the Telecommunication Act of 1996*.

Feld, H.(2000). The Need for FCC Merger Review, *American Bar Association Forum on Communications Law*. 1~16.

KEK(2004). *Media Ownership Concentration-Measurement and Monitoring*.

Leeper, S. E.(2000). The Game of Radiopoly: An Antitrust Perspective of Consolidation in the Radio Industry. *Federal Communications Law Journal*. Vol.52. 473-496.

Lili, L.(2000). Reflections on the FCC's Recent Approach to Structural Regulation of the Electronic Media. *Federal Communications Law Journal*. Vol.52. 581~617.

Littman, B. R.(2001). *Spring Semester 2001*. 240-389.

Meyerson, M. I.(1997). Ideas of Marketplace: A Guide to the 1996 Telecommunications ct. *Federal Communications Law Journal*. NO.49.251-288.

Overback, W.(2000). *Major Principles of Media Law*, 468-493.

하마다 주니치(1991).「독일에 있어서 매스미디어집중배제원칙의 동향」,「매스미디어집중배제의 국제비교」, 일본민간방송연맹 연구소, pp.22-26.

하마다 주니치(1999),「미디어 법리」.

NHK(2011),「세계의 방송」.

스마트미디어 환경에서의 방송생태계 정책

김대호 | 인하대학교 언론정보학과 교수

1. 방송생태계의 변환기

2012년을 시작하면서 통신사업자 KT가 삼성전자의 스마트TV에 대한 인터넷 접속을 제한했다가 며칠 뒤 철회하는 사건이 발생했다. 앞서 케이블TV 사업자는 지상파방송 재송신을 끊었고, 방송이 중단되는 사태를 겪었다. 이동통신 단말기로는 DMB 말고도 손바닥TV와 같은 앱이 등장하여 모바일TV 지형도 바뀌고 있다. 케이블TV 사업자인 CJ 헬로비전은 '헬로모바일' 서비스를 시작하여 이동통신 사업에 뛰어들었다. 스마트폰 가입자가 2천만을 돌파하고, 종합편성채널 서비스는 미디어 분야에 다양한 영향을 미칠 것이다. 2012년 2월 국회를 통과한 미디어렙법의 제정으로 방송광고 판매시장에 경쟁이 도입되게 된다.

방송계를 둘러싼 다양한 이해관계자들의 갈등과 경쟁의 정도가 예전과 다르다. 더욱이 방송은 이제 더 이상 방송사업자만의 장이 아니다. 이제는 통신사업자, 가전사업자까지 가세한 거대한 생태계의 하나인 것이다. 단순히 방송프로그램을 제작해서 채널을 제공하는 데서 훨씬 벗어난 모습을 보여 주고 있다. 더욱이 다양한 콘텐츠와 애플리케이션이 플랫폼의 형태로 인터넷TV를 통해 제공되는 등 복잡성을 더하고 있다.

또한 시장 활성화에 따른 규제 완화로 경쟁이 심화되고 소비자의 선택권이 확대되고 있다. 자연히 소비자의 관심을 끌기 위한 서비스, 콘텐츠 경쟁은 더욱 치열하게 전개된다. 방송채널과 매체의 확대로 콘텐츠에 대한 수요와 투자가 확대됨에 따라 차별화된 킬러 콘텐츠를 확보하기 위한 경쟁이 심화된다. 이런 상황은 전에 없는 복잡한 모습을 띠고 있다.

따라서 방송산업도 이제는 생태계적 관점에서 접근할 시점이 되었다. 지금까지는 KBS, MBC, SBS 등 지상파방송 채널 간의 경쟁이나, 케이블TV, 위성방송, IPTV 등 유료방송사업자 간 경쟁 등 경쟁 위주의 접근이 지배적이었다. 그러나 이제 그것으로는 부족한 상황이 되었다. 디지털, 인터넷 등의 영향으로 공진화(共進化), 협력적인 경쟁 등이 필요한 상황이 되고, 산업계 행위자들 서로에게 긴밀한 영향을 미치는 모습을 보여 주고 있는 것이다.

예컨대 방송수신료 정책은 단지 수신료 인상을 얼마로 할 것이냐 하는 기술적인 문제에 머무르지 않고, 방송광고 정책과 연결되어 있으며, 바로 미디어렙 정책과 연동되어 있다. 미디어렙 정책의 핵심은 공영방송 등 시장 획정과 연결되어 있다. 또 시장 획정에 따라 지상파 재송신 문제가 연동되어 있고, 종편 정책과 연결되어 있다. 이제 방송정책 각각이 서로 긴밀하게 영향을 주고받는 것이다. 바로 생태계적 관점이 필요한 이유이다.

생태계 개념은 변화하는 방송계의 문제를 푸는 기본 개념이다. 그것은 생태계 개념이 네트워크/웹(network/web) 형태의 관계를 강조하고, 정적이고 선형적인 관점이 아닌 종합적인 동태적 시각(holistic dynamic view)을 제공하기 때문이다. 한 기업이 중요한 것이 아니라, 전체 행위자들의 가치가 중요하고, 진화의 개념을 내포하고 있다. 이는 공진화, 협력적 경쟁과 같은 새로운 현상을 반영하고 있다. 생태계 개념을 발전시킨 펠토니에미(Peltoniemi)에 따르면 생태계는 경쟁과 협력 메커니즘을

     ✛ 미디어 생태계의 미래

동시에 가지면서 상호 연결되어 있는 커뮤니티이다(김사혁, 2011).

방송산업은 과거에는 콘텐츠, 채널, 플랫폼, 네트워크, 단말기 등 업종이 명확히 구분되었으나, 이제는 영역 간 결합 및 융합이 발생하고 있다. 따라서 기존의 폐쇄적인 사업구조가 개방, 상생형 모델로 진화하고 있다. 이러한 상황에서 방송산업 내 업종별 가치사슬의 구분이 없어지고 있다. 스마트TV, 모바일TV, 클라우드 서비스, N스크린 진출 등 새로운 영역에 대한 진출이 나타나고 있다.

그런데 아직 방송을 생태계 관점에서 보는 연구는 없다. 인터넷에서는 생태계 연구가 시작되었지만, 방송 분야에서는 아직 진행되지 않고 있다. 이 글에서는 방송생태계적 관점에서 방송정책을 살펴보고자 한다. 특히 서로 밀접하게 관련되어 있는 방송정책 중심으로 보고자 한다. 그런데 한국의 방송생태계는 커다란 역사적 변환기에 와 있다. 그만큼 방송생태계 정책을 마련하는 것도 쉽지 않은 상황이다.

2. 변화의 요인은 무엇인가?

방송 생태계를 변화시키는 가장 주요한 변화의 요인은 디지털화를 들 수 있다. 2012년 12월 31일을 기해 아날로그 방송이 종료된다. 스마트미디어 생태계를 구성하고 있는 정보 미디어에서 마지막으로 남아 있던 방송의 디지털 전환이 완성되는 것이다. 이미 디지털화는 미디어 분야에 상당한 영향을 미쳐왔다. 특히 디지털의 복제 가능성은 미디어와 콘텐츠 유통에 영향을 주었다. 원본과 다름없는 복제본을 양산하면서 유통에 변화를 가져왔다. 이 과정에서 불법복제 현상도 나타났지만, 무엇보다도 유통에 혁명적인 변화를 가져왔다. 인터넷의 발달로 정보전달의 '병목' 부분이던 '배급망'의 희소성이 소멸되었다. 이는 병목 부분의 '독점'에 기반을 두었던 미디어 기업의 독과점이 해체되는 결과를 가져온다.

제작 측면에서도 비선형(Non-linear) 제작의 일방향적인 질서를 무너뜨리고,

혼합(hybrid), 복잡(complexity)의 새로운 질서를 가져왔다. 즉, 파괴적인 기술 (Disruptive technology)이 방송계를 혁신한 것이다.

둘째, 인터넷이 방송에 미치는 영향은 상당한 정도로 진행 중이다. 젊은 세대들이 방송을 TV수상기로 이용하지 않고, 인터넷을 통해 이용하는 것은 이제 상식이다. 인터넷이 TV 이용의 주요 도구가 되면서 주문형 비디오 이용 방식의 비중이 커지고 있다.

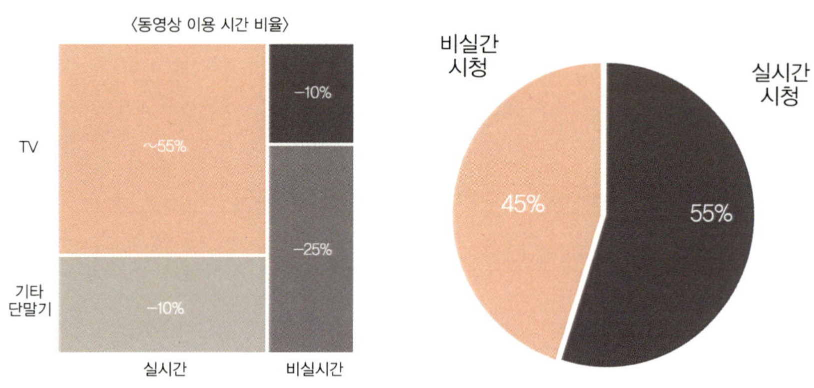

출처: SevenOne Media(2010)

📁 **그림 1_** 2015년 실시간/비실시간 TV 서비스 시청 시간 예측

〈그림 1〉의 조사 결과를 보면 독일의 경우이지만, 2015년 젊은 이용자(14~29세) 층이 실시간 방송을 보는 비율이 55%인 데 비해, 비실시간 방송 또는 다른 기기에서 동영상을 보는 비율이 45%까지 늘어날 것으로 보고 있다.

또한 인터넷을 통한 콘텐츠 유통은 방송 생태계를 뒤흔들어놓기에 충분하다. 무엇보다도 인터넷의 개방과 무료 이용의 특성은 비즈니스 모델과 경쟁에 영향을 준다. 방송 이용행태가 방송망에서 IP(Internet Protocol)망으로 이동하면서 기존 방송의 플랫폼 지배력이 감소하게 된다.

본래 인터넷과 방송은 본래 대립적이다. 인터넷이 좀 더 능동적인 이용 행태의 산물이라면, 방송은 수동적이고 일방향적인 매체이다. 인터넷은 검색과 접속 및 소셜

     ✚ 미디어 생태계의 미래

네트워크 중심의 매체인 반면, 방송은 아무래도 오락 중심의 매체이다. 물론 이러한 상반된 성격이 보완적으로 통합되면 시너지가 생길 수 있지만, 그러한 변화는 쉬운 일이 아니다. 따라서 인터넷의 방송에 대한 영향은 방송에 부정적인 영향을 미치는 방향으로 진행되는 것이다.

셋째, 방송의 디지털화로 미디어산업의 경계가 허물어지고, 스마트TV, 3DTV, 디지털 지상파/케이블TV, IPTV 등으로 플랫폼이 크게 확산되고 있다. 스마트TV 활성화를 통한 콘텐츠 유통구조 개편도 예상된다.

스마트미디어 생태계는 N-Screen을 가능하게 한다. 이는 N-Screen을 관통하는 '끊김 없는 서비스'에 대한 수요가 출현하는 것을 의미한다. 미디어 생태계는 스마트폰, 태블릿, 스마트TV 출현 이후 N-Screen 개념으로 자연스럽게 진화하고 있다.

방송의 경우 지금까지 서비스 제공에 필요한 정보를 공급자 측에서 보유했었다. 방송사가 콘텐츠를 제작, 편성하여 송출하게 되며, 수신 단말기(수상기)는 일종의 더미 역할을 한 셈이다. 그러나 스마트TV와 같은 단말에서는 보다 많은 정보가 단말기로 이동하게 된다. 앱 실행, 인터넷 연결 등이 모두 단말의 능력에 의해서 컨트롤되는 것이다. 이는 단말 산업이 미디어, 방송 산업에 관여하는 폭이 확대되는 것을 의미한다. 왜냐하면 스마트TV의 확산을 위해서는 양질의 콘텐츠 확보가 필요하기 때문이다. 해외에서 온라인 동영상 서비스(OTT: Over the top)가 활성화되는 것은 그 때문이다. 또한 단말 수가 증가하면서 개인 데이터를 한 곳에서 관리할 필요성이 증가하게 된다. 이는 자연스럽게 클라우드의 필요성을 증대시킨다. 그러나 이러한 양상은 방송의 개념을 뒤흔들고, 방송사업자, 콘텐츠사업자와 단말기사업자, 망사업자 간에 이해 갈등을 초래하는 결과를 낳는다.

넷째, 소프트 파워 생태계로 전환이 이루어지고 있다. 마이크로소프트, 야후 등에 이어 최근 애플, 구글 등 창의력을 갖춘 기업이 연이어 ICT(Information Communications Technology) 산업의 핵심으로 등장하면서, 값싸게 우수한 제품을 생산하는 능력보다는 소비자의 마음을 읽고 그들의 욕구를 충족해 주는 능력, 즉 소프트웨어나 사업모델을 개발하는 능력이 ICT 미디어 경쟁력의 핵심이 되고 있다. 본래 소프트 파워(soft power)는 국가 간의 외교 관계에 있어 군사력이나 경제제재 등 물리적 힘을 통해 다른 국가를 통제하는 힘을 지칭하는 하드 파워(hard power)에 대비해서, 과학 · 기술이나 문화, 예술 등 이성적 · 감성적 영향력을 통해 다른 국가를 통제하는 힘을 의미한다. 그런데 이 개념이 ICT에 응용되면서 소프트웨어 콘텐츠 기업들이 ICT 생태계의 주역으로 등장하는 것을 의미하게 되었다.

소프트 파워에 의한 생태계의 변화는 해당 기업의 가치가 상승하는 것에만 국한되지 않는다. 소프트 파워 기업을 중심으로 관련 기업들이 협력관계를 구축하여 하나의 생태계를 결성하고 다른 생태계 구성원들과 경쟁 및 협력 관계를 가지게 된다.

특히, 페이스북 등 소셜미디어 플랫폼이 급부상하여 iCloud 등 클라우드 중심의 N-Screen 서비스가 가시화될 것으로 예상된다. 이 경우 콘텐츠 제작 및 유통에 관련된 많은 기업들이 소셜미디어 중심으로 치열한 생태계 구축 경쟁을 벌일 것으로 보인다(김희윤 외, 2012).

3. 방송 생태계의 전례 없는 변화

이러한 환경하에서 방송 생태계는 전례 없는 변화 속에 놓여 있다.

먼저 방송 생태계에 새로운 참여자들이 많이 등장하고 있다. 2011년 12월에 방송을 시작한 MBN(매일경제), JTBC(중앙일보), TV조선(조선일보), 채널A(동아일보) 등 4개 종합편성채널의 등장은 1991년 민영방송 SBS 출범, 1995년 종합유선방송 시작 이후 방송미디어 시장의 가장 큰 변화라 할 수 있다. 종편은 드라마, 오락, 스포츠, 뉴스, 교양 등 모든 장르를 편성하여 방송할 수 있는 채널로서, 중간 광고의 허용, 의무전송 채널의 혜택, 대형신문사의 영향력 등의 요인으로 기존 지상파 3사 중심의 미디어 생태계를 변화시킬 것으로 예상된다. 특히 기존 PP들은 종편의 등장에 따라 시청률 하락 등의 어려움이 있을 것이다. 2012년 3월 현재 아직 개국 초기여서 그 성과가 크지는 않다고 평가되지만 향후 사업정착 여부에 따라 기존 미디어 생태계를 재편할 수도 있다.

둘째, 방송 생태계의 참여자들 간의 이해당사자 간 갈등이 증가하고 있다. 케이블TV와 지상파방송의 갈등은 방송중단 사태를 낳은 바 있다. 그동안 갈등관계에 있지 않고 보완관계에 있던 지상파방송과 케이블TV SO가 서로 대척하는 관계에 놓이게 된 것은 그만큼 방송생태계가 복잡해지게 된 것을 의미한다. 또한 KT와 삼성전자 역시 새로운 갈등관계가 형성되게 된 상황이다. 이러한 갈등관계는 지상파방송과 종편, 유료방송 플랫폼 간 갈등 등 다양하게 확대되고 있다. '2011년 정부업무평가 보고위원회'에서 방송통신위원회는 정책 수행평가 최하위의 평가를 받은 것도 이러한 이해당사자 간 갈등의 어려움을 반증하고 있다.

셋째, 방송 생태계를 유지해오던 기존의 가치사슬이 해체된다. '제작—배급—방영'의 가치사슬을 수직 통합하여 운용하던 모델이 급속히 해체되는 것이다. 이미 뉴스, 음악, 통신시장의 경우 이러한 수직 통합은 해체되고 있는 중이다. 여기에 방송시장의 수직 통합도 해체에 직면하는 것이다.

'제작—배급—방영'의 가치사슬 중 가장 많은 혁신이 이루어진 부문은 배급/유통 부문이다. 인터넷이 거의 모든 미디어 콘텐츠 유통의 핵심 플랫폼으로 부상하면서 방송 유통이 달라지고 있다. 즉, 기존의 TV수상기를 통한 이용이 점점 쇠퇴하고, OTT가 번성하고 스트리밍(streaming) 이용이 이용행태로 자리 잡고 있는 것이다.

넷째, 방송 생태계를 지탱하는 재원 문제가 다양, 복잡해지고 있다. 재원은 광고와 수신료, 케이블 SO와 PP 채널 및 지상파 재전송 사용료 배분 문제 등으로 나타나고 있다. 방송 광고시장은 미디어렙법(방송광고판매대행사법률) 통과로 경쟁상태에 들어가게 되었다. 한국방송광고공사 독점체제가 해체되어 광고시장은 경쟁체제로 들어가게 되었다. 공영방송 수신료 인상은 30년 이상 계속 되어온 문제지만, 여전히 논쟁 중이다. 여기에 PP가 케이블 SO로부터 받는 수신료를 둘러싼 갈등, 지상파방송

재송신을 둘러싼 갈등 등의 재원을 둘러싼 문제들이 등장하였다. 일반 채널에 대한 채널사용료 지급 기준은 오랫동안 20% 이하에 머물고 채널 사업자에게 불리하게 작용했다. 그러나 이를 SO 재허가 조건에 포함시키면서 2010년에는 27%로 증가하는 양상을 보여 주고 있다.

다섯째, 방송 생태계의 통제 수단이 소비자에게로 이동하는 양상이다. 콘텐츠, 채널, 단말기 등 모든 측면에서 소비자의 선택권이 확대되고 있다. 디지털 콘텐츠를 스마트 단말에서 소비하는 상황에서는 소비자가 소비 방식을 결정하는 파워가 증대된다. 스마트 단말에서 콘텐츠는 다양한 앱과 서비스를 통하여 다양한 방식으로 소비된다. 지상파방송은 유통망(전파) 독점적 사용자 지위가 사라지면서 콘텐츠 제공자 중의 하나가 된다. 물론 지상파방송은 강력한 콘텐츠 브랜드를 가지고 있어서 방송 생태계에서 중요한 행위자로서의 역할이 남아 있다.

콘텐츠 제공자가 다양해지면서(OTT, 개인방송, MVPD 유료방송 채널, 소셜 Sharing 등) 다양한 유통로를 통하여 전달되는 콘텐츠를 한정된 스크린에서 재현하는 경쟁이 치열하게 된다. 기존의 '희소성'에 기반한 전문인의 편성에 의존했던 편성 관리권이 소비자로 이동하여, 일종의 개인 대리인(personal agent)이 나타날 수 있다. 콘텐츠 소비에 알고리즘과 인공지능이 결합된 '개인 비서' 형태가 출현할 수 있다. 소셜 소비도 가능해질 전망이다. 시리(Siri)와 같은 인공지능을 가진 개인 대리인이 빅데이터에 기반하여 다양한 알고리즘을 통하여 시간과 장소 등 다양한 맥락에서 이용자에게 맞는 최적의 콘텐츠를 검색, 추천하게 된다. 점점 빅데이터가 널리 활용되고 진화되면서 이러한 기능의 중요성은 높아질 것이다.

여섯째, 방송 생태계에서 이용방식이 변화한다. 지금처럼 방송사가 프로그램을 일방적으로 송출하거나 소비자가 필요한 것만 골라 요청하는 형태가 바뀌고 있다. 기존의 채널별 서비스가 프로그램별, 코너별 소비형태로 세분화된다. 따라서 다채널 방송이 주문형 프로그램으로 변화하는 상황이다. 기존 TV 중심의 동영상 서비스의 핵심 개념은 '채널'과 '시간'이었다. 실시간 방송을 제한된 네트워크에서 전송하기 위해서는 '채널'이 필요했고, 그 채널에 어떤 프로그램을 어느 시간에 방송하는가가 중요했다. 우리가 기존에 접했던 TV프로그램 편성표는 '채널'과 '시간'이라는 두 개의 요소로 이루어졌다. 그러나 점점 이용자들은 자신이 원하는 프로그램을 원하는 시간에 보는 것을 원하고 있다.

일곱째, 방송 생태계에서 비교적 독립적인 위치를 차지하고 있던 단말이 다른 영역으로 밀접하게 접근하게 된다. 단말기가 TV수상기로부터 다양한 기기로 이동한다. 이제 기존의 TV수상기는 스마트TV화하며 다양한 형태의 변형 스크린(Six Sense Monitor, 벽면 스크린 등)으로 진화한다. 스마트TV는 결국 개인대리인으로 운용될 것이다. 집 안에서 상이한 OS로 운용되는 단말들 간의 상호운용성(Interoperability)을 확보하여 전화기, TV, 냉장고, 보안시스템 등이 상호작용하면서 작동하는 시스템을 구성하게 되는 것이다. 그리고 이동 또는 휴대형 단말기가 방송 이용의 또 다른 주요 단말기로 등장한다.

무엇보다도 단말 산업까지 콘텐츠와 미디어 영역으로 진입할 필요성이 커지게 되면서 기존 미디어 사업자와 경쟁하게 되는 상황이 전개되는 것이다. 이는 방송 생태계가 기존의 가치사슬로는 설명이 어려운 방식으로 변화하게 되는 것을 의미한다.

---

4. 방송 생태계 정책

방송 생태계의 이러한 변화는 방송 생태계 정책에 대해서도 변화를 요구한다. 방송 생태계의 활성화를 위해서는 정부와 거버넌스의 변화가 필요하다. 방송 생태계에서 정부는 기존의 규제 중심에서 참여와 협력을 촉진하는 생태계 활성자로의 역할이 더욱 요구된다. 즉, 시장 조성자 지원을 강화하기 위한 정책이 요구되는 것이다. 특히 방송사 간 공진화, 행위자 간 협력모델을 개발하고, 콘텐츠 제작을 맡고 있는 중소기업을 위한 상생모델을 만들어야 한다. 대기업인 방송사와 콘텐츠 중소기업 간의 불공정 거래와 수익배분 등도 개선해야 한다.

이를 도식화하면 방송 생태계의 정책도는 다음과 같다.

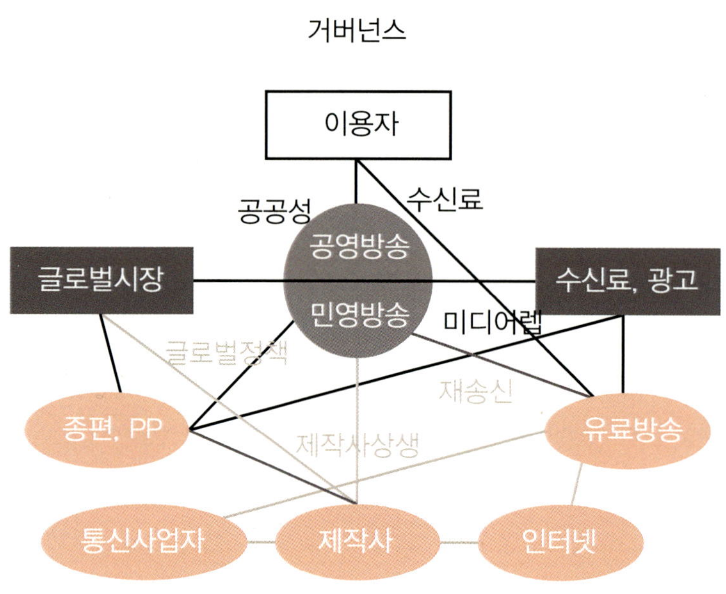

🗂 **그림 2_** 방송생태계 정책도

먼저 공영방송과 민영방송의 균형 있는 포지셔닝이 필요하다. 이는 방송의 개념과 방송의 공공성 등의 문제와 밀접한 관계를 가지고 있다. 방송생태계의 동맥 역할을 하는 재원으로서 방송광고와 미디어렙 정책이 제기된다. 또한 방송생태계 재원으로 수신료와 밀접하게 연동되어 있다. 유료방송과 지상파방송은 보완적이면서 동시에 재송신 문제로 서로 갈등관계에 있다. 방송사나 PP는 콘텐츠 제작사와는 상생·협력 정책이 필수적이다. 지상파방송사와 PP들은 국내시장을 넘어서 글로벌 진출 정책으로 서로 맞물려 있다.

이렇게 방송 생태계에서 제기되는 정책이슈들은 독립적이지 않고 서로 관계를 가지고 있다. 그리고 이러한 관계를 예전의 경쟁 개념이 아니라 생태계적 관점에서 볼 필요가 있는 것이다.

1) 방송 개념 정의

방송법에 따르면, "방송은 방송프로그램을 기획·편성 또는 제작하여 이를 공중(개별계약에 의한 수신자를 포함하며, 이하 '시청자'라 한다)에게 전기통신설비에 의하여 송신하는 것"으로 정의되어 있다(방송법 제2조). 여기에는 텔레비전방송, 라디오방송, 데이터방송, 이동멀티미디어방송이 포함된다.

이러한 정의는 전통적인 방송생태계를 염두에 둔 것이다. 즉, 소수의 공급자인 방송사업자가 다수의 대중을 대상으로 일방향적으로 전달하는 것을 방송으로 정의한 것이다.

그러나 방송 콘텐츠 전달에 필요한 유통로가 다양해지고 접근권이 일반인에게 확대됨에 따라 희소자원인 전파의 독점적 사용 면허를 기반으로 한 '방송' 정의의 재정립이 필요한 시점이다. 과거 방송 서비스를 지상파와 케이블, 위성방송으로만 볼 수 있었던 시대와 달리, 지금은 방송 서비스를 모바일, 인터넷 등으로 다양하게 이용하고 있는 시대로 바뀌었다.

요즘 모바일과 인터넷에는 각종 '방송 비슷한' 서비스들이 넘쳐나고 있다. 「손바닥 TV」와 같이 앱을 통한 방송은 바로 터치하기만 하면 방송이 그대로 제공된다. 아이튠즈에는 「나는 꼼수다」를 비롯한 많은 팟캐스팅(podcasting) 서비스가 제공되고 있다.

이런 상황에 이르자 기존 방송사들도 방송 이용을 앱을 통해 서비스하는 것으로 대응하고 있다. KBS는 2011년, 독자적인 미디어 플랫폼인 K플레이어(k-player)를 시작했다. PC와 애플리케이션도 출시하여, 로그인을 거치면 실시간 채널과 라디오 프로그램을 PC와 모바일로 이용할 수 있다. MBC 역시 2011년 푸크TV(pooq TV)라는 애플리케이션을 제공하기 시작했다. 이 앱은 MBC뿐만 아니라 SBS의 지상파 및 계열사 케이블 채널까지 모두 시청할 수 있다.

과연 「손바닥 TV」와 MBC 채널의 차이는 어디에 있는가?

주파수나 대역 등의 자원이 희소하여 불특정 대중을 대상으로 제공하는 통신을 방송으로 개념 정의하여 지금까지 이끌어 온 상황은 이제 더 이상 타당하지 않다. 그렇다면 앞으로 방송 개념이 바뀌어야 하는 것이다.

2) 지상파방송과 공영방송

한국 방송의 가장 커다란 문제는 방송 구조가 명확하게 확립되어 있지 않다는 데 있다. 공영방송과 민영방송, 유료방송 등 방송 구조가 명확히 정립되어 있지 못하다. 가장 먼저 문제가 되는 것은 공영방송에 속하는 방송사의 범위 획정이 애매하다는 것이다. 어디까지가 공영방송인가? KBS1과 EBS가 공영방송 채널인 데는 문제가 없다. 그러나 KBS2, MBC는 공영방송채널인가? SBS는 공영방송인가? 종편 4개 채널은 공영방송인가?

결국 중요한 것은 공공서비스와 상업서비스의 균형적인 방송 구조를 만드는 데 있다. 이를 위해 종편 등장 및 멀티플랫폼 상황에서 합리적이고 일관적인 방송 구조의 틀을 정립할 필요가 있다.

한국의 방송 구조를 공공서비스를 제공하는 공영방송과 시장경쟁에 따르는 상업방송의 혼합 구조로 유지하여, 건강한 방송 생태계를 만들도록 할 필요가 있다. 여기서 특히 공영방송은 공영방송답게, 민영방송은 민영방송답게 발전시키는 것이 필요하다.

다매체, 다양화되는 미디어 환경에서 사회적 신뢰를 갖도록 하고 민주적 가치를 구현하는 역할로서 공영방송의 가치가 점점 더 중요해진다. 시장경쟁에 휩쓸리지 않고 공공성을 담보할 수 있는 최후 보루로서 공영방송의 존속 발전을 보장할 필요가 있는 것이다. 이를 위해서는 공영방송 획정이 분명해야 한다. 이렇게 볼 때 KBS는 KBS1과 KBS2를 운영하는 기간 공영방송으로 분명히 한다. KBS2 민영화 논의가 있지만, KBS2 역시 기간 공영방송으로 정체성을 확고히 할 필요가 있다.

MBC도 공영방송으로 유지하는 것이 현실적이다. MBC의 정체성 문제는 오래된 문제지만, 공영방송으로 획정하는 것이 중론이다. MBC 민영화론도 종종 나오고 있지만, 아직 민영화에 대한 사회적 합의에 이르기 어렵다. 이와 같은 현실 인식은 2012년에 통과된 미디어렙법에서도 MBC가 공영방송 범주에 포함된 것으로도 알 수 있다. EBS와 기타 공공채널(국회방송, KTV, OUN 등) 역시 공공서비스를 제공하는 역할을 담당한다.

반면에 SBS 및 종편은 상업서비스로서 시장경쟁에 의해 유지되며, 경쟁적인 생태계를 유지하는 것으로 균형을 맞출 필요가 있다.

그런데 현재 한국의 방송정책은 공영방송과 민영방송의 구분과 규제가 불분명하게 이루어져 있다. 여기에는 기존에 지상파방송이 소수였던 시절에 지상파방송은 곧 공공서비스라는 인식하에 이루어진 정책과 규제를 다양화된 지금에도 그대로 용인하고 있기 때문이다. 지상파방송사를 하나의 같은 범주로 보는 것은 타당하지 않다. 이를 명확히 하지 않으면 다른 세부적인 분야에 대한 일관성 있는 정책이 어렵게 된다.

3) 방송의 공공성 재정립

공공서비스 또는 공익성은 방송의 특성으로 논의되는 개념 중의 하나이다. 방송사업자의 법적인 지위가 어떻든 공통적으로 지향해야 할 기본이념으로 인식된다. 그러나 공익성은 동의하기 쉽지만, 추상적인 개념으로 그 실체에 대해서는 다양한 해석이 존재한다.

방송의 공익은 방송이 사회의 정치적, 사회적, 경제적 복지를 위해 봉사하는 것으로 설명할 수 있다. 정치적 복지는 방송이 민주주의를 함양하고, 커뮤니케이션의 자유를 목표로 하는 것을 의미한다. 사회적 복지는 방송이 사회, 문화적 발전을 위해 운영되는 것을 말하며, 경제적 복지는 산업 발전을 증진하는 것이다.

정치적 복지	사회적 복지	경제적 복지
민주주의 커뮤니케이션의 자유	사회, 문화적 발전	– 산업 발전 – 고용 증진

📁 **표 1_** 방송의 공익 정책 목표

물론 방송의 공익을 보다 구체화할 수 있다. 영국의 커뮤니케이션법은 공익을 품질, 범위와 균형, 다양성, 사회적 가치의 측면에서 운영되는 것으로 본다.

공익성	구체적인 내용
품질(Quality)	– 창의성과 혁신 – 고품질의 제작 가치
범위와 균형 (Range and Balance)	– 다양한 장르 – 장르 간 균형적 투자
다양성(Diversity)	– 다양한 의견의 반영 – 사회의 요구와 관심 반영 – 모든 시청자층에 맞춘 프로그램
사회적 가치(Social Values)	– 문화적 정체성 – 교양적 시민 – 숙의 민주주의

📁 **표 2_** 영국 커뮤니케이션법의 공익성

방송이 이러한 공익성을 유지하는 것은 매우 중요하다. 더욱이 '방송 비슷한' 서비스들이 증가할 경우 그 필요성은 더욱 강조될 것이다. 정보사회에서도 방송의 공공서비스(공익성) 제공 역할이 중요하게 인정된다. 따라서 방송과 통신을 융합하고자 하는 방송통신기본법에서는 크게 세 가지로 살펴보고 있다. 그것은 공적 책임을 위하며, 이용자의 권익을 보호하며, 사회적 가치를 증진하는 것으로 요약될 수 있다.

✚ 미디어 생태계의 미래

공익성	구체적인 내용
공적 책임	– 공공복리 증진 – 지역, 계층 간 균등 발전 – 건전한 사회공동체 형성
시청자와 이용자의 권익 보호	– 명예훼손 및 권리 침해 금지 – 시청자와 이용자 비차별 – 시청자와 이용자 편익 증대
사회적 가치	– 건전한 방송통신문화 창달 – 올바른 이용환경 조성

표 3_ 한국 방송통신기본법의 공익성

4) 방송광고 정책

2012년 2월 광고시장에 커다란 변화를 가져올 미디어렙법(방송광고판매대행사법률)이 통과되었다. 미디어렙(Media Representative, 방송광고판매대행사)은 방송사의 광고시간대를 위탁받아 기업에 방송광고를 판매하고 방송사로부터는 판매수수료를 받는 대행사이다. 그동안 지상파방송 광고는 유일한 미디어렙인 KOBACO(한국방송광고공사)를 통해서만 판매하도록 해왔다. 이러한 제도는 1980년 제정된 언론기본법에 따른 것으로, 방송사의 제작, 편성과 광고영업을 분리하고, 지역방송이나 종교방송에 대한 재정 지원을 하기 위한 목표를 달성하기 위한 것이었다. 그러나 2000년 이후 이러한 독점에 대한 문제 제기가 이어지고, 마침내 2008년 헌법재판소가 지상파방송광고 판매대행 독점이 헌법상 보장된 '직업선택의 자유'와 '평등권'을 침해하게 된다며 헌법불합치 판결을 내렸다. 본래 2009년 12월까지 이를 개정하도록 명령하였지만, 2년 늦게 이번에야 비로소 법 체계를 갖추었다.

이번에 국회를 통과한 미디어렙법은 1공영 다민영 체제를 채택하였다. KBC, EBS, MBC는 공영방송 광고판매 체제로 하되, 민영방송과 종편은 각 사가 독자적인 미디어렙을 설치하도록 한 것이다. 그러나 종편의 경우 3년간 유예하는 조건을 부여하여, 그동안은 직접 영업을 하도록 하였다. 또한 지역방송과 종교방송의 경우 미디어렙 설립으로 광고 매출에 타격을 입지 않게 하기 위해, 신설될 미디어렙이 이들 방송사의 광고를 연계 판매하도록 하였다.

미디어렙법안은 지난 32년 동안 독점체제였던 광고판매 시장에 경쟁을 도입한 첫걸음을 디뎠다는 의미를 가지고 있다. 독점으로 인한 시장 왜곡 및 비효율을 줄이고, 다매체시대의 매체환경 변화에 대응하고자 한 것이다.

그러나 아직 부족한 점이 많다. 현실은 이미 훨씬 앞서 나가고 있다. 광고는 단순한 방송 재원이 아니라 미디어·정보 생태계가 원활하게 작동하게 하는 동맥이다. 이제 미디어·정보의 이용은 이용자들이 무료로 이용하고, 재원은 광고를 통해 서비스를 제공하는 방향으로 패러다임의 전환이 이루어지고 있다. 우리가 무료로 편리하게 이용하는 구글이나 네이버, 스마트폰 앱 등은 새로운 광고 기법을 통해 광고수익을 올려서 가능한 것이다. 크리스 앤더슨이 미디어·정보의 비즈니스 모델로 Freemium(무료와 프리미엄의 결합)을 제안하여 실현되고 있는 지 오래다. 더욱이 구글의 검색 광고나 스마트 모바일 시대의 퍼스널 광고 등을 보면 창의적인 광고들이 넘쳐난다. 인터넷 형식의 개인별 맞춤 광고가 기존의 불특정 다수 대상 광고를 점차 대체하고 있다. 방송 소비방식에서 Pull형이 대세가 되면서 'Ad-free' 상품, 앱, 멤버십 등이 등장하고, 전체적으로 광고는 '맞춤형 정보'로 탈바꿈하고 있다. 10년 전의 광고시장과 현재의 광고시장은 비교하기조차 어렵다.

따라서 광고시장을 보다 자유화하여 창의적인 광고환경을 창출하는 방향을 만들 필요가 있다. 광고 파이를 키우고 미디어·정보 산업이 창조 산업으로서 발전할 수 있도록 선순환 구조를 만드는 것이다. 미디어 간 융합인 크로스 미디어 광고를 통해 다양한 광고기법을 개발하고 활용하여 미디어·정보 산업의 성장의 기초를 튼튼하게 할 필요가 있다. 물론 이용자에 피해가 발생하고, 공정 경쟁을 해칠 경우 사후 규제와 벌칙으로 차단하여 이용자 및 공익 보호에 힘을 써야 한다. 또한 지역방송이나 종교방송은 이제는 광고판매 제도가 아닌 다른 제도로 지원하여 보호해야 할 것이다.

미디어렙법 제정이 광고시장을 활성화하는 첫걸음을 디딘 만큼, 빠르게 변화하는

　　　　　　　　　　　　　　　✦ 미디어 생태계의 미래

미디어·정보 환경에 걸맞은 새로운 광고시장과 정책에 대해 논의를 진전시켜야 할 것이다.

5) TV 수신료

수신료는 공영방송에 부여된 공익 책임수행의 경비의 성격을 가지고 있다. 수신료의 법적 규정은 '준조세'(방송위원회, 2001) 또는 '인적 공용부담금' 혹은 '특별부담금'(헌재판결 1999.5.27. 98헌바70)이다. 수신료는 1963년 1월 1일부터 「국영TV방송사업운영에 관한 임시조치법 시행령」에 의거, 월 100원의 텔레비전방송시청료를 징수한 것으로 시작하여 1981년 2,500원으로 인상된 후 현재에 이르고 있다. 그런데 KBS 수입 중 수신료 비중이 41.2%, 광고수입이 42.7%에 달하여 광고수입의 비중이 큰 현실이다. 이에 따라 KBS가 제대로 된 공공서비스 방송을 하기 위해 수신료 비중을 높이고 광고 비중을 줄여야 한다는 주장이 꾸준히 제기되어 왔다.

(단위: 억 원)

구분	2008년	2009년	2010년
총수입	13,038	12,930	13,802
수신료	5,468(41.9%)	5,575(43.1%)	5,686(41.2%)
광고	5,326(40.9%)	5,203(40.2%)	5,887(42.7%)
기타	2,244(17.2%)	2,152(16.6%)	2,229(16.2%)

출처: 방송통신위원회(2009, 2010, 2011).

표 4_ KBS 수입에서 수신료 비중

수신료는 단지 KBS 재원이 아니라, 공영방송의 목표와 필요성, 역할과 책무에 대한 사회적 합의의 산물이다. 공영방송의 정체성에 대한 사회적 합의가 도출된 후 공영방송이 자신의 역할을 할 수 있는 재원 구조를 마련해 주는 것이다.

그런데 지금 공영방송의 애매한 구조 때문에 그러한 사회적 합의를 갖기 어려웠다. 수신료 인상에 대해서는 찬성 의견과 반대 의견이 존재한다. 1981년 월 2,500원으로 책정된 수신료가 약 30년간 동결된 상황에서 늘어나는 재정수요를 상업적 수입에 의존해 온 결과, KBS의 기본재원인 수신료 비중이 40% 수준에 불과한 공영방송 재원구조의 왜곡현상이 장기화되고 있음은 사실이다. 그러므로 수신료 인상이 필요하다는 입장에서는 상업적 수입 위주의 재원구조로 인해 공영적 편성과 공적 책무를 적극적으로 확대하는 데 한계가 있으며, 따라서 공적인 책무를 제대로 수행하기 위해 수신료 인상이 필요하다고 주장한다. 그러나 이에 대해 공영방송 KBS의 정치적 중립과 공정성 확보가 선행되어야 한다는 반대 의견 역시 크다.

사실 수신료 정책 방향은 이미 해답이 나와 있다고 해도 과언이 아니다. 방송산업 구조를 명확히 하고, 공영방송의 책무와 위상을 확립하는 차원에서 수신료 정책을 추진하는 것이다. 즉, 공영방송이 맡은바 소임을 수행하고 또한 국민이 부담한 수신료를 올바르게 사용한다는 것을 국민들이 인정하는 것(공영방송에 대한 신뢰)을 전제로 풀어 나갈 수 있는 것이다.

수신료로 운영되는 공영방송사는 편성의 공영화로 정체성을 더욱 확고히 해야 한다. 여기에는 여러 가지 책임이 뒤따른다. 한국사회에 필요한 공적 책무를 충실히 하는 방송으로 정립해야 한다.

먼저 사회통합의 역할을 해야 한다. 모든 수용자를 함께 어우르는 역할, 이념과 생각이 달라도 소통하는 사회를 만드는 역할이다. 둘째, 신뢰 형성의 역할이다. 시청률 경쟁을 할 것이 아니라 시청자의 신뢰를 얻는 것이 더욱 중요하다. 시청률은 낮아도 특히 'KBS는 믿을 수 있다'는 사회적 공감대를 만드는 것이 절대적이다. 셋째, 소수자를 위한 방송의 역할에 대한 요구이다. 소수자, 장애인을 위한 방송 등, 다채널, 정보 홍수 시대에 KBS의 이런 역할은 더욱 중요해진다.

또한 무엇보다도 KBS가 한국 방송의 새로운 질서 확립을 선도하도록 해야 한다. KBS가 제작사와의 상생 관계를 구축하고, 저작권, 공정거래 질서를 확립하는 모범으

    ✦ 미디어 생태계의 미래

로 한국 방송을 이끄는 역할을 수행해야 하는 것이다. KBS가 콘텐츠 제작사의 콘텐츠에 대한 저작권을 확실하게 보장해주는 등, 공정한 방송질서를 선도하여, 방송시장에서도 공적 책임을 하도록 해야 한다.

이런 바탕 위에 채널 정체성을 확립해야 한다. KBS1 채널을 현재와 같은 종합채널로 유지한다. KBS2 채널은 현재의 오락 채널에서 교양, 소수 대상 채널로 채널 정체성을 변화할 필요가 있다. KBS가 드라마, 연예 버라이어티 프로그램을 점진적으로 축소하여 공적인 콘텐츠 및 정보 제공에 집중하도록 해야 하는 것이다.

점진적으로는 KBS 수신료를 인상하고 광고를 폐지해야 한다. 수신료를 인상하고 광고를 폐지하여 확실한 공영방송의 재원 구조를 갖추도록 하는 것이다.

6) 지상파방송 재송신

2011년 11월 케이블TV SO는 KBS2, MBC, SBS 등 3개 지상파 디지털 고화질(HD) 방송의 재송신을 중단하였다. 재송신 중단은 다시 재개되었지만 여전히 미제로 남아 있다.

그동안 지상파방송과 케이블TV SO는 서로 보완 관계에 있을 정도였다. 그런데 어느새 갈등관계에 놓이게 된 것이다. 이는 미디어 생태계의 흐름이 막힌 것이다. 그 흐름이 어디서 막혔는지 파악하고, 흐름을 다시 원활하게 만드는 정책이 필요한 이유이다.

문제의 핵심은 케이블TV가 지상파 디지털 HD 방송을 재송신하는데, 어떤 채널을 무료로 송신하고, 어떤 채널에 대해서는 비용을 부담할 것인가 하는 것이다. 즉, 의무 재송신의 대상이 되는 무료 보편적 서비스 지상파방송을 어디까지로 정의할 것인가의 문제로 귀결되는 것이다. 따라서 무료 보편적 서비스 방송의 정의와 책임에 대한 문제를 풀지 않고는 어떤 해결책도 미봉책으로 그치게 된다. 이제 우리 방송이 그 시점에 온 것이다.

이러한 문제가 발생한 것은 과거의 지상파방송 위주의 소수 미디어가 있었던 시대와 달라졌기 때문이다. 예전에 매체와 채널이 소수였을 때에는 지상파방송이 보편적인 공공서비스를 제공하도록 하고, 그것을 의무적으로 재송신하도록 할 수 있었다. 따라서 지상파방송사는 케이블TV의 재송신으로 난시청을 해소해왔고, 그 결과 광고 수익에도 도움을 얻어 왔다. 반면에 케이블TV는 지상파 재송신으로 가입자를 확보하고, 홈쇼핑 수수료 수익에 도움을 얻었다. 즉, 예전 환경에서는 지상파방송사와 케이블TV SO가 오히려 상호보완적 관계였던 것이다.

그러나 다양한 플랫폼과 단말기의 확산, 200개가 넘는 채널의 탄생으로 미디어 환경이 변함으로써 생태계에 변화가 나타난 것이 이러한 관계를 깨는 일차적인 배경이 되었다. 지상파방송사는 두 가지 상반된 입장에 처한다. 하나는 미디어가 많아지고, 채널이 많아지니 예전과 같은 수익을 창출하기가 어렵다. 다른 하나는 플랫폼이 증가하고, 콘텐츠가 필요한 곳이 많아지고, 광고 수익이 분할되니 또 다른 수익원을 찾게 된다. 따라서 또 다른 수익원으로 HD 방송 재송신에 저작권료를 부가하는 방안이 등장한 것이다. 이는 이러한 갈등이 증폭된 이유가 지상파방송사나 케이블TV 당사자들의 잘못이 아니라, 미디어 생태계가 변하는 상황에서 나타난 문제라는 말이다.

그러므로 이 문제를 해결하는 것은 지상파 재송신 정책목표를 미디어 환경변화에 맞게 재설정하고 미비하게 된 제도를 재정비하는 데 있음을 의미한다. 그리고 그것은 의무재송신 범위를 재설정하고, 저작권료 지불 대상을 명확히 하는 것이어야 한다.

첫째 문제는 의무 재송신 대상이다. 지상파방송사는 제한된 주파수를 국가로부터 위임받아 사용함으로써, 보도, 교양, 오락 등의 다양한 정보를 제공하도록 하는 공공서비스로서의 보편적 서비스 책임을 오랫동안 갖고 있었다. 그러나 이제는 주파수를 사용하지 않는 방송이 크게 증가하고 있다. 지상파방송과 편성 개념이 같은 종편도 등장했다. 따라서 이제는 모든 지상파방송이 보편적 서비스를 제공해야 한다는 전제가 유효하지 않게 되는 것이다.

두 번째 문제는 저작권의 적용이다. 예외적으로 보편적인 공공서비스를 제공하는 채널에 대해서는 저작권료를 지불하지 않도록 하고 있다. 현재 KBS1과 EBS가 그 대

  ✦ 미디어 생태계의 미래

상이다. 그런데 그 대상에 KBS2가 빠져 있다. 이것은 모순이다. KBS1이 광고를 하지 않는다고 KBS1만 공영방송인 것은 아니다. 이 문제는 수신료와 연동되어 있다. 즉, 이 문제는 공영방송 획정, 미디어렙, 수신료 등 다른 문제들과 함께 연동되어 있는 것이다.

이렇게 볼 때 의무재송신의 기준을 지상파방송이냐 아니냐로 보아서는 안 된다. 보편적 공공서비스를 제공하는 채널들을 의무재송신 대상으로 지정하고, 저작권료를 받지 않게 해야 한다. 그리고 다른 채널들에 대해서는 시장 원리에 따라 콘텐츠 대가인 저작권료를 지불하는 것이다.

이 경우 지상파 의무 재송신은 KBS(KBS1과 KBS2 포함)와 EBS가 되며, 재송신 저작권료를 받지 않게 된다. 반면에, MBC는 공영방송이지만 광고수입으로 운영되므로 지역민방과 같이 저작권료를 받는 대상으로 정리할 수 있다. 또한 종편채널이 의무재송신 대상으로 되어 있어서, MBC나 지역민방과 형평성에 어긋나게 된다. 종편채널이 의무재송신 대상이 된 것은 지난 2001년 방송법 제정 당시 마련된 것으로, 지금과는 완전히 다른 환경과 취지로 법제화된 것이다. 방송생태계 정책을 마련하는 데 있어서 정책의 일관성을 유지하는 것은 매우 중요하다. 사업자 간 이해관계 조정이 어려울 경우 더욱 정책의 일관성과 원칙이 절실하다.

7) 방송사와 독립제작사의 상생

그동안 한국의 방송생태계는 제작사의 비중이 커지는 방향으로 변화해왔다. 그러나 대기업 중심인 방송사와 달리 콘텐츠 제작사는 중소기업 중심이다. 방송, 영상 콘텐츠 산업은 매출(2009년 기준) 10억 원 미만이 81%를 차지할 정도로 대부분 영세한 전형적인 중소기업 위주의 산업적 특성을 보여 주고 있다.

매출현황	1억 미만	1~10억	10~50억	50~100억	100~500억	500억 이상	합계
2006년	31	30	54	17	24	13	169
2007년	28	29	44	17	28	14	160

종업원 수	1~4인	5~9인	10~19인	20~49인	50~99인	100인 이상	합계
2006년	30	28	45	30	18	18	169
2007년	17	35	29	33	16	22	152

출처: 방송통신위원회(2009), 「방송산업실태조사 보고서」.

표 5_ 사업자 매출 및 종업원 수 규모별 기업 분포 현황

5천만 원 미만	5천만~1억 원	1~3억 원	3억 원 이상	계
126	285	243	197	851
14.8%	33.5%	28.6%	23.1%	100%

출처: 문화관광체육부(2008.9), 발표자료.

표 6_ 독립제작사 자본금 분포 현황

구분	10인 미만	10~20인	20~50인	50인 이상	계
총 인력	360	304	152	35	851
총 인력	42.3%	35.7%	17.9%	4.1%	100%
제작인력	517	232	82	20	851
제작인력	60.8%	27.3%	9.6%	2.3%	100%

출처: 문화관광체육부(2008.9), 발표자료.

표 7_ 독립제작사 인력 분포 현황

✚ 미디어 생태계의 미래

그러다 보니 주요 방송사들이 대기업 중심인 데 비해, 대기업들의 힘의 우위가 지속되면서 불공정거래 관행 고착 등 대-중소기업 상생협력 체계가 부족한 것이 현실이다. 인터넷·모바일·방송콘텐츠 등 콘텐츠 유통시장에서 플랫폼 사업자의 우월적 지위를 이용한 불공정거래 관행이 만연한 것도 사실이다. 콘텐츠산업 실태조사 결과(2010.9), 플랫폼 사업자로부터 최근 일방적인 거래선 변경을 통보받은 콘텐츠 기업이 15.6%에 이르고, 수익배분 또는 로열티 인하 요구를 받은 콘텐츠 기업이 18.4%에 달하는 것으로 조사될 정도이다.

따라서 대기업 중심의 방송사와 중소기업 중심의 독립제작사 기업이 상생하는 혁신적인 모델을 확립할 필요가 있다. 즉, 중소기업 제작사를 살리는 상생모델을 구축할 필요가 있는 것이다.

8) 방송의 글로벌 정책

종래 영화, 드라마 중심의 한류가 K-Pop이 주도하는 신한류로 이어지면서, 아시아 중심에서 아랍, 중남미, 유럽 등으로 확산되는 파급력을 지속하고 있다. 게다가 인터넷, 모바일의 영향으로 글로벌 미디어 생태계가 조성되고 있다. 여기에 국내 미디어 시장은 정체 상태에 들어 이제 방송도 국경을 넘어 글로벌 미디어 시장으로 확대할 필요가 있게 되었다.

물론 한국 방송기업의 글로벌 진출은 선발 해외기업에 비해 늦은 것이 사실이다. 그러나 한국의 미디어 기업은 콘텐츠, 새로운 네트워크, 단말기 분야에서 어느 정도의 글로벌 경쟁력을 보여 주고 있다. 이것은 커다란 장점이다. 우리나라가 그동안 IT의 글로벌 경쟁력을 확보해 온 것과 마찬가지로, 미디어의 글로벌 경쟁력을 향상하여 한국의 대표 브랜드로 확립할 여지가 큰 것이다. 특히 드라마, 영화, 게임, 음악 등을 중심으로 포트폴리오를 구성함으로써 지속가능한 신한류 확보 정책을 추진할 필요가 있다. 또한 독자적으로 움직여서는 선발 주자를 따라잡기 어렵다. 그러므로 한국의 방송기업은 독자 전략이 아니라 연합전략으로 나가는 것이 바람직하다. 더욱이 글로벌 미디어 환경에서 경쟁력은 연합과 협력에 의해 이루어진다. 따라서 미디어 기업의 독자적인 진출보다는 미디어 산업의 가치사슬에 포함되어 있는 기업들의 연합과 협력 전략을 구현하는 것이 유리하다. 그런 점에서, 지상파방송사업자, 방송채널사용사업자, 전자, 멀티미디어 기업들이 함께 초광대역 인터넷이나 차세대 네트워크와 콘텐츠가 결합된 모델을 창출하는 종합적인 전략이 필요하다.

애플이 콘텐츠와 단말기, 플랫폼을 통합하여 새로운 비즈니스 모델을 만들며, 글로벌 미디어 시장을 주도하고 있음은 중요한 의미를 가지고 있다. 이제는 비즈니스 모델과 전략도 기존의 것을 고집할 것이 아니라 융합이 필요하다. 차세대 네트워크와 단말기, 콘텐츠에서 경쟁력을 가지고 있는 기업들의 연합과 협력에 따른 새로운 비즈니스 모델을 창출하면서 글로벌 진출을 모색할 때 현실성을 가질 수 있다.

5. 맺으며: 방송 생태계 거버넌스

지난 2008년 정부는 방송과 통신의 융합에 맞추어 방송통신위원회를 설립하였다. 방송통신위원회는 그 전의 정보통신부와 방송위원회가 통합하여 출발한 정부 조직이다. 그런데 방송과 통신의 융합을 반영한 정부 조직으로 출범하면서, 기존의 부처와 다른 방식을 취했다. 종전의 수직적 체제에서 벗어나서 소통에 바탕을 둔 수평적 거버넌스 체제를 갖추려고 했다. 여기에는 미국의 FCC, 영국의 OFCOM 같은 사례도 있었다.

그러나 이 같은 실험은 이상과 현실 두 측면에서 모두 만족스럽지 못했다. ICT 생태계가 개방적이고 유연한 체계로 변하는 때에 출범한 방송통신위원회는 오히려 직무가 방송과 통신에 국한됨으로써 폐쇄적인 틀에 얽매이게 되었다. 그러다 보니 실제 정책결정 과정에서도 혁신적인 ICT 생태계 변화에 대처할 수 있는 조직과 정책 결정의 유연성과 신속성이 현격하게 떨어졌다. 더욱이 위원 문제는 애초 기대했던 것

 ✛ 미디어 생태계의 미래

과는 다른 양상을 보여 주었다. 위원 선임이 정치적으로 이루어지면서 정책이 정치적인 논리에 흔들리는 결과를 초래했다. 케이블TV의 지상파 재송신 문제에서 드러나듯이 이해관계 조정 역할조차 하지 못했다.

방송통신위원회의 실패는 직무와 위원회 구성의 두 가지 차원에 기인한다. 예전에 정보통신부가 인프라와 네트워크를 세계 최고 수준으로 만드는 데 기여했으므로, 새로운 조직은 그 위에 창의적인 콘텐츠와 애플리케이션, 플랫폼을 통해 세계 최고의 스마트 ICT를 만들어야 했다. 그러나 이들 구성 요소들이 각각 방송통신위원회, 지식경제부, 행정안전부, 문화관광부로 흩어졌고, 종합적인 시너지 효과를 내지 못했다. ICT 생태계 조성 전략을 활용한 애플은 최고의 기업으로 부상하며 미국 ICT산업을 부흥시키는 데 주요한 역할을 했다. 애플의 아이폰과 아이패드가 음악·게임·인터넷 등 콘텐츠, 통신서비스, 반도체, 단말기 등 다양한 분야의 거대한 생태계를 조성하고 있음은 이제 널리 알려져 있지 않은가?

위원회 조직은 사회의 다양한 이해를 반영하고 열린 구조의 장점을 가지고 있지만, 정치적인 영향에 매우 취약하다. 규제에는 적합하지만, 정부가 비전을 가지고 종합적인 정책을 제시하기 어렵다. 유연성과 개방성도 오히려 부족하다.

그러므로 ICT 정부 조직은 방송통신위원회의 공과를 검토하여, 그것을 넘어서는 미래지향적인 조직으로 설계해야 한다. 단순히 예전의 정보통신부의 부활이어서는 안 되는 이유이다. 네트워크와 플랫폼 위에서 창의적이고 개방적인 소프트와 콘텐츠를 창출하고, 거기에서 디지털 경제와 문화가 창출되는 스마트 생태계 구조를 담아내야 한다. 그러므로 새롭게 디자인할 직무는 스마트 정보화 정책을 통해 방송, 콘텐츠, 커머스, 네트워크, 플랫폼을 아우르며, 디지털 문화, 디지털 경제를 만드는 차원이어야 한다. 이제는 이러한 것들이 톱니바퀴처럼 맞물려 있어서, 종합적으로 같이 보지 않으면 안 된다. 이제는 독자 산업 중심의 성장 전략이 아닌, 개방과 혁신을 통한 ICT 전체의 생태계 조성이 핵심 경쟁력이다.

이제는 한 사업자가 모든 것을 하는 시대의 종언을 목도하고 있다. 필연적 협업이 필수적이다. 기존의 지상파처럼 수직적 통합된 모델이 해체된다. 콘텐츠 공급도 하나의 사업자가 아니라 다양한 사업자가 협력하여 콘텐츠를 제공한다. 이용 측면에서도 제3자 개발자의 앱/서비스를 결합하여 개인별, 맞춤형 이용으로 전환된다.

따라서 방송, 통신, 콘텐츠 법제도 정비가 요구된다. 방송, 통신, 콘텐츠를 아우르는 융합기본법 제정을 통해, 콘텐츠, 서비스, 네트워크, 단말을 아우르는 통합 법체계 마련이 필요하다. 이제는 기존의 미디어 구분과 칸막이가 허물어지고 있으므로, 콘텐츠, 플랫폼, 네트워크를 통합하는 일원적인 통합 체계를 구축해야 한다. 따라서 현재 매체별로 구분되어 있는 방송 규제정책 체계를 수평적 규제체계로 통일하여 동일 서비스에 대해 동일한 규제 원칙이 적용될 수 있도록 하는 것도 중요하다. IPTV법이 현재 별도 법으로 분류되어 있는데, 이를 방송법 체계로 통일시켜야 함은 물론이다. 그리고 사후 규제 및 ICT와 콘텐츠 융합을 고려한 종합적인 수평적 규제 체계를 확립해야 한다. 사전 규제를 과감하게 완화하고, 기업의 경쟁상황 평가, 회계분리 평가, 여론 다양성 평가, 금지 행위 리스트업, 분쟁해결제도 정비 등 사후 행위규제로 패러다임의 변화가 필요하다. 또한 콘텐츠 사업자가 콘텐츠의 저작권을 멀티 플랫폼을 통해 널리 활용할 수 있도록 N스크린 환경의 저작권법을 정비해야 한다. 모바일 인터넷전화, 스마트TV 등 새로운 서비스 등장에 따라 망중립성 정책 방안도 마련되어야 한다.

이렇게 방송 생태계는 지금 커다란 변화기에 와 있다. 생태계에 있는 사업자 간 갈등이 언제든지 발생할 수 있다. 그러나 지상파 재송신 갈등에서 나타나듯이 이제는 사업자 간 대화와 타협만으로는 해결하기 쉽지 않다. 특히 지상파 재송신 문제가 방송시장 구도를 명확히 하는 문제와 맞물려 있기 때문에 더욱 그러하다. 지상파 재송신 문제는 톱니바퀴처럼 맞물려 있는 다른 문제들, 수신료, 미디어렙, 종편 등과 같이 연동되어 있다. 따라서 이제는 생태계 내에 존재하는 다양한 행위자들 간에 상생과 경쟁적 협력이 필수적이다. 이제 방송정책이 아니라 방송 생태계 정책이 필요한 이유이다.

  ✦ 미디어 생태계의 미래

김대호 외(2011), 『미디어 생태계』, 커뮤니케이션북스.

김사혁(2012), 「인터넷 생태계 진화에 따른 정책 시사점」, 『정보통신정책』, 제24권 1호, 정보통신정책연구원.

김희윤 외(2012), 『2012년 방송통신시장전망』, KT경제경영연구소.

문화체육관광부(2008), 『콘텐츠 산업 정책』.

방송통신위원회(2009, 2010, 2011), 『방송산업실태조사』.

이성춘(2012), 『스마트 시대 방송의 미래』, KT경제경영연구소.

주재욱(2011), 『ICT 생태계의 현황과 발전전망』, 정보통신정책연구원.

Fransman, M.(2011). The New ICT Ecosystem: Implications for Policy and Regulation, Presented for KISDI Global Conference 2011.

OECD(2011). *Communications Outlook*, Paris, OECD.

WEF(2007). *Digital Ecosystem Convergence between IT, Telecoms, Media and Entertainment, Scenarios to 2015*, World Economic Forum.

디지털스마트
미디어시대
한국 공영방송의
현실과 과제

황 근 | 선문대학교 언론광고학부 교수

1. 머리말

최근 우리는 공영방송문제와 관련해서 최근 두 가지 현상을 목격할 수 있다. 하나는 공영방송의 정치적 독립이라는 문제를 내걸고 벌어지고 있는 방송사들의 연대파업이다. 공영방송의 정치적 독립문제는 이번에 처음 제기된 것이 아니다. 1980년 제5공화국 언론통폐합 이후 30년 이상 꾸준히 제기되어 왔던 문제이다. 심지어 현 정부의 공영방송에 대한 정치적 통제를 문제 삼고 있는 야당조차도 집권시절 공영방송의 보도 공정성을 놓고 엄청난 사회적 비판에 시달려야 했다. 이 같은 공영방송의 정치적 독립과 관련해 KBS, MBC의 정체성 문제, 공영방송 지배구조 등은 아직도 뚜렷한 답을 찾지 못하고 있는 단골메뉴들이다. 어쩌면 공영방송 자체가 태생적으로 정치·사회적 성격을 내재하고 있다는 점에 숙명적인 것이라고 할 수도 있다.

아울러 최근 들어 공영방송과 관련되어 자주 목격할 수 있는 것이 방송사 간 혹은 경쟁매체들과의 갈등현상이다. 2010년 동계올림픽과 2010년 월드컵 중계권을 둘러

✦ 미디어 생태계의 미래

싼 지상파방송사들 간의 갈등, 급기야 방송중단사태까지 간 지상파방송재전송 대가 문제, 결국 이번에도 무산된 KBS수신료 인상안과 같은 것들이다. 이미 공영적 성격과 상업적 성격이 혼재된 우리 지상파방송의 애매한 속성상 이미 오래전부터 예견된 문제였다고 할 수 있다. 누차 지적되어 왔던 것처럼 우리나라 공영적 지상파방송의 독과점현상과 이를 근거로 한 시장지배력에서 불가피하게 나타날 수밖에 없는 상업적 속성들이 케이블TV, 위성, IPTV와 같은 다채널 플랫폼들은 물론이고, 최근 이른바 스마트미디어라고 하는 방송단말기를 벗어난 유사방송서비스들과의 갈등이 증폭되고 있는 것이다. 이러한 현상은 스마트폰, 스마트TV 그리고 인터넷 공간에서 우후죽순처럼 등장하고 있는 이른바 OTT(Over The Top) 매체들로 인해 더욱 확대, 증폭될 가능성이 높다.

이같이 지금 우리가 목격하고 있는 전혀 다른 별개의 것으로 보이는 두 가지 현상은 우리 공영방송의 현실과 문제점을 그대로 보여 주는 단면이라고 할 수 있다. 물론 한국사회에서 공영방송에 대한 법제도적 정의가 불분명한 우리 방송제도의 미흡함을 보여 주는 것이기도 하지만, 오랫동안 정치적 통제를 목적으로 형성된 공공독점(public monopoly)의 병폐를 드러내는 것이라고 할 수도 있다. 이러한 상호 이율배반적인 공영적 성격과 상업적 성격이 혼재된 왜곡된 제도가 30년 이상 구조화되어 오면서 이른바 '공영적 지상파방송사'들의 조직 내적인 문제도 이제 더 이상 인내하기 힘들 만큼 한계에 와 있다는 것이다. 즉, 1980년대 후반 일부 국가들에게서 제기되기 시작한 공영방송 위기론이 이제는 우리에게도 피부로 와 닿고 있다는 점이다.

즉, 이른바 일방성과 공급자 주도의 방송영역 고유성이 무너지고 통신영역과 융합되고 적극적인 수용자, 참여하는 수용자 그리고 최근에는 생산하고 공급하는 수용자 개념의 변화하는 컨버전스 시대 혹은 스마트미디어 시대로 진입하고 있는 것이다. 물론 이 같은 스마트미디어 시대에 대해서 긍정적인 시각만 있는 것은 아니다. 이른바 스마트미디어의 상업적 동인과 질적 양적으로 다양한 콘텐츠의 범람으로 인한 사회·문화적 문제 등이 새롭게 지적되고 있는 것이다. 그러므로 스마트미디어 시대에 전통적인 공영방송의 경제적·사회적 입지는 크게 약화될 수밖에 없지만, 반대로 공영방송의 사회적 역할에 대한 필요성은 도리어 더 커지고 있다. 그러므로 공영방송 문제를 해결한다는 것은 결국 지금까지 누적되어 온 문제점과 새로운 스마트미디어 시대에 맞추어 필요한 역할을 새롭게 부여하는 이중적 의미를 가지고 있다 할 것이다. 그렇지만 스마트미디어 시대에 적합한 공영방송에 대한 정의는 대단히 다양하고 다차원적이어서 어느 것이 가장 바람직하다고 확실하게 단언할 수는 없다. 대체로 지금까지는 '정치적 간섭과 경제적 이해로부터 독립된 방송으로서 사회적으로 바람직한 목적을 지향하는 방송' 정도로 정의될 수 있을 것이다. 그런데 중요한 것은 사회적으로 바람직한 목적이라는 의미는 공영방송의 목표가 나라에 따라 또 시대적 속성에 따라 다를 수 있다는, 상대적이라는 것을 의미한다. 이 또한 스마트미디어 시대 공영방송의 위상과 역할에 대한 주장들이 다양할 수 있다는 것을 암시하는 것이기도 할 것이다.

실제 1980년 언론통폐합 이후, 우리나라에서도 공영방송 제도나 구조에 대한 문제 제기와 개선방향에 대한 논의는 끊임없이 이어져 왔다. '정치적 독립 혹은 공정성 확보', '경영구조 합리화'에서부터 주기적으로 반복되어 온 '공영방송 재원 정상화, 즉, 수신료 인상'에 이르기까지 유사한 주제들이 수도 없이 반복되고 있는 느낌이다. 이같이 30년 넘게 있었던 수많은 논의에도 불구하고 아직까지 확실한 대안을 찾지 못하고 있는 것도 사실이다. 특히 1990년대 후반 이후 정치권력이 바뀌면서 공영방송 지배구조와 합리적 규제체계에 대한 논란이 더욱 거셌지만 이렇다 할 실질적 제도 개선이 이루어졌다고 보기 힘들다.[33] 이처럼 우리나라의 공영방송 문제를 복잡하

---

[33] 그나마 공영방송에 대한 법제도적 개선이 이루어진 것은 1999년 방송개혁위원회 보고서에 따라 제정된 「통합방송법」에 KBS 관련 규정들이 보완된 것이다. 하지만 이 역시 별도의 공영방송 개념을 도입하지 않고 기존의 관념적으로 공영방송으로 인정받아온 KBS와 MBC에 대한 소유 및 매출제한 예외규정을 인정한 수준을 넘어서지 못하고 있다. 또한 KBS에 관한 별도의 장을 두었다고 하지만, 공영방송 관련 규정이라기보다는 기존에 있었던 KBS조직법을 방송법안에 포함시킨 정도라고 할 수 있다. 실제로 공영방송 법제도적 개선을 시도한 것은 2004년 당시 야당이던 한나라당이 입법발의한 '공영방송법(안)'이 처음이라고 할 수 있다. 이 공영방송법안은 2008년 한나라당이 집권하면서 본격적인 입법논의가 있었지만, 아직까지는 구체적인 진전이 이루어지지는 않고 있는 상태이다.

고 어렵게 만드는 이유는 그 배경에 항상 정치적 이해관계가 내재되어 있어 왔기 때문이다. 그 결과 우리나라에서의 공영방송 논쟁은 공영방송 목표, 거버넌스, 재원구조와 같은 공영성, 공익성, 공공성을 구현할 수 있는 실질적인 방안들이 아니라 정치적 소모전 수준을 벗어나지 못했었다고 할 수 있다.

더구나 우리 공영방송 문제는 좁게는 KBS에서부터 MBC, 넓게는 지상파방송과 전체 방송 전반과 관련된 문제와 직결되어 있다. 즉, 공영방송의 존립근거와 운영방식은 모든 방송매체들의 존립과도 직결되어 있는 문제인 것이다.[34] 그러므로 공영방송 논의를 진전시키지 못하게 해왔던 정치적 이해득실 문제에서 벗어나 스마트미디어 시대에 공영방송이 어떻게 존속되어 어떤 역할을 해야 하는가에 대한 실질적인 논의가 이루어 질 때가 된 것이다. 그래야만 지금까지와 같이 시청자, 국민의 이익과 같은 문제가 관념적 수준을 넘어 실질적인 구현방안이 모색될 수 있을 것이다. 특히 중요한 것은 이미 양적/질적으로 방송영역을 벗어난 스마트미디어들은 지금까지와 달리 한가한 공영방송 논의 자체를 용인하지 않고 급속히 방송영역을 지배할 가능성이 높다는 것이다. 이는 다른 말로 공영방송에 대한 논의가 더 이상 허무한 이상론이나 정치적 수사의 수준에 머물러서는 안 된다는 것을 의미하는 것이다.

이러한 배경에서 본 글은 그동안 제기되어 왔던 KBS를 중심으로 우리 공영방송체제의 문제점들과 더불어 스마트미디어 시대에 지속가능한 공적영역 근간으로서 공영방송의 이념적, 실천적 지향점과 규제체계를 검토하는 데 목적이 있다.

---

34 이러한 속성을 특징적으로 잘 보여 주는 사례가 최근 지상파방송 재전송 대가를 둘러싼 갈등이다. 이미 2001년 위성방송출범 이후 지속되어온 지상파방송 재전송을 둘러싼 매체 간 갈등은 신규 매체도입 과정 때마다 갈등의 핵심이었고, 최근에는 디지털 전환, HD방송 시대에 들어서면서 급기야 공생관계를 유지해왔던 케이블TV와 지상파방송 간의 갈등으로 치닫고 있는 것이다. 이는 지상파방송이 우리 방송에서 차지하는 비중을 잘 보여 주는 것이고, 이 과정에서 보편적 서비스를 추구하는 공영방송과 상업적 지상파방송 모두가 차별화되지 않고 같은 맥락에서 갈등하고 있는 것을 보면 우리 공영방송체제의 문제점을 읽을 수 있는 부분이다(이 부분에 대해서는 황근, 2008을 참조할 것).

2. 스마트미디어 시대의 공익성과 공영방송

최근 유행하고 있는 스마트미디어가 미디어사적 측면에서 과연 어떤 의미를 가지고 있는 것인가에 대해서는 많은 논의들이 있음에도 불구하고 별로 눈에 띄는 것이 없는 것 같다. 새로운 미디어가 등장할 때마다 항상 그랬던 것처럼 그 미디어의 기술적 우월성 혹은 기능적 장점에 초점을 맞추는 오류가 여전히 반복되고 있는 느낌이다. 그런 의미에서 스마트미디어가 가진 '미디어적 의미'와 그와 더불어 항상 논의되어야 할 '공공성은 어떻게 될 것인가?'에 대한 논의가 필요할 것이다. 더 나아가 이를 담보할 수 있는 공영방송이 존재 가능성과 지향점 대한 논의가 반드시 필요할 것이다. 이를 위해 우선 스마트미디어의 의미와 공공성 문제에 대해 검토해 보고자 한다.

1) 스마트미디어 시대의 도래

1970년대 초 다니엘 벨(Daniel Bell)이 '후기 산업사회(post industrial society)'라는 용어로 산업사회 이후 '정보사회(information society)'의 도래를 예고했고, 그 이후 정보사회담론은 20세기 후반부와 지금까지 지구촌을 관통하는 키워드로 존재하고 있다. 하지만 이를 대변하는 상징어들은 지속적으로 변화하고 있다. 1990년대 초에는 '멀티미디어(multimedia)'라는 용어가, 1990년대 중반에는 엘 고어 미국 부통령이 선언한 '정보고속도로(information superhighway)'라는 용어가 주도하였다면, 21세기 들어오면서 '디지털화(digitalization)'이라는 용어가 유행하고 아울러 융합(convergence)라는 말이 방송통신뿐만 아니라 정치/경제/사회/문화 모든 영역을 지배하고 있다.

그런데 2008년 이후 한국사회에는 지금까지 등장했던 어떤 상징어보다 더 강력한 '스마트(smart)'라는 용어의 광풍이 불고 있다. 물론 이 용어에 대해, 과연 학술적으로 혹은 정책적으로 사용하는 것이 적합한가에 대한 지적이 없는 것은 아니다. 실제 '스마트(smart)'라는 용어는 '구글TV', '애플TV', 'i-phone'과 같은 새로운 수용자 접근성이 강한 지능형 단말기를 생산하면서 사용하기 시작하였고, 본격적으로 사용된 것은 삼성이 새로운 인터넷TV를 생산하면서 'Smart TV'라는 상품을 내놓으면서부터라 할 수 있다. 그렇지만 결과적으로 최소한 우리나라에서 '스마트미디어'라는 용어는 거의 새로운 매체환경을 일컫는 일반화된 용어로 사용되고 있다.[35] 실제 방송통신위원회(2011)는 인터넷 접속기능을 탑재해 다양한 콘텐츠를 이용자환경에서 이용하도록 한 스마트TV 개념을 확대해 '신문, 잡지, 출판, 방송 등 콘텐츠 경계가 불분명해지고 멀티미디어화되는 추세 혹은 현상'을 스마트미디어라고 정의하고 있다.

이 같은 스마트미디어 시대를 주도하고 있는 것은 크게 '스마트폰'과 '스마트TV'라고 할 수 있다. 물론 이를 뒷받침하는 '클라우드 컴퓨팅'이나 콘텐츠사업자들의 'nScreen' 등의 용어도 병행되어 사용되기는 하지만 대체적으로 스마트미디어 시대를 주도하고 있는 것은 스마트폰과 스마트TV라고 할 수 있다. 물론 이 같은 스마트미디어 시대가 전혀 예측 불가능했던 것은 아니다. 이미 1990년대 중반 TV는 일방형 매체에서 양방향 그리고 실감방송과 같은 고품질 매체로 이중 진화할 것으로 예측되어 왔다. 그렇다고 볼 때, 스마트미디어는 양방향으로 진화된 TV형태로 볼 수 있으며, 동시에 인터넷을 기반으로 고품질 콘텐츠도 제공 가능한 TV형태라고 할 수 있다. 〈그림 1〉에서의 TV진화과정은 그 같은 스마트미디어의 진화양상을 잘 보여 주고 있다.

---

35 실제로 이와 비슷한 사례는 적지 않다. '정보사회(information society)'라는 용어도 1970년대 초반 일본의 경제연구소에서 정보경제의 중요성을 부각시키면서 사용되다가, 1980년대 들어 일반명사화된 바 있다. 우리나라에서도 서구에서 사용되던 content라는 용어를 더욱 확대시켜 방송프로그램 혹은 부가가치를 가진 통신서비스들을 일컫는 'contents'라는 용어가 거의 일반적으로 사용되고 있다.

	전통TV	Cable TV / IPTV	Broadband TV / Web TV	Smart TV
전달방식	전파	케이블/인터넷망	인터넷망	인터넷망
양방향성	없음	부분적으로 있음	있음	있음
컨텐츠	지상파 방송사가 제작/확보한 컨텐츠	케이블/통신 사업자가 확보한 컨텐츠	온라인상에 유통되는 대부분의 컨텐츠	온라인/오프라인상의 모든 컨텐츠
응용프로그램	없음	사업자가 자체 제작한 소수의 프로그램	TV수상기/셋탑박스 제조 업체가 제작 공급하는 소수의 프로그램	불특정 소비자/전문 개발자가 제작 공급하는 다수의 프로그램
요금체계	무료 (TV시청료)	유료	부분적 유료	유/무료 혼합
예시	·KBS/MBC/SBS ·ABC/CNN/NBC	·GS강남방송/ CJ헬로비전 ·myLGtv/Qook ·케이블비전/ 컴캐스트	·LG/삼성의 인터넷TV ·OTT(Hulu/ Vudu/Netflix) ·애플TV	·구글TV ·애플iTV (가칭)

출처: 한영수(2010), 구글TV와 애플TV로 본 스마트 TV시장의 경쟁(LGERI) 리포트.

그림 1_ TV의 진화유형 및 특징

이 같은 TV 진화모형은 일반적으로 단방향 프로그램 시청 형태인 전통적 TV에서 웹서핑과 이메일을 주로 하는 웹TV 그리고 유튜브와 같은 동영상서비스를 주로 하는 인터넷TV가 진화한 것으로 이해할 수 있다(백인수, 2010). 이와 같은 관점에서 스마트미디어들이 어떻게 진화할 것인가에 대해서는 많은 전망이 있을 수 있는데, 권기영(2011)은 스마트TV의 진화형태를 〈그림 2〉와 같이 도식화시키고 있다.

 ✚ 미디어 생태계의 미래

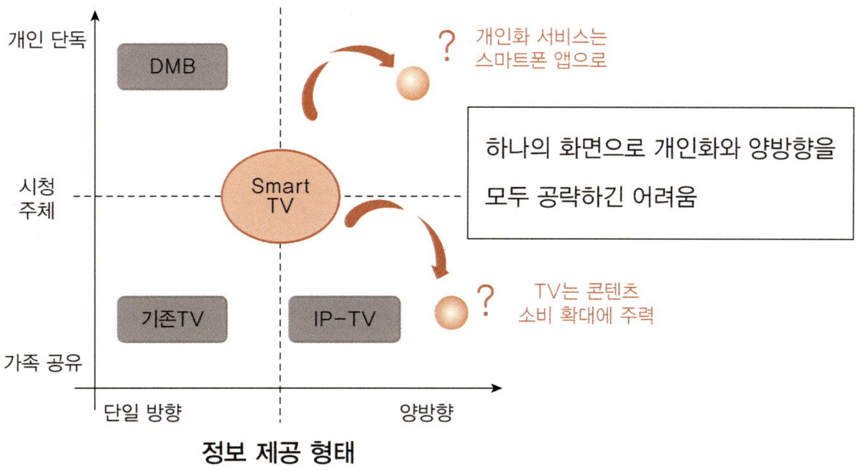

출처: 권기영(2011), TV의 미래전망 및 현재 스마트TV의 과제.

그림 2_ 스마트TV의 확산 전망

특히 스마트TV의 기술적 장점에 근거한 확산속도로 인해 향후 이 매체가 통신서비스, 방송서비스는 물론이고 모든 정치/경제/사회/문화 영역을 지배하게 될 것이라고 예측하는 시각이 적지 않다. 그렇다고 볼 때, 스마트미디어는 단순히 매체혁명 수준을 넘어서 '농업사회 → 산업사회 → 정보화사회'로 진화한 제3의 물결 패러다임을 지나 '수용자의 시대, 소비자의 시대'가 도래하게 될 것임을 예고하고 있다. 〈그림 3〉은 바로 이 같은 스마트미디어 시대가 내포하고 있는 사회 진화의 변화추이를 보여주고 있다.

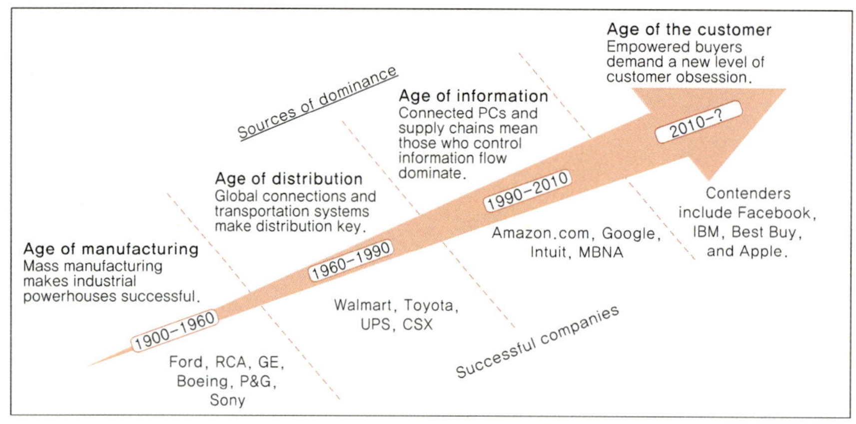

출처: Forrester, Josh Bernoff, Report: Competitive Strategy in The Age of The Customer, June 2011.

그림 3_ 소비자의 시대 전망

2) 스마트미디어 시대의 의미: 미디어3.0 시대의 돌입

스마트미디어에 대한 일반적 특성들을 살펴보면, 스마트미디어 시대는 흔히 그동안 많이 논의되어 왔던 이른바 웹3.0, 미디어3.0 시대의 도래를 의미하는 것으로 이해될 수 있다. 웹2.0으로 대변되는 미디어 시대는 이른바 '개방', '참여', '공유'라는 세 가지 요소를 특징으로 한다. 결국 웹2.0이란 매체와 소비자 간의 관계가 역전되는 것을 의미한다. 이러한 웹2.0의 추세는 인터넷매체를 넘어서 다시 미디어2.0이라는 현상으로 확대 이해되면서 시청자의 선택성을 극대화하고, 제한적인 형태이지만 양방향 콘텐츠를 제공하는 특징을 가진다. 즉, 기존의 매스미디어 패러다임을 벗어나 시청자가 미디어 콘텐츠를 능동적으로 수용하는 미디어행태인 것이다. 이러한 미디어2.0 시대에 방송을 비롯한 매스미디어는 소수 독점구조에서 다채널 개인형 매체로 변화해왔다. 한마디로 미디어2.0 시대란 제한적인 양방향 매체들과 기존 매스미디어들이 참여형 형태로 재구조화된 형태라고 볼 수 있다.

그렇지만 미디어3.0은 미국의 IT칼럼니스트 트로이 영(Troy Young)이 주장한 것

   ✚ 미디어 생태계의 미래

처럼 "매체의 권위에 관계없이 플랫폼과 이용자가 주축이 된 새로운 미디어환경"을 의미하는 것이다. 그러므로 "미디어1.0 시대가 brand 〉 content 〉 market 〉 place 〉 community 순으로 중요한 의미를 가졌다면, 미디어2.0 시대, 3.0 시대는 platform 〉 community 〉 market place 〉 content 〉 brand 순으로 비중이 변화되게 된다"는 것이다.

	미디어1.0	미디어2.0
생산주체	생산자+수용자	생산자 ↔ 수용자
유통	일방향 단일 유통	다채널 복수 유통
브랜드	권위형 브랜드	개인형 브랜드
흐름	정보 집중	정보 분배, 공유
콘텐츠 성격	권위적, 범용적, 종합적, 객관적	즉흥적, 전문적, 단편적, 주관적
정보 노출	종합편집, 편성	단품 개별 노출
광고	규격화, 정형화	롱테일* 광고

출처: 전자정보센터(2007), 미디어 2.0 개념과 새로운 가치 창출.
* 소수 히트상품보다는 많은 수의 소규모 거래들이 더 큰 가치를 가진다는 개념.

표 1_ 미디어1.0과 미디어2.0

결국 미디어3.0 시대의 미디어는 '무엇인가를 제공하는 채널(기존 매스미디어)' 개념이 아니라 '광장으로서의 플랫폼' 개념이 된다. 이 플랫폼 공간에서 사회구성원들은 다양한 형태의 양방향 커뮤니케이션을 전개할 수 있게 된다. 그렇다고 볼 때, 미디어3.0 시대의 핵심 요소는 매체 접근성이 될 가능성이 크기 때문에 매체 접근성을 극대화한 스마트미디어들이 지배적 매체로 자리 잡을 것이다. 즉, 공급자 주도의 기존 미디어 형태에서 멀티플랫폼 형태의 개인화된 매체 형태로 진화하게 될 것이다. 이러한 관점에서, 미디어3.0은 미디어 1.0, 2.0과 전혀 새로운 형태가 아니라 미디어

1.0, 미디어 2.0 형태를 포함하고 있는 이른바 광장 형태의 양방향 미디어들이 공존하는 형태로 보는 시각이 많다(황근, 2010b).

여기서 미디어 3.0시대의 시청자 주권과 참여, 공익성과 같은 이상적인 개념들을 면밀히 검토해 볼 필요가 있다. 매스미디어가 지배하던 대중사회에서 시청자 주권, 참여, 공익성 등과 같은 목표는 공급하는 주체 즉, 미디어의 정책적 배려에 의해 실현 가능했던 문제였다. 하지만 미디어3.0 시대의 시청자 참여나 주권, 공익성 등은 미디어사업자의 배려 문제가 아니라 모든 커뮤니케이션들이 시청자가 주도해서 운영해 나간다는 의미를 담고 있다. 어쩌면, 미디어3.0에는 수용자 주권이란 개념 자체가 존재하지 않는 폐기된 개념일 수도 있다. 〈표 2〉는 이 같은 미디어 진화형태와 속성들을 보여 주고 있다.

	미디어1.0	미디어2.0	미디어3.0
미디어 형식	소수의 신문, 방송, 잡지 등 전통적인 대중매체	인터넷미디어 인터넷 커뮤니케이션 툴 (카페, 메신저)	오픈 플랫폼으로서 인터넷 1인 미디어 UCC
의사소통방식	일방향 정보전달	양방향 소통 시작 (댓글 등 콘텐츠 종속성)	양방향성 극대화 집단 지성 활성화
이용자의 정보소비형태	획일적 정보소비 집중적 관심	관심과 기호에 따른 능동적이고 분산된 소비와 선택	콘텐츠 소비자 중개자(펌) 생산자의 모든 역할 수행
콘텐츠 유형	프로페셔널 콘텐츠 (뉴스, 오락 등 모든 영역)	프로페셔널 콘텐츠의 정보화 틈새 콘텐츠의 등장	수용자 참여형 콘텐츠 본격화

표 2_ 미디어 진화단계별 속성 비교

✚ 미디어 생태계의 미래

3) 스마트미디어 시대의 공익성 문제

그렇지만 스마트미디어가 수용자주권이나 참여의 문제를 해결해주고 있다 하더라도, 공익성과 공공성 문제에 답을 줄 수 없다는 것이 문제인 것이다. 즉, 스마트미디어 이용자가 방송이든 통신이든 콘텐츠 사용의 주체가 된다고, 모든 콘텐츠가 공익성과 공공성을 담보하고 있다고 볼 수 없기 때문이다. 우선 철학적으로 모든 인간이 이성적이라는 확실한 명제가 해결되지 않는 한 수용자들이 생산하고 공급하는 콘텐츠들이 공익적이라고 볼 수 없을 것이다. 또한 스마트미디어가 기본적의 상업적 재원을 근간으로 해 경쟁한다는 점에서 시장에서 공익성과 공공성이 담보된다는 보장이 없다는 것이다. 이 때문에 도리어 스마트미디어환경에서 미디어의 공공성과 공익성은 별도의 공적 장치에 의해 생산, 제공되어야 한다는 주장이 더 설득력을 갖고 있다. 이는 아마 수용자들의 선택성과 다양성을 공익으로 보는 극단적인 시장주의적 입장이 아니라면 일반적으로 받아들여질 수 있는 명제라 하겠다.

이 같은 관점에서 최근 지구촌을 강타하고 있는 스마트미디어들의 등장배경을 통해 스마트미디어 시대의 공익성 문제를 논의해 볼 필요가 있을 것이다. 여러 원인이 있겠지만, 스마트미디어의 등장은 이른바 '플랫폼 우회전략(platform bypass strategy)'에서 그 원인을 찾아볼 수 있을 것이다. 일반적으로 방송은 제작-편성-송출이라는 3단계로 구성되어 있다. 이 중에서 가장 핵심적인 것은 '편성'이고, 이를 영위하는 사업자가 바로 방송사업자, 즉, 방송플랫폼사업자인 것이다. 그런데 방송사업자는 프로그램과 편성을 통해서 막강한 정치·사회적 영향력을 행사할 수 있기 때문에 어느 나라를 막론하고 제도적 진입장벽이 매우 높은 것이 현실이다. 물론 이를 바탕으로 독점적 지위를 확보하면서 경제적, 사회적 이익 창출이 가능했던 것이다.

이 때문에 방송영역의 주도권은 편성권을 쥔 방송사가 갖고 제작사나 단말기를 생산하는 제조사들이나 방송 이외의 플랫폼사업자들은 항상 변두리에 위치해 올 수밖에 없었다. 대표적인 사례가 1970년대 초반 일본의 소니사가 쓴맛을 봤던 베타방식의 홈비디오라 할 수 있다. 방송법의 엄청난 벽을 피해 별도로 제정된 IPTV법도 어쩌

면 통신사업자들의 우회전략으로 볼 수 있을 것이다. 결국 스마트폰이나 스마트TV
는 통신/방송 단말기 제조사들의 방송플랫폼 우회전략이 되는 셈이다(황근, 2010b)

즉, 단말기 자체에서 편성 및 콘텐츠배열을 가능하게 함으로써 이른바 플랫폼사업
의 개념을 소멸시키는 방식이다. 언뜻 보기에 이는 기술적으로 매우 유용한, 그리고
성공가능성이 높은 방식이다. 그렇지만 여기에 함정이 있는 것이다. 이동전화나 인터
넷과 달리 TV시청자들은 고품질 콘텐츠를 잘 정제된 형태로 나열된 것을 편하게 보
기를 원한다는 사실이다. 양방향성이 극히 제한된 위성방송이 미국에서 여전히 건재
하고 있고, 최근 Skylife가 HD라는 고품질 차별화를 통해 도약하고 있는 것을 보면
알 수 있다. 그런 의미에서 일부에서는 스마트TV보다는 고선명도의 UDTV, 실감TV
혹은 홀로그램TV가 더 각광받게 될지도 모른다는 전망을 내놓고 있다. 즉, 적은 노력
으로 최대의 시청효과를 기대할 수 있는 TV가 성공할 가능성이 높다는 것이다. 누군
가 지적했던 것처럼, '스마트TV는 너무 스마트한 시청자를 필요로 하는 것이 아닌가'
하는 우려도 바로 여기에 근거한 것이다. 그러므로 스마트미디어의 등장은 본질적으
로 경제적 동인을 내재하고 있다. 이는 전통적인 매체와 달리 스마트미디어는 철저
히 상업적이고 시장지향적일 수밖에 없다는 것이다. 이러한 상황에서 스마트미디어
에게 정치적 · 사회적 책무를 요구하는 것 자체가 맞지 않는다는 것이다.

스마트폰의 급속한 확산과 스마트TV의 등장으로 방송의 미래에 대해 많은 논의들
이 진행되어 오고 있지만, 방송의 역할과 공익성 등에 대한 논의는 여전히 아날로그
적이다. 2008년 「인터넷 멀티미디어 방송사업법」, 2010년 「방송통신발전기본법」 등
이 제정되기는 했지만, 새로운 스마트미디어 시대에 대비하기에는 무리가 있어 보인
다. 즉, 스마트미디어의 여러 정책들이 여전히 법제도적 지연과 사업자 간 갈등 속에
지지부진한 상태에 머물러 있다고 볼 수 있다. 이와 같은 정책지체가 발생하고 있는
가장 큰 이유는 양적, 질적으로 급팽창하고 있는 매체들을 수용하기 힘든 우리 방송
시장의 협소성과 불합리한 법제도 환경 때문이라 할 수 있다. 또 방송 · 통신 컨버전
스와 스마트미디어 보급이 가속화되고 있는 상업화 추세 속에서 공공성 및 공공영역

을 담보할 수 있는 장치가 부족하기 때문이기도 하다. '방송과 통신이라는 별도 영역에서 배타적인 규율체계에 의해 운영되어 왔던 방송영역이 붕괴되는 컨버전스 현상'이 스마트미디어 확산으로 더욱 가속화되고 있다. 특히 스마트미디어 시대로 들어서면서 기존 CPNT(content-platform-network-terminal) Model에서 T(단말기) 영역에 위치한 디바이스 사업자들이 콘텐츠와 플랫폼, 네트워크의 영역으로 확장을 모색하고 있다는 점에서 방송영역의 붕괴가 더욱 가속화되고 있는 실정이다. 이러한 환경에서 방송 정책이 성공하기 위해서는 '경쟁을 통해 시청자의 선택성을 구현하는 상업방송시장과 시장에서 독립되어 공공적 서비스를 제공하는 공익적 방송영역'의 확고한 구분이 필수적이라 할 수 있다. 현재 공영방송의 경우 콘텐츠와 플랫폼, 네트워크를 기반으로 하고 있는데, 스마트미디어가 이 부분을 침범하면서 경쟁을 할 경우 공영방송의 존립은 물론, 공영방송이 가지는 의미마저 퇴색될 수 있다는 점에서 매우 중요한 문제라 할 수 있다.

그러므로 스마트미디어 환경에서 방송정책의 출발점은 '공영방송의 범주를 정하는 것'에서 시작되어야 하는 것이다. 즉, 공영방송 범주화가 확고하지 못할 경우, 기존에 단순히 가전을 판매하는 수준이었던 디바이스 사업자들이 스마트미디어 사업자라는 명목하에 방송산업에 전면적으로 진입하게 될 수 있기 때문이다. 이 경우 앞서 밝힌 것과 같이 현재 콘텐츠, 네트워크, 플랫폼 기반의 지상파, 케이블TV, 위성방송, IPTV, 인터넷방송이 경쟁하고 있는 상황에 디바이스 사업자까지 합세하여 경쟁이 더욱 치열해질 경우, 방송에 있어 필수적으로 지켜야 할 최소한의 마지노선이라 할 수 있는 공익이 침범당할 수 있다. 결국 스마트미디어 환경에서 방송정책은 시장으로부터의 독립되어 차별화된 목표를 가진 공공영역을 설정한 후, 다양한 매체들 간 경쟁을 통해 시청자 선택의 기회를 증진시키는 것이라 할 수 있다. 즉, 이는 방송환경 변화에 따른 방송의 공익성 개념 역시 새롭게 접근되어야 할 필요가 있다는 것이다. 지난 반세기 이상 정착되어 온 방송 공익성과 구현방법들은 더 이상 현재의 변화 상황을 제대로 반영할 수 없기 때문에 방송의 공익성과 관련된 개념들을 새로운 시대에 맞도록 재정립되어야 한다. 이를 위해서 다음과 같은 점들이 고려되어야 할 것이다(황근, 2010a).

첫째, 전통적으로 방송 공익성의 가장 확고한 근거가 되어 왔던 전파 희소성과 사회적 영향력이라는 명제가 여전히 유효한가의 문제이다. 이 명제는 공중의 소유하고 있는 희소한 전파자원을 사용하여 막강한 영향력을 행사하는 방송 면허권자는 공중으로부터 전파사용권을 수탁받은 대리인이라는 명제이다. 이 때문에 대리인으로서 방송사업자는 위탁자인 공중의 이익을 도모해야 하고 또 공중의 감시를 받아야 한다는 것이다. 즉, 방송은 공유재이면서 동시에 희소한 전파 자원을 이용하므로 공익에 충실해야 한다는 논리다. 그렇지만 디지털 컨버전스 환경과 스마트미디어 시대에 들어서면서 다양한 매체와 채널들은 물론 방송서비스를 제공할 수 있는 디바이스 사업자들과 팟캐스트 서비스업자 등이 등장하고 있는 상황에서 이러한 규제논리의 정당성에 대해 의문이 제기되고 있다. 즉, 오랜 기간 방송규제의 근거가 되었던 수탁제 모델이 다채널환경에 맞도록 새롭게 재정의되어야 한다는 것이다.

둘째, 다양한 매체들이 경쟁하는 환경에서 모든 매체들에게 획일적인 공익성 혹은 다양성을 요구하는 것이 바람직하고 가능한가 하는 점이다. 방송·통신 융합과 디지털화 및 개인 맞춤형 스마트미디어의 등장으로 인해 개인화되고 전문화된 매체들이 지상파방송과 같이 모든 성별, 연령별, 지역별 다양성을 균형 있게 구현하기가 쉽지 않은 것이 현실이다. 특히 공익성의 가장 중요한 부분이라고 할 수 있는 다양성문제는 여러 사회구성원들의 가치들을 표현한다는 점에서 언론의 자유 혹은 표현의 자유 문제와 관련되어 있다. 또한 소수 취약계층을 배려하는 문제는 방송의 보편적 서비스와 관련되어 있다. 이 때문에 다양성 확보를 위한 편성규제가 정당화된다.

그렇지만 다수의 취향을 만족시키는 상업화가 불가피한 상황에서 모든 매체들에게 동일한 수준의 공익성을 요구하는 것은 문제가 있을 수 있다. 즉, 케이블TV, 위성방송 그리고 이미 상용화된 모바일방송, IPTV, 스마트폰 그리고 상용화단계에 들어선 스마트TV에 이르기까지 다양한 매체들은 지상파방송과는 기술적으로나 사회적

✦ 미디어 생태계의 미래

으로 근본적으로 차이가 있다. 그러므로 모든 매체들이 방송의 기본적 공적 책무가 완전히 면제될 수는 없지만, 각 매체별로 차별화된 공적책무가 부여되는 방향으로 나아가야 한다.

셋째, 방송의 양방향성이 구현되면서 지금까지 공급자 중심의 방송에서 시청자 주도의 방송으로 변화되고 있다는 점이다. 이 때문에 이제 방송의 공익성도 공급자 주도가 아닌 수용자가 주도하는 방향으로 변화되어야 한다는 것이다. 특히 양방향성과 개인 맞춤형이 강조되는 스마트미디어 시대의 수용자는 더 이상 수동적 시청자가 아닌 능동적인 이용자, 나아가서는 콘텐츠를 생산하면서 소비하는 생비자(prosumer)로 변화되고 있다. 이미 미디어2.0을 넘어 방송이 제작 · 공급주체가 아닌 공유플랫폼형태로 변화돼 있는 미디어3.0 혹은 4.0시대로 전환되고 있는 것이다. 이미 2000년 초반에 영국의 BBC는 공영방송이 시청자들이 주도하는 '공공출판(pubic service publisher)'로의 전환을 선언한 바 있고, 최근에는 다음 단계로 'canvas' 사업을 추진하고 있다.

이러한 변화는 아무리 높은 사회적 가치를 가진 공익적 프로그램일지라도 수용자가 접근 · 선택할 수 없으면 무의미하다는 논리에 근거한다. 결국 스마트미디어 시대의 방송 공익성이란 수용자가 실제적으로 공익적 내용을 향유할 수 있는 환경을 마련하는 것이라 할 수 있다. 이는 상업화될 수밖에 없는 컨버전스 환경에서 시청자들의 접근이 보장된 공공영역을 구축하는 것을 의미하는 것이기도 하다.

이처럼 스마트미디어 시대에서 방송의 공익성은 크게 위협받을 수밖에 없을 것이다. 어쩌면 수많은 매체들이 홍수처럼 정보를 쏟아내면서 진정 공익적인 것이 무엇인가에 대한 판단조차 쉽지 않게 될 것이다. 이러한 문제를 해결하기 위해서는 위의 내용들을 충분히 고려한 후, 방송 공공성 개념이 무엇이고 어떻게 구현되어야 하는지에 대한 방안이 새롭게 모색되어야 한다. 특히 무엇보다도 시장에서 독립된 공적 영역을 별도로 설정할 필요가 있다. 즉, 여러 이해관계로부터 독립된 진정한 공영방송이 모든 국민에서 균형 잡힌 다양한 의견들을 평등하게 제공하는 공공서비스

(public service) 역할을 해야 할 것이다. 이는 결국 시장에서 독립된 공공부문을 구축하여 공공서비스를 제공해야 하는 것을 의미한다.

3. 공영방송 위기론과 한국 공영방송

공영방송 개혁에 대한 요구와 논의들은 전 세계적으로 1980년대 후반부터 꾸준히 제기되어 왔다. 특히 20세기 후반 다양한 미디어들이 등장하고 규제완화 분위기에 힘입어 방송의 상업화가 가속화되면서 이른바 '공영방송 위기론'으로 발전하게 된다. 대표적으로 방송 디지털화를 주도해온 영국이 다채널시대 공영방송 BBC의 역할을 설정한 "Beyond Broadcasting(1992)" 이후 방송법을 개정하였고, 2000년대에 들어서는 방송통신 규제를 위해 방송통신 총괄규제기구인 OFCOM을 신설한 것은 잘 알려진 일이다. 그 결과 2004년 BBC트러스트의 설립은 이러한 공영방송위기론과 한 해법을 제시한 것이라고 할 수 있다. 비슷하게 일본이 2007년에 NHK경영위원회를 설립했고, 프랑스는 2010년 공영방송 광고를 전면 폐지하는 공영방송 개혁을 시도해 오고 있다.

이러한 해외 공영방송사들의 개혁 시도는 전통적인 공영방송의 이념과 정체성이 새로운 디지털 스마트미디어 환경에 적합하지 않기 때문에 발생한 것이라 할 수 있다. 즉, 전통적 아날로그 방송환경하에서 존재하던 공영방송체제가 변화하는 디지털화 및 스마트화로 대변되는 방송 패러다임(시장경쟁, 탈규제, 신자유주의 등에 기초)에 적합하지 않기 때문이다. 하지만 역설적으로 다양한 사업자들이 무한 경쟁하는 스마트미디어 시대에 시청자의 권리를 보호하고, 공공성을 담보하기 위한 공영방송의 역할은 공익적 가치라는 측면에서 더욱 중요해지고 있음을 보여 주고 있다고 할

　　　　　　　　　　　　✦ 미디어 생태계의 미래

수 있다.[36]

우리나라에서도 공영방송 문제는 30년 이상 지속적으로 제기되어 왔다. 1980년대 군사정부 시절부터 1990년대 초반까지는 인위적 언론통폐합과 그로 인한 정치권력으로부터의 독립문제가 핵심논제였고, 1990년대 중후반에 들어서는 공영방송의 정치권력으로부터의 독립문제와 함께 공영방송의 상업화 문제가 주요 논제로 다루어졌다. 디지털화와 방송·통신 융합이 진행된 20세기 후반부터는 공영방송 위기와 대응전략이 주된 사안으로 부각되었다. 큰 틀에서 본다면 공영방송에 대한 의제가 "정치권력과 자본으로부터의 독립"에서 "공영방송 위기론"으로 전환되어 온 것이다. 하지만 이는 어떤 시각에서 보는가에 따른 것이지 그 속에 존재하는 내용은 사실상 동일하다 해도 지나치지 않을 것이다.[37]

우리나라의 공영방송위기 논쟁은 크게 시장경쟁체제하의 공영방송 생존 여부와 왜곡된 공·민영 이원체제에 대한 논쟁으로 구분해볼 수 있다. 이와 관련된 해결방안 역시 정치권력 및 시장에서 완전 분리된 이상적인 공영방송에서 찾아야 한다는 입장과 시장에서 생존할 수 있도록 경쟁력을 갖춰야 한다는 입장으로 구분된다. 하지만 대부분의 논의들이 자신들의 입장에서 유리한 측면으로 진행한다는 점에서 공영방송에 대한 논의에 진척이 없는 상태이다.[38] 그렇지만 모든 주장들이 스마트미

---

36 호인즈(Hoynes, 1994)에 따르면, 공영방송의 재정적 메커니즘, 프로그램 결정과정, 분명한 공영방송 목표가 상호 결합된다면, 상업주의에 대항할 수 있는 "공공커뮤니케이션 재강화(public telecommunication refortification)" 틀을 구축할 수 있다.

37 2010년 KBS수신료 인상문제를 놓고 벌어지고 있는 갈등을 보면, KBS의 보도공정성 및 독립성 문제와 KBS의 재정위기 및 경영합리화 문제가 복합적으로 얽히면서, 정쟁의 양상으로 변질된 것을 보면 그러한 성향을 잘 보여 주고 있다.

38 우리나라 외국 공영방송에 대한 현황 및 논리 인용은 다분히 아전인수적이다. 그 이유는 현재의 애매한 위상을 정당화하기 위하여 국가나 자본으로부터 독립된 영국의 BBC모델을 가장 많이 인용하면서, 재원과 관련해서는 수신료와 광고에 함께 의존하는 다양한 공영방송 모델들을 언급하고 있는 것이다. 마찬가지로 공영방송의 본연의 위치를 강조하는 나라들도 많지만, 적극적으로 뉴미디어사업에 진출하고 사업다각화를 추구하는 외국의 사례들만 강조하는 경우도 적지 않다. 이는 우리나라의 공영방송체제가 가진 애매한 위상을 반증적으로 보여 주는 것이라고 할 수 있다. 세계적 추세가 우리의 현실과 전혀 무관하지는 않지만 공영방송 개념 자체가 상대적 성격이 강하고 정치적 담론인 경우가 많다는 점을 인정한다면, 우리 공영방송 문제를 해결하는 데 다른 나라의 공영방송 현실과 대응책에 전적으로 의존하는 것은 본질을 벗어난 이해득실에 근거한 궤변이 될 가능성이 높다. 앞에서도 설명한 바와 같이, 우리 공영방송은 발생배경, 방송철학적 지향점, 방송구조, 정치적 관계, 재정 능력, 시장점유 상황 등에서 다른 나라들과는 판

디어 시대에 공영방송이 위기를 겪게 될 것이라는 점에는 동의하고 있다. 트레이시(Tracey, 1998)의 지적처럼, '공중의 이익(public interest)' 혹은 '공익(public good)'의 의미가 크게 약화된 포스트모던 시대의 공영방송 서비스가 어떻게 적응해 나가야 하는가의 문제에 대해 근본적인 의문이 제기되고 있는 것이다.[39] 이런 맥락에서 스마트미디어 시대에 우리 공영방송이 당면하고 있는 위기현상에 대해 루미스(Loomis, 2001)가 제기했던 ① 공영방송 목적의 불투명성, ② 재정상의 문제점, ③ 조직상의 문제점으로 나누어 점검해 보고자 한다.

1) 공영방송 목표의 위기

실제로 공영방송의 역사가 짧지 않음에도 불구하고 전 세계적으로 공영방송의 목표에 대한 확실한 정의가 있다고 보기는 어렵다. 심지어 일부 학자들은 "공영방송은 그냥 상업방송이 아닌 것"이라고 말하기까지 한다. 그나마 보편적으로 공감하는 공영방송의 포괄적 목표는 "대중 시청자(mass audience)가 아닌 분화된 공중(differentiated publics)"에게 봉사해야 한다는 것 정도일 것이다. 하지만 이 역시 분화된 다양한 공중에게 봉사하기 위해서는 막대한 재원이 투자되어야 한다는 점에서 사실상 현실적인 정의라고 하기는 어렵다. 또한 실질적으로 분화된 시청자들 역시 일반 대중(mass audience)과 동일한 콘텐츠를 원하고 있다는 점에서 지금처럼 상업 방송과 수평적으로 경쟁하는 '안전하고 화려한 전략(safely splendid strategy)'을 추구할 수밖에 없는 현실이다(Witherspoon et al., 2000). 그런 관점에서 본다면 현재 지구상에 많은 공영방송들은 모두 본래의 목표와 정체성이 퇴색되고 있다고 해도 지

이하다. 그러한 차이점을 고려한 범위 내에서도 역시 외국 사례분석과 벤치마킹은 나름대로 의미가 있지만, 전적으로 외국 공영방송사들의 사례에 의존하는 것을 결코 바람직하다고 볼 수 없을 것이다.

39 적응에는 구체적으로 동화(同化, assimilation) 과정과 융화(融化, accommodation) 과정으로 나눌 수 있다. 동화과정이란 새로 지각된 환경내용을 자신의 기존 구조나 행위에 맞도록 소화하는 것이고, 융화과정은 반대로 자신의 구조나 행위를 새로 지각된 환경에 맞도록 변형시키는 것이라고 할 수 있다. 그렇게 본다면 공영방송의 새로운 환경변화에 대한 적응전략도 동화와 융화관점으로 나누어 생각해 볼 수 있을 것이다.

나치지 않을 것이다(Williams, 1974).

특히 우리나라의 공영방송은 1980년대 정치적 변혁을 거치면서 크게 왜곡된 구조를 가지고 있어 사실상 이 같은 목표의식조차 불투명한 것이 현실이다. 말로는 공영방송을 표방하지만 실질적으로는 경제적 영리를 추구하는 상업방송과 같은 기형적 구조를 가지고 있는 것이다. 이러한 목표의 부재로 인해 조직구조와 임금, 내용 면에서 상업방송과 차별화될 수 있는 공영방송적 특성이 거의 없다고 할 수 있다. 물론 목표부재는 결과적으로 공영방송의 역할과 책임, 재원구조 등 공영방송의 존재근거와 방법을 규정하는 법·규정이 없다는 것과 맥락을 함께하는 것이다. 물론 방송법에 국가기간방송으로서 KBS에 대한 규정이 존재하기는 하지만, 공영방송이라는 개념은 전혀 없으며 따라서 공영방송으로서 이행해야 할 책임에 대해서도 명시되어 있지 않다. 공영방송이라는 법적 용어는 오직 「공직선거 및 선거부정방지법」 제82조 2항(대통령 등의 선거에서 텔레비전 대담·토론회 개최의무)에 '공영방송사(한국방송공사와 방송문화진흥법에 의한 방송문화진흥회가 출자한 방송법인을 말한다)'라는 규정에 명시되어 있을 뿐이다. 결국 한마디로 우리나라의 공영방송은 법제도적 개념이 아니라 관념적 인식이라 할 수 있다. 흔히 KBS와 MBC가 공영방송 근거로 내세우고 있는 방송법 제8조 2항 소유규제조항은 KBS, MBC, EBS[40]에 대해 지분제한, 겸영제한 등에서 예외를 인정하고 있는 조항이다. 그러므로 이는 공영방송의 위상과 목표와는 무관하게 역대 정권이 지상파방송사들을 통제하고 규제하기 위한 편의적 목적에서 만들어진 것일 뿐이다. 이 때문에 우리나라에서 공영방송과 상업방송은 소유구조를 제외한 어떤 영역에서도 상업방송과 차별성이 없다고 단정할 수 있다.[41]

---

40 편성이나 방송내용에서 교육방송(EBS)은 분명한 차이를 가지고 있다. 그렇지만 지금의 교육방송 역시 재정적으로나 제도적으로는 매우 취약한 체제를 가지고 있다. 이 때문에 재원 확보, 시청자 확보 등의 문제점은 정도의 차이일 뿐 다른 방송사들과 비슷한 위기의식을 가지고 있다.

41 혹시 MBC가 「방송문화진흥회법」에 의해 규율받고 있다고 하지만 「방송문화진흥회법」은 기본적으로 조직법이지 MBC의 목적과 방송활동을 규율할 수 있는 법이 아니라는 점이 중요하다. 또한 MBC가 법적으로 공영방송을 인정받기 위해서는 방송법상에 분명히 공영방송임이 규정되어야 하고 거기에 따르는 방송사의 책임을 부여받고 자유를 보장받을 수 있어야 한다.

2) 공영방송의 재정적 위기

공영방송의 본연의 목표를 감안하면, 공영방송 재원은 조세성격의 수신료로 충당하는 것이 가장 이상적이다. 지금처럼 공영방송의 재원을 상업적 성격의 광고와 정부의 직접 지원에 의존하는 것은 공영방송의 정치적, 경제적 독립성을 담보할 수 없게 만들기 때문이다. 실제 많은 나라의 공영방송들이 세금과 수신료를 통해 재원을 충당하고 있다. 국가가 공영방송의 재정적 확립을 보장해주어야 한다고 판결한 독일 헌법재판소의 사례는 이러한 점을 분명히 한 것이라고 할 수 있다. 하지만 수신료만으로 재원을 충족시키는 것은 사실상 매우 어려운 일로, 영국의 BBC, 일본의 NHK, 독일의 공영방송 정도만이 순수한 의미에서 이에 해당된다고 할 수 있다. 결국 대다수의 공영방송들이 부족한 재원을 충당하기 위해 '준상업방송 시스템(quasi-commercial system)'을 가질 수밖에 없는 상황이다. 특히 이러한 현상은 다양한 미디어 서비스, 채널, 플랫폼이 복합적으로 경쟁하는 스마트미디어 시대에 들어서면서 더욱 심각해지고 있다. 실제 유럽의 많은 공영방송들이 1990년대 들어서면서 생존을 위해 상업방송사들과 제휴하는 사례가 크게 증가해 온 것이 현실이다(Ledbetter, 1997). 이처럼 공영방송의 재정이 상업화되는 것을 막기 위해 '유럽상업텔레비전방송연맹(ACT)'은 "공적 재원으로 운영되는 방송은 사회적 결속과 민주주의 가치관에 공헌하는 것이 주된 사명"이라고 지적하면서, "공적 재원으로 운영되는 방송사들이 상업방송사업자가 제공하는 프로그램과 차별화되지 않는 것은 그 사명을 무시하는 것"이라고 비판하기도 하였다. 즉, 공영방송사들이 경영안전을 이유로 상업화되는 것이 정당화될 수 없다는 것이다.

이 같은 논의에 비추어 볼 때, 우리나라 공영방송의 재정구조는 매우 심각하게 왜곡되어 있다고 할 수 있다. 앞서 설명한 것처럼, 왜곡된 방송구조로 인해 이른바 공영방송사라는 지상파방송들은 독점적 지위를 보장받고 이를 근간으로 상업적 이윤추구행위를 지속해왔고 적지 않은 경제적 이윤을 취득해왔다. 때문에 전체 재원을 상업광고에 의존하는 MBC는 논외로 하더라도 국가기간방송이라고 하는 KBS조차 전

✦ 미디어 생태계의 미래

체 재원의 절반 이상을 상업적 광고에 의존하고 있는 것이 현실이다. 물론 최근 방송 사업자 간 경쟁이 심화되고 스마트미디어와 같은 경쟁매체들이 등장하면서 광고수 익이 점차 감소하고는 있지만, 아직까지 우리나라 공영방송의 재정적 위기는 그리 심각한 수준이라 볼 수 없다. 실제로 우리나라의 지상파방송사업자들은 2004년 이후 지속적인 광고수익 감소를 겪기는 했지만, 2009년부터 다시 흑자로 돌아섰고 2011 년에는 사상최대의 흑자를 기록하기도 하였다. 물론 일부 경영압박은 도리어 상업화 가 아닌 경영합리화나 구조조정과 같은 내재적 해법을 통해 충분히 극복할 수 있을 것으로 평가되고 있다.

이처럼 우리나라의 공영방송사들이 상업적 재정구조형태를 가지고 있다는 것은 결국 공영성을 훼손시킬 수밖에 없다. 물론 쉬인(Suine) 등이 지적한 바와 같이, 공영 방송과 상업방송의 경쟁은 결국 양측 모두 극한의 상업화전략을 취하여 차별화되기 보다는 결국 공영성을 소멸시키게 될 것이다.[42] 현실적으로 우리나라가 공영방송이 라 지칭되는 방송사업자들이 상업방송과 경쟁하면서 지속적으로 상업화된 대표적인 사례라고 할 수 있을 것이다. 매년 다소 차이는 있지만, 공영성평가지수(PSI: Public Service Index)에서도 KBS2 채널이 다른 상업방송사들보다 낮은 평가를 받는 이유 도 여기에 있는 것이다. 결론적으로 공영방송의 안정적 재원확보를 위해 보조수단으 로 용인되어온 상업화 전략이 결국 공영방송의 역할 자체를 구축시키는 역효과를 불 러오고 있는 것이다. 더불어 이 같은 안정적인 상업적 재원구조가 공영방송 조직구 성원들의 사적 이익 혹은 조직 이기주의의 토대가 되고 있다는 점도 지적되고 있다.[43]

---

[42] 일례로 지상파방송 3사의 주말 예능프로그램이 대표적인 사례이다. MBC의 「무한도전」, KBS 의 「1박 2일」, SBS의 「패밀리가 떴다」는 거의 유사한 장르와 포맷구조를 가진 경쟁프로그램이 다. 이들 프로그램들은 서로 경쟁을 거치면서 3사가 유사한 프로그램을 경쟁적으로 편성한 결 과라고 할 수 있다.

[43] 실제 2000년 이후 감사원, 국회 등으로부터 지속적으로 지적되고 폐지요구를 받아왔던, KBS 의 퇴직금 누진제, 노사 간에 합의한 경영이익 발생 시 성과급 지급 등의 문제가 2010년에 와 서야 개선된 것은 대표적인 사례라 할 수 있다. 아울러 수신료 인상논의에서 KBS노조를 비롯 한 구성원들은 광고 축소, 수신료 인상보다는 광고 현행유지, 수신료 인상을 강력히 원했고, 이 는 결국 KBS 수신료인상요구가 KBS구성원들만의 잔치라는 비판을 받게 되는 결과를 초래하 였다.

이로 인해 그동안 우리나라 공영방송구조개혁방안은 항상 현행 방송구도를 유지하면서 공영·상업 공생체제를 모색해야 한다는 잘못된 전제에서 출발하는 오류를 범해왔던 것이다. 실제 2001년 옛 방송위원회는 '불투명한 공·민영 이원체제를 그대로 유지하면서 프로그램 내용 차별화를 통해 해결'하도록 정한 바 있다(방송정책기획위원회, 2001). 그렇지만 기존의 애매한 방송체제를 그대로 유지하면서 본질적인 공영방송문제를 해결할 수 없다는 인식에서 2004년 한나라당(당시 야당)은 정치적 독립과 안정적 재원확보를 위한 '공영방송법'을 제안한 바 있다.[44] 또한 2008년 집권한 현재 여당은 공영방송법(혹은 방송공사법)을 통해 공영방송을 통합을 규율하는 가칭 '공영방송위원회'를 설치하고, 수신료 재원을 정상화해 공영성을 강화하는 방안을 제안하기는 했지만 사실상 실현되지 못하고 있다.

3) 공영방송의 조직위기

공영방송의 조직문제는 어느 나라든지 항상 비판의 대상이 되는 문제이다. 실제 우리나라에서 공영방송 경영합리화문제는 아주 오래전부터 논의되어 오고 있는 이슈이다. 특히 공영방송경영합리화와 구조개혁 문제는 '동전의 양면' 혹은 '닭과 달걀' 논쟁처럼 항상 끝없는 논쟁으로 이어지고 있다. 특히 지금처럼 디지털 스마트미디어 시대에 들어서면서 과거 아날로그식 경영방식으로는 공영방송이 더 이상 경쟁하기 힘들다는 지적이 많이 제기되고 있다. 일반적으로 현재 공영방송사들이 당면하고 있는 조직 문제들은 ① 공영방송 조직에게 부여된 임무와 역할 변화, ② 디지털 등 커뮤니케이션 기술 변화, ③ 공영방송 조직원들의 특성 변화, ④ 공영방송조직 규모와 자원에 대한 변화요구 등을 들 수 있다. 특히 중앙집중적 조직구조와 관료주의로 인한 공영방송 조직의 유연성 결여는 흔히 공영방송 경쟁력을 약화시키는 가장 큰 장애물로 작용하고 있다고 평가되고 있다(T. Syvertsen, 1991). 특히 우리나라 공영방송처

---

44 이 법 내용은 공영방송인 KBS와 EBS의 사회 구조를 여·야가 균등하게 만들고, 공영방송의 재원 중에 광고수입이 30%를 넘지 못하도록 하는 등의 내용이 주를 이루고 있다.

　　　　　　✦ 미디어 생태계의 미래

럼 정치권력과의 유착관계를 통해 제도적, 경제적으로 안정적 지위를 보장받아온 경우에는 그 같은 문제가 더욱 심각할 수도 있다.

실제로 몇 차례에 걸친 감사원 감사와 국회 KBS결산 심의 등에서 나타난 바와 같이, 이사회를 비롯한 최고의결기관 및 감사 기능 미흡,[45] 불합리하게 팽창한 조직구조, 조직 및 구성원들의 예산사용 부적절성 등과 같은 문제들이 꾸준히 지적되고 있다. 특히 MBC의 경우에는 감사원감사는 물론이고 일체의 외부감시장치가 부재한 상태에서 경영합리화와 투명성제고와 같은 것은 기대조차 할 수 없는 상황이다. 결국 강력하게 요구되고 있는 공영방송에 대한 구조조정 및 구조개혁 요구는 결국 구조화된 안정적인 상업적 재원구조 때문에 발생한 문제점이라 할 수 있다. 물론 디지털 스마트 환경에 적응하기 위해 일부 부분적 개선이 이루지기도 하였지만, 여전히 수많은 본질적인 문제가 산적해 있는 것 또한 사실이다. 이른바 인력과다, 고임금 구조, 예산사용 부적절성은 여전히 시급히 개선되어야 할 문제인 것이 사실이다. 한마디로 이 같은 예산사용의 불합리성은 오랜 기간 흑자 기조를 유지해 오면서 형성되어 온 자사 이기주의와 감시장치 부재가 결합되어 만들어 낸 왜곡된 현상이라고 할 수 있다. 더구나 비상임제도로 되어 있는 KBS이사회와 결산승인권을 가지고 있는 국회 모두 상설감시기구가 아니라는 점에서 공영방송의 경영 불투명성과 불합리성은 현행 구조 아래서 쉽게 개선될 수 있는 문제가 아닐 것이다. 그렇지만 조직 불합리성과 비효율성과 같은 문제는 더 이상 안정적 재원과 수익구조를 제도적으로 보장받을 수 없는 상황에서 충분히 현실적인 문제로 부각될 가능성이 매우 높다. 특히 광고수익이나 방송프로그램 재활용을 통한 수익원 다각화가 유사매체의 등장, 플랫폼사업자와 디바이스사업자들의 시장지배력을 통한 경쟁력 강화 등의 현상으로 압박받을 가능성이 높다. 만약 이 같은 내재적인 조직비효율성 문제가 시급히 해결하지 못한다

---

45 이 문제는 다른 나라와 달리 우리나라의 공영방송이 가진 특징적인 문제점이라 할 수 있다. 특히 정파적으로 안배한 이사회구성 및 비상임 이사들의 한계 등은 공영방송사의 경영합리화는 주도해야 할 이사회의 역할을 스스로 위축시키는 결과를 낳고 있다. 이 때문에 KBS를 비롯한 공영방송사들의 거버넌스 구조를 개편하는 것이 공영방송의 독립성, 공영성, 공정성을 담보하고 경영합리화를 추진할 수 있는 방안이라고 생각하는 주장도 적지 않다.

면, 스마트미디어 시대에 공영방송은 도태되거나 기형적인 모습으로 변형되면서 공
영적 가치를 상실하게 될 수도 있다.

이처럼 시각에 따라 다를 수 있지만, 우리 공영방송도 디지털 스마트미디어 시대
에 들어서면서 점차 위기상황에 돌입하고 있는 것만은 분명하다. 하지만 이에 대처
하기 위한 공영방송개선 논의는 여전히 진흙탕 싸움 수준을 벗어나지 못하고 있는
느낌이다. 더구나 공영방송의 근본적인 문제는 도외시하고 정치권이나 공영방송 스
스로 눈앞의 이익만을 위해 선택한 임시방편적 대안들은 공영방송의 근본적인 개혁
이 불가능하게 만들고 있는 것이 현실이다.

4. 우리 공영방송의 법제도적 문제점

스마트미디어가 지배하고 있는 지금 이 시점에 공영방송 문제를 다시 논의하는 이
유는 크게 세 가지라고 할 수 있다. 첫째, 방송·통신융합 및 디지털 컨버전스를 넘어
서서 스마트TV와 스마트폰, 팟캐스트 등으로 대변되는 스마트미디어가 등장하면서
방송영역 전체에 대한 근본적인 구조변화가 요구되고 있다는 점이다. 둘째, 우리나
라 공영방송이 태생적으로 가지고 있는 정치권력과 밀접한 관계로 인해 공영방송에
대한 논의가 정권교체기마다 끊임없이 지속되고 있다는 점이다. 셋째, 앞에서 논의
한 바와 같이 다양한 매체들이 개발되어 시장에서의 경쟁이 격화되면서 공영방송 조
직과 경영합리화가 이제 더 이상 미룰 수 없는 현안으로 부각하고 있기 때문이다. 물
론 이 같은 문제들은 공영방송과 관련하여 그동안 지속적으로 제기되어온 문제들이
라 할 수 있는데, 신규 미디어가 시장에 진입하거나 정권이 교체될 때마다 내용에는
약간 차이를 보이긴 하지만, 논의의 맥락 자체는 결국 같다고 할 수 있다. 다만 스마
트미디어의 등장으로 방송이라는 개념 자체가 붕괴되는 환경이라는 점에서 본질적
으로 이전과는 다르다고 할 수 있다.

　　　　　　　　　　　　✦ 미디어 생태계의 미래

특히 주요 이슈로 떠오른 '공영방송 위기론'의 경우, 스마트미디어 등장으로 기존의 논의를 전혀 다른 새로운 차원으로 변화시키고 있다고 할 수 있다. 지금까지는 시장지배적 사업자로서 가지고 있는 문제에 초점을 두었다면, '스마트미디어시대 공영방송 위기론'은 공영방송이 변화하는 미디어 환경에서 생존하기 위해 무엇을 해야 할지에 초점을 두는 관점으로 변화되고 있다. 물론 한국사회의 특성상 정치적 갈등과 복합되면서 공영방송 논의를 어렵게 만들고 있지만, 거시적 안목에서 공영방송 구조 개편이 모색되어야 할 것이다. 이러한 배경에서 현행 공영방송체제가 가진 법제도적 한계와 개선방안을 모색해 보고자 한다.

1) 우리나라의 공영방송 현황과 난맥상

2000년에 최초의 독립 방송규제기구라고 할 수 있는 방송위원회 출범 이후, 지상파방송, 특히 공영방송을 표방하고 있는 지상파방송사들은 규제 대상이면서 동시에 결정주체로서 모든 방송정책결정에 핵심에 위치하고 있어 왔다. 무엇보다 불확실한 공·민영 이원구조 아래, 모든 지상파방송사들이 관념상의 공영방송이라는 우산 아래 보호받으면서 상업적 경쟁력을 강화해온 기이한 구조를 탄생시켰다. 이는 지난 10여 년 이상 해결되지 않고 있는 산적한 주요 방송정책 난제들의 근원이 되고 있다고 해도 지나치지 않다. 이를 요약해보면, 결국 지금 같은 애매한 지상파방송의 공공독점구조가 재구조화되지 않고는 새롭게 등장하는 매체들과 균형적 발전을 도모할 수 없다는 것이다. 실제 현재 우리의 방송시장은 공영과 민영이 혼합된 지상파방송사들이 상업적 속성이 강한 다른 방송매체들에게도 영향을 미치고 있어 공영방송과 상업방송의 차별성을 찾기 힘들다. 결국 지금의 애매한 구조하에서는 매체별 혹은 사안별 차별화를 기대하기 어렵다.

이 같은 방송정책의 난맥상은 (옛) 방송위원회나 현재의 방송통신위원회의 구조적 때문에 발생한 부분도 있지만(황근, 2009 참조), 더 근원적으로는 미비한 현행 방송법이 가진 문제점이라고 할 수 있다. 2000년 1월에 제정된 현행 방송법은 케이블

TV, 위성방송 같은 모든 매체들을 규율하기 위한 통합법 형태로 출발하였다. 그 후 위성DMB, IPTV 같은 신규매체들이 등장할 때마다 보완되어 왔지만, 본질적으로 공적 영역과 상업적 영역을 구분하지 못한 결함은 그대로 유지되고 있다. 전체 방송매체를 아우르는 포괄적 법 목적은 설정되어 있지만 매체별로 차별화된 책무나 규제 등에 대한 차별화된 규정들은 전무하다 할 수 있다.

공영방송이 공적 역할을 제대로 하기 위해서는 막중한 책임이 권한과 함께 부여되어야 한다. 물론 현행 방송법에서도 지상파방송에 대해서는 상대적으로 강한 책임성을 부여하고 있고 있기는 하지만(정책기획위원회, 2001, 5쪽), 실질적으로 부여된 책임이 제대로 수행되고 있는가에 대해서는 많은 의구심이 제기되고 있는 것이 사실이다. 도리어 모든 지상파방송들이 공영적 특혜만 누리고 있다는 비판도 적지 않다. 더 큰 문제는 미흡한 법적 근거 아래 형성되어 온 지상파방송 특히 KBS와 MBC의 특혜적, 독점적 방송구조가 공영방송의 공익적 역할로 연계되고 있느냐 하는 것이다. 물론 한류나 상대적으로 질 높은 프로그램의 생산, 일부 공적 프로그램의 편성과 같은 긍정적 효과가 없는 것이 아니지만,[46] 본질적으로 다른 상업적 방송매체들과 책무규정 등에 있어 별 차이가 없다. 이로 인해 상대적 차이는 있어도 책무규정이나 실제 프로그램들에서 다른 상업적 방송사들과 본질적인 차이가 없는 것이 현실이다. 이로 인해 우리 공영방송사들의 경제적·법적 자유는 시청자 권익을 실현하기 위한 도구적 자유의 수준을 넘어 조직 자체가 목적이 되는 궁극적 자유로 변질되었다고 할 수 있다. 흔히 자주 지적되고 있는 지상파방송사들의 조직이기주의도 바로 여기에 기인하는 것이다.[47]

---

46 Williamson은 수직적 통합이 거래비용을 경감시키고 자산특정성에 기인한 기회주의적인 행동의 가능성을 감소시켜 그 유용성이 특정산업에만 국한된 경제적 능력이나 사업에 대한 과소투자를 완화할 수 있다는 것이다(최현철, 2001에서 재인용).

47 이러한 현상은 KBS, MBC 모두 일정 부분 흑자가 나면 전체 종사자들에 성과급과 같은 명목으로 분배해주도록 노사 간에 합의되어 있고, 이러한 문제는 오랜 기간 짧은 임기를 가진 여러 정권, 경영진이 교차되면서 구조화된 것이 사실이다. 그렇지만 자신들의 고임금구조나 불합리한 임금구조에 대해서 종사자들의 인식은 외부의 비판적 시각과는 매우 큰 차이가 있는 것이 사실이다.

　　　　　　　　　　✛ 미디어 생태계의 미래

특히 무엇보다 애매한 MBC 위상은 시장에서 자연스럽게 형성된 것이 아니고 왜곡된 정치역사와 방송역사의 산물이라 할 수 있다. 물론 세계적으로 MBC처럼 광고에 의존하는 공영방송이 없는 것은 아니지만, 재원 전체를 광고에 의존하는 공영방송은 MBC뿐이다. 실제로 MBC가 공영방송임을 주장하는 공익법인 방송문화진흥회가 방송의 공영성을 담보하기 위한 장치가 아니라 언론통폐합으로 KBS가 소유했던 MBC주식을 관리하기 위해 편법으로 만들어진 기구라는 점에서 MBC는 민간소유도 아니고 그렇다고 국가소유도 아닌 상태에서 상업적 재원으로 운영되면서 공영으로 포장된 기형적 형태라 할 수 있다. 물론 이 같은 구조로 공공적 목표와 상업적 이윤추구를 동시에 성취하지 못하는 것은 아니지만, 본질적으로 모순될 수밖에 없다. 또한 형식적으로는 독립된 공영방송이라고 볼 수도 있지만, 외부의 어떤 감시받지 않는 조직형태는 구성원 이익이 우선되는 조직이기주의를 형성해 온 것이 사실이다. 더구나 지금까지 두 가지 상충된 목표를 그나마 가능하게 해주었던 방송광고시장이 급속히 위축되고 있고, 한국방송광고공사라는 독점광고판매구조도 해체되게 되어 더 이상 그러한 역할을 기대하기는 어려울 것이다.[48] 한마디로 우리 공영방송구조를 보면, Ledbetter(1998)가 제기한 다음과 같은 의문을 떠올리게 된다. "공영방송에 재정을 지원하고 프로그램을 공급하는데 사적 미디어 기업 형태를 이용하는 것을 보면 21세기 공영방송이 과연 말 그대로 '공공적(public)'일 수 있을까 혹은 상업적 프로그램의 마케팅 수단으로 공영방송을 이용하는 것은 아닌가?"

그러므로 스마트미디어 시대에 적합한 공영방송체제를 구축하기 위해서는 전체 방송구조개편이 필수적이라 할 수 있다. 그 이유는 지금 우리 방송구도는 공영성을 표방하고 있는 지상파방송사들이 실질적으로는 상업적 방송시장까지 지배하는 왜곡

---

48 방송법상에 명시된 지상파방송 광고 독점판매에 대한 규정은 2008년 10월 대법원 헌법불합치판정으로 사실상 효력이 상실된 상태로 유지되어 왔다. 다만, 방송통신위원회와 국회가 방송광고판매제도 자유화, 즉, 미디어렙(media representation) 방식을 둘러싼 갈등과 논쟁으로 후속 법제정 지난 1월에야 이루어지게 되었다. 실제 2011년 말 미디어렙법 제정과정에서 MBC가 보여 준 태도는 별도의 상업미디어렙을 주장하여 상업방송적 성격을 분명히 하였다. 이는 지금과 같은 스마트미디어 경쟁체제에서 MBC와 같은 공익성과 상업성을 모두 추구하는 방송이 사실상 불가능하고 실제 허구였음을 잘 보여 주는 것이라 할 수 있다.

된 구조를 가지고 있기 때문이다. 때문에 우리 방송구도는 모든 방송매체들이 법적으로나 실질적으로 전혀 차별화되지 않은 채 모든 방송영역에서 경쟁하는 무한 경쟁구도를 가지고 있다. 이러한 상황에서 지상파방송과 다채널방송, 공영적 방송과 상업적 방송, 방송매체와 융합형 매체 등과 같은 형식적 구분은 무의미할 수밖에 없다. 이 같은 왜곡된 방송구도를 개선하기 위해서도 시장에서 독립되어 공적 서비스를 제공하는 공공방송영역과 시장에서 경쟁하는 상업적 방송영역을 분리하는 시장획정이 절대 필요한 상황이다.

그렇지만 현행 방송법[49]으로는 매체 간 차별적 규제가 불가능하고, 경우에 따라서는 공공성을 필요로 하는 방송보다 상업적 성격의 방송매체에 대한 규제가 더 강한 역차별적 요소들도 있다. 이처럼 차별화되지 않은 우리 방송시장 때문에 모든 방송사업자들이 유사한 전략적 행위를 하게 되는 경쟁적 전략집단화가 발생할 수밖에 없는 상황이다. Porter(1980)는 동일 시장에 '전략집단(strategic group)'의 수가 많을수록 경쟁이 심화되게 될 수밖에 없다고 지적한 바 있는데, 지금 우리 방송시장이 전형적으로 여기에 해당된다고 할 수 있다. 더구나 2000년 이후 케이블TV에 위성방송, 위성DMB, 지상파DMB, IPTV, 스마트TV 등 다양한 매체들이 한정된 파이를 두고 경쟁하는 무한경쟁구도에서 공영방송을 포함한 지상파방송사들은 수익구조를 유지·확대하기 위해 자신의 콘텐츠를 직접 활용하는 다채널플랫폼사업으로의 진입에 강한 의지를 가질 수밖에 없었다.[50] 이로 인해 공영방송의 상업화 현상은 더욱 가속화될 수밖에 없고 이는 우리 방송 전체의 상업화현상을 촉진시키는 결과를 초래하였던 것이다.

그러므로 스마트미디어 시대 방송정책의 출발점은 공영방송의 범주를 확실히 하는 것이라 할 수 있다. 지금 우리 방송구도는 법적으로나 관념적으로 모두가 공영방

---

49 새로 제정된 「방송통신기본법」에도 거의 같은 내용으로 되어 있다.

50 실제 공영방송인 KBS를 포함한 모든 지상파방송사들은 자신의 상업적 콘텐츠를 재활용하는 콘텐츠 판매 → 상업적 유료방송채널로의 진입 → 지상파DMB와 같은 직접 다채널 방송 진입 → MMS 혹은 K-view 같은 디지털 다채널플랫폼 직영의 단계를 거치면서 그러한 전략을 점점 강화시켜 오고 있다고 할 수 있다.

    ✦ 미디어 생태계의 미래

송일 수도 있고 상업방송일 수도 있다. 그동안 공영방송을 표방해 온 지상파방송사가 '무늬만 공영'이라고 비판받는 이유도 여기에 있다. 현재 우리 방송구조는 〈표 3〉에 나타난 바와 같이, 크게 지상파방송과 다채널방송 그리고 융합형 방송으로 구분될 수 있다.[51] 그렇지만 사실상 재원구조나 편성방침 그리고 지향점 등에 있어 모든 매체들이 완전히 차별화되기는 어렵다. 더욱이 지상파방송 내에서도 공영적 지상파방송과 상업적 지상파방송 간에 구별도 잘 이루어지지 않고 있다. 결국 스마트미디어 시대 공영방송체제의 구축문제는 결국 우리 방송 전체구도를 정상화하는 출발점이라고 해도 지나치지 않을 것이다.

매체	방송사	특성	재원	편성	지향점
지상파 방송	KBS	공영방송	수신료	종합편성: 채널 간 보완 · 균형	모든 플랫폼을 통한 보편적 서비스 실현
	EBS			교육 위주의 준종합편성	
	MBC	상업방송	광고	지상파방송으로서 공공성 유지	제한된 범주에서 콘텐츠 위주의 신규 사업 진출
	SBS				
다채널 방송	케이블TV	지역단위 위주의 양방향 인프라 방송	수신료	다채널 비디오 서비스 및 정보통신 서비스	양방향 네트워크 시스템으로 발전 지역독점적 성격의 지역성 구현
	위성방송	광역단위 고화질 다채널 방송	수신료	HD 주도의 고품질 다채널 비디오 위주 편성	지상파방송의 보편적 서비스 구현 방송 고품질화 주도 매체
융합형 방송	IPTV	방송형 유사 방송	수신료	시간적 편성 + 공간적 편성	낮은 수준의 편성 개념을 가진 고품질 다채널 방송
	융합형 플랫폼사업	멀티미디어형 융합 서비스	수신료	공간적 편성	성격에 따라 방송과 통신형 서비스 구분
	위성DMB		수신료	시간적 편성 + 공간적 편성	이동형 방송으로서 지상파방송 이동수신 보완 및 멀티미디어 서비스
	지상파DMB		수신료 + 광고		

---

51 아직은 걸음마 단계라고 할 수 있지만, 향후 영향력이 막대해질 것으로 예상되는 스마트미디어도 함께 고려해야 한다.

융합형 방송	인터넷 기반 VOD 서비스	통신기반 비디오 서비스	수신료	공간적 편성	정보통신형 VOD서비스
스마트 미디어	삼성,애플, 구글 등	유사 방송	애플리케이션 구입비용 + 디바이스 판매 비용	각 콘텐츠 혹은 채널에 대해 애플리케이션 제공	이용자 맞춤형 서비스

출처: 황근(2010), 「미디어 컨버전스 시대 공영방송의 역할과 규제체계」, 『경제규제와 법』, 제3권 제2호, pp.224-247.

📁 **표 3_** 우리나라의 방송매체 유형

　이러한 문제를 해결하기 위해서는 현행 방송법에 미흡하게 규정되어 있는 공영방송의 범주와 역할, 그리고 책무에 대한 법·규정을 강화할 필요가 있다. 심지어 공영방송이라는 용어가 방송법에 존재하는 것이 아니라 「공직선거 및 선거부정방지법」 제82조 2항 대통령 등의 선거에서 텔레비전 대담·토론회 개최 의무조항'에 나와 있다는 점은 문제의 심각성을 일깨워준다. 결국 공영방송의 위상을 회복하기 위해서는 법적으로 확실한 공영방송의 개념과 범주를 정해 놓고 지원과 함께 공영방송의 책임성을 부여하는 토대를 마련해야 한다. 또한 명목상의 공영방송 예외규정을 통해 독과점의 틀에서 형성된 경쟁력을 바탕으로 상업적 시장행위에 무차별로 진입하는 행위에 대해서도 규제해야 할 것이다. 그래야만 공영방송의 공적 성격도 위축시키고, 다채널 상업방송시장마저 황폐화시키는 문제점을 개선할 수 있다. 이를 위해서 공영방송사 혹은 국가 기간방송으로서의 위상과 역할을 엄격하게 규정하게 하되, 시장으로부터 보호받을 수 있는 안정적인 재정기반을 위한 법·규정이 마련되어야 한다.[52] 물론 영국의 BBC트러스트 같은 별도의 독립된 기구를 통해 규제받도록 하는 것이 가장 이상적이라고 할 수 있다. 그렇지만 현실적으로 우리 정치행정문화의 특성상

---

52 지난 2003년 야당의 KBS시청료 분리징수 주장도 타당성 문제를 떠나 현행법의 수신료 규정이 미비한 데 그 원인이 있다고 생각된다. 차라리 외국의 예와 같이 전파사용료와 같은 조세 성격으로 하고, 인상기준을 법에 명기하는 등의 공영방송의 안정된 기반조성을 위한 법규정이 도입되어야 할 것이다.

공영방송을 별도로 규제하는 독립된 기구를 설립하기가 쉽지 않을 것이다.[53] 그렇다고 볼 때, 공영방송을 별도로 규제하기 위해서는 공적 방송영역과 상업적 방송영역을 구별할 수 있는 법체계만이라도 도입되어야 할 것이다.[54]

5. 스마트미디어 시대 공영방송 재구축을 위한 정책과제와 방향

이상과 같은 논의를 통해 스마트미디어 시대에 우리 공영방송체제 재정립을 위해 몇 가지 정책과제 방안들을 제시해 볼 수 있을 것이다. 단기적으로는 그동안 정치적으로 왜곡되어온 공영방송 체제 정상화 같은 것들이 있을 수 있고, 장기적으로는 스마트미디어 환경에 걸맞도록 공영방송이 지향해야 할 새로운 역할과 존재방식을 모색하는 것이 되어야 할 것이다. 그렇지만 분명한 것은 우리 공영방송체제 정상화는 지상파방송 전체와 관련된 문제이고 더 나아가 방송구도 전체와 관련된 사항이라는 점에서 우리 방송전체구도와 관련되어 있다는 점에서 매우 신중하고 사회적 합의를 모색해야만 한다.

1) 스마트미디어 시대 공영방송의 이념과 목표 재정립

일반적으로 공영방송의 이론적 기원은 하버마스의 공공영역(public sphere)론에

---

53 공식적으로 발의된 것은 아니지만 정부여당이 고려하고 있는 '공영방송법' 혹은 '방송공사법(가칭)'에서는 공영방송위원회와 같은 별도의 규제 또는 경영기구를 모색했던 것으로 알려지고 있다.

54 이렇게 KBS를 국가기간방송으로 영국의 BBC 같은 형태로 할 경우에, 앞에서 논한 방송사업과 전송사업 분리원칙 역시 KBS는 예외가 될 수 없을 것이다. 즉, 국가기간방송으로 다른 방송사들과 상업적 경쟁을 하지 않는다는 조건으로 제작/편성/송출을 수직적으로 독점하게 하는 것이다. 물론 이 방식 역시 애매한 위상의 MBC를 어떻게 할 것인가에 따른 문제가 없는 것은 아니다. 만일 복수 공영론에 의해 MBC도 공영방송으로 범주화한다면, 공영방송에만 해당되는 공영방송송출공사와 같은 형태도 고려해 볼 수 있을 것이다. 물론 어느 방안이라도 애매한 우리나라의 공/민영 이원구조를 분명히 해야 한다는 조건을 전제로 하는 것이다. 그렇지만 지난 3월 국회에서 통과된 「방송통신기본법」에서는 그러한 규제대상을 분리하고 있지는 못하고 있다.

서 찾고 있다. 즉, 정치와 자본으로부터 독립된 '공공영역론(public sphere)'이 BBC
를 비롯한 유럽 공영방송의 이념적 토대가 되었다는 것이다. 하버마스의 논의에 따
라 정치권력과 피지배자 간에 형성된 합리적 논의의 장인 공공영역이 상업화되는 상
황에서 상업적 이해로부터 독립된 공공영역의 필요성이 등장하였고, 이것이 곧 유럽
공영방송이 기원이 되었다는 것이다. 실제 하버마스는 방송을 통한 공개영역 부활을
"(공영방송의 설립되지 않으면) 방송의 공론기능이 자본주의적 기능에 의해 잠식당
하는 것을 충분히 막을 수 없기 때문"이라고 주장하고 있다(Habermas, 1989: 188).
또한 크리샨 슈마(Krishan Kumar, 1977: 234)는 BBC의 역할을 "상업 및 정치적 통
제로부터 보호된 중간지대의 유지"라는 말로 표현하고 있다. 이 같은 이념적 기원에
서 볼 때, 상업적 미디어가 급속하게 등장하고 있는 스마트미디어 시대에 공영방송
을 어떻게 유지·발전시킬 것인가 하는 것은 중요한 사회적 과제가 되는 셈이다.

물론 제5공화국에 의해 정치적으로 형성된 명목상으로는 공영방송, 내용적으로
는 국영방송, 경영적으로는 상업방송이라는 기형적인 공영방송 체제에 대한 개혁이
무엇보다 우선되어야 할 것이다. 더 나아가서 디지털 스마트미디어 시대에 들어서면
서, 한 방송사가 공공성과 산업성을 동시에 추구하는 것이 사실상 불가능하기에 공
적 영역과 사적 영역에 대한 구획을 명확히 해야 할 것이다. 앞에서도 언급한 바와 같
이, 그동안 KBS와 MBC가 명목상 공영성을 추구하면서 경제적으로도 안정될 수 있
었던 것은 이 같은 독과점구조에 힘입었기 때문이다. 그렇지만 광고수익을 주재원으
로 하는 방송사가 공영성과 상업성이라는 두 마리 토끼 모두를 쫓는다는 것은 현실
적으로 불가능한 상황이다. 더구나 시장규제 완화와 새로운 경쟁미디어들의 등장은
방송영역에서의 공익성을 급속히 위축시키고 있다.[55] 물론 안정적인 산업적 토대를
바탕으로 공공서비스, 보편적 서비스 등 공익적 기여가 가능하다는 주장들도 있지만

---

55 최근 일부 팟캐스트나 유사 방송서비스들에 대한 내용심의문제가 국가 정책적으로 쟁점화되고
   있는 현상은 이 같은 환경변화를 극명하게 보여 주고 있는 것이다. 심지어 트위터나 페이스북과
   같은 SNS의 여론왜곡현상에 대한 규제가 제기되고 있는 것도 바로 이 같은 방송공익성 문제와
   관련되어 있는 문제인 것이다.

점차 설득력이 떨어지고 있다. 결국 여러 형태의 미디어들이 경쟁하는 스마트미디어 시대에 방송의 공공성은 상업적 매체와 구분해 별도의 공익적 목표를 가진 방송영역을 설정하는 방향으로 나아가야 할 것이다.

물론 공영방송의 목표에 대해서는 별도의 사회적 합의가 필요하다. 이론적으로 볼 때, 공영방송은 헤겔식 가부장적 권위주의에 기반을 둔 자기완성체 의미를 지닌다. 때문에 스스로 사회적 진리와 공적 의무를 결정하고 그 결과에 대해 책임지는 방송형태이어야 할 것이다. 이는 다른 말로 어떤 외부 압력으로부터도 통제받지 않으면서 사회적으로 책임을 질 수 있는 법적 보장을 받을 수 있어야 한다는 것이다. 물론 이 같은 추상적인 목표뿐만 아니라 디지털미디어 시대에 걸맞은 미래지향적이면서 구체적인 하위 목표가 설정되어야 할 것이다. 가장 먼저 디지털 방송을 추진해 온 영국의 전 ITV 최고책임자 리처드 에어(Richard Eyre)는 멀티미디어 디지털환경의 공영방송은 '공공에 봉사하는 방송(public service broadcasting)에서 공공의 이익을 위한 방송(public interest broadcasting)'으로 변화되어야 한다고 주장한 바 있다. 더 나아가 전 PBS 사장인 그로스맨(Grossman)은 소위 '위대한 동맹(grand alliance)'을 제안하고 있다. 즉, 공영방송이 박물관, 도서관, 대학과 같은 주요 비영리문화 조직들과 연대해 시장에서 제공되는 혼란스러운 정보로부터 벗어난 '재단된 사고(measured thought)'의 공간을 제공해 주어야 한다는 것이다. 진보적 방송학자인 아우퍼하이드(Audferheide, 1992)는 공영방송은 '공동체 정보자원(community source of information)'이 되어야 한다고 하면서, "공영방송의 가장 큰 임무는 공적인 프로그램을 만드는 것이 아니라 진정한 공공영역을 구축하는 것에 있다"고 주장한다. 같은 맥락에서 서머셋 워드(Somerset-Ward, 1998)는 정부-시민조직-도서관-유관기관이 연계된 지역조직 네트워크화를 제안하고, 이를 '위대한 공공 텔레커뮤니케이션 동맹(grand public telecommunications alliance)'이라고 정의하고 있다. 위더스푼(Witherspoon, 2000) 역시 디지털 시대 공영방송은 '지식의 공유' 차원에서 접근해야 하고 디지털 공간에서 그 같은 목표가 실현가능하다고 지적한 바 있다. 또한 호인즈(Hoynes, 1994)는 공적 재정 메커니즘과 프로그램결정과정, 공영방송의 목표가 결합해 '상업주의에 대항하는 텔레커뮤니케이션의 재강화'해야 한다고 주장한다. 이는 결국 "사회적 종족(social species)으로서 우리가 무엇이고 무엇이어야 하는가에 대한 의문에 대답하는 것"이라고 트레이시(Tracey, 1998, p.287)는 지적하였다. 결국 공영방송이 단순히 공익적 프로그램을 제공하는 수준이 아니라 한 사회가 지향하는 문화적·사회적 목표를 실현하는 문화적 매개체, 나아가 선도자(facilitator)가 되어야 한다는 것을 의미하는 것이다.

2) 공영방송 범주 재정립

앞서 지적한 바와 같이, 우리 방송법에는 공영방송에 대한 개념규정 자체가 없다. 이처럼 공영방송의 역할이나 책임을 규정하는 법적근거가 없다는 것은 우리 공영방송정책의 난맥상을 극명하게 보여 주는 것이라 할 수 있다. 실제로 현행 방송법에는 국가가 소유주로 되어 있는 KBS만 국가기간방송으로 규정하고 있을 뿐 다른 지상파 방송인 MBC나 상업방송인 SBS에는 대해서는 아무런 별도 규정도 두고 있지 않다. 다만 MBC만 특별법인에 의해 설립된 방송사로서 지분제한 규정 등에서 차별적 특혜를 주고 있을 뿐이다. 결국 방송법상으로 MBC와 SBS는 방송목적이나 위상에 있어 차이가 없는 동일유형의 방송사일 뿐이다.[56] 그것은 결국 현재의 우리의 공민영 이원체제가 법적으로 규정된 이원체제가 아니라 사회적 통념상의 공영방송이라는 사실을 보여 주는 것이다.

실제로 공영방송 제도를 정착시키는 데 가장 기본적인 출발점은 과연 어느 방송까지 공영방송 범주에 포함시킬 것인가의 문제라 할 수 있다. 그래야만 공영방송의 법적 근거와 지원 그리고 책무를 분명히 할 수 있기 때문이다. 현재 우리나라에는 국가

---

56 혹시 MBC가 「방송문화진흥회법」에 의해 규율받고 있다고 하지만 「방송문화진흥회법」은 기본적으로 조직법이지 MBC의 목적과 방송활동을 규율할 수 있는 법이 아니라는 점이 중요하다. 또한 MBC가 법적으로 공영방송을 인정받기 위해서는 방송법상에 분명히 공영방송임이 규정되어야 하고 거기에 따르는 방송사의 책임을 부여받고 자유를 보장받을 수 있어야 한다.

기간방송인 KBS를 비롯해 애매한 위상의 MBC, 상업방송인 SBS 같은 지상파방송사들뿐만 아니라 EBS, KTV, 아리랑TV와 같은 국책방송 그리고 국가가 직간접적으로 지원하는 해외방송들까지 매우 복잡하다. 우선 지상파방송사들을 보면, 상업방송으로서 개인소유형태로 되어 있는 SBS와 애매한 위상의 MBC가 있다. 그렇지만 민간소유의 SBS를 공영방송에 포함시키는 것은 사실상 어불설성이다.[57] 하지만 공적 소유형태지만 상업적으로 운영되는 MBC의 소유구조를 변화시키는 것 역시 법적으로나 정치적으로 매우 어려운 문제이다.[58] 그러므로 현재의 소유구조를 그대로 유지하면서 상업적으로 운영하는 현실의 규범을 인정하는 방안이 모색되어야 할 것이다. 이와 더불어 염두에 두어야 할 것은 공익적 목표를 가지고 있지만 재정적으로 국고 및 방송발전기금과 같은 정부지원에 의존하고 있는 문제를 가진 교육방송, 아리랑TV, KTV와 같은 공공방송들에 대해서는 범공영방송체제도 전환할 필요가 있다고 생각된다. 그래야만 지상파방송 동시재전송에서 KBS와 더불어 의무재전송 채널로 되어 있고, KBS 수신료의 일부를 지원받을 수 있도록 하고 있기 때문이다.

그렇지만 디지털 컨버전스 시대에 공공미디어 그룹 혹은 글로벌 미디어그룹 형태로 재구조화할 경우에 다양한 목표들이 혼재되어 공영방송 목표실현에 어려움이 있을 수도 있다. 실제 EBS를 제외한 다른 공공채널들은 그 성격상 공영방송범주에 포함하기 곤란한 부분도 있고, KTV, 아리랑TV 같은 방송들의 역할이 상대적으로 위축될 수도 있다. 또한 한정된 수신료 재원으로 인해 지나치게 많은 공영방송이 재원부담으로 국가 재정에 의존하게 될 경우 정치적 독립성이 위축될 수도 있다. 반대로 공익성 구현차원에서 복수 공영방송이 '경주마이론' 측면에서 유리하다는 주장도 있는

---

57 2004년 일부 시민단체들이 이른바 '공익적 민영방송'이라는 슬로건 아래 SBS, iTV까지 공익적 소유형태로의 전환을 주장한 적이 있다. 그렇지만 이는 근본적으로 자본주의나 사유재산제도와 위배되는 형태로서 사실상 정치적 구호에 그쳤다고 할 수 있다.

58 MBC 지분을 민간에서 이양한다는 것은 40년 이상 한 번도 주식평가가 이루어지지 않은 상태에서 엄청난 세금문제를 법적으로 해결해야 한다는 점과 민간으로 이양했을 때 30%의 지분을 소유하고 있는 정수장학회(이사장 박근혜)가 1대 주주가 될 수 있다는 정치적인 문제를 가지고 있어 특단의 사회적 합의가 없는 한 소유구조 변화를 통한 민영화는 불가능한 상태이다.

것이 사실이다.

3) '공영방송' 거버넌스 제도 개선과 공영방송법 제정 문제

공영방송 거버넌스 문제는 크게 두 가지로 나누어 볼 수 있다. 하나는 공영방송법 같이 여러 공영방송들을 포괄한 위원회일 경우와 현재 KBS와 EBS 혹은 MBC와 같이 개별 방송사를 유지할 경우에 이사회를 개편하는 방안이다. 우선 전체 공영방송을 포괄적으로 운영하기 위해서는 공영방송법과 같은 별도의 공영방송들을 규율하는 시스템이 도입되어야만 한다. 물론 정치/사회영역인 공영방송은 공영방송규제기구가 규율하고, 상업적 영역의 다양한 방송, 통신, 융합형 서비스들을 방송통신위원회 같은 통합규제기구가 규율하는 것이 가장 바람직할 것이다. 하지만 당장 그 같은 제도적 변화를 기대하기는 어렵다고 생각된다. 그렇지만 현 정부 들어 방송/통신을 모두 아우르는 방송통신위원회가 방송을 염두에 둔 정치적 거버넌스로 인해 난맥상에 빠진 것을 감안한다면 별도의 영역을 구축하는 방안을 심각하게 고려해볼 필요가 있다.

더욱이 지금처럼 공영방송과 상업방송을 구분하지 않고, 더구나 유사방송형태의 통신서비스들까지 모두 방송통신위원회가 포괄적으로 규제하는 시스템은 분명 문제가 있다고 생각된다. 특히 현행 공영방송 규제체제는 본질적으로 방송통제 목적을 우선 반영하고 있고, 다양한 디지털 융합형의 스마트미디어들을 차별적으로 규제하기도 어려운 것이 사실이다. 그러므로 공영방송은 방송통신위원회와는 별개로 별도 규제기구에 의해 운영되는 것이 바람직하다는 '이원적 규제모델'을 생각해 볼 필요가 있을 것이다(윤호진, 2004). 이를 위해서는 현행 방송법 조항을 개정하는 방법도 있을 수 있지만, 별도의 '공영방송법(혹은 방송공사법)'을 제정해 외부 압력으로부터 독립되고 사회적으로 책임을 질 수 있는 확고한 공영방송 규율체계를 도입할 필요가 있다고 생각된다. 특히 방송통신위원회의 규율체제로부터도 공영방송을 독립시켜 자율적으로 목표를 정하고 평가하는 자율적 성격을 강화할 필요가 있을 것이다.

결국 궁극적으로 공영방송의 독립성과 책무를 강화하기 위한 '별도의 공영방송법 제정 방안'이 가장 바람직하다고 생각된다. 「방송법」 혹은 「방송통신법」 같은 단일법에 근거해 단일규제기구가 관할하게 될 경우, 사회적 기대와 평가 기준이 다른 공영방송과 상업방송을 동일한 잣대로 규율하게 되면서 차별적 목표달성이 어렵게 될 수 있기 때문이다. 사실 현재 지상파방송사들은 서로 다른 소유·경영구조와 방송목적을 가지고 있음에도 불구하고 방송사업자 재허가, 허가기간, 방송심의 등 거의 동일한 규제를 받고 있는 것이 사실이다.

이와 같은 공영방송법 제정과 더불어 또 다른 쟁점은 정치적·사회적 다양성을 반영할 수 있는 공영방송 거버넌스의 문제라 할 수 있다. 우선 KBS처럼 이사회가 추천한 사장이 집행기관이면서 동시에 사실상 최고의사결정자로 주요 경영방침을 독점하고 있는 형태는 분명 문제가 있다. 특히 이사회의 정치적 구조와 관련해 공영방송의 정치적 독립성이 위축될 가능성이 매우 높기 때문이다. 이상적으로 보자면, 방송통신위원회와는 별개로 영국의 BBC트러스트나 일본의 'NHK 경영위원회(Governors)'와 같이 자율적이면서도 독립적인 경영시스템을 구축해 공영방송의 정치적 독립성도 보장받도록 하는 것이 가장 바람직할 것이다. 실제로 가장 모범적이라고 인식되고 있는 영국의 BBC트러스트는 시청자들이 지불하는 수신료를 감시하는 기구형태로서 규제기구의 성격과 경영위원회 성격을 복합적으로 가지고 있다. 실제 영국의 방송통신규제기구인 OFCOM은 공영방송 BBC의 개혁방안으로 ① 상업적이고 정치적인 이해관계로부터 독립을 보장할 것, ② 공적 가치를 최대한 실현할 수 있도록 공적 재원을 보장할 것, ③ BBC의 서비스와 다른 변화를 위한 제안들은 영국시민들을 위해 적절한 조사와 평가를 거칠 것, ④ 방송규제환경 내부에서 충분한 다양성과 폭넓은 의견을 보장할 것을 강력히 권고하고 있다. 또한 독일 역시 연방헌법재판소의 1961년 제1차 방송판결[59]에 따라 '방송평의회(Rundfunkrat)'가 공영방송

---

59 "모든 영향력 있는 단체들이 공영방송에 대한 규제기구의 운영에 영향력을 행사할 수 있도록 구체적 절차와 기구의 구성 등이 법으로 보장되어야 한다"는 내용이다.

사를 규율하는 내적 기구로 되어 있다.

우리나라의 경우, 공영방송 거버넌스 구성에서 있어 가장 중요한 것은 구성방식이라 하겠다. 무엇보다 지금처럼 정치적 안배에 치중되어 있는 이사구성방식은 분명 변화되어야 할 것이다. 특히 정치적 균형을 중시한 여야 정파적 추천방식은 심각한 공영방송 위협요소로 작용하고 있다. 물론 우리 정치·문화적 속성상 제도적 개선이 쉽지 않을 것이다.[60] 그렇다면 피추천인사의 자격요건을 강화하고 이를 법에 명시하는 방안도 가능할 것이다. 즉, 전문성과 함께 사회 대표성을 감안해 다양한 사회 계층을 반영할 수 있는 피추천자를 통해 진정한 공영방송 거버넌스 구조를 형성할 필요가 있다. 물론 독일의 방송평의회와 같이 법적으로 사회집단을 규정하는 극단적인 방법은 우리 실정상 불가능할 것이다. 이를 위해서 전원 국회나 대통령이 추천하는 형태가 아니라 국민대표성 관점에서 정파적 국회추천 숫자를 제한하고, 전문성과 지역성 등을 감안한 정부추천을 일부 할당하는 형태가 그나마 가능할 것으로 생각된다. 물론 위원 추천과정에서 전문성, 지역, 직능별 대표성을 충분히 고려하고 추천사유를 명기하고 공개하는 방안이 반드시 요구된다. 아울러 공영방송규제기구는 상설화되어야 하고, 사장 선임이나 중요한 정책결정에 있어서는 특별다수제와 같은 정치적 균형성을 유지하는 방안도 모색해볼 수 있을 것이다.

4) 공영방송의 재원 정상화

궁극적으로 공영방송의 성패 여부는 안정적인 재원확보에 달려 있다고 볼 수 있다. 즉, 공영방송 재원은 상업적 이해와 정치적으로 독립될 수 있는 것이 되어야만 한다. 그러한 의미에서 가장 바람직한 것은 시청자가 직접 부담하는 방송수신료가 주가 되어야만 한다. 주요 선진국들의 공영방송들 역시 기본적으로 수신료가 주된 운

---

60 지금까지 KBS 거버넌스 구조개선문제와 관련해 거의 진전이 없었던 이유 중에 하나는 여야가 교체될 때마다 입장이 교차하면서, 이른바 정치적 안배에 대한 합의가 이루어질 수 없었기 때문이다. 야당은 항상 거버넌스의 균형적 구성과 특별다수제 등을 요구하고 여당은 반대하지만, 정작 여야가 바뀌게 되면 서로 입장이 바뀌는 정치적 이해득실이 앞서기 때문이다.

영재원이 되고 있다. 영국의 BBC는 99%, 일본 NHK는 98%, 독일 ARD는 90% 수준이다. 그렇게 본다면 광고수익이 40%를 상회하고 있는 KBS의 재원구조는 공익적 임무를 제대로 수행할 수 있는 토대가 갖추고 있다고 보기 어렵다.

이를 개선하기 위해서는 광고수입 비중을 일정비율(전체예산의 20% 이내 수준)[61] 이하로 제한할 필요가 있다. 물론 현재 40% 수준의 광고의존비율을 한꺼번에 크게 낮추는 것이 현실적으로 어렵다. 그러므로 연차적으로 단계적 인상이 불가피하고 이를 위해서는 수신료 산정을 위한 '가칭 수신료산정위원회'[62] 같은 장치가 마련되어야 한다. 물론 수신료 인상은 전체적인 공영방송 경영과 관련된 문제이므로 '공영방송경영과 재정'을 평가하여 결정되어야 할 것이다. 아울러 상업광고뿐만 아니라 공영방송의 상업적 사업진출에 대해서도 평가하고 승인하는 역할도 필요할 것이다.

그렇지만 스마트미디어 시대에 들어서면서 공영방송의 재원문제는 또 다른 양상을 보이고 있는데, 광고재원은 점점 줄어들고 있는 반면 조세성격의 수신료를 무한정 늘릴 수도 없는 상황에 직면해 있다. 그렇다고 공영방송이 별도의 프로그램 판매와 같은 상업적 수익을 확대하는 방안에는 한계가 있을 수밖에 없기 때문에 영국의 공영방송재원과 공적 영역재구성을 토대로 몇 가지 방안을 고려해볼 수 있다(OFCOM, 2009). 첫째, '확장된 진화모델(extended evolution model)'로서 이는 ITV와 BBC 4채널의 공적책무를 줄이고 상업적 재원인 광고를 확대를 통해 공적서비스를 강화해 나가는 방안, 둘째, '수정된 BBC/4채널 모델(refined BBC/4channel model)로서 BBC와 4채널을 공적책무를 강화하고 정부의 직접지원과 같은 공적 지원을 확대하는 방안, 셋째, '수정된 경쟁적 재정확보 모델(refined competitive funding model)'로 모든 공적 서비스들을 제공하는 모든 방송매체들에 대해 정부의

---

61 공영방송이 광고재원을 일부 유지하는 이유는 수신료에 100% 의존하게 되면, 준조세적 성격을 가진 수신료 문제를 국회에서 정치적으로 결정해야 하는 문제가 있다. 특히 우리나라의 정치문화 특성상 공영방송 재원이 정치적으로 더 큰 영향을 받게 될 수 있다.

62 현재 국회에는 KBS수신료 인상과 관련해 수신료위원회구성을 위한 법개정안이 발의되어 논의되고 있다.

추가지원을 강화하고 어떤 플랫폼으로도 모든 국민들이 서비스를 제공받을 수 있도록 하는 PSP(Public Service Publisher) 모델 전략이다. 이를 위해서 영국은 BBC 면허세 감면 등 다양한 방법을 모색하였다. 이 같은 사례에서 보듯이 공영방송의 재정확보방안은 공영방송 범주설정이나 역할 등과 매우 밀접하게 관련되어 있다고 할 수 있다. 아울러 광고나 수신료와 같은 전통적인 재원구조가 점점 압박받는 상황에서 정부의 재정지원과 같은 문제들이 모색되고 있다는 것은 우리에게 시사하는 바가 크다 할 것이다.

6. 맺음말

언제나 그래왔던 것처럼 공영방송 제도를 개선하고, 바람직한 방향을 모색한다는 것은 결코 쉬운 일이 아니다. 공영방송은 한 나라의 정치적·사회적·문화적 유산을 반영하는 제도라는 점에서 이상적인 모델이 있다고 보기도 어렵다. 더구나 지금 전개되고 있는 스마트미디어 시대는 누구도 예측할 수 없을 정도로 미지의 시대라고 할 수 있다. 불과 20년 전만 해도 인터넷이 모든 매체들을 주도하고, 모바일폰이 모든 방송영역을 지배하는 상황은 상상조차 할 수 없었다. 어쩌면 향후 10년의 미래를 누구도 확실하게 전망할 수 없을 것이다.

미디어벤처그룹의 총책임자인 셸리 파머(Shelly Palmer, 2006)가 쓴『텔레비전 붕괴(Television Disrupted)』라는 책의 부제 "네트워크 TV에서 네트워크화된 TV로의 이전"에서 알 수 있듯이, 산업사회를 주도했던 네트워크 텔레비전이 IP와 같은 네트워크화된 TV로 옮겨 가고 있다고 주장한다. 그는 과거에 있었던 새로운 기술들에 대한 몇 가지 빗나간 예측들을 소개하고 있다. 1865년 당시 유력지인『Boston Post』의 편집자가 했던 "유선으로 목소리를 전달할 수 있다는 생각은 상식 있는 사람이라면 불가능하다는 것을 쉽게 알 수 있다"라는 주장과 1927년 워너브러더스 영화사 설립

　　　◆ 미디어 생태계의 미래

자가 "누가 배우들의 소리를 들으려고 하겠는가?"라고 했던 일화를 소개하고 있다. 또 1977년 미국의 디지털장비회사의 한 대표가 '누구도 각자 자기 집에 컴퓨터를 둘 이유가 없다'라고 했다든지, 1981년 빌 게이츠가 '누구에게나 640K 메모리만 있으면 충분하다'고 했던 말도 소개하고 있다. 그러면서 이 모든 빗나간 전망들은 미래의 기술을 패러다임 변화가 아닌 당시 문제를 해결하기 위한 시각에서 보았기 때문이라고 지적하고 있다.

이러한 맥락에서 그는 새롭게 등장하고 있는 이른바 텔레비전 이후의 미디어들은 '텔레비전 비즈니스(television business)가 아니라 수용자확보 비즈니스(the audience aggregation business)가 될 것'이라고 주장하고 있다. 그러면서 모든 텔레비전은 미디어지만 모든 미디어가 텔레비전은 아니라는 점을 강조하고 하고 있다. 즉, 지금의 사회·정치·문화적 관념을 가지고 미래의 매체를 보는 오류에서 벗어나야 한다는 것이다. 그렇다면 우리가 새로운 스마트미디어 시대에 접어들면서 여전히 그동안 미디어 등장 혹은 방송구조개편 논의 때마다 단골메뉴라 할 수 있는 공영방송, 지역방송, 매체 간 균형발전, 정치적 독립성 등과 같은 낡은 패러다임으로 보고 있는 것은 아닌지 한번 되씹어 보아야 할 것이다.

앞에서 제시한 스마트미디어 시대의 공영방송 개선방안들이 어쩌면 30년 전에 제시된 해법이 아닌지 의구심이 든다. 그럼에도 공영방송 문제를 논의함에 있어 이 같은 아날로그적인 해결책을 모색할 수밖에 없는 이유는 분명 공영방송은 디지털시대에 걸맞지 않는 아날로그적인 사회기구라고 하는 점을 부인할 수 없기 때문이다. 어쩌면 공영방송은 대의민주정치시대의 영국 왕실이나 일본 천황과 같은 상징적이지만 사회적 공감대과 연대감을 형성해주는 낡지만 필요한 제도가 아닌가 생각해 본다. 역설적으로 사회적 합의수단인 공영방송제도는 사회적 합의에 근거해야 한다는 점이다.

참고문헌

권기영(2011), 「TV의 미래전망 및 현재 스마트TV의 과제」, KT경제경영연구소.

김승수(2002), 「공영방송의 재정에 관한 연구」, "다채널 시대의 공영방송 정착
방안" 한국방송학회 주최 학술세미나 발제문.

김영욱(2002), 「공공서비스 방송의 위상과 역할」, 한국방송학회 주최 "공공서
비스 방송의 역할과 구도 세미나" 발제문.

김진영(2010), 「적정 KBS 수신료를 위한 논의」, 공기업개혁시민연합, 바른사회
시민회의 주최 "KBS수신료, 민영화로 풀자" 세미나 발제문.

김호석(2000), 「공영방송이념과 정체성에 관한 연구」, 『방송문화연구』, 제12집,
pp.5-26.

방송정책기획위원회(2001), 「방송정책기획위원회 종합보고서」.

방송통신위원회(2011), 「스마트TV의 영향과 정책과제」.

백인수(2010), 「스마트TV시대의 개막과 공공서비스 적용방향」, 『IT정책연구시
리즈』 제22호, 한국정보화진흥원.

서울대학교 언론정보연구소(1999), 「공영방송의 변화와 MBC의 정체성」.

심용운(2011), 「스마트TV의 등장에 따른 미디어 생태계의 변화 전망」, 『미디어
생태계』, 커뮤니케이션북스, pp.95-124.

윤영철(2001a), 「공영방송과 공론권: 이론적 쟁점과 정책방향」, 『방송문화연구』
제13권.

윤영철(2001b), 「디지털시대방송의 공익성과 민주주의」, 『방송연구』 여름호,
pp.33-55.

윤호진(2004), 「디지털 다매체시대의 공영방송: 규제시스템의 이원화 및 세분
화 방안」, 서울: 커뮤니케이션북스.

전자정보센터(2007), 「미디어 2.0 개념과 새로운 가치 창출」.

조은기(1999), 「방송통신융합과 경쟁도입에 따른 방송규제모델연구」, 한국방
　　송진흥원 연구보고서. pp.99-18.

주정민(2011), 「스마트미디어 등장과 방송·통신 규제체계 개선 방향」, 한국방
　　송학회 스마트미디어 시대와 한국방송통신정책의 발전방향 세미나 발제집.

최영묵(2002), 「극우세력과 전면전, 독립방송 MBC」, 『한겨레신문』 2002.8.30.

최현철(2001), 「방송사업자의 소유규제에 관한 연구」, 『방송사업자의 소유규제
　　및 시장 점유에 관한 연구』, 방송위원회 정책연구 2001-3.

한국방송광고공사(2011), 『스마트TV의 등장에 따른 미디어산업 구조변화에 관
　　한 연구 Ⅱ』.

한영수(2010), 「구글TV와 애플TV로 본 스마트TV 시장의 경쟁」, LGERI 리포트.

황근(2010a), 「미디어 컨버전스 시대 공영방송의 역할과 규제체계」, 『경제규제
　　와 법』, 제3권 제2호, pp.224-247.

황근(2010b). 「스마트미디어시대의 규제체계」, 2010년 한국방송학회 봄철 세
　　미나 발제문(2010.7).

황근(2009). 「유료방송시장에서의 선순환공정경쟁 문제: 지상파방송재전송과
　　콘텐츠 동등접근을 중심으로」, 『정보법학』 제13권 제2호.

황근(2008), 「방송콘텐츠시장의 진입규제와 쟁점」, 한국방송학회-KISDI 주최
　　"IPTV콘텐츠사업규제제도: 현실과 대안" 세미나 발표문.

황근(2007), 『미디어2.0 시대의 지속가능 방송경영모델』.

황근(2000a), 『방송위원회의 정책과제와 전망』, 커뮤니케이션북스.

황근(2000b), 「독립규제기구로서 방송위원회의 구조적 특성에 관한 평가연구」,
　　『사이버커뮤니케이션학보』, 제6호.

Audferheide, P.(1992), "Cable Television and The Public Interest", Journal of Communication, 42(1), pp.52-63.

Forrester, Josh Bernoff.(2011). Reporter, Competitive Strategy In The Age Of The Customer.

Gillian Doyle(2010). From Television to Multi-Platform. Convergence. Vol 16(4). pp. 431-449.

Habermas, J.(1989). The Structural Transformation of the Public Sphere: an inquiry into a category of bourgeois society, Cambridge: MIT Press.

Hoynes, W.(1994). Public Television for Sale: the media, the market, and the public sphere, Boulder, C.O.: Westview Press.

Ledbetter, J.(1997). Made possible by⋯: the death of public broadcasting in the United States, N.Y.: Verso.

Loomis, K. D.(2001). "American Public Broadcasting: Will It Survive Adolescence?", Journal of Broadcasting & Electronic Media, Summer, pp.522-530.

Ofcom(2009). Ofcom's Second Public Service Broadcasting Riew. Putting Viewers First. London: Ofcom.

Parlmer, Shelly(2006), Television Disrupted: The Transition from Network to Networked TV, MA: forcal Press.

Price, M. E.(1998). "Public Television and New Technologies", In E. M. Noam & J. Waltermann (Eds.), Public Television in America(pp.113-1444), Gutersloh, Germany: Bertelsmann Foundation Publishers.

Richard Collins.(2011). Content online and the end of public media? The UK, a canary in the coal mine?. SAGE. Vol. 33(8). pp.1202-1219.

Rowland,, Jr., W. D.(1988). The institution of U.S. public broadcasting. In E. M. Noam and J. Waltermann(eds.). Pubic television in America(pp. 11-27) Gutersloh, Germany: Bertelsmann Foundations Publishers.

Somerset-ward, R.(1998). "American Public television; programs-now, and future", In E. M. Noam & J. Waltermann(Eds.), Public Television in America(pp.95-112), Gutersloh, Germany: Bertelsmann Foundation Publishers.

Syvertsen, T.(1991). "Public Television in Crisis: critiques compared in Norway and Britain", European Journal of Communication, Vol. 40. No.2.

Tracey, M.(1998). The decline and fall of public service broacasting. N.Y.: Oxford Univ. Press.

Witherspoon, J., Kovitz, R., Avdery, R. K. and Stavitsky, A. G.(2000). A history of public broadcasting. Washington, D. C.: Current Publishing Committee.

700MHz대역의 주파수 정책과 4G 방송

박상호 | 한국방송협회 연구위원

1. 서론

지상파방송의 디지털 전환으로 인해서 상당량의 여유 주파수대역이 1GHz 이하 (저대역)의 대역에서 발생될 예정이며, 전 세계적으로 아날로그 방송의 디지털 전환에 따른 유휴 주파수의 활용방안이 큰 이슈로 부각되고 있다.

2012년 12월 31일 지상파 아날로그TV 방송이 종료되고 2013년 1월 1일부터는 본격적으로 디지털TV 방송시대가 열린다. 이에 따라 정부의 TV방송 관련된 주파수 대역이 새로이 정비되어 700MHz 유휴대역의 18개 물리채널(채널당 6MHz, 총 108MHz)이 유휴대역으로 남게 된다.

✚ 미디어 생태계의 미래

[그림1] 현재 ATV / DTV 운영대역

그림 1_ 2012년 아날로그 종료 이후 주파수 회수 및 DTV 확정대역

전파 특성이 양호한 소위 '황금주파수 대역'인 700MHz 대역은 차세대 (4Generation) 방송 서비스 분야, 4G 이동통신 분야, 공공서비스 등에 활용될 수 있다. 700MHz 주파수 대역에 대해서 방송업계에서는 3D방송, UHD 등 4G방송 (3D·UHD방송, 눈앞에 펼쳐지는 실감방송)을 위해서 주파수가 필요하다는 주장을 하고 있으며, 통신업계에서는 늘어나는 데이터 트래픽의 해소 및 4G 이동통신을 위해 통신분야에 배정해야 한다는 주장을 펴고 있다.

우선, 이동통신 사업자의 입장에서는 최근 4세대 이동통신 서비스로 거론되는 LTE(Long Term Evolution) 등 차세대 무선 광대역 서비스를 통한 다양한 모바일 생태계 육성 및 컨버전스 기능을 강화하기 위한 용도로 대역을 고려하고 있으며, 최근 스마트폰 등의 모바일 빅뱅 및 급증하는 무선 데이터 사용량을 수용하기 위한 필요한 무선 자원으로서 그리고 미국에서의 700MHz 사용계획의 결과 등에서 그 용도지정의 논리를 제시하고 있다.

다음으로 방송사업자의 입장에서는 HDTV 방송이 이미 본격화되었는데, 최근 HDTV 이후의 차세대 방송에 대해 관심이 집중되고 있다. 차세대 방송의 방향으로 현재의 HDTV보다 더 인간의 감각에 충실하여 실감을 느낄 수 있게 하는 3D(3Dimensional)와 UHD(Ultra High Definition)의 상용화가 급물살을 타고 있는 상황에서 4G방송을 위해서 700MHz이 필요하다는 논리를 제시하고 있다.

우리나라를 비롯한 미국, 영국, 호주, 독일 등의 경우 주파수 관리정책에 있어 공통적인 특징은 시간이 흐름에 따라 시장중심적인 방향으로 주파수 관리 정책이 변화하고 있다는 것이다(정인준·여재현, 2011; 최계영·이승훈, 2005). 이러한 이유를 2가지로 정리하면, 우선, 방송통신산업환경이 변화함에 따라 시장친화적인 산업론이 방송통신산업정책의 패러다임으로 자리 잡아가고 그에 따라 주파수 관리정책 역시 시장친화적인 방향으로 흘러가고 있는 것이다. 다음으로 주파수의 활용도와 필요성이 크게 늘어나면서 주파수가 희소성이 높은 자원으로 인식되게 되면서 주파수를 경제적인 자원으로 인식하게 되었다는 것이다. 특히, 3G뿐만 아니라 4G대역의 이동통신서비스가 전 세계적으로 주요 선도산업으로 주목받게 되면서 시장기반의 주파수 정책이 확대되고 있다. 이러한 이유로 전통적으로 국가의 관리대상이었던 주파수가 상품으로서 인식되게 되었고, 국내를 포함한 각국에서 시장기반의 주파수 관리정책이 마련되고 있다.

방송통신위원회는 2012년 1월 20일 '모바일 광개토 플랜'을 의결하면서, 108MHz폭 중 40MHz폭을 우선 이동통신용으로 배정하고, 나머지 대역은 디지털 전환 및 융합기술의 발전 추세 등을 종합적으로 고려하여 추후에 이용계획을 마련하기로 결정하였다(정성구, 2012.1.20).

방통위의 주파수 정책의 편향성, 주파수 산업적 접근, 규모의 경제차원에서 통신산업 우월성 등으로 인해서 700MHz의 나머지 대역도 통신용으로 사용될 가능성이 크다. 그러나 방송기술환경의 변화와 방통위의 미래방송정책을 고려할 때 우리나라도 4G방송을 준비해야 하는 상황이다. 아직 디지털 전환도 완료되지 않은 상황이지만, 미래방송산업, 디스플레이산업, 시청자 복지의 확대 차원에서 차세대방송(4G)에 대한 논의 및 청사진이 마련될 필요성도 제기되고 있다.

그래서 본 연구는 기본적으로 지상파방송의 디지털 전환 이후 유효 주파수 대역(700MHz 대역, 108MHz)의 활용방안에 대한 연구를 4G(방송+통신) 서비스 활성화 차원에서 논의를 정리할 것이다. 최근 통신학 분야 중심(권원현, 2012; 김용규·김지연, 2011; 장희선, 2010)으로 700MHz대역의 이동통신이용에 관한 연구가 이슈가 된 상황에서, 본 연구에서는 4G 서비스의 한 축인 4G방송활용방향 중심으로 연구를 진행할 계획이다.

700MHz대역 주파수정책에 관한 연구를 위해서 기본적으로 기술발전과 주파수정책의 방향, 주파수정책의 원리(공익성 등), 국내외 주파수정책 및 4G방송의 발전방향, 4G방송(3D, UHD 등) 활용방향에 대한 논의 등을 중심으로 연구가 진행될 것이다. 지금까지 4G이동통신에 대한 연구는 활성화되었지만, 아직까지 4G방송에 대한 연구가 미흡한 상황에서 본 연구는 차세대 방송서비스 활성화를 위한 단초를 제공하고자 한다.

2. 이론적 배경: 방송용 주파수 정책마련 필요성

1) 방송기술발전과 주파수정책

주파수(frequency)[63] 관리정책은 항시적으로 고정되어 있다기보다는 사회적 수요, 주파수 이용 기술의 변화, 그리고 한 사회의 커뮤니케이션 정책목표 등을 종합 반영하며 변화해왔다. 불과 얼마 전까지만 하더라도 주파수는 모든 국가들에 있어서 엄격한 관리정책의 대상이었다. 그 이유는 일차적으로 주파수가 희소한 공공재로서의 특성을 지닌다는 데서 찾을 수 있다. 규제 없이 다수가 다양한 용도로 주파수를 이용하게 되면 혼신으로 인하여 부정적인 외부성이 발생하고 궁극적으로 소통 자체가 불가능하게 된다. 이에 따라 혼신을 관리하기 위한 기술적 규제(traffic cop으로서의 역할), 특정 주파수 대역을 어떤 용도로 사용할지를 지정하는 배정(allocation), 그리고 특정한 용도로 배정된 주파수 대역에 대한 이용권을 누구에게 부여할 것인지를 결정하는 할당(assignment), 이 세 영역에서 주파수 자원을 엄격히 관리하는 정책이 자리

---

63 주파수는 전파가 1초 동안 진동한 횟수를 말하는 것으로 단위는 헤르츠(Hz)이다.

잡아왔다.

전파관리정책이 최초로 시작된 것은 1927년 미국에서 전파법(Radio Act)이 제정되면서부터라 할 수 있다. 연방통신위원회(FCC)의 주파수 관리는 주로 혼신을 피하기 위하여 주파수가 할당된 사업자에게 배타적 이용권을 부여하는 방법을 취하게 되었다(Faulhaber, 2005). 현재까지 전파이용기술이 발전하고 전파에 대한 수요가 증대됨에 따라 전파관리정책의 목표와 내용도 변화해 왔다. 주파수관리의 기본적인 구상은 이용환경의 변화에 따라 시기적으로 변이되어 왔으며, 그동안의 정책변화과정은 크게 3단계로 나누어 살펴볼 수 있다(김칠성·김영석·정윤철·조영준·박상호, 2008; 서종수·이영진·이정훈·최원석, 2007; 이윤경·안형택, 2006).

우선, 제1단계는 전파에 대한 초과수요가 문제시되지 않았던 1990년 이전까지이다. 이 시기에는 방송(라디오와 TV)이 전파의 주된 사용처였으며 전파관리정책의 최우선 목표는 전파간섭을 방지하는 것이었다. 구체적으로 전파간섭의 관리는 주파수 대역을 분할하고 각 대역에서 배타적 사용권을 보장해 주는 방식이었다. 이 시기에는 주파수가 그 경제적 가치보다는 공익을 근거로 사용권이 부여되었는데, 상대적으로 여유 주파수 대역이 풍부한 관계로 문제가 발생되지 않았다. 이 시기의 모든 주파수 대역의 활용을 계획하고 관리하는 방식은 정부 주도의 관리방식인 명령과 통제(command-and-control) 방식이라 일컫는다. 점차 동일 주파수 대역에 대한 수요가 희소성의 문제가 대두되기 시작하였다.

제2단계는 1990년부터 2000년까지에 해당되는 시기이다. 이 시기에는 이동전화를 위시하여 전파에 대한 상업적 수요가 증대됨에 따라 전파의 희소성 문제가 심각해졌으며, 이에 따라 전파간섭 방지뿐만 아니라 효율적인 주파수정책의 필요성이 절실해졌다. 전파간섭을 방지하기 위해 주파수 분할과 배타적 사용권 방식이 계속 유지되었지만, 주파수의 효율적 사용을 위해 신규 주파수의 할당과정에서 주파수의 경제적 가치를 공적 수익으로 회수하기 시작하였다. 특히 미국과 영국, 호주 등은 상업용 주파수에 대해 경매제를 통하여 시장원리에 근거한(market-based) 전파관리정책을 도입하게 되었다. 우리나라의 경우 아직 경매제를 도입하지 않고 있지만, 신규 무선통신사업을 허가할 때 주파수의 할당대가를 부과하여 주파수의 경제적 가치를 추구하였다.

제3단계는 2000년 이후부터 현재까지에 해당된다. 2단계에서보다 주파수 부족의 문제가 더욱 심각해짐에 따라, 할당단계뿐 아니라 사용단계에서도 효율화의 필요성이 증대되고 있다. 특히 21세기에 들어서 방송의 디지털 전환이 이루어짐에 따라서 디지털 전환 이후에 생기는 1GHz 이하의 여유 주파수 대역의 활용문제가 여러 국가에서도 주요한 이슈로 대두되었다. 또한 사용의 효율화를 위해 주파수 대역을 공유할 수 있는 기술들이 개발되고 있으며, 이에 따라 전파간섭의 관리정책도 이제까지의 엄격한 배타적 사용권 방식을 완화한 간섭 온도 접근(Interference temperature approach)을 채택할 필요성이 미국을 중심으로 제기되고 있다. 동시에 이미 할당된 주파수를 거래하거나 임대할 수 있도록 하는 등 소유권(property right) 방식의 정책이 경매제를 도입한 국가들을 중심으로 추진되고 있으며, 기존의 산업·과학·의료용(ISM: Industrial, Scientific, Medical) 대역 이외에 공유대역을 추가로 할당할 필요성이 제기되고 있다.

실제로 주파수 수요가 공급을 초과하고, 동시에 기술발전으로 주파수가 한층 유연하게 활용될 수 있게 됨과 동시에 사업자와 규제기관 간의 정보 비대칭성 문제가 심각해지면서, 새로운 주파수 관리정책의 필요성이 대두하게 되었다. 새로운 주파수 관리정책은 주파수 자원의 이용을 효율화하고자 주파수의 분배 및 할당, 그리고 주파수 할당 이후의 활용 차원에서 종래의 정부 주도적 명령과 통제 관리체계를 최소화하고 시장 및 기술 친화적 방식의 보다 유연한 주파수 관리체계를 도입하는 것이 핵심이라고 할 수 있다. 현재 전 세계의 주파수 관리체계는 명령과 통제에 의해 다루어진 전통적인 면허시스템에서 시장기구방식(Market Model)과 공유방식(Commons) 등으로 전환되어 가는 추세에 있다(최성진·박석규·황부군, 2006, p.79).

지금까지 방송의 기술전환이 20년 주기로 이루어지고 있었지만 방송기술의 발전으로 인해서 그 주기가 짧아지고 있는 상황이며 2017년경에 4G방송(3D, UD 등) 서비스가 활성화될 것으로 예상되고 있다.

방통융합환경에서 지능화된 개인 맞춤형/참여형 방송서비스 제공이 가능한 방송단말 및 이종단말 간 상호운용이 가능한 적응형 방송단말 기술로 발전하고 있다. 이러한 기술의 발전은 실감형 디지털방송에 대한 소비자 욕구 증가로, 3D 휴대이동방송에서 양안식 고화질 3DTV 기술을 거쳐 HD급 다시점 3DTV 기술로 발전하고 있다. 또한 Full HDTV보다 4~16배 선명한 화질과 10.1채널 이상의 고품질 오디오를 제공하는 4K/8K급 초고품질(UHDTV) 방송기술로 발전하고 있으며, 다양한 전송매체를 통해 다양한 멀티미디어 객체 간 동기화가 이루어진 방송콘텐츠를 시청자가 직접 제작·소비할 수 있도록 하는 방통융합형 리치미디어 방송서비스 기술로 발전하고 있다.

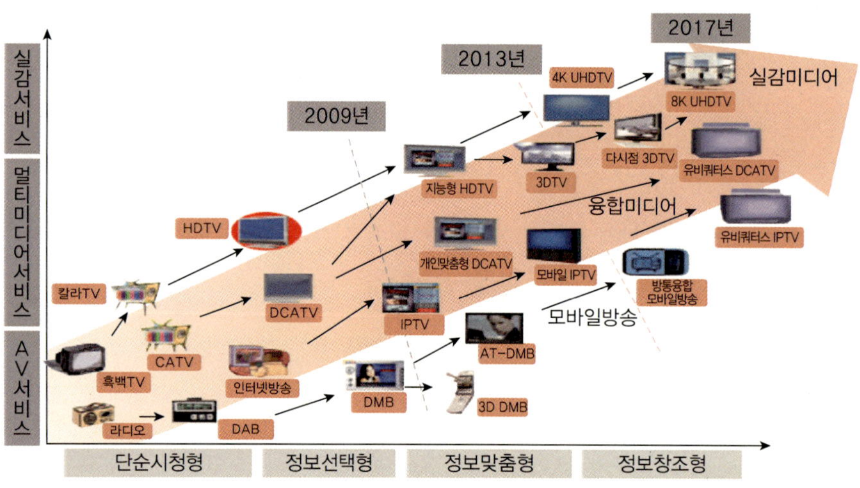

출처: 한국산업기술평가관리원(2010.9), 「IT R&D 발전전략(2010~2015)」. 지식경제부. p.401.

그림 2_ 차세대 방송서비스 전망

 ✦ 미디어 생태계의 미래

이러한 상황에서 방통위는 2009년 5월 18일, 향후 5년간 연구개발 등에 1조 5,287억 원을 투입하는 등의 전파관련 중장기 정책방향을 설정한 '전파진흥기본계획'을 확정했다. 이 계획에 따르면, 현재 HDTV보다 4~16배 고화질인 울트라 HDTV 및 3DTV 시범서비스를 실시하고, 지금보다 채널이 2배로 증가하는 차세대 지상파 DMB(AT-DMB)를 도입할 계획이다. 3DTV는 내년부터 디지털 케이블TV를 통해, 울트라 HDTV(Ultra High Definition)는 2013년부터 위성망을 통해 시범 서비스될 계획이다. 3DTV와 울트라 HDTV가 도입되면 가정에서도 마치 현장에 있는 것처럼 입체 영상의 스포츠나 게임을 즐길 수 있고, 초고정밀 영상과 입체음향으로 사실감과 현장감이 극대화된 콘텐츠를 즐길 수 있게 된다는 계획이다.

전파진흥기본계획 이후에 방통위는 2010년 5월 7일에 방송통신시장의 활성화를 위해서 '방송통신미래서비스 전략'을 발표하였다. 방송통신 서비스는 단말기-장비-콘텐츠 등 10대 미래 유망 방송통신서비스를 발굴 및 구현하겠다는 것이다. 10대 미래 서비스 중에서 방송서비스와 관련된 내용은 ① 4G방송(3DTV·UHDTV, 눈앞에 펼쳐지는 실감방송)과 ② Touch DMB(WiBro+DMB, 더욱 생생하고 양방향으로 소통하는 DMB)이다. 이 중에서 눈앞에 펼쳐지는 실감방송인 4G방송(1G: 흑백TV, 2G: 컬러TV, 3G: 디지털 HDTV, 4G: 3D·UHD)의 경우 3D 입체, 현재보다 4~16배 선명한 초고화질(UHD)과 10채널 이상의 서라운드 음향을 통해 사람의 5感을 만족시켜 주는 고품격 실감방송 서비스를 구현하겠다는 계획을 가지고 있다.

구 분	2010	2013	2014~2015	2017	2018~
3DTV	양안식 실험방송	양안식(위성/케이블) 상용서비스	양안식(지상파) 시험방송	다시점 실험방송	–
UHDTV	–	4K 실험방송 (위성)	4K 상용 서비스 (위성)	8K 실험방송 (위성)	8K상용 서비스(위성)

▶ 표 1_ 방통위 4G방송 추진일정

방통위가 아직 지식경제부를 중심으로 사용자에게 사실감과 현실감을 제공할 수 있는 실감방송 분야에서는 2004년부터 선행기술을 연구하였고, 2008년에 HDTV 이후 차세대 실감형 방송서비스를 위한 3DTV, 초고품질TV 등 실감 멀티미디어방송 기술개발을 추진하여 2009년에 무안경 양안식 3D DMB 방송시스템, 무안경 다시점 3DTV 방송시스템 실험시제품 등을 개발한 바 있다. 또한 UHDTV, 홀로그램 등 초고화질 방송분야의 선도적 기술 확보를 위해 2009년도부터 관련 연구를 중점 추진 중에 있다(지식경제부, 2011).

4G방송의 경우 국내 고품질 콘텐츠 제작에 주요한 역할을 하고 있는 지상파방송을 제외하고 케이블방송과 위성방송을 통한 4G방송(실감방송, 3D, UHD)과 차세대 모바일방송 서비스의 활성화는 불가능할 것이다. 3D방송의 경우 2010년 남아공 월드컵을 통해서도 나타났지만, 유료방송을 통한 3D방송은 이루어지지 못하였고 지상파방송을 통한 3DTV방송만(66번 채널)이 가능하였다. UHD방송의 경우도 2014년 4K급 UHDTV를 상용화하고, 2017년에 8K급 실험방송을 예정하고 있는 상황에서 현재 3D방송 콘텐츠도 수급하거나 제작하지 못하고 있는 상황에서 HD방송보다 4배 정도의 제작비가 더 투자되어야 하는 UHD 방송콘텐츠의 수급과 제작은 거의 불가능할 것이다. 4G방송의 보편적 서비스를 확립하기 위해서는 지상파방송을 통한 UHDTV의 수용에 대한 연구가 필요하다. 방통위의 계획에 따라서 유료방송을 통한 3DTV와 UHDTV가 시현될 예정이지만, 콘텐츠 제작능력과 기술수용 능력을 고려할 시에 지상파방송을 제외하고 4G방송 서비스의 구현은 우리나라에서 불가능한 상황이다. 4G방송을 국민들이 보편적으로 시청하기 위해서는 지상파방송의 차세대서비스가 확대될 수 있는 정책이 마련되어야 한다.

2) 주파수의 주인은 누구인가: 주파수의 공익적 활용

20세기까지 주파수 정책에 관한 논의는 공학적 차원과 경제학적 차원의 논의가 대부분이었다. 즉, 공학적 차원에서는 주파수의 기술적 활용에 대한 논의가 주 내용을 이루었고, 경제학적 차원에서는 산업적 측면에서 효율성의 극대화에 대한 주요 논의를 이루었다. 그러나 21세기에 들어서 주파수의 산업적 가치가 크게 대두되면서 언론학적 차원의 주파수에 대한 논의가 점차 제기되었으며, 방송정책적 차원에서 공익론이 대두되었다.

공익이론적 차원에서 주파수 정책을 정리하면, 전파나 항공노선, 혹은 천연자원 등 희소한 자원을 사용할 수 있는 적격 사업자를 선정하고 시장에 대한 진입규제를 가하는 것도 공익이론을 통해 설명된다. 특히, 전파면허의 부여과정에서 심사의 기준으로 공익, 편의, 필요 등의 잣대를 적용한다거나 신청자들이 경합을 벌일 때 적용하는 일정한 기준 등은 이러한 공익론적 관점에 입각해 있다고 할 수 있다(Noll, Peck, & McGowan, 1973).

방송산업에서 가장 중요한 가치는 공익(Public Interest)의 추구이다. 특히, 공익의 개념은 그 정치적인 성격으로 인하여 상대적 가변적인 측면이 있으므로, 방송을 타 영역과 구분하는 매우 중요한 특성이 된다. 공익은 사회 전체 이익을 대변하는 것을 의미하기도 하지만, 정치적 힘으로 작용하는 경우도 많다. 따라서 방송의 공익성은 방송을 둘러싼 이해집단들의 전략적 자원이 될 수도 있고, 갈등의 장이 될 수도 있다(황근, 2005).

그럼에도 불구하고, 방송은 사회문화적 특성으로 인해 공익적이어야 한다는 데 대해 이견은 없었다. 즉, 초기 시장에서 공영방송이 추구하는 공익적 가치는 충분히 순수한 의도에서 긍정적인 준거가치(Reference value)를 내걸었던 것이다(이상호 · 김재범, 2007).

공익이론적 접근은 시장실패나 시장지배의 원인을 사적이익을 추구하는 개인이나 기업활동에서 찾고 있으나 반면 정부개입이나 정부관료들의 행동은 일반국민의 복리를 증진하기 위한 이타적인 것을 파악한다. 더욱이 공익이론은 보편적 이익을 실현하는 주체로 국가를 상정하고 공익이란 개념을 사회구성원 모두가 합의하는 보편적 가치를 지니는 개념으로 받아들이며 암묵적으로 정치권력이 사회구성원들 간에

균등하게 배분되었다는 가정을 하고 있다(신희영, 1993).

미국의 FCC의 멤버들은 정책을 선택할 때 공익보다는 사적 이익에 토대를 두고 있으며, FCC는 규제산업의 압력에 직면해 공익을 방기하고 있다는 비판이 제기된다(Smith, Meeske, & Wright, 1995). 대체로 미국의 방송정책은 공익추구와는 거리가 있다고 지적된다.

관료나 정치가들은 공익을 위하여 주파수관련 정책을 결정하고 집행하기보다는 특정 이익집단의 이익추구를 위한 혹은 특정 이익집단 이익의 훼손을 방지하기 위한 방편으로 정책을 추진했다는 의혹이 제기될 수 있다. 특히 주파수자원의 할당을 둘러싼 잡음은 방송정책 혹은 주파수정책이 공익적 목적을 위하여 전개되고 있지 못하다는 점을 보여 준다(이승선, 1998).

방통위가 출범한 이후로 주파수 효율성을 극대화하려는 산업적인 논의가 확대되면서 디지털 전환 이후의 잉여(유휴) 주파수에 대한 경매제 논의가 지속적으로 증대되고 있다. 그러나 주파수 활용의 주요한 원리인 공익성을 확대하기 위한 지상파방송정책은 아직까지 요원한 상태이며, 과연 국민이 주인이 되어야 할 주파수가 국가와 주파수 경매 비용을 지불할 수 있는 특정기업에 의해 독점되는 것이 합당한가라는 의문이 제기된다. 특히, 주파수의 주인이 국민이라고 하지만 방통위의 주파수 정책이 실질적으로 국민에게 이익이 되고 있는지에 대한 논의는 부재한 상황이다. 통신시장이 방송시장에 비해서 그 규모가 10배 정도 크기 때문에 주파수 이용을 효율성을 확대하기 위해서 디지털 전환 이후의 유휴 주파수에 대한 통신 주파수로의 할당이 필요하지만, 국민들의 편익이 증대될 수 있는 시청료를 지불한 시청자들에게 제공되는 무료 보편적인 방송서비스 확대를 위한 방안에 대한 논의도 고찰되어야 할 것이다.

주파수 정책의 궁극적 목표는 주파수의 사회적 활용을 최적화함으로써 주파수로부터 도출되는 공공이익을 극대화시키는 데 있다고 할 것이다. 이를 위해서는 주파수를 이용한 종래의 서비스들이 사회적 수요를 반영해서 지속적으로 발전하도록 함과 동시에 새로운 서비스들이 진입하여 성장할 수 있도록 주파수에 대한 접근과 활용을 촉진할 필요가 있다(윤석민, 2006).

지상파방송의 디지털 전환을 통해 얻을 수 있는 효과는 TV라는 보편적 매체를 통해 디지털 서비스를 보급하게 하는 공익적 측면과 사회 전체적으로 주파수의 효율적 전환 및 효율적 이용에 따른 여유 주파수 확보라는 긍정적 측면이 존재한다(최계영 · 김창완 · 권영주 · 이승훈 · 윤두영, 2005).

아날로그 방송환경에서 지상파방송의 역할은 공익적 차원에서 (무료)보편적 서비스를 구현하는 것이다. 이러한 지상파방송의 역할은 디지털기술 시대에서도 지속적으로 구현되어야 한다. 우리나라도 전 세계적인 경매제 도입과 이동통신산업의 발전 흐름에 역행할 수 없겠지만, 지상파방송의 보편적 서비스를 구현하기 위해서 방송용 주파수 관리정책은 일반적인 주파수 관리정책과 달리 경제적 효율성 요소를 고려하는 것만으로는 충분하지 않다. 방송에서는 기술적 내지 경제적 효율성과 함께 방송을 통해 구현하고자 하는 사회 · 문화적 가치를 중요하게 고려해야 한다. 방송용주파수는 방송서비스의 필수불가결한 요소이며 주파수 여건에 따라 정책방향이 결정되는 등 방송정책과 방송용주파수 정책을 따로 구분할 수 없다는 점을 전제로 할 때, 방송용주파수 정책에 있어서도 기술이나 경제적 효율성만큼이나 방송을 통해 구현되는 공익성을 중시하는 정책이 이루어져야 한다.

3. 방송용 주파수 관리정책 방향

주파수 정책변화의 가장 주요한 요인은 주파수에 대한 수요 증가이다(FCC, 2002, p.12). 방송통신융합시대가 도래하면서 주파수에 대한 수요가 급증하고, 전파 산업이 국민 경제의 핵심 산업으로 부상함에 따라 유한한 전파자원을 효율적으로 배분하는 것이 주파수 관리의 주요 과제로 대두되고 있다(서종수 외, 2007; 이윤경 · 안형택, 2006). 이러한 흐름에 맞추어 주요 선진국을 중심으로 기존의 전파방송정책이 현재 가시화되고 있는 매체환경변화에 적합한지 검토하고 이를 바탕으로 새로운 정책 방향을 모색하고 있다.

시대의 변화에 따른 주파수 관리정책의 변화를 분석하여 정리하면 다음과 같다. 우선, 1990년 이전에는 방송분야를 중심으로 공익적 관점에서 주파수 정책이 이루어졌으며 정부 주도하에 관리정책이 이루어졌다. 이 시기에는 주파수 수요를 창출하는 신규산업이 활성화되지 못했기 때문에 방송산업이 공익논리를 지대추구를 하고 있었으며, 정부 역시 사회적 영향력을 행사하는 방송산업에 어느 정도 포획되는 모습을 보이기도 하였다.

다음으로 1990~2000년에는 정부 주도로 주파수 관리정책이 이루어졌으며, 점차 시장기반의 관리정책의 필요성이 제기되었다. 이동전화 등의 통신산업 중심으로 주파수의 상업적 수요가 확대되면서 재산권시스템에 의한 시장기구방식이 주파수 관리정책에 주류를 형성하게 되었으며, 방송과 통신분야는 산업적 우월지위를 확대하기 위해서 지대추구행위를 강화하였다. 또한 신규사업자인 통신사업자는 주파수 할당을 위한 포획활동을 강화하였다. 통신산업은 시장경쟁논리를 바탕으로 정부기관에 대한 포획활동뿐만 아니라 새로운 서비스산업의 창출을 위해서 지속적인 주파수 수요를 요구하였다. 이 시기에는 주파수 공익논리가 시장경쟁논리보다 앞서는 듯이 보이지만, 실질적으로 규모의 경제 논리에 의해서 공익논리가 밀리게 된 것으로 판단된다.

마지막으로 2000년 이후에는 규모의 경제차원에서 통신사업자는 방송사업을 압도함으로 인해서 신규 서비스를 위한 주파수 수요창출을 위해 포획활동을 강화하였다. 자본주의 환경에서 시장기구방식의 경매제가 확대되면서 방송사업보다 우월한 규모를 가진 통신산업을 중심으로 주파수정책이 확립되고 있다. 방송통신위원회 역시, 디지털전환 후 여유 주파수 대역(700MHz대)을 4세대 이동통신용으로 고려 중이다. 우리나라의 경우 정부 주도로 주파수 관리정책이 이루어지고 있으며, 실질적으로 시장

  ✦ 미디어 생태계의 미래

논리가 우선시되는 주파수 대역의 배치 및 경매제의 도입이 이루어지고 있다.

700MHz대역에 대한 경매가 이루어진 미국의 경우도 아직까지 4G 서비스에 대한 청사진을 제시하지 못하고 있는 상황이며, 2G와 3G 서비스는 가입자 포화상태이다. 규모의 경제차원에서 통신산업이 방송산업보다 수익을 올릴 수 있는 가능성이 크지만, 700MHz대역을 활용한 서비스 모델 청사진이 아직까지 제시되지 못하고 있는 상황이다. 이러한 상황에서 4G 서비스를 위한 주파수 배분이 새로운 산업의 촉진제적 역할을 할 수 있을지 아직까지 미지수이다. 또한 전 세계적으로 지상파방송의 디지털 전환이 이루어지면서 주파수의 주인인 국민에게 어떠한 서비스가 제공될 수 있는지에 대한 논의가 진전되고 있지만, 아직까지 우리나라의 경우 이에 대한 논의는 제대로 이루어지지 않고 주파수 강제 이주정책만이 제시되고 있는 상황이다.

2012년까지 3년 정도의 기간이 남아 있는 상황에서 주파수 효용성의 극대화를 통한 산업활성화뿐만 아니라 국민이 주인인 주파수의 공익적 차원을 부각시킬 수 있는 주파수 활용방안에 대한 논의가 공존해야 할 것이다.

주파수 정책의 궁극적 목표는 크게 두 가지이다. 즉, 주파수 효율성을 극대화와 국민이 주파수의 주인이기 때문에 도출되는 공익성의 확대이다. 지상파방송의 디지털 전환으로 인해서 주파수 관리정책이 크게 이슈화되고 있지만, 방통위는 시장 중심의 주파수 정책만을 강조할 뿐, 원활한 지상파방송의 디지털 전환과 주파수의 공익적 활용에 관한 논의는 부재한 상황이다. 특히, 국민들에게 지상파 디지털방송의 이점을 HD만을 강조함으로써 디지털 전환이 더디게 이루어지고 있다.

구분	1990년 이전	1990~2000년	2000년 이후
관리체계	정부 주도 (Command & Control)	정부 주도+시장기반 도입	정부 주도+시장기반 확대+공유 활성화
수요	– 전파자원 공급 충분 – 경제적 가치·희소성 적음	– 전파 수요 급증 – 경제적 가치·희소성 급증	– 전파자원 희소성 증대 – 경제적 효율성·신규자원 의 확보 관심 확산
방송용 주파수	공익성〉시장주의	공익성≥시장주의	공익성〈시장주의
포획활동	지상파〉통신	지상파≤통신	지상파〈통신
사업자의 지대추구	지상파〉통신	지상파≥통신	지상파〈통신

표 2_ 주파수 관리정책 패러다임 변화

지상파방송의 디지털 전환 이후 유휴 주파수를 확보하기 위해서 성공적인 디지털 전환이 선행되어야 한다. 성공적인 디지털 전환은 단순히 아날로그 지상파방송을 디지털로 전환하는 것으로 끝나면 안 된다. 즉, 다양한 디지털방송기술과 서비스의 발전이 이루어져야 하며, 이를 통해서 산업 활성화와 수용자 복지의 증대가 이루어져야 한다.

현재 방통위는 주파수 경매제의 도입목적을 전파자원에 대한 효율적 배분 그리고 방송주파수 할당제도 개선을 할당대가와 전파사용료를 통한 수익확대만을 제시하고 있는데, 국민이 주인인 주파수의 활용목적에 맞는 경매제 도입 목적을 바로잡아야 할 것이다. 또한 디지털 전환을 기점으로 이슈화되고 있는 방송용주파수 관리정책 시행 시에 체계적인 의견수렴과정[64]과 지상파방송의 디지털을 촉진할 수 있는 주

---

64 영국의 주파수 관리정책은 정부기관이 아닌 Ofcom의 주도로 수립 및 진행되며, Ofcom의 주파수정책 개발의 지향점은 다음과 같은 세 가지 정도로 요약할 수 있다. 첫째, 주파수는 최대한 기술, 용도에 대해 중립적으로 설정되어야 하며, 정책적 개입은 최소화하여 정당화될 수 있을 때로 제한하는 것이다. 둘째, 주파수 이용권자가 소유관계나 주파수 이용에 있어 변화를 주고자 할 때, 단순명료하고, 투명하게 이루어질 수 있도록 제도가 마련되어야 한다는 것이다. 셋째, 주파수 이용권이 명확하게 정의, 제시되어 이용자들이 예측 가능한 수준에서 편하게 주파수를 이용할 수 있어야 한다는 것이다(Ofcom, 2004; 최계영·이승훈, 2005). Ofcom에

     ✚ 미디어 생태계의 미래

파수 정책[65]이 이루어져야 할 것이다.

주파수의 사회적 활용을 최적화함으로써 주파수로부터 도출되는 공공이익을 극대화[66]시키는 데 있다고 할 것이다(윤석민, 2006). 영국은 원활한 디지털 전환과 주파수의 효율성 확대를 위해서 무료 다채널방송 프리뷰(Freeview: 50여 개 방송채널) 서비스를 통해서 유료방송중심의 매체환경에서 수신료를 낸 시청자에게 무료 보편적 서비스인 지상파방송을 시청할 수 있는 선택권을 제공하고 있다. 우리나라는 세계 7번째로 디지털방송을 시작하였지만, 2012년까지 디지털 전환의 완료를 장담할 수 없는 상황에서 HD방송이라는 장점 이외에 지상파 MMS의 추진을 통해서 다채널과 다양한 부가서비스를 제공함으로써 디지털 전환을 촉진할 수 있는 방안을 고심하여야 한다.

우리나라의 통신산업(3G, 4G 등)이 세계를 선도하는 산업으로 발전하기 위한 주파수 정책은 필요하다. 그러나 동전에 양면이 있고, 빛과 어두움이 있듯이 주파수의 효용성뿐만 아니라 공익성 역시 추구되어야 할 것이다. 즉, 디지털 전환을 기점으로 유료방송중심의 다매체 다채널 환경에서 수신료를 낸 시청자에게 TV라는 보편적 매체를 무료 또는 저가로 이용할 수 있는 방송정책을 담을 수 있는 복합적인 (방송용) 주파수의 종합활용계획을 수립해야 할 것이다.

방통위의 정책에 따라서 성능 좋은 무선망(4G 등)이 마련된다고 할지라도 그에 부합하는 고품질·고화질 콘텐츠가 제공되지 못한다면, 4G 서비스는 앙꼬 없는 찐빵이 될 것이다. 'Contents is King' 시대에 차세대 방송과 통신산업의 활성화를 위해서는 장기적으로 차세대방송을 위한 주파수정책 마련이 시급하게 요청되며, 차세대방

서는 최근 DTV 전환에 따른 주파수 이용방안(470～862MHz)에 대해 공식적인 대국민 수렴을 거쳐 여유 주파수 이용 가능성 계획을 수립하고 있으며, 상세한 의견을 정리 및 발표하였다(Ofcom, 2007).

65 일본의 경우 총무성 주도로 원활한 디지털 전환을 위해서 일부 지역에서 아날로그변경(아날로그 방송의 주파수 변경)을 통해서 지상파방송의 디지털 전환을 촉진하고 있다.

66 지상파방송의 디지털 전환을 통해 얻을 수 있는 효과는 TV라는 보편적 매체를 통해 디지털 서비스를 보급하게 하는 공익적 측면과 사회 전체적으로 주파수의 효율적 전환 이용에 따른 여유 주파수 확보라는 긍정적 측면이 존재한다(최계영·김창완·권영주·이승훈·윤두영, 2005).

송을 선도할 수 있는 기술과 콘텐츠 역량을 갖추고 있는 지상파방송을 위한 정책이 마련되어야 한다.

4. 국내외 700MHz 주파수 정책

2012년 2월 20일 방통위는 "세계전파통신회의(WRC-12: World Radiocomm unication Conference) 성공적으로 끝마쳐"라는 제목의 보도자료를 통해 "제1지역 (유럽, 아프리카, 아랍)도 700MHz를 이통용으로 분배 결의"했다고 발표했다. 다음 날이 되자 일부 신문들은 전 세계의 700MHz가 마치 이동통신용으로 확정된 것처럼 기사와 사설들을 실었다. 과연 이들이 말하는 것처럼 전 세계가 700MHz 주파수를 이동통신용으로 할당한 것인가? 사실은 전혀 그렇지 않다. 700MHz 대역을 이동통신 용으로 사용하는 국가는 전 세계에서 미국이 유일하며, 이마저도 공공안전 서비스를 위해 24MHz를 우선 할당해놓고 있다. 700MHz 이슈는 이번 WRC-12의 공식 의제도 아니었고, 단지 아프리카와 중동 국가에서 제기한 사안이었을 뿐 유럽방송연합은 이 를 인정하지 않아 WRC-15에서 논의해 보자는 정도이다(권순택, 2012.2.29).

700MHz 대역 주파수는 디지털 전환이 시작되면 자연스럽게 확보 가능한 '필수 주 파수'이다. 이에 지상파 측은 난시청 해소 및 뉴미디어 발전을 위해 해당 주파수가 반 드시 필요하다는 입장이었으며 통신사는 데이터 트래픽 증가 및 통신기술의 발전 을 위해 해당 주파수가 반드시 통신에 할당되어야 한다는 논리를 펼치고 있었다. 이 에 당시 방송통신위원회 최시중 위원장은 지상파방송의 의견을 철저히 배제한 채 정 권 차원에서 비호하는 종합편성채널에 많은 금액을 투자한 통신사에 700MHz 대역 108MHz폭 중 20MHz를 상·하위 분할 할당해 종국에는 해당 주파수 전체를 통신에 넘기려는 로드맵을 세웠다.

특히 이 과정에서 방통위는 전 세계 대부분의 나라가 700MHz 대역 주파수를 통신

✦ 미디어 생태계의 미래

에 할당하고 있다는 여론전을 펼치곤 했는데 그 주장의 가장 큰 논리적 근거가 바로 세계전파통신회의의 결과였다. 당초 세계전파통신회의가 논의 초반 해당 주파수를 통신에 우선 할당하는 쪽으로 가닥을 잡았기 때문이다.

그러나 아프리카와 아랍지역 국가들은 4세대 이동통신을 도입하기 위해 전파특성이 좋은 700MHz 대역의 사용을 주장했지만, 유럽지역이 700MHz의 통신용 결정에 반발했으며, 이에 해당 결정은 다음 회의에서 완전히 결정하도록 하는 '유예' 방안을 끝으로 회의는 종결되었다. 특히 아프리카 지역은 800MHz대역(806~890MHz)을 이미 2세대 이동통신인 CDMA로 서비스 중이기 때문에 2G 종료 이전에는 이 대역을 4G용으로 활용하기 어려운 상황이지만 영국 등 유럽지역 국가는 700MHz를 지상파 디지털 방송용으로 배정했고, 790~862MHz 대역을 여유 주파로 확보해 오는 1분기부터 주파수 경매를 통해 통신용으로 배정한다는 계획이기 때문에 이 같은 유럽국가들의 700MHz 대역 주파수 지상파 할당이 회의의 판도를 바꾼 것이다.

방통위는 아날로그 종료 이후 도출되는 700MHz 대역 108MHz 대역폭을 '여유 주파수 대역'으로 규정하고 '국제조화(Global Harmonization)'를 위해 서둘러 통신용으로 할당하려고 하고 있다.

해외 700MHz 대역의 활용계획을 정리하면 다음과 같다. 우선, 미국의 경우, 한국과 DD(Digital Dividend) 대역이 일치하고 유일하게 700MHz 대역에서 LTE를 서비스 중인 미국도 LTE 대역은 48MHz(CH 53, 54, 58, 59, 60, 61, 65, 66)뿐이고, 나머지 60MHz(CH 52, 55, 56, 57, 62, 63, 64, 67, 68, 69) 대역은 실제로 모바일 브로드밴드와는 전혀 상관없는 모바일TV와 공공안전서비스이다. 2007년 경매 시 공공안전서비스 24MHz를 700MHz 상위대역에 사전 할당하였다. 또한 미국에서 LTE 서비스 중인 AT&T와 Verizon Wireless도 '700MHz 대역 LTE 서비스'에서 '1700/2100MHz 대역 AWS 서비스'로 이동 중에 있으며, Verizon은 AWS 대역을 USD 315million에 확보키로 하였다.

다음으로 유럽의 경우, 대표적으로 독일의 Vodafone과 T-Mobile은 800, 900, 1800, 2100, 2600MHz 대역에서, 프랑스의 Orange는 900, 1800, 2100MHz 대역에

서 LTE 서비스를 제공하거나 향후 제공할 예정이다.

유럽국가는 일부 동구권 국가를 제외하고 대부분 800,900,1800,2100, 2600MHz 대역에서 LTE 서비스를 제공하는 것으로 계획하고 있으며, 700MHz 대역을 통신용으로 사용 중인 국가는 미국이 유일하며, 미국도 공공안전 서비스를 위해 24MHz를 우선 할당하였다. 방통위가 주장하는 '국제표준'은 아시아 태평양 지역 일부 국가에서만 활용이 가능한 '권고안'이다.

또한 WRC-12 결과 보도자료를 통해 700MHz를 이동통신용으로 분배 결의한 것처럼 발표하였으나, 700MHz 이슈는 이번 WRC-12의 공식 의제도 아니었고, 단지 아프리카와 중동국가에서 제기한 사안이었을 뿐 유럽방송연합은 이를 인정하지 않아 WRC-15에서 재논의키로 한 것이다.

방송사들은 난시청해소 및 차세대방송전환을 위해 700MHz 대역의 주파수가 필요하며, 디지털전환 과정에서 주파수 부족으로 인해 많은 어려움을 겪고 있으므로 700MHz 대역에 대한 주파수 정책은 디지털 전환이 완료되는 2013년 이후에 논의해야 한다고 주장하였다.

하지만 방통위는 2012년 1월 20일 700MHz 대역 108MHz 중 40MHz를 우선 통신용으로 분배한다는 내용의 '모바일 광개토 플랜'을 의결하였고, 방통위 의결 결과를 보면 700MHz 대역을 방송이 더 이상 이용할 수 없도록 주파수를 배치하였다.

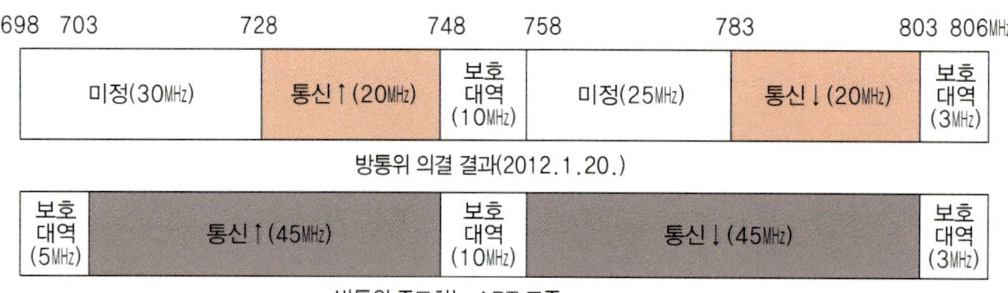

그림 3_ 방통위 700MHz 주파수 배치

✦ 미디어 생태계의 미래

700MHz 중 40MHz를 하위대역과 상위대역, 각각 20MHz씩 분할하여 통신으로 할당하는 것이다. 통신용 40MHz와 보호대역 13MHz로 이미 배정하였고, 나머지 55MHz도 30MHz와 25MHz로 나눠 배치함으로써 통신용 외 다른 용도로는 사용이 어렵게 만들어 놓았다. 결국 700MHz 대역 전체를 통신에게 할당하려는 것이다.

지금까지 방통위의 주파수정책은 방송과 통신을 아우르기보다는 통신만 대변하는 정책을 펼쳐왔다. 방통위의 통신만을 위한 주파수 정책의 화룡점정(畫龍點睛)이 바로 700MHz 대역에 대한 방통위의 정책이다.

5. 4G방송과 주파수 활용 방향

1) 4G방송시대의 방송정책

이미 주요 선진국 중 일부는 지상파 아날로그 TV방송을 종료하고, 디지털 TV방송으로 전환하였으며, 일본과 프랑스는 2011년, 우리나라는 2012년을 목표로 디지털 방송 전환을 추진 중에 있다. 이와 같이 아날로그 방송시대를 종료하고 디지털방송 시대로 옮겨감에 따라, Post-HD 시장을 대비한 차세대 방송서비스에 대한 관심이 한 층 고조되고 있다. 향후 치열하게 경쟁할 것으로 예상되는 차세대 방송서비스는 디스플레이 기술의 진화와 네트워크 고도화가 진행됨에 따라 2차원 영상 서비스에서 3차원 영상 서비스로, HD급 영상 서비스에서 UHD급 영상 서비스로, 5.1 채널 음향 서비스에서 10.1 채널 이상의 다채널 음향 서비스를 제공하는 초고품질 실감방송 서비스가 제공될 것으로 예상되고 있다. 더욱이 사용자가 DTV 보급의 확산에 따른 고화질(HD) 방송에 대한 경험과 아바타 등의 3차원 입체 영화를 경험하게 되면서 초고품질 실감방송 서비스에 대한 요구가 높아질 것으로 예상된다(전동산 외, 2011).

디지털방송 서비스는 기술 개발, 표준 제정 및 법제 정비 등 많은 개발 및 준비 기간을 필요로 하므로, 세계 주요 국가들은 HDTV 이후의 방송서비스를 위한 준비 작

업들을 진행하고 있다. 특히 차세대 실감방송 서비스의 주요 서비스로 부상하고 있
는 UHDTV는 가정에서 70mm 영화 수준의 화질(HD 화면 4~16배 크기에 해당,
최대 비디오 해상도 7,680×4,320)과 다채널(~22.2ch) 음질로 극사실적인(highly
realistic) 초고품질 AV 서비스를 제공하여 소비자에게 고도화되는 실감방송 서비스
제공을 목표로 한다(최해철 · 정세윤 · 최진수 · 홍진우, 2009).

DTV 보급 확산으로 DTV 관련 제품의 가격이 점차 하락하고 있으며, 이와 더불어
화면 크기도 점점 커지는 추세에 있다. 특히 최근 여러 전시회에서 시연되고 있는 60
인치 이상의 대형 디스플레이 장치에서 기존의 HD 해상도로 충분한 화질을 제공하
지 못하는 문제가 발생하는데 이는 인간의 시각 분해능 특성 때문이라 할 수 있다. 인
간의 시각 분해능 특성은 디스플레이 크기에 비례하므로, 기존의 HD 해상도로는 60
인치 이상의 대형 디스플레이에서 화질이 떨어지는 문제가 발생하게 되고, HD 해상
도보다 고해상도의 UHD 서비스가 필요하게 된다. 통상적으로 시청거리가 2.5m에
서 63~132인치 이상인 디스플레이의 경우 4K(3,840×2,160)급 해상도가 필요하며,
그 이상의 경우는 8K(7,680×4,320)급의 해상도가 필요하다(전동산 · 조숙희 · 정세
윤 · 김휘용 · 최진수, 2011).

경제적인 측면에서는 HDTV 이후의 새로운 방송시장의 필요성이 부각되고 있으
며, 시장 선점을 위해 세계 각국은 본격적인 기술개발 경쟁에 들어갔으며, 우리나라
도 보다 적극적인 대응이 필요한 시점이다. 특히 기술적 우위에 있는 디스플레이와
AV 부호화 기술 분야에 보다 적극적인 투자가 필요한 상황이다.

방통위의 국내 4G 방송서비스 계획에 따르면, 2013년에 4K-UHDTV 실험방송이
이루어지며, 2017년에 3D/UHD 실험방송을 계획하고 있다. 3D 및 4K 디지털 영화
관 구축 및 콘텐츠 보급 확산이 이루어지고 있는 것을 볼 때 단기적으로는 UHD 디스
플레이를 이용하여 홈 디지털 시네마와 같이 영화 콘텐츠 위주의 Packaged Media를
소비할 수 있는 시장이 우선적으로 형성될 것으로 예상된다(이주식, 2010).

중장기적으로 HD는 4K-UHD를 거쳐 8K-UHD로, 안경식 3D에서 무안경식 3D를

지원하면서 4G방송을 위한 핵심 기술은 방송서비스뿐만 아니라 실감형 스마트워크, 실감 교육 및 의료 등의 응용분야에 적용될 것으로 전망된다. 특히 IPTV, DCATV 및 위성 기반의 대용량 콘텐츠 서비스를 위한 인프라가 잘 구축되어 있어 UHDTV 방송서비스 활성화를 위한 장기적인 비전 및 기술개발 전략이 필요할 것이다(박현제, 2011).

현재 일본의 NHK는 슈퍼하이비전(Super High Vision)이라는 이름으로 UHDTV 연구를 주도하고 있으며, 일본 NHK 2015년 실험방송을 목표로 UHDTV 기술을 개발 중이다. NHK는 위성을 이용한 전송방법 외에도 케이블 및 지상파를 통한 슈퍼하이비전 서비스를 위해 관련 연구를 진행 중이다. 이 밖에도 영국 BBC는 NHK와 공동으로 2012년 제13회 런던올림픽에서 8K UHDTV 시범서비스를 할 예정이다. NHK는 영국 BBC, 이탈리아 RAI 등의 방송사와 협력하여 UHDTV 시험방송을 준비하고 있으며, 앞으로도 기술 표준화 및 기반 기술 개발을 주도할 것으로 예상된다. 이러한 상황에서 전 세계의 디지털TV를 선점하고 있는 삼성과 LG의 위기가 닥쳐올 수 있을 뿐만 아니라 우리나라의 방송 산업이 일본에 크게 뒤지게 될 것이다. 2010년 월드컵 때와 마찬가지로 UHD 방송 역시 지상파방송이 방송기술을 선도할 수밖에 없는 상황에서 방통위는 4G방송(주파수)을 위한 제대로 된 정책을 마련하지 못하고 있는 듯하다(박현제, 2011).

조만간 4G방송의 활성화뿐만 아니라 새로운 이동통신서비스, 융합형 서비스 등 신규 매체의 등장으로 인해 주파수에 대한 수요가 급증하겠지만, 보편적 서비스를 지향하는 지상파방송의 차세대 미래방송을 위한 주파수 확보를 우선한 정책 수립이 필요하다. 지상파방송의 4G방송의 활성화에 필요한 주파수 대역으로는 700MHz 대역이 기존 DTV 주파수 대역과의 연속성, 호환성 그리고 주파수 특성을 고려할 때 가장 적합하다. 4G방송은 현재 방송보다 높은 데이터 전송용량을 필요로 하기 때문에 6MHz라는 한 채널 대역폭으로는 부족할 것으로 예상되며, 대역의 확장도 필요할 것으로 예상된다. 방통위는 조만간 활성화될 4G방송 서비스를 위한 체계적인 연구뿐만 아니라 주파수 확보를 우선한 정책 수립이 필요한 상황이다.

방통위의 주파수 정책에 따라서 성능 좋은 무선망(4G 등)이 마련된다고 할지라도 그에 부합하는 고품질·고화질 콘텐츠가 제공되지 못한다면, 4G 서비스는 자동차가 없는 넓은 도로에 불과할 것이다. 우리나라 방송환경은 다른 나라와 달라서 4G방송을 선도할 수 있는 기술과 콘텐츠 제작역량을 갖추고 있는 방송사업자는 유료방송사업자가 아니라 지상파방송사이다. 'Contents is King' 시대에 4G 서비스의 활성화를 위해서는 지상파방송의 4G방송을 위한 주파수 정책 마련이 시급하게 요청된다. 4G(방송·통신) 서비스 활성화를 위해서는 경제적 효율성만큼이나 방송을 통해 구현되는 공익성을 중시하는 주파수 정책이 필요하다.

미래 방송통신 산업의 발전을 위해 방송산업과 통신산업이 서로 윈윈하여 동반성장 수 있는 토대의 마련뿐만 아니라 주파수의 주인인 국민을 위해서 주파수가 활용될 수 있도록 방통위는 미국 등 외국의 주파수 정책을 답습하기보다는 우리나라의 방송통신 산업 발전을 위한 주파수 정책의 청사진을 마련해야 한다.

구분		1세대	2세대	3세대	4세대	미래방송통신 서비스 발전방향
이동통신	서비스 명칭	아날로그 이동통신	디지털 이동통신	IMT2000	IMT-Advanced	
	주요 서비스	음성	음성, SMS, 저속 인터넷	음성, 고속 인터넷, 영상통화	멀티미디어, 모바일 브로드밴드	
	시기	1984년	1995년	2003~2006년	2012년 이후 예정	– 방송과 통신 산업의 윈윈 성장 – 국민의 복지향상
방송	서비스 명칭	흑백TV	컬러TV	디지털TV	실감방송	
	주요 서비스	아날로그방송		HD방송	3DTV, UHDTV	
	시기	1956년	1980년	2000년(2012년 디지털 전환)	2012년 3D 실험방송	

표 3_ 방송·통신서비스 발전단계

✚ 미디어 생태계의 미래

2) 4G방송을 위한 주파수 활용 방향

2012년 12월 31일 지상파 아날로그TV 방송이 종료되고 2013년 1월 1일부터는 본격적으로 지상파 디지털TV 방송시대가 열린다. 이에 따라 정부의 TV방송과 관련된 주파수 대역이 새로이 정비되어 700MHz 유휴대역의 18개 물리채널(채널당 6MHz, 총 108MHz)이 유휴대역으로 남게 된다. 전파 특성이 양호한 소위 '황금주파수 대역'은 차세대(4G) 방송서비스 분야, 차세대(4G) 이동통신 분야, 공공서비스 등에 활용될 수 있다. 방송 분야에 있어서는 HDTV 방송이 이미 본격화되었는데, 최근 HDTV 이후의 차세대 방송에 대해 관심이 집중되고 있다.

차세대 방송의 방향으로 현재의 HDTV보다 더 인간의 감각에 충실하여 실감을 느낄 수 있게 하는 3D와 UHD의 상용화가 급물살을 타고 있다.

2013년 1월 1일을 기해 지상파 아날로그 TV방송이 종료되고 완전한 디지털 전환이 이루어질 예정이다. 역사적으로는 1937년에 시작된 제1세대(1G) 흑백TV 방송, 1953년에 시작된 제2세대(2G) 컬러방송, 1998년에 시작된 제3세대(3G) 디지털HD 방송이 중요한 전환점들이었는데, 이제 10여 년 만에 완전히 디지털 전환이 이루어지게 되는 것이다. 현재의 지상파 디지털방송에 대해 시청자들이 원하는 진화 방향은 크게 셋으로 분류할 수 있다(정제창·유승훈, 2011)

첫 번째는 직접수신 및 다채널화이다. 지상파는 국민들의 보편적 시청권을 보장해주고 정보격차를 해소해 주는 수단이다. 그러나 위성이나 케이블에 비해 상대적으로 적은 채널은 지상파방송의 커다란 단점으로 지적되고 있다. 지상파TV의 시청료를 감안하면 위성이나 케이블의 월 가입비는 일반 시청자들에게 부담이 될 수밖에 없다. 또한 2000년에 지상파 디지털방송이 시작되었을 때 미국방식과 유럽방식의 장단점 논쟁 중 중심에 있었던 것이 양 방식으로 방송할 때 직접 수신이 얼마나 가능한가 하는 문제였다. 따라서 직접 수신이 가능해지고 채널 수가 늘어난다면 지상파 직접 수신 가구도 늘어날 것이다. 이 문제에 대한 해결 방안으로 모색되고 있는 것이 MMS(Multi Mode Service)와 Korea-View이다.

두 번째는 4세대(4G) 실감방송이다. 실제 인간의 눈으로 보는 것에 더 가깝게 하기 위한 노력이 3D와 UHD를 탄생시켰다. 우선 3D에 대해 살펴본다. 3D 영화 「아바타」의 전 세계적인 성공은 3D에 대한 인식을 크게 바꾸어 놓았다. 2D와 비교할 수 없는 실감영상, 3D도 눈에 피로를 주지 않고 즐길 수 있다는 점, 비용 측면에서도 시청자가 충분히 감당할 수 있다는 점 등이 그것이다. 잘 만들어진 3D 콘텐츠는 시청자가 그만큼의 비용을 지불하고 본다. 이에 따라 최근 3DTV가 전 세계적으로 보급되고 있으며, 3D Blu-ray도 표준화가 끝나 상품이 출시되고 있다. 이 가운데 세계 시장을 선도하고 있는 국내의 두 대표 기업이 3DTV 방식을 두고 FPR(Film Pattern Reflection) 방식과 SG(Shutter Glass) 방식으로 나뉘어 치열하게 기술경쟁을 벌이고 있다. UHD는 3D에 비해 한발 늦었지만, 이에 대한 수요 또한 적지 않다. 이미 할리우드에서는 2009년의 「천사와 악마」를 필두로 4K 디지털 영화들이 봇물을 이루고 있다. 2K에 비해 뛰어난 화질을 제공하므로 최근에는 드라마 「추노」에서 보듯이 2K 해상도인 HDTV에 있어서도 4K 카메라(RedOne 카메라)로 찍어 2K HDTV로 해상도를 낮추는 일도 벌어지고 있다. TV도 계속 대형화되고 있는데, 이론적으로 볼 때 55인치 TV까지는 HDTV로서 충분하지만, 그 이상의 대화면 TV는 HDTV 해상도로도 부족하다. 이에 따라 최근 60, 70, 80인치대의 UHD 디스플레이 장치들이 속속 개발되어 선보이고 있다. 60인치 이상의 대형 화면 TV에서 HD 콘텐츠를 보면 화질의 열화가 조금씩 눈에 띄기 시작한다. 80인치에 이르면 그 열화가 더욱 눈에 띄어 HD로도 크게 부족하게 된다. 이미 디스플레이 장치들은 UHD를 수용할 수 있을 만큼 개발되고 있기 때문에 UHD 방송이 이루어지면 수신기는 비교적 수월하게 공급될 수 있을 것으로 보인다. 최근 열린 SID2011에서 삼성전자는 75인치 3DTV를, LG전자는 84인치 UHD-3D 패널을 각각 선보여 관람객들의 주목을 끌었다.

세 번째는 스마트화이다. 디지털방송은 서비스 측면에서는 인터넷과 결합되어 원하는 정보를 액세스하고 원하는 응용프로그램을 실행시키는 스마트TV가 최근 크게 주목받고 있다. 현재 상용화된 스마트TV는 주로 가전사가 중심이 되어 HDTV와

✦ 미디어 생태계의 미래

인터넷을 결합한 것이다. 즉, TV를 시청하면서 인터넷을 액세스하고 필요시 응용프로그램을 다운받아 실행시키는 개념이다. 이에 반해 방송사가 주도하는 보다 진화된 스마트TV가 OHTV(Open Hybrid TV)이다. OHTV에 있어서는 특히 방송채널을 이용해서 방송 종료 후에 콘텐츠를 대량으로 다운받아 다음 날 선택하여 볼 수 있는 NRT(Non Real Time) 서비스가 가능하다. 방송채널은 일반 인터넷채널에 비해 안정되고 QoS가 보장되며, 고속이고 저비용이어서 정보화 사회에서 뉴스, 스포츠, 주식, 날씨, 교통 등의 다수가 공통으로 자주 찾는 생활정보를 손쉽게 액세스할 수 있다. 또한 고화질 콘텐츠의 액세스도 인터넷 망에 비해 용이하다. 이런 장점을 살린다면 국가적인 정보유통 관점에서 방송망과 통신망 간의 균형 있는 역할 분배를 통해 한정된 주파수 자원을 최대한 활용할 수 있게 될 것이다.

구체적으로 지상파방송의 차세대 서비스 활성화를 위한 주파수 시나리오와 필요한 주파수 대역에 대해 제안한 정제창(2011)의 의견을 정리하면 다음과 같다.[67]

첫 번째 시나리오를 정리하면, 역호환성과 화질이 유지되는 3DTV는 현재 방송사가 운용하는 채널에 현재와 같이 MPEG-2 기반 HDTV 방송을 하고 추가 채널에 H.264로 9Mbps로 방송하면 역호환성도 유지되고 HDTV 화질도 유지된다. 방송이 이루어진다면 세계 최초의 역호환성과 HD화질이 보장되는 지상파 3D 방송이 될 것이다. 시작하는 시기에 따라 H.264 대신 HEVC를 이용하여 압축률을 더욱 높일 수도 있다. 이와 같이 3D 방송을 할 경우 추가 채널에서의 남는 비트를 이용해서 다양한 서비스를 제공할 수 있다. 남는 9Mbps는 H.264로 HD 한 채널을 제공할 수도 있고, H.264로 SD 4~5채널을 제공할 수도 있으며, 기존 TV에서 수신 가능하도록 MPEG-2로 SD 2채널을 제공할 수도 있다. 즉, MMS나 K-View가 목표했던 서비스도 함께 이루어질 수 있다. 또한 대량의 데이터 방송이나 NRT가 추구했던 비실시간 다운로드 서비스를 실시간으로 제공할 수도 있다. 대량의 정보 제공은 이동통신에서의 정보

---

67 제안 방식은 각 5개 지상파방송사마다 현재 6MHz 지상파 HDTV 채널에 700MHz 대역에서 추가로 6MHz 한 채널씩을 제공하여 (1+1) 여러 가지 결합 서비스가 가능하도록 한다.

액세스 부담을 줄여 줄 수 있어 효율적인 주파수 활용을 통한 정보화 사회의 구현에 일조할 수 있을 것이다.

두 번째 시나리오를 정리하면, 4K UHD 방송을 지상파에서 처음부터 8K UHD를 상용화하는 데는 여러 가지 기술적·환경적 제약이 따른다. 이에 따라 제안하는 방식은 우선 4K UHD부터 시작하고 후에 8K로 확장하는 것이다. 4K UHD는 데이터의 양이 현재 HD의 최소 4배이다. 현재 표준화가 진행되고 있는 MPEG의 HEVC(High Efficiency Video Coding)는 2013년에 1차적으로 Baseline 표준이 완성될 예정이다. HEVC의 압축효율은 H.264/AVC의 2배, MPEG-2의 4배 정도로 예측되고 있다. 이를 감안하면 6MHz 대역을 이용해서 4K UHD를 전송하는 것이 가능해진다. UHD 방송은 HD 방송을 할 때와 마찬가지로 역호환성 문제가 발생한다. 기술적으로 HEVC는 MPEG-2나 H.264와 역호환성이 없다. 따라서 아날로그방송과 디지털방송의 Simulcast를 약 10년간 지속한 상황과 유사하게 HD와 UHD의 Simulcast를 통해 기존 수신기에서도 동일한 콘텐츠를 수신할 수 있도록 해야 한다. 따라서 방송사는 기존 채널을 이용해서 MPEG-2 기반 HD 방송을 하고 추가 채널을 이용해서 HEVC 기반 4K UHD 방송을 함으로써 자연스럽게 Simulcast를 할 수 있다. 현재 표준화가 진행 중인 HEVC의 성능, 4K UHD가 2K HD에 비해 갖는 화소간의 높은 상관도, 인간의 시각특성과 디스플레이 장치의 해상도 간의 관계, DVB-T2에서 볼 수 있는 전송효율의 향상 등을 종합해 본 결과 HEVC 방식으로 4K UHD를 압축할 경우 매우 깨끗하고 선명한 수준의 화질을 얻을 수 있을 것으로 분석된다.

마지막으로 세 번째 시나리오를 정리하면, UHD 방송 4K와 8K를 Scalable 형식으로 방송하는 것을 제안한다. 과거 SD와 HD는 Scalable하지 않아 HD를 수신할 수 없는 SDTV 수상기는 의미가 없었다. 가격도 초기부터 고가여서 보급에도 어려움이 많았다. 전술한 바와 같이 8K UHD로 시작하는 것은 기술적인 성숙도나 콘텐츠 등 여러 측면에서 무리라고 판단된다. 따라서 우선 4K로 시작하고 여건이 성숙된 후 8K로 확장하는 것이 바람직하다. 차분신호를 추가 6MHz대역을 이용해서 보내는 Scalable

　　　　　　　　　　　　　　　✦ 미디어 생태계의 미래

방식의 이점은 4K를 거쳐 8K로 확장하는 데 무리가 없고, 8K로 확장된 후에도 방송사에 따라 혹은 콘텐츠에 따라 4K와 8K 방송을 자유롭게 넘나들 수 있다는 점이다. 또 하나의 장점은 4K 수신기가 먼저 보급되어도 후에 8K 방송이 시작되었을 때 여전히 8K 방송을 4K 해상도로 수신 가능하다는 점이다. 8K 방송을 위한 추가 6MHz 채널은 방송 초기에는 여유가 없을 것으로 보이지만, 미래에 UHD 방송에 본격적으로 전환할 때 현재의 HD 채널을 회수하여 주파수 재배치함으로써 제공될 수 있다. 이를 활용하면 미래에는 6MHz 채널 2개를 이용하여 4K UHD와 8K UHD를 동시 방송할 수도 있고, 방송사에 따라 혹은 콘텐츠에 따라 4K 혹은 8K UHD로 방송이 가능하며, 수신기도 4K의 보급형 모델과 8K의 고급형 모델이 공존하여 유연한 방송과 유연한 수신기 시장의 형성이 가능해질 것이다. 그렇다면 4K UHD를 위해 6MHz 대역 하나가 필요하다면, 8K UHD에는 얼마나 필요한가? 현재까지의 연구를 종합하면, 8K UHD를 위해 6MHz 대역 하나가 추가되면 될 것으로 보인다.

3가지 시나리오 방식을 따르면, 6MHz 추가 대역을 이용하여 각 방송사가 화질이 보장되는 세계 최초의 지상파 3D 방송과 4K UHD를 구현할 수 있고, 남는 비트를 이용해서 K-View, MMS 등도 구현할 수 있다. 추가된 6MHz 채널을 이용해서 어떤 서비스를 할 것인가 하는 것은 수요자들의 요구와 방송환경에 따라 방송사가 가변적으로 선택할 수 있다. 이 서비스를 위해 필요한 700 MHz 대역의 대역폭은 아래와 같다.

차세대 방송 초기는 HD 디지털 전환 초기와 유사한 상황이라고 할 수 있다. 주파수 자원이 충분히 확보되지 않은 상황에서 최소의 주파수 자원을 이용해서 전국을 상당부분 커버리지 영역으로 수용할 수 있어야 한다. 따라서 디지털 전환 초기의 주파수 할당과 같은 방법을 사용할 수 있다. 디지털 전환 초기에는 61~69, 14~18의 총 14(9+5)개 채널을 활용하였다. 이를 모델로 삼아 차세대 방송 초기에는 전국을 수용하기 위해 700MHz 대역에서 9개 대역과 아직 채널 배치가 보류되어 있는 VHF 대역의 채널2~6의 5개 대역을 활용할 것을 제안한다.

이렇게 되면 차세대 방송서비스를 위해 요구되는 총 대역폭은 700 MHz 유휴대역의 총 108MHz 중 9×6MHz=54MHz와 VHF 대역의 5×6MHz=30MHz의 총 84MHz가 된다. 추후 8K UHD를 위해 방송사마다 하나씩의 추가적인 제2의 6MHz 채널이 더 필요하다. 이는 아날로그에서 디지털로 전환할 때 주파수를 재배치하듯이 HD로부터 UHD/3D로 전면 전환할 때 주파수 재배치에 관한 검토를 하면서 할당할 수 있을 것이다. 즉, 현재의 HD채널을 그대로 이어받으면 되기 때문에 기본적으로 새로운 주파수를 할당하지 않더라도 무방해진다.

이 경우 장래에는 6MHz 채널 2개를 이용해서 하나는 4K UHD 방송을, 다른 하나는 8K UHD 방송이나 3D UHD나 멀티채널 방송이나 차세대 DMB 방송 등이 모두 가능해진다. 이에 따라 차세대 방송이 추구하는 3D, UHD, 다채널 방송, 고화질 DMB 등의 요구를 모두 충족시키면서 콘텐츠와 방송사 여건에 따라 시간대별로 유연한 운용이 가능해진다.

방통위는 위성방송과 디지털 케이블 등 유료방송을 통해서만 차세대 방송을 시현하겠다는 계획을 갖고 있지만, 지상파방송을 통한 차세대 방송에 대한 계획은 전무한 상황이다.

아직까지 우리나라의 유료방송은 4G방송을 시현할 준비가 전혀 되어 있지 못한 상황에서, HD방송보다 4배 정도의 제작비가 더 투자되어야 하는 UD방송의 특성을 고려할 때 유료방송을 통한 방통위의 4G방송 계획은 실현 불가능할 것으로 예상된다.

POST-HD는 3D와 UHD, 4D 및 홀로그램 등 현장감과 실재감을 높이는 실감미디어이다. UHD 등 POST-HD 시장에 대한 장기적인 안목을 통해 주파수 정책뿐만 아니라 방송 산업정책이 마련되어야 한다.

2010년 남아공 월드컵과 2011년 세계육상경기 3D중계의 경우를 보더라도 지상파방송을 배제한 차세대 방송서비스 발전은 우리나라에서 어려운 상황이다. 세계 각국은 올림픽, 월드컵 등의 스포츠 이벤트를 자국의 방송기술을 홍보하기 위한 수단으로 활용하고 있다. 영국 BBC 및 EBU(European Broadcasting Union: 유럽방송연맹)는 일본의 NHK와 공동으로 2012년 런던 올림픽에서 8K UHD 방송을 시범서비

   ✛ 미디어 생태계의 미래

스로 제공할 예정이다. 현재 NHK는 UHDTV를 최초 제안하였을 뿐만 아니라 전 세계 기술을 주도하고 있으며 UHDTV 서비스를 서두르고 있다. 이러한 상황에서 2018년 평창 동계올림픽의 성공적인 개최와 방송기술의 발전을 위해서는 스포츠 중계권뿐만 아니라 기술력을 가지고 있는 지상파방송사를 중심으로 최소한 4K급 UHDTV 서비스가 제공되어야 한다.

지상파방송은 국내 고화질·고품질 방송기술과 콘텐츠제작을 선도하고 있다. 지상파방송을 제외하고 4G방송의 실현은 현실적으로 불가능한 상황이지만, 차세대 지상파방송 서비스에 대한 방통위의 계획은 사실상 전무한 것으로 보인다. 차세대 압축기술과 전송기술에 대한 연구 및 실현을 위한 방송용 주파수 대역은 반드시 필요하며, 기술발전의 속도를 생각해 볼 때 방통위는 하루라도 빨리 차세대 방송서비스를 위한 주파수 정책을 내놓아야 한다.

6. 결론

방송 역사의 제1차 혁명이라고 할 수 있는 컬러TV 전환 이후 디지털 전환은 제2차 방송 분야의 혁명이라고 평가받고 있다. 디지털 기술의 발전으로 인해서 방송분야에서는 새로운 디지털TV나 셋톱박스 구입 등의 비용 문제, 설치 시의 기술적 문제, 사용의 복잡성 같은 새로운 테크놀로지에 대한 적응 문제는 아날로그 시대에 익숙했던 시청자들에게 많은 부담으로 작용하고 있다. 특히 방송의 디지털화뿐만 아니라 방송통신 융합 기술의 발전으로 대두되는 서비스들은 유료서비스로 제공되기 때문에 이용자들에게 비용부담을 주고 있다.

지상파 아날로그방송의 종말을 유발시키고 있는 디지털시대의 새로운 변화는 모든 시청자들이 접근과 이용의 보편화로 혜택을 볼 수 있을 때 긍정적이다. 그러나 새로운 미디어 환경에서 유료방송 시청자들의 서비스 비용지불이 늘어나고 있으며, 심지어 서비스를 누리지 못하는 경우 디지털 정보 불평등과 디지털 디바이드(Digital Divide)는 심각한 사회문제가 될 수 있다. 즉, 방송 분야의 디지털 전환은 보편적 서비스의 문제를 대두시키고 있다.

최근에 유·무선 인터넷 기술의 발전으로 인한 멀티 플랫폼 환경이 조성되면서 산업 간 영역은 서서히 파괴됨으로써 치열한 경쟁구도가 형성되고 있다. 이러한 변화는 결과적으로 수용자 기반의 방송시장에서 다양한 미디어가 수용자 확보를 위해 경쟁하게 됨으로써 무료 보편적 서비스를 지향하는 지상파방송보다는 유료방송 중심의 방송환경이 조성되었다. 이러한 유료방송 중심의 방송환경은 소외계층의 정보 불평등을 가중시키고 있다.

방송의 보편적 서비스는 디지털시대에 더욱 강조되고 있다. 지상파방송의 MMS 도입, 난시청 해소 및 수신환경 확대 등의 방송 분야에 보편적 서비스는 디지털 전환을 계기로 디지털 취약계층 해소와 같은 소수자 배려의 문제로 옮겨 가고 있다. 즉, 디지털 전환으로 발생되는 소외계층에 대해 최소한의 방송 접근권을 보장하는 방향으로 방송의 보편적 서비스가 변화되고 있는 것이다. 비용과 기술의 제약에 따라 디지털 미디어에 대한 자유롭고 보편적인 접근이 차단될 경우 접근격차는 이용격차를 낳고, 이용격차는 정보격차로 이어져 정보와 편익의 계층별 격차, 지역별 격차를 발생시키고 사회적으로 불평등 구조가 심화될 수 있다. 이러한 불평등은 계층 간, 지역 간 위화감을 조성하고 궁극적으로는 인간으로서 행복한 생활을 영위하는 데 부정적인 영향을 미치게 된다. 이러한 현상은 방송통신 기술이 고도화될수록 심화될 것이며, 700MHz 대역이 4세대 통신서비스를 위해서 경매된다면 디지털 정보격차는 더욱 심화될 것이다.

특히 1,000만 명을 넘어선 스마트폰 가입자는 2011년 말까지 최소 2,000만 명, 2012년에는 3,000만 명을 넘어설 것으로 예측되는 상황에서 스마트폰의 급속한 확산 이후 '모바일 디바이드(Mobile divide)'라는 이름의 새로운 사회문제로 등장하고 있다. 모바일 디바이드는 스마트폰, 무선 인터넷이 급속히 보급되면서 나타난 새로

      ✦ 미디어 생태계의 미래

운 '디지털 디바이드'의 한 유형이며, 스마트폰 등이 단순히 이동전화의 의미를 넘어 일상적으로 정보에 접속하고 이를 활용하는 도구로 사용되면서 최근에 주목받고 있다. 모바일 디바이드는 디지털 디바이드와 마찬가지로 접근격차, 활용격차, 수용격차 등으로 구분된다. 방통위는 다양한 정보격차를 해소하기 위해서 (무료)보편적인 서비스를 구현하고 있는 지상파방송을 위한 주파수 정책이 마련되어야 한다.

지상파방송의 보편적 서비스 구현은 특히 저소득층, 노인, 장애인 등 사회적 취약 계층들이 사회구성원으로서 누려야 할 최소한의 미디어 이용권과 정보 접근 기회를 보장함으로써 미디어가 제공하는 편익이 전체 국민에게 평등하게 돌아가게 해야 한다는 관점에 입각해 있다. 유료(방송, 통신)서비스로부터 배제되는 소외계층이 증가할 가능성이 커지고 그에 따른 정보격차와 사회적 불평등의 확대 재생산이 우려됨에 따라 방송매체에 대한 보편적 접근권 보장 등을 내용으로 하는 보편적 서비스의 적용이 강조되고 있다. 최근 일본대지진 사건으로 인해서 국민을 위한 재난방송의 확립 차원에서 지상파방송의 역할이 더욱 중요시되고 있다. 지상파방송의 플랫폼을 확립하기 위해서 가장 중요한 정책분야는 주파수정책이다.

700MHz 주파수 대역에 대해서 방송업계에서는 3D, UHD 방송 등 4G방송을 위해서 주파수가 필요하다고 주장하고 있으며, 통신업계에서는 늘어나는 데이터 트래픽을 해소하기 위해 통신 분야에 배정해야 한다는 주장을 펴고 있다. 최근 스마트폰 등의 증가에 따른 각 이동통신사의 데이터 트래픽 경쟁으로 인해 급격하게 주파수 자원의 부족현상을 보이고 있다. 이러한 부족현상에 대해 방통위와 통신 관련 사업자들은 현재의 모바일 데이터 트래픽의 증가세에 비추어 2020년경에는 이동통신에 무려 600MHz의 대역폭이 더 필요하다는 주장이 제기되고 있다. 그러나 현재의 모바일 데이터 트래픽을 살펴보면, 이용자들이 와이파이를 충분히 이용할 수 있는 공간에서도 네트워크 설정 변경 등 사용자 인터페이스의 불편함 등으로 인해 3G 데이터 통신만을 이용하도록 설정한다거나, 무제한 요금제에 따라 서비스 구역이 좁은 와이파이를 기피하는 현상과 함께 상위 10%의 사용자가 전체 트래픽의 93%를 차지하고

있다는 문제점이 제기된다. 이는 나머지 90%의 사용자가 10% 사용자의 비용을 부담하는 구조이며, 이들 사용자의 무분별한 데이터 사용을 위해 신규로 주파수를 할당해야 하는 결과가 초래된다. 앞으로 적절한 기술의 개발이나 가이드라인의 제정을 통해서 충분히 주파수 부족 현상을 해소할 수 있는 여지가 있다. 따라서 표면적인 데이터 트래픽 증가세만으로 판단하여 밑 빠진 독에 물 붓기 식으로 주파수를 공급한다면, 2020년경에는 현존하는 모든 주파수를 이동통신에 이용하더라도 모자랄 수밖에 없는 상황이 벌어질 것이다.

700MHz 대역을 논의할 때 방통위에서 자주 인용하고 있는 해외사례의 경우 통신사 중심에서 정리되었다는 문제점이 제기된다. 우리나라의 경우 주파수 정책 결정과정에서 방송용 주파수 환경을 전혀 배려하지 못함으로 인해서 다른 나라와 비교하면 차세대 지상파방송용 주파수 확보가 가장 취약하다는 문제점이 제기된다. 디지털 전환 이후의 방송용 주파수 확보 대역의 경우 해외 주요국과 비교하여 큰 차이를 보이고 있다. 즉, 우리나라는 228MHz 대역의 주파수만 DTV용으로 활용할 수 있는 데 반해, 영국은 264MHz, 일본은 240MHz, 미국은 300MHz 의 주파수를 활용하게 된다.

우리나라의 경우 디지털 전송방식이 미국식(ATSC)이기 때문에 가용 주파수 부족으로 디지털 전환뿐만 아니라 차세대 방송인 4G방송은 불가능한 상황이다. 즉, 미국식 디지털 전송방식(ATSC)은 SFN을 구성하기에 원천적으로 한계가 있다.[68] 우리나라는 MFN방식이기 때문에 방송구역이 권역별로 많고 방송구역 간 거리가 짧으며, 동일 방송구역 내에서도 산악지형과 아파트 위주의 주거환경으로 주파수의 이용효율성이 제한적일 수밖에 없다. 그러나 해외 주요 방송 선진국인 영국과 일본은 SFN으로 방송망 구축이 가능하기 때문에 필요시 송신신호의 가드인터벌(Guard Interval)을 조정하여 추가적인 주파수 확보가 가능하다. 이 밖에 우리나라와 같은 디지털 전송방식을 채택한 미국의 경우 우리나라에 비해 산악지형이 적기 때문에 주파

---

68 현재 주파수 배치 기술에는 동일한 주파수로 전국을 동시에 방송하는 동일(단일)주파수망(SFN: Single Frequency Network)과 서로 다른 주파수를 배정해야 하는 다중주파수망(MFN: Multi Frequency Network)이 있다.

✦ 미디어 생태계의 미래

수 배치에 월등히 유리한 상황이다. 또한 미국은 우리나라와 같은 디지털 전환방식이지만, 주파수 배치에 월등히 유리한 입장에도 불구하고 우리보다 72MHz 대역을 방송용으로 더 확보하고 있다. 우리나라의 주파수 환경은 디지털 전환방식, 방송용 주파수 대역, 지형·건물 조건이 외국과 다름에도 불구하고 주파수 정책은 미국의 주파수 정책을 답습하고 있다는 문제점이 제기된다.

세계 각국은 올림픽, 월드컵 등의 스포츠 이벤트를 자국의 방송기술을 홍보하기 위한 수단으로 활용하고 있으며, 영국 BBC 및 EBU는 일본의 NHK와 공동으로 2012년 런던 올림픽에서 8K UHD방송을 시범서비스로 제공할 예정이다. 이러한 상황에서 2018년 평창 동계올림픽의 성공적인 개최와 방송기술의 발전을 위해서는 스포츠 중계권뿐만 아니라 기술력을 가지고 있는 지상파방송사를 중심으로 최소한 4K급 UHD 방송서비스가 제공되어야 하는 상황이다.

지금까지 700MHz 대역의 주파수는 (무료)보편적 서비스를 추구하는 지상파방송을 중심으로 전파의 희소성 원칙에 따라서 주파수의 주인인 국민을 위해서 공익적으로 사용되어왔다. 그러나 방통위의 계획대로 4세대 이동통신(모바일 광대역)용으로 용도가 확정된다면, 다음과 같은 문제점이 파생될 것이다. 우선 국민들은 기본적으로 보편적 시청권이 희생된다는 문제점이 제기된다. 즉, 지상파방송의 미래방송은 불가능하게 됨으로 인해서 시청자들은 눈앞에 펼쳐지는 실감방송인 4G방송을 다른 국가들보다 훨씬 늦게 제공받을 뿐만 아니라 유료방송 서비스를 통해서만 이용해야 할 것이다. 다음으로 국민들이 700MHz 대역을 활용한 서비스를 이용하기 위해서 상당한 금액의 요금을 지불해야 하는 문제점이 제기된다. 즉, 미국과 독일 수준의 막대한 경매 대금을 투입한 통신사업자들은 수익성 확보를 위해서 소비자에게 요금 전가를 시킬 것이다. 마지막으로 한국과 일본은 우수한 TV세트 제조 능력으로 인해 전 세계 HD시장을 선도하고 있지만, 현재 일본과 비교하여 우리나라의 UHD(방송, 기기 등) 기술이 많이 뒤짐으로 인해서 미래의 TV 디스플레이산업뿐만 아니라 방송 산업은 일본 중심으로 재편될 가능성이 높다는 문제점도 제기된다.

방송용 주파수는 방송서비스의 필수불가결한 요소이며 주파수 여건에 따라 정책 방향이 결정되는 등 방송정책과 방송용 주파수 정책을 따로 구분할 수 없다. 방송용 주파수 정책에 있어서도 기술이나 경제적 효율성만큼이나 방송을 통해 구현되는 공익성을 중시하는 정책이 이루어져야 한다. 그리고 방통위의 700MHz 대역 주파수 용도의 결정에 따라서 지상파방송의 차세대 방송뿐만 아니라 우리나라 차세대 방송의 미래가 좌우되기 때문에 700MHz대역 활용에 대한 의견수렴은 통신으로 편향되지 않고 중립적이며 체계적으로 이루어져야 한다.

최근 방통위는 700MHz대역의 40MHz를 통신에 우선 배정하고 2012년에 나머지 68MHz의 활용에 대한 방안을 전체회의에서 의결하였다. 지상파방송 측에서는 알박기 주파수 할당전략이라고 주장하고 있다. 즉, 20MHz씩을 분리해서 지상파방송은 사용할 수 없게 하고 통신용으로 사용하도록 주파수를 배정했다는 것이다.

대체로 전문가들은 방통위가 지상파방송을 위한 주파수 할당을 하지 않을 것이라고 전망하고 있다. 지상파방송은 700MHz대역을 확보하지 못한다면 수신환경 개선뿐만 아니라 차세대 서비스도 못하게 될 것이다. 지상파방송은 4G방송시대에 플랫폼을 확립하기 위해서는 기본적으로 700MHz대역의 주파수를 확보해야 하며, 4G방송서비스 중 UHD방송을 위한 준비에 매진해야 한다.

권순택(2012.2.29), 「700MHz, 유럽은 이동통신용으로 할당?-방송기술인연합회, "방통위 통신용 사용 주장」, 『미디어스』.

권원현(2012), 「방송의 디지털화와 주파수 정책」, 『방송통신연구』, 통권 제77호, pp.9-37.

김상만(2012.1.20), 「모바일 광개토 플랜은 통신회사들 주파수 알박기-700MHz 대역 40MHz 폭 배분, 방통위 의결 앞두고 방송단체들 반발」, 『미디어오늘』.

김용규 · 김지연(2011), 「700MHz 대역 주파수의 이동통신용 분배에 따른 사회후생 효과 분석」, 『정보통신정책연구』 제18권 2호, pp.125-148.

김칠성 · 김영석 · 정윤철 · 조영준 · 박상호(2008), 「지상파방송의 주파수 활용방안」, 한국방송협회.

박민수 · 허영준(2008), 「해외 주요국의 DTV 전환 관련 주파수 정책 현황 및 시사점」, KISDI 이슈리포트.

박현제(2011.8), 「UHDTV 기술동향과 산업전망」, 한국산업기술평가관리원.

서종수 · 이영진 · 이정훈 · 최원석(2007), 「방송주파수의 효율적 배치 및 활용방안 연구」, 한국전파진흥원.

신희영(1993), 「독점규제정책의 형성과 권력작용」, 『한국행정학보』, 제27권 3호, pp.773-792.

윤석민(2006), 「방송통신 융합시대의 방송주파수 관리정책」, 『방송연구』, 여름호, pp.109-133.

이상호 · 김재범(2007), 「방송과 통신정책, IPTV 융합정책의 지대추구론적 분석: 지대추구의 효율성 분석을 중심으로」, *Journal of Information Technology Applications & Management, 14*(3), pp.199-225.

이윤경 · 안형택(2006), 「전파관리제도 및 주파수 가치산정에 관한 연구」, 방송위원회.

장희선(2010), 「700MHz 주파수 대역의 이용 방안」, 『주간기술동향』, 통권 1462호, pp.14-28.

전수연·윤두영(2007), 「미국의 주파수 경매의 법과 절차 분석」, 『정보통신정책』, 제19권 1호, pp.1-21.

정성구(2012.1.20), 「방통위, 주파수 확장 위한 '모바일 광개토 플랜' 추진」, 『아시아투데이』.

정인준·여재현(2011.12), 「주파수 경매제 추진 현황 및 주요 이슈」, KISDI Premium Report.

정제창(2011.7), 「차세대방송서비스를 위한 주파수활용방안」, 『방송문화』, pp.22-27.

정제창·유승훈(2011), 「지상파방송의 차세대 서비스(4G방송) 활성화 방안 연구: 주파수 수요 및 경제 파급 효과」, 한국방송협회.

지식경제부(2011), 『2010 지식경제백서』.

최계영·김창완·권영주·이승훈·윤두영(2005), 『DTV전환 이후의 주파수 관리』, 정보통신정책연구원.

최계영·이승훈(2005), 「해외주요국 전파관리제도」, 『KISDI 이슈리포트』.

최성진·박석규·황부군(2006), 「DTV 전환에 따른 회수 방송주파수 활용방안」, 『방송연구』, 여름호, pp.69-107.

한국산업기술평가관리원(2010.9), 『IT R&D 발전전략(2010~2015)』, 지식경제부.

홍철규(2008), 「우리나라 저대역 주파수 정책방향에 대한 경제적 관점에서의 연구: 네그로폰테 스위치의 비용/편익분석 포함」, 『정보화정책』, 제15권 제1호, pp.19-40.

황근(2005), 「방송규제철학과 이슈」, 서울대학교 기술과 법 센터 주최 Digital Convergence.

FCC(2002). Spectrum Policy Task Force Report. ET Docket No. 02-135.

Noll, R. G., Peck, M. J., & McGowan, J. J.(1973). *Economic Aspects of Television Regualtion.* Washington, D.C.: The Brookings Institution.

Ofcom(2006.12). Digital Dividend Review Annexes.

Ofcom(2007). Digital Dividend Review: A statement on our approach to awarding the digital dividend.

Smith, F. L., Meeske, M., & Wright, J.(1995). *Electronic media and government: The regulation of wireless and wired mass communication in the United States.* White Plains: Longman.

PART 02

스마트TV와 미디어 생태계의 미래

스마트TV의 미래
(성동규 중앙대학교 신문방송학부 교수)

스마트TV가 가져올 미디어 생태계의 변화
(박승권 한양대학교 융합전자공학부 교수)

스마트시대의 기술혁신과 동반성장
(장석권 한양대학교 경영대학 교수)

스마트TV의 미래

성동규 | 중앙대학교 신문방송학부 교수

1. 서론: 미디어의 스마트화와 스마트TV

최근 미디어 환경에서 가장 큰 변화는 '미디어의 스마트화'라고 할 수 있다. 휴대전화에서 촉발된 미디어의 스마트화는 태블릿PC, 스마트TV로 이어지며 미디어의 지형을 크게 변화시키고 있다. 스마트폰과 태블릿PC 등으로 인해 이용자들의 미디어 이용행태는 크게 바뀌었으며 이로 인해 미디어산업의 구조도 변화하고 있다. 특히, 모바일 영역에서 스마트미디어의 파급력은 엄청나며 이는 스마트미디어의 보급 및 확산을 통해 눈에 띄게 두드러지고 있다.

그렇다면 TV는 어떤 변화를 겪고 있는가? 이에 대해서는 모바일 영역과는 다른 양상이 나타나고 있다. 기존의 방송시청자들이 다른 미디어(특히, 스마트미디어)를 통해 동영상 콘텐츠를 이용하게 되므로 TV 입장에서는 외부적인 변화에 직면한 것만은 확실하다. 하지만 스마트TV가 스마트폰과 태블릿PC와 같이 기존의 미디어 생태계에 큰 영향을 주며 기존 TV의 대체제로 기능하기에는 여러 가지 쟁점이 존재하는 상황이다. 본 글에서는 스마트TV와 관련된 현황과 쟁점에 대해 미디어 생태계 전반을 고려하여 접근해 보고자 한다. 즉, 미디어 전반의 환경을 조망하면서 스마트TV의 현재 및 미래에 대해 논의해 보고자 하는 것이다.

스마트TV 논의 초기에는 낙관적인 전망이 주를 이루었다(정두남 · 최성진, 2011). 이에 대한 근거로는 TV를 통해 인터넷을 이용함에 따라 기존의 인터넷이 TV 영역으로 들어왔던 것과 마찬가지로 TV가 자신의 외연을 넓힐 수 있다는 점이 꼽혔다. 또한 SNS를 기반으로 한 소셜TV 개념이 텔레비전 영역에 도입됨에 따라 텔레비전이 매스 커뮤니케이션 기능뿐 아니라 대인 커뮤니케이션 미디어로 작용할 수 있다는 점도 낙관적 전망의 근거로 작용하였다.

현재 스마트TV 관련 상황을 살펴보면 위에서 논의한 것처럼 낙관적으로만 볼 수는 없는 상황이다. 스마트TV는 여러 가지 난점에 직면해 있기 때문이다. 먼저, 스마트TV 난점의 출발점은 그 정체성에 있다. 스마트TV와 관련된 여러 가지 개념정의가 존재하는 상황이지만 가장 단순하게 스마트TV를 TV와 인터넷의 결합체라는 관점에서 본다면 이미 IPTV가 존재했었고, 커넥티드TV(connected TV)라는 개념도 있다. 즉, 스마트TV라는 개념은 새로운 개념이 아니라 이미 기존에 존재했었던 개념이라는 것이다. 이러한 문제 때문에 스마트TV는 단지 TV 단말기 제조사의 새로운 브랜드 네임에 불과하다는 비판이 제기되고 있는 것이다. 또 다른 측면은 텔레비전이라는 매체의 특수성이다. 텔레비전이라는 매체는 전통적으로 수동적으로 이용하는 매체로 여겨져 왔으며, 그 특수성은 현재도 이어지고 있다. 즉, 과연 TV시청자들이 TV를 통해 인터넷을 이용하며 콘텐츠를 적극적으로 소비할지 의문이라는 것이다. 이러한 측면에서 스마트TV의 미래를 낙관적으로 전망할 수만은 없는 것이다.

하지만 한 가지 확실한 것은 텔레비전이라는 매체 역시 그 패러다임이 변화되어 가고 있다는 것이다. 문제는 현재의 스마트TV가 텔레비전의 새로운 패러다임을 만들어 갈 수 있느냐 하는 것이다. TV라는 매체의 본질이 '편히 즐기는' 매체라고 할지라도 미디어 이용자가 능동적으로 변해가고 있는 것만은 부인할 수 없는 사실이며 이를 고려할 경우 TV도 다른 미디어의 변화에 대응해 나가야 하기 때문이다. 본 연구에서는 스마트TV가 사회 및 이용자의 요구에 부합되는 미디어의 형태인지를 검토하고 이에 대한 쟁점을 살펴볼 것이다. 또한 이를 통해 스마트TV가 갖는 함의에 대해 논의하고 스마트TV 관련 쟁점을 대해 논의할 것이다.

2. 사회구조 및 미디어 지형의 변화

1) 지식정보사회에서 Smart Society로

산업사회가 종식되고 지식기반사회로 접어들면서 '지식(Knowledge)'이 갖는 중요성이 커졌다. 즉, 과거에 재화 등 물적 자원이 가장 중요한 요소였다면 지식기반사회에서는 '지식'이 가장 중요한 인프라가 되었다는 것이다. 이로 인해 21세기 전후로 해서 지식은 모든 사회의 원천으로 가장 중요한 자원으로 여겨졌으며 경제발전에 있어서도 필수적인 요소로 여겨졌다. 이를 가능하게 한 것은 컴퓨터와 커뮤니케이션 네트워크의 발전이었으며 이는 지식을 통한 정보사회(Information Society)를 출현시켰다(OECD, 1996).

지식기반 사회 초창기에 네트워크와 커뮤니케이션 기술이 중요했던 이유는 '지식' 자체를 생산하고 이를 유통시키는 기본적인 인프라가 필요했기 때문이었다. 즉, 부족한 정보를 생산하고 정보에 목말라 있는 이용자에게 이를 전달시켜 지식과 정보를 공유하는 것이 최우선 과제가 되던 것이 지식기반사회의 초창기 모습이었다고 할 수 있는 것이다. 하지만 지식기반사회가 고도화되면서 정보는 넘쳐나게 되었고, 쟁점은 이를 어떻게 활용할 수 있는가로 넘어오게 되었다. 또한 여러 가지 자원들을 생산을 위해 소비하는 과정에서 생겨나는 환경오염 등의 부작용을 최소화시켜야 할 필요성도 대두되게 되었다. 특히, ICT(Information & Communication Technology)와 관련해서는 이러한 부작용을 해소하고 정보를 보다 효율적으로 활용하고 이를 공유하

✦ 미디어 생태계의 미래

는 방식이 중요해지게 되었다. 이것이 'Smart'라는 용어가 주목받게 된 배경으로 작용하게 된다.

유럽에서는 이와 같은 맥락에서 '스마트하고 지속적이고 통합적인 성장(Smart, Sustainable and Inclusive Growth)'에 중요한 가치를 부여한다(European Commission, 2010). 여기서 스마트한 성장이란 지식과 혁신을 기반으로 한 경제의 발전을 의미하고, 지속적인 성장이란 자원의 효율성을 증대시키고 경쟁성의 효율성을 증진시키는 것을 말한다. 또한 통합적인 성장이란 경제적·사회적·지역적 통합을 통해 고용을 촉진시키는 것을 의미한다. 이와 같은 가치들이 의미하는 결국 지식을 효율적으로 활용하고 자원의 낭비를 최소화시키는 것이다.

이와 같은 측면에서 당대의 사회를 주도하는 개념으로 '스마트'가 주목받는 개념이 된 것이다. 과거지식기반 사회의 인프라로 활용되었던 것이 컴퓨터와 네트워킹 기술이었던 것처럼 지금의 스마트사회의 인프라로 작용하고 있는 것은 정보통신 기술이다.

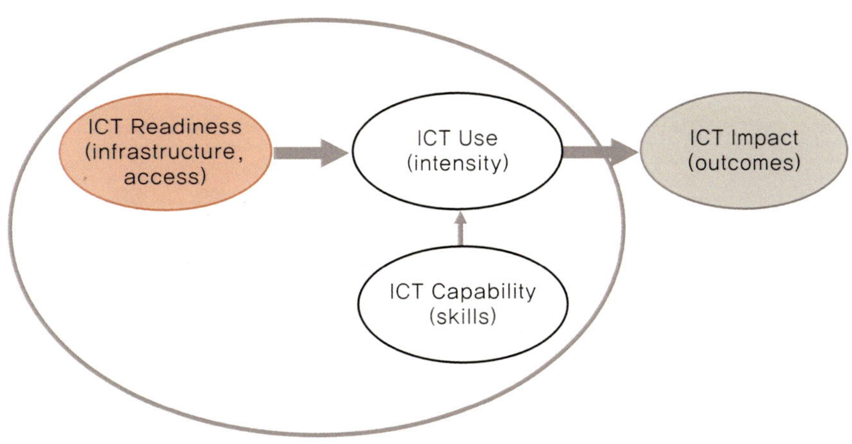

출처: ITU(2011, p.8)

그림 1_ 정보사회의 3단계 발전 발향

ITU(2011)에 따르면 정보사회는 정보통신 기술에 접근하고 이를 이용하여 최종적으로 이것이 정보사회 형성에 기여한다고 보고 있다(ITU, 2011). 이는 지금의 스마트

사회에서도 적용가능하다. 특히, 현재의 미디어 환경을 감안해 본다면 스마트미디어 이용이 스마트사회의 결과물로 나타난다고 볼 수 있다.

2) 미디어 산업환경 변화 및 매체 이용행태 변화

현재 미디어 산업환경의 변화에서 가장 주목할 만한 변화의 양상은 전통매체의 수익이 줄어들고, 스마트미디어 등 뉴미디어의 성장세가 두드러지고 있다는 것이다. 특히, 방송영역의 경우 공영방송, 지상파 등 전통적인 매체의 비중이 줄어들고 있고, 현재는 케이블과 같은 유료방송도 성장 정체 혹은 하락세를 보이는 경향이 나타나고 있다. 이를 가장 잘 보여 주는 지표는 미디어산업의 가장 중요한 재원이라고 할 수 있는 광고 영역이다.

(단위: 백만 달러)

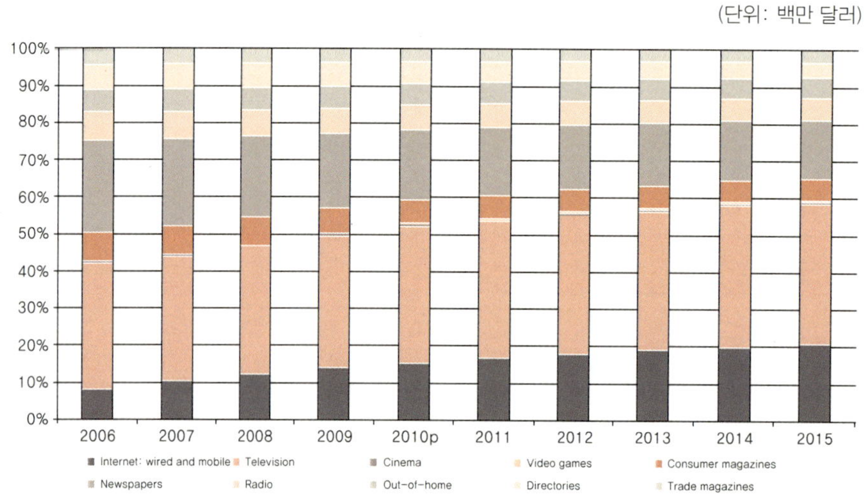

출처: PWC(2011).

그림 2_ 글로벌 매체 별 광고 수익 현황 및 전망

글로벌 매체별 광고현황을 살펴보면 유선과 무선을 포함한 인터넷 광고는 지속적으로 증가하고 있는 반면, 방송과 신문 등 전통매체의 광고수익은 줄어드는 양상을 보여 주고 있다. 이러한 사실이 말해주는 것은 인터넷과 모바일 등 새로운 영역의 매

체들이 기존 매체의 시장을 잠식해 나가고 있다는 것이다. 최근 스마트미디어의 등장은 이러한 현상을 더욱 심화시키고 있다. 특히, 이 중 가장 성장하고 있는 분야는 스마트미디어를 포함한 모바일 영역이다. 모바일 인터넷 분야의 수익은 지속적으로 증가하고 있으며 향후의 전망치를 감안했을 때 이러한 경향은 더욱 심화될 것으로 보인다.

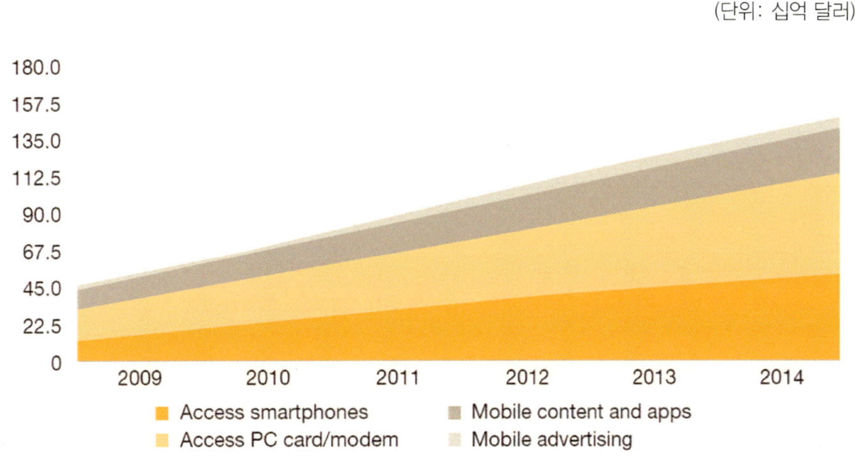

출처: PWC(2011).

그림 3_ 모바일 인터넷 수익 현황 및 전망

스마트미디어를 통한 앱 이용량 역시 큰 폭으로 증가하고 있으며, 이러한 추세는 향후에도 이어질 것으로 보인다. 앱 이용량 증가가 의미하는 것은 전통미디어 이용 시간이 줄어든다는 것이다. 최근 스마트미디어에서 서비스되는 방송 및 신문 관련 앱 서비스를 감안하다면 전통매체의 서비스 이용도 TV, 신문 등 전통매체를 통해 이루어지는 것이 아니라 스마트미디어를 통해 이루어진다고 볼 수 있다.

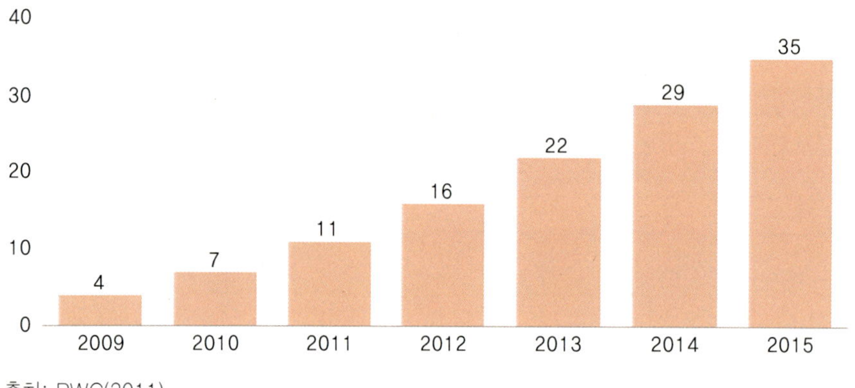

출처: PWC(2011).

🗂 **그림 4_** 글로벌 모바일 앱 소비량 현황 및 전망

이러한 상황 속에서 스마트폰, 태블릿PC 등 스마트미디어의 판매량은 계속해서 증가 추세를 보이고 있다. 이는 스마트미디어가 과거 인터넷이나 휴대전화의 보급률이 높아지는 것처럼 스마트미디어가 일반화되는 것을 의미하며 이러한 미디어 환경에서는 스마트미디어를 통한 전통매체 이용이 늘어날 수밖에 없다.

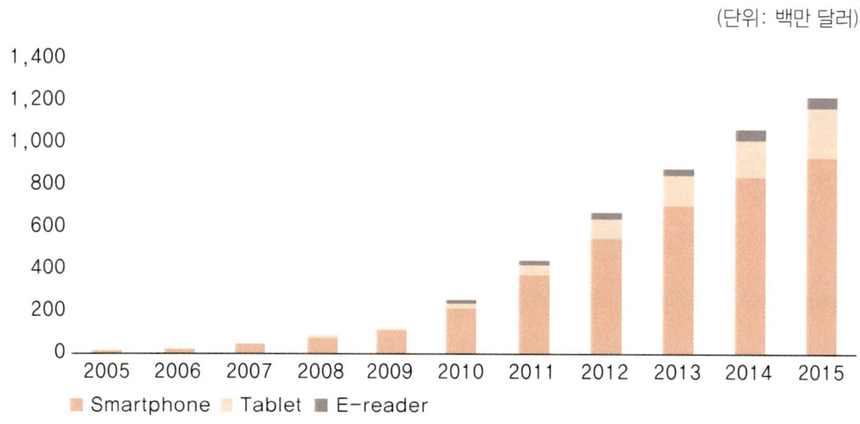

출처: PWC(2011).

🗂 **그림 5_** 글로벌 스마트 미디어 단말기 판매량 추이 및 전망

지금까지 살펴본 것처럼 현재의 미디어 환경은 전통매체 이용의 감소, 스마트미디어 등 뉴미디어 산업의 성장 및 이용활성화로 요약할 수 있다. 이렇게 될 경우 앞서 얘기한 것처럼 TV, 신문 등 전통매체의 상황 및 이용행태는 달라질 수밖에 없다. 여러 디바이스를 통해 손쉽게 동영상 콘텐츠를 접할 수 있는 현재의 미디어 환경에서는 텔레비전 역시 변화를 모색할 수밖에 없다. 현재의 상황을 보면 스마트미디어와 전통매체 사이에 일정수준의 대체관계가 나타나고 있다.

	전체	스마트폰 이용자	스마트폰 비이용자
사례 수	(6,669)	(1,803)	(4,866)
매일	72.1	61.8	75.9
1주일에 5~6일	9.5	11.1	8.9
1주일에 3~4일	7.5	11.0	6.2
1주일에 1~2일	6.7	10.0	5.5
한 달에 1~2일	1.0	0.9	1.0
2~3달에 1~2일 이하	0.4	0.9	0.2
전혀 안 봄/이용 안 함	2.8	4.2	2.3

출처: 방송통신위원회(2011, p.105).

표 1_ 스마트폰 이용자/비이용자 TV 이용 빈도

스마트폰 이용자의 TV 이용빈도와 스마트폰 비용자의 TV 이용빈도를 비교해보면 스마트폰 비용자의 TV 이용빈도가 높게 나타난다는 사실을 알 수 있다. 이는 스마트폰 이용이 TV의 이용시간을 잠식하고 있다는 해석을 가능하게 하는 부분이다. 기존의 지상파방송사와 유료방송사들이 스마트미디어의 앱 출시에 열을 올리고 있는 것도 이 때문이라고 할 수 있다.

기존에는 TV와 관련된 산업적 변화를 방송사 측면에서 이용하는 경우가 많았다. 즉, 지상파, 유료방송 등 기존의 방송사업자가 미디어 환경 변화에 어떠한 방식으로 대응해나가는지가 주된 관심사가 되었던 것이다. 인터넷, 모바일 영역 등의 새로운 경쟁자의 진입에 대해 전통매체 영역의 사업자들이 어떻게 대응하는지가 주된 쟁점이 되어온 것이다. 하지만 스마트TV의 등장은 단순히 기존의 방송사업자들뿐 아니라 단말기 제조업자, 포털 등 미디어 생태계 내의 전 플레이어들에게 새로운 대응을 촉구하고 있다. 즉, 스마트미디어의 활성화 및 스마트TV의 등장은 미디어와 관련된 모든 플레이어를 텔레비전 시장에 관여하게 만든 것이다.

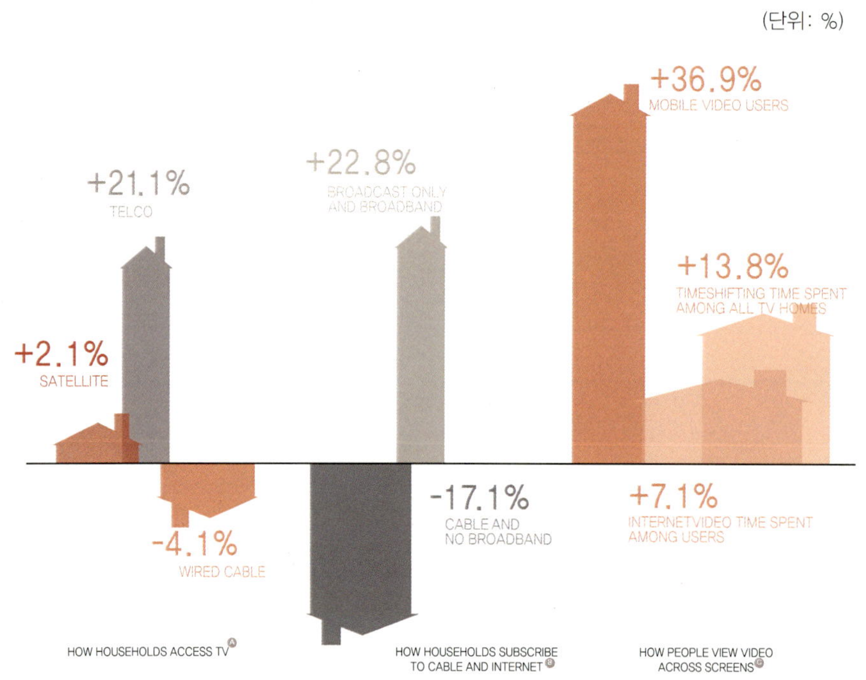

출처: Nielsen(2012, p.4).

그림 6_ 미국의 방송매체 이용환경 변화 추이(2010년 Q3분기 대비 2011년 Q3 변화)

✦ 미디어 생태계의 미래

　　방송 이용환경의 변화는 TV가 변할 수밖에 없는 상황임을 잘 보여 주고 있다. 방송매체이용과 관련한 미국의 이용행태를 살펴보면 현재 방송매체 이용환경의 트렌드가 어떠한지 잘 알 수 있다. 2010년 3분기와 2011년 4분기를 비교해 봤을 때 가장 크게 눈에 띄는 두 가지는 유선 케이블의 이용량이 줄어들고 모바일을 이용한 동영상 이용량이 크게 늘어났다는 것이다. 또한 유선을 이용한 동영상 이용량도 증가 추세에 있다.

　　이러한 상황 속에서 방송산업의 경우 전통적인 재원이었던 광고가 차지하는 비중은 줄어들고 있는 반면, 수신료 시장이 차지하고 있는 비중은 늘어나고 있다(〈그림 7〉 참조). 이는 양면시장 구조를 가지고 있는 방송산업에서 무료시장인 광고가 줄어들고 가입자 기반 수익이 늘어나고 있음을 의미한다. 이는 광고를 주요 기반으로 하는 전통 TV의 이용 감소를 보여 주는 또 다른 지표로 텔레비전이 다른 매체에 빼앗긴 이용자를 다시 끌어들여야 할 필요가 있음을 보여 주는 것이다.

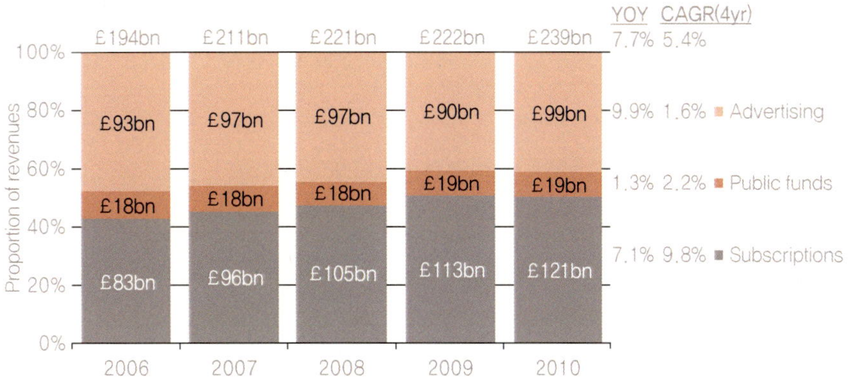

출처: Ofcom(2011, p.114).

그림 7_ 글로벌 방송 시장 재원 분포

스마트TV와 관련하여 가장 주목해야 할 부분은 OTT(Over-the Top)[69] 서비스의 이용자가 빠른 규모로 증가하고 있다는 것이다(정두남, 2010). OTT 이용자가 증가하고 있다는 것은 곧, 온라인 영역의 동영상 이용자가 늘어나고 있음을 의미하는 것이다(〈그림 8〉). 미국의 경우 Netflix, Hulu 등 OTT 서비스의 이용자가 크게 늘어나고 있는 실정이다. 국내의 경우 OTT 영역에서 미국처럼 주목할 만한 OTT 사업자가 있는 것은 아니나 향후 OTT 시장의 성장이 예상되고 해외의 글로벌 OTT 사업자들이 국내에 진입할 경우 상당한 영향을 미칠 것으로 예상된다.

(단위: 백만 달러)

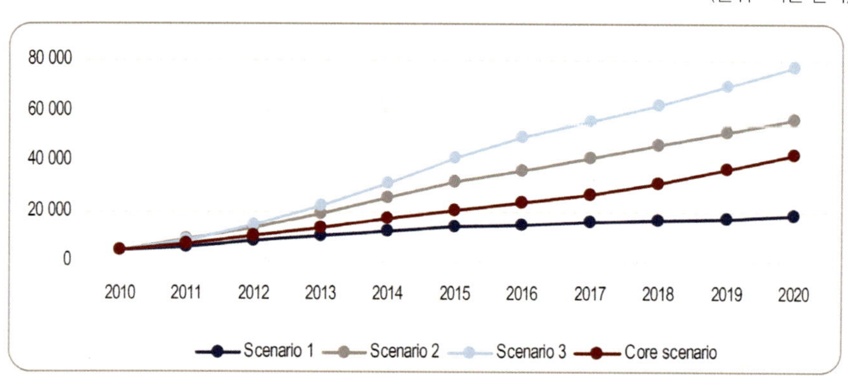

출처: IDATE(2011)

그림 8_ 글로벌 OTT 서비스 성장 전망

지금까지 살펴본 대로 사회의 패러다임 및 미디어 이용행태가 크게 변화하고 있는 상황에서 TV도 변화할 수밖에 없는 상황이 되었다. 좀 더 구체적으로 얘기하자면 TV도 온라인이나 모바일 미디어처럼 이용자가 원하는 형태의 콘텐츠를 제공할 필요가 생기게 되었다. 이뿐 아니라 방송 외의 다양한 다른 서비스도 텔레비전을 통해 제공할

---

69 OTT 서비스에 관한 개념정의는 조금씩 다른데 '범용 인터넷망(public internet)을 통해 영상 콘텐츠를 제공하는 서비스'로 볼 수 있다(박민성, 2011).

     ✦ 미디어 생태계의 미래

필요가 생기게 된 것이다. 이러한 맥락에서 탄생한 것이 '스마트TV'라고 할 수 있다.

3. 스마트TV의 개념과 성격 규정

1) 스마트TV의 개념

스마트TV를 명확히 정의하기는 어렵다. 다만, 공통적으로 적용할 수 있는 것은 다양한 콘텐츠 및 서비스를 인터넷을 통해 제공하는 TV라는 것이다(고정민, 2011). 방송통신위원회(2011)의 경우 스마트TV에 대해 '종전의 개념', '협의의 서비스 개념', '광의의 개념' 등으로 나누어 접근하고 있다. 종전의 개념이란 운영체제 및 인터넷 접속 기능을 탑재하여 다양한 콘텐츠를 편리한 이용자환경에서 이용할 수 있는 TV라는 측면에서 본 스마트TV이다. 이는 스마트TV에 관한 가장 보편적인 정의에 가깝다고 할 수 있다. 협의의 서비스 개념에서 본 스마트TV란 다양한 스마트 기기, 동영상 콘텐츠와 서비스, 플랫폼, 네트워크 등을 유기적으로 연계하여 제공하는 온라인 콘텐츠 서비스를 의미하는 것으로 동영상 중심의 N-Screen 서비스를 의미하는 것이다. 광의의 서비스 개념에서 본 스마트TV의 개념은 스마트미디어 측면에서 본 스마트TV로 신문·잡지·출판·방송 등 콘텐츠의 경계가 불명해지고 멀티미디어화되는 추세를 반영하여 스마트TV를 이해하자는 관점이다. 이럴 경우의 문제는 스마트TV의 정체성을 다른 스마트미디어와 비교하였을 때 명확하기 하기 어렵다는 것이다.

스마트TV의 경우 네트워크와의 연결성 측면에서 커넥티드TV(conneted TV)라고 보기도 하는데 경우에 따라서는 커넥티드TV의 발전된 형태를 스마트TV로 보기도 한다. 김문구·박종현(2010)은 2000년대 중반 이후 등장해 TV용 단말화면에 방송과 인터넷 접속을 단순 제공하던 커넥티드TV(connected TV)가 스마트TV의 배아기에 해당된다면, 플랫폼을 중심으로 VOD, 스트리밍 방송과 같은 멀티미디어 콘텐츠를 제공하고 스마트폰과 유사한 형태의 애플리케이션과 앱 스토어를 제공하는 현 단계 스마트TV는 커넥티드TV를 넘어선 전혀 새로운 형태의 TV 서비스라고 보고 있다. 하지만 일부에서는 스마트TV가 커넥티드TV의 한국적 산물이라고 볼 수도 있다고 지적하고 있다(강홍렬 외, 2011).

한편, 커뮤니케이션 관점에서 봤을 때 TV에서 제공되는 콘텐츠 제작자 및 다른 이용자의 연결성 측면에서 소셜TV(Social TV) 개념도 존재한다. 소셜TV는 간단히 말하면 TV시청과 SNS를 접목시킨 것이라 할 수 있는데(유선실, 2012), 이 역시 스마트TV와 혼동될 수 있는 개념이라고 볼 수 있다. 이상의 논의를 통해 알 수 있는 것은 스마트TV라는 개념이 아직 확정적으로 존재하지 않을 뿐 아니라 다른 커넥티드TV, 소셜TV 등 다른 TV 개념과의 변별성도 확실치 않다는 것이다. 이러한 측면에서 보았을 때 스마트TV의 정체성은 아직 모호하다고 할 수 있다(정두남, 2010).

하지만 분명한 것은 스마트TV가 갖는 함의가 기존의 TV단말기에서 진일보된 형태의 TV서비스 기능을 탑재한 것에 국한되지 않는다는 것이다. 이것은 현재의 스마트TV가 제공하는 기능이나 서비스가 그만큼 혁신적이라는 의미가 아니라 기존에 기대되는 스마트TV의 혁명성은 전통적인 텔레비전과 비교했을 때 패러다임 전환이라고 부를 수 있을 만큼 혁신적인 의미를 내포하고 있었다는 것이다. 이러한 측면에서 스마트TV는 기존 텔레비전 단말기의 전통적 속성을 대체하는 데 그쳐서는 안 된다(송민정 · 이화진 · 최명호, 2010).

이러한 이유 때문에 스마트TV 개념을 특정한 형태로 묶어 두지 말아야 한다는 주장이 많다. 가령, 문철수 · 최민재(2010)는 스마트TV 개념은 특정 유형으로 한정지을 수 있는 것이 아니라 "동양상 콘텐츠를 포함한 다양한 콘텐츠를 개인이 활용할 수 있도록 이용환경을 구축하는 시스템과 콘텐츠 포맷을 제공하는 시스템"이라고 보고 있다.

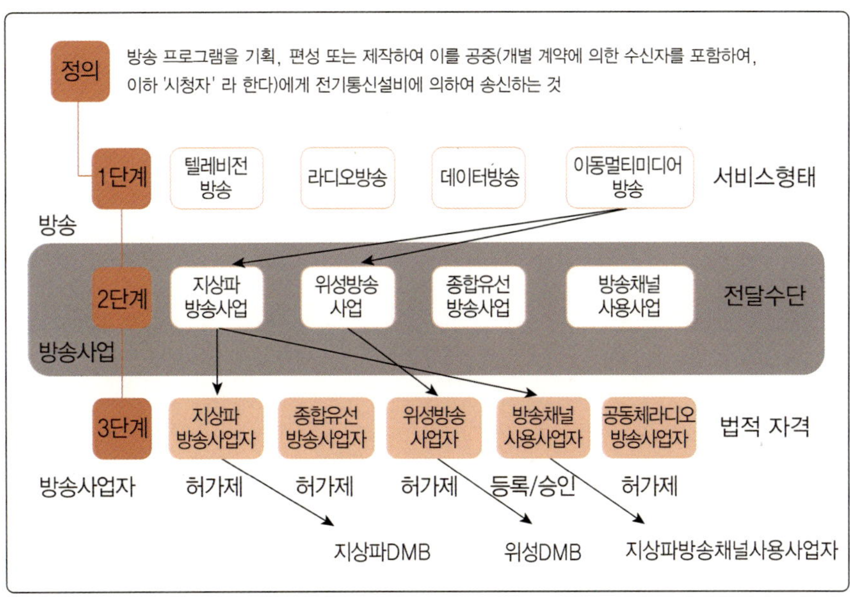

출처: 조영신(2010, p.36).

📂 **그림 9_** 방송법상 규제 체계도

스마트TV의 개념정의와 관련해서 가장 민감하게 접근해야 할 부분은 법적으로 스마트TV를 어떻게 정의해야 할 것인가이다. 뒤의 쟁점사항에서 다시 논의할 것이지만 현재 국내 방송법 체계상으로는 스마트TV를 규제할 방법이 없다. 이는 스마트미디어를 통해 방송되는 여러 방송콘텐츠의 경우도 마찬가지이다. 국내의 경우 텔레비전 수상기를 통해 송출되는 방송 서비스는 모두 규제의 대상이 되고 있다. 하지만 서비스 형태에 대한 방송법상 규제는 존재하지 않는다. 이에 따라 향후 스마트TV에 대한 법적 개념정의를 어떻게 해야 할 것인지가 큰 이슈가 될 가능성이 높다.

지금까지 살펴본 것처럼 스마트TV에 대해서는 어떤 합의된 정의도 존재하지 않을 뿐 아니라 방송법상으로 규제할 근거도 존재하지 않는 상황이다. 그렇다면 스마트TV는 어떠한 성격을 가진 매체인가? 다음 부분에서는 몇 가지 관점에서 스마트TV의 성격을 고찰해 보도록 하겠다.

2) 스마트TV의 성격

스마트TV의 성격에 대해 검토하기 전에 스마트TV가 어떠한 배경에 의해 등장했는지부터 살펴볼 필요가 있다. 즉, 스마트TV가 기술 진화의 결과물인지 사회적 필요에 의해 탄생되었는지에 대해 분석해야 봐야 한다는 것이다. 이를 설명해주는 것이 '기술결정론'과 '사회구성론적 관점'이다. 기술결정론적 관점의 경우 논의의 출발을 기술에서 시작하고 그로 인해 사회가 어떻게 변화해 가는지를 설명한다. 반면, 사회구성론적 관점은 기술에 대해 사회적 산물이자 사회적 상황의 반영이라고 본다(강상현, 2006). 모든 미디어 테크놀로지는 위의 두 가지 관점 중 한 극단으로 파악하기는 쉽지 않으며, 기술적 진보와 사회적 필요 양쪽 모두에 의해 탄생했다고 보는 것이 일반적이다.

ICT에 대해 기술결정론적 관점에서 접근한 다니엘 벨, 엘빈 토플러 등 ICT에 의한 사회구조 변화를 낙관적으로 전망한 바 있다. 다니엘 벨의 탈산업사회론, 엘빈 토플러의『제3의 물결』등은 기술결정론적 관점에서 ICT 기술이 전혀 새로운 사회를 만들 것으로 예측하였다(이유택, 2011). 하지만 앞서 살펴보았던 것처럼 ICT 기술을 비롯한 뉴미디어가 주도하는 사회상을 기술결정론적 시각에 근거하여 낙관적으로 바라볼 수만은 없으며, 새로운 미디어의 등장을 기술적으로 결과물로만 보기도 어렵다. 또한 텔레비전과 관련된 계속적인 기술의 발전을 이용자가 원하는 형태의 진화인가 하는 시각에서 비판적으로 접근하는 관점도 존재한다(이영주·정수영, 2010). 강홍렬 외(2011)의 연구에서는 스마트 체제에 대해 사회문화적 관점으로 접근하는 것이 중요하다고 하면서 기술결정론은 기술이 발달하고 있는 상황에서 문화적으로 재구성되는 미디어 기술의 복합적인 흐름을 놓치기 쉽다고 지적하고 있다.

이러한 측면에서 스마트미디어가 보편화된 지금의 상황에서는 스마트TV에 대해 사회구성론적 견지에 접근할 필요가 있다. 미디어, 특히, 텔레비전을 사회·역사적인 관점에서 분석한 대표적인 학자로 윌리엄스(Williams, 1974/1996)를 꼽을 수 있다. 윌리엄스는 텔레비전에 관한 기술결정론적 시각을 비판하면서 기술과 사회를 따로 떼어 놓고 봐서는 안 된다고 주장하였다. 일부에서 기술결정론적 시각을 가지고 있다고 평가받는 맥루한(McLuhan, 1964/2002)의『미디어는 마사지다』의 경우도 미디어와 사회 사이의 관계 측면에서 살펴볼 필요가 있다. 이런 맥락에서 "미디어는 메시지다"라는 맥루한의 언급은 매체발전 과정을 기능적으로 설명하기 위한 것이 아니라 기술을 통해 사회문화를 관통하는 상징성과 이미지, 기표에 주목한 것이라는 주장도 존재한다(이완수, 2011).

미디어를 사회·역사적인 관점에서 그리고 계보학적으로 분석한 것이 볼터와 그루신(Bolter & Grusin, 1999)의 재매개(remediation) 개념이라고 할 수 있다. 볼터와 그루신은 미디어의 변화가 미디어가 상호 경합하고 참조하면서 이루어진다고 본다. 특히, 이들은 올드미디어와 뉴미디어의 변증법적 역학관계에 주목하는데 올드미디어와 뉴미디어는 서로를 의식하면서 발전해 나간다. 볼터와 그루신의 논의에 기대어 스마트TV를 분석해 보면 스마트TV는 텔레비전이 스마트폰 등 다른 미디어들을 참조하여 탄생한 산물로 이해할 수 있다. 즉, 기존의 TV는 일방향성, 혹은 매우 제한된 의미의 상호작용성만을 제공하였는데 뉴미디어들의 기능을 참조하여 상호작용성 및 다양한 서비스를 탑재함으로써 새로운 형태의 스마트TV로 거듭난 것이라고 해석할 수 있는 것이다.

한편, 마노비치(Manovich, 2001/2004) 역시 사회구성론적 견지에서 미디어를 분석하면서 문화 간의 혼합에 따라 새로운 형태의 문화 인터페이스가 탄생한다고 주장하였다. 마노비치의 시각은 미디어 기술의 발전에 따라 나타나는 인터페이스가 이용자의 필요에 따라 뒤섞이면서 발전했다는 측면에서 이해할 수 있다. 이러한 관점에서 보자면 스마트TV의 경우 텔레비전을 시청하던 이용자가 TV를 통해 다양한 서비스를 이용하고 싶다는 욕구가 발현되어 탄생한 매체로 이해해 볼 수 있다.

스마트TV라는 매체에 논의를 좀 더 국한시켜 본다면 스마트TV는 TV 자체의 혁신으로 보기는 어렵다(김문구·박종현, 2010). 스마트TV의 경우 앞서 언급했던 것처럼 스마트폰 등 다른 ICT 기술 진화의 영향을 받는 것으로 이해해야 한다는 것이다. 즉,

스마트TV는 TV 자체의 단선적인 발전의 결과라기보다는 다른 미디어와의 경합 사이에서 탄생한 산물로 이해하는 것이 적절하다는 것이다.

한편, 이용자의 이용행태 측면에서 스마트TV를 이해할 필요가 있다. 즉, 이용자들은 어떠한 동기로 스마트TV를 선택하게 되는가에 대해 살펴봐야 한다는 것이다. 현재는 스마트TV 도입 초기이고 이용동기에 대한 실증적인 연구를 찾기 힘든 상황이다. 이 때문에 잠재적 수용자의 의견이나 다른 스마트미디어 이용동기에 비추어 스마트TV 이용동기를 파악해 볼 필요가 있다. 김문구·박종현·조영환(2011)은 스마트TV의 수용도 및 잠재수용자 분석을 통해 스마트TV의 주요 이용목적 중 가장 큰 부분은 '기존 방송의 원하는 시간대 시청'이며 방송 외의 서비스 중에서는 '인터넷 접속'이 가장 큰 부분을 차지할 것이라고 분석하였다. 이들의 이러한 연구결과는 스마트TV가 '방송'+'인터넷'이라는 기존의 개념정의와 부합하는 것이라고 할 수 있다.

하지만 스마트폰이나 소셜미디어 이용동기를 분석한 연구들을 살펴보면 스마트TV는 다른 스마트미디어들과 같은 층위에서 이용동기에 접근하기 어렵다는 것을 알 수 있다. 손영준·김옥태(2011)의 연구에 따르면 스마트폰의 이용동기는 '스마트 기능', '어플리케이션 기능', '휴대전화 기능' 등 세 층위로 나눠진다. 하지만 스마트TV에서 가장 중요한 부분인 TV 시청은 동기 목록에 포함되어 있지 않다. 페이스북의 이용동기를 분석한 김유정(2011)의 연구에서 드러난 이용동기도 '정체성 표현', '사회적 상호작용', '유용성', '친구와의 교류', '친구정보 검색', '여가선용', '인맥관리', '현실도피', '동참하기', '외로움 탈피' 등 TV 이용동기와 연관성을 갖기 힘든 이용동기들이 많다. 이용동기와 관련하여 고려해야 할 점은 스마트TV라고 할지라도 TV의 특성과 물리적 이용조건은 변하지 않는다는 것이다. 즉, 스마트TV가 기존 TV와 차별화된 서비스를 제공하더라도 여전히 TV 수상기를 스크린으로 사용한다는 것이다(박성철, 2011).

이러한 점에서 보았을 때 스마트TV가 갖는 한계가 명확히 드러난다. 즉, 스마트TV가 아무리 다양한 기능을 탑재하고 있다고 하더라도 기존 TV 시청 관습에 익숙해져 있는 이용자들이 TV시청 외의 부가적인 기능을 이용하지 않을 경우 스마트TV가

✦ 미디어 생태계의 미래

갖는 의미가 크게 축소될 수 있다는 것이다.

하지만 다른 각도에서 본다면 스마트TV가 창출할 새로운 이용행태 등장도 기대해 볼 수 있다. 현재 미디어 환경에서 이용자들은 하나의 매체만을 이용하는 것이 아니라 동시에 여러 매체를 이용한다. 이를 '복합미디어 이용'이라고 볼 수 있을 것이다(이재현, 2006). 즉, TV를 시청하면서 스마트폰을 이용하고 TV를 시청하면서 인터넷을 동시에 이용하는 것이 가능한 환경이라는 것이다. 이러한 측면에서 본다면 대인 커뮤니케이션 기능과 다양한 서비스가 탑재된 스마트TV를 통해 다른 단말기들의 활용을 통합시킴으로써 가정 내에서 새로운 미디어 이용행태가 등장할 것으로 기대해 볼 수 있다.

스마트TV의 정체성 자체가 모호한 상황에서 스마트TV의 성격을 규정하는 것은 매우 위험한 시도라고 할 수 있다. 하지만 지금까지 논의한 바에 근거해 본다면 현재 스마트TV가 처해 있는 상황은 낙관적으로만 볼 수도 없고 비관적으로만 볼 수도 없는 상황이다. 스마트TV가 TV의 새로운 형태로 자리 잡기 위해서는 이용자의 요구에 부응하는 방향으로의 발전이 필요하다.

4. 스마트TV 관련 쟁점

1) 정책적 쟁점

스마트TV와 관련해서 국내에서 가장 크게 불거질 수 있는 쟁점이 바로 스마트TV 관련 정책적 쟁점이다. 국내 방송규제체계는 아직까지 수평규제체계가 도입되지 않은 상황이기 때문에 스마트TV를 규제할 수 있는 규제체계가 마련되어 있지 않은 상황이다. 이 때문에 관련 규제를 서둘러 마련해야 한다는 주장이 지속적으로 제기되고 있다(김희경 · 김재철 · 오경수, 2011).

조영신(2010)은 스마트TV를 구입한다고 해서 해당 TV 제조업자 대리점이 망을 연결시켜 주지는 않기 때문에 망에 대한 법률적·물리적 책임이 없다는 점에 대해 강조하고 있다. 하지만 이 경우에도 내용규제 차원에서 문제가 될 수는 있다. 그렇다고 하더라도 기존의 유료방송과 같은 차원에서 내용규제를 할 수 있을 것인가에 대해서는 논란의 여지가 있을 수 있다.

스마트TV를 규제할 경우 구체적인 문제는 국내 방송법 또는 통신법상에서 스마트TV에 어떠한 사업자의 지위를 부여하며, 어떠한 규제원칙을 적용해야 하는가이다. 이에 대해서는 보는 시각마다 다소 상이한 시각을 보이고 있는 상황이다. 가령, 황준호(2010)에 따르면, 스마트TV를 방송사업자로 분류하는 것은 현재로선 무리이며, 현행 인터넷 포털서비스와 유사한 인터넷 콘텐츠 제공사업자로 지위 부여가 가능하다고 보고 있다. 이 경우 스마트TV가 실시간 방송채널을 제공하게 된다면, 현행 유료방송 플랫폼 사업자의 지위와 이에 준하는 규제 적용이 가능하다는 것이 황준호의 입장이다.

현재의 상황에서 가능한 것은 '방송광고 판매대행사업자'의 지위를 부여하는 것이라는 주장도 존재한다(백영미, 2010). 스마트TV가 광고주들과 방송 콘텐츠 제공업자들을 연결하는 수익모델을 기반으로 한다는 관점에서 접근할 때 가능한 판단이다.

이상의 상황을 고려해 보면 스마트TV와 관련된 규제는 다양한 측면에서 접근 가능하며, 다양한 시나리오가 존재하는 상황이라고 할 수 있다. 이러한 측면에서 강재원(2011)은 다양한 관점에 따라 스마트TV의 법적 지위가 달라질 수 있음 지적하고 있다. 먼저 첫 번째는 현행 방송법과 전기통신사업법 적용 시 스마트TV가 IPTV사업자로 허가를 받고 부가통신사업자 신고를 통해 들어오게 하는 방안이다. 두 번째는 기존 IPTV법을 개정하여 이동형 IPTV와 스마트TV를 IPTV로 포함하여 스마트TV를 인터넷멀티미디어방송사업자로 허가하는 것이 가능하다. 세 번째는 통합방송법을 통해 스마트TV의 시청각 또는 영상서비스를 새로운 유형의 방송으로 포함시키는 것이 가능하다. 넷째, 방송통신융합사업법을 제정하여, 스마트TV의 전송서비스는 최소 요구되는 기준만을 충족하면 사업이 가능하게 되는 등록제로, 스마트TV의 콘텐

✦ 미디어 생태계의 미래

츠서비스는 실시간 방송서비스(선형 서비스)와 양방향 멀티미디어서비스(비선형 서비스)로 구분하고 전자는 허가제, 후자는 자율규제로 규율하는 방안이 가능하다는 것이 강재원이 제시한 네 가지 방안이다.

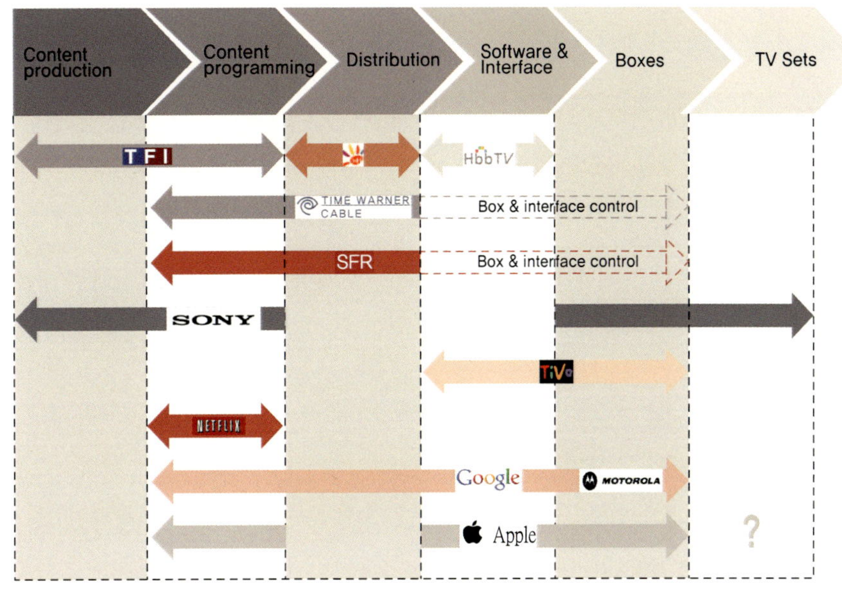

출처: IDATE(2011).

그림 10_ 커넥티드TV 가치 사슬

스마트TV의 법적 지위 이외에 제기될 수 있는 정책적 이슈로는 사업자 간 분쟁조정과 저작권 관련 이슈가 있을 수 있다. 스마트TV는 과거와는 다른 가치사슬을 지니고 있는 사업이기 때문에 다양한 사업자들이 연관되어 있다. 이 때문에 사업자들 간의 이해관계에 의해 다양한 분쟁이 발생할 소지가 다분하다. 최근 있었던 삼성과 KT 사이의 분쟁은 향후 스마트TV와 관련하여 많은 분쟁이 발생할 것을 시사해주는 사건이라 할 수 있다. 또 한 가지 첨예하게 제기될 수 있는 것이 스마트TV에서 제공하는 콘텐츠의 저작권과 관련된 부분이다. 스마트TV를 통해 인터넷 동영상 콘텐츠에 자유롭게 접속할 수 있게 되면 원저작자들이 저작권에 대한 권리 요구를 할 수 있기 때문이다. 때문에 이에 대한 대응방안 마련이 필요할 것으로 보인다.

스마트TV의 규제와 관련하여 가장 중요한 것은 수평적 규제체계를 확립하고 방송의 시장획정 기준을 명확히 하는 것이다. 수평규제 확립이 되지 않으면 스마트TV뿐 아니라 다른 스마트미디어에서 서비스되는 동영상 콘텐츠에 대한 규제도 제대로 이루어질 수 없다. 이에 따라 유럽에서 실시간 콘텐츠와 비실시간 콘텐츠를 계층별로 나누어 규제하듯 국내도 수평적 규제원칙에 따라 서비스별 규제방안 마련이 시급하다. 방송시장 획정의 명확한 기준 마련도 시급하다. 현재 존재하는 유료방송 서비스에 대한 동일서비스 동일규제도 제대로 이뤄지고 있지 않은 상황에서 스마트TV가 활성화되어 규제이슈가 첨예해질 경우 시장획정이 제대로 이뤄지지 않는다면 방송시장은 더욱 혼란스러워질 수밖에 없다.

2) 스마트TV 등장에 따른 시장 변화

스마트TV 등장으로 인한 시장 변화를 여러 영역의 사업주체들이 연관되어 있기 때문에 논의하기가 쉽지 않다. 단말사업자, 플랫폼사업자, 콘텐츠사업자 등 여러 영역에 속해 있는 사업자들의 이해관계가 얽혀 있기 때문이다. 우선 단말기 판매량에 대한 전망은 그리 어두운 편은 아니다. 스마트TV 혹은 커넥티드TV 단말기 판매량과 온라인 동영상을 송출할 수 있는 단말기 판매량은 꾸준히 증가할 것으로 전망되고 있다.

✦ 미디어 생태계의 미래

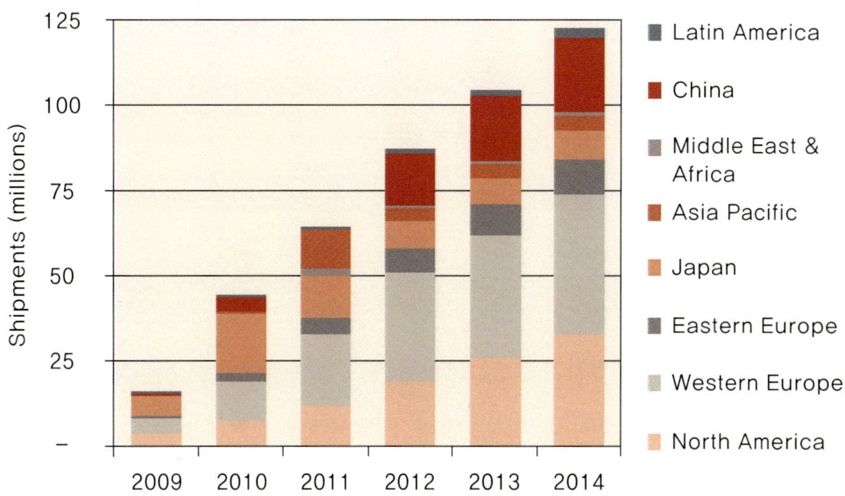

출처: Display Search.

🖜 **그림 11_** 커넥티드TV 판매량 전망

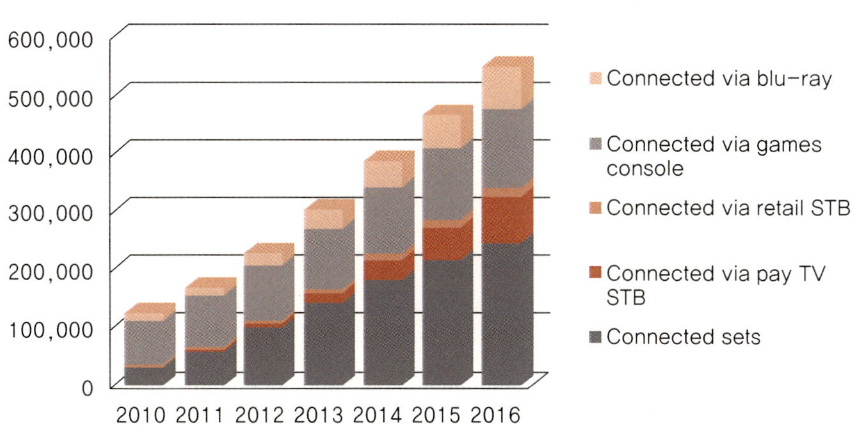

출처: Digital TV Research(2010).

🖜 **그림 12_** 글로벌 인터넷 연결 동영상 단말기 판매량 전망

이러한 동향이 시사하는 바는 현재 국내에서 논의되고 있는 형태의 스마트TV 단말기가 아니더라도 인터넷과 TV단말이 연결된 형태의 TV의 판매량이 늘어나게 될 것이라는 점이다. 이 경우 국내 방송시장에 많은 변화가 예상된다. 특히, OTT 사업자의 진입이 본격화될 경우 OTT 사업자들과 기존 유료방송 플랫폼 및 채널 사이에 경쟁이 심화될 것으로 예상된다.

방송사업자의 시각에서 살펴볼 때 1차적으로 스마트TV의 방송시장 진입은 방송콘텐츠 보유 사업자의 시장가치 상승과 N-스크린 전략에 따른 사업다각화를 가속화시킨다는 의미를 가진다(정두남, 2010). 또한 스마트TV는 정체된 방송시장을 극복하고 시장을 확대시킨다는 점에서 의미를 가진다(송민정 · 이화진 · 최명호, 2010).

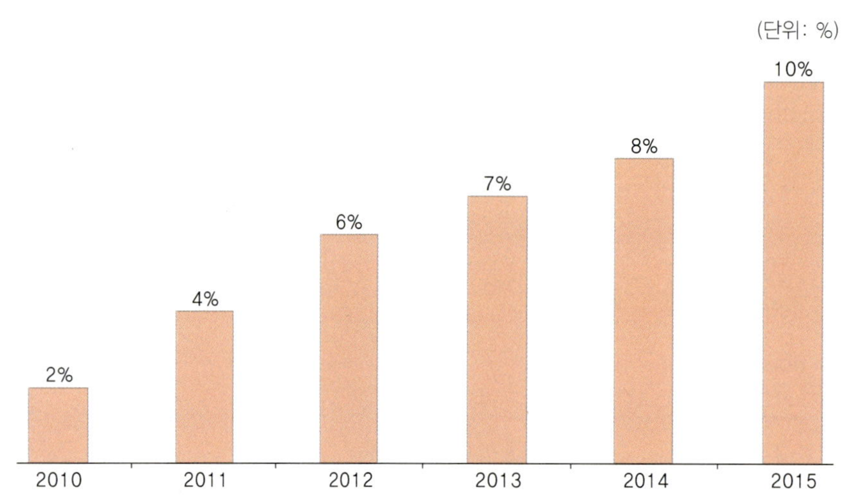

출처: SNL Kagan(2011a).

그림 13_ 미국의 OTT 사업자 점유율 현황 및 전망

하지만 염두에 두어야 하는 것은 방송시장의 주된 재원인 광고시장은 한정되어 있다는 것이다. 가령 기존 방송사들이 스마트미디어 플랫폼으로 진출했다는 것은 새로운 시장 개척의 의미도 있지만, 기존 시장을 수성하기 위한 의미도 크다. 즉, 새로운 OTT 사업자들이 진입에 대비하는 의미가 강하다는 것이다. 물론, 방송시장이 양

✦ 미디어 생태계의 미래

면시장이라는 측면에서 가입자 모델을 구축하면 추가적인 수익을 얻을 수 있겠지만, 이 경우 역시 시장이 한정되어 있다는 점을 감안해야 한다. 미국 시장의 상황을 보면 유료방송과 OTT 시장 사이에 대체 현상이 발생하고 있는데, 이러한 해외 동향을 예의주시해서 살펴볼 필요가 있다(〈그림 13〉, 〈그림 14〉 참조).

미국의 시장을 보면 OTT 시장과 통신사업자들의 가입자는 증가세에 있고, 향후 성장이 예상되는 반면, 케이블사업자와 같은 전통적인 영역의 사업자들의 가입자는 감소하고 있다. 이것이 의미하는 바는 유료방송의 시청자들이 OTT 서비스로 넘어갔다는 것이다. Comcast의 경우 NBC Universal을 인수한 바 있는데, 이는 사업영역 확장 및 콘텐츠 확보를 의미하는 것이기도 하지만 NBC Universal을 인수하여 OTT 서비스인 Hulu의 지분을 확보하겠다는 의도가 내포된 것이다. 즉, 기존의 SO 사업자들이 OTT로 진출하여 가입자의 감소분을 OTT 서비스를 통해 메우고자 하고 있다는 것이다. 이와 같은 해외 동향을 고려해 봤을 때 스마트TV의 활성화는 콘텐츠 및 플랫폼 영역의 경쟁을 더욱더 심화시킬 것으로 전망된다.

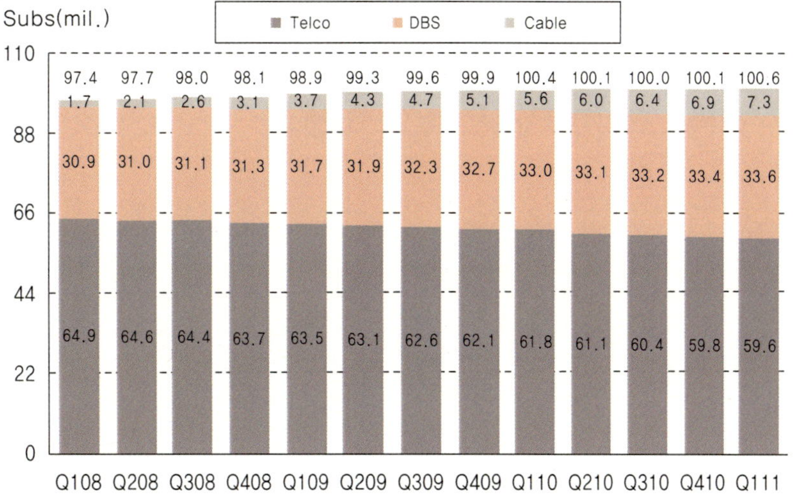

출처: SNL Kagan(2011b).

그림 14_ 미국의 다채널 시장 가입자 점유율 추이

스마트TV가 활성화될 경우 기대되는 시장 변화 중 하나는 롱테일 영역의 콘텐츠의 활성화이다. 이제까지는 비즈니스 측면에서 크게 주목받지 못하던 이용자 제작 콘텐츠(UCC) 등 소비자들이 직접 제작한 콘텐츠가 비즈니스 영역으로 대거 넘어올 수도 있다는 것이다. 콘텐츠의 다양성이 제고되고 기존 방송시장에 새로운 바람을 불러일으킬 수 있다는 점에서 이 부분은 긍정적으로 해석할 여지가 있다.

경쟁이 심화되는 상황 속에서 광고 측면에서의 변화가 예상된다. 규제이슈와 맞물려 있기는 하나 스마트TV에서 서비스 새로운 형태의 몰입도 높은 광고의 개발이 요구되는 시점인 것이다(조경섭·이현우·류원, 2011). 광고효과 측면에서 기존 TV 광고에 대한 회의적인 시각이 갈수록 많아지고 있다. 이러한 상황 속에서 몰입도를 높일 수 있는 형태의 광고의 등장이 예상된다.

또 한 가지 고려해야 될 것은 FTA로 인해 가속화될 해외 콘텐츠의 유입이다. 스마트TV가 활성화될 경우 상대적으로 진입장벽이 낮은 해외의 온라인 동영상 콘텐츠가 국내로 대량 유입될 가능성이 크다. 이 경우 가뜩이나 경쟁이 치열한 국내 콘텐츠 시장의 경쟁이 더욱 가열될 수 있다.

5. 결론: 스마트TV와 TV의 미래

지금까지 스마트TV의 정체성 및 성격, 시장 전망 등에 대해 살펴보았다. 스마트TV에 대한 낙관론과 회의론 이전에 분명한 것은 TV라는 매체 역시 혁신이 필요하다는 것이다. 문제는 그 혁신의 접근 방향이 지금 논의되고 있는 '스마트TV'가 맞느냐 하는 것이다.

현재 스마트TV에 대해서는 어떠한 합의된 개념정의도 존재하지 않는 상황이다. 또한 스마트TV라는 개념 자체가 국내에만 존재한다는 의견도 있다. 스마트TV가 발전하고 자리매김하기 위해 우선시되어야 하는 것은 스마트TV가 TV단말기를 통해 방송과 인터넷을 동시에 제공하는 단말을 넘어서는 다른 편익을 이용자에게 제공하는 매체로서 자리매김하는 것이다. TV라는 단말기가 실시간 방송을 제공하는 것을 넘어 인터넷을 포함한 다양한 기능을 이용자에게 제공해 주는 매체로 변신 중이라는 것에는 이론의 여지가 없다. 이 상황에서 스마트TV가 추구하는 '스마트함'을 이용자에게 제공해주지 못한다면 스마트TV가 갖는 개념적 의의는 퇴색될 수밖에 없다.

다른 매체와 경쟁에 직면해 있는 TV는 고화질·고음질의 고품질 서비스를 제공하는 것을 넘어 이용자와 이용자 사이를 이어주는 네트워크 역할도 수행할 수밖에 없는 시대가 되었고, 그러한 방향으로 발전하고 있다. 문제는 현재의 상황에서 어떠한 패러다임이 향후 TV 시장을 이끌어 나갈 것이냐 하는 것이다. 분명한 것은 지금 시장에 출시되어 있는 스마트TV는 판매량을 떠나서 새로운 패러다임을 제시해 줬다고 보기는 어렵다는 것이다. 단말기 측면에만 국한해서 본다면 올 연말에 출시될 예정이라고 알려져 있는 애플TV 출시 이후 기존의 단말기들과의 경쟁을 충분히 거친 후 TV 진화방향의 윤곽이 그려질 수도 있을 것이다.

국내 방송시장의 상황을 고려해 본다면 스마트TV에 대한 논의 이전에 기존 시장의 정상화가 필요한 시점이라고 여겨진다. 한정된 콘텐츠를 여러 플랫폼에서 반복적으로 활용하고 있고, 콘텐츠에 대한 투자가 빈약한 상황에서 스마트TV 단말기의 판매량이 늘어나고 서비스가 활성화된다면 그에 부작용이 상당할 것이기 때문이다. 스마트TV 활성화 이후의 방송시장에서도 가장 중요한 것은 콘텐츠일 수밖에 없다.

가장 중요한 것은 텔레비전을 시청하는 이용자들의 요구에 부응하는 단말기와 서비스만이 시장에서 살아남을 수 있다는 것이다. 여기서 고려되어야 할 부분은 TV라는 매체가 가진 본질적인 속성을 간과해서는 안 된다는 것이다. 예나 지금이나 이용자들이 TV에 기대하는 것은 오락과 휴식이다. 아무리 고성능 기능이 많다 한들 이용자들이 관심을 갖지 않는다면 쓸모가 없고, 쓸모없는 기능이 많다면 해당 단말기 및 서비스는 큰 의미를 갖기 어려울 것이다. 콘텐츠, 플랫폼, 단말기 간 연계가 갈수록 심화되어 가고 있는 상황에서 텔레비전의 미래를 예측하기는 더욱더 어려워졌다. 이러한 상황에서 가장 중요한 것은 이용자의 요구이다. 만약 지금 논의되고 판매되고 있는 스마트TV가 이용자들에게 큰 호응을 얻지 못한다면 텔레비전 혹은 방송과 관련하여 다른 대안적인 패러다임이 필요하게 될 것이다. 결국 텔레비전의 미래는 이용자들이 무엇을 원하는지에 달려 있다고 할 것이다.

　　　　　　　　　　　　✦ 미디어 생태계의 미래

참고문헌

강상현(2006),「디지털 시대의 미디어 기술과 사회 변화」,『현대사회와 매스커뮤니케이션』, 한국언론정보학회, 서울: 한울, pp.108-144.

강재원(2011),「스마트TV 활성화를 위한 법제도 개선」,『TTA Journal』, 135호, pp.68-74.

강홍렬 외(2011),『스마트TV와 미디어 패러다임 변화』, 과천: 정보통신정책연구원.

고정민(2011),『스마트TV 발전방향과 콘텐츠 전략』, 서울: 한국문화관광연구원.

김문구·박종현(2010),「스마트TV 국내외 동향과 발전방향」,『TTA Journal』, 131호, pp.83-88.

김문구·박종현·조영환(2011),「스마트TV의 수용도 및 잠재수용자 분석」,『전자통신동향분석』, 26권 1호, pp.99-108.

김유정(2011),「소셜네트워크 서비스에 대한 이용과 충족 연구: 페이스북 이용을 중심으로」,『미디어, 젠더&문화』, 20호, pp.71-105.

김희경·김재철·오경수(2011).「글로벌 미디어 시대, 스마트TV의 법적 지위와 규제 방향 연구」,『방송과 커뮤니케이션』, 12권 2호, pp.79-116.

문철수·최민재(2010),「스마트TV 등장이 국내 방송 환경에 미치는 영향에 관한 탐색적 연구」,『방송통신연구』, 73호, pp.147-170.

박민성(2011),「OTT 서비스 사업 진화 방향과 계층별 주요 쟁점」,『방송통신정책』, 23권 15호, pp.1-30.

박성철(2011),「스마트TV 서비스의 이용 동기와 수용에 관한 탐색적 논의」,『전바방송통신저널』, 39호, pp.2-11.

방송통신위원회(2011),『2011년 방송매체 이용행태 조사』, 서울: 방송통신위원회.

백영미(2010),『스마트TV 시장의 현황 및 향후 전망』, 서울: 한국콘텐츠진흥원.

손영준·김옥태(2011),「스마트폰 이용자의 이용경험, 구입동기가 스마트폰 유용성, 용이성 인식에 미치는 영향에 관한 연구」,『한국언론학보』, 55권 5호, pp.286-311.

송민정·이화진·최명호(2010), 「스마트TV 서비스 혁신에 따른 시장 전망: 파괴적
　　　혁신(Disruptive Innovation) 이론을 근간으로」, 『정보와 통신』, 27권 1호, pp.35-43.

이유택(2011), 『ICT의 사회적 영향 분석을 위한 개념적 프레임워크』, 서울: 한국정보
　　　화진흥원.

유선실(2012), 「소셜TV의 등장과 해외 서비스 현황」, 『방송통신정책』, 24권 2호,
　　　pp.24-31.

이완수(2011), 「매체 융합시대 저널리즘의 변동성 연구: 마샬 맥루한의 '미디어 이해'
　　　에 대한 새로운 이해」, 『커뮤니케이션 이론』, 7권 2호, pp.144-175.

이영주·정수영(2010), 「텔레비전 너머의 텔레비전: 3D 텔레비전 담론과 정책에 대
　　　한 비판적 성찰」, 『방송통신연구』, 71호, pp.99-132.

이재현(2006), 「모바일 미디어와 모바일 콘텐츠: 멀티플랫포밍 이론의 구성과 적용」,
　　　『방송문화연구』, 18권 2호, pp.285-317.

정두남(2010), 『스마트TV의 등장에 따른 미디어산업 구조변화에 관한 연구』, 서울:
　　　한국방송광고공사.

정두남·최성진(2011), 「스마트TV의 기술과 방송정책」, 『방송통신연구』, 77호, pp.77-103.

조경섭·이현우·류원(2011), 「스마트TV 서비스 동향분석 및 전망」, 『전자통신동향
　　　분석』, 26권 4호, pp.1-13

조영신(2010), 「스마트TV 시장 및 정책 전망: 온라인 방송 서비스 시장을 중심으로」,
　　　『전파방송통신저널』, 30호, pp.20-41.

조영신(2011), 「스마트TV를 둘러싼 경쟁 지형과 정책 방안: 미국과 한국의 OTT 사업
　　　자들을 중심으로」, 『한국방송학보』, 25권 5호, pp.233-266.

황준호(2010), 「스마트TV가 방송시장에 미치는 영향」, 『KISDI Premium Report』, 10
　　　권 3호, pp.1-11.

Bolter, J., & R. Grusin(1999), *Remediation: Understanding New Media*. Cambridge. MA: The MIT Press.

Digital TV Research(2010), *A Fifth of TV Sets Connected to the Internet by 2016*.

European Commission(2010), *Europe 2020: A European strategy for smart, sustainable and inclusive growth*.

IDATE(2011a), *Future TV: 2020*.

IDATE(2011b), *Hybrid TV Prospects: Impacts of Connected TV*.

ITU(2011), *Measuring the Information Society*.

McLuhan, M.(1964), Understanding Media: The Extensions of Man. 김성기 · 이한우 역(2002), 『미디어의 이해』, 서울: 민음사.

Manovich, L.(2001). *The Language of New Media*. 서정신 역(2004), 『뉴미디어의 언어』, 서울: 생각의 나무.

Nielsen(2012), *The Cross-Platform Report*.

OECD(1996), *The Knowledge-Based Economy*. Paris: OECD.

Ofcom(2011), *International Communications Market Report 2011*. London: Ofcom.

PWC(2011), *Global Entertainment and Media Outlook 2011-2015*.

SNL Kagan(2011a), *SNL Kagan Report: Over-the-Top Substitution Forecast to Erode Multichannel Subs*.

SNL Kagan(2011b), *U. S. Multichannel Subscriber Update and Geographic Analysis*.

Williams, R.(1974), *Television: Technology and Cultural Form*. 박효숙 역(1996), 『텔레비전론』, 서울: 현대미학사.

스마트TV가
가져올 미디어
생태계의 변화

박승권 | 한양대학교 융합전자공학부 교수

1. 서론

지난 20년간은 인류역사를 통틀어 가장 찬란한 정보통신혁명의 시대라고 말 할 수 있을 것이다. 인터넷과 이동통신의 발전은 참으로 눈부시다. 1993년 필자가 미국에서 국내로 영구 귀국했을 당시 email을 대학 교수를 비롯한 일부 전문가들만이 사용하고 있었다. 사회 전반적으로 막 확산되기 시작하는 수준이었다. 그러다가 갑자기 World Wide Web이라는 것이 출현했는데, 완전한 총천연색의 사진으로 해외의 유명기관 정보를 매우 낮은 비용으로 실시간으로 받을 수 있었던 것은 상당히 충격적이었다. 속도가 지금 생각해 보면 답답할 정도로 늦은 것이었지만, 인터넷이 향후 이 세상을 변경할 수 있을 것이라고 의심하지 않았다. 당시의 충격은 최근 스마트폰이 이 세상에 충격을 준 그러한 수준이었다고 생각한다. 당시 일반인들은 천리안이나 유니텔을 보편적으로 사용하고 있었고, 전화모뎀으로 접속하여 문자 위주의 정보교환을 하고 있었던 것이다. 이제 인터넷은 네이버나, 구글, 안철수연구소, 페이스북을 비롯하여 수조 원에서 수백조 원에 달하는 인터넷 기업체를 탄생시켰고 일반인들의 보편적 삶에 엄청난 영향을 주고 있다.

이동통신사업도 1990년도 초반에 출현하기 시작하여 이제 초·중·고생들을 비롯하여 할머니, 할아버지까지 휴대전화를 사용하지 않는 사람이 없을 정도가 되었다. 이렇게 정보통신혁명은 지난 20년간 정치와 경제를 비롯하여 우리들의 일상생활을 도저히 돌이킬 수 없을 정도로 바꿔놓았다. 이제 이러한 정보통신혁명은 또한 융합시대를 맞이하여, 다른 산업영역으로 그 분야를 확장 혹은 융합시키고 있다. 정보통신과 자동차, 정보통신과 조선, 그리고 정보통신과 미디어 분야 등의 통합은 새로운 형태의 산업을 창출시킬 뿐만 아니라 관련 산업의 생태계까지 변경시키고 있다. 예를 들자면 자동차는 지금의 Navigator의 활용뿐만 아니라 전기자동차로 발전하고 있고 있으며 더욱이 자동차 스스로 목적지까지 안전하게 찾아가는 "Smart Car"까지도 현재 개발되고 있는 것이다. 이러한 새로운 형태의 자동차가 출현했을 때, '달라질 우리네 삶은 어떻게 변할까? 그리고 누가 이러한 신산업을 주도할 것인가?' 등을 생각해 본다면 긴장되지 않을 수 없다.

이제 정보통신의 혁명은 미디어 산업에도 영향을 주기 시작했다. 이제까지 흑백 TV, 컬러TV, 디지털TV, 3DTV 등의 순으로 주로 화질을 개선하는 방향으로 발전해 왔지만, 최근 스마트TV의 출현은 화질의 개선보다는 오히려 TV의 콘텐츠 제공방법을 변경하는 것이라서 이제까지 한 번도 시도해 보지 않은 새로운 방향으로 TV가 발전하는 것이라 조심스럽게 살펴볼 필요가 있는 것이다. 콘텐츠의 제공은 반드시 어떤 형태의 네트워크를 거쳐야 하는데, 국내 방송사업은 그 네트워크의 특성에 따라, 지상파방송, 케이블방송, 위성방송으로 분류되는 만큼, 새로운 형태의 콘텐츠 제공방법의 출현은 단순한 화질 개선에서 끝나는 것이 아니라 방송사업 전체 구도에 영향을 줄 수 있는 것이다. 최근 "다음TV"라는 것을 다음커뮤니케이션이 출시한다고 발표했다. 인터넷과 연결된 셋톱박스(STB)를 통하여 지상파와 일부 VOD(Video on Demand) 콘텐츠를 무료로 제공하겠다고 한다. 이러한 새로운 서비스에서 콘텐츠 제공방법이 인터넷으로 변경되는 것이라고 할 수 있다. 이러한 서비스가 만약에 보편화된다고 가정한다면 그야말로 기존의 방송사업자 체계가 완전히 뒤죽박죽이 되어 버릴 것이다. 그것이 나쁘다는 것은 아니고, 이러한 변화에 산업계와 정부, 그리고 학계가 다 조심스럽게 살펴봐야 하고 준비를 해야 한다는 것이다.

이 글은 이러한 스마트TV의 변화가 어떻게 하여 발생했는지, 앞으로의 주로 일어날 미래 변화는 무엇이 될 것인지, 그리고 이러한 변화를 우리가 현명하게 수용하기 위하여 무엇을 해야 하는지 등을 논의하였다. 이 논문은 21세기 방송통신연구소 20주년을 기념하기 위한 논문집에 포함되기 위하여 작성된 것이며, 이 논문의 형식은 엄격한 학술적 논문의 형식을 갖추어야 하겠지만, 기념 논문집이 특정형식을 요구하지 않아서, 일종의 담론 혹은 신문기사 형식을 갖추었다. 따라서 독자들은 필자가 논거를 제시하기 위한 참조문헌이나 각주를 제시하지 않았음을 양해해 주기를 바란다.

2. 스마트TV 도입 이전의 국내 미디어 변화

지난 50년간의 미디어의 기술적 변화를 반추해 본다면, 1960년대 국내에 흑백TV가 도입이 되었고, 1980년대부터 컬러TV가 보급되기 시작하였다. 1995년 국내에 종합유선방송서비스가 시작되었고 그 이후 미디어 기술상에 큰 변화가 없다가 2000년대부터 국내에서 위성방송이 제공되기 시작했다. 위성방송은 출발할 때부터 디지털 형태로 시작된 것이 특이할 만한 사항이다. 당시에 디지털방송이 시기상조라는 상당한 논란이 있었지만, 지금 와서 생각해 보면 디지털방송 전환으로 인하여 셋톱박스 등의 교체가 필요 없어, 그 당시 잘 선택한 것으로 보인다. 2001년부터 또한 디지털 지상파방송이 제공되기 시작했고, 2005년 디지털 케이블방송이 개시되었다. 그리고 올해 2012년 12월 31일부로 국내 아날로그 지상파방송이 완전히 중지될 예정이다.

2005년 5월 SKT의 자회사 TU미디어에 의해 위성DMB(Digital Media

Broadcasting) 방송이 시작되었고 2005년 12월 지상파DMB 방송이 시작되었다. 위성DMB는 일본의 MBCo(Mobile Broadcasting Company)에 의하여 수개월 먼저 시작되었지만, 국내 위성DMB는 거의 세계 최초 수준이고, 지상파DMB도 지상파 이동방송으로는 세계 최초 수준이었다. 그러나 국내 위성DMB는 현재 상당히 어려운 상황에 처해 있다. 위성 DMB는 MBC를 제외한 지상파 방송채널을 전달하지 못하였지만 거의 같은 시기에 모든 지상파방송채널을 포함하여 무료로 제공된 지상파DMB와의 경쟁으로 고전을 면치 못했다. 설상가상으로 Apple사의 iPhone의 도입으로 촉발된 국내 스마트폰의 폭발적 도입 시기에 위성DMB를 수신할 수 있는 스마트폰의 생산 부재로, 관련사업 존폐를 논할 정도로 매우 어려운 상황으로 알려져 있다. 이는 스마트폰 시장 점유율이 높아져감에 따라 더욱 악화되고 있는 것이다. 더욱이 최근에는 스마트폰의 무선인터넷을 통하여 모든 지상파 콘텐츠 수신이 가능해졌고 그 밖에 게임 및 인터넷 등의 다양한 Application의 출시로 인하여, 지상파DMB 시청률마저 절반 수준으로 떨어졌다고 한다. 이러한 전대미문의 스마트폰 혁명으로 지상파DMB 사업마저도 상당한 위기에 처해져 있는 것으로 알려져 있다.

2006년 8월 하나로 텔레콤이 하나TV를 출시했다. 하나TV는 일반 인터넷망으로 동영상 콘텐츠를 VOD 형태로 받아서 TV를 통하여 콘텐츠를 시청할 수 있게 하는 것이다. 이 또한 상당히 혁신적이었으며, 당시 사용자로부터 상당한 각광을 받았다. 서비스 제공 1년 이내 하나TV 가입자 수가 100만을 돌파하는 저력을 보였다. 2008년 11월부터 통신 3사, 즉, KT, SK브로드밴드 그리고 LGU+가 실시간 IPTV 방송을 시작했다. 이들 통신사업자의 IPTV 사업 진출은 오래된 숙원사업이었고, 방송통신위원회가 만들어지게 된 동기도 IPTV 사업의 출범을 위해서라고 해도 크게 틀린 말이 아닐 것이다.

2011년 1월에는 미국 라스베이거스에서 스마트TV라는 명칭을 걸고, 삼성전자와 LG전자 등 국내 TV제조업체가 새로운 형태의 TV를 최초로 소개했다. 스마트TV라는 용어는 그러므로 한국이 가장 먼저 사용한 것이고, 당시에 미국 등의 선진국에서는 Internet TV 및 Widget TV와 Apple TV 혹은 Google TV 등의 용어를 사용했지만, 구체적으로 스마트TV라는 용어를 사용하지 않았다. 국내에서도 국내 지상파방송사업자가 2011년 OHTV(Open Hybrid TV)라는 표준을 TTA(한국정보통신기술협회)에 등록하였다. 기존 지상파방송망을 통한 실시간방송 서비스 이외에도 VOD 서비스와 같은 양방향 서비스 등을 별도의 인터넷을 통하여 제공할 수 있다. 기존의 지상파방송사업자의 기본적 정의가 무선망을 사용하는 것에 기반을 두고 있어 왔는데, 이들 사업자가 유선 인터넷을 방송망 이외에 추가로 사용하겠다는 의지를 반영한 것이라 눈여겨볼 만하다.

구분	IPTV	스마트TV	OHTV
서비스 주체	유료방송사	콘텐츠 및 TV제조사	지상파방송사
서비스 이용망	IP망	방송 RF망+IP망	방송 RF망+IP망
특징	일체형TV 외장형 셋톱박스	TV+웹+셋톱박스 홈네트워크 구성 가능	IP VOD RF망을 통한 푸시 VOD, 개선된 EPG

표 1_ IPTV, 스마트TV 그리고 OHTV의 개념적 차이점 분석

이 논문은 국내외의 스마트TV가 도입되고 있는 역사적 기술적 배경을 설명하고, 향후 스마트TV가 야기할 미디어환경 및 관련 산업변화를 예측해 보았고 이러한 변화에 관련 사업자가 준비하기 위한 사항도 제시하였다. 또한 새로운 인터넷 미디어 환경에 대한 미래 규제에 관한 사항도 제시하였다.

3. 스마트TV 도입까지의 국외 미디어 변화

최근 10여 년간은 국내에서 디지털 미디어 분야에서 전술한 바와 같이 많은 변화

✚ 미디어 생태계의 미래

를 겪었지만, 해외에서도 이와 못지않은 규모의 변화를 겪고 있다. 1997년 TiVo의 도입으로 TV방송을 최초로 디지털 형태로 녹화하는 장치가 출시되었다. 미국의 경우, 1990년도 중반부터 이미 디지털방송이 케이블과 위성을 필두로 보급되기 시작되었고, 지상파가 2009년 6월 12일로 아날로그 방송을 완전히 중단되었다.

1998년 Netflix가 DVD 임대사업을 시작했는데, 경쟁사인 Block Buster와는 달리, Web을 통하여 미국 전역으로부터 DVD 임대 신청을 받아서 우편으로 전달하는 일종의 "Mail Order" DVD 임대 사업이었다. Netflix의 사업은 이후 급성장하여 2008년까지 배달한 DVD를 쌓아 올리면 에베레스트 산보다 더 높다고 할 정도였다. 2005년 2월 YouTube 서비스가 시작되었고 시작한 지 얼마 안 되어 하루에 1억 Clip의 Video가 시청이 될 정도로 성장을 해왔다. 2005년 6월 Sling Box라는 제품이 출시되었다. 본인이 거주하고 있는 집에 Sling Box를 설치해 두면, 인터넷을 통하여 전 세계에서 본인이 거주하는 동네에서 방송되는 TV방송채널을 시청할 수 있게 하는 장치이다. Sling Box 또한 언론의 주목을 많이 받았고, 방송의 지역성 혹은 권역을 부숴 버릴 수가 있다는 우려도 나왔지만, 인터넷이 발달함에 따라, 오히려 Sling Box가 그렇게 급성장하지 못하는 기현상이 나타나고 있다. 2005년 10월 Steve Jobs가 Apple에 복귀하여 iPod라는 MP3 Player를 출시하여 전 세계 MP3 Player 시장을 석권하는 파란을 일으키기도 했다. iPod는 기존 MP3 Player 제품에 비해 탁월한 디자인과 User Interface 등으로 기존의 MP3 Player와 크게 차별화된 것이다. iPod의 성공으로 이와 연계하여 iTunes라는 서비스를 출시하면서 음원의 유통과정마저도 혁신하는 계기를 마련하였다. 또한 향후 iPod는 음원 재생에서 비디오 재생까지 그 기능을 확장하였다. iTunes는 iPod Touch 출시의 근원이 되었다. iPod Touch는 무선인터넷을 통하여 불특정 Web Site에 사용자가 접속하도록 했고, 모바일기기 화면의 크기 제한으로 인한 불편함을 극복하기 위하여 사용자가 원하는 대로 두 손가락을 이용하여 쉽게 확대 및 축소하는 기능을 추가하였다. 이뿐만 아니라 App Store라는 개념을 최초로 도입하여 iPod Touch에 동작할 수 있는 Application을 누구라도 생성하여 Apple

Store에 판매하고 수익금을 Apple과 나누도록 하였다. 이러한 UI(User Interface) 혹은 UX(User Experience)의 혁신과 App Store의 새로운 개념은 iPod Touch를 단박에 세계적 수준으로 끌어올린 것이다. iPod Touch는 결국 이후 단지 이동통신 기능을 추가하여 iPhone의 출시로 연결되었다. 이 iPhone으로 인하여 Apple이 명실 공히 세계 IT 업계에 엄청난 충격을 주게 된다.

2005년 12월 CNN이 Pipeline을 출시하였는데, Live 방송과 VOD 형태로 Web에서 무료로 CNN을 시청할 수 있게 하였다. 2006년 5월 미국의 ABC가 ABC.com을 출시하면서 ABC가 제공하는 주요 프로그램을 Web에서 무료로 시청하게 하였고 비즈니스모델은 광고로 하였다. 점진적으로 방송 서비스가 Netflix로부터 시작하여 Internet을 통하여 전달되기 시작했고 급기야는 지상파방송마저 Internet으로 방송 서비스를 제공하게 되는 것을 보여 주었다. 2006년 6월 AT&T가 IPTV를 출시하였고, 2008년 12월 가입자 수가 100만을 돌파하였다. 2006년 9월 CBS가 YouTube 채널을 통하여 주요 콘텐츠를 제공하기 시작하였다. 2006년 11월 Google이 YouTube를 16억 5천만 불에 구입하였다. 이로부터 Google이 방송분야에 발을 뻗었다고 말할 수 있을 것이다.

2007년 1월 영국에서 Joost라는 서비스를 출시되었는데, 세계 최초의 방송품질의 인터넷TV 서비스라고 이들은 주장하고 있다. 250개의 채널과 Short Message 서비스와 채널채팅 서비스 등이 포함되었다. Joost 사이트가 한국에서 접속이 되긴 하지만 접속을 막상 해보면 콘텐츠 판매 국가제한이 걸려서 국내 시청자가 콘텐츠를 시청할 수 없음을 알 수 있다. 2007년 2월에는 Netflix가 Video를 온라인으로 제공하기 시작했다. 다시 말해서 이전까지만 해도 비디오 DVD를 우편으로 제공했었지만, 이때부터 인터넷으로 비디오를 직접 전달하게 된 것이다. 인터넷으로 전달된 비디오는 당시 PC를 통하여 시청하게 하는 것이었다. 물론 PC가 TV보다 화면도 작고 오디오도 변변치 않기 때문에 시장은 크지 않았지만, HD급의 비디오를 직접 인터넷을 통하여 시청자에게 보낸 최초의 의미 있는 비즈니스 모델이라 상당히 큰 의미를 가지고 있다고 할

    ✦ 미디어 생태계의 미래

수 있을 것이다. 2007년 12월 미국에서 FunnyOrDie.com가 출시되었는데, 인터넷을 통하여 코미디 콘텐츠만을 스튜디오급 비디오 수준으로 전달하도록 한 것이다. 국내에서도 이 사이트를 방문하면 많은 수의 콘텐츠를 문제없이 무료로 시청할 수 있다.

2008년 3월 Hulu.com이 출시되었다. Hulu의 대주주는 미국의 3개 지상파방송사 중 하나인 NBC였고, Fox, Warner Brothers, MGM, NBA, NHL, Sundance, Mojo, National Geographic 등의 협력 콘텐츠 제공사들이 연대하여 출시하였다. 과거 40년간 이들이 보유한 다양한 콘텐츠를 제공하였다. 국내 유명 콘텐츠도 많이 포함되었다. 「IRIS」나 「선덕여왕」, 「내 이름은 김삼순」, 「꽃보다 남자」 등이 무료로 제공되고 있고, Premium 서비스로 월 9.99불에 제공하고 있다. 이제 본격적으로 지상파방송사가 가지고 있는 콘텐츠를 인터넷을 통하여 제공하기 시작한 것이다. 2008년에는 또한 Roku라는 장치와 마이크로소프트 Xbos360이 출시되었다. 이 장치들은 인터넷 콘텐츠를 TV와 연결시켜 주는 장치이다. 즉, PC에서 볼 수 있는 화면을 이들 장치를 통하여 TV로 볼 수 있게 해주는 것이다. 이제까지 TV 콘텐츠를 PC로 전달하기 위하여 Internet을 사용하여 오다가, 다시 PC로 시청할 수 있었던 콘텐츠를 TV로 전달할 수 있게 된 것이다. 이러한 장치 덕분에 이제 본격적으로 인터넷을 통하여 TV콘텐츠를 TV로 전달할 수 있게 된 것이다. 전에는 TV 콘텐츠는 케이블, 위성, 지상파, IPTV망을 통하여 독점적으로 전달되어 오다가 이제는 일반 인터넷을 통하여 시청자에게 전달되기 시작한 것이다. 2008년 9월 미국에서 가장 큰 방송통신사업자인 Comcast가 Fancast를 출시한다. Comcast는 미국에서 가장 큰 유선 인터넷 사업자이고, 동시에 가장 큰 케이블방송 사업자이므로 미국의 방송계와 통신계를 아울러 대표하는 사업자이다. 여기서 Fancast는 NBC의 Hulu와 유사한 형태의 인터넷을 통한 콘텐츠 제공사업이다. 현재 Fancast는 Hulu와 더불어 미국의 대표적인 OTT(Over The Top)사업이다. OTT라는 명칭은 인터넷 망사업자가 인터넷 콘텐츠 제공사업자를 통칭하여 이름 지은 것이고, 인터넷망 구축에 아무런 경제적 기여를 하지 않은 이들 업체들이 대용량 콘텐츠를 인터넷을 통하여 전달하여 이익을 창출하는 반면 망구축 사업자들에게 막대한 트래픽 부담을 주기만 하고 아무런 이익 창출에 기여하지 못한다고 하여 꼬집어 칭하는 것이다. OTT의 의미를 생각해 보면, 기차나 차에 무임승차하기 위하여 자동차나 기차의 꼭대기에 올라타는 모습을 그릴 수 있는 것이다.

2009년 1월 LG전자가 CES(Consumer Electronics Show)에서 Netflix로부터 인터넷을 통하여 콘텐츠를 받아 보여 주는 TV를 출시하였다. 이러한 TV를 일반적으로 통칭하여 인터넷TV라고 불렀다. 2009년 당시에 삼성, SONY, Panasonic 등이 이와 유사한 형태의 Widget TV를 출시하였다. 여기서 Widget TV라고 하는 것은 시청자가 TV화면에 떠 있는 Widget을 리모컨으로 선택하여 해당 Website에 접속하게 하여 시청하게 하는 것이다. 그러나 Widget에 없는 사이트 접속은 그렇게 용이하지 않았다. 또한 2009년에는 Comcast가 NBC를 GE와 함께, 300억 불에 인수하였다. 이는 케이블방송사가 지상파방송사를 구입하는 것이므로 한국에서는 도저히 상상하기 어려운 것이었기 때문에 당시 시사하는 바가 매우 컸었다.

2010년이 넘어가면서, 본격적인 스마트TV 전쟁이 벌어지게 되었다. 미국에서는 그때까지도 인터넷TV라는 용어를 사용하였다. 동영상 콘텐츠를 PC로 보는 형태를 Web TV라고 불리고 있어서 인터넷TV라는 것도 새로운 개념일 것이다. 2010년 5월에 Google이 Google TV 개념 공개와 9월에 제품공개, 2010년 9월 Apple사의 Apple TV 공개 등으로 TV 제조업체는 이들 혁신적인 기업의 행보를 긴장하며 살펴볼 수밖에 없었다. 특히 한국은 디지털TV 세계 시장을 석권하고 있었고 스마트폰의 도입으로 이들 제조업체는 한번 크게 흔들려 본 적이 있었기 때문에, 이들 업체의 새로운 개념의 TV로 인해 이미 확보한 TV 세계시장을 송두리째 잃어버리는 것이 아닌가 하는 위기감을 느낄 수밖에 없었다.

이미 전술한 바와 같이, 2008년부터 인터넷을 통한 대용량 동영상 콘텐츠 전달이 점점 늘어나고 이들을 PC가 아닌 일반 TV로 시청하려는 욕구로 인해 인터넷 TV의 출현은 어쩌면 당연한 시대적 산물이라고 볼 수도 있을 것이다. Google과 Apple은 단순한 인터넷 TV 수준에서 그치는 것이 아니라 한 걸음 더 나아가 리모컨의 혁신

 ✦ 미디어 생태계의 미래

에 상당히 주력하였다. 이제까지 수십 년간 사용된 단순한 리모컨을 스마트폰과 같은 모양으로 바꾸고, 쉽게 텍스트를 입력하게 하고 음성입력까지도 할 수 있도록 UI/UX를 발전시키는 데 주력하고 있었던 것이다. 또한 스마트패드를 가지고도 리모컨 기능을 할 수 있도록 하기도 하였다. 여기서 끝나는 것이 아니라 구글은 구글의 강점인 탐색기능을 TV에 넣어서 Web과 YouTube 등에 산재해 있는 콘텐츠를 쉽게 찾아 주게 하였고, Apple TV는 App Store에 있는 엄청난 응용을 쉽게 사용하게 하고 또한 iTunes에 접속하게 하여 이미 확보된 유료 및 무료 콘텐츠를 연동시키도록 하였다. 또한 Apple과 Google은 강력한 OS(Operating System)를 이미 확보하고 있었지만 국내 전자업체는 그때까지 "바다"라는 별로 알려져 있지 않은 OS밖에는 없었기 때문에 국내업체는 당혹할 수밖에 없었다. 특히 YouTube나 iTunes와 같은 독점적 콘텐츠 풀을 가지고 있지 않았기 때문에 더욱더 위기감을 느낄 수밖에 없었다. 2011년 CES(Consumer Electronics Show)에 국내 삼성전자, LG전자, SONY, Panasonic 등이 스마트TV라는 명칭으로 이들 각 업체의 전시장 전체면적의 거의 절반이상을 할애하여 그야말로 대대적인 스마트TV 경쟁에 진입하였다. 특히 3D 기능을 통합하여 세계 TV 시장을 공략하게 된 것이다.

미국의 민간 연구기관인 Conference Board의 고객연구센터와 시장조사기업인 TNS(Taylor Nelson Sofres)가 인터넷TV에 대해 공동 조사한 결과, 가정 내 콘텐츠 시청의 주류로 자리 잡고 있다고 발표하였고 베이징 올림픽이나, 2010년 동계올림픽 등을 인터넷을 통하여 시청하는 시청자 수가 폭발적으로 늘어남에 따라, 인터넷TV 혹은 스마트TV의 수요가 점진적으로 늘어날 것임을 예측할 수 있는 것이다.

4. 최근의 방송환경 변화

VOD 등과 인터넷을 통한 동영상 시청과 IPTV 및 디지털케이블방송의 양방향성으로 인하여 방송시청 행태가 최근에 상당히 변화하고 있음을 느낄 수 있다. 2010년 8월 LG경제연구원의『LG Business Insight』에 발표된 자료에 의하면, 방송서비스 환경 변화는 크게 시청자 자신의 변화와 기기 및 사업자 요인으로 나누어 정리되어 있다. 시청자의 변화는 능동적 시청 태도의 강화와 시간, 장소에 구애받지 않는 5A(Any Time, Anywhere, Any Device, Any Network, Any Service/Content)의 추구, 고사양 기기를 만족시키는 콘텐츠 요구로 정리되어 있고, 기기 및 사업자 요인은 네트워크의 광대역화와 사업자의 방통융합형 서비스 추진으로 정리되어 있다. 이러한 시청자의 변화와 기기 및 사업자의 요인이 통합되어 6가지 경향이 일어나고 있다고 한다. 첫 번째가 3D, 실감, 증강현실 등의 Rich Content 증대, 둘째, App 형태의 콘텐츠가 확산되고 있고, 셋째 N-스크린 서비스의 확대, 네 번째 크로스 플랫폼 기반 서비스의 등장, 다섯 번째 SNS 접목 서비스 본격화 그리고 마지막으로 UCC(User Created Contents)의 재부상이라는 것이다. 2011년 방송통신위원회가 발표한 자료에 의하면, 다음 〈그림 1〉과 같이, 미래 TV의 발전이 전망되고 있다.

그림 1_ 미래 TV의 발전 전망(2011년 방송통신위원회 자료)

〈그림 1〉에서 4K UHDTV는 화소수가 현재의 HDTV의 4배인 800만 화소를 가지며, 8K UHDTV의 화소수가 현재의 HDTV의 16배인 3,200만 화소를 가진다. 현재 HDTV가 일반적으로 52인치 내외이고 이들의 화질이 훌륭하므로, 이것을 4배 혹은 16배로 확대해도 화질이 좋다는 말이 된다. 다시 말해 웬만한 실내 벽 전체를 TV 화면으로 처리해도 일반인이 보기에 화질이 좋다는 것이 되므로, 실내 벽 전체영상을 해변가의 모습으로 전환하여 보여 주거나 숲속으로 바꾸면 그야말로 우리가 마치 해변가에 있거나 숲속에 있는 느낌을 받을 것으로 보인다.

2011년 7월에 발표된 매출대비 국내 방송플랫폼 점유율을 살펴보면 〈그림 2〉와 같다. PP와 종합유선의 매출의 크기가 상당히 커졌음을 알 수 있다.

Netflix에 대한 소개를 이미 하였는데 Netflix의 성장은 최근에 눈부셨다. Netflix뿐만 아니라, 통신망 사업자에겐 눈의 가시인 일반적인 OTT의 성장도 계속적으로 늘어나고 있다. 유료방송플랫폼 중 케이블방송은 2009년을 정점으로 서서히 감소하고 있으며, IPTV와 위성방송은 증가추세에 있다. 2011년 3월 현재 국내 케이블방송 가입자 수는 1,501만이며, IPTV가입자 수는 398만이고 위성방송은 301만이며, 이들을 다 합치면 2,200만 가구가 된다. 여기서 중계유선 가입자는 제외되었다. 케이블의 경우 유료방송 중 유일하게 아날로그 가입자를 아직 보유하고 있으며 1,000만 이상의 가입자가 아날로그 시청자이고 디지털 가입자 수가 360만으로 보고되었다. 이러한 변화는 미국에서도 상당히 유사한 형태로 일어나고 있다. 미국의 경우, 2011년 2사분기 실적에 의하면 케이블가입자수가 6,070만 가입자를 확보하고 있으며, 위성의 경우는 3,200만, IPTV 가입자 수는 800만 수준으로 알려져 있다. 그런데 특이한 사항은 Netflix의 가입자 수가 2,460만 수준이라는 것이다. 그야말로 엄청난 수가 아닐 수 없다.

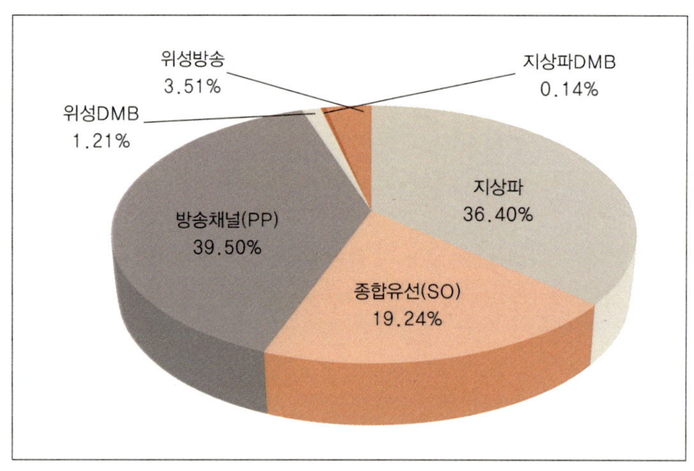

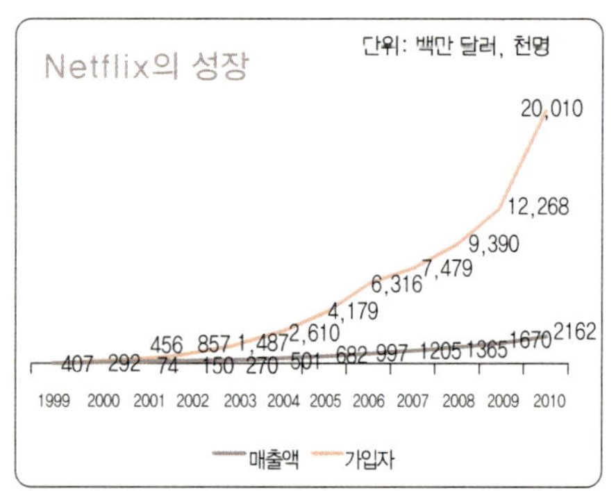

* 출처: Netflix Annual Report

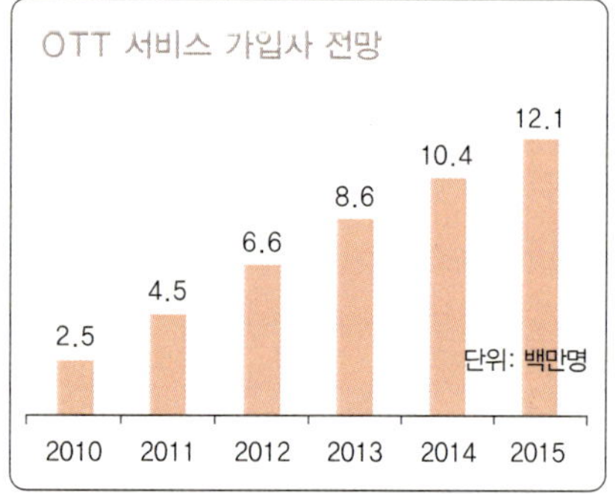

* 출처: SNL Kagan(2011) Over-the-Top Substitution
Forecast to Erode Multichannel Subs

그림 2_ 국내 방송 플랫폼 점유율(방송통신위원회 2011년 자료)

그림 3_ Netflix의 성장현황　　　**그림 4_** OTT 서비스 가입자 전망

　　방송의 디지털화와 양방향화로 인하여 발생한 Killer Application이 뭐냐고 묻는다면 단연코 VOD일 것이다. VOD의 매출은 현재 폭발적으로 일어나고 있다. 케이블 방송의 가입자가 줄어들고 있지만 총매출은 오히려 늘어나고 있다. 이는 VOD 매출이 방송매출 감소를 메워주고 있기 때문이다. 이러한 현상은 전 세계적으로 일어나고 있으며, 국내 케이블VOD 이용현황을 보면 2010년도 총 5억 건을 기록했고, 2011

　　　　　　　　　　　　　　　✛ 미디어 생태계의 미래

년도에도 7억 건을 기록한 것으로 보인다. 미디어미래 연구소 2010년도 보고서에 의하면 케이블 VOD 매출도 2011년 1,700억 원에서 2012년도에는 2,400억 원 정도로 예측되고 있다. IPTV VOD 매출의 경우 2011년도에는 400억 원 정도에서 2012년도에는 500억 원 정도가 될 것으로 예측되었다.

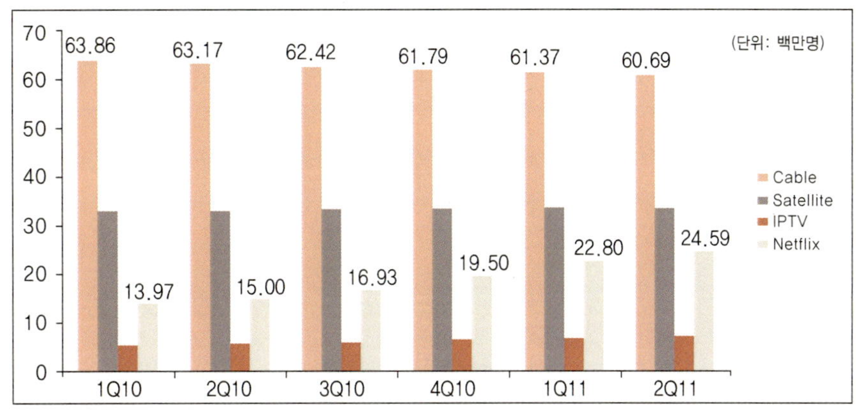

* 출처: IDC, " US Pay TV Service Provider Quarterly Update "
Netflix 홈페이지 참조

☞ 그림 5_ 미국의 유료방송 서비스 가입자 최근 추이

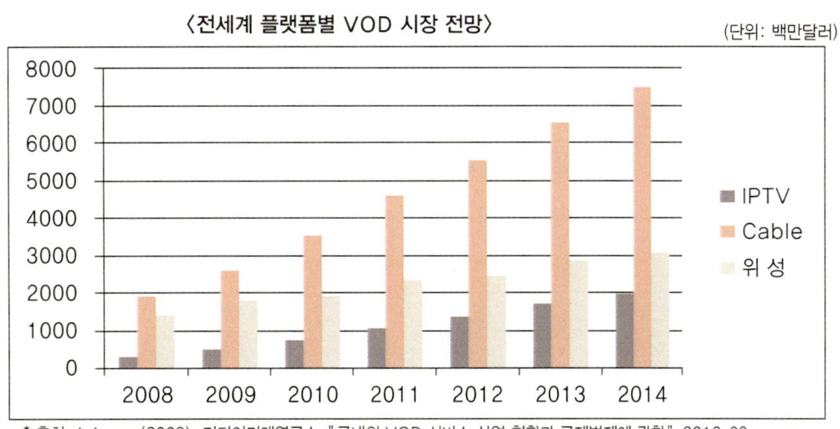

* 출처: Informa(2009), 미디어미래연구소, "국내외 VOD 서비스 산업 현항과 규제법제에 관한", 2010.09.
재인용 및 재구성

☞ 그림 6_ 전 세계 플랫폼별 VOD 시장 현황 및 전망

5. 미래 변화 예측

2011년 8월에 발표한 방송통신위원회의 초광대역망(UBcN) 구축에 대한 전망을 살펴보면, 2015년도까지 총 유선인터넷 가입자의 20%를 기가급 인터넷 가입자로 전환한다고 한다. 무선데이터 서비스도 2015년경에는 가입자당 10Mbps급 서비스를 보편화하겠다는 것이다. LTE(Long Term Evolution) 등이 기지국당 최대 300Mbps급의 전송속도를 자랑하지만, 하나의 LTE 기지국 내 동시 인터넷 사용자 수가 100명일 때, 가입자당 평균 3Mbps가 보장될 것이므로 가입자당 10Mbps는 결코 낮은 속도가 아니다.

서비스망			2009~2012	2011~2013
백본망		유선전화망 IP화	30%	70%('15년 100%)
		이동전화망 IP화	–	15%
가입자망	유선	광대역(50~100M)	1,200만	1,450만
		초광대역(최대 1G)	–	상용서비스('12년), 20만('13년)
	무선	광대역(1~2M)	2,800만	4,600만
		초광대역(평균 10M)	–	상용서비스 및 30만('13년)
방송망		디지털 지상파방송 커버리지	93%	96%
		디지털 케이블TV 홈패스율	93%	96%
센서망		망고도화	공공부문 센서망 연계('12)	

표 2_ 방송통신위원회의 통신망별 예측(2009)

✚ 미디어 생태계의 미래

유선 인터넷 가입자당 속도가 보편적으로 1Gbps급이 되었을 때의 사용자 환경변화를 한번 상상해 보자. HDTV 방송이 보통 10~20Mbps급의 속도를 요구하므로, 이 정도의 속도라면 1Gbps망에서는 HDTV 전달에 문제가 되지 않는다. 물론 이러한 가입자망 속도를 제공하기 위하여 이를 지원하는 전달망이나 가입자망에서 QoS를 완벽히 보장 못하는 어려움이 여전히 남겠지만, 접속 속도가 워낙 빠르다 보면 속도가 낮은 웬만한 서비스의 품질이 거의 보장이 되므로 큰 문제가 없을 것으로 기대된다. 예를 들자면 10Mbps급의 인터넷망으로 음성서비스의 품질이 거의 보장되는 것과 유사한 원리이다. 음성 혹은 유선전화 또한 완벽한 QoS를 제공하기 위해서는 Best Effort망이 아닌 회선교환망을 사용해야 하지만, 현재의 10Mbps급의 인터넷 가입자망이 유선전화가 요구하는 모든 품질을 거의 만족시켜 주므로 일상생활에서 사용상 거의 문제가 없다. 즉, 1Gpbs망이 보편화된다면, SD급 혹은 HD급 실시간 동영상 콘텐츠 전달에 거의 문제가 없어질 것이다. 이 경우, 현재의 지상파나 위성, 그리고 케이블TV나 IPTV의 망의 가치는 현저히 낮아질 수밖에 없어질 것이다. 즉, 이들 기존 방송망을 거치지 않고서도 가정에 동영상 콘텐츠가 너무나 쉽고 편리하게 전달될 수 있기 때문이다. 다시 말해서 지상파나 위성의 무선망을 통한 가정 내 동영상 콘텐츠를 전달할 수 있는 기능상의 독점적 가치가 사라져 버리는 것이다. 이것은 케이블이나 IPTV의 경우도 마찬가지이다. 그러나 지상파방송사업자의 경우는 우수 콘텐츠 제작 가치는 계속하여 살아남을 것이고 케이블의 경우는 케이블망을 통해서 고속인터넷을 전달할 수 있기 때문에 고속인터넷 제공사업자와 콘텐츠 Aggregator로의 가치는 그대로 남을 것이다. IPTV의 경우는 단지 콘텐츠 Aggregator 정도의 가치만으로 살아남을 것이다. 그러므로 1Gbps급의 가입자망은 Platform사업자의 사업구도를 완전히 바꿀 수 있을 만큼 커다란 충격을 줄 것이다. 이것은 마치 인터넷의 속도가 빨라짐으로 인해, IPTV 도입이 가능해졌고, IPTV 도입은 매체 경쟁구조를 최근 완전히 바꾸어 놓을 만큼 큰 충격을 준 것과 다름없을 것이다.

1Gbps급 인터넷 보급은 TV Portal 사업의 출현을 예고하고 있다. TV Portal 사업

은 수많은 콘텐츠나 수백 채널 혹은 수천 채널을 모아서 하나의 인터넷 Portal에 모아 두고, 시청자가 스마트TV로 이 Site에 접속하여, 지금의 TV를 보는 것과 같이 편안하게 리모컨을 통하여 채널을 검색 혹은 선택하여 시청하도록 하는 것이다. 현재 '네이버'나 '다음'과 같은 데이터 Portal에 가면 우리가 찾는 거의 모든 데이터를 찾아볼 수 있는 것과 유사한 개념이라고 생각하면 된다. 데이터 Portal과 TV Portal의 차이는 시청자가 TV Portal에서 동영상 콘텐츠나 실시간 채널과 접속할 수 있다는 것이다. 이미 국내에서는 모든 지상파방송과 다수의 케이블 PP들이 인터넷을 통하여 개별적으로 실시간 방송을 제공하고 있지만 TV Portal에서는 이들 채널들을 한꺼번에 다 시청할 수 있도록 할 것이다. YouTube는 향후 Google TV와 연동하여 TV Portal로 전환될 계획을 가지고 있다고 발표하였다.

향후 TV Portal 사업이 1Gpbs급의 인터넷과 스마트TV의 보편화로 5년 이내 급성장할 수 있는 기반이 마련될 것으로 보이고, 10년 이내 보편적 동영상 콘텐츠 소비 수단으로 자리 잡을 것으로 보인다. 이 경우, 현재의 지상파방송의 계속적 존재 이유에 커다란 도전을 받을 것으로 보이고, 케이블방송이나 위성방송 그리고 IPTV 방송 서비스에도 혁신을 하지 않고서 현재의 모습으로 왕성하게 살아남아 있을 가능성은 매우 희박할 것이라고 생각된다.

2010년 후반기에 미국에서 소위 말하는 "OTT 충격"이라는 사건이 있었다. 2010년 2사분기와 3사분기에, IPTV 가입자는 각각 43만과 48만이 늘어났다. 케이블방송의 경우, 2사분기에 76만 3사분기에 가입자 수가 74만이 줄어들었다. 위성방송의 경우, 2사분기에 10만, 3사분기에 15만 가입자 수가 늘어났다. 즉, 2010년 2사분기와 3사분기 기간 동안 케이블이 잃어버린 150만 가입자 중에서 IPTV와 위성방송으로 흡수된 116만을 빼고 나면, 36만 가입자가 유료방송 시장에서 완전히 사라져 버렸다는 것이다. 이러한 시장 변화를 그럼 어떻게 설명해야 하느냐이다. 미국에서는 사라진 유료방송 가입자는 OTT시장으로 유실되었을 것이라고 추정되고 있다. 최근 미국에서는 OTT 서비스가 급속히 늘어나고 있고 그 가입자 수도 급격히 늘어나고 있다.

Netflix뿐만이 아니라 Ivi TV, FilmOn, Vudu, ARGYLEtv, 그리고 PeerTV 등 급속하게 늘고 있고 이들이 제공하는 채널 수도 각각 수백 채널에 달하고 있다. 이들 OTT는 PC로도 시청이 가능하고 Roku, Xbox360 혹은 스마트TV가 있으면 TV로도 시청이 가능하다. 향후 TV Portal이 생긴다면, 지금의 OTT 서비스와 유사할 것으로 보이나 인터넷과 같은 개방된 망에서도 트래픽 제어기술, 완벽한 수신자 제한(Conditional Access) 및 복제방지기술을 비롯하여 시청자가 소파에 편하게 앉아서 시청할 수 있도록 손쉽게 채널을 찾아 전환하고 본인이 요구하는 콘텐츠를 쉽게 찾도록 하는 다양한 새로운 기술이 필요할 것으로 생각된다.

6. 미래 변화 대응

스마트TV의 보편화로 OTT 및 TV Portal이 점진적으로 활성화된다면, 인터넷을 통한 동영상 콘텐츠 소비는 점진적으로 늘어나게 되어 인터넷 트래픽 폭등의 주범이 될 것으로 보이고, 이를 줄이기 위하여 망사업자들이 다양한 망중립성 및 종량제 이슈를 계속적으로 제기할 것이다. IPTV와 스마트TV를 통한 동영상 시청은 본질적으로 다른 면이 있다. IPTV는 Multicast 기능을 사용하여, 동일채널을 100만 명이 시청한다고 하더라도 백본 혹은 전달망 Traffic이 100만 배 늘어나지 않는다. 하나의 채널이라면 1명이 보나 100만 명이 보나, 동일한 트래픽이 발생할 뿐이다. 그러나 스마트TV의 경우, 동영상 접속을 개별적으로 하는 Unicast 기법을 사용하게 되어 동일한 동영상 콘텐츠를 100만 명이 시청하게 된다면 백본 트래픽이 100만 배 늘어나게 된다. 이것은 망제공사업자가 견디기 어려운 것일 것이다.

인터넷을 통한 영상시청은 또한 기존 일반TV 시청 시간을 축소하게 될 것이다. 이는 바로 TV광고 위축을 초래할 것이다. 이는 연쇄적으로 기존 Platform 사업자의 경영난을 초래할 것이며 이 경영난은 다시 콘텐츠 품질의 열화로 이어지게 되어

다시 한번 TV 시청을 줄이게 하는 악순환을 형성할 것이다. 이는 현재의 유료방송 Platform의 역할이 더 줄어듦을 의미할 것이다. 인터넷을 통한 유료 및 무료 동영상 제공이 늘어남과 동시에, 특수 분야의 시청자를 위하여 특수채널 등이 급속히 늘어날 것이므로, 시청자들의 유료방송 가입 동기가 점진적으로 줄어들 것이다. 즉, IPTV 및 디지털케이블방송의 다양한 양방향성 기능이 스마트TV와 개방형 인터넷TV로 흡수될 것이다. 이러한 시점에서 TV Portal 사업이 출현할 것이다. 지상파 및 다양한 PP 등을 묶어서 PC, 스마트TV, 스마트폰, 스마트패드 등에 동시에 제공할 수 있는 TV Portal 사업이 향후 5년에서 10년 사이에 본격적으로 출현할 것으로 보인다.

미국 유선인터넷 사업자 중 1위, 2위 그리고 3위 사업자가 각각 Comcast, Time Warners 그리고 Cox Communications이라는 사실이 한국에서 잘 인식되고 있지 않는 것 같다. 다시 말해서 이들 모두, 출발이 유료 방송사업자라는 것이다. 특히 Comcast는 미국에서 가장 큰 케이블방송사업자이고 인터넷사업자이면서 미국의 3대 지상파방송사 중의 하나인 NBC를 인수한 공룡기업이다. Comcast만 해도 한국의 모든 통신사업자와 방송사업자의 주가를 다 합친 것보다 주가 총액이 크다. Comcast가 OTT 등의 인터넷미디어에 대한 최근 행보를 살펴보면 재미있는 사실을 발견할 수 있다. Comcast는 최근 Xfinity, Comcast.net, Fancast, Fandago, Swirl, Daily Candy, Plaxo 등 10여 개의 OTT 사업에 진출하고 있다. 특히 NBC를 최근 인수함에 따라, 세계 최대의 OTT 사업자인 Hulu의 대주주가 된 것이다. 동시에 Comast는 N-Screen 사업으로 TV-Everywhere를 구축했다. 또한 Twitter나 Facebook 등의 Social Network Service를 적극적으로 도입하고 있다.

Comcast는 어떤 면에서 유료방송사업자이면서 유료방송사업의 잠재적 최대 경쟁자가 될 수 있는 OTT사업에 발 빠르게 진출하고 있는 것이다. 그러나 극심한 경쟁으로 인하여 OTT사업 자체는 현재 크게 수익성이 없는 사업으로 알려져 있다. 그럼에도 불구하고 Comcast는 이러한 사업 분야에 가장 적극적으로 진출하고 있는 사업자로 보인다. 국내 미디어 사업자들이 눈여겨볼 만한 부분이 아닌가 생각된다.

  ✦ 미디어 생태계의 미래

이미 인터넷이 미디어의 기능을 상당히 가져가고 있다는 사실은 주지의 사실이다. 현재의 방송 관련법은 미디어의 역기능을 줄이면서 순기능을 키우기 위하여 많은 규제 및 진흥에 기여하고 있지만, 최근 인터넷을 통하여 전달된 새로운 형태의 미디어에 대한 규제는 현재 거의 없다. 예를 들어 최근 Podcasting이라고 하는 새로운 형태의 미디어가 출현하고 있고 방송이 아니고 일종의 음원이라고 하여 방송통신심의위원회의 내용규제를 받고 있지 않지만, 국내 수백만이 이를 시청하고 있어서 오히려 기존 방송보다 더 큰 사회적 영향력을 발휘할 수 있으므로 새로운 인터넷미디어에 대한 새로운 규제의 틀 마련이 필요한 것으로 보인다. 향후 발생하게 될 TV Portal 사업자의 허가 및 등록에 관한 규제, 이들 Portal 사업자의 종합편성, 보도, T-Commerce 사업의 허가 및 등록에 관한 규제, 그리고 중간광고 및 간접광고 등에 관한 규제, 역외방송 및 폭력, 명예훼손 그리고 음란물에 대한 내용 규제 등이 새롭게 연구·조사되어야 할 것이다. 특히 서버를 해외에 두어 국내 관련 규제 영역 밖에 있을 때 접속을 제한하는 방안도 고려되어야 할 것이다.

7. 결어

과거 20년간을 정보통신혁명의 시대라고 부른다면, 향후 10년간은 미디어혁명의 시대로 기록될 것으로 보인다. 스마트TV는 단기적으로 TV제조업체 간 경쟁에 커다란 영향을 줄 것이며, 중·장기적으로는 Platform 사업자 전체의 사업 구도를 변경할 가능성이 높아 보인다. 향후 인터넷 전달속도와 인터넷 Open Platform 기술이 발달함에 따라, Contents 사업자와 소비자가 직접 연결될 수도 있을 것으로 보인다. 이제까지는 지상파방송, 케이블방송, 위성방송, IPTV 등의 방송이 각각 고유의 망을 소유했고, 상품구성에서 망이 차지하는 가치 비중이 상당히 컸었지만, 향후 망의 대한 가치가 사라짐에 따라, 이들 사업자가 존재해야 하는 이유가 점점 희박해질 것으로 보인다.

관련된 인터넷 Infrastructure가 충분히 갖춰진다면, TV Portal이 생길 가능성이 매우 높고, TV Portal은 새로운 형태의 Platform 사업자가 될 가능성이 높을 것으로 보인다. 새로운 형태의 Platform 사업을 누가 주도할지는 아무도 모른다. 그것이 현재의 지상파방송사업자일지, 아니면 유료방송사업자가 될지, 아니면 현재의 인터넷 포털 사업자가 될지는 두고 봐야 할 것이다. 그러나 마치 천리안이나 Unitel 혹은 AoL이 Naver나 Google로 교체되었듯이, 현재의 방송 주도체계가 크게 변화할 것으로 보인다. 결국 Platform 사업자는 향후 Portal 사업 출현에 대비한 Contents 확보 및 Alliance를 형성하게 될 것이다. 미국의 Comcast는 NBC를 인수함으로써 Hulu를 인수하게 되었고, Fancast와 같은 OTT 사업도 하고 있어, Comcast는 이러한 미래 포석을 이미 두고 있는 것으로 보인다. OTT의 출현으로 기존 유료방송체계가 흔들릴 것에 대비하여 스스로 OTT 사업에 진출하는 전략을 펼치고 있는 것으로 보인다.

Apple과 Android의 App Store와 유사한 형식을 가지는 또 하나의 콘텐츠 App Store는 스마트TV의 Market 지분과 Platform 사업자의 입장에서 상당히 파괴력이 있는 독점적 형태의 PP로 부각될 가능성이 높다. 또한 콘텐츠 App Store는 특수한 콘텐츠 혹은 Long Tail 콘텐츠의 유통과 생성에 커다란 역할을 할 것으로 보인다. 끝으로 Smart TV 시대가 열리면 현재의 제한된 방송망의 역할이 점진적으로 축소될 것으로 보이고, 인터넷을 통한 Podcast와 같은 새로운 형태의 미디어를 포함한 방송관련 규제 틀에 있어서 커다란 전환이 필요할 것으로 보인다.

✦ 미디어 생태계의 미래

스마트시대의 기술혁신과 동반성장

장석권 | 한양대학교 경영대학 교수

1. 문제 제기

2011년 11월 29일자『디지털 데일리』에 다음과 같은 제목의 기사가 실렸다. "MSO 사장단, 지상파가 합의 번복… 아날로그 중단도 고려." 이 기사는 MSO 사장단이 공동으로 기자회견을 하는 사진으로 시작되는데, 그 밑에는 다음과 같은 기자회견 내용이 담겨 있었다. "구두로 합의한 것도 합의다. 하지만 지상파 측이 합의를 깨고 아무런 답을 주지 않고 있다. 우리 입장에서는 간접 강제금, 법원 판결 때문에 디지털방송을 중단할 수밖에 없는 상황이다."

이 갈등의 주체인 케이블TV사업자, 일명 MSO와 지상파방송사 간의 시장구조를 살펴보면, 4개의 대형 MSO, 즉 CJ헬로비젼, 티브로드, 현대 HCN, 씨엔엠이 케이블TV망을 깔아 가입자를 유치하고, 그 망을 통해 콘텐츠 경쟁력을 가지고 있는 지상파 3사, 즉 SBS, MBC 그리고 KBS의 방송콘텐츠를 재전송하고 있는 구조이다. 지상파 재전송을 둘러싼 MSO와 지상파방송사 간의 갈등은 MSO가 지상파방송을 재전송하여 소비자로부터 케이블TV 가입비라는 수익을 창출하면서 지상파 콘텐츠에 대한 적정수준의 대가, 즉 재전송료를 지급하지 않은 데에서 비롯되었다.

사실 두 사업자 간의 관계만 놓고 보면, 지상파방송사는 경쟁력이 있는 콘텐츠를 제공함으로써 광고수익을 창출하고, MSO는 콘텐츠 전송에 대한 대가로 가입자로부터 케이블TV 수신료를 받는 관계이다. 지상파방송사 입장에서는 콘텐츠 전송을 위한 케이블망이 필요하고, 케이블TV사업자의 입장에서는 소비자에게 전달할 콘텐츠가 필요하다. 각자 가지고 있는 자원을 상생적으로 결합함으로써, 비즈니스 모델의 상충 없이 소비자가 원하는 "지상파 콘텐츠의 전송" 서비스를 제공할 수 있다. 케이블망의 보급률이 높을수록, 지상파 콘텐츠에 노출되는 소비자가 많아지므로, 지상파방송사의 광고수익에도 도움이 되며, 지상파방송 콘텐츠의 품질향상은 케이블TV 가입자의 유치에 도움이 된다.

그렇다면, 외견상 상호 보완구조인 이 양 진영에 왜 이러한 갈등이 일어나는가? 그것은 상호협력적 관계에 의해 각자가 돈을 벌게 되는데, 그 돈에 대해 각자가 협력의 대가를 요구하면서 발생한다. 즉, 한쪽은 주지 않으려 하고, 다른 한쪽은 많이 받으려 하면서 다툼이 일어나는 것이다. 이러한 갈등은 시장성장기에는 잘 표면화되지 않으나, 시장전반에 걸쳐 외형적 성장이 둔화되거나 감소하여 기업 내 수익성 증대의 압력이 높아질 때 자주 나타난다. 이러한 상호협력적 관계가 환경적 영향으로 붕괴되면, 그 시장은 악순환의 굴레에 빠지게 된다. 케이블TV의 지상파 HD 방송중단에 피해를 입은 시청자는 케이블TV의 대체서비스, 예컨대 IPTV를 찾아 떠날 것이고, 이는 케이블TV 사업자의 사업기반을 약화시켜, 결국은 지상파TV의 사업성에도 악영향을 미치게 된다.

이 사례는 상호협력적 관계의 정립에 관한 핵심적 이슈를 던져 주고 있다. 그것은 동반구조의 선택에 관한 전략적 의사결정으로서, 바로 동반관계를 정립할 것인가, 아니면 독자노선을 취할 것인가에 관한 선택이다. 이 전략적 의사결정에 따른 성과는 크게 "성장이냐, 정체냐, 아니면 몰락이냐"로 갈릴 것이다. 그 결과, 동반여부와 시장성과의 조합에 따라 〈표 1〉과 같은 여섯 가지 시장성과가 나타날 수 있다.

　　　　　　　　　　◆ 미디어 생태계의 미래

	성장	정체	몰락
독자	독자성장	독자정체	독자몰락
동반	동반성장	동반정체	동반몰락

📂 **표 1_** 동반여부와 시장성과의 조합

이 여섯 가지 시장성과 중 가장 바람직한 것은 독자성장과 동반성장이다. 정체나 몰락은 불가피한 경우는 있으나, 아무도 원하지 않는 결과이다. 바람직한 결과로서 독자성장이냐 동반성장이냐는 전적으로 사업자의 독자적 선택이다. 그러나 생태계적 관점에서 독자성장은 중장기적으로 질시의 대상이 될 가능성이 높은 반면, 동반성장은 함께 잘 되는 것이므로 누구나 환영하는 성과이다.

결국 생태계 관점에서 동반성장은 최선이다. 그러나 이 동반성장을 구현해 내기 위해서 구체적으로 무엇을 어떻게 해야 하는가에 대해서는 그다지 밝혀진 바가 없다. 따라서 본고에서는 동반성장을 이루어 내기 위한 메커니즘이 무엇인지, 그리고 그 메커니즘은 어떻게 구축해야 하는지에 대해 논의하기로 한다.

2. 전통적인 기술혁신과 동반성장 메커니즘

기술혁신에 이어 벤처가 태동하고 그것이 자본을 늘려가며 성장, 안정적 대기업으로서 안착하기 위해서는 여러 가지 성장단계를 겪어내야 한다. 〈그림 1〉은 이러한 기술벤처가 태동하여 자본을 조달하고, 운영관리단계를 거쳐 독자적 기업으로 성장하여 안정화되기까지의 과정을 보여 주고 있다.

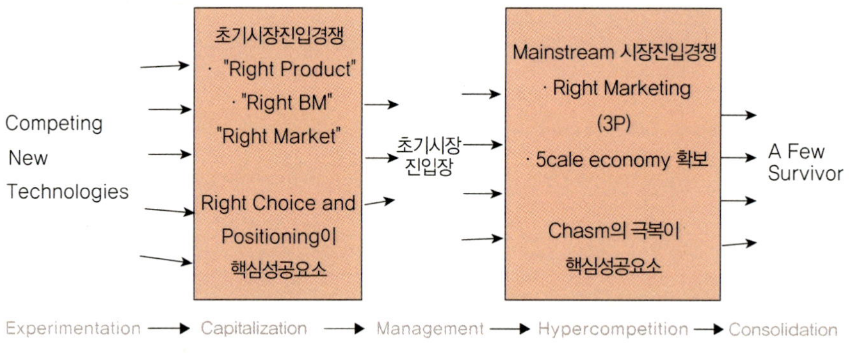

그림 1_ 기술벤처의 태동, 성장, 생존과정

이렇게 기업이 태동하여 성장하는 과정에서 기업은 타 기업과 수직계열 구조하에 부품이나 물품을 팔고 사는 거래관계를 구축하기도 하고, 수평적 관계로서 공동개발이나 공동마케팅과 같은 협력적 제휴관계를 구축하기도 한다. 이 과정에서 기업 간에는 다양한 동반성장의 관계가 발생하는데, 그 메커니즘은 크게 ① 필러컴퍼니, ② 창조적 협력(creative cooperation), ③ 전략적 네트워크(strategic network)로 나누어 살펴볼 수 있다.

1) 필러컴퍼니(Pillar Company)

"벤처가 활성화된 실리콘밸리에서도 벤처기업의 성공률은 높지 않다. 높은 경쟁률의 외부자금조달에 성공한 벤처기업 중에서도 IPO, 즉 기업공개에 성공하는 기업은 10%에 불과하다. 기업공개 전 단계에 있는 이들 벤처기업을 새로운 성공의 길로 이끄는 기업들이 있다. 이른바 '필러(pillar)컴퍼니'이다. 바로 영양가 있고 가치 있는 벤처기업을 삼키는 대기업, 벤처의 싹을 키우고, 벤처기업이 필요로 하는 전문경영인을 배출하며, 벤처기업을 되사기도 하는 이들 기업은 초우량 대기업이면서, 벤처기업의 강력한 후견인이다.

성공적인 벤처생태계의 뒤에는 반드시 '필러컴퍼니(pillar company)'가 함께 있다. UPS, 보잉, 컴팩, 휴렛팩커드, 시스코 시스템스, 마이크로소프트, IBM이 그 대표적인

 ✦ 미디어 생태계의 미래

예이다. '필러컴퍼니'의 수장 격인 시스코 시스템스도 한때는 벤처기업이었다. 인터넷 라우터를 생산하는 이 회사는 벤처기업에 대한 왕성한 식욕으로 유명하다. 공개자료에 의하면, 96, 97년에 각각 7개, 6개이던 연간 인수기업수가 98년에 9개, 99년에 18개로 늘더니, 2000년에는 무려 23개를 기록하였다. 가히 벤처기업의 블랙홀이라 할 만하다.“ (장석권, e-Valley 리포트, 동아일보, 2001.1.7일자에서 재인용)

필러컴퍼니는 학술적 용어는 아니다. 그러나 여기에서 지칭하는 필러컴퍼니는 IPO 전 단계에 있는 기업을 인수하여 내부화함으로써 생태계 관점에서는 벤처기업과 대기업이 상생발전할 수 있는 하나의 모델을 제시하고 있다. 실제로 실리콘 밸리는 필러컴퍼니의 도움으로 선순환의 균형을 이루고 있다. 벤처기업과 필러컴퍼니의 상생구조는 첫째 자본의 유입과 확대, 둘째 인수합병을 통한 시너지 제고, 셋째 생태계의 기술혁신 인센티브 향상 등이다.

2) 창조적 협력(Creative Cooperation)

기술혁신이 거치게 되는 기업화과정은 크게 두 가지로 나누어진다. 하나는 창조적 파괴(creative destruction)로서 혁신기업이 독자적으로 대기업으로 성장하여 기존의 지배기업을 시장에서 퇴출시키는 경우이고, 다른 하나는 창조적 협력(creative cooperation)으로서 혁신기업이 지배기업과 가치사슬을 재구성, 산업생산성을 한 단계 업그레이드시키는 경우이다. Amazon이라는 전자상거래 서점이 등장하여, 전통적 서점인 Barnes & Noble의 시장지배력을 무너뜨린 것이 전자의 대표적 사례라면, 1950년대 이후 제약산업에 Bio-technology 벤처가 나타나 기존의 대형제약업체에 인수되면서 제약산업 전체가 업그레이드된 사례는 후자의 대표적 사례에 해당한다(Rothaermel, F., 2000).

이 창조적 협력과정은 몇 단계의 진행과정을 거치게 되는데, 이를 요약하면 다음과 같다.

· 새로운 기술혁신이 가치사슬상의 상류(upstream) 구조를 전면 개편하면서, 하

류(downstream)의 비기술적 역량 — 예컨대 생산, 마케팅, 유통, 규제대응 등 — 을 향상시켜 보완적 혁신의 기반이 조성된다.

· 그 결과, 진입장벽이 없거나 약한 가치사슬의 상류시장에는 대대적인 기술벤처기업의 시장진입이 일어난다.

· 그러면 상류 벤처기업의 기술역량과 하류 기존기업의 비즈니스 기반 간에 시너지가 인식되면서 "창조적 협력(creative cooperation)" 과정이 시작된다.

· 이는 기존산업 전반의 시장성과를 향상시켜, 기존 기업의 시장지배력이 강화되고, 경쟁력이 있는 상류의 기술벤처기업은 하류 기업에 흡수된다.

앞서 언급한 필러컴퍼니도 크게 보면, 일종의 창조적 협력과정으로 볼 수 있다. 다만 차이가 있다면, 필러컴퍼니는 기술벤처의 태동과 성장 초기, 그리고 인수합병과정과 더 많이 관련되어 있다면, 창조적 협력은 기술벤처가 기존기업에 흡수 통합되면서 내부적으로 구조변환을 꾀하는 인수합병 이후의 과정과 더 많이 관련되어 있다.

3) 전략적 네트워크(Strategic Network)

전략적 네트워크는 Gulati, Nohria and Zaheer(2000)이 제시한 기업성과에 관한 새로운 시각이다. 전통적으로 기업성과에 대한 시각은 기업을 하나의 독립적인 개체로 보고, 기업성과는 ① 기업을 둘러싼 환경의 변화, ② 기업 내부의 자원과 능력에 의해 결정된다고 보았다. 그러나 Gulati, Nohria and Zaheer(2000)의 시각은 기업을 하나의 독립된 개체로 보지 않고, 산업 내 수평적·수직적 관계를 가지고 있는 네트워크로 보고 있다. 이 관점에 의해, 전략적 네트워크는 다음과 같이 정의된다.

"전략적 제휴, 조인트 벤처, 지분소유, 장기공급파트너십(long-term buyer-supplier partnership) 등에 의해 동반자 관계를 형성한 기업들의 집합체."

〈그림 2〉는 전략적 네트워크의 한 예이다. "E-Book Universe"로 명명된 이 전략적

✦ 미디어 생태계의 미래

네트워크는 전자책, 이동통신, 소프트웨어, 콘텐츠 등 여러 산업에 속해 있는 다양한 사업자들이 전략적 네트워크를 구성하는 다양한 관계, 즉 전략적 제휴나 조인트벤처, 지분소유, 장기공급 파트너십 등으로 상호 연결되어 있는 모습을 보여 주고 있다.

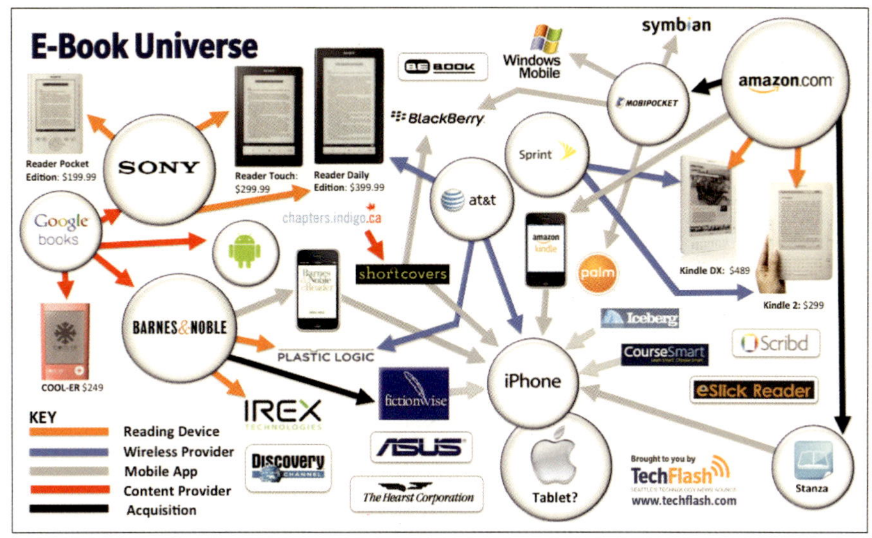

출처: http://www.techflash.com/seattle/2009/09/the_expanding_universe_of_
electronic_books.html

그림 2_ 전략적 네트워크의 예

이러한 전략적 네트워크의 시각에 의하면, 기업의 성과는 자기 자신뿐 아니라, 자신이 속한 전략적 네트워크의 총체적 경쟁력에 의해 결정된다. 그리고 전략적 네트워크의 총체적 경쟁력은 다음 세 가지에 의해 결정된다.

· 네트워크 구조: 멤버 기업들 간의 관계 네트워크

· 네트워크 멤버십: 멤버 기업들의 면면과 규모, 다양성 등

· 네트워크 규범(tie modality): 멤버 기업들 간에 적용되는 제도적 규율이나 행위 규범과 문화(계약, 협정, 약속, 거래방식 등)

이러한 기업성과의 결정구조에 따라 전략적 네트워크에 속한 멤버 기업들 간에는 일종의 상생구조가 형성되는데, 그 메커니즘은 다음과 같다. 첫째, 전략적 네트워크는 멤버 기업들 간 정보교환을 촉진, 비전을 공유하고 소속감을 증진시켜 멤버 기업 간 신뢰문화를 구축하는 데 기여한다. 둘째, 전략적 네트워크는 거래기업 간 정보의 비대칭성을 줄여, 멤버 기업들 간 계약비용이 감소한다. 셋째 전략적 네트워크하에서는 네트워크 일원으로서의 명성 때문에 개별기업의 기회주의적 행동이 감소한다.

이러한 전략적 네트워크 상생구조는 기업의 표면적인 성과를 결정하는 근저의 경쟁력 원천이라는 점에서 잘 보이지는 않으나 매우 중요하게 관리되고 유지, 발전시켜야 할 핵심자산이다.

3. 가치생태계 기반의 기술혁신과 동반성장

1) 스마트 시대의 특징 "가치생태계(Value Ecosystem)"

스마트폰과 스마트패드(pad), 그리고 스마트TV 등 스마트미디어가 보편화되면서, 이들이 만들어 내는 새로운 세상을 우리는 총칭하여 "스마트 시대"라 일컫는다. 그런데 그러한 스마트미디어 시대가 외견상으로는 플랫폼 기반의 기기 또는 서비스 생산으로부터 비롯되었다고 보이나, 그 저변의 핵심 동인은 2000년대 초반부터 개념화되어 온 생태계(ecosystem)적 관점이었다. 유럽은 이미 2005년에 디지털 비즈니스 생태계(DBE: Digital Business Ecosystem)라는 개념을 정립하고, 이를 기반으로 경제성장동력을 구축해 내려는 노력을 시작했다. 〈그림 3〉은 EU가 구상한 디지털 비즈니스 생태계 기반 경제성장 메커니즘이다.

      ✦ 미디어 생태계의 미래

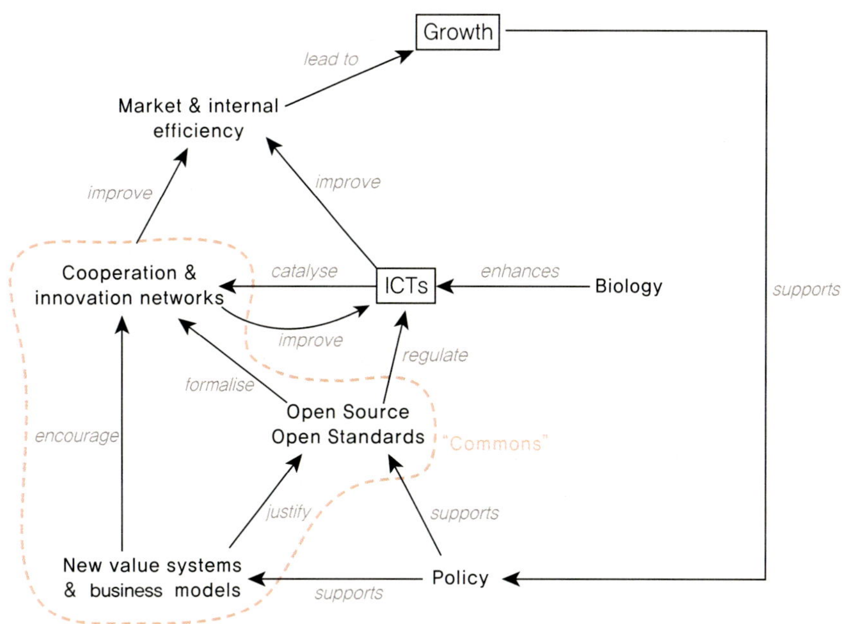

출처: Creative Commons, Digital Ecosystems Research Vision: 2010 and Beyond, July 2005.

그림 3_ EU의 디지털 비즈니스 생태계 기반 경제성장구조

이 디지털 비즈니스 생태계 기반 경제성장구조는 새로운 가치시스템과 비즈니스 모델의 구축을 통해 새로운 가치를 만들어 내는 것을 목표로 하는데, 그 핵심이 되는 두 가지 요소가 'open source, open standards'와 'cooperation & innovation networks'이다. 즉, 개방형 표준에 근거한 오픈소스, 그리고 상호협력에 의한 혁신네트워크 구축이 바로 디지털 비즈니스 생태계의 핵심 성장엔진이라는 것이다.

이러한 생태계 기반의 성장메커니즘은 과거의 산업클러스터나 가치네트워크와 일부 유사한 측면도 있으나, 개념이나 지식창출 메커니즘, 그리고 지배구조에 있어서 서로 다르다. 〈표 2〉는 비즈니스 생태계(business ecosystem)가 클러스터나 가치네트워크와 어떻게 다른지, 그 차이점을 정리한 것이다.

	Cluster	Value Network	Business Ecosystem
지역의 중요성	특정지역에 모여 있어야 함	특정지역에 한정될 수도, Global scope일 수도 있음	지역적 한계를 전적으로 부정하거나 배제함
경쟁과 협력의 역할	클러스터 내의 기업간 경쟁	기본적으로는 상호 협력적 관계로 구성	경쟁메커니즘과 협력메커니즘을 동시에 공유
산업의 개념	산업의 개념이 중요. 산업 클러스터 또는 클러스터	이종산업 간의 연결 네트워크 기업 형태로 구성	산업개념을 전면적으로 부정
지식의 창출과 이전	지식공유는 경쟁관계로 잘 안 되나, 경쟁기업의 동향은 주시	지식동유가 일어나나 주로 운용 관련 정보에 한정됨	상호 연결되어 있고, 운명을 공유하는 관계. 지식공유와 이전이 활발
지배구조	클러스터 내 기업 간 시장거래상의 관계만 존재	시주도적 기업과 부속기업이 존재. 주도적 기업이 통제력을 행사	분권화된 자율통제구조. 단 Keystone이 모범적 지위를 가짐

출처: M. Peltoniemi, "Cluster, Value Network and Business Ecosystem: Knowledge and Innovation Approach", Paper presented at "Organizations, Innovation and Complexity: New Perspectives on the Knowledge Economy" Conference, September 9–10, Manchester, UK, 2004.

📁 **표 2_** 클러스터, 가치네트워크, 비즈니스 생태계의 구조적 비교

본고에서 제시하는 가치생태계(value ecosystem)는 이러한 개념을 한 단계 더 확대시킨 것으로서, 다음과 같이 정의된다.

- 생태계(ecosystem)의 다섯 가지 특징인 복잡성(complexity), 자기조직화(self-organization), 창발(emergence), 공진화(co-evolution), 적응(adaptation)의 특징을 갖는
- 비즈니스 생태계(business ecosystem)이면서 동시에 사회생태계(social ecosystem).
- 공동운명체라는 의식을 가지고, 지식의 공유와 이전을 통해 경쟁과 협력을 동시

   ✚ 미디어 생태계의 미래

에 추구하는

· 자율통제구조의 경제사회집단.

이러한 가치생태계적 관점은 우리가 현재 직면하고 있는 스마트미디어 시장환경
을 이해하고 규정하는 데 매우 중요하다. 왜냐하면, 가치생태계로 정의한 생태계적
특성이 바로 오늘날 우리가 경험하고 있는 스마트미디어 시장의 모습을 그대로 반영
하고 있기 때문이다.

2) 스마트 미디어시장에서의 가치생태계 간 경쟁

"스마트폰으로 촉발된 스마트 혁명은 이제 스마트TV, 스마트 디바이스, 스마트홈,
스마트 오피스 등 방송통신시장을 넘어, 가전시장, 컴퓨팅시장, 공공서비스시장의 전
영역으로 확산되고 있다. 추산에 의하면, 2010년 현재 이들 영역을 포함하는 전 세계
IT시장규모는 개략적으로 4조 5천억 불에 달한다. 이 광활한 시장을 높고, Google,
Apple, Microsoft, Amazon, HP, IBM, Samsung, LG, Sony, Nokia, GMCs(Global
Media Conglomerates), Telcos(Telecom companies) 등 주도적 혁신시업들이 현재
시장주도권을 확보하기 위해 치열한 전투를 치르고 있다." (장석권, 2010)

이 시장을 총칭하여 스마트미디어 시장이라고 보면, 스마트미디어 시장에서의 경
쟁은 가치생태계 간 경쟁의 양상을 보이고 있다. 다시 말하면, C-P-N-T-R(Contents,
Platform, Network, Terminal, Retail)의 가치사슬상 자신이 이미 확보한 경쟁기반을
가지고 어떻게 자신이 가치생태계를 주도해 나가느냐의 경쟁을 하고 있다는 것이다.
〈그림 4〉는 이들 글로벌 사업자들이 가치생태계의 주도권을 놓고 벌이고 있는 경쟁
의 양상을 보여 주고 있다.

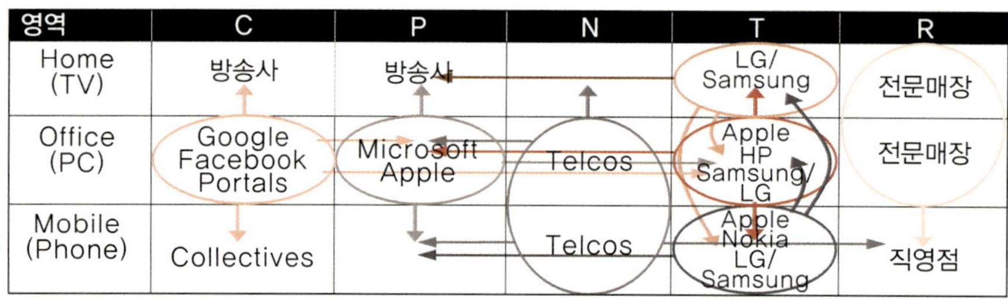

출처: 장석권(2010).

📁 **그림 4_ 스마트미디어 시장에서의 가치생태계 주도권 확보 경쟁양상**

가치생태계의 주도권은 결국 C-P-N-T-R상에서 누가 Platform 경쟁력을 확보하여 주도하느냐에 따라 좌우되는데, Platform 주도권을 누가 잡느냐에 따라 달리 구축되는 가치생태계는 〈그림 5〉에 도식화한 바와 같이 애플제국, 구글공화국, Telco장원제, Retail 중상주의로 명명될 수 있다.

출처: 장석권(2010).

📁 **그림 5_ 플랫폼 주도권에 따라 달리 구축되는 가치생태계 시나리오**

3) 가치생태계의 기술혁신과 동반성장

앞서 살펴본 여러 가지 가치생태계는 비즈니스 모델, 전후방 가치사슬상의 개방성 정도, 그리고 내부화 범위나 협력파트너에 있어서 서로 다르다. 엄격히 말하면, 가치생태계 시나리오별 기술혁신 메커니즘이나 동반성장의 정도에 차이가 있을 수밖에

 ✚ 미디어 생태계의 미래

없다. 그러나 스마트미디어 시장이 급성장하면서 플랫폼기반의 경쟁이 가시화되자, 이들 가치생태계의 기술혁신은 open source, open standards를 근간으로 한 개방적 혁신(open innovation)으로 전환되고 있다. 가치생태계의 성장모델이 동반성장의 모습을 띠기 시작한 것이다.

개방적 혁신하에서는 연구개발에 필요한 아이디어나 기술을 누구나 제공할 수 있고, 누구로부터 조달할 수 있다. Procter & Gamble의 기술혁신전략인 "Connent & Development"는 이러한 개방적 혁신의 대표적 사례이다. P&G의 CEO인 엘런 레프리는 "아예 우리의 목표는 혁신의 50%를 외부에서 가져 오는 것이다"라고 천명하기도 했다.

P&G의 "Connect & Development" 전략은 제품 아이디어와 기술을 외부에서 도입, 창조적 기술개발 원천을 확대하는 것으로서, 내부 연구인력 7,500명의 100배에 이르는 70만 명의 외부 연구인력을 활용하고 있다. 이러한 열린 혁신생태계의 도입을 통해서, P&G의 매출액 대비 R&D 투자비율은 2000년 4.8%에서 2005년 3.4%로 감소했으나, R&D 생산성은 60% 증가했다고 한다(김영배, 2010). 이 P&G 사례는 열린 가치생태계를 통해 개방적 기술혁신을 꾀하면서, 생태계 전반의 동반성장을 추구하고 있는 예를 잘 보여 주고 있다.

이 외에도 가치생태계의 메커니즘을 활용해서 동반성장을 모색하는 사례는 많다. 애플이 iPod를 개발하는 과정에, 플랫폼을 제공한 Portalplayer사는 물론, Philips, IDEO, General Magic, Connectix, WebTV 등 많은 기업과 협업을 추구한 사례는 유명하다. 협업에 의한 병렬개발을 추구한 결과, 애플사는 6개월이라는 초단기간에 iPod를 개발해낼 수 있었다. 그 이후 iTunes를 구축하고 음원소스와의 연결 및 유통을 가능케 함으로써 전체 iPod 가치생태계를 견고히 구축하였고, 이를 기반으로 다양한 음원작곡자, 음원개발자 등을 생태계 구축에 끌어들임으로써 강력한 동반성장 엔진을 만들어 낼 수 있었다.

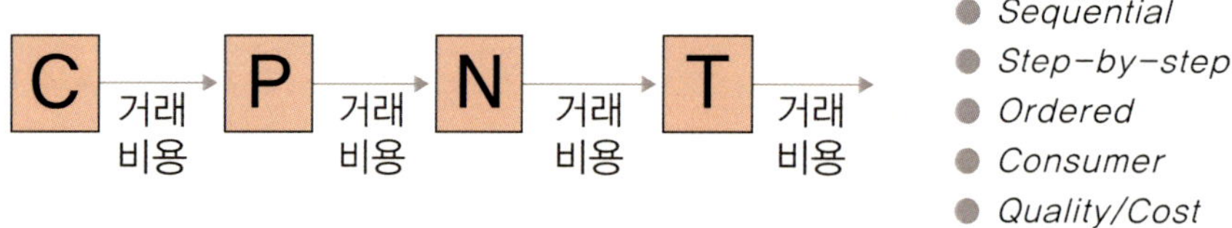

(a) 가치사슬기반 동반성장구조

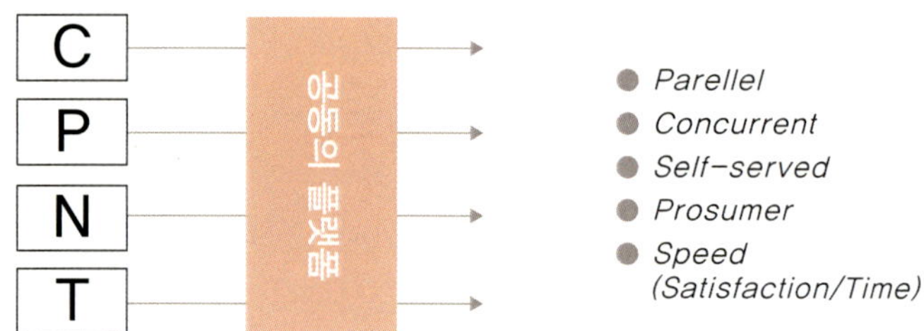

(b) 가치생태계 기반 동반성장구조

그림 6_ 동반성장구조의 비교

　결국 가치생태계의 동반성장 구조는 〈그림 6〉에서 보듯이 전통적인 가치사슬 기반의 동반성장과는 구조적으로 확연히 구별된다. 전통적인 가치사슬기반 동반성장구조가 순차적·단계적 생산과정, 소비자의 주문에 입각하여 비용대비 품질의 향상을 중시하는 구조라면, 가치생태계 기반의 동반성장구조는 병렬적·동시다발적 생산과정, 셀프서비스 개념의 프로슈머(prosumer)를 중시하면서 스피드를 강조, 단위 시간당 만족수준을 최대화하는 구조이다. 물론 이러한 가치생태계기반의 동반성장 구조를 가능케 하기 위해서는 공동의 플랫폼이 원천기술, 부품, 제품, 비즈니스 모델, 시장구조의 전 계위에 걸쳐 구축되고 운용되어야 한다.

　과거의 가치사슬기반 동반성장이 앞사람의 등에 기대어 서로 의존하는 수동적 상생구조라면, 가치생태계기반 동반성장은 공동의 플랫폼을 통해 공통의 목표를 동시다발적으로, 병렬적으로 달성해 가는 능동적 상생구조이다.

✚ 미디어 생태계의 미래

4. 토의

　본고에서는 스마트 시대를 주도하고 있는 스마트미디어 시장을 중심으로 해서, 기술혁신과 동반성장의 메커니즘이 어떻게 변모하고 있는지, 그리고 스마트미디어 시장의 발전에 따라 점차 확대되고 있는 가치생태계 기반의 기술혁신 및 동반성장 메커니즘이 무엇인지를 살펴보았다. 스마트미디어 시장경쟁에서 기술혁신과 동반성장이 왜 가치생태계를 기반으로 해야 하는지, 그리고 그 과정에서 다계층의 플랫폼이 왜 그렇게 중요한 역할을 하는지는 매우 자명하다. 그 핵심은 점차 복잡해져 가는 스마트미디어 시장의 구조를 플랫폼 기반의 개방형 생태계로 재구축하지 않으면, 기업과 기업 간, 기업과 소비자 간, 기업과 규제기관 간 발생하는 막대한 거래비용과 사회적 비용 때문에, 생태계 전반의 비효율을 감당할 수 없고, 하루가 다르게 변하는 소비자의 욕구를 제대로 맞출 수 없기 때문이다. 개방형 기술혁신과 플랫폼 기반의 동반성장은 스마트미디어 시장경쟁에서 이기는 핵심 전략이다.

참고문헌

장석권(2010), 「디지털 삼국통일 시나리오」, 『디지털융합연구원 백서 2010-01』.

김영배(2010), 「혁신을 위한 조직전략」, 세미나 발표자료.

Rothaermel, F.(2000), Technological Discontinuities and the Nature of Competition, Technology Analysis & Strategic Management, Vol.12, No. 2, 149-160.

Gulati, R., et al.(2000), Strategic Networks, Strategic *Management Journal, Vol.* 21, 203-215.

PART 03

통신 생태계의 미래

4G 이동통신 기술의 발전과 미디어 생태계에의 영향
(최형진 성균관대학교 정보통신대학 교수)

차세대 위성–지상 개인휴대통신
(박천일 숙명여자대학교 미디어학부 교수)
(안재경 서울과학기술대학교 글로벌융합산업공학과 교수)
(조남욱 서울과학기술대학교 글로벌융합산업공학과 교수)

4G 이동통신 기술의 발전과 미디어 생태계에의 영향

최형진 | 성균관대학교 정보통신대학 교수

1. 서론

셀룰러 방식 통신으로 시작된 이동통신 혹은 휴대전화 통신은 1세대(1G), 2세대(2G), 3세대(3G)를 거쳐 최근 4세대(4G)로 진화하고 있다. 이동통신은 이미 IT 분야에서 상당한 영향력을 발휘하여 최근 선풍적인 인기를 모으고 있는 스마트폰의 근간을 이루는 기술로서 자리 잡고 있다. 그러나 스마트-모바일 시대가 본격 개화하기 위해서는 아직 통신기술이 더 발전해야 할 필요성이 많으며 따라서 4G의 시작은 모바일 시대를 한 단계 높여 놓는 호재로 인식되고 있다. 4G 기술은 통신기술로서 그 자체만으로도 상당한 기술적 도약을 이루었을 뿐 아니라, 주변 IT사업과 서비스에 가져다 줄 변화가 상당할 것으로 예상된다. 즉, 관련 사업자들은 4G의 변화에 대응하는 분석과 대책을 마련할 필요가 절실하다. 본 연구에서는 4G 기술의 핵심을 간단히 소개하고, 4G 기술이 IT 생태계에 가져올 변화를 다양한 각도에서 분석해 보기로 한다.

2. 4G 통신방식의 개요

4G라고 부르는 통신방식에는 크게 보아 LTE 방식과 WiBro 방식의 2가지가 있다. 둘 다 세계적으로 과거 몇 년간 표준화가 진행되었고, 지금은 표준화가 일단 완성되었으며, 최근 상용화에 돌입하였다. 물론 진정한 4G를 위한 표준화와 연구개발은 아직 진행 중이고 4G의 완성을 위해서는 좀 더 기다려야 한다. 아래에서는 이들 각각의 방식에 대한 상세한 기술적 내역을 먼저 살펴보기로 한다. 우선 세계적으로 상용화에 보다 우세한 LTE 방식부터 살펴본다.

3. LTE 통신방식의 기술적 개요

1) LTE 방식의 개요

LTE는 3GPP에서 4G 기술로 표준화를 진행한 이동통신 기술이다. 2006년 첫선을 보인 LTE는 경쟁 표준기술인 Mobile WiMAX보다 훨씬 늦게 출발했지만, 시장 경쟁에서 우위를 보여 현재는 전 세계 이동통신시장의 주력 표준으로 자리를 잡은 상황이다. 4G LTE 시스템의 통신방식 설계는 이전 방식들(2G, 3G 등)의 특징을 기본적으로 포함하되 새로운 기능을 상당수 내포하고 있으며, 3G 이동통신 기술에 비해 5~10배 이상의 빠른 전송속도 및 효율성과 함께 전송 지연을 최소화한 것이 강점이다. 현재 상용화단계에 있는 LTE 시스템은 Release 8 Version으로 3.5G 또는 3.9G라고도 불린다. LTE Release 8을 4G라 하지 않고 3.5G, 혹은 3.9G라 하는 이유는 ITU(International Telecommunication Union, 국제전기통신연합)에서 2012년 1월 말, 이동통신 4G(IMT-Advanced) 기술의 국제 표준기준으로 이동 시 다운링크 100Mbps/업링크 62.5Mbps, 고정 환경에서 다운링크 1Gbps/업링크 500Mbps의 전송 속도를 최종 확정하였는데 이에 LTE Release 8의 전송속도가 미치지 못하기 때문이다. 2011년 3월에 표준화가 완료되는 LTE Release 10의 경우 4G(IMT-Advanced)의 데이터 전송속도 요구조건을 만족하고 있으며 따라서 엄밀한 의미에서의 4G LTE 시스템은 Release 10 이후의 LTE-Advanced를 의미한다.

아래 〈표 1〉에서는 LTE 시스템의 핵심 파라미터를 나열하고 타 시스템과 간단히 비교하였다[여기서 CDMA라고 함은 2G 기술을 지칭하는 말이다. 또한 HSPA라고 함은 3G 기술을 지칭하는 말로서 3G 중에서 가장 진보한(advanced) 규격이다]. 이 〈표 1〉에 의하면 4G는 기존 2G, 혹은 3G에 대비하여 많은 부분이 개선되었으며 신기술이 추가되었다.

	Mobile WiMAX (Wave 2)	CDMA EV-DO Rev A	HSPA (Rel. 6)	HSPA evolution(Rel.7)	LTE
표준화 단체	IEEE 802.16e	3GPP2	3GPP	3GPP	3GPP
핵심기술	TDD OFDMA MIMO SA	FDD CDMA	FDD WCDMA 16QAM	FDD WCDMA 64QAM MIMO	FDD, TDD OFDMA(DL)/ SC-FDMA(UL) 4x4 MIMO Multicast
시스템 대역폭 [MHz]	5/7/8.75/10	2.5	5	5	1.25/3/5/10/15/20
최대 전송률 (DL/UL) [Mbps]	37.44/ 10.08	3.1/ 1.8	14.4/ 5.76	28/ 11	~100Mbps ~50Mbps
User plane latency	0.3 sec	0.8 sec	50 msec	25 msec	5 msec

* OFDMA: Orthogonal Frequency Division Multiple Access , SC-FDMA: Single Carrier-FDMA

SA: Smart Antenna, TDD: Time Division Duplex, FDD: Frequency Division Duplex

표 1_ 이동통신 규격 비교

✦ 미디어 생태계의 미래

2) LTE 기술의 세부 특성

아래에서는 LTE 특성을 잘 나타낼 수 있는 신기술 및 신기능을 중심으로 핵심 기술을 열거하고 간단한 설명을 덧붙여 본다.

(1) 사용자 전송속도(User throughput)(bps) 개선(MIMO 포함)

다운링크(downlink): Release 6 HSDPA의 3~4배(동일대역 기준)

업링크(uplink): Release 6 HSDPA Enhanced 업링크의 2~3배(동일대역 기준)

(2) 망 용량(System Capacity) 증가

다운링크: OFDM 기반, 최대 데이터 전송률 100 Mbps(20 MHz 대역 기준)

업링크: SC-FDM 기반, 최대 데이터 전송률 50 Mbps(20 MHz 대역 기준)

(3) 응답속도(response time) 개선

이상적인 환경에서 최대 5ms 이내(user plane), 100ms 이내(in control plane, fast connection setup)로 응답속도가 개선되었다. 이러한 점은 사용자가 서비스 응답반응이 빨라진 것으로 느낄 수 있는 개선점이다. 따라서 실시간, 양방향 서비스에 보다 적합한 기능이다.

(4) 이동성 지원(mobility support) 확장

저속 환경에 최적화된 성능을 보인다. 그러나 고속이동환경에도 잘 대응하며, 최대 120~350km/hour 초고속 이동단말의 통신을 지원하도록 개선되었다(3G 대비 개선점).

(5) 시스템 구조의 간략화

간략화된 E-UTRAN 망(network) 구조: no RNC(Radio Network Controller), no

CS(Circuit Switched, 음성 및 SMS 담당) domain, no DCH(Dedicated Channel, 2G, 3G에서 사용되는 핸드오버용 채널) 등으로 요약할 수 있다.

(6) 가변 대역폭(1.25/3/5/10/15/20 MHz) 지원

1.25MHz to 20MHz 사이에서 대역폭을 가변적으로 지원이 가능하다. 이 기술은 적응적 대역폭 사용을 가능하게 하는 매우 유연한 기술로 높이 평가된다. 또한 유럽식 2G GSM 주파수 대역(Frequency bands)에서도 동작이 가능하다. 나아가서는 Bandwidth aggregation과 결합하여 보다 유연하게 주파수 대역을 사용할 수 있는 기술로 평가된다.

(7) Bandwidth aggregation(대역 묶음) 기술

흩어진 주파수 대역을 묶어서 사용할 수 있는 기술이다. 예를 들어 서로 다른 주파수 대역에 각각 A Hz와 B Hz가 존재한다면 이 둘을 묶어서 A+B Hz로 사용할 수 있다. 이 기술 역시 기존 시스템에서는 가능하지 않았다. 이 기술로 인해 주파수 사용의 유연성과 전송속도 향상에 큰 도움이 될 것으로 예상되고 있다.

(8) All-IP 망으로의 전환 및 VoIP(Voice over Internet Protocol) 지원

IP 통신방식은 유선 인터넷 망에서는 이미 사실상의 표준 방식이지만 이동통신망에서는 사용자들이 주로 전화통화를 하는 현실 때문에 Circuit Switching 방식을 중심으로 동작하였다. 그러나 LTE부터는 이동통신망 프로토콜도 IP 통신방식으로 바뀌게 된다. 따라서 4G 시대에는 all-IP 망으로의 전환(migration)이 보다 뚜렷하게 방향을 잡을 것으로 보이고, Packet 기반 전송에 최적화될 것이다. 한편 VoIP 방식 통화가 보다 보편화된 서비스로 등장할 가능성이 높다. 다만 VoIP 통화 방식에서는 통화요금 문제 등 사업자로서 정책적으로 고민해야 할 일이 더 늘어날 것이다(특징: All-IP가 아닌 3G에서는 음성/Data가 망에서 분리되었으나 all-IP인 4G에서는 음성/

 ✦ 미디어 생태계의 미래

Data가 모두 IP data로 통합되어 관리된다).

(9) 다중접속 기술 및 데이터 변조 방식의 개선 및 OFDM의 채용

다운링크: OFDMA/QPSK, 16QAM, and 64QAM

업링크: Single Carrier FDMA(SC-FDMA)/QPSK and 16QAM

이 기술은 주로 통신신호의 변조방식에 대한 다양성을 정의한 부분이며 3G에서부터 사용되기 시작한 기술이지만 4G에서는 보다 다양하고 확장된 형태로 지원이 가능하다. 주로 link 상태(잡음, 간섭, 전력 등)에 따라 변조방식을 적응적으로 순간순간 변화시켜 보다 나은 전송속도와 신호품질을 얻으려는 기술이다. 특히 4G에서는 OFDM(Orthogonal Frequency Division Multiplexing)이라 불리는 새로운 변조방식이 채용된 것이 특징이며 OFDM의 채용으로 전송속도의 개선 및 기타 다양한 신호성능의 개선을 가져올 수 있게 되었다.

(10) MIMO(Multiple Input Multiple Output) 기술의 확장

MIMO 기술은 송신-수신 안테나를 1개 이상 사용하여 송수신기 간 전송속도를 높이는 기술로서 3G에서부터 사용되기 시작한 기술이지만 3G에서는 주로 2×2 기술을 중심으로 했고, LTE에서는 보다 확장된 MIMO 기술(예를 들어 4×4, 8×4, 그리고 최대 8×8까지 가능한)을 지원하게 된다. 즉, MIMO 기술은 4G에서 본격적으로, 그리고 보다 더 실용화될 것이며 결과적으로 시스템 용량을 늘리는 데 크게 기여하게 될 것이다.

(11) AMC(Adaptive modulation and coding) 기술의 확장

링크(link)의 상태에 따라(예를 들어 강우라던가, 장거리, 혹은 이동성 때문에 수신신호가 약화되어 신호의 힘이 미약할 때는 변조레벨을 적응적으로 낮추어 전송속도는 떨어뜨리더라도 신호품질을 안정시킨다) 신호를 적응적으로 조절하는 기술이

다. 이 기술도 3G에서부터 사용되기 시작한 기술이지만 4G에서는 보다 확장된 형태
로 지원이 가능하다.

(12) ARQ(Automatic Repeat Request, RLC 부계층)와 Hybrid-
　　ARQ(MAC 부계층) 지원 확대

링크(link)의 상태에 따라 전송신호를 신호를 MAC(Medium Access) 계층에서 적
응적으로 조절하는 기술이다. 이 기술도 3G에서부터 사용되기 시작한 기술이지만
4G에서는 보다 확장된 형태로 지원이 가능하다.

(13) 전력제어(Power control) 및 링크 적응(Link adaptation)

이동통신에서 송수신기간 거리 및 링크 상태에 따라 전력레벨을 적응적으로 제어
하고 신호를 링크에 맞게 조정하는 기술이다. 이 방식도 2G 및 3G에서 일부 사용되
었으나 LTE에서는 보다 세련된 기술 방식으로 적용될 것이다.

(14) Interference coordination(간섭 조정) 지원

기존 시스템에서는 신호 간 간섭 문제에 관해서 시스템 규격에서 따로 정의하지
않았으나 4G에서는 망 내 신호간섭이 심해짐에 따라 간섭을 보다 정교하게 제어할
필요를 느껴 표준 내용 속에 포함시키기로 하여 제정한 신기술방식이다.

(15) FDD(Frequency Division Duplexing)와 TDD(Time Division
　　Duplexing) 운용을 모두 지원

이 방식은 기존 시스템(2G, 3G)에서는 TDD 혹은 FDD를 선택적으로 지원한 데
비해 보다 더 포괄적이다. 따라서 망의 운용이 보다 더 적응적으로 가능해지고 고급
화될 수 있다. 다만 셀(cell)별로 선택적으로 구현되며 셀 안에서 양자가 동시에 구현
되지는 않는다.

　　　　　　　　　　　◆ 미디어 생태계의 미래

(16) 채널마다 독립적인 Scheduling 지원

이 방식도 기존 시스템에 비해 진일보한 것이나 RB 단위로 다르게 구분된다.

(17) MBMS(Multimedia Broadcast Multicast Service)을 지원하기 위한
단일 주파수 네트워크(SFN: Single Frequency Network)의 운용

이 기술은 셀룰러 망에서 방송이 가능하게 한 것으로 역시 기존 시스템에 비해 한
층 발전된 것이다(기존 방식에서는 망의 용량 문제, 그리고 기술적 한계로 인해 셀룰
러 망에서 방송을 할 수 있는 기능은 존재하지 않았다). 다만 Rel. 8부터 확정될 것으
로 예상된다.

(18) Heterogeneous network(이기종 간 결합망)의 구현

이기종 간 결합망은 망 내에서 서로 이질적인 망 요소들이 결합하여 서비스를 제
공할 수 있다는 개념으로 많이 연구되어 오던 기술이나 LTE에서 보다 구체화되고 있
다. 구체적인 응용은 예를 들어 Femtocell이 대표적이다. Femtocell은 초소형 cell로
서 LTE 망 내에서 특정지역(예를 들어 가입자댁 내) 용량을 늘이기 위한 수단으로 각
광받고 있다. 이 방식도 기존 망에서 일부 사용되었으나 LTE에서 특히 인기가 있으
리라고 기대된다.

(19) Relay(릴레이) 및 CoMP(Coordinated MultiPoint transmission
and reception) 기술

이 기술은 cell 내에서 균일하게 용량을 늘이기 위한 수단으로 대두된 기술로서 기
존 방식에서는 주로 셀 경계에서 전력부족으로 인한 전송용량 저하를 초래하게 되므
로 셀 내에 relay를 추가로 배치하여 이를 상쇄할 수 있는 방식이다. 혹은 CoMP는 여
러 셀에서 특정지점으로 집중하여 동일한 신호를 전송함으로써 간섭을 줄이고, 용량
을 늘이는 방식이다. 이 두 방식은 아직 상용화와 표준화에서 다소 뒤지고 있으나 수

년 내에 완성이 확실시되고 있다. 또한 기존 시스템과 차별화되면서 망 용량을 늘릴 수 있는 신기술로 인정되고 있다. 대체로 LTE Advanced 기술로 편입될 가능성이 높다. 이 기술들은 한편 협력통신(Cooperative Communication)이라는 이름 아래 연구되어 오고 있고 향후 더욱 심화된 연구의 주제가 될 것이다.

3) 요약

결국 4G LTE는 3G에 비해서는 사용자 전송속도와 망 용량, 그리고 망의 구조 및 운용방식 차원에서 전반적으로 한층 높은 개선을 이룬 방식이지만 구체적인 개선의 정도를 수치적으로 정확히 표현하기는 어렵다. 왜냐하면 너무 많은 변수가 개입하기 때문이다. 그러나 기존 3G에 비해 한 차원 높은 통신기술을 구현한 것은 확실하다.

한편 용량의 현격한 개선은 4G LTE를 MBB(Mobile Broadband) 개념으로 인식하도록 만든다. 즉, 원래는 초고속 유선망을 BB(BroadBand, 광대역) 망이라고 불렀는데, 이제 4G로 인해 초고속망의 무선 구간도 이제는 유선망과 전송능력에서 별 다름이 없는 시대를 맞이했다는 선언이다. 말하자면 유무선 구분이 없는 광대역 망의 구현에 더욱 접근한 것이 4G이다.

4. WiBro(Wireless Broadband) 통신방식의 기술적 개요

1) 등장배경 및 개요

WiBro란 휴대 인터넷 서비스 기술로서 IP 기반의 유선 인터넷 망과 무선 가입자 망을 결합하여 언제, 어디서나 이동 중에도 고속으로 무선 인터넷 접속이 가능한 서비스이다. 당시 정보통신부가 적극적으로 추진하여 국내에서 다른 나라보다 빠르게 기술개발과 상용화가 이루어졌다. 엄밀히 얘기하면 WiBro라는 이름도 국내용이

◆ 미디어 생태계의 미래

라고 할 수 있다. 이후 삼성전자와 한국전자통신연구원(ETRI)이 공동으로 기술개발 과정을 거쳐 2006년 6월 국내에서 세계 최초로 서비스를 개시하였다. 공식적으로는 WiBro는 미국 IEEE 802.16e 규격의 무선통신 기술로서 3.5G에 해당하고, WiBro-Advanced, 혹은 WiMAX Evolution이 4G 기술로 규정되고 있다.

WiBro는 CDMA 기반의 휴대전화가 데이터 전송속도에 제한을 받는 것을 극복하기 위해 고안되었으며 직교 주파수분할 다중접속(OFDMA, Orthogonal Frequency Division Multiple Access) 기술 및 셀룰러 기술을 응용하여 이동성과 높은 전송 속도, 그리고 비용 절감 모두를 구현할 수 있다는 점에서 많은 주목을 받았다.

WiBro는 국제 표준규격 IEEE 802.16e를 기반으로 시작되었으며, 국내에서는 WiBro라는 명칭을 사용하지만 북미에서는 Mobile WiMAX로도 불린다. 2007년, 국제전기통신연합 전파총회(ITU-R)에서 IMT-2000으로 통칭되는 3GPP2 그룹의 이동통신의 국제 표준으로 채택되었으며, 현재는 IEEE 802.16m 혹은 Mobile WiMAX Evolution이라는 명칭으로 경쟁 기술인 3GPP의 LTE-Advanced와 함께 IMT-Advanced, 4G 이동통신의 국제 표준으로 채택되어 있다.

2) WiBro의 발전과정 및 시장성

2002년, 미국에서는 IEEE 802.16a 규격과의 호환성을 유지하면서 단말의 이동성을 지원할 수 있는 Mobile Wireless MAN을 위한 표준화 작업을 시작하였으며 바로 이것이 IEEE 802.16e, WiBro의 시작이 되었다. 국내에서는 2004년, 정보통신부에서 휴대인터넷 기술방식을 TDD 방식, 1 frequency reuse factor, 9MHz 이상의 채널 대역폭, 60km/h의 이동성과 상향링크 128kbps, 하향링크 512bps의 최소 전송속도라는 5개의 조건을 만족하는 규격으로 확정하였고 2005년, 최초 사업자로 KT, SK Telecom이 선정되어 세계 최초로 상용화 서비스를 시작하였다.

이후 ITU-R에서 향후 증가될 이동통신 데이터 요구사항을 만족시키기 위하여 고속이동 시 100Mbps, 저속이동 시 1Gbps의 향상된 속도 및 이동성을 지원하는 기술 개발을 목적으로 차세대 이동통신 시스템인 IMT-Advanced 표준화를 진행하였고, 현재 3GPP의 LTE-Advanced와 함께 IEEE의 IEEE 802.16m, 혹은 WiMAX Evolution이 4G 국제표준으로 채택되어 있다. IEEE 802.16m에서는 OFDMA 다중접속기법에 TDD(Time Division Duplex), FDD(Frequency Division Duplex) 방식을 모두 지원하며, MU-MIMO, Multi-hop relay 및 Femtocell 지원 등을 통해 성능을 향상시켜 기존 IEEE 802.16e 표준 기반의 단말 및 기지국 장비와의 상호 호환성을 유지하면서 IMT-Advanced의 시스템 요구사항을 만족시키는 것을 목적으로 한다.

하지만 이러한 성장요인에도 불구하고 전 세계적으로 LTE 진영의 대세론이 대두되고, 미국의 Clearwire와 같은 WiBro 대표적인 선도 사업자들이 WiBro에 대한 개발을 중단하고 LTE로 돌아섰거나 전환 가능성을 보이고 있기 때문에 WiBro 진영으로서는 쉽지 않은 실정이다.

그러나 WiBro, 혹은 WiMAX는 Wireless MAN 기술로서 ITU에서 공식적으로 4G 표준으로 인정받은 주요기술이다. 보다 구체적으로는 WiMAX-Advanced 혹은 Wireless MAN-Advanced 방식이 4G 방식이 될 것이다.

3) WiBro 주요 기술

WiBro 기술은 대체로 LTE와 큰 차이가 없이 비슷하다. 왜냐하면 두 기술이 비슷한 시기에 경쟁적으로 표준화가 진행되었기 때문이다. 여기서는 WiBro 고유의 기술적 특성을 중심으로 간단히 살펴본다.

(1) 다중접속기법

IEEE 802.16m 무선통신 시스템의 상·하향링크에서 다중접속기법은 OFDMA를 사용한다. 또한 시분할 다중화(TDD) 및 주파수 분할 다중화(FDD) 방식 모두를 지원한다. 사용되는 OFDMA 파라미터들은 시스템 대역폭, 다중화 기법 및 CP(Cyclic Prefix) 길이에 따라 상이하다.

✦ 미디어 생태계의 미래

(2) MIMO(Multiple Input and Multiple Output)

① STC(Space Time Coding): 송신 diversity가 발생되도록 동일한 데이터를 코딩하여 수신 SNR 향상시킨다.

② SM(Spatial Multiplexing): 서로 다른 데이터를 복수 개의 안테나로 각각 송신하고 수신 시 복수 개의 데이터 열을 분리 수신하여 동일한 시간/주파수 자원을 안테나 수만큼 재사용 가능하게 한다.

③ UL CSM(Uplink Collaborative SM): 단일 안테나를 갖는 복수 개의 단말을 이용하는 SM 기술로 동일한 시간/주파수 자원을 송신 안테나 수만큼 재사용 가능하게 한다.

④ MU-MIMO(Multi-User MIMO): 각 안테나 자원을 서로 다른 사용자에게 할당하고, 스케줄러가 안테나별로 rate가 큰 사용자를 선택함으로써 시스템 용량 증가를 가져온다.

(3) Femtocell 지원

WiBro Evolution 시스템에서 기지국 수의 증가는 필연적이므로 더 많은 기지국으로 높은 시스템 용량을 달성하기 위해 Femtocell을 지원한다. 가정에 설치되는 저전력/단거리/초소형 기지국을 지원하며, 유선 광대역 망을 통한 백홀에 의해 이동통신 코어에 접속한다.

Pico, Femtocell은 실외의 더 큰 cell의 범위와 겹치도록 설치되어 실내 소형 기지국에서도 높은 전송률과 서비스 연속성을 제공한다. 이러한 기지국에는 Self configuration, Self optimization과 같은 기술이 요구된다.

(4) Multi-hop Relay

Relay 설치를 통해 음영지역이나 셀 경계에 있는 단말의 전송속도를 향상시킬 수 있으며 더욱더 적극적인 무선 자원의 재사용이 가능하다.

5. 차세대 통신기술의 전망

1) 차세대 기술의 개요

4G 기술(LTE, WiBRo) 다음의 통신기술이 무엇이 될 것인지는 아직 분명하지 않다. 5G라고 부르기도 하고, 혹자는 B4G(Beyond 4G)라고 부르기도 하지만, 차세대 통신 부문은 아직 국제적으로 공식적인 표준화가 시작된 것은 없다. 그렇다고 차세대 통신이 필요하지 않은 것은 물론 아니다. 통신기술은 아직 많은 성능개선의 여지를 남기고 있기 때문에 차세대의 연구는 여전히 필요하고 또 다양하게 연구되고 있다. 다만 차세대 통신방식이 3G, 4G처럼 하나의 대형 방식 혹은 독립 표준으로 성립하려면 5~10년 내지 그 이상의 상당한 시간이 필요할 전망이다. B4G가 구체적으로 어떤 형태가 될지는 현재로서는 애매하다. 그만큼 상업적인 고려와 투자와 기술적 발전을 고려한 심각한 고민이 필요하다. 여기서는 단순히 차세대 통신방식의 기술적인 필요사항을 몇 가지만 짚어 본다.

(1) 스펙트럼 효율 향상 및 동적 스펙트럼 공유

주파수 스펙트럼의 부족은 향후 더욱 심각해질 것이다. 따라서 이를 고려한 추가적인 기술개발이 필요하다. 예를 들어 동적인(dynamic) 스펙트럼 공유기술이 필요하며 따라서 antenna를 이용한 nulling, 간섭제거, 간섭회피 기술 등이 요구되며, interference alignment(간섭 정렬), cognitive radio(인지 무선) 기술 등도 본격화될 전망이다.

(2) 이동성을 포함한 네트워크 관리 기술

지능형 핸드오버 등, 보다 다양해지는 사용자 이동성을 고려한 기술개발과 Self organizing Network를 위시한 망의 고도화 기술도 필요하다. Internet 망을 위해서도 IP 통신의 QoS 보장 기술이 우선적으로 개발되어야 한다.

✤ 미디어 생태계의 미래

(3) 차세대 Femtocell 기술

Femtocell 기술은 이미 존재하지만 향후 보다 진일보된 방식과 기술을 요구한다. 특히 간섭제어 기술은 한 단계 더 발전이 필요하다. 또한 Multitier 기술이라고 하여 macro-cell, pico-cell, femto-cell, relay 등 다양한 망요소를 결합한 망 관리 기술이 더욱 필요하다.

(4) 개선된 MIMO 기술

MIMO 기술도 향후 주요 기술로 인정된다. 따라서 network MIMO, Centralized Cloud MIMO, Cooperative MIMO, Link-aware MIMO, Energy-aware MIMO 등 다양한 고도의 MIMO 기술이 더 개발될 것이다.

(5) M2M

Machine to Machine 통신방식으로 현재 기술개발이 이미 활발하며 LTE의 일부로 될 가능성이 많다.

(6) 협력통신(Cooperative Communication)

본 기술에서는 Relay 방식, CoMP 방식 등, 다양한 망 요소들이 협력하여 보다 높은 용량을 달성하는 차세대 통신기술이 보다 심도 있게 연구, 개발될 것이다.

(7) Enhanced QoS 및 QoE(Quality of Experience 체감품질)

망의 문제로서 기존 IP(Internet) 망에서 QoS(Quality of Service)는 계속 해결해야 할 문제로 인식되어 왔고 아직도 그러하다. 더불어 소비자가 주관적으로 판단하는 QoE도 역시 풀어야 할 과제로 대두되고 있다. 특히 4G에서는 이러한 요구가 점증할 것으로 예상되고 있다.

(8) 스마트 기지국(Smart Base Station) 개념

첨단방식의 기지국으로 최근 많이 연구되고 있다. 이 방식에서는 기존 개념과 달리 각 기지국에는 Radio Unit만 존재하며 신호처리를 위한 디지털 Unit은 Cloud Communication Center에 내장된 다수의 신호처리 블록에서 통합 처리된다. 따라서 Cloud 기지국 방식이라고 부르기도 한다. 이 방식은 이미 4G 망에서 상용화되고 있는데, 향후 보다 더 효율적인 방식으로 진화를 거듭할 것이다.

(9) 저전력 IT 및 저전력 망의 구현

IT 시스템이 전력을 상당히 사용하는 것은 이미 잘 알려진 문제이고 향후 IT 망이 발달할수록 이 문제는 더 심각해질 전망이다. 세계적으로 Green Society에 대한 요구가 절실한 현재이므로 향후 저전력 IT/망에 대한 연구가 활발하게 이루어질 것이다. 다만 이 부분은 IT의 다양한 분야에서 이루어질 것이므로 연구의 실체는 매우 복잡하다.

(10) 초고속 전송망 기술

4G는 고정상태에서 1Gbps까지 지원하기로 되어 있지만 향후 이보다 더 빠른 이동통신망(예를 들어 최대 5Gbps)에 대한 연구와 표준화가 이루어질 가능성도 상당히 있다. 다만 이 기술도 주파수 등 환경이 주어져야 가능한 문제이므로 시간을 요할 것이다.

6. 4G 이동통신의 현황 및 미래

1) LTE와 WiBro의 사업전망 비교

WiBro가 먼저 기술개발을 시작했고 기술적으로 LTE에 뒤떨어지는 부분이 없음에

도 불구하고 LTE가 더 시장 점유 전망이 높은 이유는 여러 가지가 있지만 LTE 방식이 2G GSM, 3G W-CDMA 등 기존 유럽방식과 연계되고, 미국 등 선진국, Ericsson 등 세계적인 기업들의 지원에 힘입은 바가 크다. 2G GSM, 3G W-CDMA가 세계시장의 약 70~80%를 차지하는 주도적 방식이라는 점과 LTE가 기술적으로 3G, 4G 망과 호환이 가능하게 설계된 점도 크게 장점으로 작용하였다. 이러한 이유 등으로 현재 LTE의 우위는 앞으로 계속될 것으로 보인다.

망 사업자 입장에서는 WiBRo 망과 LTE 망의 혼합운용의 문제도 있다. WiBRo 망은 LTE 망과 망의 구조와 운용이 상이하므로 공동운영할 경우 추가적인 투자 및 기술적 조치가 필요하고, 따라서 망의 오버헤드가 발생한다.

다른 측면으로 보면 (국내) WiBRo 망은 가입자가 적은 반면 사용 대역폭은 (W-CDMA/LTE 대비 상대적으로) 넓으므로 말하자면 주파수 대역을 효율적으로 사용하지 못하고 있다고 말할 수 있다.

한편 WiBRo는 개발도상국 등 지역에 따른 수요가 있을 것으로 보이고, 한편으로는 군사통신, 재난통신, 데이터전용통신, 스마트그리드 등, 특수망의 용도로 세계 각국에서 사용될 가능성도 상당히 높다. 따라서 WiBRo도 국내에서 기술개발과 관리를 지속적으로 하면 세계시장 점유 성과 및 투자대비 성과는 보장될 수 있으리라고 본다.

2) LTE 가입자 수의 증가 및 전망

지난해(2011년)에 본격적인 LTE 서비스가 미국 등 선진국과 한국 등을 중심으로 시작되었고, 금년은 더욱 그 증가세가 본격화 될 것이다. 즉, 금년은 LTE 서비스 원년에 해당한다고 볼 수 있다.

예를 들어 SK Telecom은 지난해(2011) 7월 초 LTE 서비스를 시작한 이래 약 7개월 만에(2012.1.31) 가입자 100만 명을 돌파하였다. 함께 상용화에 나선 LGU+도 가입자 80만을 넘어섰고, 최근(2012.1) 서비스를 시작한 KT도 가입자를 빠른 속도로 증가시키고 있다. 2012년 1월 말 기준으로 이미 국내 LTE 가입자는 200만을 육박한다. 그만큼 국내 LTE 서비스의 확산이 빠르다. 예를 들어 외국의 경우 국내만큼 성장 속도가 빠르지 않다. 그나마 최근까지 미국의 버라이존과 일본의 NTT DoCoMo가 각각 100만 명 가입자를 초과한 세계 유수의 사업자들이다. 그러나 미국과 일본, 유럽 등도 조만간 국내 수준을 따라올 것이다. 다만 국내 사업자들의 발 빠른 행보는 세계시장에서 국내 업체의 LTE 시장 장악에 도움을 줄 것이므로 긍정적이다.

다만 중국과 기타 지역은 아직 3G 혹은 다른 방식(2G)의 서비스가 활성화 중이므로 LTE로의 급격한 전환은 상업적으로 무리라고 보인다. 즉, 4G 활성화는 지역에 따라 상당한 차이가 있을 것으로 보인다. 결국 세계적으로 보면 4G가 주력방식으로 등장하기에는 향후 10년이 더 걸리지 않을까 예상되고 있다.

3) WiBRo 가입자 현황 및 전망

한편 WiBro 서비스는 국내에서 (구)정보통신부가 주도하여 KT, SKT가 이미 사업자로 선정되었고, 일반인들은 2006년 6월부터 가입이 가능했으나 진흥 정책의 부진으로 가입자 수는 정체 상태를 유지했었다. 그러나 이제 LTE 서비스가 경쟁적으로 제시되고 있으므로 분위기는 다소 좋아졌다고 할 수 있다. 현재 4G WiBro 서비스는 국내에서 KT, SKT가 제공하는데, 2012년 1월 말 현재 합계 가입자 수 82만 명을 기록하고 있고 Data 요금은 LTE보다 저렴하여 매력이 있다. 또한 2011년 3월부터 서울 및 수도권, 5대 광역시에 이어 전국 82개 도시와 경부, 중부, 서해안 등의 7개 주요 고속도로에서 WiBro 전국망을 구축하였다.

최근(2011년 말) WiBro 서비스는 제4이동통신사의 선정과 맞물려 새 방식으로 선택될 상황이었으나 제4이통사업이 일단 좌절되면서 당분간 표류할 예정이다.

세계적으로도 WiBro 서비스는 주로 저개발국들을 중심으로 산발적으로 서비스가 제공되고는 있으나 그 기세는 아무래도 선진국 및 LTE 주요 사업자들의 세력을 따라갈 수 없는 입장이다. 결국 여러 가지 이유로 해외 및 국내에서도 WiBro 서비스는 꾸준히 적당한 규모의 사업을 이어갈 것이나 아직 결정적으로 도약할 준비가 안 되어 있다고 보겠다.

4) 중국의 TD-LTE 방식

몇 년 전부터 중국은 TD(Time Division)-LTE라는 변형된 LTE 방식을 자국 표준으로 제시하고 동시에 국제 표준을 위한 노력을 기울여 왔다. 아직 국제 표준이 되지는 못하였지만 노력은 계속되고 있으며, 한편 TD-LTE를 국내 방식으로 함과 동시에 인도, 일본 등에 압력을 넣어 채택을 종용하고 있다. 그 외에도 세계 수십 개국에서 TD-LTE는 채택이 고려되고 있으며, 향후 어느 정도의 세력이 될지는 지켜봐야겠지만 국내에서도 대비가 필요하다고 본다. 이 방식이 LTE 방식의 변수로 등장하고 있다.

5) 3G와 4G 간 공용서비스 문제

4G가 최근 시작되었지만, 국내적으로 보나 국제적으로나 4G 서비스가 전용으로 사용되기에는 아직 멀었고, 당분간은 3G와 4G 간 공용서비스가 계속될 것이다. 그러자면 기술적으로 상당한 문제가 예상된다. 기본적으로 공용서비스에는 멀티밴드(여러 주파수 대역 동시 사용), 멀티모드(3G, 4G) 대책이 필요하다. 그러자면 우선 RF 기술적으로 상당한 복잡성이 요구되고 통신부품(MODEM)도 복잡한 IC가 필요하여 단말기의 전력소모가 커질 수밖에 없다. 또 망 차원에서도 복잡성이 더해지므로 망 관리의 어려움도 예상되고 있다. 즉, 4G 시대가 왔다고 하여 소비자들이 모두 만족할 수 있는 상황이 못 된다. 향후 이 문제는 시간이 가면서 해결할 수밖에 없는 기술적 어려움으로 작용할 것이다.

7. 4G 이동통신과 연계된 주요 서비스

1) LTE Femtocell의 도입

Femtocell이란 초소형 cell이란 의미로 쓰인다. 초소형 cell에는 몇 가지가 있으나 (micro-, pico-), Femtocell은 그중 가장 작은 크기라고 볼 수 있다. Femtocell은 3G 부터 사용되었으나 4G에서 더욱 활성화될 것으로 보인다. 그 이유는 LTE 방식이 기존 방식보다 전송용량이 훨씬 크고 따라서 소형 cell에서는 셀 내(많지 않은) 사용자당 초고속 서비스를 제공하는 능력이 3G보다 훨씬 뛰어나다. 또한 사업자 차원에서도 큰 투자비가 들지 않고 원하는 사용자에 한해 대용량 서비스를 제공해 줄 수 있어 보다 경제적이다.

2) VoLTE/V2IP 서비스의 도입

VoLTE(Voice over LTE)는 기존 VoIP(Voice over IP)의 연장선상에 있는 서비스이므로 이론적으로 충분히 가능하다. 다만 LTE에서 VoLTE가 가능하고 또 본격화되리라는 것은 또 다른 의미를 함축하고 있다. 지금까지도 VoIP는 가능했지만 가격이 너무 싸서 기존 이동 사업자로서는 관심 밖이었다. 한편, 기존 이동통신 시스템은 망 방식 자체가 all-IP 방식이 아니었으므로 VoIP는 부가적인 기술개발로만 가능한 서비스였다. 한편 LTE 서비스는 망 방식 자체가 all-IP로 개발되었으므로 VoLTE가 보다 보편적으로 기능하며 또 서비스가 본격화될 경우 mobile IP 방식을 본격화할 가능성이 충분하다는 점에서 기존 VoIP와 구별된다. 즉 기존 VoIP는 별도 사업자에 의한 저가 서비스였지만 4G VoLTE는 이동통신사업자가 자체적으로 관리하면서 제공하는 전화서비스의 본류가 될 가능성이 높다. 이 경우 망 차원에서 추가적인 기술과 장비의 투자가 뒤따를 것이다. 다소 시간이 걸리겠지만 안착되면 VoLTE는 품질도 기존 전화서비스에 못지않게 (혹은 더 낫게) 제공될 것이며 망 효율 면에서도 사업자에게 도움이 될 수 있다. 다만 요금 문제는 또 다른 사업자 차원의 고민이 될 것이다.

＋ 미디어 생태계의 미래

VoIP뿐 아니라 V2IP(Video and Voice over IP) 서비스도 등장할 것이다. 이 서비스는 동영상과 음성을 동시에 IP 방식으로 지원하는 것으로, 기존 영상통화보다 개선된 영상 해상도와 고품질로 소비자들을 유혹할 것이다. 지금까지 단순한 영상통화가 인기가 없었던 것과는 다른 상황이 펼쳐질 것으로 예상되고 있다.

3) D2D(Device-to-Device) 혹은 M2M(Machine-to-Machine)의 실용화

D2D 혹은 M2M 통신은 기존 인간 중심의 접속에서 한층 도약한 새로운 융합서비스를 창출할 것으로 기대되고 있다. 특히 3GPP LTE Advanced 시스템에서는 본격적인 D2D/M2M 표준화를 진행하고 있다. 따라서 아직은 아니지만 향후 이 방식이 널리 퍼지면서 인터넷 지평이 달라지리라 기대되고 있다.

M2M 방식은 사물에 부착된 장치를 통해 통신과 정보교환을 하고 새로운 서비스를 창출하는 것을 목표로 한다. 따라서 Zigbee, WLAN, Blootooth와 같은 기존 단거리 통신방식을 이용하여 이미 구성이 가능하고 일부 서비스되고 있다. 일부에서는 이를 MTC(Machine-Type-Communication)라고 부르기도 한다. 그러나 앞으로 4G가 본격화되면 4G를 통한 M2M이 기존 방식보다 상용화에 더 적합할 것으로 평가되고 있다. 그 이유는 기존 단거리 통신방식이 망에 접속하기가 어렵고, 또한 자체만으로 망을 구성하기가 쉽지 않기 때문이다. M2M 혹은 D2D에서는 두 가지 접근방식이 있는데 하나는 셀룰러 망에 자연스럽게 접속이 되는 방식이 있고, 또 하나는 자체적으로 독립 망을 구성할 수 있는 능력이다. 자체적 독립 망 구성 능력은 향후 많은 신규 서비스를 창출해낼 수 있는 주요 개념으로 평가받고 있다. 이 두 가지 기능을 동시에 가질 수 있는 연구가 현재 진행되고 있다.

개념적으로 보면 M2M은 사물인터넷(IOT) 혹은 NGUN(Next Generation Ubiquitous Network)을 이루는 핵심 방식으로 이해할 수 있다. 그만큼 시장성이나 확산의 폭이 상상하기 힘들 정도로 넓을 것이다. 따라서 향후 M2M은 광범위한 확산을 계속할 것으로 보인다. 예를 들어 로봇(robot)과의 통신, 자동차 통신(ITS), 농업의 자동화, 가정/주택 관리, 디지털카메라, 스마트그리드 전력관리, CCTV의 망 융합, 기타 다양한 응용이 예상되고 있다.

M2M과 유사하면서 좀 다른 D2D 방식도 등장하고 있다. D2D는 기기 간 자동화도 지원하지만 보다 인간(사용자) 중심의 사용을 가정하여 다양한 서비스를 설정한 방식이다. 여기서 Device란 스마트폰, 스마트탭, 노트북 등 최근 널리 퍼진 스마트기기를 의미한다. 기존 스마트기기 간 연결은 당연히 셀룰러 망을 통해 이루어졌지만 새로운 D2D 방식은 망을 거치지 않은 직접통신의 가능성을 열어 놓고 있다.

한편 QualComm에서는 최근 FlashLinQ라는 방식을 공개하였는데, 이는 QualComm 독자적인 D2D 방식으로 아직 상용화된 것은 아니지만 이 방면으로의 사업추진을 강력히 시사하고 있다. 국내외에서 FlashLinQ와 유사한 방식의 기술 개발 내지(LTE Advanced 시스템을 통한) 표준화 작업이 이루어지고 있어 조만간 이 방면이 각광을 받지 않을까 생각되고 있다.

8. 4G 이동통신과 스마트기기(디바이스) 및 서비스에의 영향

1) 4G가 스마트기기에 주는 영향

여기서 스마트기기(디바이스)란 스마트폰(Phone), 스마트 태블릿(Tablet), PC, 스마트TV 등 최근 몇 년 사이에 봇물처럼 터져 나온 스마트 장치들을 총칭하는 말이다.

스마트 디바이스들은 지금까지 주로 소프트웨어(OS/Platform) 및 서비스 생태계 차원에서 많은 이슈들을 던져주었고 지금도 이런 차원의 문제가 핵심 이슈이다.

본고에서는 이런 문제도 고려에 두지만, 범위를 좁혀 다른 측면에서 4G 이동통신이 스마트 디바이스들에 끼칠 영향과 대책에 대하여 고민해 보기로 한다.

스마트 디바이스는 앞에서 말한 스마트폰, 스마트 태블릿, Notebook PC, 스마트

     ✦ 미디어 생태계의 미래

TV가 중심이지만 최근 삼성전자의 스마트 노트(Note), 아마존(미국)의 킨들파이어 등 e-Book Reader 등이 출시되고, PC도 Ultra-Book이 나오는 등, 다양성을 더해가면서 정확하게 그 종류와 범위를 정의하기가 점점 어려워져가고 있다. 따라서 여기서의 논의는 일단 4G 통신방식에 의한 스마트기기들에 대한 직접적인 영향만을 중심으로 고찰해 본다.

4G 통신방식이 스마트기기에 주는 가장 큰 영향은 무엇보다 망 접속이 보다 원활해지고 전송속도가 높아지리라는 것이다. 따라서 스마트기기에는 당연히 좋은 영향을 주게 되고 따라서 향후 스마트기기의 망 접속 속도는 더욱 늘어날 것이고, 기기의 숫자도 폭발적으로 늘어날 것이다. 현재 Internet을 이용하는 서비스에서, 이미 모바일기기의 영향이 고정기기(PC, TV 등)를 초과하고 있는 시점에 향후 모바일기기의 영향력은 더욱 높아갈 것이 틀림없다.

4G의 등장은 무선접속을 보다 원활하고 빠르게 만들 것이다. 그중에서도 고해상도 비디오(streaming) 서비스가 더욱 활성화될 것이다. 왜냐하면 기존 3G 서비스에서는 무선 접속속도가 높지 않았기 때문에 고해상도 Video Streaming을 제공하기가 쉽지 않았기 때문이다.

여기서 개별 기기의 경우를 몇 개 살펴보면, 스마트 태블릿의 경우 2년 전 Apple에 의해 등장한 이후 급속히 퍼졌으나 아직 판매대수에서는 스마트폰을 한참 따라가지 못하고 있다(2012년 세계 판매대수는 약 1억 대를 예상하고 있다). 그러나 4G에 의해 망이 더욱 활성화되면 스마트 태블릿의 응용도 급속히 늘어나고 판매도 증가할 것이다. 이런 경향은 스마트 태블릿에서 두드러질 것이다. 특히 스마트 태블릿은 고해상도 비디오 Streaming 서비스의 활성화에 의해 상대적으로 이득을 보게 될 것이다. 다만 태블릿과 다른 기기 간의 소비자 선호는 (주로 화면의 크기 등에 의해) 계속 변하는 중에 있으므로 두고 보아야 할 것이다.

한편 PC에서도 무선을 사용하는 Notebook이나 UltraBook의 수요가 증가할 것이다. 다만 이들 기기는 스마트 태블릿과의 경쟁에서 다소 불리할 것으로 보이므로 미래를 아주 밝게 보기는 힘들다.

결국 향후 스마트기기들은 종류가 더욱 다양해지고, 다양한 서비스를 두고 복잡하게 얽힐 것인데, 제조업자, 서비스 사업자, 통신망, Platform, Contents를 두고 소위 Connected Service 개념으로 경쟁할 것으로 보인다. 결국 4G는 향상된 전송능력과 망 용량으로 Connected Service를 더욱 촉진하고 지원하게 될 것으로 보인다.

2) 모바일기기 하드웨어-소프트웨어의 변화

모바일기기의 하드웨어 및 소프트웨어도 4G 시대를 맞아 많은 변화를 겪을 것이다. 우선 모바일기기에서 통신을 위해 필수적인 모뎀(MODEM: Modulation and Demodulation, 변복조) chip이 중요하다. 이 문제는 세계 유수 제조업체들에 의해 어느 정도 기술적으로 해결되었으나 향후 업체 간 경쟁을 통해 우월을 가리는 일이 남았다. 또한 3G/4G가 동시에 가능한 Dual MODEM chip(Multi-mode 기술) 기술이 매우 중요하다. 국내업체들로서는 이 부분에 상당한 노력을 기울여 경쟁력을 확보하도록 해야 할 것이다.

다른 한편으로는 통신의 성능 및 복잡도 증가와 맞추어 더욱 복잡해지는 영상/멀티미디어 처리, 고성능 서비스(게임 등) 수행, SW Platform 확장, 지능형 SW 등을 효과적으로 다룰 수 있는 Multi-core AP(Application Processor) chip이 필요하다. Dual(2) core AP는 벌써 나와서 사용되고 있고 금년에는 이미 Quad(4) core AP가 나오고 있다. 4G의 확장된 기능을 살리기 위해서라도 Quad-core AP는 필수로 인식되고 있다. 특히 3G/4G MODEM 기능을 일부로 포함한 통합 기술의 Quad-core AP는 매우 중요하다. 예를 들어 Qualcomm이 이 부문에서 가장 앞서 가는 것으로 평가되며 국내외 업체들도 이 기술개발에 박차를 가하고 있다.

Multi-core AP는 신호처리 속도를 높여 주지만 최적화를 하지 않으면 원하는 만큼의 성능을 얻지 못할 수도 있다. 또한 Multi-core AP는 전력소모를 높여 소비자들에게 불평을 살 수 있다. 그만큼 새 chip에 대한 기술적 대비가 매우 중요한 문제로 대두된다.

　　　　　　　　　　　　✦ 미디어 생태계의 미래

RF 기술도 모든 사용주파수 대역을 골고루 지원해야 한다는 요구조건(Multi-band) 때문에 상당한 기술개발 압박을 받을 것이다. RF 회로의 복잡도, 크기, 전력소모, 가격이 모두 중요하다.

또한 향후 모바일기기는 음성인식, 지능형 검색 등 고도화된 인공지능 SW를 다루는 HW와 SW를 필요로 하며 이런 점에서도 Multi-core AP와 부속 SW는 매우 중요하다.

Multi-mode, Multi-band, Multi-core 기술 등, 보다 복잡해지고 다기능화 되는 단말기에 대한 HW/SW적인 요구사항을 맞추기 위한 노력이 만만치 않음을 알 수 있다.

9. 4G 이동통신 기술과 미디어 생태계에의 영향

4G 통신은 기존 3G 방식에 비해 많은 부분이 개선되었으므로 당연히 미디어 생태계에의 영향이 없을 수 없다. 미디어 생태계는 스마트폰과 스마트 디바이스가 등장하면서 크게 한 번 변모하였다. 물론 이 변화의 중심에는 Apple사가 제시한 SW Platform과 Contents 생태계의 모델이 핵심 역할을 하였고, 통신기술은 예전과는 달리 그리 큰 역할을 하지는 못했다. 그러나 향후 4G에 의해 미디어 생태계는 다시 한 번 상당한 변화를 거칠 것으로 예상된다. 왜냐하면 4G는 향상된 통신기술을 제시함으로써 기존 통신방식으로는 제공할 수 없었던 다양하고 강력한 서비스를 가능하게 할 것이기 때문이다. 또한 4G는 많은 해결해야 할 새로운 정책적 문제도 야기할 것이다. 아래에서는 이러한 변모를 몇 가지 주제와 사례 중심으로 살펴보기로 한다.

1) Internet 접속의 폭발적 증가, 망 중립성 및 해결책

이미 Internet 접속은 계속 빠른 속도로 증가하고 있었지만 망의 발달과 모바일 디바이스의 증가로 인해 망의 연결은 더욱더 가속도가 붙는 중이다. 요즘 IOT(Internet of Things) 혹은 만물의 Internet화라고 불리는 망 접속이 폭발적으로 증가하고 있다.

2011년 말 현재 세계적으로 90억 개의 접속 단말이 추정되는데, 2020년에는 이 숫자가 240억 개 혹은 그 이상으로 늘어날 것이라고 한다.

최근 항공기도 Internet 접속을 활성화하고 있고 향후 자동차, 의복, 의료기기, 로봇 등 접속 단말의 수는 끝없이 늘어날 전망이다.

4G의 등장으로 IOT는 더욱 활성화될 것이다. 특히 D2D 혹은 M2M의 실용화는 IOT를 보다 더 확산시킬 것으로 예상되고 있다. 왜냐하면 D2D/M2M은 접속기기 수를 많이 늘릴 것이고 망 트래픽도 빠르게 증가시킬 것이기 때문이다.

4G의 문제는 4G 자체가 Internet Traffic을 빠르게 증가시킬 것이고, 그렇다고 해서 유선 Backbone 망의 트래픽을 해소할 수는 없기 때문에, 그 결과로 사업자간 망 중립성 논란을 가속화하는 원인 제공자로 등장할 가능성이 높다.

아직 세계적으로 망 중립성 문제는 뚜렷한 해결책이 보이지 않는 상태로 있기 때문에 향후 정부는 사업자 간 협조를 통한, 나아가서는 국가 간 협조를 통한 해결책의 모색에 바로 나서야 한다. 아니면 앞으로 이 문제는 더욱더 심각해질 것이다.

2) 망 접속 및 트래픽의 증가와 기술적 대책 및 주파수 대책

전술한 대로 LTE는 망 접속 및 트래픽의 증가를 가져올 것이고, 따라서 그 대책도 다양해야 할 것이다. 망의 운용관리 대책 및 망운용 기술의 개발도 당연히 병행되어야 한다. 그러나 결국 주파수 대역폭을 충분히 넓게 허용하지 않으면 늘어나는 이동망 트래픽의 수용에는 분명한 한계선이 그어진다. 왜냐하면 결국 어떠한 기술이 사용되더라도 (LTE에서도 물론) 무선 트래픽 양은 사용 대역폭에 대체로 비례하기 때문이다.

LTE용 주파수는 국가별·지역별로 다양한 주파수대가 검토, 선정되는 추세이다. 현재 미국은 700MHz, 유럽은 2.6GHz, 다른 지역은 800MHz, 1.8GHZ 등이 검토되고 있다. 1.8GHz 는 국제적으로는 규격의 일치가 어려워 선정이 망설여졌으나, 작년 국내 방통위는 1.8GHz 대역을 경매에 붙여 20MHz 대역을 SK Telecom에 넘겼다. 이어서 금년 들어(1월) KT는 기존 2세대 CDMA 서비스를 하던 1.8 GHz 대역을 종료하고 이것을 4G LTE 서비스에 사용하기로 결정하였다. 그러나 이것은 1차적인 조처에 불과하고 향후 추가적인 대역할당이 있어야 할 것이다.

아직 모두 결정 난 것은 아니지만 세계적으로 단일 LTE 주파수 대역이 선정될 가능성은 거의 없다고 보아야 할 것이다. 따라서 당분간(5~10년) 세계는 각국마다 다른 주파수 대역으로 인하여 단말기 제조사는 물론 사용자도 상당한 불편을 감수해야 할 것이다.

작년 국내에서 최초로 시행된 주파수 경매에 대한 평가는 보류하더라도, 일단 경매된 LTE 주파수 대역은 초기 LTE 서비스의 개시는 가능하겠지만, 장기적으로는 충분하지 않다. 향후 더욱 넓은 대역폭이(예를 들어 300 MHz 이상) 필요할 것으로 예상된다. 특히 700~800MHz 대역은 주파수가 낮아 기술적으로 유리한데 국내에서(정부에서) 얼마만큼의 관심을 가질지는 두고 봐야 할 것 같다.

이러한 주파수 대역에 관련되는 문제들로 인해 LTE의 확산과 안착에도 상당한 기간 동안 고충이 예상된다.

3) 모바일 클라우드(Cloud) 서비스

클라우드(Cloud) 서비스에 대한 장밋빛 전망이 잇따랐지만 작년(2011) 국내 클라우드 시장은 생각보다 빨리 성숙되지 않았다. 해외 유수 업체들도 국내 서비스의 본격화 가능성을 낮게 보고 준비를 늦추어왔다. 즉, 국내의 경우 개인이나 기업이나 클라우드에 대한 개념이 미성숙한 것으로 보았다. 그러나 미국에서는 이미 클라우드 서비스가 상당한 수준으로 일반인에게 어필하고 있고, 금년(2012)부터는 국내에도 클라우드(Cloud) 서비스가 본격적으로 활성화될 것으로 보인다. 또한 글로벌 서비스 업체들이 2012년에 한국에 본격 진출할 것으로 보고 있다. 국내 업체들은 서비스 경험도 약하고 SW Solution도 없는 편이어서 더욱 걱정스럽다. 그나마 있던 토종 SW 회사들이 더욱 위축될 가능성까지 엿보인다. 국내에서는 현실적으로 IT 대기업들이 자본력이나 기술력에서 가장 경쟁력이 있다고 볼 수 있다. 따라서 이들의 치밀한 전략이 요구된다. 아니면 국내 대기업 간(제조-서비스 업체) 제휴를 통한 강력한 서비스 플랫폼을 만들 필요성이 절실하다.

한편 모바일 클라우드도 한국에서는 아직 인기가 시들하다. 여기에는 표준화의 이슈가 아직 미해결이고, 플랫폼 간 상호호환성이 담보되지 않는 문제도 있다. 즉, 국내 사업자들이 SW와 표준에 있어 해외 사업자에 비해 주도적이지 못한 점이 문제이다. 그러나 앞으로 모바일디바이스에 의한 영상(멀티미디어) 스트리밍 서비스가 4G에 의해서 매우 활성화될 전망이고, 클라우드와 연동될 것이므로 모바일트래픽은 급증할 것이고 따라서 모바일 클라우드도 성장할 것이다. 미국의 경우 2012년 현재 모바일 데이터(셀룰러+Wi-Fi)의 약 50%는 클라우드인데 2016년에는 약 70%가 될 것이라고 한다. 따라서 국내도 이러한 추세를 뒤따라간다고 보고 대책을 세워야 할 것이다.

요약하면 4G는 모바일 클라우드를 활성화시키는 동력이 될 것이다. 물론 클라우드 서비스는 통신기술보다는 SW 등 다른 기술과 전략이 많이 필요하므로 충분한 사전대책이 필요하다. 국내기업의 철저한 사전 준비와 전략이 필수적이다.

4) Wi-Fi(WLAN)의 활성화

Wi-Fi(WLAN)은 Wireless Local Area Network로서 셀룰러망의 트래픽을 줄여 주는 역할을 충실히 수행해왔다. 그리고 향후 802.11ac 등 고속 WLAN이 등장하면 Wi-Fi 의존성은 더욱 높아질 것이다. 한국 및 미국에서의 최근 데이터를 보면 스마트폰, 스마트탭 등에 의한 트래픽 증가가 가속화되고 있고 또한 클라우드에 의한 트래픽도 점증할 것이지만 Wi-Fi가 우회트래픽을 처리하는 데 상당한 힘이 될 것 같다.

바꾸어 얘기하면 4G LTE가 보다 개선된 기술이지만 향후 급증하는 모바일 트래픽을 모두 수용하는 것은 거의 불가능하다고 보아야 하며 Wi-Fi 의존성은 여전할 것으로 보인다. 즉, Wi-Fi를 이용하여 트래픽을 우회-분산시켜야 할 것이다. 사업자들의 현명한 Wi-Fi 대책이 요청된다고 하겠다.

기술적으로 Wi-Fi도 여전히 발전하고 있다. 우선 802.11ac와 같은 초고속 Wi-Fi가

    ✦ 미디어 생태계의 미래

등장하고 있다. 802.11ac는 이미 1 Gbps를 넘는 전송능력을 자랑하며 향후 10Gbps 방식도 곧 등장하리라고 예상되고 있다.

또한 Wi-Fi 자체적으로(기지국을 거치지 않는) 소규모 Local Network를 형성할 수도 있고, 셀룰러 망과 보다 적극적으로 연동하여 Hybrid 망을 형성할 수도 있다. 이 경우 전체 망의 성능이 배가되는 효과를 발휘할 것이다.

5) N-screen 서비스

N-screen 서비스란 무선 스마트기기-PC-TV 등의 다양한 기기에서 동영상 콘텐츠를 끊김 없이 볼 수 있는 서비스이다. 관련 사업자도 따라서 이동통신 사업자 및 Cable TV 사업자 등, 다양하며 현재 미국에서는 상당히 활성화되었고, 국내에서만 가입자 600만 명을 상회한다. 그동안은 서비스의 초기였으나 금년부터는 보다 향상된 서비스에 돌입해야 할 것으로 보인다.

N-screen 서비스도 앞에서 간단히 살펴본 스마트기기 간의 커넥티드(connected) 서비스의 일환으로 볼 수 있으므로 향후 사업자 간의 연합과 치열한 공방이 예상되는 부분이다.

또 다른 측면으로는 N-screen 서비스를 방송-통신 융합 서비스로 볼 수 있다는 점이다. 구체적으로는 N-screen 서비스를 어떻게 정의하고 구성하느냐에 따라 다르지만, 4G가 활성화되면 통신 기능의 확장에 발맞추어 이런 측면은 더욱 강조될 것이다.

N-screen 서비스의 활성화도 다양한 기술적 이슈들이 해결되어야 하므로 점진적인 확산이 예상된다. 예를 들어 SW, Platform, 망 방식 등이 정리되어야 하므로 아직은 불확실성이 존재한다. 다만 N-screen 서비스는 클라우드(Cloud) 서비스와 연동되는 부분이 많고, 또 한편 4G LTE 방식은 기술적으로 N-screen 서비스가 용이하게 몇 가지 기술적 조치를 취하였으므로(예를 들어 향상된 망 기술로 고화질 동영상 streaming을 원활하게 해줄 수 있는 기능, all-IP 망 구조 등) 다른 장애가 없는 한 LTE는 이 서비스의 활성화에 크게 기여할 것이다.

6) 방송 서비스의 통신화 및 방송과 통신의 융합

LTE 방식은 신호와 망의 설계에서 방송을 통신에 융합할 수 있는 구조적 장치를 마련하였다. 이 점도 기존(3G 이하) 통신방식에서는 찾아보기 힘든 기술이다(위의 MBMS 및 SFN 방식 기술 참조).

또한 IPTV는 현재 유선 TV망에서 활성화되고 있지만 향후 4G를 이용한 모바일 IPTV도 기술적으로 충분히 가능하다. 이 경우 방송이 모바일 방송으로 보다 가까이 융합되는 사례로 인식될 것이다.

스마트TV는 그 자체로 새로운 분야를 형성해 가고 있지만, 모바일 방송은 그동안 성장을 모색했으나 셀룰러 망의 기술적인 지원이 어려워 정체를 지속해 왔다. 그러나 최근 3G 방식에서 이미 셀룰러 망을 통한 오디오 방송은 상당한 수준으로 활성화되고 있으며 향후 4G에서는 신기술에 힘입어 모바일 비디오 방송이 매우 활성화될 것으로 예상된다. 바꾸어 얘기하면 개인형 온라인 비디오 방송이 보다 활성화될 것이다. 즉, 소비자들의 영화와 동영상에 대한 소비가 기존 영화관이나 TV로부터 멀어지고 개인형 모바일 온라인 영상 방송/통신으로 좀 더 대체될 가능성이 커졌다.

7) 다양한 서비스의 창출

4G의 설계개념은 빠른 전송속도와 망 구조의 혁신적 변화를 통해 보다 강력하고도 개방된 통신(망) 기능을 제공할 것이기 때문에 이로 인해 스마트미디어 생태계는 이미 살펴본 서비스 이외에도 다양한 새로운 서비스를 제시하게 될 것이다. 최근 MWC(Mobile World Congress)에서 선을 보인 RCS(Rich Communication Suite)도 이런 것 중의 하나이다. 이 방식에서는 음성/영상 통화와 동시에 자료 전송을 가능하게 하여 복합 서비스를 추구한다.

말하자면 개방형 광대역 서비스와 지능형 융합서비스가 (개인 및 기업 상대) 주축이 될 것이며 진정한 의미에서 유무선 통합 광대역망 서비스를 실현시킬 것이다.

◆ 미디어 생태계의 미래

10. 결론

이상으로 4G 이동통신 기술의 발전과 미디어 생태계에의 영향을 살펴보았다. 2~3년 전 Apple사에 의해 떠들썩하게 출범하였던 스마트미디어 생태계는 주로 SW Platform과 Contents의 순환 생태계 모델이 핵심 역할을 하였고, 통신기술은 예전과는 달리 그리 큰 역할을 하지는 못했다. 그러나 4G의 설계개념은 빠른 전송속도와 망 구조의 혁신적 변화를 통해 보다 강력하고 다양하고 유연한 이동통신망을 구현하는 데 중점을 두었기 때문에 이로 인해 스마트미디어 생태계가 다시 한번 점프(Quantum Jump)하는 데 큰 기여를 할 것으로 예상되고 있다. 특히 4G를 계기로 다양한 새로운 융합형 서비스가 제시될 것이다. 또한 4G에서의 성공/실패는 새로운 모바일 사업의 강자/패자를 탄생시킬 것이다. 말하자면 스마트미디어 생태계는 여전히 SW Platform과 Contents의 순환 생태계 모델이 주류를 이루겠지만 새로운 4G 통신방식의 진입은 본고에서 살펴보았듯이 단말기와 망 기술의 향상(upgrade)을 촉진하고 이에 따라 전반적인 서비스 생태계 전략의 수정을 요한다는 점에서 매우 중요하다.

본고가 이러한 변화를 예측하고 바람직한 국내 제조사 및 서비스 사업자의 대응을 유도하는 데 조금의 도움이라도 되었으면 좋겠다.

차세대 위성–지상 개인휴대통신

박천일 | 숙명여자대학교 미디어학부 교수

안재경 | 서울과학기술대학교 글로벌융합산업공학과 교수

조남욱 | 서울과학기술대학교 글로벌융합산업공학과 교수

1. 서론

✦ 미디어 생태계의 미래

작년 일본의 쓰나미, 터키 강진, 서울의 집중호우 등의 자연 재난뿐만 아니라, 2010년 북한의 연평도 포격 등의 사태에서 통신서비스는 일시에 완전히 먹통, 불통되었다. UNICEF 전 사무총장 Ann M. Veneman이 "신속하게 통신서비스를 제공해야 생명을 구할 수 있다(Rapid communications save lives)"라고 말하며, 재난 재해발생 시의 빠른 통신서비스의 중요성을 강조하였듯이 위급한 상황에서 즉각 제공되는 통신서비스는 피해를 줄이는 데 매우 중요한 역할을 수행한다. 이러한 이유로 재난 발생 시 연속적인 서비스를 제공하지 못하는 이동통신을 보완하기 위해 선진국을 중심으로 차세대 위성-지상위성 겸용 개인휴대통신이 대안 중 하나로 급부상하고 있다.

위성-지상 겸용 개인휴대통신서비스는 기존의 이동통신 단말기에 위성통신 기능을 결합하여, 평소에는 이동통신을 활용하다가, 이동통신이 불가능한 지역 또는 이동통신이 불가능할 때 위성통신을 활용하는 서비스이다.

그동안 위성 개인휴대통신은 경제성이 떨어진다는 이유로 민간 사업자들에게는 주목받지 못하였다. 그러나 차세대 위성-지상 겸용 개인휴대통신을 활용하면 지상이동통신 제공으로 인한 경제성 확보뿐만 아니라 재난 발생 시의 공공안전을 위한 연속적인 통신서비스를 제공하는 등 공공성까지 확보 가능하게 됨으로써 점차 관심이 고조되고 있다. 특히, 공공성의 경우, 기존 이동통신에서 충분히 서비스를 제공해주지 못하는 산악 및 연근해까지 서비스를 제공해 줄 수 있으며, 위성통신의 특성을 활용한 군 활용과 향후 통일 시를 대비한 통신 인프라로도 활용할 수 있는 장점이 부각되면서 국내에서도 최근 논의가 활발해지고 있다.

국내에서 위성-지상 겸용 개인휴대통신을 활용할 수 있는 주파수는 2.1GHz의 위성대역으로, 1980~2010MHz/2170~2200MHz의 60MHz 대역폭을 지칭한다. 60MHz의 넓은 대역폭이 분배돼 있어 3G뿐만 아니라 광대역 주파수가 필요한 4G 등 다양한 기술방식을 적용할 수 있으며, 현재 이동통신 사업자의 2.1GHz 지상IMT 대역과 바로 인접해 있는 특징이 있다. 따라서 위성-지상 겸용 개인휴대통신에 2.1GHz 위성대역의 주파수를 활용하는 경우, 위성과 지상에서 해당 주파수를 모두 활용할 수 있는 장점도 가지고 있다.

2.1GHz 대역을 통해 위성-지상 겸용 개인휴대통신서비스를 제공한다면, 스마트폰 사용으로 인해 주파수가 부족한 지상 이동통신에 추가 주파수를 활용할 수 있는 것은 물론이고, 공공의 목적을 위한 통신서비스 제공도 가능할 것이다. 이러한 형태의 서비스는 기존의 위성 개인휴대통신을 단순히 공공의 목적으로 활용하는 것보다, 비즈니스적인 활용 가치가 있을 것으로 기대된다. 단순히 경제성만을 고려한다면 현재와 같은 지상 이동통신서비스를 제공하면 되지만, 국민의 안전 및 공공의 목적까지 고려한다면 향후 위성-지상 통합 통신서비스의 필요성이 커질 것이다.

이에 본 연구에서는 차세대 위성-지상 겸용 개인휴대통신 주파수의 현황과 주요 선진국의 이용 현황, 공공서비스 활용방안, 그리고 사업추진 방향에 대해서 논의하고자 한다.

2. 차세대 위성-지상 겸용 개인휴대통신의 주파수 개요 및 필요성

차세대 위성-지상 겸용 개인휴대통신을 활용할 수 있는 주파수 대역은 2.1GHz 위성대역으로 1,980~2,010MHz/2,170~2,200MHz의 60MHz 대역을 지칭한다. 〈그림 1〉에서 나타나듯이 지상 IMT 대역과 근접해 있는 대역을 의미한다. 1,980~2,010MHz의 30MHz 대역은 상향을, 2,170~2,200MHz 대역을 하향으로 할당되어 있다.

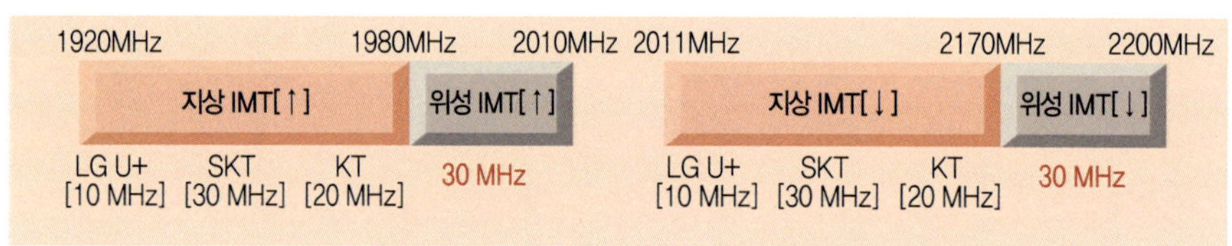

그림 1_ S대역의 주파수 범위

＋ 미디어 생태계의 미래

2.1GHz 대역은 2005년 1월 ITU(International Telecommunication Union; 국제전기통신연합)의 WRC(World Radio Conference)에서 전체 IMT대역 중 1,980~2,010MHz/2,170~2,200MHz의 60MHz 대역을 위성IMT용으로 분배한 바 있다. 현재 북미를 제외한 유럽, 중국, 일본, 우리나라 등이 동 대역을 위성IMT 대역으로 제정하고 있는데, 다만 북미지역은 2,000~2,020MHz/2,180~2,200MHz의 40MHz대역을 위성IMT 대역으로 사용하고 있다(〈그림 2〉 참조).

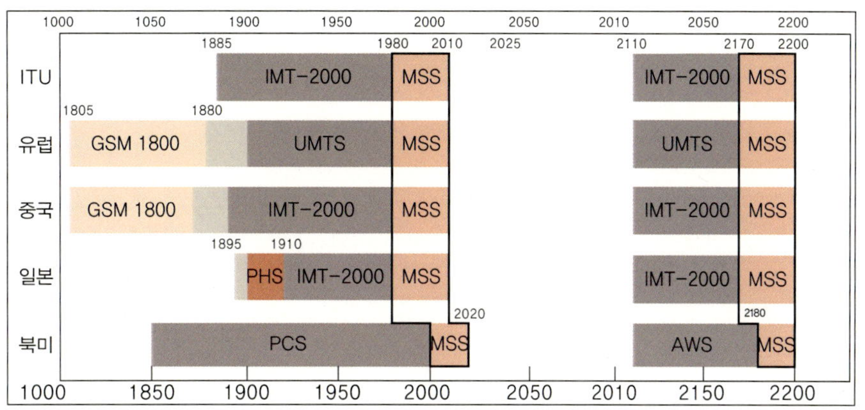

그림 2_ ITU 및 주요국의 IMT대역 분배 현황

그동안 글로벌스타, 이리듐 등 위성휴대통신(GMPCS) 서비스의 활성화가 실패함에 따라 동 대역에 대한 관심은 저조하였는데, 기존의 GMPCS 서비스는 수십 개의 저궤도 위성이 필요하고, 고가의 위성전용 별도단말이 요구되는 등 제약이 있었기 때문이다. 현재 GMPCS 가입자 수는 Globalstar 35만 명(국내 2,500명), Iridium 32만 명, Inmarsat 32만 명(국내 3,800명) 수준이다. 그러나 2.1GHz 대역은 최근 기술의 발달로 인해 1개의 정지궤도 위성으로 서비스가 가능하여 수십 기의 비정지궤도 위성이 필요 없다는 장점이 있고, 단말도 현재의 휴대전화에 별도의 비용추가 거의 없이 저가의 단말로 위성-지상 겸용 단말 이용이 가능하다. 이러한 기술 발전에 따라

미국, 유럽, 일본 등 해외 주요 국가는 이 대역의 활용에 최근 관심을 집중하고 있다.

2.1GHz 위성대역은 기존 이동통신 사업자의 2.1GHz 지상IMT 대역과 바로 인접한 60MHz의 넓은 대역폭을 이용하여, 3G뿐만 아니라 광대역 주파수가 필요한 4G 등 다양한 기술 적용이 가능하다는 특징을 가지고 있다.

따라서 첫째, 주파수 자원의 확보차원에서 인접국과의 위성망 국제등록 경쟁측면뿐만 아니라 지상망의 보호측면에서도 선점이 요구되고 있다. 현재 인접국의 위성망에 의해 혼간섭이 예상되는 지역에 2.1GHz 위성대역의 지상망 국제등록을 통해 보호 장치를 만들고 있으나, 등록만으로는 주파수 자원 확보에 한계가 있으므로 근본적인 대응을 위하여 구체적인 서비스 계획에 따른 상용망 구축이 필요하다. 사업자들이 적극적으로 주파수 간섭조정에 참여할 수 있도록 동 대역 이용을 유도할 필요가 있다.

특히 2015년 일본이 예정대로 위성을 발사한다면 일본의 위성망으로 인한 간섭 영향이 국내에 유입될 가능성이 높으므로, 향후 국내 지상망에서도 이 대역을 원활히 이용하지 못할 수 있다는 문제도 제기되고 있다.[70] 일본이 위성 발사를 위해 인접국 간 조정을 시도할 때, 우리나라의 구체적인 활용계획을 통해 대응할 수 있도록 인접 지역에 대한 지상망 국제등록 및 국내 지상망에 대한 보호조치가 필요한 시점이다.

둘째, 광대역 주파수의 확보차원에서도 필요하다. 모바일 브로드밴드 시장 활성화에 따른 무선데이터 트래픽 급증에 대비하여 광대역 주파수의 확보는 필수적이다. 2.1GHz대역 주파수는 지상IMT 대역과 연속되어 있어, 현재 보유하고 있는 이동통신용 주파수 대역 중 가장 넓게 활용 가능하다. 2.1GHz대역 확보 시 최대 150~180MHz폭을 IMT용으로 사용 가능하며, 지상IMT가 아닌 위성IMT로 이용하더라도 동 대역은 지상망으로 병행이용이 가능하기 때문이다.

이에 따라 2.1GHz대역의 활용에 대해 위성-지상 겸용 방식이 급부상하고 있다. 이

---

70 2.5GHz대역에서 일본이 70MHz폭을 위성서비스(N-Star)로 이용함에 따라 우리나라는 동 주파수 대역 활용이 어려운 상황임.

    ✦ 미디어 생태계의 미래

는 동일 주파수 대역에서 지상과 동일한 기술 방식을 사용하여 하나의 단말로 위성-지상 서비스 모두를 이용하는 방식을 의미한다. 즉, 지상에 위성 주파수를 재사용하는 지상보조망(ATC)[71]을 구축하여, 사실상 지상IMT와 동일한 모바일 브로드밴드 서비스 제공이 가능하다. 위성망과 지상망을 모두 운용하므로 음영지역이 최소화되어 모든 지역에서 원활한 이동통신 서비스 제공이 가능하다는 장점도 있다. 지상망은 무선 데이터 트래픽의 용량 확충에, 위성망은 지상망의 보완적 네트워크로 음영지역 해소에 활용될 것으로 예상된다.

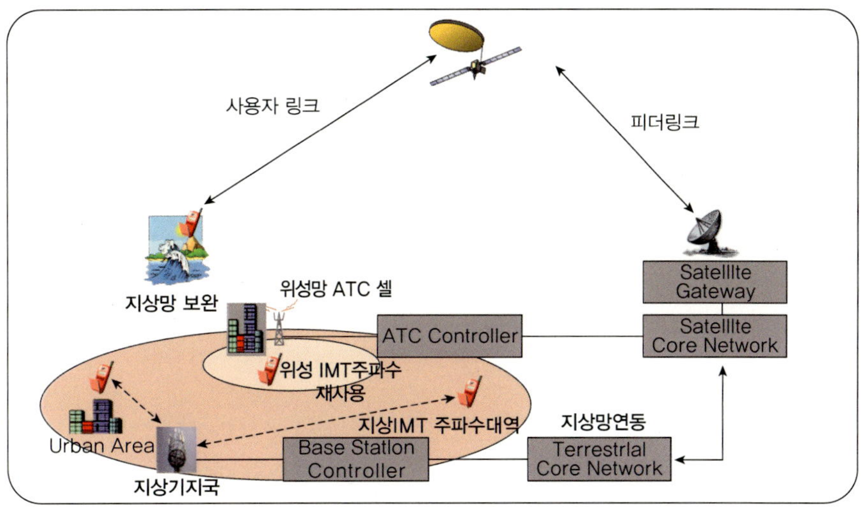

📁 **그림 3_** 위성-지상 겸용 방식의 개념도

---

71 ATC(Ancillary Terrestrial Component)란 이동위성시스템의 위성 부분에서 사용하는 주파수 대역의 일부 또는 전체를 재사용하여 위성서비스를 보완하는 지상보조망.

3. 주요국 S대역 이용 동향

1) 미국

미국의 경우, 2.1GHz대역을 위성IMT용으로 분배하고, 2×20MHz폭을 2×10MHz씩 2개로 나누어 사업자 DBSD와 TerreStar에게 2005년 12월 대가 없이 할당하여 DBSD가 2008년 4월, TerreStar가 2009년 7월에 위성을 발사하였다.[72] 그러나 사업이 활성화되지 않아 DISH Network사가 DBSD와 TerreStar를 각각 1 Bil US$과 1.375 Bil US$에 인수하였다. 이후 DISH Network사는 해당 주파수 대역의 지상 광대역 이동통신망으로의 활용을 추진하여 위성-지상 IMT 겸용 서비스[73]를 2010년 10월부터 기업과 정부를 대상으로 시작하였다.

특히, TerreStar는 AT&T와 전략적 공조로 Satellite Augmented Mobile(SAM) Service를 개발하여 공공 및 비즈니스 영역을 대상으로 지상망 불통지역 해소개념의 사업 모델을 추진 중에 있어 이 서비스의 활성화 여부를 주목할 필요가 있다. 이 서비스는 Windows Mobile-based 스마트폰의 개념($799)을 이용해 평소에는 지상망을 이용하나 지상망이 원활하지 않는 음영지역에서는 위성서비스 활용하는 것으로 월 기본료는 $25, 통화료는 분당 65cent. 문자메시지는 분당 40cent. 데이터는 메가바이트당 $5로 요금 책정을 하였다. 다만, 비즈니스 공공영역을 대상으로 서비스 판매 중이나 아직까지는 적극적으로 마케팅을 하고 있지 않는 상태이다. 따라서 정확한 가입자 수는 밝히고 있지 않으나 수천~수만 명 수준의 미미한 수준으로 추정된다.

---

72 FCC는 2001년 70MHz폭을 위성 용도로 할당하였으나, GMPCS 서비스의 실패 등으로 유ㅣ성IMT대역에서 서브스가 미비하였음. 그 후 위성대역 중 30MHz폭을 지상(고정 및 이동) 업무로 전환하고 사업자 변경/축소과정을 거쳐 최종적으로 2005년 12월 TerreStar와 DBSD 두 사업자에게 20MHz폭씩 할당함.

73 위성접속 규격을 지상망과 유사한 3G(GMR) 기술방식으로 채택하였으며, 듀얼모드 위성단말기(블랙베리 스마트폰, WiFi, GPS 등의 기능 탑재)로 서비스 중.

　　　　＋ 미디어 생태계의 미래

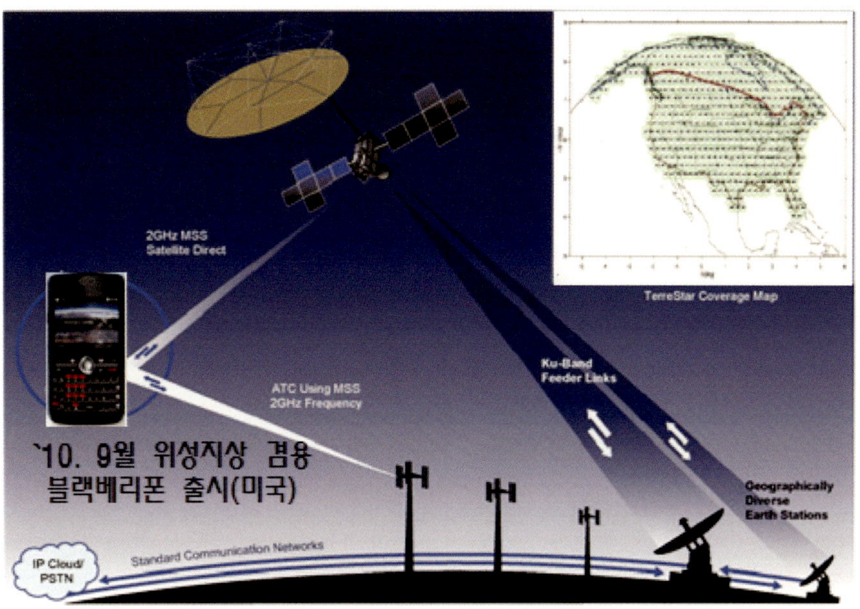

출처: AT&T.

그림 4_ 미국 TerreStar의 서비스 시스템

한편, FCC는 이런 사업자의 동향에 맞춰 국가광대역계획(National Broadband Plan)을 2010년 3월에 발표한 바 있다. 주요 내용은 무선브로드밴드 활성화를 위해 위성주파수에 대한 한시적 규제완화 계획으로 위성망 없이 지상망만을 사용한 서비스를 할 수 있도록 허가하는 조치로, 단, 16개월 이후에는 위성-지상 겸용의 듀얼모드 단말로 서비스를 하도록 하였다. 이 같은 조치는 활용이 미진한 위성용 주파수를 시장 거래를 통해 타 서비스(지상망) 제공자가 이용할 수 있도록 규제를 완화하여, 향후 자금력 있는 기업이 주파수를 확보하여 무선 브로드밴드 서비스를 제공할 수 있도록 하였다는 데 있다고 하겠다.

2) 유럽

사업자 선정(Solaris Mobile, Inmarsat 각 30MHz) 및 위성도 일부 발사('09년)하였으나, 활성화되지 않고 있어 유럽의회 차원에서 위성과 지상 겸용 통신망 활용을 위한 사업 진행을 촉구하고 있는 상황이다. Solaris mobile은 '09년에 위성을 발사하였으나 위성의 기능적 결함으로 현재 유럽 3개 도시에서 시험 서비스만 시행 중이고, DMB 서비스(DVB-SH 기반)와 긴급통신을 위한 음성, 데이터 양방향 통신서비스 계획 중이다. Inmarsat은 할당받은 30MHz 대역폭 중 10MHz는 위성용(WCDMA방식)으로, 20MHz는 지상IMT용으로 활용을 고려 중인 것으로 알려지고 있다. 하지만 유럽의회는 서비스 개시 시기가 지연되자 두 위성사업자에게 계약서 수준의 구체적인 사업계획서를 '11년 4/4분기까지 제출할 것을 요구한 바 있다. 사업계획서에는 위성 발사 및 지상망 구축에 대한 상세 계획이 포함되므로, 2012년 상반기에 구체적인 정책이 나올 것으로 예상된다.

유럽은 미국과 달리 2.1GHz대역 위성주파수는 위성망(CGC[74] 포함)으로의 이용을 우선적으로 고려하고 있으며, 지상망 단독 이용은 고려하지 않고 있는 것으로 알려져 있다. 지상망 사용을 위해서는 유럽 전체 차원의 주파수 밴드플랜이 필요하기 때문이다. 또 2.1GHz 위성대역이 유럽차원에서 위성용으로 사용되는 현 상황에서 일부 국가만 별도로 지상망으로 이용할 경우, 상호 간섭이 발생할 수도 있다. 우리나라와 유럽은 위성IMT용 주파수 대역이 정확히 일치하므로, 표준화 및 상용화 측면에서 유럽 동향을 주시할 필요가 있다.

현재 기존 이동통신사업자의 견제로 동 위성대역의 지상 겸용 사용이 지연되고 있는데, 최근 위성을 지상망의 Gap-filling 개념으로 사업모델을 고려 중인 것으로 알려져 있다.

---

74 CGC는 Complementary Ground Component의 약어로, ATC와 동일한 의미.

　　＋ 미디어 생태계의 미래

3) 일본

공공재난용을 포함한 위성-지상 겸용 통신망으로 활용 검토 중에 있다. 특히 작년 동북부 지방 대형지진 및 쓰나미로 위성통신에 대한 관심이 증대되고 있는 상황에서 음영지역 해소 및 긴급통신용 위성이동통신서비스 제공을 위한 STICS 프로젝트를 검토 중에 있다.

대표적인 계획이 이른바 STICS(Satellite and Terrestrial Integrated Communication System)로서 음영·해상지역에서의 불통 해소 및 재난재해 지역에서의 긴급 통신을 위해, S대역 위성망을 통한 위성-지상 겸용 이동통신서비스를 제공하는 프로젝트이다. 현재 주파수 간섭 및 공유에 관한 연구와 기술검증용 소형 탑재체 개발을 진행 중이며, 2015년에 위성 발사를 계획하고 있다.

4) 중국

위성망 국제등록을 완료(선점을 의미)하였으나 실제 운용 여부는 확인되고 있지 않고 있다. 현지 위성전파감시센터의 탐색결과 국내로의 전파유입은 감지되고 있지 않으나 지속적인 탐색을 통해 실제 발사 여부를 확인할 필요성이 있다. 다만, 일본보다 지형적으로 이격거리가 멀어 망간 조정이 일본보다는 용이할 것으로 판단된다.

위성망 국제등록 11건을 추진 중에 있으나, 위성의 실제 운용 여부는 확인되지 않고 있다. 위성망 국제등록의 완료를 위해서는 DDI(Due Diligence Information) 제출과 이후 등록을 위한 추가절차가 필요하며, 중국은 동경 110.5도, 125도의 2개 위성에 대하여 DDI를 제출한 상태이다.

5) 인도

2.5GHz 대역을 이용해 위성·지상 광대역 서비스를 추진 중이나 위성 발사가 지연되고 있다. 2.1GHz 대역에 대해서는 유럽과 협조하여 표준화 초기단계에 참여 중이다. Devas Multimedia는 2.5GHz 대역을 이용해 위성망과 지상망을 연동한 위성-

지상 광대역 서비스를 제공한다는 계획을 추진 중에 있다.

위성용량을 임대하였으나 위성 발사가 지연(당초 '10년 발사 예정)되고 있으며 지상망 면허 확보도 아직 불투명한 상황이다. 위성은 ISRO(Indian Space Research Organization, Department of Space 산하 정부기관)가 발사할 계획이었으나 지연되어 '11년 중 발사 추진 중이다. Devas가 임대비용 일부를 선불하였기 때문에 ISRO는 지연에 따른 보상금을 Devas에 지불해야 한다. 2.5GHz 지상망 주파수는 발사 예정인 모바일위성시스템과의 간섭이슈가 해결되는 대로 경매할 예정이다.

이동통신사업자연합(Cellular Operators Association)은 3G 주파수 부족을 이유로 2.5GHz 대역 전부가 지상망으로 사용되어야 한다는 의견을 제기 중이다. Devas Multimedia는 2.1GHz 대역을 위성·지상용으로 사용하기 위한 표준화 협의에 참여 중에 있다.

6) 시사점

스마트기기의 확대로 인해 주파수 사용량이 폭발적으로 증가함에 따라 5GHz대역 이하의 모바일 브로드밴드용 주파수 확보가 매우 치열한 상황이다. 미국, 유럽, 일본 등 해외 주요국은 IMT용 주파수 확보에 많은 관심을 가지고 있으면 현재 국제조화가 가능한 2.1GHz 위성대역은 향후 중요성이 크게 부각될 것으로 예상된다. 따라서 주파수 자원 확보를 통한 세계적인 표준화 및 상용화 경쟁력을 확보하기 위해 국내에서도 동 대역 주파수 활용을 위한 다양한 정책을 시급히 개발할 필요가 있다.

미국, 유럽, 일본 등 해외 주요국은 2.1GHz대역을 위성-지상 겸용 방식의 위성IMT로 이용하고 있는 추세이나, 일부 국가는 모바일 브로드밴드 활성화 차원에서 2.1GHz대역을 포함한 위성주파수를 지상망 단독으로 이용하는 것을 검토 중이다. 2.1GHz대역을 일반적 추세에 따라 위성IMT로 이용할 수 있으나, 지상보조망의 활용을 허용하고 제약을 완화(NBP)함으로써, 위성주파수를 지상에서 적극적으로 재사용할 수 있도록 추진 중인 방향이 대세인 것으로 보인다.

　　　　　　　　　　　＋ 미디어 생태계의 미래

4. 차세대 위성-지상 겸용 개인휴대통신을 이용한 공공 서비스 활용방안

차세대 위성-지상 겸용 개인휴대통신을 이용한 공공서비스는 크게 네 가지로 요약할 수 있는데, 다음과 같다.

첫째, 재난재해 시 공공안전을 위한 긴급 통신서비스

둘째, 음영지역이 없는 전국 통신망의 구축

셋째, 선진화된 국방 통신네트워크의 구축

넷째, 통일대비 한반도 통신인프라의 구축

1) 재난재해 시 공공안전을 위한 긴급 통신서비스

산악지역이 많고, 북한과의 대치 속에 국가안보상 취약지역, 재난재해 다발지역이 많은 우리나라의 지형에서 긴급사태에 취약한 지상통신망에 의존하는 비중이 과도해 국가기간 정보통신 인프라의 균형 있는 발전이 미흡하다는 지적이 많다.

대표적인 사례가 2010년 11월 벌어진 북한의 연평도 도발에서 나타난 통신두절 사태였다. 적의 포탄 몇 발로 연평도에는 전력과 통신이 모두 끊기면서 암흑천지, 통신두절이라는 최악의 상황이 초래됐다.[75] 전력공급이 중단되면서 이동통신기지국 가동이 멈춰 첨단 이동통신은 마비되었고, 방공호에는 유선전화도 없이 바깥세상과 완전히 단절된 통신 사각지대가 되어 버렸다. 해당 지역 기간통신인프라의 후진성이 극명하게 드러나고, 'IT강국 코리아'를 무색하게 만든 실질적 상황이었다. 하지만 이런 취약점은 무릇 연평도에만 한정되는 것이 아니고, 대한민국 전역에 해당되는 문제일 수 있기 때문에 국가안보 비상시 또는 재난·재해에 대비해 국가기간인프라를

---

[75] 한국일보 2010년 11월 24일.

근본적으로 재정비해야 한다는 국민적 공감대가 절실한 시점이다.

작년 여름, 서울과 경기 북부지역 및 충청 일부지역에 폭우와 낙뢰로 서울 강남역과 서초 등 강남 일대와 경기도 등지에서 기지국 및 중계기가 침수(KT 1개, SKT 3개, LG유플러스 7개 등)되어 3시간가량 휴대통신이 두절되는 등 여러 피해가 속출한 바 있다.[76] 인구 2,000만 명 이상이 사는 수도권에서 발생한 통신 두절사태로 인하여 재난대응 IT인프라를 재점검하자는 목소리도 나오고 있다. 부쩍 잦아지고 있는 이러한 폭우나 비상사태로 통신이 두절될 때 기존 지상이동통신 인프라를 보완할 수 있는 방안 중 하나가 차세대 지상-위성 겸용 개인휴대통신이다.

일본의 경우도, 지난 3월에 발생한 지진 및 해일 대참사 이후 대형안테나를 갖춘 ETS-VIII 위성을 이용하여 오푸나토(Ofunato) 시청과 츠쿠바(Tsukuba) 우주센터 간 위성망 연결을 통해 시청 내 PC에서 인터넷과 재난 현장 등지에서 인터넷 및 IP 전화를 사용하여 지상통신 인프라를 보완하고 있는 중이다. 우리나라도 이제 이러한 재해재난에 대비한 비상통신 등 공공서비스 제공을 위해 위성을 이용한 우주기지국 개념을 도입할 때이다. 수년 전까지만 해도 위성은 멀리 떨어져 있어서 지상과 통신을 하려면 단말기의 크기가 커야 한다는 기술적인 한계도 있었다. 하지만 최근 위성안테나 기술의 발전에 힘입어 현재 쓰고 있는 스마트폰에 위성칩만 장착해 위성과 바로 통신이 가능하게 되었다. 평상시에는 지상통신망을 이용하다가 비상시에는 버튼 하나로 위성과 통화하도록 하는 '개인휴대위성통신서비스'가 바로 그것이다. 바로 이 서비스가 GPS수신기가 기본으로 장착되어 있는 스마트폰과 결합되면 자기의 위치정보를 어떠한 상황에서도 외부에 알릴 수 있어 개인이 재난에 처했을 때도 막강한 위력을 발휘할 수 있다. 위성 및 지상인프라가 상호 보완할 경우, 평상시 국립공원과 연근해 등 이동통신 음영지역 내 휴대통신 서비스가 가능할 뿐만 아니라 비상시 긴급통신 서비스가 가능하게 됨으로써 귀중한 물적 및 인적 재산을 보호할 수 있을

---

76 조선일보 2011년 9월 16일.

✦ 미디어 생태계의 미래

것이다.

이미 미국, 유럽, 일본 등의 주요 국가는 산악, 벽·오지, 연근해 지역에서의 휴대
전화 서비스 불통 해소와 비상 긴급/재해통신, DMB 등을 위해 위성-지상 겸용 휴대
방송통신시스템 개발을 추진 또는 지원 중에 있다.[77] 특히, 유럽은 독일, 프랑스, 노르
웨이 등이 공동으로 공공안전 재난관리 서비스 개발을 위해 WISECOM프로젝트를
추진 중에 있다. 이 프로젝트의 핵심은 재난통신용 위성/무선 주파수 확보 및 광대역
화를 추진하면서, 재난발생 시 위성신호를 2G/3G 지상이동통신과 TETRA, WiFi 등
으로 변환시켜 주는 장비를 재난장소에 투입하여 통신서비스 제공하여 긴급한 상황
(critical phase)에 신속하게 통신서비스를 제공하는 것을 목표로 하고 있다.

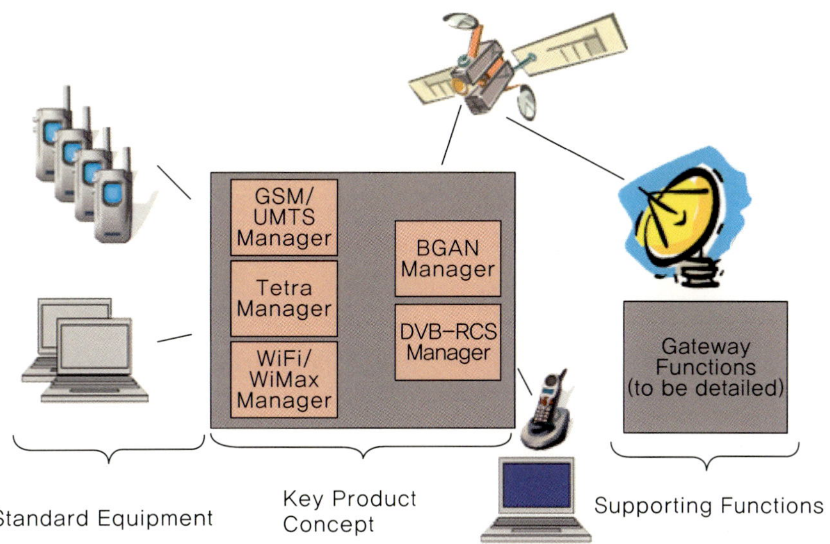

출처: WISECOM Project(2008).

☞ **그림 5_** 유럽의 WISECOM 프로젝트의 서비스 모델

---

77 미국 TerreStar, Skyterra사의 위성/지상 겸용 휴대통신, Eutelsat의 W2A나
  Inmarsat, Europasat의 이동위성통신, 일본의 위성/지상 겸용 휴대통신시스템(STICS:
  Satellite and Terrestrial Integrated Communication System) 등.

한편, 일본의 경우 현재에도 재난 발생시 ETS-VIII 위성용 휴대 단말기를 활용하여 통신서비스를 제공하고 있다.

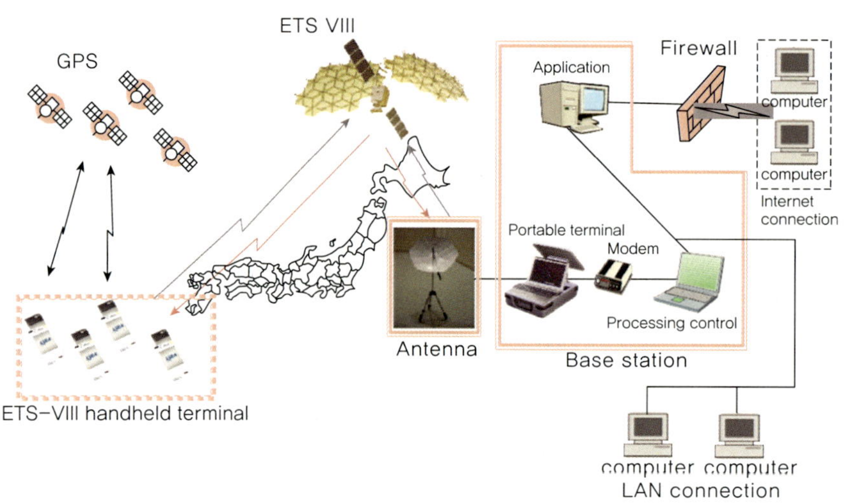

출처: JAXA-"Application of ETS-VIII Experiment for Disaster Scene".

그림 6_ 일본의 재난발생 시 위성을 이용한 재난재해 긴급 통신서비스 체계

2) 음영지역이 없는 전국 통신망의 구축

2008년 8월 현재 국립공원의 휴대전화 불통비율은 19.8%이다. 이러한 수치는 2004년 24.1% 대비 4.3% 감소한 것이나, 여전히 20%에 육박하는 수치를 보이고 있다. 오대산국립공원 소금강지구의 경우, 본격적인 산행이 시작되는 청학산장입구부터 노인봉까지 약 9km는 휴대전화가 되지 않는다. 이 같은 이유는 기지국 건물공사와 전선 인입이 필요한데, 환경파괴 등의 이슈가 제기되어 설치가 어렵기 때문이다. 국립공원의 휴대전화 불통은 이곳에만 한정되지 않는다. 그 이유는 중계기 대부분은 저지대에만 주로 설치되어 있고, 고지대는 없어 긴급상황 시 신고가 어려운 상황이

+ 미디어 생태계의 미래

다.[78] 이러다 보니, 실제 조난이 발생하는 곳은 대부분 평소 이동통신이 가능한 곳이 아닌 경우가 많다. 등산로 위주로 불통지역을 해소하여도 조난당하는 곳에서는 이동통신이 불가능할 수 있다는 것이 지금의 현실이다.

구분	다목적위치표지판			불통비율(%)
	계	통화가능	통화불능	
수량(개소)	2,041	1,637	404	19.8%

출처: 안영환 의원 보도자료(2008).

표 1_ 국립공원의 휴대전화 불통비율

한편, 휴대전화 불통현상은 수도권 신도시의 경우에도 비일비재하다. 2010년부터 입주가 시작된 인천 논현 신도시 주민들은 휴대전화로 전화를 걸 때마다 연결이 잘 안 되거나 통화가 끊기는 일이 잦은 것은 물론 아예 통화 불능으로 뜨는 경우도 많은 것으로 나타났으며, 인근 청라 신도시와 송도 신도시도 사정은 비슷하다. 청라 신도시의 경우, 공사가 진행 중인 서쪽 지역과 송도 신도시의 경우, 매립과 공사가 완료되지 않은 지역은 물론 해변 일대에서 통화 품질이 열악한 것으로 나타났다. 이러한 현상은 경기지역의 통탄신도시, 판교신도시 등도 마찬가지인데, 주요 이유는 낮은 입주율로 인해 이동통신회사들이 기지국 건설을 미루기 때문이다. 하지만 단지 입주율이 낮다는 이류로 신도시 아파트 지역에 기지국 설치를 미루는 것은 적절치 않다는 지적이 나오고 있다. 휴대전화가 전 국민의 필수품화되면서 이미 일정 수준 이상의 통화품질 보장이 국민복지 수준을 보여 주는 척도의 일부분으로 자리 잡고 있는 상황이기 때문이다.[79]

해양경찰청은 2011년 10월 연안관제시설에 이동통신 기지국을 설치하여 해상에

---

78 조선일보, 2005년 10월 31일.

79 아시아경제, 2011년 7월 4일.

서 휴대전화 이용범위를 확대하기 위하여 이동통신 3사와 시설물의 공동사용에 관한 업무협약을 맺었다. 그동안 이동통신 3사는 이용자가 많고 상용전원이 많은 연안 위주로 중계기를 설치함으로써 연안에서 10~20km 이내에서만 통화가 가능했다. 하지만 이번 협약으로 최대 50km 거리의 먼 바다에서도 통화가 가능해져 연안여객선 이용객과 상선 및 어선 종사자, 낚시선, 해상 레저인구 등이 광범위하게 해양안전정보를 제공받을 수 있을 뿐만 아니라 해난사고 발생 시 긴급 통신망으로 활용할 수 있을 것으로 전망되지만, 여전히 한계를 지니고 있다.[80]

이상과 같이 국립공원, 신도시, 연안지역 등에서 불통현상이 빈번하게 발생하는 주요한 이유는 민간사업자들의 경우, 경제성을 최우선으로 고려하기 때문에 빠르게 음영지역이 해소되지 않고 있다. 차세대 위성-지상 겸용 개인휴대통신서비스가 실현된다면, 바로 이 같은 문제를 일시에 해결하며 음영지역이 없는 전국 통신망을 구축할 수 있게 되는 장점이 있다.

3) 선진화된 국방 통신네트워크의 구축

2011년 우리 군의 강인함을 새삼 느끼며 자부심을 갖게 한 '아덴만의 여명' 작전에서 위성은 숨은 공로자다. 구출작전에 나선 UDT 대원의 헬멧과 링스헬기, 저격수의 총 등에 무선영상전송시스템인 카이샷(KAISHOT)이 달려 있어 작전 과정을 현장 지휘부인 최영함에 실시간으로 전달됐다. 이 영상은 인공위성을 통해 서울의 합동참모본부 지휘통제실로도 전송됐다. 덕분에 최영함과 합참은 현장대원들의 움직임과 숨소리까지 생생하게 지켜보며 입체적으로 작전 지휘를 할 수 있었다. 과거에는 별도의 무겁고 큰 통신장비를 가지고 다니거나 심지어 통신병을 따로 두었지만, 이제는 위성을 활용하여 실시간을 통신하면서 유용한 다른 무기를 소지할 수 있으니 전투력 증강에도 큰 도움이 된 것이다.

---

80 바다&뉴스, 2011년 10월 10일.

　　　　　　　　　　　✦ 미디어 생태계의 미래

2006년 8월, 우리나라 첫 군통신위성인 무궁화 5호가 발사되었다. 무궁화 5호의 성공적인 발사에 힘입어 우리 군도 전·평시 육·해·공군의 통합 위성통신 지휘·통제체제를 갖추게 되었다.[81] 첨단 IT기술로 개발된 군용 중계기는 군용 독자제어장치에 의해 통제되며, 도청과 전파방해 속에서도 음성과 문자·동영상을 중계할 수 있도록 대전자전 기능과 도청대비 보안기능을 갖췄다. 이를 통해 군에서도 한반도 전 지역에서 평시 및 전시에 위성을 활용하여 우리 일선 현장지휘용 군작전통신/영상정보수집 서비스 제공이 가능해졌다.

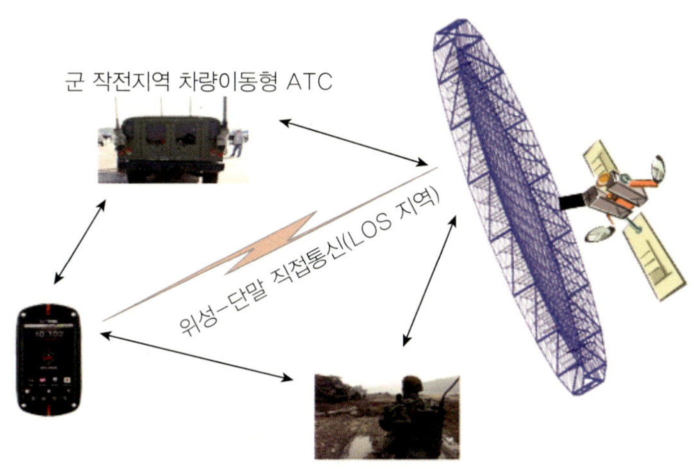

그림 7_ 평상시 및 비상시 개인휴대통신용 군 활용사례

한편, 미국은 다양한 교전지역을 고려하여 지상통신 및 위성통신 모두를 지원하는 군사용 스마트폰을 활용하는 방식으로 진화하고 있다. 특히 이러한 군사용 스마트폰은 휴대가 간편하여 말 그대로 전시에 휴대하여 뛰거나 엎드리거나, 누어서도 사용

<hr>

81 국방일보, 2010년 4월 12일.

할 수 있는 장점이 있어 설치시간만 10분이나 소요되는 기존 군통신 설비보다 매우 효율적이라는 평가다. 이런 추세 속에 우리 군에서도 지휘관 및 참모에게 지급될 휴대용 단말에 WiBro(wave Ⅱ)를 탑재할 예정인 것으로 알려져 있다.

출처: http://www.geeky-gadgets.com/ballistic-hc-case-tested-to-meet-mil-std-810g-2011-02-14

그림 8_ 미군의 선진화된 국방통신 활용 추세

4) 통일대비 한반도 통신인프라의 구축

북한의 이동통신은 2011년 말 약 53만 명의 가입자로 약 1.3%의 보급률을 나타내는 것으로 추정된다. 2010년 3월 이집트 통신회사인 오라스콤 텔레콤은 고려링크 서

✚ 미디어 생태계의 미래

비스를 제공을 위해 153개의 기지국을 건설했고, 이 인프라를 이용해 평양을 비롯해 7개 도시와 향산을 비롯해 8개의 공공도로에 서비스를 제공하는 것으로 알려져 있다. 이렇듯 유무선 통신망 인프라가 부족한 북한과의 통일 시 북한지역에서의 통신서비스는 제한적 이용만이 가능할 것으로 예상된다. 따라서 북한지역과의 교류에 필요한 통신서비스를 제공할 인프라를 구축한다는 차원에서 차세대 위성-지상 겸용 개인휴대통신서비스는 매우 유용할 것으로 전망된다.

5. 차세대 위성-지상 겸용 개인휴대통신서비스의 사업 추진 방향

1) 사업추진 설계를 위한 고려사항

차세대 위성-지상 겸용 개인휴대통신서비스의 사업추진 설계를 위해서는 이용자 편익 제고를 비롯하여 주파수 등 자원의 효율적인 활용, 경쟁촉진·활성화 그리고 망 개방 등의 측면에서 다각적인 고려가 필요할 것으로 예상된다.

(1) 이용자 편익의 제고

이용자의 편익 제고 측면에서는 사업자의 서비스 제공능력과 공공위성서비스 제공 의지가 우선적으로 고려될 필요가 있다. 먼저 서비스의 제공 능력 측면에서 사업자는 서비스, 특히, 위성서비스 이용을 희망하는 소비자(민간 또는 공공)에게 지속적으로 서비스를 제공해야 할 것이다. 따라서 사업허가 시 자금력, 기술력, 사업경험이 부족하여 서비스를 중도에 포기하거나 서비스 진화 및 발전 능력이 부족한지에 대한 면밀한 판단이 요구된다.

둘째, 공공서비스 제공의지 측면에서는 재난재해 통신망, 군위성망, 통일인프라 등 공공 위성서비스 제공능력이 우수한 사업자를 진입시킬 필요가 있다. 공공위성망은 고도화된 기술력과 전문성 및 국가적 사명감이 요구되므로 이에 적합한 사업자를 선정하는 것이 중요하다.

(2) 주파수 등 자원의 효율적 활용

먼저 지상서비스와 위성서비스 수요 등을 고려하여 지상-위성 겸용 효용을 극대화할 수 있어야 한다. 이를 위해 민간과 공공의 위성서비스뿐만 아니라 지상주파수 수요를 대비하여 최적의 겸용 방안을 구현할 수 있는 사업자를 진입시킬 필요가 있다.

둘째, 2.1GHz 위성대역을 가장 효율적으로 이용할 수 있는 사업자의 진입이 요구된다. 주파수를 단순 보유하기만 하고 효율적으로 이용할 능력이 미약한 사업자에 대해서는 철저한 사전평가를 통해 진입차단이 요구된다.

셋째, 중복·과잉투자를 최소화할 수 있도록 사업자수를 조정하거나 사업자들의 컨소시엄 간 협력방안을 강구할 필요가 있다. 위성 개발과 발사 그리고 운용, 지상망 구축의 중복·과잉 투자로 인하여 사업성이 약화되거나 이용자 편익이 감소되는 상황을 최소화해야 할 것이다.

(3) 경쟁 촉진·활성화 및 망 개방

사업 참여기회의 확대, 경제력 집중 완화, 시너지 효과 극대화 차원에서 컨소시엄을 우대할 필요가 있다. 미국의 사례에서 보듯이, 광범위한 참여기회를 주고 주주구성의 안정성 및 위험 분산, 중소기업 참여 확대 등을 위해 컨소시엄을 우대할 필요가 있다. 위성서비스, 지상서비스, 플랫폼, 콘텐츠·애플리케이션 등 다방면에서 우수 역량을 갖출 수 있도록 다양한 주주를 보유한 컨소시엄을 진입시켜 지상-위성 겸용 서비스의 활성화를 유도할 필요가 있다.

하나의 사업자 혹은 컨소시엄만 진입하더라도 추후에 다수의 사업자가 추가적으로 진입하여 경쟁할 수 있는 여건을 만들 필요가 있다. 단, 네트워크 사업자가 망 성능개선 및 투자를 적극적으로 진행할 수 있도록 유인책을 마련할 필요도 있다.

　　　　　　　　　　　✦ 미디어 생태계의 미래

2) 사업추진을 위한 협력방안

차세대 위성-지상 겸용 개인휴대통신서비스 사업의 추진은 기본적으로 위성사업이라는 고위험성이 내재되어 있다. 또한 주요국의 사례에서 보듯이 사업자들의 지속적인 투자의지가 매우 중요하다. 또한 주파수 확보를 위한 시간과 비용 소모도 만만치 않다. 따라서 사업추진을 위해서는 비용절감 등 다각적인 사업실행방안의 모색이 요구된다. 구체적인 대안으로는 인접국 간 협력-위성공동발사방안을 비롯해, 민군 또는 민관 협력방안 등으로 고려할 수 있다.

(1) 인접국 협력방안

유럽과 같이 한·중·일 3국이 공동으로 차세대 위성-지상 겸용 개인휴대통신서비스사업을 범국가적으로 추진할 경우, 위성발사 비용을 분담할 수 있고, 간섭문제를 완벽히 해결할 수 있을 뿐만 아니라 위성서비스 시장 및 관련 위성장비/단말 시장도 확대될 수 있어, 동북아 3국의 공동추진 가능성을 타진할 필요가 있다.

하지만 현실적으로는 한일 양국 간 공동위성 및 공동 주파수 활용에 대한 단계적 협력 추진 후, 중국 간 협력 확대 검토가 용이할 것으로 판단된다. 일본의 경우, 동일본 대지진 이후 위성개인휴대통신의 활용에 관심이 증폭되어있고, 향후 위성-지상 겸용 방식 적용도 적극 검토 중인 것으로 알려져 있다. 주요한 협력 내용은 위성주파수자원의 공동활용 및 공동위성발사를 위한 협력, 간섭 완화를 위한 위성다중빔의 주파수재사용 및 위성주파수대역의 지상재사용, 주파수자원관리 방안 마련 협의, 위성 및 지상전송방식의 공동 표준안 마련, 위성발사 비용 분담을 위해 공동위성 발사추진 방안에 대한 협의 등이 포함된다. 공동 위성 활용 시 전체 위성의 비용은 15~20%가 추가되나 비용을 균등하게 분배한다고 가정할 경우 단독 발사에 비해 40~42.5%의 절감효과가 있을 것으로 전망된다.

(2) 민군/민관 협력방안

　민군 또는 민관 협력방안은 민간사업자 단독으로는 위성발사 등 사업성 확보가 어려울 수 있기 때문에 위성대역 일부를 지상용으로 재사용하여 이동통신서비스 제공하도록 함과 동시에 군과 정부부처 또는 기관의 다양한 수요 충족을 위해 중계기를 임대해주는 방안이다.

　민군 협력 방안의 경우, 통신사업자는 음영지역해소를 위한 서비스를 제공하고, 군은 평상시 및 비상시 개인휴대통신용 군 활용을 목적으로 할 수 있다. 비용 분담은 위성발사 및 운용은 민간이 주도하고, 군은 통신사업자의 인프라 임대를 통한 임대료 지불이 가능하다. 한국전자통신연구원 보고서에 따르면, L대역 GMPCS 위성임대료의 경우, 15년간 약 3,000억 원 정도의 규모로 추정, 조사되었다.

　공공서비스 수요를 통한 민관 협력분야는 크게, 재해재난 및 비상시 긴급통신서비스(행안부 소방청), 북한지역 통신방송인프라 제공(통일부), 해안지역 통신서비스(국토부 해양경찰청) 등을 들 수 있다. 가입자 대상자는 소방공무원 3만 2,000명, 119 구조대 8,700명, 해양경찰 1만 명, 통일부 100명 등이 예상되며, 가입률을 대상자의 50%로 가정하고, ARPU를 월 4만 원으로 가정할 경우, 서비스 소요액은 연간 122억 원으로 추정된다.

![참고문헌] **참고문헌**

김희욱(2008.6), 「개인 휴대형 이동위성통신/방송 서비스 개발 현황 및 전망」, 『전자통신동향 분석』, 제23권 제3호, 한국전자통신연구원.

박천일(2012.1), 「차세대 지상-위성 겸용 개인휴대통신을 이용한 공공서비스 활용사례」, 차세대 지상/위성 겸용 개인휴대통신 이용활성화 및 사업추진에 관한 워크숍, 한국통신학회, 한국전자통신연구원.

안도섭(2012.1), 「위성/지상 겸용 개인휴대통신이용 기술」, 차세대 지상/위성 겸용 개인휴대통신 이용활성화 및 사업추진에 관한 워크숍, 한국통신학회, 한국전자통신연구원.

안재경(2012.1), 「지상/위성 겸용 개인휴대통신 사업추진방향」, 차세대 지상/위성 겸용 개인휴대통신 이용활성화 및 사업추진에 관한 워크숍, 한국통신학회, 한국전자통신연구원.

윤황·고경민(2011), 「북한 이동통신의 현황과 한계」, 『사이버사회문화』 제2권 제1호, 경희사이버대학교 사이버사회연구소.

한국전자통신연구원(2011.12), 「S대역 위성/지상 통합서비스 파급효과분석」.

한국전자통신연구원(2011), 「2.1GHz 위성대역의 최적 이용방안 마련을 위한 정책과제 도출: 2.1GHz 위성대역 용도분석 및 이슈 검토」.

국방일보, 2010.4.12.

바다&뉴스, 2011.10.10.

아시아경제, 2011.7.4.

조선일보, 2005.10.31, 2011.9.16.

한국일보, 2010.11.24.

Nicolas Chuberre(2007), "PPDR(Public Protection and Disaster Relief) and Satellite Communications: State of the Art". NGSCA2007.

WISECOM(2008). PPDR and Satellite Communications

AT&T home page, www.att.com

Inmarsat home page, www.inmarsat.com

NICT home page, www.nict.go.jp

Solaris Mobile home page, www.solarismobile.com

TerreStar home page, www.TerreStar.com

US National Broadband Plan homepage, www.broadband.gov

PART 04

언론 · 콘텐츠 · 글로벌 미디어 생태계의 미래

언론과 인간 그리고 콘텐츠
(최창섭 서강대학교 명예교수/지역신문발전위원회 위원장)

콘텐츠의 미래
(이상훈 전북대학교 신문방송학과 교수)

미디어 산업의 세계화와 글로벌 미디어 성장 전략
(조은기 성공회대학교 신문방송학과 교수)

모바일 생태계의 등장과 모바일 게임기업의 대응
(김성철 고려대학교 미디어학부 교수)

언론과 인간 그리고 콘텐츠

최창섭 | 서강대학교 명예교수/지역신문발전위원회 위원장

들어가며: 조고각하(照顧脚下)

언론인들이여! 부지런히도 달려가다 보면 잠시 숨을 돌리며, 가끔 노자의 가르침대로 멈출 줄도 알고(知止:지지), 발걸음을 살필(照顧脚下: 조고각하) 때도 있어야 한다고들 한다.

'멈춤(止觀)'

가끔은 칠흑 같은 어두운 방에서 자신을 바라보라.

마음의 눈으로…

마음의 가슴으로…

주인공이 되어

"나는 누구인가…

어디서 왔나…

어디로 가나"

조급함이 사라지고… 삶과 일(언론 관련)에 대한 여유로움이 생기나니

1. 한국 언론의 위기와 회생을 다시 떠올려본다

민주사회를 유지하기 위해 여론 전달매체로서 신문의 사회적 기능은 아무리 강조해도 지나치지 않다. 건국 초기 미국 민주주의 우수성을 설파한 프랑스 학자인 알렉시스 토크빌(Alexis de Tocqueville)은 많은 신문의 발행을 보며 다양한 언론의 자유가 유럽과 다른 미국 민주주의의 힘이 될 것이라 예견한 바 있다. 19세기 초반 그의 언급은 사실로 나타나 이후 미국은 20세기 들어 파시즘과 전체적 공산주의와의 대결에서 민주주의 가치를 지켜냈다.

이는 단지 미국만의 이야기가 아니다. 한국도 신문은 과거 식민지배하에서 민족의 등불이 되었고, 민주화 과정에서는 시대의 양심이었다. 국가의 존립조차 불투명할 때 신문은 꿋꿋이 국민들과 함께 나라와 민주주의를 지키는 보루였다. 그러나 오늘날 신문은 과거와 달리 그 위상이 약화되고 있다. 디지털 사회에서 뉴스 콘텐츠를 제작, 유포할 수 있는 시스템의 등장도 한 원인이다. 그리고 다매체 환경에서 뉴스 수용자들의 접근성도 다양해지고 위성방송과 인터넷, IPTV 등의 등장은 새로운 디지털 융합을 가능케 한다.

그렇다면 오늘날 신문 위기가 단순한 다매체 시대에서 나타나는 필연적인 현상일까? 한국 신문산업을 회생시킬 대안을 다음의 4가지 측면에서 고려해 볼 수 있다.

첫째, 가장 중요한 것은 신문의 **신뢰성 제고**이다. 사실 언론사들은 좁은 시장구조에서 부수 증가나 증면 등에 근본적 한계를 가지고 있다. 그럼에도 신문이 여론주도 매체로 인정받는 것은 신문이 가지고 있는 공기(公器)로서의 위상이다. 이런 위상

은 신뢰에서 나온다. 그러나 현실을 보면 여전히 잘못된 보도관행과 일부 사이비기자 등의 횡포는 신문의 신뢰를 감소시키는 요인이 된다. 따라서 신뢰를 제고하기 위해 신문협회나 기자협회 차원에서 정화와 감시 노력을 더욱 강화해야 한다. 시장 자율규제도 강화해야 한다. 신문산업이 상대적으로 강세인 일본을 눈여겨볼 필요가 있다. 일본은 정부차원의 신문만을 대상으로 한 신문법이 없다. 일본 정부는 직접적 · 재정적 지원은 하지 않고 있으며, 시장 자율에 의한 지원과 규제를 유도하고 있다. 특히 일본신문협회 등 단체들과 유기적인 관계를 유지하며 자율단체가 실질적 지원정책을 이끌어 갈 수 있도록 도와주고 있다. 자율규제 강화를 위해 무엇보다 스스로 강도 높은 윤리의식을 전제로 한 자율규제를 바탕으로 신뢰성과 책임감을 회복시킨 다음 경영투명성을 강화해야 한다. 신문 발행 · 유가부수, 광고 · 구독수입 등 신문경영과 관련된 정보들이 시장에 투명하게 공개돼야 한다. 이를 위한 ABC제도의 활성화와 검증기준 개선은 필수이다. ABC 참여 신문사에 정부광고를 우선 배정한다는 계획이다. 미래지향적 차원에서 점진적 ABC제도의 경쟁체제 도입과 현실에 맞는 부수 검증기준 제정 등 자율형 ABC제도의 근본 개선책을 적극 검토할 시점이다.

둘째, 디지털융합 환경에 대비하는 **신문의 변신**이 필요하다. 신문은 아날로그 미디어가 아니라 지극히 디지털화된 미디어이다. 신문은 다양한 정보 콘텐츠를 생산하고 있다. 다만 이를 신문지면 이외에 효과적으로 소구하지 못하고 있을 뿐이다. 따라서 방송, 라디오, 잡지, 인터넷 등의 영역이 통합되는 '미디어 스크램블' 구조에서 융합과 사업 다각화는 필수적이다. 최근 미국에서 주요 언론사들이 공동으로 유료화를 추진하거나 『워싱턴 포스트』와 같이 교육 콘텐츠를 통한 사업화는 좋은 방안이라 할 만하다.

신문법 및 방송법 통과로 이종 매체 간 겸영도 가능해졌다. 이종(異種) 매체 간 교차소유에 대해 대부분 국가에서 제한적으로 인정하고 있다. 이제 우리도 뉴미디어와의 경쟁과 미디어융합 환경에 대비한 포괄적이며 신문산업의 장기적 경쟁력 향상에 도움이 되도록 교차소유 허용 범위를 넓혀 나가야 한다. 아이폰 · 스마트폰, 스마트

페이퍼 출시 등으로 무선인터넷 시장도 급속도로 부상하고 있다. 신문은 과거 안이한 인식과 대처로 포털에 종속된 교훈을 깨달아야 한다. 이제 무선 인터넷시장에서 신문 콘텐츠를 유통시킬 수 있는 공용 플랫폼 개발이나 시스템 개발을 위한 재정 지원과 신문현업과 공동체계 구축이 필요하다. 디지털뉴스표준화 조기 도입을 위한 뉴스ML 시스템 구축도 확산해야 한다. 궁극적으로 신문사가 질 높은 콘텐츠를 생산하고, 콘텐츠 유료화를 통한 수익 창출과 자생력/경쟁력을 높여 나갈 수 있는 환경 조성에 지원이 필요한 시점이다.

셋째, 새 신문법에 의해 2010년 출범한 한국언론진흥재단이 한국형 지원기구 모델 정착을 위해 지원정책의 방향 및 기조를 확고히 수립해야 한다. 효과적인 신문 지원제도 및 정책이 필요하다. 지역신문발전위원회도 제대로 위상을 잡아야 할 것이다. 일부에서는 신문 산업회생을 위한 대규모 자금지원의 필요성을 이야기하고 있다. 맞는 말이다. 하지만 과연 금전적 지원만이 성과가 있을지는 고민이 더 필요하다. 어쩌면 개별 신문사에 대한 직접적인 금전적 지원은 시장의 자생력을 훼손하고 '언발에 물 붓기 식'은 아닌지 생각해 볼 문제이다. 신문에 대한 지원정책은 단순한 금전적 지원보다는 지원정책의 명확한 비전을 갖고 이를 달성하기 위한 핵심 정책목표를 수립하고 구현할 수 있는 실천적이고 세부적인 전략을 마련해야 한다.

넷째, 언론가에 대한 현실적 비판을 하라면 한마디로 오늘의 언론은 바람에 쉽게 펄렁거리는 '팔랑개비 저널리즘'에 지나지 않는다고 혹평을 해도 지나치지 않을 것이라는 생각이 든다. 이미 일부에서는 그동안의 저널리즘을 '너절리즘' 내지는 쉽게 흥분하고 이성을 잃어버리는 '냄비 저널리즘', '팔랑개비즘'으로 비하시켜 오기도 했다. 이런 혹평의 근저에는 언론이 장기적인 비전과 철학의 부재로 뿌리가 깊이 착근하지 못하고 있음을 질타하는 소리였다. 분명 한국의 언론이 제대로 정론정도를 향해 제자리매김을 위한 전문직화(professionalism)의 길을 향해 매진했어야 함에도 불구하고 제사에는 마음이 없이 젯밥에만 눈길이 가듯 엉뚱한 이념논쟁 등 사행의 길에 빠져 허우적거리고 있는 현실이다. 언론인의 철학과 비전 그리고 전문성을 바탕으로 언론의 윤리/도덕성 자리매김을 제대로 펴 나가려는 피나는 노력과 이를 향한 실천의 길만이 해답일 것이라는 생각을 떨쳐 버리기 어렵다.

2. 視覺의 변화와 발상의 전환
(Paradigm and Change)

1) 패러다임론

요즈음 '패러다임(paradigm)'[82]이라는 말은 일상적으로 누구나 편하게 사용할 정도로 널리 통용되고 있다. 언론계에도 패러다임의 혁명적인 변화가 일어나야 한다. 언론은 왜 존재해야 하며, 무엇이 가치 있는 일인지를 공론화의 과정을 통해 새로운 철학과 이념을 정립하여 명실 공히 독자 대중과 함께 호흡하며 더불어 갈 줄 아는 '상생과 나눔의 場'을 펼치려는 새로운 혁명을 통해 발전을 꾀해야 할 것이다. 아울러 콘텐츠개발 중심의 새로운 모바일 매체환경의 변화에 적극 대응해야 한다. 그러나 안타깝게도 현대인은 이에 장애가 되는 세 가지 병을 앓고 있다고 한다.

2) 현대인의 세 가지 병과 발상의 전환

그 첫 번째는 **정보에이즈**이다. 정보에이즈에 걸리면 부정적인 정보에 대한 저항력과 분별력이 없어지면서 결국 부정적인 정보가 뇌를 지배하게 된다.

두 번째는 **창조자폐증**이다. 창조자폐증에 걸리면 뇌의 창조 메커니즘을 사용할 줄 모르게 되고 건강, 행복, 평화를 다른 사람에게 의존한다.

그리고 세 번째는 **습관성 타성 중독증**이다. 습관성 타성 중독증에 걸리면 목표를 스스로 정하지 못하고 누군가의 지시를 받는 대로만 움직이게 되어 결국 뇌의 무한

---

82 이 말은 쿤(Kuhn, 1962)이라는 과학철학자가 처음으로 만들어 냈다.

 ✦ 미디어 생태계의 미래

한 잠재력을 발휘할 수 없게 된다.

이 병들을 치유할 수 있는 것은 바로 **뇌파진동**이다. 뇌파진동으로 피스브레인이 되는 것!

그것이 바로 *창조성을 향한 발상의 전환*을 내딛기 위한 뇌교육의 목적이요, 언론이 추구해야 할 하나의 방향제시이기도 하다.

모든 언론인이 꿈꾸는 실용주의 추구는 바로 발상의 전환과 시각의 변화에서 시작한다. 2010년 「제빵왕 김탁구」가 각종 방송상을 휩쓴다. 빵 얘기가 과연 드라마가 될까? 빵가게 얘기가 먹혀들어 갈까? 결과는 대히트였다. 로렐라이 언덕을 가본 사람들은 모두 한결같이 별것도 없는 곳에 팻말 하나 달아놓고 전 세계 관광객을 불러 모으고 있다는 푸념 섞인 느낌들을 늘어놓는다. 일본에도 비슷한 유형의 별것 아닌 유명관광지가 수도 없이 관광객을 성공적으로 유치하고 있다. 한마디로 발상의 전환에 뿌리를 둔 독특한 스토리텔링 덕을 보고 있는 것이다. 「울지마 톤즈」가 급기야는 전 세계적으로 감동을 불러일으키고 있다. 정부가 톤즈지원 제도를 도입했다는 소식도 들린다. 구수환이라는 KBS PD 한 사람이 바라보는 독특한 시각에서 시작된 아프리카 오지인 톤즈라는 마을의 숨은 슈바이처 故 이태석 신부가 전 세계를 감동시키고 있는 것이다. 2010년 가톨릭언론대상을 받으면서 재방에 재방을 거듭하더니 급기야는 다양한 형태의 지원 프로그램이 이어지고 있다는 따뜻한 소식들이다. 「나는 바보야」로 시작한 고 김수환 추기경의 자화상도 씨가 되어 어느덧 각급 '바보야' 시리즈를 통한 자선활동이 봇물처럼 이어지고 있다고 한다. 신문은 기본적으로 뉴스라는 스토리텔링에서 시작한다. 같은 뉴스라도 단순한 소식 전하기가 아닌 다양한 각도에서 바라다보는 시각의 전환에 따라 전혀 다른 양상의 스토리를 창출해낼 수 있는 것이 아닐까. 이제 스토리텔링의 시각에서 콘텐츠 혁명을 바탕으로 경영의 다각화에 이르는 실용주의 노선을 추구하는 모바일시대의 저널리즘을 창출해내려는 발상의 전환점에 와 있다. 창의적인 언론인들이 이끌어가는 새로운 시각의 스마트 저널리즘을 꿈꿔보는 시각의 변화와 발상의 전환이야기를 들어 보자.

어느 날, 굉장한 부잣집 아버지가 가난한 사람들이 어찌 사는가를 보여 주려고 어린 아들을 데리고 시골로 갔다. 둘이서 찢어지게 가난한 사람의 농장에서 2~3일을 보냈다.

돌아오면서 아버지가 아들에게 물었다.

"어때? 재미있었냐?"

"아주 좋았어요, 아빠!!"

"그래, 가난한 사람이 어떻게 사는지 알았어?"

"예, 아빠!!"

아버지가 묻기를, "그래, 무얼 배웠느냐?"

아들이 대답하기를,

"우린 개가 한 마리뿐인데, 그 사람들은 네 마리더라고요."

"우린 수영장이 마당에 있는데 그 사람들은 끝없는 개울이 쫙 놓여 있더라고요."

"우리 정원에는 (비싼)수입 전등이 있는데 그 사람들은 밤에 별이 총총히 빛을 내더라고요."

"우리 정원은 앞마당에만 있는데 그 사람들은 지평선처럼 끝이 없더라고요."

"우리는 작은 땅 안에서 사는데 그 사람들은 들이 한이 없더라고요."

"우린 하인이 우리를 도와주는데 그 사람들은 남을 도와주더라고요."

"우린 음식을 사 먹는데 그 사람들은 직접 길러 먹더라고요."

"우리 집은 담장으로 둘러싸여 있는데 그 사람들은 친구들에게 싸여 있더라고요."

아버지는 망연자실(茫然 自失)할 수밖에….

아들이 마지막으로 쐐기를 박았다.

"아빠, 고마워. 우리가 얼마나 가난한(불쌍한)가를 알게 해주어서…."

보는 관점에 따라 갖고 있는 것을 감사하면 항상 좋은 일이 생기므로, 갖고 있지 않은 것에 대해서는 걱정하지 마세요.

이야기 2. "떨어지지 않는 사과" – 역발상과 긍정의 힘

역발상과 긍정의 힘으로 어려움을 극복하라.

"떨어지지 않는 사과"의 예

1991년 가을, 일본에 연이은 태풍으로 아오모리 현의 사과가 90% 정도 떨어져 애써 재배한 농사에 농민들은 한탄과 슬픔과 절망에 빠졌다. 그러나 이때도 모든 농민들이 바닥에 떨어진 사과를 바라보며 좌절에 빠졌을 때, '괜찮아, 괜찮아'라며 긍정적으로 생각한 사람이 있었다. 결국 그는 떨어지지 않은 나머지 10%의 사과를 "떨어지지 않는 사과"라는 이름으로 비싸게 수험생에게 팔아 대박을 터뜨렸다. 그는 태풍으로 땅바닥에 떨어진 90%의 사과를 의식하지 않고, 떨어지지 않은 10%의 사과를 보았던 것이다.

3) 변화와 CCC: Change means Chance, and Change is a Challenge

도전과 변화와 기회는 한 식구이다. 미디어의 세계에 펼쳐지는 패러다임도 끊임없이 변화하고 있다. 우선 융복합(convergence) 시대에 맞는 패러다임과 변화를 향한 화두를 던져 본다면, 미디어분야는 이미 몇 번의 메가트렌드급 변화를 체험하고 있다. 4반세기 전, John Naisbitt는 그의 유명한 저서 『Mega Trends』에서 트렌드는 밑에서 위로 상향하고 있음에 유의하면서 트렌드를 바탕으로 그에 걸맞은 새로운 혁신적 유행을 창출해내야 함을 역설하고 있다. "Trends are bottom-up, fads are top-down. Trends, like horses, are easier to ride in the direction they are already going." 늘 새롭고 참신하며 수용자 대중의 기호와 욕구와 기대에 제대로 부응하면서 즐거움과 건전성을 동시에 던져줄 수 있는 콘텐츠 공급을 통해 새로운 유행을 창조해내야 할 언론계가 한시도 게을리해서는 아니 될 절체절명의 과제를 던져 주고 있었던 듯하다. 끊임없는 독자 대중의 취향과 욕구 변화를 항상 예의주시하며 혁신적인 대응방안을 마련해야 할 명제를 제시해주고 있는 것이다.

잡스는 '혁신'을 외쳤고, 다산은 일찍이 '신아구방(新我舊邦)'이라 외치며 통째로 개혁하자고 주장한 바가 있음을 상기시키고 싶다. 미국에서 4년 전 첫 흑인 대통령이라는 엄청난 변화를 성공적으로 창출해낸 오바마가 끊임없이 부르짖었던 화두도 역시 "Change, we can believe in"이었다. Harry Potter 작가인 J. K. 롤링의 하버드대학교 졸업 연설의 기조도 역시 '변화에 대한 대응'이 주제였다. 변화는 곧 기회인 것이다. 그러기에 변화는 끊임없는 도전인 것이다. Change means Chance and, Change is a Challenge. 변화는 사람이 만드는 것이다. 그리고 **변화의 주인공은 바로 사람**이다. 디지털시대 변화의 주인공도 역시 기술이 아니라 사람이 주인이다. 사람을 통한 인식의 변화와 방향성의 모색이 이뤄지는 것이다.

(1) 『해리 포터』 작가 J. K. 롤링 하버드대학교에서 연설
"타인의 아픔 공감하는 상상력이 세상 바꾼다."

"하버드에 감사한다. 몇 주 동안 강연 내용을 고민하느라 덕분에 살이 **빠졌다**"는 농담으로 말문을 연 롤링은 강연 내내 특유의 유머 감각을 발휘했다. 롤링은 '머글계의 호그와트' 하버드대의 졸업생이 학교 밖의 현실을 헤쳐나가는 데 도움이 될 마법의 두 단어를 알려줬다.

"변화는 바로 '실패'와 '상상력'을 통해서다."

"졸업 축하 강연을 준비하면서 제가 대학을 졸업하던 때를 떠올렸습니다.

21년 전 그날로 돌아간다면 그동안 제가 살아가면서 얻은 많은 교훈 중 어떤 것을 알려줄까 생각했습니다. 두 가지로 정했습니다. **실패의 미덕과 상상력의 중요성입니다.**"

    ✦ 미디어 생태계의 미래

(2) Creative Convergence Fads

어느 날 갑자기 CEO 자리를 물러나면서 변화를 제대로 읽지 못했음을 후회하며 이제는 그때그때 변화의 흐름을 재빨리 올바로 파악할 수 있는 후계자에게 넘겨야 한다면서 눈시울을 흘렸던 **Bill Gates**의 눈물은 회한의 눈물로 그치지 않고 곧 이어지는 Creative Capitalism 탄생으로 이어졌다. 버림받다시피 한 지구촌의 10억이라는 인류를 위해 기존의 자본주의는 새롭게 태어나야 한다는 기치를 내걸었다. 변화를 촉진시키기 위한 전 세계적인 '기부운동'을 주도하고 있는 기저에는 바로 '창조적인 자본주의'라는 새로운 변화의 가치가 뒷받침하고 있는 것이다. 또 한편 기존의 틀에 안주해왔던 영국의 세계적인 Britanica가 새로운 돌풍을 일으킨 '집단 지성(Collective Intelligence Approach)'의 접근을 통한 위키피디아(Wikipedia)의 저력에 손을 들고 문을 닫아 버리는 기현상 같은 회오리바람이 불고 있음에도 유의해야 함을 강조하고 싶다. 최근 작고한 Apple사의 CEO Steve Jobs도 독특하게 디자이너에 맞는 끊임없는 변화의 기술혁신으로 세계를 깜짝 놀라게 하곤 했다. 예술적인 디자인으로 i-phone, i-pad 등 i-시리즈로 이어지는 개발자, 생산자, 수용자 모두를 만족시키는 대박을 터뜨리면서 스티브 잡스는 이제 iGod으로 군림해왔다. 부품 하나하나를 꼼꼼하게 챙기는 그의 깐깐함과 까다로움도 바로 성공적인 완제품을 향한 큰 기여를 하고 있다. 남의 이야기로 끝나지 말고 그들의 얘기를 나의 이야기로 바꿔야 한다. 나름대로 언론계에 제안한다면 변화에 부응하며 새로운 힘을 불어넣을 수 있는 Creative Convergence Fads의 창출을 주문하고 싶은 것이다.

글래드웰[83]은 아웃라이어(Ourliers)들의 성공비결을 '1만 시간 법칙'으로 요약한다. 1만 시간은 어떤 분야에서 숙달되기 위해서 필요한 절대 시간이다. 하루 3시간씩, 일주일 꼬박 10년을 보내야 확보되는 시간이다. 작곡가나 야구선수 · 소설가 · 스케이트 선수 · 피아니스트, 그 밖에 어떤 분야에서든 이보다 적은 시간을 연습해 세계

---

83 *Gladwell*은 *Outliers, Tipping Point, Blink* 세 권의 저서를 베스트셀러로 펴내면서 일약 전 세계의 이목을 끈 바 있다.

수준의 전문가가 탄생한 경우를 발견하기 힘들다. 빌 게이츠(Gates)나 선마이크로시스템즈의 창립자 빌 조이(Joy), 비틀스 등도 한결같이 1만 시간 법칙의 수혜자들이라는 것을 그는 매우 설득력 있게 증명하고 있다.

한결같이 창의적(creative)이고, 창조적(inventive)인 사람들이다. 하지만 창의와 창조는 일정한 시간의 준비를 필요로 한다. 그들 스스로를 표현하기 위해서다. 창의적인 음악을 하기 위해서는 먼저 음악을 숙달해야 한다. 탁월한 바이올리니스트가 되려면 먼저 바이올린을 잘 다뤄야 한다. 그냥 일반적인 차원이 아니라 대단히 전문적인 수준에서 숙달돼야 한다. 지식의 기초가 있어야 창의와 창조의 핵심에 도달할 수 있다. 이것이 1만 시간 법칙이다. 특별한 일을 하기 위한 훈련단위다. 타이거 우즈는 탁월하게 창의적이고 창조적인 골퍼이지만, 그렇게 되기 위해서 매일 아침 일어나 골프 훈련을 통해 창의적인 골프를 하는 데 필요한 기초를 쌓아온 것이다.

현재와 같은 경제위기 상황에서 언론인이 참고할 만한 **티핑포인트**(Tipping Point: 글래드웰의 저서로 극적인 변화의 시점을 의미)나 블링크(Blink: Gladwell의 저서로 무의식에서 섬광처럼 일어나는 순간적인 판단을 의미)가 있는가.

(3) "창의와 창조도 훈련 끝에 온다"

또 다른 밀리언셀러『블링크(Blink)』는 2초 안에 일어나는 순간적인 판단력, 즉 우리가 '직감' 혹은 '육감'으로 흔히 부르는 직관(直觀)의 능력이 어떻게 성공적 선택과 연결되는가를 분석했다. 그는 인간이 평소에는 분석적이고 논리적인 뇌를 차근차근 사용하지만, 중대한 순간을 포착할 때는 의식의 닫혀진 문 뒤에 숨어 있는 뇌, 직관의 뇌를 폭발적으로 사용한다고 본다. 그리고 이렇게 영감(靈感) 어린 직관적 결단이, 데이터를 꼼꼼히 따지고 논리를 세워서 내린 결정보다 더욱 현명하고 통찰력 넘칠 수 있다는 게 그가 제시하는 메시지다.

전문가들은 그의 최신작『아웃라이어』도 '1만 시간'의 학습량만 단순하게 채우는 게 아니라 "1만 시간이란 양(量)보다 '마니아'처럼 한 가지 일에 빠져드는 '1만 시간의 몰입'이 중요하다"고 말했다. 결국 어떤 기회, 어떤 환경 덕분이든 그런 몰입을 통과해야, 마치 '티핑포인트'를 거쳐야 하는 것처럼 '아웃라이어'가 될 수 있고, '블링크'의 결단을 내릴 수 있는 경지에 이른다는 게 글래드웰의 총체적 메시지라는 분석이다.

一切唯心造(일체유심조)의 각오와 **점수(漸修)**와 **돈오(頓悟)**의 자세에 비유할 수 있겠다. 즉, 모든 것이 마음먹기에 달려 있는 것이 아니겠는가. 결정은 순간의 통찰력과 용기도 필요하지만 대개는 무수한 고뇌와 탐색 끝에 나온다. 불교식으로 말하자면 점수(漸修: 점진적인 수행) 끝에 오는 돈오(頓悟: 문득 깨닫는 경지)에 비유하고 있다고나 할까.

3. 종이신문에서 '스마트' 신문으로

인터넷이 등장하면서 일부 학자들은 '종이신문의 시대는 갔다'고 단언하기도 했다. 하지만 인터넷이 상업화된 지, 17년이 지났으나 여전히 종이신문은 살아남았고, 오히려 종이신문의 온라인 버전화가 가속화되고 있다. 중요한 것은 콘텐츠였지 기술이 아니었던 것이다. 이렇듯 종이신문과 인터넷이 공존하고 있는 상황에서, 최근 발견된 새로운 기술진보로 소위 모바일과 인터넷이 결합된 '스마트 혁명'이다.

이러한 창의의 스마트 시대에 직면하면서 신문은 또 다른 위협과 기회를 맞이하고 있다. 최근 소셜미디어(social media)라고 할 수 있는 SNS(소셜 네트워크 서비스)의 확산 또한 지역신문을 위협하는 요인이 되고 있다. 이미 한국의 스마트폰 사용자 수는 지난 2011년 중에 2,000만 명에 도달할 것이란 보도다. SNS사용자 수도 기하급수로 증가해서 하루가 다르게 이용자가 증가해서 통계를 제시하기가 버거울 정도다. 초창기 SNS인 '싸이월드'와 블로그까지 합산한다면, 아마 'SNS 사용인구=인터넷 사용인구'라고 해도 과언이 아닐 것이다. 이러한 현상은 비단 우리나라만의 일이 아니다. 미국의 시장조사기관 콤스코어(comScore)에 따르면, 스마트폰 사용자의 1/3이

SNS를 이용하고 있으며, 퓨 인터넷센터(Pew Internet Center) 조사에서는 응답자의 75%가 페이스북이나 트위터를 통해 뉴스를 소비하며 응답자의 37%가 뉴스를 다른 사람들과 공유하는 것으로 답변했다.

이러한 기술진보에 따라 언론가에도 변화의 움직임이 감지된다. 이미 몇몇 신문에서는 QR 코드를 활용한 기사도 많이 등장하고 있다. 스마트폰과 태블릿 PC(Tablet PC)용 앱을 개발해 성공적으로 활용하고 있기도 하다. 특히 이들 스마트기기들은 온라인과 연동돼 항상 최신뉴스를 볼 수 있고, 기기를 작동해 확대나 축소 등을 통해서 최적화한 서비스를 누릴 수 있다는 장점이 있다. 여기에 동영상 광고라는 새로운 시장이 등장했기 때문에 신문에게는 위험요인이라기보다는 기회요인에 더욱 가깝다. 이러한 스마트 환경이 새로운 뉴스 소비창구로 자리 잡게 되면 신문사들은 뉴스 구독자수 증가와 새로운 광고시장의 창출이라는 이중의 효과를 누릴 수도 있다.

그러나 이러한 기회를 살릴 수 있는 것도 결국은 킬러콘텐츠(killer contents)의 개발이 선행되어야 한다. 얼마나 좋은 기사를 제공하고 대중의 관심을 끌 수 있는 정보를 담아내느냐에 승부가 달려 있는 것이다. 그런 맥락에서 현재 신문사들이 진행하고 있는 다양한 스마트신문화 사업에서 보다 본질적인 것은 킬러콘텐츠의 확보가 선행되어야 한다. 많은 사람들이 신문을 찾을 수 있게 만드는 조건이 조성되어야 이에 부응하는 스마트화가 가능할 것이다. 핵심은 콘텐츠이다. 잘 알려져 있다시피, 애플이 과거 애플 컴퓨터에서 사명을 바꾼 이유는 하드웨어 제작회사의 이미지를 없애고 소프트웨어와 하드웨어 그리고 미지의 스마트 시대를 주도하겠다는 의지의 표현이기도 하다. 그렇듯, 신문도 하드웨어와 소프트웨어를 모두 망라할 수 있는 플랫폼의 조성이 필요하고 그 중심에 콘텐츠가 있다. 신문 플랫폼에 얼마나 많은 사람들을 이끌 수 있느냐가 중요한 과제가 된 것이다.

이런 지역정보에 대한 요구가 증가하자 이미 포털사에서는 발 빠른 움직임을 보이고 있다. '네이버'와 '다음'이 각각 '인사이드 코리아'와 '줌인코리아'를 오픈해 서비스하고 있다. 이 서비스들은 각급 자치단체들과 연계해서 지역기사와 네티즌이 쓴 여행, 문화, 맛집 글을 올리고 있다. 이런 움직임은 점차 스마트폰과 태블릿 PC환경에도 파급될 것이다. 언론이 주민의 공론장 역할에 충실하고 독자적인 콘텐츠를 생산한다면 모바일은 위기가 아니라 새로운 기회가 될 수 있을 것이다.

1) 지속적인 혁신이 핵심역량이다[84]

2008년『월스트리트저널』이 선정한 세계 경영 대가 20인 중 1위에 오른 게리 해멀 런던비즈니스스쿨 객원교수에 따르면, 결국 기업이 가진 최고의 핵심역량은 어떤 특정한 스킬(skill)이나 기술(technology)이 아니라, 혁신 그 자체라고 한다. 즉, 그는 시대가 바뀌면서 경영자의 혁신하려는 의지와 유연한 사고 자체가 기업의 핵심역량이라고 말하려는 것이다.

다시 말해 혁신을 북돋우고 꽃피우게 하는 조직문화야말로 기업의 가장 중요한 역량이라는 것이다. 이는 그가 말하는 관리 혁신(management innovation)과 연결된다. 관리 혁신이란 회사 관리자들이 하는 일을 바꾸는 것, 즉 의사결정 구조, 조직구성 등 사람 관리와 관련된 혁신을 의미한다. 그는 이것이야말로 혁신 사다리의 가장 꼭대기에 있다고 말한다.

게리 해멀 교수에 의하면 대부분의 회사는 지금도 비용 절감, 효율성, 기강과 같은 것을 DNA로 갖고 있고, 실험하고 혁신하고 창조하는 DNA는 갖고 있지 않다고 한다. 게리 해멀 교수가 주장하는 것은 이제 이러한 DNA를 바꿀 때가 되었으며, 이를 위해 관리 자체를 재창조해야 한다는 것이다. 무엇보다 중요한 것은 기업의 조직이 중앙집권화에서 벗어나 수직적 조직을 수평적이고, 시장 지향적으로 바꾸는 것이다

무엇보다 필요한 것이 CEO를 포함한 경영진의 강력한 의지와 솔선수범이다. 즉, 가치를 체계화시키고 공유하는 모든 과정에서 경영진이 방향을 제시하고 강력한 의지를 바탕으로 한 솔선수범이 절대적으로 필요하다.

---

84 http://blog.naver.com/kyckhan/80114203131

2) 발상의 전환: 애플이 컴퓨터로 먹고사는지, 아이폰으로 먹고사는지 돌아보라!

애플은 컴퓨터를 판매하는 회사에서 새로운 미디어 환경의 변화에 적극 대응하여 아이팟, 아이폰, 아이패드 등 모바일 스마트기기로 회사의 주력 상품을 변경했다. 이같이 지역신문도 인쇄 미디어에서 스마트 미디어로의 활로를 모색해야 한다.

그러나 진정한 혁신이란 1등을 하는 것이 아니라 그것을 뛰어넘어 새로운 판을 짜는 것이다. 이때 필요한 것이 애플의 광고 슬로건과 같은 "Think Different!"이다.

3) 융합과 퓨전: 신문사가 아니라 뉴스 콘텐츠 생산기업으로 다양한 전략을 고민하라. 그 콘텐츠 변화의 중심에는 바로 '인간'이 있다

'신문의 혁신'을 주제로 한 2011년도 63차 WAN총회에서 결론은
"좋은 콘텐츠 없으면 비즈니스 모델 없다"

한편 2008년 세계편집인포럼(WEF)이 전 세계 신문 편집인을 대상으로 실시한 조사결과, 앞으로 기자의 역할이 변할 것이며, 이에 따라 멀티미디어 기자가 등장할 것으로 내다봤다. 멀티미디어 기자는 자신이 제작한 콘텐츠를 인쇄, 비디오, 오디오, 웹, 모바일 등 다양한 매체를 통해 전달할 수 있는 능력을 갖춘 기자다. 기자들이 먼저 새로운 세상에 적응할 준비가 되어 있어야 한다. 사람이 변해야 함을 강조하고 있는 것이다. 그렇다 변화의 주체는 바로 인간인 것이다. 마치 테크놀로지와 미디어환경의 변화를 먼저 떠올리듯이 얘기를 하고 있으나 그 주인공인 역시 인간 자체인 것임에 유의해야 한다.

신문사는 "뉴스"를 만들어내는 미디어기업이지 단순히 "신문"을 찍어내는 기업이 아니다. 신문에만 매몰되지 말고 뉴스를 어떻게 담아낼 것인지 고민해야 한다.

뉴스는 콘텐츠다. 신문, 방송, 인터넷, 스마트기기 등 여러 미디어의 형태는 변화

 ✦ 미디어 생태계의 미래

할 수 있지만 뉴스는 여전히 소구력이 있는 핵심 콘텐츠이다. 이 뉴스 콘텐츠를 어떤 형식으로 구성하고, 어떤 미디어로 전달할지, 뉴스의 퓨전화와 뉴스 전달매체의 융합화를 고민해야 한다.

특히 뉴스 콘텐츠의 원소스멀티유즈(OSMU) 전략을 적극적으로 구현하여 수익을 극대화해야 한다. 이때 중요한 것이 스토리텔링이다.

4) 다른 매체에서 줄 수 없는 신문의 장점을 찾아라

뉴스분석과 심층취재 등은 단순한 정보를 제공하는 인터넷 뉴스와는 달리 신문이 줄 수 있는 최대의 장점이다. 깊이 있는 고급 뉴스 생산! 신문은 이러한 장점을 살려 활로를 모색해야 할 것이다.

5) 실용주의: 돈 되는 정보, 실생활에 필요한 정보에 독자가 몰린다[85]

돈이 되는 지속 가능한 비즈니스 모델을 찾는 것은 지역신문의 숙제이다.

독자가 보러 오기만을 기다리기보다 독자들이 있는 곳에, 독자들이 원하는 것을 가지고 달려가라.

독자가 적은 만큼 특화된 뉴스나 새로운 경험을 제공하지 않으면 안 된다. 현재도 온라인 뉴스를 성공적으로 유료화한 곳을 『월스트리트저널』이나 『파이낸셜타임즈』 같이 특화된 경제뉴스이거나 주 구독자층이 충분한 구매력을 가진 기업, 금융회사, 부유한 개인 등으로 한정된다. 따라서 대부분 신문사들은 일반 뉴스는 무료로 제공하고 나머지 특화된 뉴스, 즉 스포츠나 미디어, 칼럼 등은 유료화하는 틈새 전략을 구상하고 있다.[86]

미국 유력 신문들의 생존 전략 중심에는 "맞춤형 정보 가공-쌍방향 정보생산을 통

---

85 출처: 이준(논설위원). 조선일보 사보. 2008년 8월 22일 4면.

86 출처: Olswang 리포트 참조. http://www.olswang.com/convergence09/

한 새로운 고부가가치 비즈니스 모델의 창출"이라는 공통점이 있었다. 미국 신문들은 단순한 뉴스 전달자의 단계를 뛰어넘어 정보 가공 산업의 중심축(platform)으로서 지식산업 전체를 리드해 가고 있다

예를 들어『뉴욕타임즈』는 '지식네트워크(knowledge network)'란 비즈니스 모델을 통해 신문 콘텐츠를 교육, 연구 분야가 요구하는 다양한 형태의 맞춤형 정보로 가공, 서비스하고 있으며, 대학 전용 웹사이트(www.nytimes.com/college)를 운영하면서 미래의 지식층 독자 속으로 파고들려는 노력을 계속하고 있다.

또한 월스트리트저널은 뉴욕 월가를 겨냥한 '비즈니스 스마트키트' 서비스로 시시각각 변하는 시장 동향을 24시간 체크해야 하는 금융산업 종사자들에게 맞춤형 정보를 제공하고 있다. 또한 교수들을 활용한 우회 전략으로 대학 독자를 공략하고 있다.『월스트리트저널』은 특히 경영, 경제학과 교수들 사이에 심도 있는 경제 분석기사로 평가받는 점을 활용해 신문을 강의 부교재로 채택하도록 적극 권유하고 인센티브를 제공한다. 일부 교수들은 학기 초 학생들에게『월스트리트저널』을 참고교재로 활용하겠다고 밝히고, 신문구독 신청서를 돌리기도 한다.『월스트리트저널』은 학생들에겐 신문대금을 20~40% 정도 할인해준다.

미국 유력 신문 인터넷판을 보면 공통적으로 제호 바로 아래 눈에 가장 잘 띄는 자리를 차지하고 있는 아이템이 Job(일자리), Real estate(부동산), Cars(차)이다. 이제 뉴스는 기본이고 거기에다 돈 되는 정보, 실생활에 직접 도움이 되는 정보를 더 빨리 더 다양하게 제공하지 못하는 신문은 독자로부터 외면받을 수밖에 없다.

6) 닛케이의 성공비결: 풍부한 고급정보, 제한적인 무료인터넷 서비스, 경제 정보 서비스 사업 전개[87]

대부분의 일본 신문이 독자가 줄어 어려움을 겪고 있는 가운데, 일본의 간판 경제

---

87 출처: 차병석, 「한국경제 매거진」, 2008년 4월 22일.

  ✦ 미디어 생태계의 미래

신문인『니혼게이자이신문(닛케이 · 日經)』은 풍부한 정보량, 무료 인터넷 서비스의 제한, 기업 데이터 등 정보제공 사업 등으로 성공을 거둔 점을 주시할 필요가 있다.

닛케이의 첫 번째 성공 비결은 신문의 정보량이 다른 신문에 비해 많다는 점이다. 닛케이는 경제 · 산업 기사뿐만 아니라 정치 · 사회 기사도 충실히 다룬다. 특히 1면의 경우 사진이나 그래프를 작게 써 다른 신문에 비해 기사 1~2건을 더 싣는다.

두 번째 성공 비결은 닛케이 기사의 70%는 인터넷 무료 웹사이트에 띄우지 않는다는 것이다. 현재 웹사이트에서 볼 수 있는 기사는 신문에 게재된 기사의 30% 정도에 불과하다. 인터넷에도 신문 기사의 앞부분만 올린다. 신문의 3면(종합면) 기사는 아예 제목조차 올리지 않는다. 닛케이 기사는 반드시 신문을 사야만 볼 수 있다. 다른 신문이 신문 기사를 거의 그대로 인터넷에 올리는 것과 대비된다.

마지막 비결은 닛케이가 신문뿐만 아니라 기업 데이터 제공 등 정보 서비스 사업을 활발히 전개하고 있다는 것이다. 닛케이는 방대한 자료를 바탕으로 주요 기업의 재무 정보와 신용평가 정보 등을 데이터베이스로 구축해 인터넷에서 유료로 팔고 있다. 정보 관련 사업이야말로 다른 신문에는 없는 닛케이만의 특징이다. 구체적으로 기업 신용정보를 제공하는 '닛케이 텔레콤'과 금융 정보를 전하는 '퀵(QUICK)', 기업 재무 데이터인 '니즈(NEEDS)' 등이 닛케이의 새로운 수익원이다. 닛케이는 '종합 정보기관'을 목표로 내걸고 신문 이외의 미디어 사업에 적극 뛰어들어 성공을 거두었다.

7) 스토리텔링이 대세다: 단순한 뉴스 리포팅에서 벗어나 스토리를 구상하여 콘텐츠로 개발하라

한국경제신문의 연재기사인『김과장 & 이대리』의 OSMU 전략은 미디어 융합시대를 여는 새로운 시도로 눈여겨볼 만한 사례이다.[88]

---

88 출처:『김과장 & 이대리』공식 홈페이지 및 보도자료 .

2008년 12월부터 『한국경제신문』 매주 화요일자에 연재되고 있는 「김과장 & 이대리」는 직장인들에게 인기가 매우 높은 기획물이다. 연재될 때마다 매번 인터넷 클릭수가 100만 건을 넘어간다. 심지어 300만 건을 넘긴 것도 수두룩하다. 이러한 인기에 힘입어 2010년 10월에 노주현, 박철, 안상태가 주연인 TV시트콤으로도 제작되어 한국경제TV를 통해 인기리에 방영되었다. 신문과 TV 크로스미디어 시트콤 「김과장 & 이대리」는 단 5회뿐인 파일럿 형식의 시트콤이긴 했어도 다운로드 수가 50만 건이 넘었고, 연장했으면 좋겠다는 시청소감도 줄을 잇는다. 이 작품은 인기 신문기사를 엔터테인먼트 장르로 제작하여 매체 간 크로스오버, 장르 간 크로스오버를 구현하고자 하였으며, 또한 케이블 버전 외에도 웹 버전을 기획단계부터 별도로 제작해 새로운 수익모델을 지향하고 연극이나 뮤지컬로도 제작을 추진하여 진정한 원소스멀티유즈의 가능성을 열고자 하였다. 또한 2011년 3월 3일에는 제5회 케이블TV방송대상 시상식에서 한국경제TV의 「김과장 & 이대리」가 부문별 최우수작에 주는 드라마 부문 작품상을 수상하기도 하였다.

「김과장 & 이대리」는 2011년 1월 3일에 "기획출판 거름"을 통해 도서로도 출판되었다. 도서 『김과장 & 이대리』는 그동안 신문에 연재되었던 내용 중에 1차적으로 53가지를 선별해 주제별로 분류하고, 첨삭할 부분은 첨삭하고 수정하여 하나의 책으로 엮어진 것이다. 하루의 3분의 2를 직장에서 보내야 하는 직장인들. 그들의 생활상과 애환뿐 아니라 그들의 노하우와 의식 등이 책 속에 담겨져 있다고 한다.

8) Idea와 3B 현상

고아로 태어나 미국 루스벨트 대통령 영부인의 자리에까지 오른 Eleanor Roosevelt 여사는 세상에는 세 부류의 사람이 있다고 전제하면서 People of Small Minds, People of Average Minds, and People of Great Minds로 분류하고 있다.

✦ 미디어 생태계의 미래

속이 좁은 좀팽이들은 모이면 사람 험담이나 가십(discus people and gossips)으로 일관하는 주제로 대화를 즐기고(Yellow Journalism이 보통 이 부류에 속한다고 볼 수 있다), 보통사람들은 모이면 '무슨 일이 있었지' 하는 종류의 이슈와 이벤트(talk issues and events)를 중심으로 얘기를 나누는 경향이 있는 반면(일반 신문보도 유형), 통이 크고 위대한 사람들은 아이디어(tend to discuss **IDEAS**)를 논하고 추구하기 위해 모인다고 갈파한다.

앞만 쳐다보며 무언가 만들어 내야 한다는 강박관념으로 긴장한 상태에서는 아이디어가 잘 떠오를 리가 없다. 책상머리 앞에 앉아 창의적인 머리가 돌아갈 리가 없다. 오히려 두 다리 쭉 뻗고 무의식적으로 창밖을 내다보다 문뜩 아이디어가 스쳐갈 수 있다. **3B 현상**으로 명명하기도 한다. 목욕(bath), 침대(bed), 버스(bus)를 지칭하며, 기발한 아이디어는 목욕탕에서 지그시 눈을 감고 천장을 바라다보는 자세에서, 침대에서 뒹굴다가 또는 버스나 기차를 타고 가다가 문득 떠오른다고 한다. 시선이 변하고 고개를 들면 보이는 사물과 각도가 달라지며 생각도 달라지게 마련이다. 따라서 주변을 개방하는 열린 자세가 중요하다고 한다. 창의성에는 시선의 위치가 중요하기 때문이다.

4. 언론 이념/철학 정립과 전문직화 (Professionalism)를 다시 論한다

1) 글로벌적으로 사고하고 로컬적으로 행동하라

새로운 언론의 위상을 논하며 결론 삼아 세계 속의 한국언론(Glocalization)의 위상과 철학적 사색과 전문직화의 중요성을 새삼 되새겨 보고자 한다.

Glocalization은 한마디로 세계화(Globalization)와 토착화(Localization)라는 양 극단적인 대립성향의 복합어로 시야는 멀리 전 세계와 전 인류의 미래를 바라다보는 혜안을 가져야 하되 두발은 굳건하게 각자의 뿌리를 받쳐 주는 지역에 기반을 둬야한다는 발상전환에서 태어난 비교적 신생어이기도 하다. 즉, 세계화의 개념은 지역과 세계를 아우르는 '가장 지역적인 것이 가장 세계적이다'라는 세방화(세계화+지역화, 글로컬라이제이션, Glocalization)의 의미로 사용되고 있다.

언론이 협의의 종이 중심인 재래식 신문으로 안주하기보다는 시야를 보다 넓게 가진 '글로컬 신문'으로 발전해야 한다. 이미 중앙의 메이저급 일간지는 물론 일부 지역신문들도 지역적 특성으로 일본어 등의 외국어 서비스를 실시하고 있다. 그러나 다문화시대에 걸맞은 다양한 외국어 서비스는 제공하지 못하고 있는 현실이다. 인적ㆍ물적 자원의 제약 때문이기도 하다. 지역적인 이슈가 세계에 어필할 수 있는 지역신문만이 가지고 있는 장점적인 중요 자원개발을 위해 내부적인 교육이 우선되어야 한다. 기자들 스스로 글로벌적으로 사고하고 토착성의 로컬적 행동의식이 정립되어야 클로컬 신문으로 자리 잡을 수 있을 것이다. 글로컬 신문으로의 변화는 단기간 목표라기보다는 교육과 콘텐츠 발굴, 그리고 실제 외국어로 전환할 수 있는 인력 양성 등 산적한 여러 문제를 언론발전이라는 맥락에서 신문협회, 기자협회, 편집인협회와 언론진흥재단 등을 망라하는 범언론계가 함께 광범위하게 확대 지원하는 방안을 적극 모색해야 할 것이다.

동시에 언론이 토착성(土着性, vernacular)이 짙은 언론으로 다시 태어나 굳건하게 자리매김해야 함에 유의해야 할 것이다. 언론이 단순히 한반도라는 우물 안에서 노니는 개구리가 아닌 전 세계와 인류의 미래 비전을 품안에 안고 한국지역이라는 시각에서 아시아의 모서리나 모퉁이가 아닌 동북아 지역을 투망해볼 줄 아는 미디어의 본류라는 자긍심도 키워야 할 것이다. 특히 각개 지역에 산재한 언론(Local Press)은 분명 **'향토 저널리즘(Vernacular Journalism)'**[89]**의 본류로서** 확실하게 자리매김해

---

89 본래 토착성을 의미하는 단어로 3기 지역신문발전위원회가 기치로 내걸고 있는 향토신문에 걸맞은 표현으로 임의적인 Vernacular Journalism이라는 명칭을 부여해 봤으며, 그런대로 사용하다 보면 보편적인 용어로 정착할 수도 있겠다는 생각이다.

     ✦ 미디어 생태계의 미래

야 할 것이다. 향토에서 태어나 향토에 깊이 뿌리를 내리고 향토색 짙은 나무를 키워 건강하게 가지를 뻗어야 한다. 그리고 향토를 풍요롭게 밝혀 주는 꽃을 화사하게 피 우도록 향토 저널리즘 정착을 향해 매진하려는 각 지역언론인들의 새로운 각오와 이 를 뒷받침하는 실천의 모습도 기대하고 싶은 것이다.

2) 언론이념/철학을 정립하자

방송은 일찍이 1980년대 초 방송제도개선[90]을 위한 보고서를 작성하면서 모처럼 철학/이념 분과를 맡아 방송철학에 대한 사색을 하며 정리했던 바가 있다. 단, 오늘 날까지도 중지를 모으지 못하고 있으나 방송과 언론이 앞날을 생각하며 정립작업을 펼칠 것을 제안해 보고 싶다. 오늘날의 언론은 '더불어 사는 이웃'으로 우리와 함께 있으며, 추녀를 맞대고 살던 지난날의 이웃보다 더 가까운 사이가 되었다. 현대인의 삶 속에 '새로운 이웃'으로 위상을 차지한 언론은 그 스스로 지녀야 하고 담아야 하며 또 내걸어야 할 이상과 가치를 갖춰야 한다. 그것은 오늘의 우리사회 계층을 모두 포 괄할 수 있는 드넓은 어망(魚網)과 같이 보편적인 것이어야 하며 동시에 미래지향적 이어야 한다.

한국 언론은 이제까지 공영 원리와는 무관한 이기주의적 언론 형태로, 이윤추구에 지나치게 집착한 냄비 저널리즘과 팔랑개비 저널리즘적 파행에서 오는 인간 가치의 말살로 말미암아 피상적 선정주의로 일관했다. 그 결과로 언론은 가치관의 전도와 이데올로기적 대립, 계층 간의 갈등과 세대 간의 격차 등 전환기적 갈등을 첨예화시 켰다는 비판을 면키 어렵다.

이런 현실에도 불구한고 언론은 당연히 '사람을 위해, 사회를 위해, 그리고 또 나라 를 위해 있어야 하는 것'으로 대답해야 마땅하다. 언론은 있어도 그만, 없어도 그만인

---

90 1980년대 방송위원회에서 한국 최초로 방송전반적인 제도개선을 위한 「방송제도연구보고서」를 작성하기 위해 5개 분과로 나눠 산학연차원에서 집중적으로 개선연구작업을 실시한바 그중 제1 분과는 최창섭 위원장 중심으로 방송이념/철학 정립 작업을 정리했다.

존재나 단순히 있어서 좋은 존재가 아니라, 공기나 물처럼 없어서는 안 될 새로운 필요 존재로 인식하기 시작했다. 현대인의 삶 속에 '새로운 이웃'으로 위상을 차지한 언론은 그 스스로 지녀야 하고 담아야 하며, 또 내걸어야 할 이상과 가치를 갖춰야 한다. 이런 이상적 가치는 오늘을 함께 살아가는 우리 모두를 위한 것일 뿐만 아니라, 함께 살아가는 내일의 모두도 위한 것이어야 할 필요가 있다. 여기서 언론이 지녀야 하고 담아야 하며 또 내걸어야 할 이상적 가치가 어떤 것이어야 하며 어떤 크기와 모양이어야 한다는 틀이 떠오른다. 이 틀을 떠받치는 정신적 지주를 언론이념의 기둥으로 삼으면, 대강 다음 세 가지에 의지한 언론이념의 그릇을 빚을 수 있다. 이런 기본 원칙에 얽혀진 그릇에 담아야 할 언론이념은 언론조직을 움직이게 하는 핏줄 속의 피처럼 언론**혈액**이라고 할 수 있다. 언론혈액은 다음 세 가지를 주성분으로 한다.

첫째로, 언론은 사람을 위해 있어야 한다. 앞으로 언론의 형식이 어떤 모양으로 바뀌든 간에, 그 형식에 관계없이 언론의 본질은 '**인간을 위한 언론**'이라는 절대 명제에 초점을 맞춰야 한다.

둘째로, 언론은 사회라는 삶의 터전을 위해 이바지해야 한다. 사회는 더불어 사는 사람들과 함께하는 공동의 장이고, 이들과 만나는 만남의 장이기도 하다. 사람이 진정 인간답게 살려고 노력할 때엔 여기에 서로의 도움을 필요로 하며, 이런 도움을 자발적으로 주고받는 데서 봉사가 이루어진다. 언론이 봉사자(servant)로 일하고 봉사자의 면모를 갖출 때 언론활동은 상대적인 가치를 얻는다.

셋째로, 언론은 나눔(sharing)을 실천하는 촉매여야 한다. 커뮤니케이션이라는 어휘는 원래 공유(共有) 또는 나누어 갖는다는 뜻을 지닌 라틴어에서 비롯된 것이다. 나눠야 할 것들은 개인이 가진 것에서부터 나라가 가진 것까지 폭넓게 그 대상을 설정해야 옳다. 또 나눠야 할 것은 물질적인 것만이 아니라 정신적인 것까지 포괄하며 가장 중요한 것은 사랑이다. 곧 나눔은 모두를 함께 하도록 하는 소통과 동반(partnership)의 수단이기도 하다.

참고로 영국 BBC 방송철학은 한마디로 'Good Broadcasting(좋은 방송)'이며, 이에 부응하는 방송으로 자리매김을 하고 있듯이 우리 언론의 철학도 독자가 좋아하고 독자와 함께 정서를 공유할 수 있는 '좋은 신문' 정립을 향해 중지를 모으는 과정을 통해 실천에 옮길 수 있는 이념/철학 정립을 꾀해 우리 언론이 한결같이 추구해야 할 방향타를 정해야 한다고 믿는다.

3) 언론의 전문성(Professionalism)을 확립하자

평소 우리나라가 잘 되려면 적어도 기본적으로 두 가지만큼은 꼭 통하는 사회가 되었으면 하는 생각을 갖고 있었다. 그 하나는 상식과 논리요, 둘째는 전문성의 확보였다. 상식이 통하고 상식적인 선에서 느끼는 정도의 논리가 서고 논리로 통할 수 있는 사회, 그리고 각 분야에 걸쳐 전문가가 포진되어 있어 정책이나 규정 등을 들먹이지 않더라도 오랜 연륜과 경륜 속에서 자연스럽게 일이 추진되고 결말이 나는 그런 사회를 꿈꿔 온 것이다. 이는 바꿔 말하면 우리 사회의 가장 큰 병폐 중의 하나가 바로 이들 두 바탕이 제대로 마련되어 있지 않아 많은 문제점의 근원이 되고 있다는 얘기이다. 커뮤니케이션을 평생 전공해온 나더러 어느 날 갑자기 나로서는 전혀 문외한 영역인 원자력병원장직을 맡아 달라면 얼마나 당혹스러울까 하는 망상을 해보면서 끔찍스러움을 느끼기도 한다.

미국을 위시한 선진국들의 장점이 많지만 그중 하나가 바로 전문성을 바탕으로 한 관료시스템(bureaucratic system)이 탄탄하여 대통령이 바뀌더라도 근본이 흔들리지 않는 견고한 전문행정적 뒷받침을 유지할 수 있다는 점이라 한다. 반대의 경우는 쉽게 부패하여 썩어 버린 관료들의 모습에서 후진성을 못 면하는 아시아와 아프리카 주변 여러 나라의 예를 익히 보아왔다. 아시아의 용이요, G-20 의장국이요, OPEC가입 선진국으로서 GNP 2~3만 불 시대를 넘어섰다고 자부하려는 나라에서 아직도 논리와 상식이 통하지 않고 억지와 궤변에다 이중잣대의 편 가르기와 일관성 없는 정책부재 내지 누구 말마따나 정책마비(policy paralysis)국이라는 모욕성의 비판을 감수할 수밖에 없는 처지로 내던져진 오늘의 우리 현실이 너무나도 처참하고 아프다.

기자는 신문기사의 글로 얘기하고, 방송PD는 프로그램으로 얘기하고, 영화감독은 영화로 얘기하고, 교수는 연구와 강의로 말하고, 음식점은 음식 맛으로 승부를 걸듯이 언론은 궁극적으로 구호나 말로 하는 게 아니라 어디까지나 편집과 기사로 승부를 보아야 하며, 그 평가의 주체는 어디까지나 독자인 것이다. 독자가 어떻게 느끼고 반응하는지를 예의주시하며 경영과 편집을 이끌어야 하는 것이다. 독자가 불편을 토로하고 만족스럽지 못하다면 그 자체로 경영진은 책임지고 물러가야 하는 것이다. 변명과 구차한 토를 달 필요가 없는 것이다. 오직 신문에 비춰진 결과물로 응답해야 하는 것이다. 신문의 주인은 독자일 따름이다. 마치 대학의 주체는 셋으로 교수와 직원 및 학생이 있되 이 중 주인공은 어디까지나 배움의 주체인 학생으로 이들은 배움의 주체요, 교수와 직원은 이들 주인공 주체를 위해 가르침과 행정지원을 위탁받은 가르침의 주체요, 행정지원의 주체일 뿐이다. 다시 말해 학생이 주인 주체인 것이다. 마찬가지 논리로 언론의 주인공 주체는 어디까지나 독자자임을 한시라도 망각해서는 안 된다. 언론인은 독자라는 주인공을 위해 보조자일 따름으로 이들은 어디까지나 독자의 필요성과 편의성 및 이익을 충족시키기 위해 존재한다는 저널리즘 정신을 극대화시킬 책임과 의무를 부여받았다는 사실을 다시 환기시켜야 할 것이다. 그 이상도 아니요, 그 이하도 아닌 것이다.

언론인의 전문화와 언론직의 전문직화(professionalism)는 언론계가 추구해야 할 영원한 과제로 남아있음을 모든 언론인들에게 재삼 주의, 환기시키고 싶다. 언론인의 전문직화는 언론을 통해 구현되는 언론인 자신들의 윤리의식과 도덕성을 기본 핵으로 하는 멀고도 먼 고행과 수련의 길과도 같아 일면 잡힐 것 같으면서 잡히지 않는 유토피아와 같은 성격을 띠고 있는 것이다. 그러기에 전문직화는 결코 언론인들이 포기해서는 안 되는 절체절명의 길인 동시에 포기해서는 아니 되는 영원한 이상향이기도 한 것이다. 전문기술의 연마(professional training)는 물론이려니와 전문직에 합당한 수준과 도덕성에 문제가 있는 동료들을 견책하고 파면시킬 수 있는 자율규제

　　　　　　　　　　✦ 미디어 생태계의 미래

(self-regulation)와 윤리/행동강령(code of ethics, code of conduct)을 철저히 준수하려는 자정능력도 필수적으로 갖추고 있어야 한다.

전문성을 지키는 제반 조건들 중 가장 으뜸은 의학계의 히포크라테스 선서와 공직자 취임선서 등에 비유할 수 있는 공익성(public interest/interest-in-others, not self-interest) 구현을 위한 대 국민 독자선서(약속)와 실천인 것이다. 이는 결코 선서로 그쳐서는 아니 되며 반드시 실천으로 이어져야 하는 것이다. 그러기에 의사와 법조계 및 교수직과 같은 전문 직종에서만 볼 수 있는 공익성 실현방안을 눈여겨봐야 할 것이다. 환자의 수술과정에 어느 누구도 개입할 여지가 없는 집도의사의 전문적 결정권과 법정에서 판사만이 내릴 수 있는 법정의 독자적 판결권 및 교수의 강의내용에 대한 철저한 독자성 유지를 가능케 하는 자기채용 정신(self-employed)의 중요성을 재음미해 볼 필요가 있다. 언론계도 경영자가 되든 기자가 되든 언론사에서 봉급을 받되 보도내용에 대한 전문영역의 철저한 간섭배제가 제도화되어야 할 것이다. 이 같은 언론조직 내부에서의 전문성과 독립성이 확립될 수 있는 길은 역시 언론경영의 전문화와 외부로부터의 독립성이 전제되어야 할 것이다. 두말할 나위 없이 언론 사장, 경영권자는 스스로가 전문가요, 독자성을 보장받아야 할 당위성을 백번, 천 번이라도 되뇌며 주장해도 지나침이 없을 것이다.

5. 마무리하며

「언론과 인간 그리고 콘텐츠」의 새로운 발상의 전환과 변화를 기대하면서 自問自答하는 형식의 한마디로 끝을 맺을까 한다. 이제까지 많은 말을 던졌다. 앞으로도 많은 말들이 던져질 것이다. 언론계에 몸담고 있는 경영진, 편집진, 필진 등 개개인의 새로운 각오와 언론계 전체의 실천이 뒤따르지 않으면 백약인들 무슨 효과가 있을까. 변화의 주인공은 역시 바로 인간인 것이다. Knowing is One thing and Doing is

Another라 하듯이 '아는 것과 실행은 별개의 것'이란다. '불가능을 가능으로 바꾸라'는 '사람들'에 대한 다음 이야기를 음미하며 끝마무리를 했으면 한다. 그리고 창출해내는 Mission은 Vision과 함께, Vision은 Passion(열정)으로, 마치 스포츠계의 MVP처럼….

1) "Impossible"과 "I'm possible"[91]

(1) 첫 번째 이야기

안개 속에서 미국 전함 한 척이 다른 배에서 비추는 불빛을 보게 되었다.

"나는 스미스 함장이다. 앞의 배는 방향을 돌려라. 우리는 임무수행 중이다."

함장이 소리치자 응답이 들려왔다.

"저는 존스 이병입니다. 그 배를 돌리십시오."

이등병 주제에 내게 명령을 해? 기분이 상한 함장은 더 크게 외쳤다.

"나는 스미스 미 해군 대장이다. 어서 배를 돌려라!"

응답은 동일했다.

"저는 존스 이병입니다. 배를 돌리십시오."

화가 난 함장이 다시 소리쳤다.

"스미스 해군 대장이라고 말했다! 당장 배를 돌려라. 이건 전함이란 말이다!"

안개 속에서 응답이 들려왔다.

"저는 존스 이병입니다. 배를 돌리십시오. 여긴 등대입니다."

등대가 움직일 수 없듯 환경과 상황, 사람들의 반응 등 외부 조건은 바뀌지 않는다. 당신이 변화시킬 수 있고 변화시켜야 하는 것은, 바로 문제를 바라보고 반응하는 당신의 태도(Attitude)이다.

---

[91] 출처: Attitude That Attracts Success: 아침의 노래(Nigel Kennedy. Violin).

 ✦ 미디어 생태계의 미래

(2) 두 번째 이야기

한 낡은 주유소 벽에 걸려 있었던 다음 표지판은 좋지 않은 태도가 큰 대가를 치르게 된다는 진리를 잘 표현하고 있다.

〈손님들이 더 이상 오지 않는 이유〉

1%: 사망

3%: 이사

5%: 위치가 안 좋아서

7%: 물건이 만족스럽지 않아서

84%: 직원 한 명이 보인 무관심한 태도 때문에….

아무리 CRM을 잘 구축했다고 해도 일선현장에서 벌어지는 나쁜 태도가 CRM 전체를 무력화시킬 수 있다.

(3) 세 번째 이야기

인생의 10%는 당신에게 무슨 일이 일어나느냐로 구성되며, 나머지 90%는 그 일어나는 일에 당신이 어떻게 반응하느냐로 구성된다.

성공의 능력을 결정하는 데 있어 태도는 당신의 실력보다도 더 중요하다.

존 D. 록펠러는 이렇게 말한 적이 있다.

"나는 사람의 실력보다 그가 다른 사람들과 잘 융화하여 일하는가와 그의 태도를 보고 그의 임금을 결정하겠다."

(4) 결론

훌륭한 태도를 가진 사람들은

"Impossible"을 "I'm possible"로 바꾸는 힘이 있다.

콘텐츠의 미래

이상훈 | 전북대학교 신문방송학과 교수

1. 문화 정체성과 문화적 헤게모니의 이중성

문화와 경제는 오랫동안 서로 생소하고 이율배반적인 영역이었다. 이러한 상반된 입장은 사회 내에서 예술, 특히 예술가의 위치가 지니는 시각에서 기인하는 것이다. 이러한 입장은 1980년대 들어오면서 문화의 경제적 중요성을 확인하고 문화적 역동성과 경제적 발전 간의 가능한 시너지를 창출하기 위한 정책적 의지와 함께 수렴되었다. 이 같은 수렴은 다양한 수준에서 일어나고 있다. 즉, 방송통신 융합과 같이 디지털 기술 기반에 따른 사업자, 네트워크 그리고 서비스 융합의 수준, 문화와 경제의 정책적 비전의 융합 수준, 세계화를 통한 문화적 보편성과 특수성의 융합 수준 등이다. 여기에서 문화와 경제의 화해가 이루어져야 하는 당위성이 발생한다. 경제 시스템의 변화와 발전은 문화적 정체성과 현대사회의 인간의 상실의 느낌에 대한 해답으로 문화를 보게 되는 기회를 제공하고 있다. 이에 따라 문화에 부여된 새로운 기능은 두 가지 결과를 함축하고 있다. 문화의 경제란 무엇인가? 사실 문화의 경영, 마케팅,

매니지먼트에 관련된 문제는 심각하게 다루어지지 않았다. 그러나 경제발전의 모순에 의해 제기되는 문제들에 대응하기 위하여 문화는 더 이상 예술의 실천과 지식에 의한 개인에 대한 교육으로 규정되어서는 안 된다는 것이 분명한 것 같다. 이러한 측면에서 문화 개념의 확장은 도구적인 필요성으로부터 이루어진다. 그것은 문화와 성장(경제적)과의 화해에 관한 것이다. 문화는 그에게 주어진 목표에 상응하기 위해서 지식, 존재의 선택 그리고 커뮤니케이션의 실천으로서 규정되어진다. 사실 이러한 화해는 커뮤니케이션의 발달과도 직접적인 연관이 있다. 왜냐하면 많은 학자들이 언급했던 것처럼 커뮤니케이션은 문화 그 자체이기 때문이다.

정치·경제적인 환경의 변화는 새로운 문화 개념과 문화 정책의 패러다임 변화를 동시에 요구하고 있다. 특히 디지털 기술의 진보에 따른 디지털 다채널의 환경에서 문화산업으로서의 방송은 그 내용뿐 아니라 그것이 창조되고 생산되는 기반의 조성이 무엇보다 중요하다고 하겠다. 이러한 점에서 우리는 3국 공동 채널 설립과 관련하여 "만일 다시 시작해야 한다면 나는 문화로 시작할 것이다"라는 J. 모네(Jean Monnet)의 표현은 의미가 있다고 보여 진다. "인류는 단일 문화 속에 자리 잡는다. 그것은 사탕수수와 같은 대중적인 문명을 만들어 내려고 항상 준비하고 있다." 레비스트로스(Levi-Strauss)는 1980년대에 지구상의 문화의 미래에 대한 성찰 속에서 점진적으로 각인되고 있는 감정을 잘 표현하고 있다. 1920년대 뉴욕이 새로운 세계 경제의 중심이 되면서 중심 국가와 매개 국가 그리고 주변 국가의 동심원이 그려지기 시작한다. 이때부터 영화와 재정적 위력으로 엮어 놓은 미국의 산업을 통해 만들어지는 문화 생산물과 유럽의 전통적인 문화 간의 갈등이 시작된다. 이러한 갈등은 미국이 주도하는 세계화로 인해 세계의 언어가 영어로 단일화하는 가능성에 대한 우려로 나타나게 되었다. 이 때문에 유럽 언어의 중심이었던 프랑스의 경우 세계 각처에 프랑스 문화원을 통한 프랑스 언어 보급 및 확산의 정책을 수립하는 계기가 되었다. 언어단일화에 대한 우려는 곧 P. 발레리(Paul Valery)가 지적한 것처럼 유럽의 정체성에 대한 우려이며 '정신의 위기(crise de l'esprit)'로 표현되기도 했다. 그리고 이는 '정신'에 대한 '자본'의 도전에 다름 아니었다. 따라서 "문화적 자본이 위험에 빠뜨리는 것은 읽을 줄 아는 인간, 즉 이해하고 들을 줄 아는 인간, 볼 줄 알고 다시 읽고, 다시 이해하고 다시 인식할 줄 아는 인간을 점점 더 소멸시키는 것이다(A. Mattelart, 2004)." 대중소비와 기술적 네트워크하에서 상징적 보편성이 강요하고 있는 문화적 단일성으로 향하는 구심력의 경향은 1990년대에 들어서 소위 패스트푸드의 대명사인 '맥도날드 세계'의 특성으로 잘 나타나고 있다. 그러나 이 같은 전체적인 표상들과는 정반대의 양상 역시 존재하고 있다. 문화의 세계화에 대해서 지구상에서 문화의 동질화는 일어나지 않는다고 생각하는 사람들도 있다. 내셔널리즘의 긴장, 다시 말해서 정체성에 대한 자성과 같은 사회적 · 경제적 분열을 통해 보편적 동질화는 함몰될 수도 있다. 어떠한 측면에서 이 양 극단 간의 분절된 형식들이 다가올 미래의 문화들의 복합성을 고려하는 것일까? 점점 더 퍼져 나가는 지속적으로 굴절되는 동질화의 개념, 스탠더드화의 개념, 그리고 몰개성화되는 대중화라는 개념의 굴절이라는 왜곡되는 의미의 합성의 함정에 빠지지 않고 우리 사회의 진보의 역사적 단계를 어떻게 위치시킬 것인가? 이는 한편으로는 글로벌 미디어 사회라고 하는 지구촌과 미디어의 결합 속에서 드러나고 있는 문화적 정체성과 헤게모니에 대한 문화적 함의와 관련이 있을 것이다

1) 문화의 세계화 · 지구촌화에 대한 반작용

글로벌 미디어 사회의 가장 큰 특징은 세계화 흐름 속에서 미국적 문화로의 문화의 단일화가 가속화되고 있음과 동시에 다른 한편으로 이를 저지하고자 하는 정치 · 문화적 힘이 작용한다는 점이다. 이는 곧 한 지역 혹은 문화적 블록으로부터 문화적 탈색의 원심력 현상의 가속화로 인한 문화의 정체성 상실을 야기하는 사회 전반적으로 뿌리 없는 문화적 상황, 표준화, 동질화에 대한 반작용을 야기한다. 이는 유럽 대륙이나 특히 한국이 포함된 동북아 및 아시아 문화권에서 보다 명시적으로 일어나는 현상이다.

　　　　　　　✦ 미디어 생태계의 미래

2) 지역문화(Local Culture)의 Glocal화

이들 문화 블록에서 발생되는 문화의 지구촌화와 세계화에 대항하는 메커니즘은 중앙의 탈지역화에 대한 균형으로서 지역문화, 즉 권역으로서의 지역과 함께 한 국가 내에서의 지역 문화(Local Culture)의 System을 유지하려는 힘의 발생이다. 이러한 작용은 국가 내 혹은 권역 내의 국가 간보다 일차적이며 자발적이고 또 즉각적인 성격의 커뮤니케이션 형태로 확대된다.

3) 문화적 중용, 조화와 문화적인 침투

지역문화의 Glocal화는 현대의 새로운 유목민적 부족주의로의 회귀 성향을 가져오고 있다. 이러한 특성은 문화적인 상대주의와 중용의 한 형태로 나타나는 동시에 자신의 문화의 정체성 속에 오히려 함몰되면서 인종문화적 정체성의 순수성으로 무장하는 위험성도 내포하고 있다. 이는 또한 지나친 민족적 문화 정체성 보존 욕구, 곧 자민족 문화 우월주의로 발현되어 역내의 평화와 상호이해를 저해하는 현상으로 나타난다.

4) 글로벌 미디어 사회와 문화적 수렴(convergence)

지구는 글로벌 미디어 사회에서 하나의 거대한 연극무대가 된다. 여기에는 어떤 것보다도 위성방송 등과 같은 텔레비전의 영향이 절대적이다. 여기에 정보화 사회의 핵심적 동력인 인터넷의 네트워크 힘이 가세하고 있다. 사람들은 단순히 방송을 수동적으로 받아들이는 시청자나 소비자라기보다 오히려 이 무대 위에서의 행위자, 주인공 그리고 생산자가 된다. 또한 글로벌 미디어 사회는 사람들을 심리적, 물리적, 문화적으로 소통하게 하는 근거로 전통적인 지역적 근접성 대신 미디어를 통한 인구학적 변수나 행위 습관의 변수가 더 중요시된다. 지구상에서 4대 문화 발상지임에도 불구하고 가장 거대한 오지로 남아 있던 인도에 보편성의 매체로서의 방송 프로그램이 위성의 역할로 엄청난 속도로 침범하고 있다. 중국의 변방 역시 예외일 수 없다.

5) 지역 문화와 '조합의 게임'의 중요성: 현대적 전통과 대안적 현대

동북아 3국 공동채널 설립의 배경이 되는 사회문화협력의 목표 역시 글로벌 미디어 사회에서 문화적, 산업적 위력을 지닌 방송을 통하여 권역 내 사회문화교류를 활성화하는 데 있다. 각 문화의 차이를 이해하고 각 문화의 고유성을 인정하며, 공생주의, 열린 민족주의를 강조하며 다층적인 문화교류를 통해 지역적 동질감을 확대하여, 서로가 거울이 되는 동북아시아 관계를 창출하고자 한다. 이는 세계화와 함께 진행되는 또 다른 힘으로서 지역 문화 간의 조합을 통한 열린 지역 공동체를 창출하고자 하는 것이다. 일반적으로 세계는 북미, 유럽연합, 동아시아의 삼각의 권력 Bloc 문화로 나눌 수 있다. 결국 세계는 이 3블록이 권력을 가지게 됨을 뜻한다. 사실 개방적이며 세계화하는 현대사회에서의 국가 역할은 복합적이며 중층적이다. 예를 들어 아시아 지역에서 중국과 같은 경우 자신의 체제가 지나치게 개방될수록 그 반작용으로 혁명의 위험성을 지니고 있다. 반면에 미얀마나 북한의 경우 지나친 폐쇄로 국제 사회로부터 철저히 소외된다. 따라서 이러한 극단적인 상황을 완화시키며 공존할 수 있는 방향은 지역적 블록문화를 통한 국가 간 문화의 흐름 속에서 찾을 수 있다. 이러한 흐름에서 미디어, 특히 텔레비전과 대중문화가 지니는 역할의 중요성은 개방 속에서의 현대적 전통(modern tradition)의 발굴과 대안적 현대성(alternative modernity)의 구축에 있어 하나의 토대가 된다는 데 있다.

2. 미디어를 통한 문화의 수렴과 다양성의 확보

1) 방송의 다양성에 대한 일반적 접근

다양성은 커뮤니케이션 정책에서 기본 원칙으로 취급되어 왔으며 또한 매스미디어의 성과와 정책결정의 목표를 평가하는 기본적인 원칙으로 다루어졌다(Levin, 1971). 일반적으로 매스미디어, 특히 방송에 있어서 다양성의 확보는 방송 소유권의 다양성, 방송 편성의 다양성, 방송 내용의 다양성, 방송 참여의 다양성, 방송 서비스의 다양성으로 나누어 볼 수 있다. 그러나 이러한 미디어 소유권 제한 등의 구조적 규제나 형평성의 원칙(fairmess doctrine) 등과 같은 행태적인 규제를 기반으로 한 다양성 논의는 궁극적으로 방송 프로그램에 대한 방송사 네트워크의 지배를 제한하면서 다양하고 대안적인 소스를 가진 프로그램의 개발을 통한 다양한 프로그램 제작의 도모에 있다고 하겠다.

해외사례를 보면 다양성의 확보를 위한 대표적인 방안으로 프랑스의 경우 기존 프랑스 국영채널에 문화 프로그램을 시한을 정해서 편성하여 방영하는 계획을 세운 바 있다. 카트린 트로트만 전 문화부 장관은 밤 시간대와 특히 여름휴가철에 문화 프로그램 편성을 집중하는 방안을 마련하였지만 실제로 운영할 수 있는 방법을 찾기가 힘들어 결국 유야무야된 적이 있다. 물론 이는 법적·제도적인 적용의 문제, 방송의 편성권의 문제 등 많은 부분들이 관계가 있지만 궁극적으로 핵심은 문화와 텔레비전의 관계에 대한 개념 정립에 있는 것으로 보인다. 즉, 방송 프로그램에서 문화적 프로그램 편성이라는 것은 우리가 일반적으로 문화적이라고 하는 영역들, 예를 들어 음악, 미술, 연극, 무용 등등의 전통적인 영역과 관련된 프로그램 편성을 지칭하는 것으로 이해되고 있는 반면 텔레비전 문화 혹은 텔레비전의 문화적 분위기나 향취 등의 개념은 문화나 예술의 다양한 영역을 넘어설 수 있는 개념일 수 있다. 이런 측면에서 프랑스와 독일의 문화채널인 ARTE는 텔레비전적인 문화의 자율성을 담보할 수 있는 대표적인 시스템이라고 할 수 있다. 물론 ARTE의 존재가 타 국영방송의 문화적인 책임을 면제해주는 것은 결코 아니다. D. Wolton은 문화-텔레비전 관계의 본질적인 문제는 어떤 특정 소수의 문화적 욕구를 충족시키는 것이 아니라 많은 대중들이 다른 곳에서는 접근하기 힘든 문화적 작품들을 손쉽게 접근할 수 있도록 하는 것이라고 지적하고 있다. ARTE의 다큐멘터리 프로그램 편성책임자인 T. 갸렐에 따르면 텔레비전은 가장 강력한 문화적인 도구일 뿐 아니라 그 자체 문화의 대상인 것이다. 텔레비전 언어는 그 자체에 본질적인 문화를 이끎과 동시에 그 정체성과 질은 소위 엘리트 문화 혹은 아카데믹한 문화에 한정되어 있는 프리즘을 통해서 평가될 수는 없다. 이렇듯 국내외를 막론하고 방송 매체에서 다양성을 확보한다는 것이 문하의 큰 틀 속에서 여러 요소들 간의 복합적인 관계로 얽혀 있음을 알 수 있다.

2) 글로벌 미디어 환경에서의 다양성확보를 위한 대안
- 방송 프로그램의 국제공동제작과 지역적 대안: 문화의 혼종화
(Hybridization) -

이러한 시각에서 다양성 확보를 위한 하나의 대안, 다시 말해서 글로벌 미디어 환경이라고 하는 새로운 매체 환경 속에서 프로그램의 내용에서 문화적 다양성을 확보할 수 있는 대안을 살펴보고자 한다. 구체적으로 이 대안은 글로벌 환경에서 문화 다양성의 확보를 통해 문화 정체성과 보편성을 동시에 프로그램의 내용 속에서 구현할 수 있는 보다 적극적이고 직접적인 방식으로 공동제작의 의미와 내용을 살펴보고자 한다.

해외의 경우, 문화적 다양성을 중시하는 대표적인 국가로서 캐나다를 들 수가 있다. 이에 따라 캐나다의 제작자와 유럽, 미국 그리고 아시아의 파트너들과의 제작 협력의 증가는 글로벌 특성을 지닌 장르의 창작물을 많이 파급시키고 있다. 많은 수의 공동제작물들은 미국의 TV시리즈나 영화의 형식을 반영하고 있으며 시리즈물의 경우 최소한 한 시리즈는 미국과 연관이 있는 내용을 제작하고 있다. 이러한 공동제작물은 상업적으로도 성공을 거두고 있으며 공동제작의 계획은 점차 늘어가고 있다. 공동제작물인 「Lexx」나 「The secret adventure of Jules Verne」는 대표적인 예라고 할 수 있다. 사실, 공동제작 프로그램들은 우리에게 익숙한 내러티브 구조와 스타일을 보여 주고 있으며 이를 바탕으로 각 국가에서 어렵지 않게 유통이 되면서 미국에서도 시장 경쟁력을 지니고 있다. 반면에 이러한 미국화된 제작물들은 시장을 의식하면서 미국적인 문화의 지배적 상황에 대응하고자 하는 미국 이외의 나라들 간의 공동제작 프로그램의 제작 의도를 희석시키고 있는 것도 사실이다. 그러나 전 세계적, 전 지구적이면서 동시에 지역적 정체성을 동시에 획득할 수 있는 프로그램의 제작을 위해서 각 국가는 공동 제작의 형식을 점차 늘려 가고 있는 상황이다. 이 같은 공동제작은 공동제작 프로그램이 제작에 참여한 각각의 나라에서 공통적으로 시청자들을 끌어들일 수 있는 그 자체로 특별한 주제와 포맷을 개발해 내고 있다. 일반적으로 공동제작의 주제와 포맷은 전 지구적인 이야기를 담고 있어야 하는데 그것은 어느 특정한 '공간'과 '시간적'인 차원에서 구분이 되는 그런 내용과 형식이 아니라 '우주 공간'이라든지 혹은 '선사시대'라든지 아니면 시간과 공간적 차원을 넘나드는 '어디서든지' 발생하는 그러한 내용과 이야기 형식을 지니고 있다. 이러한 형태의 이야기 구조는 다양한 문화적 환경과 시장을 동시에 만족시켜줄 수 있는 유용한 형식으로 여겨진다.

텔레비전과 영화에 있어서 국제 공동제작은 우리에게 몇 가지 시사점을 던져주고 있다. 지난 몇 년간 공동제작은 프로그램 시장 상황과 각 국가의 규제 상황에 직접적으로 대응하는 방식으로 그 빈도가 증가되어 왔다. 세계 시장에서 더욱더 치열해지는 경쟁에 맞서고 점점 더 심해지는 제작비 확보의 압박을 넘어서기 위해, 그리고 프로그램의 상업성과 공공서비스의 측면을 동시에 만족시키기 위해 새로운 시장을 개척하고 새로운 제작 펀드를 확보하기 위해서 국제 공동제작은 점점 더 활발하게 진행되고 있는 것이다. 각국의 정치적인 특색이 드러나는 것을 삼가면서 상대적으로 문화적인 차이가 뚜렷하지 않은 형식과 내용을 찾는, 보다 '글로벌'한 것을 추구하는 경향을 보이는 것이다. 이런 조건을 어느 정도 만족시키는 장르로서 제작자들이 선호하는 것은 드라마, 모험, 공상과학물, 다큐멘터리 등이며 내용은 보다 보편적인 시각에서 시청자들이 접할 수 있는 사람들 간의 관계, 감성적인 스토리라인이 선호되고 있다. 앞서 언급한 바와 같이, 이러한 국제 공동제작에 있어서의 글로벌 전략과 그에 적합한 것으로 평가되고 있는 장르들과 내용들은 서로 겹쳐지면서 지역의 특성, 지역의 주요 문제들과 지역의 대표성 등을 주변화하는 위험을 지니고 있다. 또한 이 때문에 국제 공동제작의 포맷은 문화의 다원성과 정체성의 문제를 변화시키는 경향이 있는 것도 사실이다. 실제로 국제 공동제작 프로그램들은 방송에 있어서 공공영역의 기능을 약화시키고 지역의 문화적 표상과 공공적인 토론의 중요성을 약화시킨다는 것이 공동제작을 비판하는 논지의 중심을 이루고 있다. 이 때문에 국제 혹은 지역 간 공동프로그램 제작은 지역 자체의 독립적인 제작의 수준을 보다 한 단계 높일 수 있는 동력으로 작용할 수 있도록 이루어지는 것이 필요할 것이다. 지역, 한 국가, 그리고 국제적으로 주요 현안 문제를 직접적으로 반영하는 글로벌 프로그램을 만들기 위한 공동제작 기획 노력이 이루어져야 한다.

3) 해외의 새로운 장르와 포맷 사례

활기를 띠고 있는 국제적인 포맷 거래에 비해 국내의 포맷 거래는 미미한 수준이다. 세계화와 더불어 세계 프로그램 시장은 포맷의 수출입이 더욱 대중화될 것이며 포맷 시장은 더 많은 방송업자와 제작자들의 참여로 경쟁이 가속화될 것이다. 그리고 포맷 산업은 더 이상 게임쇼와 가벼운 오락물 생산에 그치지 않고 모든 장르의 프로그램으로 확대되어 거래될 것이다. 글로벌 다채널 환경의 도래와 더불어 세계적으로 프로그램 거래가 활성화되면서 각국의 문화적 장벽을 극복하고, 콘텐츠의 다원적 이용(one-source multi-use)과 이윤의 다각화를 위하여 우리나라도 구태의연한 프로그램의 모방과 표절시비에서 벗어나 프로그램의 경쟁력을 높이기 위한 포맷 개념도입과 독창적인 프로그램 포맷 개발에 관심을 가져야 할 때다. 이와 함께 지역성에 근거하는 유연한 구조를 갖춘 프로그램 포맷의 확대가 필요하므로 지역채널에 적합한 프로그램 포맷 연구 및 개발이 절실한 때이다. 프로그램 포맷(format) 산업이 성장하고 있다. 포맷 산업은 더 이상 게임 쇼와 가벼운 오락물을 생산, 배급하는 사람들만의 사업이 아닌 것이다. 특히 오늘날에는 모든 유형의 프로그램이 포맷 판매의 형태로 전환될 가능성을 가지고 있다. 높은 완성도를 요구하는 세계 방송영상시장의 영상물 제작·유통 과정에서 부딪치는 가장 큰 문제는 각 국가마다 상이한 문화적 장벽을 지니고 있다는 것이다. 미국의 경우는 할리우드 스튜디오를 중심으로 한 다양한 문화적 배경에서 문화적 할인을 줄이는 영상물을 제작함으로써 세계 영상산업의 주도적 위치에 서고 있다. 반면에 이외의 많은 영상 제작국들은 각국의 문화적 장벽을 극복하기 위한 방안으로, 완성본이 아닌 개방포맷(open format)으로 프로그램을 제작해, 수입국의 문화적 풍토를 덧붙일 수 있는 상태로 수출하는 지역화(localization) 제작 방식을 채택하고 있다. 대부분이 초기 지상파 난시청 대책용으로 탄생한 각국의 케이블TV는 지역채널과 관련된 법·제도와 주요 프로그램 등에서 각국이 특성에 맞게 발전시켜 나가고 있다. 이러한 대표적인 사례로 영국 BBC 방송국에서 제작해 세계적으로 유행을 불러일으켰던 「텔레토비(Teletubbies)」를 들 수 있는데, 프로그램의 주된 골격은 유지한 채, 몇 꼭지 정도를 자국(프로그램 수입국)의 독특한 문화적 풍토에 맞게 '삽입'하여 문화적 거부감을 극복한 프로그램의 대표주자이다. 이와 같은 방송영상물의 지역화 전략에서는 각국의 특성에 맞도록 프로그램 대본을 미리 대략적으로 짜서 수출하기 때문에, 수입국의 입장에서는 매우 유리한 조건으로 프로그램을 수입해 방영할 수 있다는 이점을 가진다. 이렇듯 지역화 전략은 최근 세계 프로그램 시장에서 새로운 형태의 판매방식으로 부상하고 있다. 제작 방식이 지역화되고 세계 방송시장이 이러한 포맷을 수용함에 따라 프로그램 아이디어의 구입이 늘어나고 제작시장의 규모가 확대되고 있다. 미국 시장에서 만들어지는 포맷의 수는 지난 수년간 감소추세를 보이고 있지만, 포맷에 관한 유럽 회사의 아이디어들이 미국의 빈자리를 대신 메우고 있는 것이다. 세계적으로 이루어지고 있는 프로그램 포맷의 거래 상황을 살펴보면, 네덜란드의 Endemol Entertainment사가 가장 큰 주목받고 있다. 다양한 프로그램 포맷들을 세계 시장에 수출하고 있는 Endemol은 최근에는 아시아 시장을 타깃으로 하여 아시아적 문화와 정서가 담긴 프로그램 포맷을 개발하는 데 주력하고 있다. 특히 Endemol Entertainment는 시장 분석을 통해 해당 시장에서 수용력이 있다고 분석된 프로그램의 개발을 활성화하고 있다. 또한 Bazal Production은 「Challenging Room」이라는 포맷을 스칸디나비아와 베네룩스 3국에, 「Ready, Steady, Cook!」을 미국의 TV Food Network에 판매하고 있다.

　한편, 세계 방송사업자와 제작자들은 Celador사의 「Who Wants to Be a

Millionaire」를 매우 부러운 눈으로 바라보고 있다. 이 프로그램은 영국에서 제작된 게임 쇼로 현재 미국을 포함해 7개국에서 방영되고 있다. 작년 시즌에는 ABC 네트워크에서 가장 높은 시청률을 기록하여, 미국에서 황금시간대에 방영되는 게임 쇼에 새로운 관심을 불러일으키는 데 선도적인 역할을 했고, 심지어 미국의 포맷 개발 전문가들까지 해외의 포맷에 눈을 돌리게 만들었다.

오늘날 포맷의 각색을 위해 제공되고 있는 프로그램들은 단지 게임 쇼뿐만 아니라 포맷이라고 부르기에 약간은 혼란스러운 영역, 즉 라이프스타일, 드라마, 어린이 프로그램 등에까지 확대되고 있다. 심지어 토크쇼 같은 프로그램 장르마저 판매하려는 경향도 나타나고 있다. 많은 포맷 회사처럼 캐나다의 Distraction사도 처음에는 게임 쇼에만 관심을 가지고 있었다. 그러나 국제 판매부장인 아라벨르 폴리오(Arabelle Pouliot)의 말에 따르면, 최근 Distraction사도 많은 변화의 과정을 거치면서 게임 쇼 이외의 포맷을 제공할 계획이라고 한다. Distraction사의 포맷 프로그램인 「Love Bug(Un Gars Une Fille)」는 여러 명의 동일한 커플들이 매회 새로운 상황과 연관된 몇 개의 다양한 단막극을 만들어 내는 프로그램이다. 지금까지 이 쇼는 스웨덴에 팔려 SVT에서 프라임 타임에 방영되었고, 프랑스에서는 F2의 주시청시간대 절찬리에 방영되었다. 이 쇼는 포르투갈에서도 제작되고 있으며, 그리스와 폴란드에서도 프로그램 제작을 계획 중이다.

(1) 인포테인먼트(Infotainment)

Distraction사가 제작한 쇼 중 또 하나의 성공 사례로 프랑스의 인포테인먼트 프로그램인 「Union Libre」(F2에서 방영)를 각색한 「Free Europe」을 들 수 있다. 이 쇼는 유럽 각 나라 출신의 주 진행자와 공동 진행자들이 함께 유럽의 통계수치들과 사건에 대해서 이야기를 나누면서 진행되는 프로그램이다. Mipcom에서 선보인 이 쇼는 이미 유럽의 10개 지역에 판매되었다. 또한 Distraction사는 퀘벡의 「Cover Girls(Diva)」라는 1시간짜리 프라임 타임용 드라마 시리즈를 포맷화하려 하고 있다.

이 쇼는 오후 8시에 TVA에서 방영되어 왔으며, 시청률도 좋았다. 18~34세의 성인 점유율이 63%이며, 남성 시청자의 경우는 55%를 점유하고 있다. Distraction사는 이외에도 56개의 포맷 대본을 보유하고 있는 것으로 알려졌다.

(2) 리얼리티쇼(Reality Show)

최근 이탈리아의 Mediaset/Rit사는 「Big Brother」의 컨셉트에 관심을 가지고 있는 것으로 나타났다. 이 프로그램은 Endemol의 문제작으로서, 한 아파트에 사람들이 함께 갇혀 있는 채로 하루 종일 그들의 모든 행동이 카메라로 촬영되며 최후의 승자 한 사람이 남을 때까지 한 사람씩 차례로 추방되는 프로그램이다. Endemol의 프로그램 담당자인 피터 랜젠버그(Peter Langenberg)는 「Big Brother」가 하나의 새로운 장르라고 설명한다. 그는 이 프로그램이 게임의 요소를 가진 다큐-소프(docu-soap)이며, 누가 쇼에서 살아남아야 하는지를 최종적으로 결정하는 사람은 시청자이기 때문에 더욱 인기를 얻고 있다고 밝히고 있다. 「Big Brother」는 지난 3월 독일 RTL2에서 방송되었으며, 스페인의 Telecinco에도 판매되었다. 이러한 추세를 더욱 발전시키기 위해서 Endemol은 또 다른 새로운 포맷으로 「The Bus」와 「Love Test」를 계획하고 있다.

(3) 다큐드라마-역사, 공상과학

영국의 독립 제작사인 Action Time사는 대중적인 사실 프로그램 포맷을 과학과 역사 분야에서 개발하고 있으며, 이 중 대표적인 포맷으로 「Resurrection」을 들 수 있다. 이 포맷은 두 팀이 어떤 사람의 역사를 알아내기 위해서 죽은 사람의 묘비 앞에서 출발해 일주일 동안 그 사람의 계보에 대해서 조사하는 프로그램 포맷이다. 또한 올해 제작에 착수할 것 중에는 「X-rated Science」가 있는데, 이 프로그램은 대중적인 과학 쇼프로그램으로, 사람들이 직접 실험을 수행한다. 이 쇼는 영국의 Sky사가 선택해 방송하였다.

BBC Worldwide 역시 최근 다큐-소프를 새로운 포맷으로 만들려고 하고 있다. BBC는 지금까지 스웨덴, 네덜란드와 「Driving School」을, 오스트레일리아와는 「Animal Hospital」을 계약했다. 그리고 노르웨이와도 한 개의 시리즈를 작업 중이다. BBC는 또 다른 포맷 장르로 드라마를 개발하려 하고 있는데, 사실 과거에도 드라마를 포맷으로 개발하려 시도했지만 그다지 성공적이지는 못했다. 최근 오스트레일리아의 Southern Star사는 「Police Rescue」의 유럽 판매 계획을 진행하고 있으며, 이 프로그램은 이미 완제품의 형태로도 많은 지역에 판매되었다. Southern Star사는 작년에 이 드라마 시리즈를 포맷화하는 것을 고려하기 시작했다. Southern Star사는 또 다른 포맷의 형태로 어린이 드라마 시리즈를 판매하려고 하고 있는데, 이 포맷은 52개의 에피소드로 구성된 쇼인 「Hi-5」를 포함해서 도시의 어린이들이 곡예와 서커스 트릭을 배우는 프로그램이다.

프랑스의 경우는 드라마 포맷의 수용에 그다지 개방적이지는 않지만, Expand사와 그 제작 하청업자인 K'ien사는 스페인의 드라마 시리즈인 「Midico de Familia」를 구매하였다. 이 시리즈는 스페인에서 5년 동안 크게 히트한 작품이며, 이탈리아에서도 개작되어 4년 동안 성공리에 방영되었다. 미국은 드라마 시리즈를 수출하는 데 있어 새로운 기회의 땅처럼 보인다. 과거 2년 동안 포맷화된 영국 드라마 시리즈는 「Holding the Baby」, 「Cracker」와 Granada의 「Cold Feet」이 있다. 보다 최근에는 Channel 4의 「The Young Person's Guide to Being a Rock Star」, 「Love in the 21st Century」를 계약하기로 하였으며, 현재 다른 많은 유럽 포맷회사들도 미국과 접촉 중이다. 여전히 가장 치열한 경쟁 포맷은 논픽션 영역이다. 「Who Wants to Be a Millionaire」의 성공 이후, Celador는 곧 CBS에서 방영될 미국 버전 「Winning Lines」을 LA의 Stone Stanley Entertainment사와 함께 준비하고 있다. 그리고 CBS 네트워크도 새로운 영국 회사인 Castway와 함께, 이번 여름부터 「Survivor」를 방송하고 있다.

포맷 시장은 새로운 상업방송국의 출현으로 계속 발전·확장되어 왔는데, 특히 포맷(특히 게임 쇼)을 기초로 지역적으로 제작된 에피소드들의 수가 증가하고, 포맷 제

   ✦ 미디어 생태계의 미래

작 형식이 많은 소규모 시장으로 확장되었다. 오늘날 게임이나 버라이어티 장르 이외에도 더 많은 아이디어들이 포맷 장르로 바뀌고 있으며, 지역 프로그램 편성이 더욱 대중적인 방식으로 자리 잡아, 유럽의 시청률 상위 10개 프로그램의 대부분이 지금 지역 제작 방식을 취하고 있다. 이 때문에 지역 프로그램의 수요가 대단히 증가했고, 독립 제작 구조가 강화되었으며, 다른 지역으로부터 신선한 아이디어나 검증된 아이디어들을 공급받고 있다. 앞으로 유럽의 시청자들은 점점 더 미국에서 수입된 프로그램보다는 자신들의 관심과 문화를 직접적으로 반영하는 지역 프로그램 포맷에 관심을 가지게 될 것이다. 가장 성공적인 포맷은 지역 방송사업자가 자신의 지역적 취향과 문화에 적용할 수 있는 유연성을 갖춘 프로그램이 될 것이며, 상호작용과 인터넷 참여를 포함하는 퀴즈와 게임, 그리고 이러한 포맷에서 파생된 프로그램들이 포맷 확대의 주요한 영역이 될 것으로 보인다.

3. 글로벌 디지털 콘텐츠와 비즈니스 모델의 변화

세계화와 함께 지식 및 정보 산업으로 대표되는 후기 자본주의 산업사회 이후 소위 닷컴 사업이 인터넷과 IT 산업의 발전에 따라 핵심적인 경제 영역으로 떠오르면서 비즈니스 모델이라는 용어가 일반화되기 시작하였다. 현대는 수많은 개인들이 전 세계의 수준에서 현실적으로나 혹은 가상적으로 커뮤니티를 형성하면서 함께 감성, 취향을 공유하며 협업을 위해 이합집산하고 있다. 여기서 비즈니스 모델이란 특히 인터넷을 통해 가상적으로 무한한 혁신이 가능한 영역을 창조할 수 있는 지식을 엄청난 양으로 저렴하게 전달할 수 있는 모든 요소들을 결합하는 양식이라고 할 수 있다. 이러한 배경에서 어느 한 비즈니스 모델이 정답이라고 말할 수 없다. 중요한 것은 인터넷 시대에 어느 단 하나의 효과적인 모델이 존재하는 것이 아니라 최대의 부가가치의 실현을 위하여 서로 다른 조직환경과 전략과 같은 특수한 상황이 서로 다른 효과적인 비즈니스 모델을 이끌 수 있다는 점을 인정하는 것이다(Wendy Janson & al., 2007). 이러한 차원에서 비즈니스모델이란 다음과 같다.

> "전략, 기술 그리고 조직의 조화를 구성하는 요소들의 특별한 결합 형태다. 이 결합 형태는 소비자에게 가치를 창조하기 위하여 구성되었고 따라서 어떤 특정한 시장에서 성공적으로 경쟁하기 위하여 구성된 것이다." (Ethiraj, et al., 2000; Wendy Janson & al., 2007에서 재인용)

비즈니스 모델을 이렇게 정의하면 결국 '어떻게 가치(value)를 창조하는가?'라는 문제가 핵심이 된다. 한 기업이 자신이 만든 상품과 서비스를 제공하면서 조직 혹은 네트워크는 소비자에게 모든 종류의 가치를 제공하게 된다. 여기서 조직이나 네트워크(콘텐츠 제공과 네트워크를 결합하면 플랫폼이 될 것이다)의 성공과 실패는 가치에 대한 소비자의 평가가 기준이 된다. 그러나 가치는 단지 사업자가 일방적으로 제공하는 것은 아니다. 사업자가 제공하는 가치에 대한 반대급부로서 소비자로부터 기대하는 상호적인 가치에 대해서 사업자는 조심스럽게 고려해야 한다(Anderson, 2006). 이러한 시각에서 앤더슨은 가치를 사업자가 제공하는 가치와 소비자가 사업자로부터 제공받는 상품이나 서비스에 대해 반대급부로 제공하는 가치인 상호적 가치로 대별하고 있다. 소비자로부터 제공되는 가장 일반적인 상호적 가치는 돈의 지불이다. 그러나 여기에는 단지 돈뿐만 아니라 정보와 커뮤니케이션 기술은 사업자에게 또 다른 가치를 돌려받게 될 수 있도록 하는데, 그것이 소비자의 정보나 지식과 같은 소비자로부터 받을 수 있는 가치가 되는 것이다(Wendy Janson & al, 2007).

2) 통합비즈니스모델(The Integrated Business Model)

비즈니스 모델을 설정할 때 여러 가지 시각에서 출발할 수 있다. 대표적인 시각으로서는 기술적인 시각, 경제학적 시각, 사회학적 시각 그리고 디자인적 시각이 있다(Wendy Janson & al, 2007). 이 모든 시각들은 그 자체로서 유용하지만 그렇다고 개별적으로 독립적이지는 않다. 그러나 본고에서는 기본적으로 새로운 기술을 사람들이 다양하게 접하고 익숙해지며 쉽게 적용이 가능할 때 궁극적으로 사회의 변화를 가져오는 사회문화 차원에서의 혁신을 중요시하는 사회학적인 시각과 위에서 언급한 서로 다른 시각들을 기반으로 비즈니스 환경을 구성하는 제 요소들을 효과적으로 결합하는 디자인적 시각을 중심으로 통합비즈니스 모델에 대해 논하도록 하겠다.

사회학적 시각에서 본다면 특히 뉴미디어 시장은 특히 지금까지 유지되어 왔던 경제논리를 벗어나 새로운 기술을 받아들이면서 변화하는 사회문화적인 가치(value)가 우선시되는 문화적 논리로 접근해야 함을 의미한다. 사실 어떻게 보면 주요 경제논리라는 것 역시 그 논리를 받아들일 수 있는 문화 속에서 가능한 것이라고 한다면 새로운 테크놀로지의 환경에서 사람들이 가치 있다고 느끼는 것을 추구하는 것은 경제적이라기보다는 문화적 양상이다. 문화상품의 시장은 '하이 리스크 하이 리턴(high risk high return)이며 일등만이 시장을 독식한다'는 것에 대한 일반적인 규정은 경제적인 논리라기보다 사회학적인 논리에서 규정되고 있다는 것을 의미한다. 만일, 현재의 소비 트렌드가 변하고 있다면 이런 의미에서 문화적 관심의 변화 속에서 새로운 흐름을 규정할 필요가 있다는 것이다. 예를 들어 미디어를 사용하는 행태에서 기존의 수동적인 소비에서 개개인의 기호와 관심이 보다 중요하게 되고, 시간의 사용(편성표에 따른 일방적인 시청에서 스스로 편성이 가능한 형식)이 다수의 스케줄이 아닌 개인의 환경에 따라 변하면서 점차 일반적인 소비형식을 만들어 가고 있다면 이것은 경제라기보다는 문화인 것이다.

두 번째로, 디자인적 시각을 바탕으로 한 통합비즈니스 모델은 소비자에게 제공하는 가치와 소비자로부터 받을 수 있는 가치인 상호적 가치와의 결합을 우선적으로 고려하는 모델이다. 가치란 전통적으로 소유나 자산을 할당받을 수 있는 수단(돈 혹은 다른 것)으로 규정되어 진다. 그러나 새로운 비즈니스의 모델은 단순히 금전적인 수단이 아니라 사업자(플랫폼)가 소비자에게 제공하는 가치나 소비자로부터 그 가치의 반대급부로 받기를 원하는 가치를 선택하는 것을 포함하는 것이다. 이러한 측면

에서 가치란 사업자의 행위를 소비하는 소비자에게 제공된 결과물을 말한다(〈그림
1〉). 이들 가치로는 생산물과 서비스, 확실성과 진정성, 새로운 것, 제공물의 질, 소
속감, 그리고 참여성 등이 주요한 요소들이다.

Values

· Products and Services
· Authenticity
· Something 'new'
· Quality on demand
· Feeling of belonging
· Participation

출처: Wendy Janson & al.(2007).

그림 1_ 가치(Values)

이와 반대로 상호적 가치(Reciprocal values)란 소비자가 사업자로부터 제공받은
것에 대하여 그 반대급부로 소비 활동 과정에서 사업자에게 돌려주는 과정의 결과물
이다(〈그림 2〉). 따라서 이 통합비즈니스모델은 사업자가 제공하는 생산물이 지녀
야 하는 가치와 그 생산물을 소비하는 소비자로부터 받아들이는 결과물로서의 상호
적 가치를 어떻게 선택하고 조합을 하느냐의 문제가 중요한 것이다. 결국 모바일 환
경에서 플랫폼 사업자가 물리적으로 혹은 디지털 기술적으로 적용할 수 있는 생산물
을 통하여 제공하고, 제공받을 수 있는 가치들을 선택하고 그것을 조화롭게 결합하
는 방식이 되는 것이다. 이러한 틀에서 우리는 모바일 콘텐츠의 성격과 그 콘텐츠의
수급 환경을 적절하게 디자인할 수 있게 되는 것이다. 사업의 성공은 사업자가 소비
자에게 제공할 수 있는 가치들 가운데서 주요한 것을 명확하게 선택할 수 있는지가
우선적인 목표라고 본다(Porter, 1985, Treacy & Wiersema, 1995, Wendy Janson
& al, 2007 재인용). 물론 여기서 새로운 가치가 더해질 경우 사업자는 그에 대한 소

비자의 기대와 필요를 충족할 수 있어야 하지만 새로운 기술, 특히 여러 플랫폼이 결합되는 상황에서는 이 새로운 가치들이 기술적인 혁신과 함께 서로 결합되어 제공될 수 있어야 한다는 것이다(Wendy Janson & al, 2007)

Reciprocal Values

· Money
· Information
· Loyalty
· Relation
· Ideas
· Co-creation

출처: Wendy Janson & al.(2007).

그림 2_ 상호적 가치(Reciprocal values)

사업자가 제공하는 가치와는 별도로 현재의 디지털 매체의 상황에서는 소비자가 사업자에게 제공할 수 있는 가치에 대한 관심이 점차 커지고 있다. 이는 소비자가 제공받는 가치에 대한 금전적인 가치 이외에도 정보나 지식과 같은 또 다른 부가적 가치를 반대급부의 상호적 가치로 제공할 수 있다. 여기서 현재의 IT 기술은 이러한 과정을 가능하도록 하기 때문에 중요한 역할을 하는 것이다. 이러한 상호적 가치로서는 우선 금전적 가치, 정보, 제공되는 생산물에 대한 충성도, 관계성, 아이디어 그리고 지적 공동 창조 등이다.

결국, 이 통합비즈니스모델은 사업의 과정에 속하는 참여자들(생산자와 소비자) 간의 가치의 교환이라는 새로운 과정을 뚜렷하게 밝히면서 가치들(가치와 상호적 가치)들을 적절하게 결합하는 비즈니스 모델 구성을 중요시하는 것이다. 이는 단지 지금까지 비즈니스 모델이 주로 생산물과 서비스 그리고 금전가치를 중심에 두고 이루어졌던 것과는 차이가 있다. 예를 들어 디지털 시대에서 콘텐츠의 제공과 소비에서 프로슈머(Prosummer-생비자)의 중요성이 강조되고 소비자의 적극적인 참여, 혹은 부드러운 가치(soft value)가 강조되는 것도 이러한 통합비즈니스 모델의 특성이라고 할 수 있다. 그리고 이를 통해 사업자들은 새로운 비즈니스 모델을 다시 창출할 수 있는 것이다.

2) 모바일 영상 콘텐츠 수급

(1) 채널 선택에서 프로그램 선택으로

아직 지상파방송, 케이블TV 혹은 위성방송과 같은 유료 방송의 시청률은 아직 다른 매체와는 비교할 수 없을 정도의 위치를 차지하고 있다. 그러나 곧 IPTV 등 인터넷 기반의 영상서비스와 경쟁을 앞두고 있다. 인터넷 기반으로는 IPTV뿐 아니라 모바일 환경에서의 무선인터넷 서비스 역시 향후 영상 서비스의 지형에 큰 변화를 야기할 가능성이 있는 그런 시점이다. 현재 우리나라 이동통신 가입자 수는 4,000만 명을 웃돈다. 음성 기반 가입자를 확보하는 게 의미가 없어지는 단계다. 디지털 환경에서 다매체, 다채널 상황은 방송영상콘텐츠 시장을 확대만 하는 것은 아니다. 오히려 해외나 국내 상황이나 다채널은 결과적으로 방송을 획일화시키고 흥미를 잃게 만들고 있다. 국내의 다채널 유료방송인 케이블TV나 위성방송의 방송현황은 이런 현실을 잘 보여 주고 있다. 모바일 콘텐츠 중에서 동영상 콘텐츠의 소비방식은 한마디로 불법 무료제공 시스템에서 합법 유료제공 시스템으로 변화하는 것이다. 이는 유선인터넷 사용과 MP3 등의 PMP 기기 사용에 익숙해 있는 젊은 세대의 소비 특성이다. 이뿐만 아니라 이제 하이 리스크 하이 리턴이 지배하던 문화산업의 시장은 점점 그성격이 변해가고 있다. 지상파 중심의 주파수와 채널의 희소성에 기초한 매스마켓(mass market)의 특성에서 틈새시장, 다양성, 소규모 다품종 판매가 중요시되는 소위 롱테일(long tail) 경제로 이동하고 있다. 인터넷과 PMP에 익숙한 세대들에 있어서 기존의 매스마켓의 성격을 다양한 기호, 다양한 관심 그리고 개인화된 특별한 선

✦ 미디어 생태계의 미래

택이 가능한, 저렴한 가격으로 형성되는 시장을 주도하게 될 것이다. 이는 곧 모바일 유통시장이 이들의 특성에 적합한 방식으로 움직여야 한다는 것을 의미한다. 미국을 예로 든다면, 이런 상황이 유사하게 벌어지고 있다. 앤더슨(Anderson, 2006)에 따르면 미국의 할리우드 박스오피스의 매출은 7%가 떨어졌고 2001년부터 출품작품 수가 점차 큰 폭으로 감소하고 있다는 것이다. 신문 독자는 1987년을 정점으로 현재까지 3퍼센트 감소했으며, CBS, NBC 그리고 ABC와 같은 네트워크 TV 가입률은 시청자들이 케이블 채널로 분산되면서 지속적으로 털어지고 있다. 즉, 방송의 경우 수백 개의 케이블 방송국들이 네트워크를 형성해 전체 시청자를 지배하고 있으며 예전처럼 하나의 네트워크TV와 같은 특정 방송사가 지배하던 시대는 지났다고 강조하고 있다. 앤더슨(2006)은 이와 함께 이제는 시청자가 반드시 정해진 시간에 봐야 할 TV 프로그램조차 더 이상 존재하지 않는 상황이라고 분석하고 있다. 다시 말해서 전통적으로 시청률이 높았던 스포츠 중계나 아카데미 시상식 등의 대규모 엔터테인먼트 프로그램의 시청률이 현저하게 하락하고 있는 것이 그 증거라는 것이다. 이는 기존의 인기 있는 TV시리즈, 대형 블록버스터 영화, 버라이어티 쇼 등이 존재하고 있지만 공동의 대중문화 정신을 사로잡을 만한 상품은 거의 없는 형편이라는 것이다.

이러한 상황은 방송을 포함한 영상콘텐츠 산업 환경의 대폭적인 변화를 의미하고 있다. 물론 아직 기존의 메이저 미디어들이 많은 자본이 필요한 대형 프로그램을 제작하고 투자한다. 그러나 이러한 양상은 기존의 미디어가 소비자의 채널 선택권의 폭에 기반을 아직 두고 있다는 것을 의미한다.

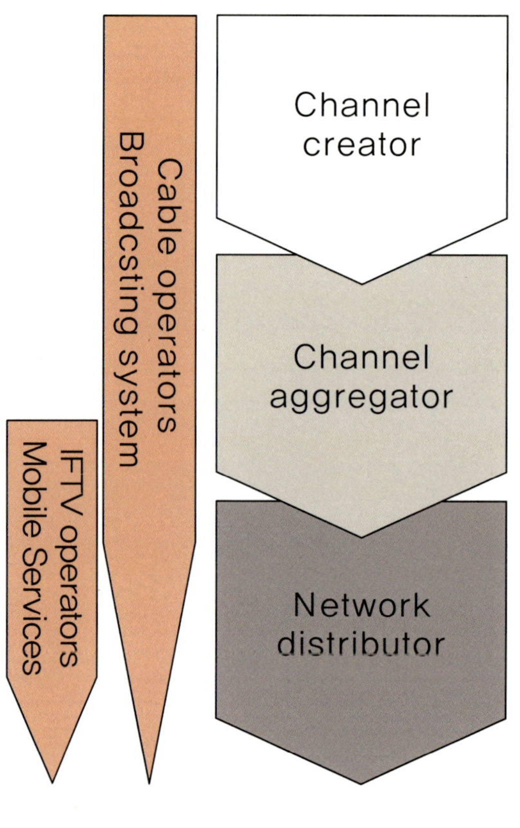

그림 3_ 방송 서비스의 진화 형태

사실, 그림에서 보듯이 방송영상 서비스는 채널 선택에서 채널 어그리게이터 (aggregator)의 선택 그리고 네트워크 선택의 방향으로 진화하고 있다. 이는 결국 수용자의 측면에서 기존의 미디어와 인터넷, 모바일 서비스 등 뉴미디어 서비스 간의 선택 유형이 변하고 있음을 보여 주는 것이다. 기존의 주요 방송사 혹은 케이블TV에서 채널 중심의 선택은 이제 네트워크 선택을 기초로 개별 프로그램의 선택의 확대로 그 양상이 바뀌고 있는 것이다(〈그림 3〉 참고). 채널 중심의 선택은 결국 한두 개의 주요 프로그램의 선택으로 이어지게 되지만 프로그램의 선택의 폭이 넓어진다는 것은 그만큼 다양한 프로그램의 제공을 전제로 하고 있는 것이다. 여기에 네트워크의 선택은 프로그램 중심의 선택을 물리적으로 가능하게 하는 기술적 환경과도 밀접

　　　　　　　　　　　　　　　✚ 미디어 생태계의 미래

한 관계가 있다고 할 것이다. 기술적 환경과의 관계는 수용자들이 얼마나 그 기술을 스스로 편리하게 사용할 수 있는가를 결정하는 수준을 나타낸다.

(2) 융합 패러다임과 재미 기반의 영상물

디지털 시대의 유비쿼터스(Ubiquitous)와 융합(Convergence)의 패러다임이 디지털 문화의 키워드로 떠오르면서 콘텐츠 제작의 기본 방식으로서 디지털 스토리텔링은 콘텐츠의 장르 특성을 결정짓는 주요한 방식이 되고 있다. 특히 정보 (Information)와 재미, 오락(Entertainment)이 중요한 제작코드가 되고 있는 대다수의 영상 콘텐츠 제작을 위한 디지털 스토리텔링의 적용은 향후 콘텐츠 서비스의 핵심 요소가 될 것으로 보인다. 이뿐만 아니라 이는 앞서 통합비즈니스 모델에서 제시되었던 가치들의 결합과도 밀접한 관련이 있다(〈그림 4〉 참고).

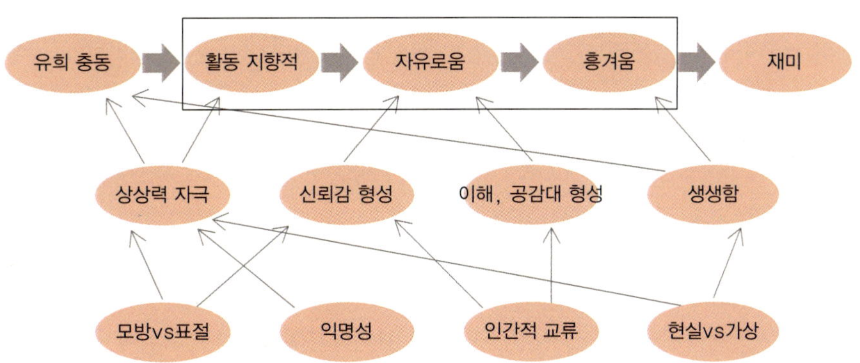

출처: 윤지은 외(2006), 김학진 외(2007)에서 재인용.

그림 4_ 디지털 기술을 통한 재미있는 경험의 조건

3) 컬처(Culture) 모델: 기술과 경제 환원주의의 극복

'컬처 모델'이란 21세기 인간이 방송이나 통신미디어와 관련하여 경제적인 이익만을 모색할 것이 아니라 매력적인 환경을 창조하기 위한 모델이다. 'Business Model'

에 대치되는 이 단어를 제시하며 21세기 디지털시대를 맞이하는 것이다. '컬처 모델'
은 '비즈니스 모델'과 대치하기는 하지만 대립하는 것은 아니다. '컬처 모델'은 '비즈
니스 모델'을 포괄하는 것이다. 비즈니스만이 사회의 동력으로 받아들여지는 시대는
끝났다고 보는 것이다. 새로운 미디어 모델이 나타남으로써 매스미디어 속에도 '개
체'가 등장한다. 그 '개체'가 일상적인 '개체'일지라도 영향력을 갖기 시작한다. '대중'
을 대상으로 확대해 온 방송이 '개체'와 만나고 또 새로운 '대중적' 개념을 구축하며
선견적인 모델을 창출하는 것이 미디어에서의 '컬처 모델'이다.

디지털TV의 도입과 그 발전과정에서 알 수 있듯이 하드웨어가 간단하게 소프트웨
어를 변혁시키지 못한다. 하드웨어가 사회에 어떤 심리적 영향을 주는가를 관찰하면
서 차츰 새로운 소프트웨어의 원형이 발상되어 가야 한다. 새로운 '컬처 모델(Culture
Model)'을 기대하기 위해서는 우선 새로운 재능이 생겨나 육성되고 성공하는 환경이
만들어져야 한다. 디지털시대 정말로 필요한 개혁은 실은 훨씬 앞에 있다. 미디어 구
조 그 자체의 개혁이다. 새로운 '컬처 모델'을 위해서는 미디어에서 보다 급진적인 개
혁이 필요하다. 그것은 일시적으로 기성 구조와 대립될지도 모른다. 그러나 그것은
미디어가 새로운 '비즈니스 모델' 그리고 다음의 '컬처 모델'을 확립하기 위해 필연적
인 변혁이다. 그래서 '컬처 모델'은 이제부터 미디어가 생각해야 할 명제로서 개인과
대중에 대한 인식의 변화를 요구한다.

마지막으로 권력을 가지고 있는 것은 텔레비전이 아니다. 물론 권력을 가진 사람
이나 혹은 텔레비전을 만드는 사람들은 어떤 권력을 지니고 있다. 그러나 시간이 지
날수록 그러한 매력은 줄어들고 있다. 현실적으로 텔레비전의 진정한 권력은 사회적
관계에 공헌하는 것에 있고 오늘날 국가들 사이에서 문화적인 관계에 공헌하는 것에
있는 것이다. 텔레비전이 가지고 있는 눈에 보이고 스펙터클한 차원은 텔레비전의
권력과 혼동되어서는 안 된다.

　　　　　　　　　　　　　　　　　　✦ 미디어 생태계의 미래

4. 결론

세계의 방송시장은 다매체, 다채널 시대를 맞이하여 공영성과 다양성 확보에 주력하며 방송영상산업 발전의 그림을 그려 가고 있다. 외주비율의무 편성 등 나름대로의 노력에도 불구하고 여전히 지속되고 있는 지상파방송의 독과점 구조와 다양성 및 공영성 등 방송의 사회적 책임을 완수하지 못하고 있는 현실 속에서 어떠한 돌파구가 필요한 시점이라 하겠다. 이에 우리도 국내 방송 제작자들이 품격 있는 프로그램 제작 역량을 갖출 수 있는 환경을 조성하고, 이에 따라 자유롭게 발휘되는 창조성과 실험성 그리고 혁신성에 기초한 프로그램으로 수용자들의 권리를 충족시키며, 세계방송영상시장에 도전할 수 있는 기회의 발판으로 삼아야 할 것이다. 적극적인 국제 공동제작 역시 이러한 관점에서 보다 활발하게 이루어 질 수 있어야 할 것이다. 민주주의의 근간이 되는 다원주의는 방송원(源)의 다원성과 참여를 기초로 이루어지는 것으로, 다원주의를 통한 민주주의의 실현을 위해 새롭게 만들어지는 채널은 시청자의 접근성을 높이고 시청자 문화 복지를 고양할 수 있는 시민참여형 특성을 지녀야 한다. 또한 현재 지상파방송사들로부터 소외되고 있는 다수의 소수집단들(이들은 우리 사회에서 또 하나의 대중을 이루고 있음)에 대한 공공서비스가 가능하고, 시민의 참여가 이루어질 수 있는 채널의 신설이 요구되고 있는 것이다. 이를 위해 방송문화 및 산업 수준을 한 단계 더 높이고, 문화 민주주의적 가치를 함양할 수 있는 방송 여건을 조성하기 위한 정책 수립이 이루어져야 한다.

미디어 산업의 세계화와 글로벌 미디어 성장 전략

조은기 | 성공회대학교 신문방송학과 교수

1. 서론

최근 들어 우리나라에서도 전 세계 시장을 대상으로 하는 글로벌 미디어 그룹이 등장해야 한다는 목소리가 높다. 2010년 11월 방송통신위원회는 2011~2013년 기간 중 추진할 100대 실천과제를 발굴하고 실행계획과 소요재원을 반영한 방송통신기본계획을 확정하여 발표하였는데, 그 과정에서 미디어 산업개편의 궁극적 목표 중의 하나가 글로벌 미디어 그룹을 육성하는 것임을 밝혔다. 그리고 국내에서 글로벌 미디어 그룹이 탄생하기 위해서는 지금까지의 방송사업자 규모를 훨씬 넘어서는 미디어 사업자가 필요하고, 이를 위해서는 기업의 합병과 성장을 가로막는 현재의 방송법과 공정거래법은 개선될 필요가 있다는 주장도 뒤따랐다.[92]

---

[92] 특히 2008년 이후 방송법 개정 논의에서 글로벌 미디어 기업 육성을 위한 국내 미디어 기업의 규제 완화는 지금까지의 신문과 방송의 겸영 금지 조항을 철폐해야 한다는 주장의 핵심적인 논거로 등장하였다. 지난해 허가가 이루어진 종합편성채널 심사과정에서는 글로벌 미디어 기업으로의 성장 전략에 대한 평가가 주요한 항목으로 구성되기도 하였다.

우리나라의 미디어 기업이 국내시장을 벗어나 외국시장에 좀 더 적극적으로 진출할 필요가 있다는 최근의 공감대는 무엇보다도 상대적으로 협소한 국내 방송영상 시장이 포화 상태에 있다는 위기감과 함께 한미 FTA 타결 이후 외국 미디어 기업의 국내시장 진출이 본격화될 경우[93] 국제 경쟁력을 갖지 못한 우리나라의 미디어 기업이 경쟁에서 도태될 수도 있다는 우려에 근거한다. 이를 달리 해석하면 방송영상 산업의 경우 글로벌화의 필요성은 수출 그 자체에 있는 것이 아니라 이미 글로벌 시장으로 재편된 방송영상 시장에서 자국의 문화 다양성과 정체성을 일정수준 이상으로 유지하기 위해서는 방송영상 프로그램을 제작, 유통하는 주체의 국제 경쟁력, 예컨대 글로벌 시장에서의 의미 있는 시장 점유율이 요구된다는 주장으로 표현될 수 있다.

방송영상 콘텐츠 산업은 규모의 경제가 극대화되는 산업이다. 초판비용이 크고 상대적으로 거의 0에 가까운 한계 비용을 갖는 방송영상 콘텐츠의 생산과 유통에서 절대적인 시장 크기의 확보는 양질의 프로그램을 생산하는 데 있어서 일차적인 조건이다. 만일 빠르게 글로벌 시장으로 재편되고 있는 방송영상 콘텐츠 시장에서 우리나라 미디어 기업이 단지 협소한 국내시장만을 대상으로 프로그램 생산에 안주할 때 자국과 인접국가, 그리고 우리나라 시장까지를 수요처로 한 외국 미디어 기업이 생산한 프로그램이 시간이 지나면 지날수록 비교 우위를 가질 것은 자명하다. 그에 따라 국내의 방송영상 콘텐츠 산업은 위축될 수밖에 없고, 그 결과 우리나라의 문화다양성과 정체성의 유지라는 상위의 가치가 위협받을 수 있다.

본 연구에서는 미디어 기업의 세계화를 내부에서 관통하고 있는 경제적 논리와 함께 글로벌 미디어 기업의 세계화 전략을 살펴보고, 우리나라 미디어 기업의 글로벌 성

---

93 최근 들어 글로벌 미디어 그룹의 국내시장 진출은 국내기업과의 합작법인 설립과 전략적 제휴 등을 통해 다양한 형태로 진행되었다. 다큐멘터리 제작사인 디스커버리는 최근 국내 복수 종합유선방송국(MSO) CMB와 손잡고 디스커버리채널코리아를 설립했다. 세계 3대 미디어그룹 중 하나인 디즈니는 SK텔레콤과 합작법인을 설립했고, 소니 계열 AXN 역시 국내 씨앤앰 계열 CU미디어와 손잡고 합작법인을 설립했다. 내셔널지오그래픽, 폭스 등의 채널을 갖춘 뉴스코퍼레이션은 이미 국내 CJ E&M, 티캐스트 등 복수 방송프로그램 제공업체(MPP)들과 전략적 제휴 관계에 있다.

장전략을 제시하는 것을 목적으로 한다. 전통적으로 미디어 상품의 국제유통과 관련해서는 비교우위론과 헤게모니 패러다임이 주된 설명의 논리로 제시된 바 있으나 두 이론 모두 미디어 상품의 국제 유통의 현실을 정확히 설명하는 데는 한계를 지니고 있다. 반면 1980년대 후반의 경제학자들을 중심으로 발전한 미디어 경제학에서 강조하는 규모의 경제와 문화적 할인의 논리는 이들 이론에 비해 현실적인 설명력이 높다.

개별 미디어 상품의 국제 교역과 함께 문화산업의 세계화를 주도하고 있는 또 다른 요인은 글로벌 복합미디어 그룹의 존재이다. 개별미디어 기업이 다국적기업화되는 과정은 거래비용의 관점에서 접근하는 것이 설득력이 있으며, 다국적 미디어 기업이 불확실한 시장의 내부화를 실현할 수 있는 가장 핵심적인 전략으로는 인수합병과 전략적 제휴를 꼽을 수 있다. 1990년대 이후 전 세계적 차원에서 일어나고 있는 미디어 기업 간의 대규모 인수, 합병은 디지털 혁명이라는 새로운 환경 속에서 적응할 수 있는 새로운 가치 사슬을 창출하고자 하는 글로벌 복합미디어 그룹들의 전략의 결과라 할 수 있다.

한편 국내 미디어 기업의 글로벌화는 진행 단계나 유형 측면에서 제한적이라고 할 수 있다. 국내 미디어 기업의 글로벌화는 한류로 칭해지는 지상파방송사를 중심으로 한 드라마 장르의 완제품 프로그램 수출이 주된 유형이었고, 일회적인 상품 교역이 아닌 채널, 혹은 방송플랫폼 단위의 시장 진출은 극히 드물게 이루어진 것이 사실이다. 향후 우리나라 미디어 기업이 단순한 단품 프로그램 수출 형태를 벗어나 글로벌 미디어 기업으로 성장하기 위한 조건을 살펴보도록 한다.

2. 미디어 상품의 세계화와 글로벌 미디어 기업의 성장 모델

1) 미디어 상품 국제 유통의 경제학

평소 우리가 소비하는 미디어 상품 중에는 외국의 상품이 큰 비중을 차지하고 있다. 개봉되는 영화는 국내 영화보다 외국 영화의 숫자가 압도적으로 많고, 케이블TV나 위성방송 채널의 대부분은 외국에서 제작 수입된 방송 프로그램으로 채워진다. 외국 미디어 상품과 자국 미디어 상품이 경쟁하는 구조는 우리나라만의 현상이 아니고 전 세계적인 현상이다.

왜 미국의 미디어 상품은 전 세계를 지배하고 있는가? 그러나 왜 미국의 미디어 상품은 일정수준의 시장 점유율 이상을 가져갈 수 없는가? 전 세계 시장을 대상으로 하고 있는 글로벌 복합미디어 그룹은 어떠한 이유에서 출현하게 되었고, 그들의 내적인 성장전략은 어떻게 파악될 수 있는가? 이상의 질문은 본 장에서 다룰 내용에 대한 근본적인 문제 제기이다. 우선 미디어 상품 국제유통 일반을 설명할 수 있는 경제적 논리에 대하여 살펴보자.

전통적으로 미디어 상품의 국제적 유통에 대한 논의는 서구 자본주의 국가, 특히 미국 중심의 일방향적인(unidirectional flow) 미디어 상품의 흐름에 대해 주목하면서, 그로 인한 서구 자본주의 국가와 제3세계 국가 간의 경제적 · 문화적 종속관계에 초점을 맞췄다. 즉, 서구 자본주의 국가의 가치관과 문화를 담은 프로그램에 제3세계 국가의 시청자들이 자주 노출될수록 서구 자본주의의 이데올로기에 순화되고, 이는 경제적 · 정치적 · 문화적 종속을 낳아 궁극적으로는 몇몇 서구 자본주의 국가의 세계 지배를 수월케 한다는 논리이다. 결국 서구의 이데올로기를 담은 미디어 상품은 경제적인 요인에 의해서 구축된 과거의 제국주의와는 그 내용 면에서 다른 '문화 제국주의'의 첨병 역할을 한다는 것이 이 주장의 핵심이다(Shiller, 1968, Gubak, 1969).

예를 들어 미국은 제3세계 여론에 영향을 줄 수 있는 영화나 텔레비전 프로그램을 수출함으로써 추가적인 미국의 미디어 상품뿐만 아니라 여타의 다른 경제상품에 대한 선호를 증진시킨다는 주장이다. 요컨대 미디어 상품 국제유통은 단순히 경제적인 차원에서 파악될 수 없고, 그 핵심은 오히려 문화적인 차원에 의한 서구 지배 국가들의 '문화적 헤게모니' 형성에 있다는 것이다.

한편 전통적인 비교우위론(comparative advantage theory)에 근거한 국가 간의 미디어 상품 유통에 관한 분석은 프로그램 상품의 국가 간 자유유통을 주장한다. 제2차 세계대전 이후의 경제논리와 정치적 함의에 의해 나타난 이 경향은 상호 간에 이득을 주면서 국가의 경계를 넘어서는 정보의 자유로운 흐름을 가정하고 있으며, 이에 따라 매스 미디어, 특히 텔레비전은 정보의 흐름을 촉진시켜주는 매체로 여겨졌다. 또한 비교우위의 경제이론에 따라 기술이 앞선 미국과 같은 나라가 영화나 텔레비전 프로그램과 같은 미디어 상품에서도 다른 나라보다 상대적으로 낮은 비용으로 우위를 점한다고 본다. 즉, 상대적으로 큰 자국 시장을 소유한 국가는 그렇지 않은 국가에 비하여 미디어 상품 제작에 많은 비용을 투입할 수 있고, 그 결과 자국시장이 큰 국가의 미디어 상품이 규모가 작은 국가로 흘러가는 것은 자연스러운 현상이라는 주장이다. 요컨대 미디어 상품 내부의 규모의 경제는 미디어 상품의 국제 유통을 큰 시장에서 작은 시장으로 흐르게 한다는 것이다.

그러나 프로그램 상품 국제유통의 '헤게모니 패러다임'이나 '자유유통' 이론은 우선 미국과 다른 선진국 간의 미디어 상품 교역과 미국과 제3세계 간의 미디어 상품의 교역 유형이 유사하다는 점을 설명하기 어렵다. 예를 들어 미국은 제3세계와의 교역에서 시장의 크기와 기술의 우위 때문에 우위를 점한다고 하지만, 유사한 수준의 기술력과 시장의 크기를 가진 서유럽이나 일본과 같은 선진국과의 교역에서도 미디어 부문에서는 여전히 유사한 정도의 시장점유율을 갖는다는 사실을 적절히 설명할 수 없다.

'헤게모니 패러다임'의 경우 미국 미디어 상품의 문화적 영향력을 설명하는 데는 유용하나, 경제적인 관점에서 미국 미디어 상품의 시장점유율을 설명하는 데는 매우 제한적이다. 예컨대 미국과는 상대적으로 차별적인 경제 정책을 갖고, 독립적인 정치적·문화적 성향을 갖는 프랑스나 독일, 일본 역시 미디어 상품 교역에서는 제3세계와 유사하게 미국 미디어 상품의 시장 우위 현상이 일반적이다. 또한 불공정하고 비경쟁적인 방법에 의해서 다국적 미디어 기업이 시장점유율을 높인다는 주장은 자사의 배급지사를 이용하여 배급하는 서유럽과 일본이나 해당 국가의 배급사를 통해 배급하는 중동과 아시아 지역에서의 실적이 별 차이가 없다는 점에서 경험적으로 취약하다고 하겠다. 미디어 상품의 국제유통에서 미국으로 대표되는 서구 자본주의 국가의 시장우위를 설명하기 위한 논리 중에서, 1980년대 후반의 경제학자들을 중심으로 발전한 미디어 경제학에서 강조하는 규모의 경제와 문화적 할인의 논리는 앞서의 이론보다 현실적인 설명력이 높다.

타인의 소비를 배제하지 못하고, 상품의 추가적인 생산에 소요되는 비용(한계비용)이 거의 0에 가까운 미디어 상품의 공공재적 특성은 원판을 제작하는 데 소요되는 초판비용(first copy cost) 이후 동일한 상품의 유통에 소요되는 비용을 거의 0에 가깝게 만들고, 따라서 생산량이 늘어나면서 평균비용이 지속적으로 감소하는 넓은 의미에서의 규모의 경제가 작용하도록 만든다(Wildman and Siwek, 1993).

요컨대 미디어 상품 생산에서 최초의 초판비용(제작비)의 크기를 결정하는 것은 잠재적인 시장의 규모이고, 따라서 적어도 투입된 제작비의 크기와 소비자의 지불의사가 정(+)의 상관관계에 있다는 것을 전제한다면, 자국의 잠재적 시장크기가 크면 클수록, 그리고 그와 같은 잠재적 시장에 존재하는 소비자들의 지불의사가 크면 클수록 특정 프로그램 상품의 효용가치는 증가한다. 즉, 시장의 규모와 그 시장에 있는 잠재적인 소비자의 소득에 따라 제작되는 프로그램의 경제적 가치가 결정된다는 것이다.

예를 들어 보자. 전체 시장의 규모가 ₩50,000인 K국의 프로그램 시장에서 국내 프로그램인 A를 선택했을 경우는 10%의 기대 시청률에 의한 광고수입 ₩5,000을 보장받지만 외국 프로그램인 B를 선택했을 경우는 5%의 기대 시청률에 의한 광고수입 ₩2,500을 보장받는다고 가정했을 때, 만일 국내 프로그램인 A를 제작하는 데 투입되는 비용이 ₩5,000이고 외국 프로그램 B를 수입하는 데 소요되는 비용이 ₩2,000이라면, 당연히 K국의 사업자는 A를 선택해서 이익이 ₩0이 되는 것보다 B를 선택해서 ₩500의 이익을 얻는 것이 합리적이다.

그런데 같은 상황에서 만일 K국의 전체 시장의 규모가 두 배 증가하여 ₩100,000인 프로그램 시장이 되고, A를 선택했을 때의 광고수입은 ₩10,000이 되는 반면 B를 선택했을 경우는 ₩5,000의 광고수입을 기대할 수 있다면, 각각의 프로그램을 공급하는 데 들어가는 비용이 동일하다고 가정할 때, K국의 사업자 입장에서는 A를 선택했을 때 발생하는 이익은 ₩5,000이고 B를 선택했을 경우에는 ₩3,000이 된다. 따라서 이 경우에는 국내 프로그램인 A를 선택하는 것이 합리적이다. 즉, 자국 시장규모가 커지면 커질수록, 그리고 자국 프로그램에 대한 시청 점유율이 높으면 높을수록 외국 프로그램보다는 자국 프로그램이 공급될 가능성이 커진다고 할 수 있다.

만일 외국 프로그램의 증가가 상업 텔레비전 방송의 인프라의 발전을 가져오고, 이것이 결국 국내 광고시장의 크기를 확대시켜 국내 프로그램에 대한 수요를 점차로 증가시켜 나간다면, 외국 프로그램의 수입은 일정수준 이상으로 증가하기 어렵다. 이 점은 우리가 예전에 토요일이나 일요일 저녁의 주요 방송시간이 외국 프로그램으로 채워졌다가 최근에는 그런 경우를 거의 찾아볼 수 없다는 사실을 생각한다면 쉽게 이해할 수 있다. 외국의 경우에도 동일한 현상을 보이고 있는데, 1980년대 이후 공중파 방송의 민영화와 뉴미디어 도입이 본격적으로 이루어졌던 남부 유럽국가와 남미의 경우가 대표적인 경우이다. 당시 방송국의 민영화 조치에 따라 외국 프로그램 편성 비율 제한이 완화되면서 위의 국가들에서는 급속한 외국 프로그램 유입에 대한 우려의 목소리가 높았다. 즉, 방송 시장이 개방되고, 채널이 늘어나면 외국 프로그램이 범람하고, 그에 따라 자국 프로그램 생산 기반이 와해되지 않느냐는 우려였다. 그러나 결과는 그렇지 않았다. 민영화와 뉴미디어의 도입은 자국 프로그램 생산의 인프라를 확장시키는 방향으로 작용하였고, 시간이 지나면서 외국 프로그램의 비율은 줄어들었다(Sola Pool, 1977; Waterman, 1988; Antola and Rogers, 1984).

이와 같은 현상을 좀 더 구체적으로 살펴보자. 규모의 경제에 의한 프로그램 상품의 국제적 유통에 대한 일반적인 논리를 그대로 따른다면 시장의 크기가 작고 소비자의 지불 의사가 낮은 국가의 프로그램 생산 부문은 원천적으로 봉쇄될 수밖에 없다. 그럼에도 불구하고 어느 나라를 막론하고 자국의 프로그램 생산이 이루어지는 까닭은 프로그램 상품의 경제적 특성을 상쇄시키는 힘이 반대 방향으로 작용하기 때문이다. 그 힘은 이른바 미디어 상품의 '문화적 할인(cultural discount)'이라는 요인

   ✦ 미디어 생태계의 미래

이다(Hoskins, 1997; Noam, 1993).

특정 국가에서 제작된 프로그램이 외국에 방영될 때에는 프로그램 가치의 하락이 발생하게 되는데, 특정 문화에 뿌리를 두고 제작된 특정 프로그램은 다른 문화에 속한 소비자가 쉽게 일체감을 가질 수 없는 패턴을 지니고 있기 때문이다. 따라서 일반적으로 사람들은 같은 값이면 자국의 언어로 제작되고, 자국의 사회를 반영하며, 자국의 배우가 등장하는 프로그램, 그리고 자신들에게 익숙한 형식의 프로그램을 선호한다. 예컨대 미국인들은 자막이 들어 있거나 더빙된 영화를 매우 싫어하는데, 이때 미국에서 상영되는 외국영화의 문화적 할인이 매우 높다고 할 수 있다.

이와 같을 경우, 특정 국가 K의 국민들이 느끼는 프로그램 i의 효용가치 V는 투입된 프로그램 제작비에 의해서 결정되는 프로그램의 물리적 질 Q와 자국의 문화와 사회를 얼마나 반영했느냐를 가리키는 C, 그리고 프로그램 상품 i에 내재된 그 밖의 요인 Z에 의해서 결정된다. 즉, 특정 국가 K에서 프로그램 상품 i의 가치 $V_{ki}=f(Q_i, C_{ki}, Z_i)$로 표현될 수 있는데, 이때 Q_i와 C_{ki}는 상쇄 관계에 있다. 즉, 프로그램 상품 i가 외국 프로그램이라면 Q_i의 값이 큰 반면 C_{ki}의 값이 작고, 프로그램 상품 i가 자국 프로그램이라면 반대의 현상이 발생한다.

마지막으로 미디어 상품 그 자체는 상품 이전에 문화적 내용을 담고 있다는 측면이 강조될 필요가 있다. 따라서 단순히 경제적인 측면의 관점에서만 미디어 상품의 국제교역이 논의될 수 없다. 예를 들어 외국방송 프로그램의 국내방송 시장유입 허용이 여타의 다른 경우와는 다른 무게를 갖는 까닭은 방송이 갖는 사회, 문화적 영향력에 기인한다. 즉, 방송 프로그램이라는 상품은 문화와 의식을 담고 있기 때문에 단순히 외국상품의 국내 점유율과 자국상품의 국제경쟁력에 초점을 맞춘 경제논리의 차원에서만 논의될 수 있는 성질의 것이 아니고, 자국의 문화정체성을 보전하기 위해서는 반드시 일정수준 이상의 자국 프로그램이 공중에게 제공되어야 하며, 그렇기 때문에 필요한 경우에는 정부의 개입이 요구된다는 것이다. 따라서 미디어 상품의 경우 완전한 의미의 국제 간 자유교역은 성립될 수 없다.

2) 글로벌 복합미디어 그룹의 세계화 전략

개별 미디어 상품의 국제교역과 함께 미디어 상품의 세계화를 주도하고 있는 또 다른 요인은 글로벌 복합미디어 그룹의 존재이다. 전 세계 시장을 대상으로 미디어 상품을 공급하는 다국적 미디어 그룹은 그 자체로 세계화된 문화산업이다. 특히 디지털혁명 이후 미래 문화산업의 주요한 변화 방향은 글로벌화이다. 문화산업의 글로벌화는 이미 아날로그 패러다임하에서도 매우 빈번하게 발견되었던 현상이며, 특히 미국의 메이저 스튜디오를 중심으로 한 글로벌 전략이 대표적이다. 세계화된 미디어 산업의 주체는 결국 문화 제작과 유통을 담당하는 개별 기업이 될 수밖에 없다. 여기에서는 다국적 미디어 기업의 해외시장 진출의 유형과 전략을 살펴본다(Gershon, 1997; Gershon, 2000; Gershon and Kanayama, 2002; Gerson and Suri, 2004).

전통적인 의미에서의 다국적 기업(multinational corporation) 개념은 특정 국가에 조직의 모체를 두면서 두 개 이상의 국가에서 사업을 운영하는 조직을 의미한다. 최근의 다국적기업은 과거의 다국적기업이 상대적으로 분명한 국적을 가졌던 것과는 달리 국적이 불분명한 초국적 기업(transnational corporation)의 형태를 띠는 경우가 많으며, 초국적 기업의 등장은 무엇보다도 1990년대 들어서면서 빈번하게 발생한 대규모의 국제적인 인수합병의 결과이다.

미디어 상품 생산, 유통 기업의 경우 전통적인 다국적기업론에서 설명하는 생산비용의 차이에 따른 국제 분업 이론이나 자본의 투자 수익률 극대화 논리를 직접 적용하기는 쉽지 않다. 그 이유는 무엇보다 미디어 기업이 거래하는 상품의 특수성에서 찾을 수 있다. 즉, 공공재로서의 미디어 상품의 생산과 유통에서 생산단위당 한계비용 개념은 적용하기 어렵고, 오히려 생산요소의 시장가격이 가장 비싼 할리우드에서 가장 많은 상품이 생산되는 것이 현실이다. 또한 유통창구를 늘려가면서 부가가치를 창출하는 미디어 상품 기업의 경우 그 자본의 속성은 상업 자본의 성격을 강하게 갖기 때문에 통념적인 의미에서의 내부수익률 개념을 그대로 적용하기에는 제약이 있다고 할 수 있다.

＋ 미디어 생태계의 미래

따라서 문화 기업이 다국적기업화되는 과정은 거래비용 관점에서 접근하는 것이 설득력이 있다. 일반적으로 국제시장에서 기술적인 경쟁 우위의 실현이나 중간재 조달이 거래 비용을 발생시킬 수 있는 상황, 혹은 상품 소비의 외부 효과가 있거나, 판매가격이나 품질에서 불확실성이 높아진다면 기업은 외국에 자회사를 설립하거나, 또는 자신의 고객이나 외국 공급자를 장악, 즉 하청화하여 자신의 기술을 사용하거나 부품의 공급을 수직적으로 통합시킬 유인이 발생한다. 달리 말하면 국제시장에서의 거래비용이 조직 내에서의 조정비용보다 높은 경우 기업은 불확실한 시장을 내부화하는 것을 원하게 되며, 그를 위한 가장 일반적인 방법이 특정 기업을 인수, 합병하거나 합작법인을 설립하는 것, 또는 상품 생산과 유통에 있어서 수직적 관계에 있는 기업과 전략적 제휴를 맺는 것 등이다.

예를 들어 프로그램 상품의 생산에 있어서 절대적인 경쟁 우위가 있는 미디어 기업이 자신의 기술적인 경쟁 우위를 극대화하기 위한 방편으로 국제시장에 진출하고자 할 때, 만일 사업적으로 매력적인 시장에 외국기업의 직접적인 프로그램 유통을 제약하는 규제가 있다면 외국 기업은 현지 법인을 세우는 방안을 고려하지 않을 수 없다. 즉, 불확실한 외부시장의 내부화는 다국적기업 형성의 가장 핵심적인 요인이 된다.

생산과 유통에 있어서 상대적인 비교 우위를 갖는 미디어 상품 기업은 외국 시장의 내부화를 통해서, 즉 해외 현지법인의 설립이나 로컬 기업과의 합작투자 법인의 설립을 통해서 특정 지역 시장에 용이하게 접근할 수 있고, 수많은 사업 파트너와의 협상이나 관리에 소요되는 거래 비용을 절감할 수 있다. 또한 자신의 프로그램을 소비하는 시청자와의 직접적인 접촉을 통하여 시청률이나 가입률을 늘릴 수 있고 무엇보다도 쿼터, 관세, 가격 통제, 조세차별 등 정부의 개입과 규제로부터 발생하는 불이익을 피할 수 있다. 한편 내부적인 사업운영과 관련해서는 단순히 상품 판매만을 통해서는 달성할 수 없는 경쟁 기업의 투입 요소의 공급 및 유통 창구에 대한 통제, 시장 침투를 위한 적극적인 가격 정책의 수립이 가능해진다.

불확실한 시장의 내부화를 실현할 수 있는 가장 핵심적인 전략으로서 다국적 미디어 상품 기업이 취할 수 있는 전략으로는 인수합병과 전략적 제휴를 꼽을 수 있다. 일반적으로 기업이 성장하는 방식은 내적 성장과 외적 성장으로 구분될 수 있는데 내적 성장은 기업 조직의 경영활동 범위를 확대시켜 나가는 것을 의미한다. 즉, 기업 내부의 투자 결정, 자금 조달 결정 등의 경영합리화로서 그 기업 자체를 성장시키는 것을 말하며, 대표적인 미디어 상품 기업인 미디어 기업의 경우를 예로 든다면 적극적인 마케팅 활동을 통해서 가입자 수를 늘린다든지, 새로운 프로그램 포맷을 개발하여 시청률을 높이는 행위가 이에 해당한다.

한편 기업의 외적 성장은 인적, 물적, 자본적 결합을 통해서 경제적 효과를 추구하는 조직적 행위이다. 즉, 두 개 이상의 기업들이 하나로 합쳐서 단일회사가 되는 방식으로 거래행태에 따라 기업합병, 기업인수, 자산취득 및 주식 인수 등과 같은 방법이 있을 수 있다. 미디어 기업의 경우 예를 들면 복수 케이블TV 사업자(MSO)가 개별 케이블TV 사업자를 주식 스왑(euqity swap) 방식에 의해 인수하는 것은 흡수합병에 해당하며, AOL-Time Warner의 경우는 신설 합병의 대표적인 예이고 AT&T의 TCI, Media One 인수의 경우는 기업 인수의 경우에 해당한다.

인수합병(M&A)의 목적은 기본적으로 두 기업 간의 결합을 통해 생산활동에 따른 규모와 범위의 경제를 추구하는 데 있는데 이를 몇 가지로 정리하면 다음과 같다. 첫째는 M&A를 통해서 규모와 범위의 경제를 추구할 수 있다. 기업 간 결합은 고정자산의 활용도를 높임으로써 기업의 생산성을 제고할 수 있다. 이미 투자가 이루어진 인프라의 활용도를 높이고 피합병 기업이 개척해 놓은 시장에 용이하게 진출함으로써 생산 증가에 따른 규모의 경제성도 추구하는 효과를 갖는다. 예컨대 케이블TV 사업자와 인터넷 서비스 제공 사업자가 합병하는 경우 인터넷 서비스를 마케팅할 때 이미 구축해 놓은 케이블TV 전송망의 활용을 극대화할 수 있을 것이다.

둘째는 M&A를 통하여 마케팅비용을 절감하고 신규 시장에 용이하게 진출할 수 있다. 예를 들면 홈쇼핑 사업자의 경우 케이블TV 사업자의 채널 송출권을 획득하기 위하여 케이블TV 인수를 적극적으로 검토할 수 있으며, 지상파방송사의 경우 자신

     ✦ 미디어 생태계의 미래

의 콘텐츠 유통의 범위의 경제를 극대화하기 위한 방편으로 기존 케이블TV 프로그램 공급 사업자를 인수함으로써 케이블TV 및 위성 방송 시장에 진입하는 것을 시도할 수 있다.

셋째는 생산 요소의 안정적 공급이다. 이는 수직적 결합 형태의 M&A에서 자주 관찰되는데 어떤 기업이 생산 활동에 필요한 필수 원료를 생산하는 타 기업을 인수함으로써 생산요소의 안정적인 공급을 꾀할 수 있다. 미디어 기업의 경우 위성방송과 케이블TV의 경쟁 시 특정 채널의 독점적인 공급을 목적으로 한 케이블TV 사업자와 프로그램 공급 사업자, 혹은 위성방송 사업자와 프로그램 공급사업자의 수직적 결합이 이에 해당한다.

넷째는 신기술의 도입 또는 개발 목적이다. 특정 기술 개발에 시간이 걸려 시장 진출의 시기를 놓치거나, 핵심 기술을 보유한 기업을 인수하는 것보다 기술 개발에 소요되는 비용이 더 클 경우 전략적 제휴나 핵심 기술을 보유한 기업을 인수하여 필요한 기술을 도입하는 경우가 있다. 예컨대 디지털 셋톱박스를 제조하는 기업에서 셋톱박스 제조의 핵심기술을 가진 기업을 인수, 합병하는 경우가 이에 해당한다.

다섯 번째는 규제의 회피 목적이다. 정부의 규제가 있어서 특정 사업이 인허가 사업일 경우 M&A가 불가피하다. 특히 외국 사업자의 경우 외국 기업에 대한 정부 규제가 있어 외국 기업이 특정 국가에서의 직접적인 영업이 불가능할 경우 합작 법인을 설립하거나 해당 국가의 미디어 기업에 지분을 투자하여 소기의 목적을 달성할 수 있다. 예컨대 국내시장에 콘텐츠를 공급하는 것을 목적으로 하는 사업자, 즉 내셔널 지오그래픽, 디스커버리 채널, ESPN이 국내에 합작 법인을 설립하는 경우가 이에 해당한다.

한편 M&A와 함께 대표적인 신규시장 진출 전략으로 전략적 제휴를 꼽을 수 있다. 전략적 제휴(strategic alliance)는 경쟁 관계에 있는 기업이 일부 사업 또는 기능별 활동부문에서 경쟁기업과 일시적인 협조 관계를 맺는 것이며, 글로벌 전략적 제휴(global strategic alliance)는 서로 다른 둘 이상의 기업들이 국제시장에서 글로벌 경쟁력을 높이기 위하여 경영 자원을 결합하여 기업경영의 여러 측면에서 공식적이고 장기적인 동맹 관계를 맺는 것을 의미한다. 미디어 기업의 경우 케이블TV 사업자에 대한 협상력을 높이기 위해서 서로 경쟁관계에 있는 프로그램 공급 사업자들이 연대하는 경우가 전략적 제휴의 예이고, 글로벌 전략적 제휴는 그 차원이 국제적 관계로 확장되었을 경우에 발생한다. 예컨대 일본 시장에서 메이저 스튜디오인 '콜럼비아 트라이스타'를 소유한 '소니'와 '이십세기 폭스'를 소유한 '뉴스콥'이 합작법인을 설립하여 유료채널 사업을 공동으로 전개하는 경우가 대표적인 경우이다.

일반적으로 일국 내에서의 전략적 제휴가 특정 분야에서의 협력을 통한 제휴관계에 있는 기업들의 경쟁력 제고를 목적으로 한다면 글로벌 전략적 제휴는 시장의 공유를 목적으로 한다고 할 수 있다. 특히 외국시장 침투 시 M&A와 전략적 제휴는 고려할 수 있는 전략적 대안의 일 순위가 된다. 예를 들어 '베텔스만(Bertelsmann)'이 미국의 온라인 서적 판매시장에 들어가기 위하여 독자적인 유통망을 구축하는 방안 대신에 '반즈 앤 노블(Barnes & Noble)' 합작법인을 설립한 경우가 이에 해당한다.

M&A와 전략적 제휴의 선택은 만일 시장 선점이 중요할 경우 좀 더 적극적인 인수합병과 전략적 제휴 방안을 고려할 수 있으며, 반대로 직접적인 투자로부터 발생하는 손실의 위험이 클 경우에는 적극적인 전략보다는 제3의 에이전시나 계약자를 지정하는 방식이 고려될 수 있다. 예를 들어 외국의 프로그램 공급 사업자가 우리나라 시장에 진출할 경우 법적으로도 복잡하고, 미래의 규제 환경이 불확실한 상황에서 직접적인 투자를 하는 것보다 광고영업이나 국내 영업을 대행할 수 있는 업체를 만드는 것이 대표적인 사례이다.

지금까지 살펴본 미디어 상품 기업의 M&A와 전략적 제휴는 글로벌 미디어 그룹이 성장하는 주된 전략이 되며, 궁극적인 목적은 시너지 효과(synergy effect)의 창출에 있다고 할 수 있다. 한편 디지털 혁명에 의한 방송 통신의 융합은 미디어 기업의 기존 가치사슬을 변화시켰고, 이에 따라 과거의 시장에 대한 개념이나 시장전략은 이제 더 이상 현실 세계에서 적용되기 어렵게 되었다. 새로운 환경 속에서 적응할 수

✦ 미디어 생태계의 미래

있는 새로운 가치 사슬을 창출하고자 하는 글로벌 복합미디어 그룹들의 전략은 가치
사슬의 핵심고리를 차지하는 기업의 인수, 합병을 통한 시너지 효과의 실현과 새로
운 시장, 즉 국제시장에 적극적으로 진출하는 것으로 모아졌다.

글로벌 미디어 그룹의 인수합병과 전략적 제휴는 프로그램 상품이 갖는 독특한 성
격에 따라 몇 가지의 유형을 보이고 있는데 첫째는 수직적 통합 전략이다. 수직적 통
합은 콘텐츠 제공 사업자의 네트워크 부문으로의 진출과 네트워크 사업자가 콘텐츠
분야를 수직 통합하는 경우로 구분될 수 있고, 가장 빈번하게 관찰되는 유형이다.

예컨대 월트 디즈니의 190억 불 ABC 매입, 바이어컴(Viacom)의 370억 불 CBS 매
입, 2000년 10월 AOL의 1,830억 불 타임워너 합병의 경우가 대표적인 예이다. 타임
워너는 신문, 출판 미디어 기업에서 영화, TV 제작의 엔터테인먼트로 확장한 이후,
다시 AOL과의 합병을 통해 콘텐츠 유통경로를 더욱 넓혀가는 데 수직적 통합의 목
적이 있었고, 디즈니의 경우는 전통적으로 강한 애니메이션과 영화 콘텐츠를 ABC와
의 합병을 통해 얻게 된 네트워크를 이용하여 유통시키고, Infoseek를 인수하여 인터
넷이라는 새로운 매체에 진입하는 것이 합병의 목적이었다.

한편 플랫폼사업을 기반으로 하는 기업이 콘텐츠를 소유한 기업과의 통합을 통해
네트워크에 요구되는 리소스를 확보하려는 유형으로는 Viacom, News Corp. 등을
꼽을 수 있다. Viacom은 기존의 케이블TV 방송 사업에 파라마운트의 인수를 통해
확보한 콘텐츠를 결합시킴은 물론이고 CBS와의 합병으로 콘텐츠의 유통 네트워크를
더욱 확장시키는 데 전략적 목적을 두었고, 뉴스코퍼레이션의 경우 기존의 인쇄매체
와 함께 위성방송 플랫폼 위에 FOX 엔터테인먼트의 콘텐츠를 결합하여 자신의 미래
경쟁력을 높여 가려는 입장이었다.

둘째는 보완적인 자산(complementary asset)의 매입이다. 이 경우는 기존에 확
보하고 있는 자원과 보완적인 관계를 가지면서 미래의 사업 추진에 꼭 필요한 자
산을 확보하는 경우이다. 예를 들어 1995년 타임워너가 TBS(Turner Broadcasting
System)를 80억 불에 매입한 경우가 대표적이다. 타임워너 측에서 보자면 TBS의 뉴

스와 프로그래밍 자산은 대단히 보완 관계가 높은 자산이기 때문이었다.

셋째는 동일 브랜드의 공동마케팅 전략을 구사하는 경우이다. 디즈니는 디즈니라는 브랜드를 중심으로 완구, 프로그램, 기타 파생상품을 동시에 마케팅한다. 예를 들어 디즈니의 대표적 애니메이션인 「인어공주」, 「미녀와 야수」, 「라이온 킹」 등의 캐릭터와 게임, 출판물을 동시에 프로모션하는 전략이 대표적이다. 디즈니의 대표작 「라이온 킹」을 예로 들면 1994년 디즈니의 「라이온 킹」은 제작비 5천5백만 달러, 미국 내 흥행 수입 3억 1천3백만 달러, 세계 시장에서의 흥행 수입 4억 5천4백만 달러, 영화의 사운드트랙을 모은 앨범 1천1백만 카피가 팔렸다. 한편 만화영화의 주인공 '심바' 캐릭터를 중심으로 한 인형, 가방, 의류, 문구와 테마파크에서의 「라이온 킹」 관련 입장 수입의 총계는 30억 불을 넘었다.

네 번째는 최근의 디지털 기술의 발달에 따라 방송, 케이블TV, 전화, 인터넷 사업 부문의 구분 영역이 없어지면서 통신 사업자가 미디어 사업 부문에 진출한다든지, 방송 사업자가 통신 부문에 진출하는 유형이다. 즉, 네트워크와 네트워크 간의 결합 형태이다. 미국의 경우 1996년 통신법의 발효에 따라 전화사업자가 케이블TV 부문으로 진출하는 것이 가능해졌다. 그에 따라 이루어진 대표적인 인수합병 사례인 AT&T의 TCI 인수의 주된 목적은 TCI의 네트워크를 통해 방송, 통신 통합 멀티미디어 서비스를 제공하는 것이었다. 즉, 서로 개별적인 서비스를 하나로 번들링하여 통합적으로 제공하는 풀서비스 제공사업자(full service provider)로서의 위상을 조기에 확보하여 향후 디지털 방송, 통신시장을 선점하고, 그동안 난공불락이었던 지역 전화 사업에 진출한다는 의도였다.

마지막으로 하드웨어와 소프트웨어의 결합으로, 소니가 이에 해당한다. 소니는 기존의 전자기기 산업에서 만든 자신의 최종 단말기에 필요한 소프트웨어의 확보를 위해 CBS Records, Columbia Pictures 등을 인수하였다. 최근에는 인터렉티브 엔터테인먼트 산업으로서 게임 산업을 육성하기 위해 자사의 '플레이스테이션2' 발매와 함께 소프트웨어의 개발에 역점을 두고 있다.

✦ 미디어 생태계의 미래

한편 글로벌 미디어 그룹과 특정 국가의 로컬 미디어 기업 간의 제휴는 근본적으로 로컬 미디어 기업은 글로벌 미디어 기업과의 제휴를 통하여 세계시장 속에 편입되고, 글로벌 미디어 그룹은 자신의 콘텐츠와 서비스를 로컬 미디어 기업을 통해서 세계화한다는 목적을 갖는다. 일반적으로 지역 기업과 전략적 제휴를 맺음으로써 다국적 미디어 기업이 얻을 수 있는 시너지 효과는 다음과 같다.

첫째, 다국적 미디어 기업은 제휴 관계에 있는 지역 기업의 소프트웨어와 배급 채널을 이용함으로써 공급의 불확실성을 최소화할 수 있다. 예를 들어, 인도의 경우 20세기 폭스(49%)와 UTV(51%) 간의 합작회사인 유나이티드 스튜디오, 디즈니(51%)와 Modi(49%) 간의 합작으로 설립된 포스트 프로덕션 스튜디오 부에나비스타 TV(Buena Vista TV), 그리고 프로그램 마케팅 UTV와 Modi는 로컬 프로그램을 공급할 수 있는 믿을 만한 파트너이고, 이는 다국적 기업의 국제적인 유통망을 통해서 최종 소비자에 전달될 수 있다는 장점이 있다.

둘째, 제휴 관계에 있는 지역 기업은 다국적 미디어 기업에게 특정 지역에서 채널 독점권을 확보하도록 해줄 수 있다. 만일 특정 국가의 유통망이 독점화되었다면 유통 채널을 선점하는 것은 다국적 미디어 그룹의 경쟁력에 결정적인 요인이 되며, 경쟁적인 채널의 시장 진입을 원천적으로 차단하는 효과가 있다. 예를 들어 인도의 경우 Siticable은 인도의 Zee Telefilms Ltd.(45%)와 News Corp.(45%)의 합작법인인데, 이 경우 News Corp이 소유한 채널과 경쟁관계에 있는 채널이 진입하기는 매우 어려워진다. 우리나라의 경우도 다국적 미디어 그룹의 경우 합작투자 계약이나, 채널 공급 협정서에 경쟁적인 채널은 전송하지 않는다는 조항을 요구하는 것이 일반적이다.

셋째, 다국적 미디어 기업은 지역 기업과 함께 공동 마케팅을 펼칠 수 있다. 지역 기업은 자신이 가지고 있는 미디어 자원을 활용하여 다국적 미디어 기업의 채널이나 프로그램을 홍보할 수 있다. 우리나라의 경우 SBS 스포츠 채널, MBC-ESPN의 경우가 이에 해당하며, 인도의 경우 ZeeTV는 스타스포츠, 음악, 영화 채널의 광고물을 송출한다.

넷째, 제휴 관계에 있는 지역 기업은 다국적 미디어 기업에게 양질의 편성 공급원(programming source)이 될 수 있다는 점을 지적할 수 있다. 지역 기업의 콘텐츠를 활용함으로써 다국적 미디어 기업은 문화적 할인(cultural discount)을 최소화하는 효과도 얻을 수 있으며, 다국적 미디어 기업은 지역 기업의 인력을 새로운 국가에서 부딪치게 될 낯선 협상 등에 활용함으로써 문화적인 차이 때문에 발생할 수 있는 실패를 줄일 수도 있다.

한편, 지역 기업이 다국적 미디어 기업과 전략적 제휴를 맺게 됨으로써 얻을 수 있는 시너지 효과들은 다음과 같다. 첫째, 규모의 경제가 실현되면서 불필요한 비용을 줄일 수 있다. 지역 기업은 프로그램 제작, 기획, 편성 과정을 통제할 수 있는 소프트웨어의 도입, 인력 관리 시스템 등 다국적 미디어 기업의 선진경영 기업과 노하우(know-how)를 전수받음으로써 운영의 효율성을 기할 수 있으며, 이는 일종의 세계적인 지역화(global localization)라 할 수 있을 것이다.

둘째, 다국적 미디어 기업에 의해 관리되는 배급 채널은 배급의 신뢰성을 높인다. 유통 창구를 확보하게 되면 이를 통해 프로그램 소프트웨어의 매출을 확대시킬 수 있다. 예를 들어 Channel V는 BMG의 음악 앨범을 하루에도 여러 번씩 반복 편성하고 있는데 이는 결국 BMG의 현지 법인인 Crescendo의 매출을 높이는 데 기여하게 된다. 한편 로컬 미디어 기업과 글로벌 미디어 기업 간의 공동제작 프로그램은 글로벌 미디어 기업의 유통망을 통해서 전 세계로 유통될 수 있는 기회를 가질 수 있다. 예를 들어 AXN의 서바이벌 프로그램인 「Equal Challenge」는 말레이시아, 홍콩 등 AXN이 진출한 각 나라에서 제작한 다음 그 나라 채널을 통해 방송하는 전략을 취하고 있다.

셋째, 지역 기업은 세계적인 광고의 기회를 가질 수 있을 뿐 아니라 복합 매체를 소유한 다국적 미디어 기업에 의한 매체 간 시너지(cross-media synergies) 효과의 창출을 기대할 수 있다. 예를 들어, 디즈니는 극장용 영화의 흥행이 비디오 시장에서의 매출을 증가시키고, 비디오 판매가 다시 TV에 방영된 디즈니 프로그램의 시청률을 높이는 미디어 간 시너지 창출 전략을 추구한다. 이뿐만 아니라 「Disney Club」이라는 잡지에 쓴 디즈니 작품에 대한 비평 기사는 디즈니의 작품을 소개하는 역할을 수행한다.

넷째, 지역 기업은 다국적 미디어 기업으로부터 믿을 만한 소프트웨어를 조달할 수 있다. 예컨대, MTV와 제휴관계에 있는 한국의 m.net은 비디오 클립을 쉽게 조달하고 있으며, Channel V를 소유하고 있는 News Corp.은 BMG, Warner Music Group, EMI Music, Sony Picture Entertainment 등과 지분관계를 가지고 있는데, 이는 Channel V의 프로그램 조달을 용이하게 하는 요인으로 작용한다.

다섯째, 지역 기업은 다국적 콘텐츠 기업과의 제휴를 통하여 그 지역 밖에서도 유능한 인재를 구할 수 있는 창구를 마련할 수 있다. 글로벌 미디어 그룹은 해당 분야에 전문성이 있는 우수한 인력을 로컬 마켓에 공급함으로써 조직의 콘텐츠 자체가 글로벌 수준으로 바뀌게 되고, 조직의 효율성을 높이는 계기를 제공할 수 있다. 특히 다국적 미디어 그룹은 특정 시장에 진출하기에 앞서 외국시장에 채널을 진출시켰던 경험이 있기 때문에 어떻게 하면 성공적으로 새로운 채널을 출범시킬 수 있는가에 관한 나름의 전문적인 지식을 지니고 있다.

여섯째, 다국적 미디어 기업의 풍부한 자금력을 바탕으로 지역 기업의 인프라를 확충할 수 있다는 장점을 들 수 있다. 글로벌 미디어는 포트폴리오 차원에서 여러 국가에 투자를 하기 때문에 특정 국가에서 발생하는 손실을 성숙기에 들어선 시장으로부터 발생하는 이익을 가지고 상계시킬 수 있는 일종의 교차보조 시스템을 가동시킬 수 있다. 이와 같을 때 특정 국가의 수준이 채널 출범 이후 상당히 오랫동안 지속될 수밖에 없는 손실을 견딜 수 없다면 글로벌 미디어 그룹의 시장 진입은 초기의 손실을 감수하고 새로운 채널이 등장하는 것을 가능하게 한다. 예컨대, 미국의 MTV는 사업 초기였던 1981년과 1983년 사이에 3천3백9십만 달러의 적자를 기록했다. MTV Asia는 1997년에 2천만 달러의 적자를 기록했고, StarTV 역시 사업 초기인 1995년 약 4천5백만 달러의 적자를 기록했다. 그러나 MTV와 StarTV의 모기업인 Viacom과 News

Corp.은 다른 사업 부문에서의 이익이 있었기 때문에 적자를 보전시킬 수 있었고, 이는 위험분산의 포트폴리오가 없는 기업의 경우에는 선택이 불가능한 전략이었다.

3. 한국형 글로벌 미디어 기업 성장전략

1) 글로벌 미디어 성장 환경

지금까지 국내 미디어 기업의 글로벌화는 단품 프로그램 수출이라는 초보적인 단계에 머물고 있다. 현재 우리나라 미디어 기업의 글로벌화가 완제품 프로그램 상품의 일회성 교역에 머물고 있는 까닭은 일차적으로는 과거 국지적 시장 중심의 방송산업이 글로벌 시장으로 재편되기 시작한 것이 2000년 이후 진행된 비교적 최근의 경향이라는 데에 있지만 우리나라의 경우 그에 대한 보다 구조적인 원인이 존재하는 것도 사실이다.

첫째는 우리나라 방송 프로그램의 생산이 지금까지 주로 지상파 중심의 인하우스 체계에서 이루어졌고, 이는 우리나라에서 프로그램 제작의 생산과 유통을 효율화시킬 수 있는 '스튜디오 시스템'이 성장하는 것을 가로막았다. 즉, 지상파방송 방영을 일차적인 목적으로 지상파 내부의 제작 부서에서 제작된 프로그램의 경우 외국시장 판매 및 진출은 부차적인 이슈가 될 수밖에 없었고, 이와 같은 상황에서는 단품 위주의 프로그램 수출만이 이루어질 수밖에 없었다.

둘째는 상대적으로 엄격한 방송 영역의 소유겸영 규제는 국내 미디어 기업이 글로벌 수준의 규모로 성장하는 것을 가로막아 왔다는 점이다. 특히 방송프로그램의 제작과 유통의 핵심인 지상파 영역의 대기업 진입 금지 규정과 지상파방송과 뉴미디어 영역의 과도한 겸영 규제는 국내시장에서의 규모의 경제 실현을 불가능하게 하였고, 외국시장을 대상으로 한 적극적인 자본 투자 역시 어렵게 만들었다.

셋째는 프로그램 투자를 위한 효율적인 파이낸싱 모델이 발달하지 못했다는 점이

다. 프로그램은 그 속성상 투자 위험이 높고 상대적으로 성공시의 리턴이 높은 영역
이다. 따라서 프로그램 제작의 경우에는 투자 위험을 분산시키고 장기적으로 수익률
을 관리할 수 있는 파이낸싱 모델이 우선적으로 요구된다.

우리나라의 경우 지상파방송이 주요 프로그램의 일차적인 창구를 독점하고 있고,
자체적으로 제작 부서를 보유하고 있는 상황에서 지상파방송을 제외한 제작사가 방
송사에 비하여 프로그램 제작의 위험을 매우 높게 인식할 수밖에 없고, 지상파방송
의 프로그램 수요 독점력은 상대적으로 보다 큰 투자 위험에 노출될 수밖에 없는 전
체 방송 프로그램 제작 영역을 하청 구조로 고착시켰다. 이와 같은 상황에서 특정 프
로그램을 중심으로 한 다양한 형태의 파이낸싱 기법이 등장하기 어려웠고, 또한 제
작 영역의 위험을 분산시킬 수 있는 프로그램 제작 영역의 보험 및 금융 상품의 출현
도 제한적일 수밖에 없었다.

한편 우리나라의 미디어 기업이 글로벌 미디어로 성장하는 것을 제한하는 이상과
같은 제약 요인과 함께 기회 요인을 살펴볼 필요가 있다. 첫째로 2002년 이후 지상파
방송사의 드라마 장르를 중심으로 우리나라 방송 콘텐츠가 아시아 지역 시장에서 폭
넓게 수출되었다는 한류의 경험이다. 한류로 대표되는 국내 방송 프로그램의 본격적
인 외국시장 진출은 무엇보다도 국내의 방송 콘텐츠가 글로벌 시장에서 유통될 수
있다는 가능성을 확인했다는 것에 일차적인 의의를 둘 수 있다.

한류 이후 외국 판권에 대한 관심이 높아지고, 외국 사업자와 여러 가지 형태의 공
동 제작이 시도된 경험은 과거 국내시장만을 대상으로 하였던 방송 프로그램 제작
에서 외국시장 유통을 고려한 제작이라는 패러다임의 전환을 야기했다. 한류는 해당
국가 시청자에게 국내 프로그램의 포맷을 친숙하게 만들고, 프로그램에 출현하였던
배우나 가수에 대한 인지도를 상승시켜 한국 프로그램에 대한 문화적 할인(Cultural
Discount) 요인을 감소시키는 긍정적인 효과를 가져다 줄 것으로 생각된다. 이 점은
향우 우리나라의 글로벌 미디어 그룹이 국내 방송 프로그램을 미리 경험하였던 국가
에 훨씬 수월하게 진출할 수 있는 가장 큰 무형의 자산이라고 할 수 있다.

둘째는 한류의 경험 속에서 국내 미디어 기업이 비록 체계적이라고 할 수는 없지만 해외 판권의 계약, 유통, 관리에 대한 나름의 경험을 습득하였고, 그와 함께 프로그램 수출 국가의 방송 환경과 취향에 대한 지식을 갖게 되었다는 점이다. 또한 그간 이루어진 외국 사업자와의 공동제작 시도는 그것의 성패 여부를 떠나 국내 제작사가 국제적인 공동제작의 프로세스를 경험할 수 있는 기회가 되었다는 측면에서 글로벌 수준에서의 프로덕션 매니지먼트 능력을 확보하는 데 있어서 일차적인 디딤돌의 역할을 할 것으로 판단된다.

셋째는 방송통신 융합 환경에서 국내의 뉴미디어 산업은 세계적으로 볼 때도 매우 빠르게 쌍방향 환경으로 전환하고 있다는 사실이다. 최근 위성방송과 디지털 케이블 TV의 경우 HD 쌍방향 셋톱박스가 본격적으로 보급되기 시작하였고, IPTV가 제 궤도에 오르면서 광대역 네트워크를 통한 방송 프로그램의 전송은 기존의 전통적인 프로그램 제공 방식과 소비 유형을 혁명적으로 변화시키고 있다. 한편 우리나라의 초고속인터넷 환경에서 초기부터 활성화되었던 웹상의 스트리밍 서비스 제공의 경험은 쌍방향 셋톱박스의 보급과 함께 'on demand' 환경하에서의 프로그램 서비스 기획과 패키지 개발, 그리고 관련 서비스 론칭에 있어서 우리나라의 미디어 기업이 상대적으로 경쟁 우위를 갖게끔 하였다. 이와 함께 DMB로 대표되는 이동방송 영역에서의 경쟁 우위, 그리고 3G 환경하에서의 동영상 서비스 제공경험 등은 앞으로 광대역 유무선 플랫폼하의 글로벌 시장진출이 불가피하다는 점을 염두에 둘 때 우리가 갖는 강력한 경쟁우위 요소라고 할 수 있다.

넷째는 글로벌 시장에 대한 국내 미디어 기업의 관심과 나름대로의 자신감이 있다는 점이다. 이는 무엇보다도 지난 몇 년간 한류의 성공이 가져다 준 결과이지만 한류의 주체가 아니었던 지상파방송이 아닌 국내 콘텐츠 기업을 중심으로 글로벌 시장진출이 시도되고 있다는 점에서 주목할 필요가 있다. 투자 자금의 여력과 매니지먼트 자원이 상대적으로 우월한 국내 주요 뉴미디어 콘텐츠 유통 사업자 중심의 글로벌화는 지금까지의 단품 거래 중심의 글로벌 시장 진입의 관행을 바꾸고 좀 더 안정

   ✦ 미디어 생태계의 미래

적이고 지속적인 글로벌 시장 진출의 계기를 마련할 것으로 기대된다.

이상과 같은 관점에서 볼 때 이른바 한국형 글로벌 미디어 기업의 성장전략은 제약 요인을 극복하고 기회 요인을 활용하는 차원에서 논의될 수 있을 것이다. 강조할 것은 앞서 언급한 바와 같이 기업단위가 아닌 전체 사회적 차원에서 국내 미디어 기업의 글로벌 시장 진출의 필요성은 그 일차적인 목적이 국내 콘텐츠 제작 영역의 활성화를 통하여 문화적 다양성 및 정체성 구현에 있다는 점이다. 따라서 바람직한 우리나라 미디어 기업의 글로벌 시장 진출 전략은 국내의 방송영상 콘텐츠 제작, 유통 시장과의 유기적인 연관 속에서 구사될 수 있도록 정책적인 유도가 필요하다. 예컨대 자본 이득을 목적으로 하는 국내 순수 금융자본의 외국 미디어 기업의 인수, 합병은 한국형 글로벌 미디어 기업의 성장전략과 거리가 있다. 이러한 관점에서 우리나라 미디어 기업이 글로벌 미디어 기업으로 성장할 수 있는 국내 제작, 투자 환경의 효율화와 세계시장 진출 전략의 몇 가지 유형을 살펴보도록 한다.

2) 국내 미디어 기업 환경의 효율화와 글로벌 시장 진출 전략

(1) 선진국형 스튜디오 모델의 도입

국내 미디어 기업이 글로벌 시장으로 진출하기 위해서는 성장의 모태가 되는 국내 프로그램 제작, 유통 시장이 우선적으로 효율적인 체계로 바뀌어야 한다. 국내 프로그램 제작, 유통 시장이 지상파방송 중심의 인하우스 프로덕션이 지배하는 현실에서는 글로벌 미디어 기업의 출현은 기대하기 어렵다. 방송 프로그램의 제작, 유통의 전 과정을 관리할 수 있는 선진국형 스튜디오 시스템이 구축되어야 하며, 이를 위하여 프로젝트 중심의 파이낸싱 모델의 정착, 그리고 제작 영역에 대한 단순 지원이라는 현재의 지원정책에서 기획 및 유통 중심의 지원정책으로의 전환이 요구된다.

현재 전 세계 방송시장은 할리우드 메이저 스튜디오가 지배하고 있다. 메이저 스튜디오의 글로벌 방송시장 장악의 주된 요인은 무엇보다도 메이저 스튜디오가 보유하고 있는 강력하고, 효율적인 프로그램 제작, 유통 시스템에서 기인하는 바가 크다. 전 세계 시장을 대상으로 한 프로그램을 기획한 후 다수의 제작사로부터 프로그램을 납품받아 시장에 유통시키는 스튜디오 모델의 장점은 그 과정 속에서 프로그램 라이브러리를 축적시킬 수 있다는 데 있다.

스튜디오 시스템 중심의 프로그램 제작, 유통 모델은 제작 자체가 중요한 것이 아니라 기획과 파이낸싱, 그리고 제작 과정에 대한 매니지먼트를 핵심으로 하는 제작 시스템이다. 특히 스튜디오 시스템은 방송통신 융합 환경에서 매우 효과적인 시스템이다. 왜냐하면 아날로그 패러다임하의 콘텐츠가 최종적으로 그것을 유통시키는 미디어 특성에 의하여 구체적인 형식과 제작 과정이 제약된 것과는 달리 디지털 패러다임하의 콘텐츠는 유통 플랫폼으로부터 상대적으로 자유로워지기 때문이다.

예컨대 과거의 방송 드라마는 일일, 혹은 주말연속극으로서의 형식과 내용, 그리고 그에 따라 현장에서 직접 프로그램을 만드는 제작 PD 중심의 제작 과정을 가질 수밖에 없었다. 그러나 디지털 패러다임으로의 전환은 동일한 방송 드라마의 형식과 내용, 제작과정을 혁명적으로 변화시킨다. 예를 들어 과거의 드라마는 이제 DVD 형식의 직접 판매 시장에서 유통될 수 있고, 스트리밍 방식의 VOD 서비스 염두에 두어야 하며, OST 음원 시장에 대한 고려를 해야만 한다. 또한 데이터 방송이 본격화되면 드라마와 관련된 메타 데이터의 축적과 유통이 중요해지고, 드라마의 개별 장면들은 T-commerce와 연동될 수 있다. 더 나아가 동일한 드라마의 인물과 장면, 대본은 e-book 형태로 서비스될 수 있고, 게임 콘텐츠로 활용될 수도 있으며, 온·오프라인의 캐릭터 시장에서 상품화될 수 있다. 또한 그와 같은 시스템은 대량의 제작비를 투자한 후 세계 시장 유통을 통하여 제작비를 회수해야만 하는 글로벌 미디어 기업의 입장에서 매우 효과적이다.

스튜디오 모델에서 제작사의 기능은 아래의 그림을 통해 기술될 수 있다. 제1단계는 제작사가 다수의 프로그램 포맷과 스토리를 보유하기 위해 제작사들로부터 다중 플랫폼 유통과 글로벌 시장 진출이 가능한 아이디어를 수집한다. 다음 2단계에서

✦ 미디어 생태계의 미래

는 아이디어를 패키지해서 플랫폼 사업자에게 제안하고 제작 예산의 50% 정도를 확보하기 위해 방영권을 글로벌 방송 사업자에게 사전 판매해 제작비를 확보한다. 제3단계에서는 내부적으로도 제작비를 충당하고 프로그램에 대한 권리를 확보한다. 제4단계에서는 프로그램을 제작하는 외부 제작사들이 예산과 제작의 효율성을 기하는지를 감독한다. 마지막 단계에서는 제작이 완료된 프로그램을 사전에 권리를 구매한 방송사업자들에게 판매한다. 스튜디오 모델의 강점은 많은 프로그램들이 제작될 수 있는 재정적 기반을 만들어 주고 추가적으로 외부 제작사의 프로그램 권리와 연계되어 협상력을 가질 수 있는 풍부한 저작권 라이브러리를 창출시킨다는 점이다.

스튜디오 모델은 독립 제작사 모델보다 여러 가지 편익을 제공한다. 첫째, 스튜디오 모델은 제3자, 즉 외부 제작자에게 실질적인 제작을 아웃소싱하기 때문에 고품질의 프로그램을 제작할 수 있도록 감독을 할 수 있다. 둘째, 제작물량이나 제작비 규모가 커질수록 협상력이 증가하기 때문에 프로그램 권리를 확보하기가 더 용이해진다. 셋째, 유통물량이 많아질수록 위험을 관리할 수 있는 내부적인 투자 포트폴리오를 관리할 수 있기 때문에 수입은 안정적으로 형성된다. 마지막으로, 제작물량이 커질수록 초판 비용이 분산되는 규모의 경제를 가동시킬 수 있다.

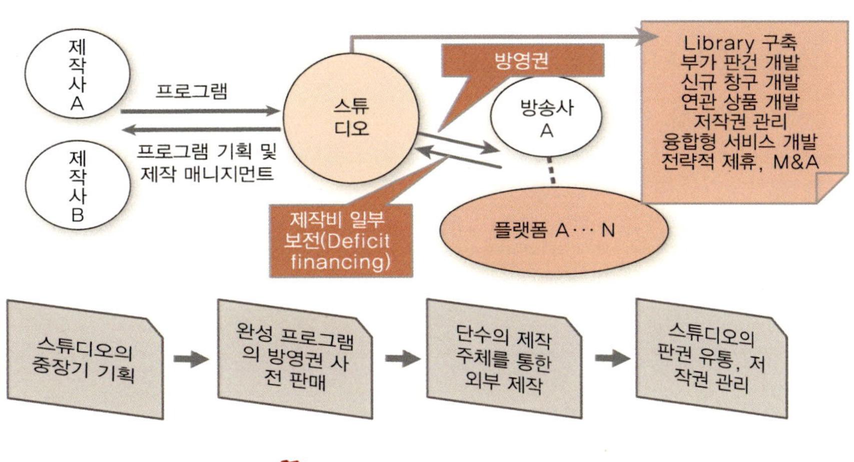

그림 1_ 선진국형 스튜디오 모델

(2) 아시아 지역 중심의 글로벌 콘텐츠 펀드 결성

현재 아시아 지역 국가에서의 한국 방송콘텐츠에 대한 수요는 매우 높으며 많은 방송사들이 한국 방송콘텐츠를 안정적으로 확보하기를 원하고 있다. 한국 콘텐츠를 주 편성으로 하는 채널에 대한 외국 수용자의 니즈와 함께 한국 콘텐츠 채널을 론칭하려는 외국 사업자의 이해가 존재하는 현실에서 한국 콘텐츠에 대한 안정적인 수급은 가장 중요한 사업 성공요건 중의 하나가 된다. 왜냐하면 한국 채널의 24시간 편성 시간을 채우려면 과거와 같이 다수의 배급 업자에 의한 일회적인 프로그램 유통만으로는 한계가 있기 때문이다. 또한 한국 콘텐츠 채널을 운영하는 외국 사업자는 자사의 채널 경쟁력을 높이기 위해서 경쟁자에 앞서 인기 있는 콘텐츠를 효과적으로 확보할 수 있는 방안을 적극적으로 모색해야 한다.

외국 사업자 입장에서 매력적인 한국 콘텐츠를 안정적으로 수급할 수 있는 효과적인 방안으로 기획, 투자 단계부터 국내 콘텐츠 제작 영역에 참여하여 자국 시장에서 성공할 수 있는 한국 방송 콘텐츠의 해외 판권을 사전에 확보하는 전략이 있을 수 있다. 경쟁력 있는 한국 콘텐츠 해외 판권 확보를 기획단계부터 확보한 외국의 사업자는 일차적으로는 아시아 여러 국가에서 운영하는 한국 채널을 대상으로 확보된 콘텐츠를 안정적으로 유통할 수 있고, 2차적으로는 아시아 권역을 넘어선 글로벌 마켓에 한국 콘텐츠를 적극적으로 유통하려는 경제적인 이해를 갖는다.

한편 국내 콘텐츠 제작사업자 입장에서 외국의 메이저 방송 그룹에 방송 콘텐츠를 선판매하였다는 점은 그 자체로 글로벌 유통이 효율적으로 이루어졌다는 것을 의미하며, 그 과정에서 콘텐츠 투자 및 제작의 매니지먼트 기법 등 외국의 선진 경영기법에 대한 경험을 쌓을 수 있다. 외국의 콘텐츠 제작, 유통 기업과 국내의 콘텐츠 제작, 유통 기업이 다양한 사업 모델에 따라 자유롭게 만날 수 있는 장은 과거와 같은 공동 제작 형태가 아니라 오히려 콘텐츠 투자조합 형태의 재무적인 플랫폼을 중심으로 형성하는 것이 바람직할 수 있다.

이와 같을 때 우리 정부 주도로 '한국 방송 콘텐츠 투자를 목적으로 하는 글로벌 콘텐츠 펀드'의 결성을 검토할 수 있다. 예컨대 아시아 주요 국가들에서 방송콘텐츠 관련 정부 주도의 펀드가 대부분 결성되어 있는 상태에서 우리나라 정부와 외국 정부가 공동출자하고 일반투자자들이 출자하는 가칭 'Asia-Korean Content Fund' 결성을 출범시키는 방안이다. 그와 같을 때 'Asia-Korean Content Fund'의 운영에서 고유 투자대상 중의 하나로 한국 방송 콘텐츠, 혹은 펀드에 참여한 국가 간의 공동제작 협정에 의하여 제작된 콘텐츠에 대한 투자를 지정할 수 있다.

글로벌 콘텐츠 펀드의 국내 콘텐츠 제작 영역에 대한 투자는 여러 가지 측면에서 긍정적인 효과를 갖는다. 첫째는 국내시장에 국한되었던 콘텐츠 제작영역에 새로운 형태의 자본이 투입되면서 일차적으로는 국내 방송 콘텐츠 제작 시장이 활성화될 수 있다. 둘째는 직접적인 외국 자본의 투자가 아닌 인력 교류나 비용 분담 차원의 공동제작에서 자주 발생하는 제작 관리의 비효율성 문제를 해결할 수 있다. 셋째는 외국의 전략적 자본의 투자는 우리나라 콘텐츠의 외국시장 유통에서 글로벌 네트워크가 있는 전략적 투자자의 역량을 활용할 수 있다는 것을 의미하기 때문에 외국시장 진출에 긍정적이다. 넷째는 콘텐츠 펀드를 통하여 기획단계부터 공동으로 참여하는 외국의 전략적 투자자는 자신의 투자 수익 극대화를 위하여 다양한 사업 모델을 제안할 것이며, 그에 따라 우리나라 콘텐츠의 외국시장 진입 유형은 매우 다양하게 발전될 수 있다. 다섯째는 글로벌 콘텐츠 펀드의 국내 방송 콘텐츠 투자 과정에서 상대적으로 국내에서는 발달이 덜 된 외국의 선진적인 금융시스템을 이용하여 자본 조달의 효율성을 기할 수 있다.

예컨대 우리나라에는 현재까지 존재하지 않는 외국의 완성보증보험사를 활용할 수 있고, 이를 통하여 제작 과정에서 외부의 금융 자본을 조달할 수 있다. 마지막으로 국내방송 콘텐츠 기획과 제작에서 글로벌 콘텐츠 트렌드에 대한 정보를 체계적으로 접할 수 있고, 무엇보다도 콘텐츠 기획, 투자, 제작, 유통의 가치사슬별로 특화된 선진경영 기법을 습득하고 체화하여 우리나라 콘텐츠 산업의 내부적인 글로벌화가 이루어지는 데 긍정적인 효과가 있다.

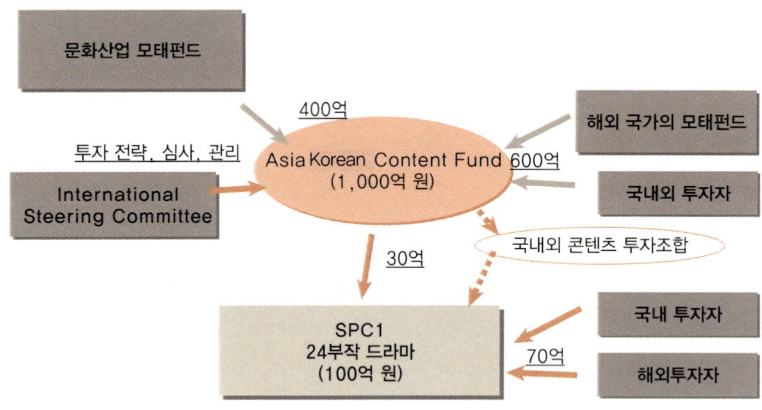

그림 2_ 예시적인 Asia Korean Content Fund 개념도

〈그림 2〉는 이상과 같은 글로벌 콘텐츠 펀드의 결성을 예시적으로 도시하고 있다. 예컨대 1,000억 규모의 'Asia-Korean Content Fund'는 문화산업 모태 펀드가 400억을 출자하고, 외국의 유사한 문화 콘텐츠 모태 펀드와 국내외 투자자가 600억을 출자하여 결성될 수 있을 것이다. 이때 국내외 투자자는 콘텐츠 제작과 유통 영역의 전략적 투자자와 재무적 투자자로 구성될 수 있을 것이다.

위의 그림에서 가칭 '국제 투자 실행 위원회(international steering committee)'를 두어 'Asia-Korean Content Fund'의 업무집행조합원과는 별도로 진행되는 프로젝트의 기획, 심사, 관리에 대한 조정 기능을 부여할 수 있다. 즉, 투자실행위원회는 장기적인 'Asia-Korean Content Fund'의 전략과 투자가 진행된 콘텐츠의 효율적인 글로벌 유통을 위한 국제적 네트워킹, 신규 프로젝트의 개발 및 재무적인 투자모델 개발을 논의하고 업무집행조합원을 통하여 프로젝트를 관리한다. 이와 같은 구조에서 예시적으로 총 100억이 소요되는 24부작 국내 드라마가 기획되어 SPC가 만들어질 경우 'Asia-Korean Content Fund'는 30억을 투자하고 국내 및 해외 투자자가 70억을 투자할 수 있는데 이때의 국내 및 해외 투자자는 투자실행위원회를 통하여 네트워킹된 전략적, 재무적 투자자로 구성된다. 'Asia-Korean Content Fund'에 참여하는 외국 파트너의 경우 다양한 형태의 공동제작, 로케이션 사업, 포스트 프로덕션 사업과 해외판권 유통사업 등을 매력적으로 인식할 것이며, 특히 문화적 할인 효과가 상대적으로 적은 융합 콘텐츠의 경우 'Asia-Korean Content Fund' 투자에 의해서 만들어진 콘텐츠는 참여한 국가들의 시장을 공유하고, 로컬화되었을 때의 원형 포맷을 공유할 수 있다는 점에서 시너지 효과가 클 것으로 예상된다.

또한 'Asia-Korean Content Fund'는 주요 미디어 그룹, 투자자 중심의 투자심사 그룹을 구성하여 글로벌 네트워킹 체계를 구축하고 아시아 시장 콘텐츠 수요에 대한 정보 공유할 수 있는 구심점의 기능도 할 수 있을 것이다. 한편 국내 콘텐츠 제작사 입장에서는 'Asia-Korean Content Fund'가 자사의 방송콘텐츠에 투자했다는 것의 의미는 그 자체로 해외판권의 선판매가 이루어졌다는 것을 의미하기 때문에 후속 시장을 내부화할 수 있는 매우 효과적인 방법이 된다. 그리고 그와 같은 글로벌 펀드의 투자를 받는 과정에서 세계 수준의 프로덕션 매니지먼트, 투자 및 판권 거래 모델에 대한 학습과 경험을 체화하여 장기적으로 현재의 단품 수출 중심의 한류를 확대, 발전시킬 수 있는 계기를 마련할 수도 있을 것이다.

(3) 아시아 시장 중심의 글로벌 채널 진출

지금까지 우리나라를 포함한 아시아의 미디어 시장은 메이저 글로벌 미디어 그룹의 이차 시장으로만 존재하였다. 할리우드에 기반한 메이저 미디어 그룹은 풍부한 콘텐츠와 선진 제작 노하우를 무기로 아시아 시장 지배력을 지속적으로 확대하고 있는 것이 현실이다. 특히 CNN, CNBC, BBC World, StarTV와 같은 뉴스 및 시사 채널의 아시아 시장진입은 세계 문제는 물론, 아시아 문제도 서구의 시각으로 해석될 우려가 있다. 또한 서구 중심의 문화 콘텐츠는 아시아 각국의 문화생활과 가치관 형성에 부정적인 영향력을 행사할 우려가 있다는 지적도 여러 차례 있었다. 따라서 아시아적 시각에서 세계 문제를 해석하고 대안을 제시하고, 아시아 공동의 문화와 정서를 대변하는 채널이 필요하다는 공감대가 형성될 수 있다. 특히 최근 들어 인간, 가족, 환경, 자연을 중시하는 아시아적 가치는 21세기를 주도할 세계적 가치로 주목받

고 있고, 이미 한류, 니폰 필(Nippon Feel), 홍콩 느와르 등의 국경을 넘어선 아시아

적 가치를 담은 콘텐츠에 대한 아시아 및 세계 시장에서의 관심이 매우 높다.

그러나 지금까지의 아시아 시장에의 콘텐츠 유통은 프로그램 단위별 일회성 거래

로 이루어져 고정적인 시청자 확보, 방송사의 브랜드 이미지 제고, 부가가치 창출에 제

약이 있었다. 즉, 콘텐츠를 유통, 마케팅, 방영하는 고정된 창구가 없어서 체계적이고

지속적인 시청자를 확보하는 것이 불가능하였으며, 결과적으로 단품 콘텐츠가 인기를

끌더라도 일회성에 그치고, 다른 영역에서 시너지를 효과를 기대하는 것이 어려웠다.

물론 중국의 CCTV, 일본의 NHK, 우리나라의 KBS월드, 아리랑TV 등이 글로벌 채

널을 표방하고 운영되고 있지만 주로 공영방송 중심의 채널로서 채널의 목적이 자국

의 이미지 제고와 문화 확산에 중심이 맞춰져 있어 산업적으로 성공한 글로벌 채널

이라고 하기는 어렵다. 즉, 공익적 성격이 강해 안정적인 수익모델을 창출해내기 어

렵고, 현지 정서와 시청자 취향을 반영하지 못하는 편성과 프로그래밍으로 인해 폭

넓은 시청자 확보에 성공했다고 보기 어렵다. 무엇보다도 각 채널이 진출한 국가의

로컬 파트너가 없는 상태에서는 본격적인 시장에 대한 파악과 마케팅이 근본적으로

제약된다고 할 수 있다.

한편 CJ미디어 계열의 음악채널 m.net이 일본의 JCOM과 설립한 m.net JAPAN,

SBS 프로덕션이 대만의 GTV와 설립한 GTV 오락K, CJ미디어 TVN이 스타TV를 통

해서 송출하는 TVN아시아와 같은 협력 모델은 물론 그것이 새로운 시장 개척의 디

딤돌로 활용될 수 있다는 점에서 나름의 의미를 갖는다고 할 수 있으나 성공적인 글

로벌 채널 진출 모델로 인식되기에는 미흡한 점이 많다. 왜냐하면 주로 한류 콘텐츠

에 의존하고 있는 이상의 채널들은 단순히 단품 콘텐츠를 조합하여 아시아 국가에

송출하는 모델 이상의 의미를 갖기 어렵고, 그렇기 때문에 향후 아시아적 가치를 지

속적으로 발굴하여 여타의 글로벌 채널과 차별되는 고유한 특성을 갖는 채널로 자리

잡는 것을 기대하기 어렵기 때문이다. 즉, 한국의 콘텐츠 생산 주체가 대상국가의 유

통업체와 협력하는 모델에서는 현지화와 시청 타깃에 대한 적극적인 마케팅이 제약

　　　　　　　　　　　✦ 미디어 생태계의 미래

될 수밖에 없고, 이러한 상황에서 자국에서의 성공 및 인지도만을 바탕으로 해외채널에 진입할 경우 국가 간 문화 차이를 극복하지 못할 가능성이 크다. 또한 충분한 수익성 분석 없이 현지의 미디어 기업과 제휴할 경우 프로그램 자체의 성공 여부를 떠나 누적되는 적자와 의사소통 문제 등으로 인해 합작 모델을 유지할 수 없게 될 가능성이 높다는 점도 지적할 수 있다.

이에 대한 대안적인 접근으로 아시아 주요 국가의 대표적인 미디어 기업이 상호 합작투자하는 아시아 채널 설립 모델을 검토할 수 있다. 즉, 이사회 구성에서부터 기획, 제작, 유통까지 새로운 시장을 창출시킬 수 있는 채널 정체성을 정하고, 파트너가 되는 각국 미디어 기업이 자국에서 갖는 시장과 제작 노하우를 결집시키는 모델이다. 즉, 지금까지의 아시아 지역 글로벌 합작법인이 콘텐츠 생산주체와 유통사업자 간의 결합이었다면, 새로운 아시아 채널은 아시아 주요 국가의 콘텐츠 생산주체 간의 협력 모델이라는 차이가 있다. 예컨대 한국, 일본, 중국의 주요 미디어 기업 간의 합작법인 설립은 각국의 시장을 집중시켜 규모의 경제 실현, 콘텐츠의 안정적 수급 및 신규 시청자 창출이라는 측면에서 검토될 필요가 있다. 이는 지금까지의 서구 글로벌 미디어 그룹의 일방적인 진출이 이루어졌던 아시아 미디어 시장을 새롭게 재편하고, 아시아적 가치와 문화를 세계에 전파하고 공유할 수 있는 아시아의 미디어 허브를 구축한다는 측면에서 각국 정부의 공감대를 형성할 수 있다.

4. 결론

최근의 광대역 디지털 네트워크하에서 방송 콘텐츠의 유통이 일반화되는 현실은 그 자체로 우리나라 방송콘텐츠 시장이 글로벌 시장으로 바로 편입된다는 것을 의미하기도 한다. 왜냐하면 광대역 네트워크 환경에서 인터넷 프로토콜을 기반으로 한 국가 간 방송 콘텐츠 유통은 지금과는 비교할 수 없을 정도로 빠르게 진행될 전망이고,

이미 구글TV, 아마존TV, 애플TV 등 글로벌 콘텐츠 포털 사업자에 의한 국내 방송콘텐츠 직접 유통이 현실화되고 있다. 또한 FTA에 따른 외국 채널의 국내법인 형태의 우리나라 시장 직접 진출 역시 앞으로는 훨씬 다양한 유형으로 진행될 가능성이 높다. 최근 SKT와 디즈니의 국내 합작법인 설립의 경우가 대표적인 경우라 할 수 있다.

이에 대응하는 국내 미디어 기업의 글로벌화는 진행 단계나 유형 측면에서 상대적으로 제한적인 수준에 머물고 있는 것이 현실이다. 우리나라의 경우 지상파방송이 주요 프로그램의 일차적인 창구를 오랜 기간 동안 독점하고 있었고, 지상파방송의 프로그램 수요 독점력은 상대적으로 보다 큰 투자 위험에 노출될 수밖에 없는 전체 방송 프로그램 제작 영역을 하청 구조로 고착시켰다. 이와 같은 상황에서 특정 방송콘텐츠를 중심으로 한 다양한 형태의 파이낸싱 기법이 등장하기 어려웠고, 또한 제작 영역의 위험을 분산시킬 수 있는 프로그램 제작 영역의 보험 및 금융 상품의 출현도 제한적일 수밖에 없었음은 물론이다.

이와 함께 상대적으로 엄격한 방송 영역의 소유겸영 규제는 국내 미디어 기업이 글로벌 수준의 규모로 성장하는 것을 제약했다. 방송프로그램의 제작과 유통의 핵심인 지상파 영역의 대기업 진입 금지 규정과 지상파방송과 뉴미디어 영역의 과도한 겸영 규제는 국내시장에서의 규모의 경제 실현을 불가능하게 하였고, 외국시장을 대상으로 한 적극적인 자본투자 역시 어렵게 하여 우리나라 미디어 기업이 글로벌 기업 수준으로 성장하는 것을 가로막은 근본적인 원인 중의 하나라고 할 수 있다.

선진국형 스튜디오 모델의 도입은 우리나라 미디어 기업이 글로벌 기업으로 성장하기 위한 일차적인 조건이다. 스튜디오 모델을 통하여 이루어진 프로그램 라이브러리의 축적은 결국 다수의 채널 론칭을 가능케 하고, 하나의 채널이 만들어지면 그와 관련된 프로그램의 제작이 이루어지고, 또 그로부터 유사한 장르의 채널을 파생시키는 선순환의 시너지 효과를 창출한다. 이 점이 스튜디오를 중심으로 한 글로벌 채널 론칭 전략의 핵심이다. 요컨대 매우 강력한 프로그램 유통 영역의 집중화를 실현시키지 못하면 글로벌 수준에서의 경쟁력을 확보하기 어렵다.

　　　　　　　　　✦ 미디어 생태계의 미래

아시아 시장을 중심으로 한 글로벌 콘텐츠 펀드의 결성은 기획단계부터 글로벌 시장과의 네트워킹이 이루어진 상태에서 제작이 이루어지는 환경을 조성한다는 데 의미가 있으며, 현재의 한류를 지속가능한 모델로 바꿀 수 있는 유효한 전략이다. 방송 콘텐츠 투자자 입장에서 한류의 확대는 투자된 방송콘텐츠의 후속 창구가 확대되었다는 것을 의미하고, 이는 외국투자자의 입장에서도 마찬가지이다. 따라서 한류의 긍정적 효과를 극대화하고, 국내 방송콘텐츠 제작의 리스크를 감소시킬 수 있는 외국의 전략적 파트너의 투자 유도는 국내 투자자와 외국 투자자 모두가 좋을 수 있는 효과적인 전략이다.

아시아 채널의 설립은 글로벌 시장 진출 유형의 다변화 전략이다. 이는 현재의 완성품 중심의 단품 거래를 통한 시장진출 모델에서 유기적이면서 안정적인 형태의 글로벌 시장 진출 모델을 뿌리내리는 전략이다. 이를 위하여 대상 시장의 집중화와 현지화 전략, 포맷의 교류와 공동 제작을 통한 시너지 창출 전략이 적극적으로 모색될 수 있을 것이다.

아시아 중심의 글로벌 펀드와 글로벌 채널의 설립은 시너지 효과를 창출시킬 수 있다. 국내 투자자 입장에서는 외국의 전략적 투자자를 유치함으로써 투자된 콘텐츠의 후속 창구를 안정적으로 확보할 수 있고, 외국 투자자 입장에서는 자국 시장에서 인기가 높은 우수한 한국 콘텐츠를 상대적으로 적은 비용으로 미리 확보할 수 있다는 장점이 있다. 그리고 그와 같은 형태의 합작투자는 결국 각국의 시장이 합쳐짐에 따라 특정 방송콘텐츠의 시장규모를 확대시키는 효과가 있고, 그에 따라 양국의 투자자 모두는 콘텐츠 투자에 대한 기대 수익을 높일 수 있다. 또한 이상과 같은 프로그램 단위의 글로벌 파이낸싱 구조의 정착은 단순한 단품 판매 및 투자 유치 유형이 아닌 국내 방송콘텐츠 라이브러리를 글로벌 시장에 안정적으로 유통시킬 수 있는 글로벌 콘텐츠 유통 주체가 자연스럽게 성장할 수 있는 조건을 만든다는 측면에서 더욱 중요하다고 할 수 있다.

김영원(2008),「한류의 현황과 전망」, 문화관광부 포럼 발표자료.

김종하(2009),「100대 글로벌 미디어기업의 국제다각화 성과에 영향을 미치는 기업자원 및 환경자원 분석」, 한국언론학보.

瀧山 晋, 곽해선 역(2001),『할리우드 거대 미디어의 세계전략』, 서울: 중심.

유세경·김종하(2007),「아시아지역의 해외채널 편성 현황과 미디어 사업자 변인과의 관계성 연구」, 한국방송학보.

이형오(2008),「한국문화콘텐츠기업 글로벌전략 분석」,『국제경영리뷰』, 제12권 제4호.

임동욱(2002),「방송사의 사업 다각화에 대한 평가와 전망」, 한국방송학회.

전범수(2001),『글로벌 미디어 기업의 경영전략』, 서울: 커뮤니케이션북스.

조은기(2002),「글로벌 미디어 기업의 시장전략 비교연구」, 한국방송진흥원.

조은기(2003),「방송통신융합시대의 영상 콘텐츠 산업: 가치사슬의 재편과 다중 플랫폼 유통」, 방송문화연구.

하윤금 · 조은기(2008),「글로벌 미디어 기업 육성 방안 연구」, 한국방송영상산업진흥원.

Capodagli, Bill & Jackson Lean, 이호재 & 이정 공역(2000),『디즈니 꿈의 경영』, 서울: 21세기북스.

de Sola Pool, I.(1977). "The changing flow of television", *Journal of Communication*, 27(1), 139-49.

Gershon, A. Richard(1997). *The Transnational Media Corporation; Global Messages and Free Market Competition*, New Jersey: Lawrence Erlbaum Associates, Inc.

Gershon, A. Richard(2000). The transnational media corporations: Environmental scanning and strategy formulation. *Journal of Media Economics*, 13.

Gershon, R. A., & Kanayama, T.(2002). The Sony corporation: A case study in transnational media management. The international journal on media management, 4.

Gershon, R. A., & Suri, V. R.(2004). Viacom Inc.: A case study in transnational media management. *Journal of media business studies*, 1.

Guback, T. H.(1969). *The International Film Industry*. Bloomington: Indiana University Press.

Hoskins, Colin & McFadyen, Stuart & Finn, Adam(1997), *Global Television and Film; An Introduction to the Economics of the Business*. Oxford University Press Inc.

Noam, E. M.(1993). "Media Americanization, National Culture, and Forces of Integration", in E. M. Noam and J. C. Millonzi(eds.). *The International Market in Film and Television Programs*. Norwood; Ablex.

Shao-Chun Cheng(2008). Regional media market, linguistic advantage and beyond; the TV drama co-productions Within the greater China media market, paper presented at the annual meeting of the international communication association.

Shiller, H. I.(1969). *Mass Communication and American Empire*. New York: Kelly.

Varis, T.(1974). "Global traffic in television", *Journal of Communication*, 24(1), 102-109.

Varis, T.(1984). "The international flow of television programs", *Journal of Communication*, 34(1).

Waterman, D.(1988). "World Television Trade: The economic effect of privatization and new technology", *Telecommunications Policy*.

Waterman, D.(1993). "World Television Trade: The economic effect of privatization and new technology", in E. M. Noam and J. C. Millonzi(eds.), *The International Market in Film and Television Programs*. Norwood; Ablex.

Wildman, S. S. and Siwek, S. E.(1993). "The economics of trade in recorded media products in a multilingual world: Implications for national media policies", in E. M. Noam and J. C. Millonzi(eds.). *The International Market in Film and Television Programs*. Norwood; Ablex.

Wildman, S. S.(1995). Trade liberalization and policy for media industries: A theoretical examination of media flows, *Canadian Journal of Communication*, 20.

모바일 생태계의 등장과 모바일 게임기업의 대응 [94]

김성철 | 고려대학교 미디어학부 교수

1. 서론

이동전화 가입자 수가 증가함에 따라 요금이 지속적으로 하락하고 소비자들이 이동전화의 편리성을 경험하면서 이동전화에 의한 유선전화의 대체현상은 이미 통신 시장의 보편적 현상으로 자리를 잡게 되었다. 한편 이동전화 가입자 수가 증가하고 모바일 네트워크, 단말기 기술이 발전하면서 모바일 콘텐츠 이용이 세계적으로 증가하고 있으며 특히 모바일게임 이용자가 급속하게 증가하고 있다.

모바일 게임이 국내 모바일 콘텐츠 시장 확대의 견인차가 될 수 있을 뿐만 아니라 글로벌 콘텐츠 시장 진출의 대표적인 사례가 될 것으로 기대되는 가운데 모바일 게임 기업인 컴투스(Com2Us)는 2000년대 초반부터 미국, 중국, 일본, 유럽 등 해외시

---

[94] 이 글은 2011년 6월에 「ITBI 리뷰」에 게재된 내용을 재구성한 것이다.

장에 진출하기 시작하여 2010년에는 해외매출의 비중을 총 매출의 약 30% 정도까지 끌어올렸다. 그런데 컴투스가 과거에 채택했던 글로벌 시장 진출 전략은 전통적인 모바일 가치사슬의 지배자였던 이동통신사업자에 의존하며 기존 단말기인 피처폰에 초점을 맞춘 것이었다. 즉, 컴투스의 해외시장 진출은 각국의 모바일 콘텐츠 플랫폼을 통제하는 이동통신사업자의 선택에 그 성패가 결정되어 왔고 컴투스의 모바일 게임 콘텐츠는 기존 피처폰에 국한된 것이었다. 그러나 스마트폰과 앱스토어로 대표되는 모바일 생태계가 등장하면서 컴투스는 앱스토어를 통해 모바일 게임을 유통하는 방식으로 해외시장 진출전략을 수정하여 성공적인 결과를 거두고 있다.

본 논문은 모바일 생태계의 등장에 대응한 우리나라 모바일 게임기업의 전략, 특히 글로벌 시장 진출전략을 컴투스 사례를 중심으로 분석하고 그 시사점을 제시하는 것을 목적으로 한다.

2. 모바일 게임 시장의 특성 및 환경의 변화

1) 전통적인 모바일 게임 시장의 특성

모바일 게임은 남녀노소, 초보자와 애호가 누구나 언제, 어디서나 이용할 수 있는 모바일 콘텐츠이다. 이용방식에 따라 모바일 게임을 분류하면 단말기 내장형, 다운로드 방식 그리고 온라인 접속형인 스트리밍 방식으로 구분된다. 단말기 내장형 게임은 단말기 제조업체가 출시하는 단말기에 기본적으로 탑재하여 제공하는 콘텐츠를 말한다. 다운로드 방식의 모바일 게임은 가장 전형적인 형태의 모바일 게임으로서 게임을 다운로드받아 자신의 단말기에 저장한 후 플레이하는 형태이며 다운로드당 일정한 금액을 지불한다. 반면에 스트리밍 방식의 모바일 게임은 기존 온라인 게임처럼 온라인에 접속한 상태에서 플레이가 이루어지는데 지금까지의 이동통신 환경에서는 네트워크의 속도가 느리고 통신비 부담이 큰 데다가 단말기 성능에도 제약이 있어서 그다지 활성화되지는 못하였다.

전통적인 모바일 게임 가치사슬은 다양한 기업으로 구성이 되었다. 우선 모바일 게임을 제작하고 퍼블리싱하는 역할은 게임업체가 담당한다. 또한 모바일 게임이 사용자가 이용하는 모바일 단말기에서 구현되므로 단말기(디바이스) 제조업체도 모바일 게임 가치사슬에서 큰 비중을 차지하였다. 모바일 게임이니만큼 모바일 네트워크 사업자, 즉 이동통신사업자가 가치사슬의 관문역할을 담당하며 모바일 포탈도 이동통신사업자가 운영하는 경우가 많다. 즉, 이동통신사업자는 이동통신 네트워크(Network)를 기반으로 단말기(Terminal) 제조업체, 플랫폼(Platform) 사업자 그리고 콘텐츠(Contents) 사업자 등으로 구성되는 모바일 가치사슬에서 중심 역할을 담당하였다(김대호 외, 2011).

이동통신사업은 네트워크를 판매한다는 의미에서 "파이프" 사업이라고 불리며 이동통신 네트워크는 품질(Quality of service: QoS) 관리나 차별화가 되지 않는 단순한 네트워크 서비스를 제공한다는 측면에서 "덤 파이프(Dumb pipe)"라는 별명으로 불리기도 한다. 그런데 모바일 가치사슬에서는 이동통신사업자가 지배자(Dominator)로서 영향력을 행사하기 때문에 전통적인 모바일 가치사슬은 개방적인 생태계의 모습을 갖지 못하고 대신에 폐쇄적인 정원(Walled garden)의 특성을 보였다. 네트워크사업자가 네트워크를 무기로 시장을 지배하고 단말기 제조업체, 플랫폼 사업자와 콘텐츠 사업자는 네트워크 사업자에 종속되는 환경에서 이동통신사업자는 자연스럽게 매우 관료적인 형식주의, 소위 레드테입(Red tape)을 갖지만 폭발적으로 성장해 온 이동통신 수요에 힘입어 높은 수익성을 향유하면서 현금이 풍부한 딥포켓(Deep pocket) 기업이 되었다.

따라서 모바일 게임 시장, 특히 다운로드 방식의 모바일 게임 시장에서는 국내시장이나 해외시장을 막론하고 이동통신사업자의 역할이 매우 중요하였고 모바일 게임기업의 성패도 이동통신사업자와의 관계에 따라 결정되는 경우가 많았다고 볼 수 있다.

2) 모바일 산업의 환경변화

(1) 스마트폰의 등장과 대중화

단말기는 모바일 기반의 서비스나 콘텐츠가 구현되는 접점(Interface)이 되기 때문에 모바일 게임 환경에서 주요 변수가 된다. 모바일 단말기는 초기에 단순한 음성통화를 지원하던 수준에서 출발하여 다양한 기능을 갖춘 특화된 피처폰 형태로 진화하였으며 최근에는 스마트폰이 대중화되고 있다.

〈표 1〉은 우리나라 모바일 시장에서 단말기 기능이 발전한 과정을 요약하고 있다. 한국, 일본 등 전통적인 이동통신 강국들의 경우 고가격, 고품질의 고가 단말기가 주종을 이루었는데 유럽, 미국 등의 서구 시장에서도 모바일 브로드밴드 발전추세에 부응하여 고가 단말기 수요가 증가하고 있다. 즉, 전 세계적으로 3G가 보급되면서 단말기의 멀티미디어 기능이 강조되고 단말기 관련 컨버전스가 빠르게 진행되었다. 한편 중국, 인도 등의 신흥시장에서는 저가형 단말기 수요가 커서 고급기능들을 배제하고 기본적인 기능을 위주로 단순화한 단말기도 관심의 대상이 되고 있다.

애플은 아이폰으로 세계시장에 스마트폰 바람을 거세게 일으켰고 우리나라에서도 2009년 9월에 아이폰이 출시되면서 스마트폰 대중화 시대가 열렸다. 스마트폰은 기존의 휴대전화인 피처폰과 달리 운영체제(Operating System: OS)를 탑재하여 다양한 어플리케이션을 동작시킬 수 있는 휴대전화를 의미한다. 국내 스마트폰 가입자는 2009년 말 80만 명에서 2010년 말 722만 명으로 빠른 성장세를 시현하였으며 2012년 1월 말 현재 2,376만 명을 돌파하였다(방송통신위원회, 2012).

구분	내용
바 타입	흑백 휴대전화, 음성통화와 문자메시지(SMS) 가능
컬러LCD(2001)	이미지, 단순 멀티미디어가 가능한 무선 인터넷 구현

＋ 미디어 생태계의 미래

카메라폰(2002)	카메라 모듈을 필두로 부가모듈이 첨가되기 시작. 포토메일을 필두로 한 MMS 가능
슬라이드폰(2002.6)	슬라이드 방식의 폰이 출시됨
MP3폰(2004.3)	LGT가 최초로 MP3플레이어가 내장된 MP3폰 출시. 통신시장에 음악 콘텐츠 산업이 참여하기 시작하였고 LGT는 뮤직온을 필두로 음악시장에 참여
3D게임폰(2004.7)	게임폰이 출시되어 모바일 게임을 통한 무선 인터넷 열기를 가속화시킴. 기존 폼팩터(Form Factor)가 변형됨.
위성DMB폰(2005.1)	위성DMB폰 출시와 더불어 통신방송 융합서비스인 위성DMB 서비스 실시
초슬림폰 경쟁(2005.6)	모토로라가 레이져500을 발표하자 곧 이어 삼성전자가 SCH-V740을 선보이면서 초슬림폰 경쟁 시작. 두께를 14.5mm까지 줄여 휴대성을 높임
아이폰 등장(2007.1)	단말기와 콘텐츠가 일체화된 스마트폰 공급 시작. 우리나라는 2009년 9월에 출시됨

📁 표 1_ 모바일 단말기 기능의 발전과정

(2) 모바일 브로드밴드 네트워크의 확산

멀티미디어 통신수요가 급증하고 통신, 방송의 경계가 점차 사라짐에 따라 통신 네트워크는 유/무선 통신, 방송, 인터넷 등 서비스별 전용망이 갖는 문제를 근원적으로 해결할 수 있는 광대역통합망(Broadband Convergence Network)으로 진화해 가고 있다. 국내에서는 BCN이라는 이름으로 알려져 있지만 세계적으로는 NGN(Next Generation Network)이라는 개념으로 All-IP, End-To-End QoS(Quality of service) 등의 특성을 갖는 차세대 광대역통합망으로의 진화가 추진되고 있는 것이다. 한편 이동통신이 유선통신을 상당부분 대체하고 NGN으로의 네트워크 진화가 진행됨에 따라 기존의 이동통신망도 차세대 브로드밴드 네트워크로 향상되고 있다.

1G(1세대), 2G(2세대), 3G(3세대)로 이어지는 셀룰러 이동통신 네트워크가 주류임에도 불구하고 유선의 초고속인터넷 서비스와 유사한 경험을 제공하는 모바일 브

로드밴드 대안기술들이 등장하고 있다. 예를 들어 Wi-Fi는 비면허주파수대역을 사용하는 대안기술로서 스마트폰의 등장과 함께 전 세계적으로 폭넓게 보급되고 있다. 모바일 와이맥스(Mobile WiMAX)는 도심지역 모바일 브로드밴드, Wi-Fi 핫스팟 지역을 잇는 네트워크(Backhaul) 등의 용도로 개발된 기술로서 우리나라의 와이브로가 이 기술에 해당된다. 와이브로는 셀룰러 네트워크와 WiFi를 보완할 수 있는 보완재이며 4G로 발전이 가능한 기술임에도 불구하고 보급이 저조해 LTE와의 경쟁에서 뒤처져 있다.

WCDMA 기반의 3G(3세대) 네트워크의 경우 유선환경의 초고속인터넷 서비스에 익숙한 사용자들의 기대수준을 충족시키기에는 성능이 다소 미흡하여 HSDPA(High Speed Downlink Packet Access), HSUPA(High Speed Uplink Packet Access) 등 3.5G로 업그레이드되고 있으나 최근에는 3G 대비 5배의 성능을 보이는 LTE(Long term evolution) 기반의 4G(4세대 네트워크)에 대한 투자가 가시화되고 있다. 해외에서는 LTE로의 전환이 활발한데 미국 이동통신사업자인 버라이즌의 경우 2010년부터 LTE 서비스를 개시했으며 유럽의 보다폰·텔레포니카, 일본의 NTT도코모 등도 LTE 네트워크 구축에 박차를 가하고 있다. 전 세계 이동통신 사업자를 대변하는 협회인 GSA(Global Mobile Suppliers Association)에 따르면 2011년 1월 현재 LTE 상용화를 고려하거나 구축 중인 국가 및 사업자 수는 70개국, 180곳에 달한다. 시장조사업체인 SA에 따르면 전 세계 LTE 단말기 시장의 비중은 2010년에는 0.1%에 불과했으나 2014년에는 18.3%에 이를 것으로 전망된다(서울경제, 2011). 국내의 경우 이동통신사업자 모두 4G에 대한 투자를 진행하고 있는데 3G 네트워크와 와이브로 네트워크를 보유하지 못한 LG유플러스가 4G LTE 네트워크 투자에 가장 적극적이다.

향후 모바일 브로드밴드 시장은 다양한 기술들이 상호경쟁 및 보완하면서 공존하는 특성을 가질 것으로 전망된다. 와이브로 등 모바일 브로드밴드 대안기술들은 나름대로의 강점을 보유하고 있지만 LTE 기반의 4G 네트워크를 대체하지는 못할 것으로 보인다. 그러나 사용자들에게 끊김이 없는 모바일 브로드밴드 접속을 제공하기 위해 주류기술인 4G 네트워크에 다양한 대안기술들을 보완하여 모바일 브로드밴드 조합을 제공하는 것이 활성화될 것으로 예상된다.

(3) 모바일 인터넷 시장의 성장

스마트폰과 모바일 브로드밴드 네트워크가 보급되면서 모바일 인터넷, 즉 데이터 매출이 음성통화료 매출을 앞선 것으로 나타났다. SK텔레콤의 2010년 3분기 이동전화 매출 중 무선인터넷 매출은 7,680억 원으로서 통화료 매출 6,710억 원을 추월하였다. 통화료 매출은 전년 동기보다 18% 감소한 반면에 무선인터넷 매출은 16% 증가하여 전체 이동전화 수익 중 모바일 인터넷이 차지하는 비중은 27.0%가 되었다(디지털타임스, 2010).

따라서 이동통신 통화료 매출은 앞으로 그 의미를 상당히 상실할 것으로 보인다. 초당 요금제 도입과 각종 결합상품 등의 확대로 음성통화 매출은 앞으로도 지속적으로 감소할 전망이며 최근 스카이프, 수다폰 등 무료로 통화할 수 있는 애플리케이션들이 등장함에 따라 모바일인터넷 전화도 추세가 될 것으로 보인다. 향후에는 유선통신 시장에서 TPS(Triple-Play Service)가 활성화되고 있듯이 모바일 시장에서도 음성, 데이터, 비디오 등 다양한 통신서비스들을 하나의 최적 포트폴리오로 묶어서 언제, 어디서나 적정한 가격으로 제공하는 이른바 MMPS(Mobile Multiple-Play Service)가 활성화될 것으로 전망된다.

(4) 다양한 비즈니스 모델의 등장

이동통신이 성장하고 다양한 모바일 브로드밴드 네트워크와 스마트폰이 보급되면서 전통적인 이동통신 네트워크 비즈니스 모델과는 차별화되는 혁신적인 비즈니스 모델들이 등장하고 있다. 새로운 비즈니스 모델들은 주파수와 이동통신 네트워크를 소유하지 않고 설비가 아닌 서비스를 기반으로 하고 있다는 점에서 기존의 이동통신사업자의 비즈니스 모델과 구별된다. 따라서 이동통신사업자가 주류 또는 현직자(Incumbent)라면 새로운 비즈니스 모델들을 선보인 기업들은 비주류 또는 도전자(Challenger)에 해당한다.

디즈니는 2008년 3월부터 일본에서 가상이동통신망사업자(Mobile virtual network operator: MVNO) 비즈니스 모델로 이동통신사업을 재개하여 성공을 거두고 있다(김대호 외, 2011). 디즈니는 2006년에 미국에서 MVNO 비즈니스 모델로 미국 이동통신 시장에 진출하였으나 2007년 말에 동 사업을 중단한 바 있다. 일본의 이동통신 시장에서 디즈니 모바일은 젊은 여성들을 목표시장으로 하여 디즈니의 이메일 계정과 독점 콘텐츠, 그리고 디즈니 테마의 케이스 등을 제공하여 차별화에 성공하였다. 디즈니 모바일은 1, 2등 이동통신사업자인 NTT DoCoMo나 KDDI가 아닌 3위 사업자 소프트뱅크 모바일(Softbank Mobile)과 제휴하였다. 소프트뱅크 모바일은 3위 사업자로서 통화량과 매출을 늘리기 위해 새로운 계기가 필요했던바, 디즈니와의 제휴를 통해 배경 역할(Background role)을 감수하면서 시장 확대를 도모하였다.

보잉고는 WiFi라는 대안적인 모바일 브로드밴드 서비스를 제공하고 있는데 WiFi 네트워크를 직접 구축하지 않고 빌려서 서비스를 제공하는 중개인(Intermediary) 모델에 기반을 두고 있다(이홍규 · 김성철, 2011). 보잉고는 출장이 잦은 직장인(Road warriors)들을 목표시장으로 설정하고 이들이 출장 중에 스타벅스, 공항, 호텔 등의 주요 장소에서 저렴하고 편리하게 모바일 인터넷을 사용하도록 WiFi 서비스를 제공한다. 사용자들로부터 월 정액제의 형태로 받는 WiFi 서비스 수익을 실제 네트워크를 운영하는 파트너들과 공유하는데 우리나라의 KT 등 WiFi 네트워크에 투자한 이동통신사업자는 많았지만 실제로 비즈니스에 성공한 예는 거의 없었다. 보잉고는 네트워크에 대한 투자 없이도 다양한 파트너십과 단일 고객접점을 기반으로 세계 최대의 WiFi 서비스사업자가 되었다.

애플의 앱스토어나 구글의 안드로이드 마켓은 애플리케이션을 제공하는 개발자들과 애플리케이션 판매수익을 공유하는 비즈니스 모델이다(이홍규 · 김성철, 2011). 애플의 앱스토어를 통해 모바일 게임이나 음악 등의 많은 애플리케이션이 공급되면서 아이폰 사용자들은 다양하고 새로운 애플리케이션을 끊임없이 제공받을 수 있게 되었고 이는 개발자들의 기대감을 높여서 애플리케이션 공급 확대를 이끌어내게 되었다. 구글의 안드로이드 마켓은 앱스토어에 대응하기 위해 개설되었는데 수익의 70%가 개발자에게 귀속되고 나머지 30%는 통신사업자 등에게 분배가 되기 때문에 구글이 수익분배에 참여하지 않는다는 특징이 있다.

3) 모바일 생태계의 등장

애플의 아이폰이 등장한 이후 스마트폰 시장이 급속히 성장하면서 결국 모바일 산업은 지배적인 관계와 폐쇄적인 기술구조로 대표되던 가치사슬에서 공생적인 관계와 개방형 플랫폼을 표방하는 모바일 생태계로 진화하게 되었다. 비즈니스 생태계는 생존과 진화를 위해 서로 의존하고 상호작용하는 느슨하게 연결된 다수 기업과 개인들의 공동체를 지칭한다(Moore, 2005). 비즈니스 생태계는 키스톤(Keystone) 기업과 니치(Niche) 기업으로 구성되며 키스톤 기업이 제공하는 플랫폼 위에서 니치기업과 함께 가치를 공유하며 코피티션(Coopetition)을 통해 공진화하는 특성을 갖는다(Iansiti and Levien, 2004).

애플은 혁신적인 단말기와 앱 플랫폼으로 모바일 생태계 내에서 키스톤 지위를 차지하였다. 데스크톱에 필적하는 혁신적인 고성능 단말기로서 전 세계적으로 스마트폰 열풍을 몰고 온 아이폰과 콘텐츠 유통구조의 혁신을 가져온 아이튠즈(iTunes)와 앱스토어(App Store) 그리고 강력한 자체 플랫폼 iOS를 조합하여 자체적인 모바일 생태계를 형성한 것이다. 애플은 미국의 AT&T, 일본의 소프트뱅크 모바일, 한국의 KT 등 주로 포화상태의 이동통신 시장에서 경쟁력을 확보하고자 하는 후발 네트워크 사업자를 통해 아이폰을 유통하고 있다. 생태계 내에서의 주도권이 네트워크 사업자로부터 단말기 사업자인 애플로 상당부분 전이되면서 애플은 모바일 생태계 내에서 키스톤 역할을 수행하게 되었고 네트워크 사업자와 콘텐츠 사업자는 니치 플레이어로 활동하게 되었다.

구글은 개방형 무료 오픈소스 플랫폼인 안드로이드를 통해 모바일 생태계로 진입하여 모바일웹을 선도하고 있다. 구글의 안드로이드는 애플과의 경쟁을 위한 대응책으로 나온 것인데 스마트폰의 핵심인 모바일 OS 플랫폼을 확보하지 못한 단말기 사업자나 아이폰을 도입한 후발 네트워크 사업자와의 경쟁해야 하는 선발 네트워크 사업자에게 대안으로 자리를 잡았다. 구글은 판매 수수료가 없는 안드로이드 마켓을 통해 콘텐츠 유통경로를 확보하였다. 구글은 공격적 M&A를 통해 플랫폼의 경쟁우위를 확보하여 왔는데 2002년과 2008년에 잠시 휴식기를 가졌으나 지난 10년간 연평균 7.2회의 활발한 M&A를 시행하였다. 특히 2005년 이후에 안드로이드를 인수한 것을 포함하여 다양한 분야의 M&A를 시도하여 인수한 기업을 통해 매력적인 플랫폼을 형성해 니치 기업들을 끌어들이는 데 성공하였으며 그 결과 모바일 생태계의 기존 키스톤인 애플에 대응하는 강력한 경쟁자로 부상하였다(김성철·남찬기, 2010).

모바일 산업은 지배자가 독식하던 기존의 가치사슬에서 키스톤과 니치가 가치를 공유하며 상생하는 생태계로 진화하였으며 앞으로도 지속적으로 진화와 확장을 경험할 것으로 전망된다. 키스톤의 폐쇄형 플랫폼이 점차 개방되면서 향후 모바일 생태계는 콘텐츠 플랫폼을 가진 콘텐츠 기업이 새로운 키스톤으로 성장할 것으로 예상된다. 또한 향후 모바일 생태계는 TV, 자동차 산업 등 다른 산업과의 융합을 통해 횡적으로도 확장될 것으로 예상된다. 스마트TV는 TV에 OS를 탑재하고 인터넷을 연결하여 각종 애플리케이션(앱)과 콘텐츠를 이용하는 차세대 TV를 의미하는데 세계 1, 2위 TV 제조업체인 삼성전자와 LG전자가 주도하고 있다. 2010년 하반기에 구글의 TV OS를 장착한 형태로 소니가 만든 구글 TV와 셋톱박스 형태의 애플 TV가 출시되었으나 큰 반향을 일으키지는 못하고 있다. 한편 자동차 산업과 IT/전자 산업은 자동차와 IT의 융합추세에도 불구하고 사실상 별도의 가치사슬로 존재해 왔으나 스마트폰의 등장에 따라 애플이나 구글의 주도로 모바일 생태계가 형성되면서 두 산업의 융합이 본격화되고 있다. 기존 텔레매틱스 시장은 BM(Before market) 시장의 자동차 회사와 AM(After market) 시장의 내비게이션 업체와 이동통신사업자가 각자의 영역에서 따로 존재하는 파편화(Fragmented)된 가치사슬의 특성을 갖고 있었다. 애플은 2005년부터 2006년까지 아이팟을 자동차와 연동하기 위해 14개 자동차 회사와 제휴를 체결한 데 이어 아이폰과 아이패드를 자동차에 연동하여 앱을 통한 차량 제어와 정보 확인 등을 추진하고 있으며 구글도 자동차 회사와의 활발한 제휴를 통해 자사의 서비스를 텔레매틱스 시스템에 탑재하고 안드로이드 OS를 차량용 플랫폼으로 활용하는 시도를 하고 있다.

스마트폰을 기반으로 한 모바일 생태계가 등장하고 모바일 생태계가 TV나 자동차 생태계와 융합되고 있는 추세는 콘텐츠 사업자로서 모바일 게임 기업들에게 큰 기회가 될 것으로 판단된다. 우선 가치사슬의 지배자와의 관계에 의존하던 게임 유통을 키스톤이 주도하는 글로벌 플랫폼을 통한 유통으로 전환할 수 있고 휴대전화에 국한되어 있던 모바일 게임 단말기를 TV나 자동차 스크린으로도 확장할 수 있는 가능성이 커졌기 때문이다. 특히 우리나라 모바일 게임 기업들이 모바일 환경변화가 주는 기회를 제대로 포착할 수 있다면 글로벌 시장 진출의 기회도 더욱 확대될 것으로 전망된다.

4) 모바일 게임 시장 전망

스마트폰의 등장과 대중화, 모바일 브로드밴드 네트워크의 확산, 모바일 인터넷 시장의 성장, 앱스토어 등의 다양한 비즈니스 모델의 등장 등으로 대표되는 모바일 산업의 환경변화에 따라 새로운 모바일 생태계가 등장하면서 모바일 콘텐츠 시장은 급속하게 성장할 것으로 전망된다.

구분	2008년		2013년	
	시장 규모 (억 달러)	구성비(%)	시장 규모 (억 달러)	구성비(%)
모바일 게임	72.5	35	150	19
모바일 음악	58.3	28	115	15
정보성 콘텐츠	63	31	274	35
모바일 TV	11.8	6	242	31

출처: Strabase, 최윤정(2011)에서 재인용.

📁 표 2_ 모바일 콘텐츠 시장 규모

모바일 콘텐츠는 게임, 음악, 정보성 콘텐츠 그리고 TV 등으로 구분되는데 모바일 TV와 게임이 시장을 주도할 것으로 예상된다(〈표 2〉 참조). 모바일 게임이 모바일 콘텐츠 시장에서 차지하는 비중은 2008년에 35%에서 2013년에는 19%로 감소하지만 시장규모는 5년 사이에 두 배 이상 성장할 것으로 전망되고 있다. 국내 모바일 게임시장은 꾸준히 성장할 것으로 전망되지만 앱스토어의 게임유통을 제약하는 국내 모바일 게임 사전심의 제도가 성장의 제약요인이 될 것으로 판단된다(조선일보, 2011).

3. 사례연구: 컴투스의 글로벌 시장 진출전략

1) 컴투스 개요

컴투스는 1998년에 게임전문 벤처기업으로 사업을 시작하였다. 컴투스는 1999년에 LG텔레콤 및 신세기통신과 모바일 게임 서비스 제공에 대한 계약을 체결하고 모바일 게임을 공급하기 시작하였고 2000년에는 SK텔레콤과 KTF에 모바일 게임을 공급하기 시작하였다. 컴투스는 게임빌, 넥슨 모바일과 함께 모바일 게임업계 빅3로서

＋ 미디어 생태계의 미래

모바일 게임 시장의 성장을 견인하여 왔다. 컴투스는 초창기에는 이동통신사업자 중심의 폐쇄적인 플랫폼을 기반으로 모바일 게임을 개발하였으나 국가표준이 WIPI 플랫폼을 거쳐 현재는 안드로이드, 바다 등의 모바일 OS 플랫폼으로 플랫폼을 다변화하고 있다. 최근에는 이동통신사업자, 외국 모바일 게임업체, 개인 개발자, 그리고 온라인 게임업체들이 모바일 게임 시장에 동참하면서 컴투스가 주도해온 국내 모바일 게임 시장의 경쟁은 격화되고 있다(〈표 3〉 참조).

구분	모바일 게임 시장 참여자	플랫폼
초창기(2001~2004)	컴투스, 게임빌, 넥슨 등 모바일 게임업계 빅3가 시장을 주도	이동통신사업자 중심의 폐쇄형 플랫폼 사용
중기(2005~2009)	EA 모바일 등 후발주자 진입	국가표준인 WIPI 플랫폼 채택
성장기(2010~)	이동통신사, 온라인게임 기업, 개인개발자 등 참여	안드로이드, 바다 등 모바일 OS 플랫폼으로 다변화

표 3_ 국내 모바일 게임 산업의 변화

2) 컴투스의 초기 해외사업

컴투스는 사업 초기부터 해외시장에 주목하였는데 2000년에는 해외시장 진출을 위해 네오프리즘(NeoPrism)과 모바일 게임을 홍콩에서 제공하는 협력계약체결을 하였으며 2001년에는 일본 KDDI를 통해 모바일 게임 서비스를 시작하고 그와 동시에 일본 싸이버드(Cybird)와 협력계약을 체결하였다. 2002년에는 오스트리아와 독일에서 티모바일(T-Mobile) 자바게임 서비스를 시작하였고 컴투스 유럽 사무실을 영국 런던에 오픈하여 차후에 있을 유럽시장 진출을 위한 발판을 마련하였다. 그리고 아시아에서는 싱가포르 싱텔(Singtel), M1, 스타허브 등과 서비스를 개시하였고 유럽진출 얼마 뒤인 2002년 후반기에는 영국, 이탈리아, 스페인, 독일에서 보다폰과 함께 모바일 게임 서비스를 개시하였다. 일본 진출 1년 만에 일본 KDDI의 자바게임 내 게임포털에서 "미니게임천국"이 1위를 차지하였으며 이와 때를 같이하여 일본 이동통신 시장점유율 1위 기업인 일본 NTT DoMoCo와 모바일 게임 공급계약을 체결하고 서비스를 개시하였다. 이와 같은 성장 기세는 2003년에도 계속되어 2003년에는 중국 차이나 유니콤, 차이나 모바일을 통해 게임 서비스를 개시하였고 중국 합작법인도 설립하였다. 그리고 미국 AT&T Wireless를 통한 게임서비스도 시작되었다. 2005년에는 세계 모바일 게임 시장에서의 영향력을 인정받아 미국 벤처캐피탈 두 곳으로부터 800만 달러의 투자를 받기도 했다. 특히 2005년에는 미국 최대이동통신사인 싱귤러(Cingular)와 국내 모바일 게임 개발사로는 최초로 직접적인 공급계약을 맺고 본격적인 미국시장 공략을 선언하였다. 2006년에도 세계적인 베스트셀러 모바일 게임인 "문명Ⅲ"를 유럽과 미국 등 세계 12개국에 서비스하였고 모바일 아케이드 게임 패키지인 "미니게임팩(Mini Game Pack)"을 미국과 유럽 시장에 내놓아 좋은 반응을 얻었다. "미니게임팩"은 출시 5개월 만에 100만 다운로드를 기록한 국내 인기 모바일 게임인 "미니게임천국"을 해외 서비스용으로 제작한 것으로서 출시 후 미국과 유럽의 캐주얼 게임 유저들로부터 큰 인기를 얻었다.

2000년대 초에 미국, 유럽, 중국, 일본, 동남아시아 등의 모바일 게임 시장에 적극적으로 진출하여 좋은 성과를 거둔 컴투스의 사례가 갖는 몇 가지 시사점을 정리하면 다음과 같다. 첫째, 컴투스는 모바일 콘텐츠 시장이 성장하는 추세를 정확하게 예측하여 모바일 게임에 주목하고 그 기회를 선점하였다. 둘째, 컴투스는 PC나 콘솔에서 입증된 라이선스 게임들을 모바일로 가져오기보다는 모바일의 강점을 살릴 수 있는 모바일 게임을 창작하는 데 주력하였다. 셋째, 컴투스는 사업초기부터 해외시장 진출을 모색하였고 이동통신이 발달한 우리나라에서 제작과 서비스 운영, 그리고 수익 측면에서 게임을 검증한 후에 검증된 콘텐츠를 해외시장에 출시하는 시간차 전략을 구사하였다. 넷째, 컴투스는 이동통신사업자나 단말기 제조업체 등 모바일 가치사슬 내의 주요 사업자들과의 관계를 전략적으로 구축하고 활용하였다. 특히 컴투스는 홍콩, 일본, 유럽, 미국, 중국 등지에 합작회사, 현지법인, 자회사 등의 다양한 형태로 진출을 시도하였지만 결국은 현지 모바일 가치사슬의 지배자인 이동통신사업자와의 협력을 통해 모바일 게임을 공급하는 것에 역점을 두었다. 〈표 4〉는 국가별로 컴투스가 제휴한 이동통신사업자를 정리해서 보여 주고 있다.

국가	제휴 이동통신사업자
영국	보다폰(Vodafone)
이탈리아	보다폰(Vodafone)
독일	보다폰(Vodafone), 티모바일(T-Mobile)
스페인	보다폰(Vodafone)
오스트리아	티모바일(T-Mobile)
중국	차이나 모바일(China Mobile), China Unicom(차이나 유니콤)
미국	AT&T, 버라이즌(Verizon)
일본	KDDI, NTT DoCoMo, 소프트뱅크 모바일(Softbank Mobile)
홍콩	허치슨(Hutchison)

표 4_ 컴투스의 국가별 제휴 이동통신사업자 현황

컴투스는 모바일 게임을 기획, 개발하여 주로 해외 이동통신사업자에게 공급하는 방식으로 해외사업을 추진하였으나 2004년부터는 국내외에서 다른 게임 개발업체의 모바일 게임을 퍼블리싱하는 사업도 추진하기 시작하였다. 예를 들어 컴투스는 2004년에 일본 게임업체 스퀘어 에닉스(Square Enix)가 개발한 모바일 게임 "택티컬 퀘스트"를 국내 이동통신사업자인 SK텔레콤과 KT(구 KTF)에 제공한 바 있다.

3) 모바일 생태계 등장 이후 컴투스의 해외사업

모바일 산업의 환경변화에 따라 새로운 모바일 생태계가 등장하면서 컴투스는 모바일 환경변화가 주는 기회를 살려서 이동통신사업자를 거치지 않고도 앱스토어를 통해 전 세계 모바일 시장에 스마트폰용 모바일 게임을 공급하기 시작하였다.

컴투스는 국내 모바일 게임 기업 중에서 최초로 2008년 12월에 3종 게임(이노티아 연대기 시리즈)을 애플의 앱스토어에 등록하여 앱스토어 유료게임 RPG(Role Playing Game) 장르에서 다운로드 1위를 차지하였다. 2009년 6월에는 앱스토어용 네트워크 스포츠 게임 "홈런 배틀 3D"를 출시하였는데 한 달 만에 전체 유료게임 중 다운로드 5위, 스포츠 장르 게임 중 다운로드 1위를 기록하였다. 컴투스는 2009년에는 구글이 운영하는 오픈 마켓인 안드로이드 마켓에 모바일 게임을 공급하기 시작하였는데 "홈런 배틀 3D"의 경우에는 애플 앱스토어와 구글 안드로이드 마켓을 통해 90여 개 국가에 서비스되고 있다(최윤정, 2011).

회사명	앱스토어명	인기 게임	실적
SK텔레콤	티스토어 (T-Store)	미니게임천국 외 16종	슬라이스잇: 다운로드수 6만 건 이상, 유료 앱 1위
KT	올레 마켓	프로야구2010 외 10여 종	슬라이스잇: 유료 앱 순위 2위
LG유플러스	LG 앱스(APPS)	홈런배틀 3D 외 10여 종	다양한 게임 라인업을 출시할 예정
애플	앱스토어	헤비거너3D, 슬라이스잇 외 16종 이상	홈런배틀 3D: 애플 유료 애플리케이션 5위 및 아이패드 유료 애플리케이션 3위 헤비거너: 100만 다운로드 돌파 슬라이스잇: 출시(2010.8.31) 보름 만에 유럽, 미국, 일본 등 유료 애플리케이션 순위 1~2위
구글	안드로이드 마켓	홈런배틀3D 외 10종 이상	다양한 라인업으로 확대 예정

표 5_ 컴투스의 앱스토어 활용실적

✦ 미디어 생태계의 미래

컴투스는 국내에서도 이동통신사업자들이 운영하는 앱스토어를 통해 모바일 게임을 유통하기 시작하였고 피처폰에서 성공한 게임을 스마트폰용으로 다시 제작하는 것을 탈피하여 스마트폰을 겨냥한 모바일 게임을 사전에 제작하는 전략으로 글로벌 시장에 능동적으로 대응하고 있다. 〈표 5〉는 컴투스의 앱스토어 활용실적을 요약하여 보여 주고 있다.

컴투스의 최근 매출실적을 살펴보면 대부분 해외 이동통신사업자를 통해 모바일 게임을 공급했던 2008년의 경우 모바일 게임 해외 매출은 8.7억 원으로서 전체 모바일 게임 매출의 3%에 불과하였다. 그러나 〈표 6〉에 따르면 앱스토어를 통해 전 세계적으로 모바일 게임을 공급하는 것을 본격화한 2009년에는 모바일 게임 해외 매출이 28.7억 원으로서 전년 대비 228% 성장하였다. 2009년 모바일 게임 국내 매출은 2008년에 비해 약간 감소하였으나 해외매출이 증가하면서 모바일 게임 전체 매출도 4.5% 정도 증가하였다. 결과적으로 2009년에는 해외매출 비중이 9%로 상당히 증가하였다.

애플의 앱스토어뿐만 아니라 구글의 안드로이드 마켓에도 모바일 게임을 공급한 2010년에는 컴투스의 해외 매출이 2009년 대비 205% 증가하였고 모바일 게임 전체 매출에서 해외 매출이 차지하는 비중도 30%로 급격히 증가하였다. 컴투스의 2011년 1분기 모바일 게임 매출은 앱스토어의 게임유통을 제약하는 국내 모바일 게임 사전심의 제도의 영향으로 국내 매출이 감소한 탓에 전년도 동 분기에 비해 다소 줄었으나 해외 매출은 60% 증가하였고 해외 매출 비중도 37%로 증가하였다. 또한 전체 모바일 게임 매출 6,800억 원 중에서 스마트폰용 모바일 게임 매출이 3,368억 원으로서 약 49.5%를 차지하여 피처폰용 매출의 비중과 거의 같아지게 되었다(게임메카, 2011). 이는 스마트폰용 앱스토어라는 오픈마켓을 활용한 컴투스의 글로벌 시장 진출전략이 성공적임을 시사한다.

(단위: 백만 원)

연도	국내 매출		해외 매출		전체 매출	
2008년	28,870	97%	873	3%	29,743	100%
2009년	28,221	91%	2,866	9%	31,087	100%
2010년	20,205	70%	8,749	30%	28,955	100%
2010년 1분기	5,535	78%	1,565	22%	7,100	100%
2011년 1분기	4,299	63%	2,501	37%	6,800	100%

출처: 컴투스 IR 자료(2011년부터 컴투스는 연결 재무제표를 적용하여 매출을 산출함. 2010년 매출은 연결 재무제표용으로 조정한 것임).

표 6_ 컴투스의 모바일 게임 매출실적

컴투스는 글로벌 앱스토어에 다양한 모바일 게임을 출시하기 위해 개발인력을 확충하는 한편 국내의 유망한 모바일 게임기업의 스마트폰 게임을 발굴하여 해외에 퍼블리싱하는 것도 적극적으로 추진할 예정이다. 또한 아이패드 보급 등의 추세에 부응하여 태블릿 단말기를 위한 모바일 게임 역시 적극적으로 개발할 것으로 보인다. 스마트폰과 태블릿 단말기 그리고 모바일 브로드밴드 네트워크를 활용한 모바일 온라인 게임 역시 컴투스가 해외에서 서비스를 확대하는 중요한 무기가 될 것으로 판단된다.

4) 컴투스 사례의 시사점

스마트폰을 기반으로 한 모바일 생태계가 등장한 것은 콘텐츠 사업자로서 컴투스가 해외시장 진출을 활성화할 수 있는 큰 기회가 되었다.

컴투스는 모바일 게임이 탑재되던 피처폰에 연연하지 않고 2008년부터 과감하게 스마트폰 기반의 모바일 게임을 개발하였다. 국내뿐만 아니라 전 세계적으로 스마트폰이 빠르게 확산되면서 이러한 컴투스의 발 빠른 대응은 스마트폰용 모바일 게임을

    + 미디어 생태계의 미래

선점하는 결과를 낳게 되었다. 또한 피처폰용 게임은 단말기별로 특화되어야 했으나 스마트폰용으로 개발된 모바일 게임은 태블릿이나 스마트TV용으로도 확장이 가능하게 되어 컴투스는 이른바 One Source Multi Use(OSMU) 추구가 가능하게 되었다.

컴투스는 기존에는 모바일 가치사슬의 지배자인 이동통신사업자와의 협력에 초점을 맞추었으나 스마트폰과 앱스토어가 등장한 이후에는 앱스토어를 통해 모바일 게임을 공급하는 것으로 유통전략을 변경하였다. 이러한 전략변경으로 인해 앱스토어 게임유통에 대한 규제가 있는 국내에서는 매출이 다소 감소하였지만 해외시장의 매출은 급격하게 증가하여 컴투스는 해외 매출의 비중이 30%가 넘는 기업으로 변신하게 되었다. 앱스토어가 해외시장에 진출하는 주요 경로가 되면서 컴투스는 모바일 생태계의 니치 플레이로서 생태계의 키스톤 기업인 애플, 구글 등과 상생적인 관계를 형성하게 되었고 엡스토어라는 오픈 마켓을 통해 최소의 노력으로 글로벌한 성과를 기대할 수 있게 되었다. 향후에 애플의 앱스토어나 구글의 안드로이드 마켓뿐만 아니라 노키아의 오바이 스토어, MS의 윈도우즈 마켓 그리고 RIM의 블랙베리 앱월드 등의 앱스토어에도 모바일 게임을 공급하게 되면 컴투스의 해외시장 진출은 더욱 가속화될 것으로 전망된다.

해외시장 비즈니스 모델의 구성요소인 고객 가치, 이익 공식, 핵심 자원 그리고 핵심 프로세스라는 측면에서 최근 컴투스의 변화를 요약하면 다음과 같다(Johnson, Christensen & Kagermann, 2008; 김성철, 2010). 첫째, 고객 가치 측면에서는 피처폰용 게임에 안주하는 대신에 스마트폰용 게임을 적시에 개발하여 공급하였다. 둘째, 이익 공식 측면에서는 비용이 적고 매출은 글로벌하게 확대될 수 있는 앱스토어를 주요 유통경로로 선택하였고 OSMU의 기반을 구축하였다. 셋째, 핵심 자원 측면에서는 이동통신사업자와의 관계를 탈피하여 모바일 생태계의 새로운 키스톤으로 부상한 애플이나 구글 등의 IT 사업자와의 상생적인 관계를 형성하였다. 넷째, 핵심 프로세스 측면에서는 이동통신사업자의 폐쇄적인 개발환경을 벗어나 개방형 OS 플랫폼을 채택하여 스마트 콘텐츠 기업으로 발전할 수 있는 기반을 구축하였다(〈표 7〉 참조).

비즈니스 모델 구성요소	2008년 11월까지	2008년 12월 이후
고객 가치	피처폰용 모바일 게임	스마트폰용 모바일 게임
이익 공식	특정 단말기, 이동통신사업자에 종속된 게임 개발, 유통	앱스토어를 통한 유통, OSMU 실현
핵심 자원	모바일 가치사슬 지배자인 이동통신사업자와의 관계	모바일 생태계의 새로운 키스톤인 IT기업과의 상생적인 관계
핵심 프로세스	폐쇄적인 개발환경(Walled garden)	개방형 OS 플랫폼 채택

표 7_ 컴투스의 해외시장 비즈니스 모델의 변화

4. 결론

모바일 생태계의 등장에 전략적으로 대응하여 해외시장 진출전략을 성공적으로 변경한 컴투스의 사례를 통해 본 연구는 국내 모바일 게임 기업의 해외시장 진출전략이 피처폰용 콘텐츠로 이동통신사업자에게 의존하던 과거의 전략에서 스마트폰용 콘텐츠를 글로벌 앱스토어를 통해 유통하는 새로운 전략으로 변화해야 함을 제시하였다.

그런데 컴투스를 비롯한 우리나라 모바일 게임 기업들이 해외시장에서 보다 확고하게 자리를 잡기 위해서는 다음과 같은 점들이 추가적으로 고려되어야 할 것으로 판단된다. 첫째, 모바일 브로드밴드 환경에서 멀티미디어 서비스가 활성화되고 태블릿 등 다양한 모바일 단말기가 보급되면 다운로드 방식의 모바일 게임보다는 스트리밍 방식의 모바일 게임이 킬러콘텐츠가 될 가능성이 매우 높다. 지금까지 스트리밍 방식의 모바일 온라인 게임보다 단말기 내장형이나 다운로드 방식이 대세를 이룬 것은 모바일 가치사슬에서 중요한 역할을 담당하는 이동통신사업자나 단말기 제조업체가 모바일 온라인 게임을 자유롭게 이용할 수 있을 정도의 여건을 조성하지 못했

✚ 미디어 생태계의 미래

기 때문이라고 할 수 있다. 그러나 이동통신 네트워크나 단말기와 관련된 기존의 제약조건들이 해결된다면 모바일 온라인게임은 활성화될 가능성이 높은 콘텐츠라고 할 수 있다. 예를 들어 애플이 발표한 아이클라우드(iCloud) 계획은 모바일 온라인게임의 가능성을 확인해 준다고 볼 수 있다. 따라서 우리나라 모바일 게임 기업들은 온라인 게임에서의 강점을 모바일 게임에 접목하여 모바일 환경에서 온라인으로 글로벌 사용자들에게 게임 서비스를 제공할 수 있는 준비를 서둘러서 모바일 온라인게임 기회를 선점해야 할 것이다.

둘째, 모바일 게임 기업이 해외시장에서의 성공을 이어가기 위해서는 국내 모바일 게임 시장이 활성화되어야 한다. 그런 측면에서 현재 앱스토어의 게임유통을 제약하는 국내 모바일 게임 사전심의 제도는 개선되어야 할 것으로 판단된다.

셋째, 모바일 게임의 해외시장 진출은 우리나라 모바일 생태계 차원에서 공동으로 추진될 필요가 있다. 모바일 산업은 전통적인 이동통신 가치사슬을 탈피, 생태계로 진화하였으며 경쟁의 본질도 "기업 대 기업"의 경쟁에서 "생태계 대 생태계"의 경쟁으로 변화하였으나 우리나라는 모바일 브로드밴드 네트워크 구축이라는 측면에서 세계 최고 수준임에도 불구하고 스마트폰에 대한 대응이 늦었고 모바일 OS 플랫폼의 부재로 인해 모바일 생태계 형성과 글로벌 생태계 경쟁에서 뒤처지게 되었다. 따라서 모바일 게임 기업들이 국내 기업이 운영하는 글로벌 앱스토어에 적극적으로 참여하거나 삼성전자나 LG전자의 신규 단말기 출시와 새로운 모바일 게임의 출시시기를 맞추어 공동 마케팅을 하는 등의 상생적인 방안을 추진할 필요가 있을 것으로 보인다.

넷째, 컴투스가 국내 1위 모바일 게임 기업이고 해외매출 비중이 30%가 넘었다고 해도 글로벌 모바일 콘텐츠 기업으로 성장하기에는 규모가 작은 것이 사실이다. 따라서 M&A를 통해 모바일 게임 기업이 대형화되고 글로벌 경쟁력을 갖출 수 있도록 유도하는 것이 필요할 것이다. 즉, 우리나라 기업들은 외국기업에 비해 M&A에 적극적이지 않았으나 향후에는 성장 및 해외진출 전략으로서 M&A를 적극적으로 활용할 필요가 있다.

본 연구는 모바일 생태계 등장에 대응하여 우리나라 모바일 게임기업이 추진하는 전략을 컴투스의 글로벌 시장 진출전략을 통해 조명하였다는 의의에도 불구하고 데이터의 대부분을 2차 자료에 의존했다는 한계를 갖는다. 따라서 후속연구에서는 심층 인터뷰 등을 통해 1차 자료를 추가로 확보하여 보다 구체적인 분석을 시도할 필요가 있을 것으로 판단된다.

참고문헌

김대호 외(2011), 「미디어 생태계」, 서울: 커뮤니케이션북스.

김성철(2010), 『인터넷 기반 뉴미디어 벤처의 해외시장 비즈니스 모델과 사업성과』, 『한국방송학보』, 제24권, 제2호, pp.42-69.

김성철 · 남찬기(2010), 『SK경영경제연구소 제출 연구보고서』, 『모바일 생태계 진화와 시사점』.

방송통신위원회(2012.1), 『유 · 무선 가입자 통계현황』.

이홍규 · 김성철(2011), 「뉴미디어 시대의 비즈니스 모델: 창조와 변형의 바이블」, 서울: 한울 아카데미.

최윤정(2011), 「스마트폰 확산에 따른 모바일 게임 생태계 변화」, KT경영경제연구소, 2011

컴투스, IR 자료.

게임메카(2011.6.1), 「스마트폰 2천만 시대, 업계의 전략은?」.
http://www.gamemeca.com/news/special_view.html?seq=1620&page=1&search_text=&sort_type=&subpage=1&iem=&send=&mission_num=&mission_seq=

디지털타임스(2010.11.11), 「무선 데이터 매출, 음성 통화료 앞섰다」.
http://www.dt.co.kr/contents.html?article_no=2010111102010631742005

서울경제(2011.1.26), 「LTE망 조기구축 · 기술표준화 통해 2차 모바일혁명 주도」.
http://economy.hankooki.com/ArticleView/ArticleView.php?url=industry/201101/e2011012617440947580.htm&ver=v002

조선일보(2011.6.17), 「모바일 최강국 한국서… 속 타는 모바일 게임」.
http://biz.chosun.com/site/data/html_dir/2011/06/16/2011061602551.html

Iansiti, M. & Levien, R.(2004), *The keystone advantage: what the new dynamics of business ecosystems mean for strategy, innovation, and sustainability*, Harvard Business School.

Johnson, M.W., Christensen, C.M., & Kagermann, H.(2008), "Reinventing your business model", *Harvard Business Review*, December, pp.50~59.

Moore, J. F.(2005), "Business ecosystem and the view from the firm", *The antitrust Bulletin*, Fall, pp.1~58.

PART 05

SNS시대와 미디어 생태계

소셜 저널리즘과 정보의 민주화
(설진아 한국방송통신대학교 미디어영상학과 교수)

SNS의 등장과 시민사회의 변화
(황유선 중부대학교 신문방송학과 교수)

소셜 네트워크 확산과 비즈니스 생태계의 변화
(심용운 SK경영경제연구소 수석연구원)

SNS시대, 역사 속 미디어의 속도와 무게 그리고 진실
(김광옥 수원대학교 언론정보학과 명예교수)

미디어 포화시대의 생태계 전망
(최성진 서울과학기술대학교 IT정책전문대학원 교수)

소셜
저널리즘과
정보의 민주화

설진아 | 한국방송통신대학교 미디어영상학과 교수

1. 서언

2011년은 그 어느 해보다 무명의 시민들의 목소리가 웹과 모바일을 기반으로 소셜미디어를 통해 전 세계로 확산된 해였다. 특히 정치적 격동기에 처한 중동지역의 국가들에서 소셜 네트워크 서비스(SNS)는 정치적·경제적 민주화를 위해 전 세계의 시민들에게 시위현장 뉴스를 생생하게 전달함으로써 저널리즘 매체로서의 역할을 수행하기도 하였다. 튀니지의 '모하메드 부아지지(Mohamed Bouazizi)'가 분신자살을 했을 당시만 해도 그 누구도 튀니지의 민주화 시위 물결이 이집트와 리비아, 시리아, 예멘, 바레인 등의 중동지역 및 전 세계로 확산될 것이라고 예측하지 못했다. 중동의 시위는 그리스와 스페인 등 남유럽을 거쳐 영국과 러시아, 미국의 '월가를 점령하라' 시위로 번졌으며 이러한 글로벌 시위현상은 다양한 소셜미디어들을 통해 생동감 있게 중계되고 확산되었다(Anderson, 2011.12.14).

주류 언론들은 튀니지와 이집트 혁명을 '페이스북 혁명'으로 일컫는 데 주저하지

않았다. 그 이유는 두 나라의 기존 언론매체가 시위를 테러리즘으로 비방하도록 정권의 탄압을 받은 데 비해, 페이스북에서는 시민들이 시위사진이나 의견, 영상을 올리고 현장정보를 전 세계 주류 언론들에게까지 확산시킴으로써 정부검열을 우회할 수 있었기 때문이다. 즉, 페이스북은 인터넷의 확장성과 실시간 글로벌 네트워킹 역량을 바탕으로 시위 관련 정보를 마치 언론 매체처럼 공중들에게 전달할 수 있었다.

그러나 페이스북과 트위터, 위키리크스를 언론조직으로서 간주하고 그 활동에 대해서 법적으로 다양한 면책 조건을 적용시킬 수 있을 것인지에 대해서는 의견이 분분하다. 소셜미디어들은 계속해서 진화하고 있으며 이들에게는 매스미디어와는 다른 고유한 특성과 한계가 있기 때문이다. 또 주류 언론매체들은 정보의 신뢰성, 객관성 차원에서 소셜미디어의 저널리즘 역할을 저평가하거나 단순히 정보원으로서 국한시키는 경향이 있다. 언론사들은 대체로 소셜미디어들이 사회제도로서 기존의 매스미디어나 언론에 필적하는 저널리즘 기능을 기대할 수 없다는 부정적 입장을 피력한다. 세계적으로 권위 있는 언론사들조차도 사회변화와 정치혁명의 도화선으로서 소셜미디어의 공헌은 인정하지만 언론매체로서의 기능과 역할을 아직까지 제대로 평가하지 않고 있는 것이 현실이다. 여기에 중동의 정치혁명과정에서 소셜미디어의 무용론과 유용론 입장도 팽팽하게 맞서고 있다(조희정, 2011).[95]

소셜미디어는 사회적인 환경에서 사람들이 커뮤니케이션 기술을 이용해 새로운 뉴스를 생성할 수 있게 하고 다른 사람들에게 수집된 뉴스를 전달함으로써 기존의 언론매체들에 적지 않은 충격을 주고 있다. 더 나아가 SNS는 혁명 플랫폼으로서 '지원도구'이자 정보를 '증폭(amply)'시키는 매개역할을 수행하고 있다(Rhoads, 2011.2.12). 소셜미디어가 저널리즘에 가져온 가장 큰 변화는 신문과 방송중심의 언

---

95 무용론은 말콤 글래드웰(Gladwell, 2010)과 율리시즈 메지아스(Mejias, 2011) 등이 주장했는데 관계고리가 약한 SNS가 혁명을 만드는 것이 아니라 강한 시민연대가 혁명을 만들 수 있으며, 기술에 의한 혁명은 과대평가되고 있다는 입장이다. 반면에, 유용론은 클레이 셔키(Clay Shirky, 2011)와 에단 주커만(Zukerman, 2011) 등이 낙관적 입장에서 소셜미디어가 시위 확산에 큰 역할을 수행했다는 입장이다.

론매체와는 달리 누구나 정보를 공시(公示) 또는 접근할 수 있는 도구(tools)를 제공했다는 점이다. 개인미디어로서 소셜미디어는 시민들이 뉴스를 생산, 배포할 수 있도록 플랫폼을 개방하였으며, 전통 미디어처럼 어떤 콘텐츠를 수용하고 말 것인지를 이용자들이 자신의 기준에 맞게 결정한다.

소셜미디어는 열린 공간에서 자발적으로 참여하는 이용자들이 활발하게 소통할 때 뉴스나 정보의 가치가 더욱 높아지는 개방형 커뮤니케이션 모델이다. 기존의 저널리스트들이 주도하는 신문사나 정부의 주파수 사업자로서 선정되어야 하는 방송사와 비교하면 소셜미디어의 뉴스생산 및 배포과정의 차이점을 쉽게 발견할 수 있다. 소셜미디어는 또한 웹기반의 응용 소프트웨어를 통해 참여자들이 정보와 지식, 의견을 공유할 수 있게 해주는 대화형 미디어다. 온라인상의 도구 및 프로그램을 통해 누구나 콘텐츠를 생산하도록 허용하며, 이러한 '참여'와 '공유'라는 플랫폼 특성으로 인해 SNS는 주류 미디어 이용자들을 콘텐츠 생산자로 전환시킴으로써 전통적 언론영역에 지각변동을 일으키고 있다.

그러나 소셜 저널리즘이 시민들의 참여를 바탕으로 빠르게 성장하고 있음에도 현 시점에서 SNS가 가져온 저널리즘의 변화 현상을 간단하게 정리하기는 어렵다. SNS와 소셜 저널리즘 양상은 전 세계적으로 이제 막 등장하고 있거나 뉴스의 신뢰성과 책임 차원에서 여전히 전통 미디어들의 영향력이 전 세계적으로 지배적이기 때문이다. 또한 SNS가 촉발하는 저널리즘 관련 제 이슈들에 대한 찬반논의가 아직 진행 중이어서 단정적인 평가를 내리기에는 시기상조라고 할 수 있다. 그럼에도 불구하고 이 글은 언론분야의 지각변동을 창출하면서 정보의 민주화를 추동시키고 있는 소셜 네트워크 저널리즘의 가능성을 탐색하고자 한다. 이를 위해 먼저 시민저널리즘의 변천과정과 네트워크 저널리즘의 현상을 간략히 검토하고, 민주화 과정에서 SNS의 미디어 역할을 몇몇 해외사례를 통해 살펴봄으로써 소셜 저널리즘의 진화방향을 제시하고자 한다.

2. 시민저널리즘과 네트워크 저널리즘

1980년대 말 미국에서 기존 저널리즘의 대안으로 시작된 시민 저널리즘(civic journalism)은 흔히 공공 저널리즘(public journalism)으로 불리기도 한다. 시민 저널리즘의 대표적 이론가로 알려진 제이 로젠(Jay Rosen, 1999)은 저널리스트의 가장 중요한 책임을 시민들이 공공의 문제에 참여하고 토론하도록 해결책을 모색할 수 있게 지원하는 것이라고 강조했다. 그가 주장했듯이, 시민저널리즘은 언론 보도에 일반시민의 목소리를 적극 반영하고 시민생활과 밀접한 의제를 발굴해 공론장을 제공하는 데 주안점을 두고 있다(김병철, 2006). 전통적인 저널리즘과 시민 저널리즘의 가장 두드러진 특징은 전자가 객관성, 중립성, 균형성을 담보하는 사실보도 방식을 중시한다면, 후자는 이를 탈피해 지역사회 문제 해결에 언론인이 직접적으로 개입해 시민과 함께 숙의하고 정부와 협조해 해결해 나가는 것을 지향하였다. 이러한 초창기 시민 저널리즘은 미국의 기존 저널리즘이 가지는 '시장모델'과 언론의 상업화의 문제점에 대한 자성에서 시작되었다. 즉, 객관성과 중립성과 같은 명제를 바탕으로 정보전달에만 치중하는 저널리즘이 공공생활에 위기를 가져왔고 결과적으로 민주주의의 위기를 초래했다는 지적이다(Merritt, 1995; 김성태·윤영민, 2011: 45 재인용).

이러한 시민 저널리즘은 기존의 뉴스 소비자를 수동적 존재로 보는 것이 아니라 사회적 관심을 갖고 능동적으로 참여하는 시민임을 강조한다. 그러나 실제로 초창기 시민 저널리즘에서 시민들은 뉴스 취재원으로서의 역할과 비중은 커졌지만 뉴스 생산의 주체가 되지는 못하였다. 시민 저널리즘에서 무엇이 뉴스이고 시민들이 알아야 할 중요한 의제는 여전히 저널리스트들이 결정했으며, 게이트키핑의 작업 역시 당연히 저널리스트들의 몫이었다. 이러한 점에서 초창기 시민저널리즘은 보수적이라는 평가를 받았다(Schudson, 1998). 또 미국의 시민 저널리즘을 평가한 몇몇 연구들에서도 시민저널리즘이 뉴스 생산과정에 시민참여를 높였다는 확실한 증거를 찾기 힘들었다는 결과가 도출되었다. 매시와 하스(Massey & Hass, 2002)는 미국 내 시민 저널리즘 관련 47개의 연구를 종합하여, 시민저널리즘이 기존 저널리즘과는 많이 다른 것은 아니며 기존 저널리즘의 실천 연속선상에서 "이상적인" 저널리즘에 가깝고 따라서 주류 언론의 관행에 대한 시민 저널리즘의 영향력을 과대평가해서는 안 된다고 주장하였다. 특히 2003전까지 수많은 시민 저널리즘 프로젝트를 지원했던 퓨 시민 저널리즘 센터(PCCJ; Pew Center for Civic Journalism)가 2003년 5월 폐쇄됨에 따라 시민 저널리즘 운동은 구심점을 잃었다는 평가를 받기도 하였다.

그러나 2000년대 들어와 인터넷의 발전과 웹2.0의 기술 혁신은 뉴스미디어의 환경을 크게 변화시켰으며, 이에 따라 시민 저널리즘의 형태도 '참여 저널리즘'으로 변화되었다. 즉, 인터넷 기반의 '개방', '참여', '공유'라는 철학을 담은 웹2.0 환경이 조성되면서 기존의 뉴스 소비자들은 수동적인 콘텐츠 수용자나 단순한 능동적 수용자 차원을 벗어나 뉴스 콘텐츠를 직접적으로 생산하고 동시에 소비할 수 있는 프로슈머로 변모하게 된 것이다. 보우먼과 윌리스(Bowman & Wilis, 2003)는 이처럼 뉴스 생산 과정에서 시민의 참여가 핵심이 되는 시민저널리즘을 '참여 저널리즘(Participatory Journalism)'이라고 명명하였다. 참여저널리즘이란 "민주주의가 요구하는 독립적이며 신뢰할 만하고, 정확하며 광범위한, 자신들과 연관성이 높은 정보를 제공하기 위해 뉴스와 정보의 수집, 보도, 분석, 배포과정에 시민이 능동적인 역할을 수행하는 것"을 의미한다(p.9). 이러한 참여 저널리즘은 웹의 소셜 네트워크상에서 생겼다가 사라지는 동시다발적인 다양한 대화들의 산물이자 정보의 흐름을 관리하고 통제하는 절차가 없는 상향식 저널리즘으로서 새로운 형태의 시민 저널리즘(Citizen Journalism)인 것이다(Bowman & Willis, 2003).

이와 같은 새로운 시민참여 저널리즘은 뉴스의 생산과 전파뿐만 아니라 다양한 형태의 의제 설정기능도 일반 시민들에 의해 이루어진다. 참여 저널리즘은 기본적으로 오픈소스 저널리즘(Open Source Journalism)과도 일맥상통한다(Platon & Deuze, 2003). 오픈 소스 저널리즘은 시민과 저널리스트가 취재 과정에서 각종 정보의 소스를 독자들에게 제공하고 그들과 공유하는 방식을 의미한다. 즉, 뉴스의 생산 과정에

 ✦ 미디어 생태계의 미래

서부터 다양한 단계에 독자가 함께 참여하고 권한을 공유하는 것이다.『산호세 머큐리뉴스』의 IT 전문기자였던 댄 길모어(Dan Gilmore)는 실제로 이런 실험을 통해 훌륭한 기사를 작성할 수 있었다고 한다. 길모어는 자신이 쓰려는 칼럼의 주제와 배경 이야기를 자신의 블로그에 미리 올려놓은 뒤 이에 대한 독자들의 반응과 코멘트를 참고해 완성된 칼럼을 작성했다. 이런 방법을 통해 길모어는 자기 혼자 힘으로 칼럼을 쓸 때보다 훨씬 풍부하고 폭넓은 글을 쓸 수 있었다고 강조했다(김익현, 2007; 173).

언론의 글쓰기 권력이 뉴스 소비자들에게 이동되는 이러한 현상은 일부 주류 언론의 정형화되고 편향된 보도 행태를 바로잡고자 하는 전문가를 포함한 일반 독자들의 욕구 표출로 해석될 수 있다. 스티브 아우팅(Outing, 2011)은 이와 같은 시민참여 저널리즘을 취재방식과 시민의 참여정도에 따라 11가지 단계로 분류했는데 여기에는 댓글달기, 기사에 추가정보 제공, 시민 블로그 하우스, 독립시민 언론, 하이브리드 시민 저널리즘, 위키 저널리즘 등 다양한 형태가 있다. 그는 언론사 발행인들과 편집장들이 시민 저널리즘을 보다 잘 이해하기 위해 어떻게 기존 언론사 웹사이트에 시민 저널리즘을 통합시켜 나갈 수 있는지를 단계별로 제시하였다. 가장 첫 단계는 댓글 공개이며, 다음 단계는 기사에 내용 추가하기, 세 번째 단계는 오픈소스 보도, 네 번째 단계는 시민 블로그 하우스, 다섯 번째는 뉴스룸을 시민에게 "투명"하게 하는 옴부즈맨식 블로그, 여섯 번째는 단독 시민저널리즘 사이트로 편집된 것이며, 일곱 번째는 편집되지 않은 단독 시민 저널리즘 사이트이다. 여덟 번째는 종이신문판 추가, 아홉 번째는 하이브리드로서 전문 저널리스트와 시민이 함께 만드는 저널리즘, 열 번째는 한 지붕 아래서 시민과 프로저널리즘의 통합, 그리고 마지막 단계는 지성집단을 중심으로 운영되는 위키피디아식 위키 저널리즘으로서 독자들이 편집자가 되는 시민 저널리즘이다(www.poynter.org).

시민 저널리즘이 뉴미디어의 새로운 기술로 더욱 활성화된 데는 웹2.0 기술을 기반으로 한 개방, 참여, 공유, 소통과 같은 네트워크 효과를 무시할 수 없다. 특히 개인과 개인의 관계망에 토대한 SNS(Social Network Service)는 이용자들이 생각과 활동, 사건들, 그리고 의견과 관심사를 공유하게 해준다(Newson, Houghton & Patten, 2009). SNS는 사적 공간에서 이용자들이 공적인 뉴스와 정보들을 공유, 소통하게 함으로써 소셜 관계망을 더욱 확장시키고 있다. SNS 이용자들은 무엇보다 정보를 신속하고 광범위하게 확산하는 주체로서 활동한다. 예를 들어 개별 트위터 이용자가 생성, 전달한 정보는 피라미드 형태의 정보망을 타고 순식간에 확산될 수 있다. 따라서 정보 확산 영역에서 SNS는 정보 확산의 효율성으로 인해 전통 미디어 이상으로 사회적 영향력을 행사할 수도 있다(Jansen, Zhang, Sobel & Chowdury, 2009).

소셜 저널리즘의 리더 격인『허핑턴포스트(Huffington Post)』의 소셜뉴스는 페이스북과 연결되어 시민들이 작성한 뉴스를 공유하는 사이트를 운영한다. 페이스북의 친구들이 자신의 어떤 기사를 읽었으며 선호하거나 싫어하는지 볼 수 있으며, 그들이 남긴 코멘트와 투표결과도 볼 수 있다. 역으로『허핑턴 포스트』상의 모든 활동은 『허핑톤포스트』소셜뉴스의 네트워크상에서 모두 볼 수 있다. 즉, 소셜뉴스는 뉴스정보의 생성과정이 정보원 중심으로 보다 투명할 뿐만 아니라 SNS와 연결되어 뉴스정보의 공개와 공유를 통해 정치정보의 민주화를 구현하고 있는 것이다.

특히 전통 언론에 대한 신뢰가 낮고 언론통제가 심한 사회에서 페이스북과 트위터 같은 소셜미디어가 전달하는 소셜뉴스는 공공매체로서 뉴스 이용자들에게 수용될 개연성이 높다. 가상의 공공권이 소셜미디어를 통해 형성되고 SNS 이용자들은 정보 생산자로서 분산된 네트워크를 통해 정보의 투명화, 민주화에 기여할 수 있는 기회를 갖게 되었다. 실제로 중동지역에서 아랍의 민주화를 촉발시킨 페이스북과 위키리크스 같은 소셜미디어는 시민들의 결의나 행동에 관한 생생한 뉴스정보를 국제적으로 확산시켰으며, '알자지라'와 같은 전통매체와도 정보를 공유하면서 정치혁명을 성공적으로 이끄는 데 기여하였다(김존, 2011). 시민 저널리즘에서 SNS는 정보와 뉴스를 생산하는 도구로서뿐만 아니라 생산한 뉴스를 네트워크를 통해 빠르게 확산시키는 미디어로서 정보의 투명화·민주화에 기여하고 있다. SNS가 가져온 저널리즘의 변화로서 정보 민주주의에 대한 관심이 증대하는 이유도 여기에 기인한다고 볼 수 있다.

그러나 SNS는 그 자체만으로 거대한 정치적 변화를 만들어 내는 것이 아니다. SNS는 소셜 네트워크상에서 정보가 수집되고 공유되면서 새로운 뉴스가 생성되는 정보의 자유로운 흐름을 촉발시켰으며, 우리는 이러한 가치에 보다 주목해야 할 것이다(Ghonim, 2011). 특히 언론이 극심하게 통제되는 사회에서는 사람들이 페이스북과 트위터 등 SNS를 통해 뉴스를 친구들에게 전달하면서 여기에 자신이 수집한 정보와 의견, 생각을 덧붙여 전달할 수 있고, 그러한 뉴스가 다시 전국적, 전 세계적으로 소셜 네트워크 서비스를 통해 확산될 수 있기 때문이다. 하지만 여기서도 주목해야 할 사항은 궁극적인 뉴스 내용을 만들고 결정하는 것은 현장에 있는 시민들의 몫이다. 그들의 활동 역시 기존 미디어의 저널리스트들이 뉴스로 선정해 전달할 때 영향력을 크게 발휘할 수가 있다. 소셜미디어와 주류 언론들이 협력하여 뉴스를 생산, 보도하는 소셜 네트워크 저널리즘이 부상하는 배경이기도 하다.

3. 소셜뉴스와 소셜 저널리즘의 사례들

'소셜뉴스(Social News)'란 뉴스 생산 과정에서 기자들이 더 이상 뉴스를 보도하는 것이 아니라 소셜미디어 상에서 공중이 뉴스원으로부터 직접적으로 여과되지 않은 뉴스를 얻게 되는 것을 의미한다. 즉, 소셜뉴스란 사람들이 세상에서 일어나는 일에 대한 다양한 궁금증을 미디어 채널을 거치지 않고 뉴스원으로부터 직접 뉴스를 얻는 형태로 발전한 뉴스인 것이다. 소셜뉴스는 기본적으로 오픈 소스 저널리즘을 지향하고 있다. 더 나아가 뉴스는 '타깃 정보' 형태로 진화하여 뉴스 소비자들에게 직접 전달된다(공훈의, 2010). 소셜뉴스의 등장은 SNS를 통해 뉴스의 생산과 배급 과정이 크게 달라지고 있으며, 시민 저널리즘이 보다 앞당겨질 것임을 예고한다. 실제로 이러한 흐름을 반영하는 다양한 국내외 사례들이 있다. 여기서는 SNS를 통한 소셜 저널리즘의 몇몇 해외 사례들을 중심으로 소셜미디어가 새로운 뉴스 생성 및 전달매체로서 어떤 역할을 수행하였는지 살펴보고자 한다.

1) '재스민혁명'과 소셜미디어[96]

튀니지의 '재스민혁명'이 이웃나라로 확산되기까지는 기존의 신문과 방송과 같은 대중매체가 아니라 블로그와 페이스북, 위키리크스, 트위터 등이 대안언론으로서 경성뉴스를 제공하는 역할을 수행하였다. 이러한 소셜미디어들에 뉴스를 생성한 시위 참여자들은 언론사에 소속된 저널리스트들이 아니었음에도 불구하고 풀뿌리 저널리즘의 형태로서 시위현장의 생생한 정보와 동영상들을 소셜 네트워크에 게재함으로써 정보 확산에 기여했고, 세계 언론의 관심과 주목을 받게 되었다.

튀니지의 혁명은 다시 이집트 시위의 도화선이 되었는데 이러한 시위는 새로운 젊은 세대의 부상[97]을 통해 소셜 네트워크가 시위에 생기를 불어넣고 시위자들을 서로 연결할 수 있게 하였다(Stengel, 2011). 튀니지의 '재스민혁명'[98]은 또한 위키리크스가 폭로한 기밀정보의 양과 정보의 투명화에 영향을 받기도 하였다. 위키리크스는 발족 당시부터 기존 미디어의 경직되고 자의적인 정보선별을 불신하고, 가공되지 않은 데이터를 모두 공개하여 독자 스스로가 이를 통해 보도의 옳고 그름을 판단하도록 하였다(김존, 2011). 기존의 국영 미디어가 제 역할을 하지 못했던 튀니지는 엄격한 검열과 언론 통제에도 불구하고 페이스북과 위키리크스가 정부의 부패나 항의 시위와 관련된 뉴스정보를 대신 발신함으로써 언론기능을 수행했던 것이다.

소셜미디어상에 올려진 시위 관련 글이나 동영상들은 튀니지뿐만 아니라 주변 국가에서도 일반인들을 시위에 동참하게 만든 원동력이 되었으며, 기존 언론의 무능력, 무기력함을 들추어내는 계기가 되었다. SNS를 통한 소셜 저널리즘은 튀니지 혁

---

96 이 내용은 제4차 언론정보학회 기획연구 세미나, 「SNS시대의 시민 저널리즘과 정보의 민주화」 (설진아, 2012.2) 발제문에서 부분적으로 발췌, 재정리하였음.

97 이집트에서는 인구의 60%가 25살 이하이다(Person of the Year Introduction – TIME).

98 재스민혁명은 튀니지의 나라꽃인 재스민에서 유래하였다.

  ✦ 미디어 생태계의 미래

명과정에서 정부의 압력이나 검열, 기소의 두려움, 공익의 배려 등으로 인해 기존 매스미디어가 실천하지 못했던 저널리즘 본연의 역할을 상당부분 수행한 측면이 있다.

2) 소셜미디어와 이집트의 민주화 혁명

이집트에서 2004년부터 시작된 '키파야 운동'은 블로그 사이트를 통해 시위나 파업을 조직화했으며, 수많은 블로거들은 시위에 참가해 수천 건의 글을 올리면서 2011년 1월 25일 이후 반정부 시위활동에서 중요한 역할을 차지하게 되었다. 그들이 올린 글과 영상이 유튜브를 통해 공개되면서 이집트를 비롯한 전 세계로 정부의 탄압이 공개되었고, 블로거들에 대한 학대와 탄압은 소셜미디어와 기존미디어가 연계되어 새로운 형태의 네트워크 저널리즘 질서를 형성시켰다. 여기에 2008년에 등장한 페이스북은 시민운동에 있어 강력한 소셜 저널리즘 미디어로 등장하였다. 이스라 아브델 파타(Esra Abdel Fattah)라는 여성이 2009년 페이스북을 통해 섬유공장 노동자들을 지지하는 항의 시위를 하자고 페이스북에 올리자 2주 만에 7만 명 이상의 페이스북 이용자가 그 항의시위의 참가를 약속했다. 또 이를 알게 된 정치 블로거가 시위 참가를 지지하였고 야당도 전면적으로 합류하면서 4월 6일 가장 큰 규모의 정치운동[99]이 일어나게 되었다. 그 결과 반정부운동은 2011년 1월과 2월의 전국 시위로 이어지면서 무바라크 정권의 사임을 이루어 냈다(김준, 2011; 127-128).

이집트 혁명을 가져온 대규모의 항의시위의 도화선은 경찰의 마약거래 장면을 촬영한 할레드 사이드(Khaled Said)가 경찰에게 보복살해를 당하면서 그의 죽음사진이 유튜브를 통해 알려졌고, 그의 죽음으로 인한 슬픔과 부패경찰에 대한 시민들의 분노가 높아지게 되었다. 시민운동단체인 '4월 6일 그룹'은 '우리는 모두 할레드 사이드'라는 페이지를 페이스북에 개설하면서 일주일 만에 13만 명의 사용자가 그 페이지를 방문했고, 1월 15일 당시에는 방문자수가 66만 명에 이르러 민주화 혁명을 가

---

99 이집트 4 · 6 청년운동'은 섬유공장 노동자의 파업으로 시작되어 반정부시위자가 페이스북을 통해 사람들을 모으고 활동을 전개한 결과 전국적인 항의시위로 발전한 것이다.

속화시켰던 것이다. 즉, 페이스북을 비롯한 SNS는 정보 유통의 혁명을 이끌어냈고 이는 곧 사람들의 집단된 의식공유와 행동으로 이어져 이집트 혁명이라는 거대한 물결을 가져왔다(Ghonim, 2011).

한편, 소셜미디어가 제공한 시위 정보나 동영상들은 두 나라뿐만 아니라 아랍 주변국가와 전 세계에서 사람들이 민주화 시위에 동참하도록 원동력을 제공하였다. 실제로 이집트 혁명과정에서 SNS의 정치적 영향력은 구체적인 시위참여자 수 증가로 연결되었다. 페이스북 "우리는 모두 할레드 사이드이다(We are all Khaled Said)"가 제안한 1월 25일 집회에 8만 5천 명이 참여의사를 밝혔으며, 이집트 당국의 인터넷 재개 이후, 이집트의 페이스북 이용자는 5백만 명으로 급증하였다(조희정, 2011; 321-322). 특히 페이스북은 이집트 민주화 혁명과정에서 전국적 시위의 발단이 되었다는 평가를 받고 있다(Swaine, 2011; Time, 2011.4.21).

무바라크 정권이 붕괴하기까지 페이스북을 통한 소셜 저널리즘은 정보의 공유와 투명화에 시금석 역할을 수행하였다. 시민운동가이자 구글의 마케팅 매니저로 근무하던 와엘 고님(Wael Ghonim)[100]은 2010년 6월 정권의 폭력에 희생당한 할레드 사이드(Khaled Said)의 영상을 자신의 페이스북[101]에 올렸으며, 이 영상을 수십만 명의 이집트인과 전 세계 페이스북 이용자들이 시청하게 되었다. 언론이 극심하게 통제되었던 이집트에서 페이스북과 트위터를 통해 시위 정보가 평범한 사람들에게까지 이동되었으며, 사람들은 자신들이 신뢰하고 있는 SNS의 친구들에게 정보와 의견, 생각을 전달했고, 그 정보는 다시 전국적, 전 세계적으로 확산되었던 것이다(설진아, 2012; 15-16).

---

100 와엘 고님(Wael Ghonim)은 시민운동가이자 구글의 중동 및 북아프리카 지역의 마케팅 매니저로서 이집트 민주화 혁명의 도화선이 된 「우리는 모두 할레드사이드」라는 페이스북 페이지를 통해 전국적 시위를 확산시키는 데 기여한 인물로 국제적인 주목을 받았다(Wael Ghonim: Spokesman for a Revolution. TIME. Apr. 21, 2011. http://www.time.com/time/specials/packages /article/0,28804,2066367_2066369,00.html).

101 할레드 사이드의 죽음을 애도하는 "우리는 모두 할레드 사이드다(We Are All Khaled Said)"라는 페이스북 페이지를 만들었다.

✚ 미디어 생태계의 미래

3) 트위터와 테러리즘

SNS를 비롯한 소셜미디어는 매체이자 도구로서 누가 어떻게 활용하는가에 따라 악용되기도 한다. 구글의 지도가 테러리스트들에 의해 악용될 수 있다는 비판처럼, 소셜미디어는 테러리스트들에 의해 뉴스와 정보를 생산하고 확산시키는 미디어 채널로 이용되기도 한다. 하지만 현실세계에서 보다 주목해야 할 점은 SNS가 테러리스트와의 전쟁이나 간헐적으로 발발하는 전 세계 테러리즘의 보도 및 후속보도를 어떻게 돕고 있는가에 관심을 더 기울여야 할 것이다. 2008년 11월 26일 인도 뭄바이에서 벌어졌던 대학살의 최초 보도에 도움을 준 것은 기존 언론매체가 아니라 페이스북과 트위터였다. CNN인터내셔널 기자는 대학살이 발생한 다음날 뭄바이에 있는 친구로부터 페이스북을 통해 그가 무사하다는 소식과 함께 목격했던 자세한 참사 내용을 전달받을 수 있었다고 한다. CNN 역시 테러가 발생했던 뭄바이의 호텔 근처에 사는 사람들로부터 트위터로 간단한 메시지를 받았다고 보도했다(Levinson, 2009). 특히 트위터는 인도의 국내 TV채널들이 위기상황을 제대로 전달하지 못하는 상황에서 직접적인 정보를 제공함으로써 뭄바이에서 무슨 일이 벌어지고 있는지를 전 세계에 전달한 미디어로서 역할을 수행하였다.

2011년 1월 19일 한국을 방문한 트위터 창업자, 에반 윌리엄스도 기자회견에서 "트위터는 소셜 네트워크 서비스(SNS)가 아니라 실시간 글로벌 정보 네트워크"이며, 뉴스를 소비하는 새로운 '창(window)'으로서 트위터의 가치를 강조한 바 있다. 그는 "전 세계 많은 사람들이 자신들의 언어로 서비스를 이용하며, 전 세계에서 어떤 일이 일어나고 있는지 실시간으로 정보를 얻을 수 있는 곳"이 바로 트위터임을 강조하였다. 그는 더 나아가 트위터에 올라오는 정보는 끝이 없으며, 기존 뉴스매체와는 달리 트위터는 PC와 모바일기기에 상관없이 이용자가 상호관계를 맺고 뉴스에 대해 실시간 반응을 보일 수 있다는 점을 차이점으로 제시하였다(이희욱, 2011.1.29).

실제로 뭄바이 3일간의 위기 동안 텔레비전과 같은 올드 미디어는 뭄바이 대학살 사건을 전혀 보도하지 않았고, 2008년 11월 28일 마지막 날 밤 미국의 CNN만이 생방송으로 계속해서 테러 사태를 보도한 반면, 트위터 이용자들은 거의 1분 단위로 업데이트되어 들어오는 트위터를 통해 뭄바이 상황을 전달받을 수 있었다. 트위터는 뉴스정보 사용의 근본 속성을 바꿔놓았다고 할 정도로 전 세계에서 무슨 일이 일어나는지 가장 빠르게 알 수 있으며, 이는 창업자들조차도 생각지 못했던 트위터 효과로 정치적 격변기나 천재지변 발생 시 사람들이 트위터를 통해 정보를 교환하면서 나타난 현상이었다.

이러한 상황에 대해서 스테파니 부사리(Stephani Busari)는 CNN닷컴 아시아(2008)에서 "어떤 사람이 뉴스 헤드라인을 트윗하고 그의 친구들이 그것을 보고 리트윗하고, 이런 일이 반복되면 트위터상에서 정보순환의 사이클이 영속적으로 진행될 수 있다"고 부정적으로 논평하기도 했다. 그는 뭄바이의 테러리스트들이 인도의 보안대에 관한 정보를 얻기 위해 트위터를 쓰고 있을지 모른다는 정보를 트위터를 통해서 들었다고 언급하기도 했다. 물론 이 말의 신빙성을 입증하는 증거는 제시되지 않았지만, 트위터는 팔로어라는 집단을 아주 빨리 만들 수 있기 때문에 테러리스트 단체뿐만 아니라 어떠한 단체든 쉽게 동원할 수 있다는 점을 부인할 수는 없을 것이다. 이들을 단속하기 위해 사법기관과 보안당국 역시 트위터를 이용할 수 있으며, 테러리스트가 트위터를 이용했을 경우, 모든 통신 기록을 추적할 수 있기 때문에 수색과 처벌과정에 트위터가 활용될 수 있었을 것이다.

4) 이란 부정선거와 트위터

2009년 6월 이란의 대통령 부정선거에 대한 시민들의 항의시위는 트위터와 유튜브를 통해 전 세계로 확산될 수 있었다. 마무드 아마디네자르드의 재선을 지원했던 이란의 최고 지도자는 물라(이슬람 율법학자)들과 연대하여 선거 결과에 대한 반대가 증폭되고 있다는 사실뿐 아니라 재선거를 요구하는 시위자들이 구타당하고 심지어 피살까지 당한다는 사실 보도를 금지시켰다. 그러한 보도 금지 조치는 방송과 같은 전통적 언론매체를 통제하는 데는 효과가 있었으며, 보도할 경우 외국의 저널리스트들은 추방의 위협에 직면하게 되었다. 그러나 유튜브와 페이스북, 트위터를 막거나 통제하는 것은 결코 쉬운 일이 아니었다.

이란에서 당시에 인터넷과 휴대전화가 간헐적으로만 제한되거나 부분적으로 폐쇄되기도 했지만 트윗과 유튜브에 동영상을 올리는 것을 중단시키기 위해서는 모든 인터넷과 휴대전화 서비스를 중단해야 했는데 그렇게 될 경우, 이란의 비즈니스와 다른 필수적인 정보교환에 심각한 영향을 미칠 수 있다는 우려 때문에 이란 당국은 그런 조치를 취할 수 없었다. 그 결과 저항세력과 시민기자들에게 트위터와 동영상을 전송할 수 있는 채널이 열렸고, 외국에 있는 사람들은 이란 정부 당국으로부터 합법화한 프록시(Proxy)를 이용해 이란 내부로 리트윗할 수 있었다. 이란 당국도 이에 맞서 트위터를 이용해 거짓정보를 확산시키기도 하였다. 트위터의 역할이 2009년 이란의 시위 초기에 아주 중요하다고 판단한 미국무부는 트위터사의 정기검사를 위한 계획된 시스템 정리를 대부분의 이란인들이 잠든 시간까지 연기하라고 권고했다고 한다(Levinson, 2009; 231-233).

트위터는 대인 커뮤니케이션과 매스커뮤니케이션을 결합한 새로운 커뮤니케이션 특성을 갖고 있다. 일대일 커뮤니케이션 형태로 기능하기도 하지만, 다양한 목적에서 일방적 메시지를 전달하는 매스 커뮤니케이션 형태의 기능도 수행할 수 있다. 특히 정치적으로 방송기능을 가능하게 해주는 트위터의 뉴스 소비 창으로서 특성은 즉각적인 전파력, 즉시성에 기인한다. 트위터는 140자라는 제한된 메시지를 통해 전달되지만 가장 빠르게 이동하는 마이크로블로그인 것이다. 시간의 제한 없이 아무 때나 온라인과 모바일상으로 전 세계에 메시지를 보급할 수 있는 트위터는 이제까지의 올드미디어나 뉴미디어들보다 개인의 생각과 그가 작성한 문자를 거의 즉각적으로 어디에든지 전송하고 받을 수 있다는 점에서 윌리엄스가 주장한 대로 SNS라기보다는 "실시간 글로벌 정보 네트워크"로서 뉴스를 전송하는 저널리즘 매체로 부상하고 있다고 볼 수 있다.

5) SNS와 월가를 점령하라(Occupy Wall Street)

SNS와 소셜 저널리즘이 영향을 준 또 다른 시위사례는 2011년 7월 말부터 시작된 미국의 "월가를 점령하라(Occupy Wall Street)-나는 99%다"를 들 수 있다. 이 시위는 미국 정부보다는 은행가들에 반대하는 미국의 시민 저항운동으로서 블로그 글로 시작되어 트위터 해쉬태그 #OccupyWallStreet(또는#OWS)를 통해 미국 전역으로 운동이 확산되는 동안 맨해튼 다운타운에 있는 주코티 공원에서 시위자들은 행진을 시작하였다. 시위자들은 1%와 99%로 심화되어 가는 경제적 불평등에 관한 문제를 제기했는데 인터넷과 소셜미디어상에서 자신들의 목소리를 전달할 수 있는 다양한 소셜뉴스들을 생산했으며, 전 세계적으로 시위 정보를 공유, 확산시켰다. 유튜브에는 뉴욕 경찰이 여성 시위자들에게 무차별적으로 최루탄을 발사하는 영상이 올라왔으며, 경찰의 시위대 진압과 체포에 관한 소셜뉴스 등이 트위터상으로 미국 전역에 빠르게 확산되었다. 이뿐만 아니라 뉴욕의 시위정보는 페이스북과 트위터 등을 통해 이집트 카이로에서도 공유되고 있었다(Time, 2011.12.14).

'월가를 점령하라' 시위는 처음 몇백 명의 조촐한 시위대가 월스트리트를 행진하는 것으로 시작했으며 통일된 목적성 없이 시작됐다. 이들은 '정권 퇴진'이라든가 '복지 향상'이라고 하는 어떤 통일된 요구사항이 없이 모인 사람들 모두 제각각 자신의 이야기들을 표출하였고, 시위는 그 다양한 주장들이 한데 묶여 계속해서 펼쳐졌다. 하지만 모인 사람들이 공통적으로 인식하며 동의하는 부분이 있는데, 그것은 바로 '1%의 사람들이 미국 전체 부의 절반 이상을 차지하고 있고, 그 상징으로 대표되는 곳이 바로 월스트리트'라는 것이다. 시위의 비조직성으로 주류 언론들은 이 시위가 무정부적(anarchy)이라 비판하기도 하고, 일부에선 자본주의를 전복시키기 위한 불순한 세력들의 모임이라고 비난하기도 했지만 이들은 아직 정부를 비난하거나, 자본주의 철폐를 외치지 않고 있다. 이 시위에 대해 오바마 미 대통령은 "미국인들의 분노를 표현한 것이며, 미국 금융시스템이 어떻게 움직이는지에 대한 시민의 우려를 이해하고 있다"고 하였다. 리처드 피셔 댈러스 연방준비은행 총재도 이 시위에 대해 "미국에서

✦ 미디어 생태계의 미래

너무 많은 사람들이 일자리를 잃었고, 너무 많은 사람들이 너무 오랫동안 직업을 구하지 못하고 있다"며, "이런 가운데 소득 분배도 너무나 불균형적이어서 좌절하는 그들을 심정적으로 이해할 수 있다"고 말했다(www.emptydream.tistory.com, www.occupywallst.org).

이 시위는 미국의 다른 도시에서도 호응을 불러일으켜, 워싱턴, 시카고, 보스턴, 캘리포니아 등에서도 비슷한 성격의 시위가 일어나는 등 큰 호응을 얻고 있다. 이 시위 역시 페이스북과 트위터, 유튜브와 같은 소셜미디어를 적극적으로 활용해서 시민들의 많은 지지와 호응을 이끌어 내고 있다.

*출처: http://occupywallst.org

📁 그림_1 트위터 사례

‘월가를 점령하라’ 시위 동안 소셜미디어는 특히 시위를 조직하고 홍보하는 도구로서 미 전국을 동요시키는 데 있어 중요한 역할을 수행하였다. 저널리스트들과 액티비스트들은 시위가 전개됨에 따라 사건들을 생방송으로 보도하기 위해 트위터와 라이브스트림 같은 도구들을 사용했다. 일부 기자들은 시위진압 같은 혼란 상황을 기록하고자 시도해서 체포당하기도 하였다. 뉴욕『데일리뉴스(Daily News)』의 소셜미디어 편집장인 안잘리 뮬러니(Anjali Mullany)는 2011년 9월 17일 시위 첫날부터 취재를 시작해서 브루클린 다리 체포사건과 브로드웨이 및 월가에서의 최루탄 사건 등 ‘월가를 점령하라’ 시위의 중요한 사건들을 라이브로 취재, 보도하였으며, 주코티 공원 강제철거날에도 라이브 블로그를 운영하였다.

4. 크라우드소싱과 대화형 저널리즘의 부상

시민 주도의 소셜 저널리즘이 추구하는 뉴스생산 방식은 크라우드소싱(crowdsourcing)이며, 이는 소셜미디어의 특성 중 하나인 ‘협업(collaboration)’ 개념을 함축한다. ‘크라우드소싱’은 좁은 의미에서 ‘함께 주어진 과제를 해결하는’ 개념으로 볼 수 있다(Howe, 2008 · 2009). 크라우드소싱이란 온라인에서 대중의 잠재능력을 이용하는 것으로 다양한 산업분야의 대기업들이 인터넷을 통해 개인이나 집단에게 주요 업무를 맡기기 시작하면서 생긴 용어다. 기업들이 모든 측면에서 외부의 능력을 활용하는 하나의 과정으로 설명하기도 한다.

최근 미디어산업에서 ‘크라우드소싱’ 방식은 사용자 중심의 컴퓨터 환경인 클라우드 컴퓨팅(cloud computing) 서비스[102]를 기반으로 한다. 이러한 주문형 정보통신 서

---

102 클라우드 컴퓨팅은 개인정보에서부터 영화, 음악 등 엔터테인먼트 콘텐츠 파일 및 엑셀, 파워포인트 등의 작업 파일까지 모든 자료를 특정 PC 등에 보관할 필요 없이 인터넷 접속만으로 언제 어디서나 다양한 디바이스에서 사용할 수 있도록 하는 서비스이다. 김윤화(2010), 「N-Screen 전략 및 추진 동향 분석」, 정보통신정책연구원.

✚ 미디어 생태계의 미래

비스는 콘텐츠 산업분야와 광고 및 PR 분야에서 적절히 활용되고 있다. 광의의 차원에서 애플의 아이폰 앱스토어도 '크라우드소싱' 범주에 포함시킬 수 있다. 저널리즘 차원에서 이러한 '크라우드소싱' 개념은 '대화형 저널리즘'의 탄생을 예고한다. 앤더슨, 다덴, 킬렌버그(Anderson, Dardenne & Killenberg, 1996)는 일찍이 지금까지의 엘리트 지향적 저널리즘은 대중과의 대화를 외면한 채 정보제공, 특종, 재미, 선정성 등에 치중했지만 이러한 관행은 언론이 대중의 신뢰를 상실하는 계기가 되었으므로 새로운 돌파구를 마련해야 한다고 주장하였다. 즉, 네트워크 사회에서는 지식과 정보가 실시간으로 확산되므로 정부와 기업, 언론은 수용자와 생각을 공유하는 새로운 방식의 저널리즘을 필요로 한다. 이러한 맥락에서 위키모델형 저널리즘 역시 독자와 함께 문제를 해결하는 크라우드소싱 저널리즘으로 간주할 수 있다(김명준·이기중, 2010; 137~138).

'대화형 저널리즘'에서는 개인의 선택이 중요하고, 협력적 대화와 토론이 가능하며, 집단의 합리성과 집단지성의 실현 가능성에 대한 신뢰가 토대를 이룬다. 길모어(Gillmor, 2005)가 주창한 '대화형 저널리즘'은 전통적인 뉴스미디어의 일방적인 강의식 보도에서 벗어나 대화와 세미나처럼 다양한 개인이 대화하고 협력해 뉴스를 생산하는 새로운 형태의 저널리즘이다. 이때 대화는 수평적 관계의 구성원들이 역동적이고 서로 이로움을 주는 새로운 윤리를 창조해 내는 메커니즘으로서 참여와 공개를 전제로 한다. 전통적인 주류 뉴스미디어 기자들은 포럼과 세미나의 사회자나 중재자 역할을 하고 다수의 전문가가 대화로 뉴스 생산에 참여할 때 편집자로서의 역할을 담당하게 된다.

대화형 저널리즘은 특정 주제에 대해 전문가가 참여하고 각 개인이 작은 정보들을 제공하면, 전문 저널리스트들이 함께 검토, 논평한 후 수정, 보완하여 시민들이 정보를 이해할 수 있도록 하는 것이다. 대화형 저널리즘은 또한 앞서 살펴본 '참여 저널리즘'처럼 시민이 뉴스와 정보의 수집, 생산, 분석, 전파 과정에서 적극적인 역할을 한다. 참여 저널리즘의 목적은 민주주의에 요구되는 독립적이고, 신뢰할 만한 정보, 정확하며 포괄적이고 적합한 정보를 제공하는 것이다(Bowman & Willis, 2003). '대화형 저널리즘'이든 '참여 저널리즘'이든 새로운 저널리즘은 시민들이 토론하고, 숙의하고, 합의하여 행동으로 옮기는 공론장의 역할을 인터넷이 수행할 수 있을 것이라는 기대(Gallo, 2004)와 개인 간의 대화와 협력이 진정한 참여 민주주의를 실현시킬 것이라는 낙관적인 전망에 기초를 두고 있다.

대화형 저널리즘에서는 사회구성원들 사이의 상호작용과 대화가 중요한데 SNS는 이러한 상호작용을 활성화시키는 데 큰 역할을 수행한다. 시민들 간의 상호작용을 통한 대화는 네트워크 사회에서 구성원들의 수평적 관계를 토대로 '실시간 민주주의'를 가능케 한다. 여기서 실시간 민주주의란 사회구성원들이 주요 이슈에 대해 실시간으로 토의하고 여론을 형성하며 의사결정이 계속해서 이뤄지면서 결과로서의 정치가 아니라 과정으로서의 정치가 강조되는 것이다. 실시간 민주주의는 다양성을 인정하고 소통을 중요시한다. 이는 바로 집단지성의 핵심 가치를 정치에 접목시킨 개념이다. 아틀리(Atlee, 2003)는 집단지성의 핵심이 대화이고, 개인의 '자율성'과 '자치성'을 중시하는 새로운 시민의식과 리더십이 형성되어야 함을 강조한다. 그는 집단지성의 궁극적인 목적은 "모든 사람이 스스로 힘을 갖게 하는 창조적 과정에 있다"고 주장하였다(Atlee, 2003, p.viii).

대화형 시민 저널리즘에서 SNS는 궁극적인 뉴스내용을 생산하는 도구로서뿐만 아니라 생성한 뉴스와 정보를 네트워크를 통해 빠르게 확산시키는 미디어로서 정보의 투명화·민주화에 기여하고 있다. SNS가 가져온 저널리즘의 변화와 정보 민주주의에 대한 관심이 증대하는 이유도 바로 여기에 있다. SNS를 통한 소셜 저널리즘은 뉴스 전달과정에서 주류 언론들과 확연한 차이가 있다. 즉, 소셜뉴스의 장점은 '타깃 정보(targeted information)' 형태로 진화하여 뉴스 소비자들에게 직접 전달될 수 있다는 점이다(공훈의, 2010). 소셜뉴스의 등장은 소셜 네트워크를 통해 뉴스의 생산과 배급 과정이 크게 달라지는 '오픈소스 네트워크 저널리즘'이 앞당겨질 것임을 시사한다. 실제로 이러한 흐름을 포착해 전통적인 언론 매체들이 소셜미디어를 적극 활용

　　　　　　　　　　　　　✦ 미디어 생태계의 미래

하는 사례들이 늘고 있다. 이미 영국과 미국의 주류 언론사들은 소셜미디어와 연계하여 소셜 저널리즘 영역을 확장하거나[103] 반대로 소셜미디어가 보도기관과 연계해 네트워크 저널리즘 형태로서 영향력을 증대시키는 경우도 있다. 실제로 위키리크스는 영국『가디언』과 미국의『뉴욕 타임스』, 독일의 주간지인『슈피겔』보도기관 3사와 협력해 해당 정보를 공개하는 시점까지 보도를 삼가는 엠바고까지 요구하면서 원하는 시점에 아프간 전쟁 기밀정보와 이라크 전쟁 기밀정보, 미국 정부 외교전문 등을 전 세계에 공개할 수 있었다. 2010년 7월 25일 위키리크스와 대형 보도기관들의 국제적 미디어 연계를 바탕으로 네트워크 저널리즘이 탄생했으나 관계가 약화되면서 2010년 10월 이라크 전쟁 기밀문서 공개부터는 다른 언론사들[104]과 연계체제가 추가되었다(김존, 2011). 소셜미디어로서 위키리크스는 1차 정보제공자로서 정보를 제공했고, 기밀 정보를 제공받은 언론사들은 이를 검증하고 분석해 최종 뉴스기사 작성에서는 완전한 독립성과 편집권을 가질 수 있었던 것이다.

한편,『뉴욕타임스』,『이코노미스트』,『워싱턴 포스트』, CNN, BBC, 로이터통신 등 주류 미디어들은 이미 트위터와 페이스북 같은 소셜미디어를 뉴스취재 및 보도에 적극 활용하고 있다.『뉴욕타임스』의 트위터 팔로어 수는 2011년 2월 기준, 290만 명을 넘어서 신문발행부수를 능가했으며, 영국의『이코노미스트』의 경우도 트위터 팔로어 수가 63만 7천여 명이고 페이스북은 57만 5천여 명이다.『워싱턴 포스트』의 경우 본격적으로 '네트워크 뉴스(network news)'를 개설했는데 이는 페이스북과 연동한 서비스로『워싱턴 포스트』웹사이트 기사, 블로그, 사진, 댓글 등에 박스를 신설해 페이스북 친구들과 기사를 공유하는 모델을 운영한다(설진아, 2011; 158). 이러한 변화들은 언론사가 뉴스와 웹기술의 결합으로 소셜 네트워크 서비스(SNS)와 연계해 뉴스

---

103 소셜미디어 이용자들의 뉴스 이용행태가 크게 변화하면서 미국의 CNN과『뉴욕타임스』,『워싱턴 포스트』, 영국의『이코노미스트』같은 유력 언론사들은 트위터를 통한 새로운 취재방식을 개발하였다. 설진아(2011),『소셜미디어와 사회변동』, 커뮤니케이션북스, p.157.

104 2010년 10월 이라크전쟁 기밀문서의 공개부터 프랑스『르몽드』가 11월 말부터 시작된 미국 외교전문 공개는 스페인『엘파이스』가 더해졌다. 김존, 앞의 책, p.80.

생산뿐만 아니라 유통에도 직접 개입하고 있음을 시사한다. 즉, 주류 언론사들이 뉴스를 생산하는 저널리스트와 SNS 이용자 간의 활발한 소통과 소셜뉴스 공유를 통해 대화형 소셜 네트워크 저널리즘을 적극적으로 추구하는 것이다.

5. 소셜 네트워크 저널리즘과 새로운 언론모델 가능성[105]

소셜 네트워크 저널리즘은 뉴미디어와 새로운 관련 기술의 발전으로 뉴스의 생산이 웹2.0 환경에 맞게 시민과 언론인의 협업을 바탕으로 이뤄지는 뉴스생산양식을 의미한다. 제프 자비스(Jeff Jarvis)는 이제까지 "시민 저널리즘"이라고 명명해온 것들을 '네트워크 저널리즘'으로 변경해 불러야 한다고 주장한다. 네트워크 저널리즘은 이제 저널리즘의 협업적 특성을 강조하는 개념으로서 전문 언론인들과 아마추어인 시민들이 실제 기사를 취재하고 언론사 브랜드를 넘나들면서 상호 연계하는 협업형 저널리즘이다. 네트워크 저널리즘은 뉴스생산과정에 중점을 두는 저널리즘 양식으로서 SNS를 바탕으로 한 소셜 저널리즘 양식도 포괄한다. 즉, 네트워크 저널리즘은 과거 언론사 간의 경계를 벗어나 사실들을 공유하고, 의문이나 해설, 사상, 견해들을 시민과 공유함으로써 뉴스를 만들어 가는 복잡한 관계를 인정하는 것이다(Jarvis, 2006).

SNS시대의 '시민 저널리즘'이란 용어는 뉴스생산 주체를 '시민'만으로 한정 짓기 때문에 누구나 저널리즘을 할 수 있는 시대에는 적합하지 않다. 또한 이러한 행위자 중심의 용어가 프로페셔널 저널리즘의 문제점인 공중으로부터 저널리즘이 분리되는 현상을 오히려 지연시키는 반면, 저널리스트들이 시민으로서 행동하지 않고 있음을 함축한다. 네트워크 저널리즘에서 공중은 보도되기 이전의 뉴스기사 생성에 관여할

---

105 설진아(2012), 「SNS와 저널리즘의 위기」, 서강대학교 언론대학원 · 언론문화연구소 학술세미나 「소셜커뮤니케이션의 이론화」, 발제문 내용 일부를 재정리하였음.

수가 있고, 사실과 의문, 제안들을 언론에 제공함으로써 언론인들이 기사를 보도하도록 도울 수 있다. 실제로 언론인들이 시민들과 정보자료를 공유하고 협력하여 기사를 만들 수 있으며, 기사가 보도된 이후에도 공중들은 수정사항이나 의문점들, 다른 사실과 대안적 관점 등을 제시할 수도 있다. 이러한 현상은 SNS시대 네트워크 저널리즘의 특성으로서 이제 저널리즘은 뉴스생산 주체가 시민이나 아마추어 대 전문 언론인들로 구분되는 것이 아니라, 상호협력하는 벤처로서 소셜 네트워크 자체로서 새로운 저널리즘 양식이 만들어지고 있다.

소셜 네트워크 저널리즘은 최근 전통 미디어들이 소셜미디어를 적극 활용함으로써 보다 활발해지는 경향이 있다. 소셜 네트워크 저널리즘은 단순히 미디어 공진화 관점에서 소셜미디어가 기존 미디어의 이용을 촉진하거나 보완하는 것이 아니라 정보의 투명화, 민주화 차원에서 파급효과가 클 수 있음을 시사한다. 실제로 소셜미디어의 신속한 정보 확산 기능은 네트워크 저널리즘에서 그 자체로 언론기능을 수행한 사례들이 많다. 특히 SNS의 정보 확산 효율성은 트위터와 페이스북 같은 소셜미디어가 공공매체로서의 영향력을 발휘하게 한다(Jansen, Zjang, Sobel & Chowdury, 2009).

소셜뉴스의 확산과 함께 전통적 저널리즘의 역할 변화에 대한 요구도 커지고 있다. 사람들은 표현 매체 수가 증가함에 따라 정보분류에 더 많은 시간을 들이기보다 무엇이 진실하고 중요한가를 가르쳐 주는 취재원들을 필요로 한다(코바치 & 로젠스틸, 2001; 72). 물론 대부분의 사람들은 여전히 주류 언론에 의존하고 있지만, 점차 뉴스의 신뢰도 차원에서 소셜미디어에 대한 의존도가 높아지고 있으며, 시민들은 믿을 만한 취재원을 점차 SNS를 통해 찾는 경향이 있다. 최근 미주리대학교 시민저널리즘 연구팀이 조사한 결과에서도 페이스북 이용자들은 그들의 친구들이 올린 뉴스 콘텐츠가 전통적인 뉴스 언론사들이 사이트에 올린 콘텐츠보다 더 믿을 만하다고 판단하였다(Bentley, 2008).

이러한 현상은 향후 주류 언론들이 소셜 네트워크 서비스를 적극적으로 수용하지 않는다면 뉴스소비자들을 점차 잃을 수밖에 없음을 시사한다. 더 나아가 시민들의 뉴스 이용행태가 변화하면서 앞으로 소셜 저널리즘의 장점들을 살리지 못하는 매스 미디어들은 사이버공간에서 그 브랜드가 약화될 수밖에 없을 것이다. 이미 인터넷상에 '정보폭발' 현상이 팽배하고, SNS를 통한 '정보의 투명화·조직화'로 인해 공중은 더 이상 미디어를 경외하지 않고, 저널리스트들은 점점 더 단순 정보제공자가 되어가고 있다(Nel, Ward & Rawlinson, 2009). 전통적 저널리즘의 위기가 여기서도 드러나고 있지만 궁극적으로 언론이 지향해 나가야 할 방향 역시 '소셜 네트워크 저널리즘'에서 그 해법을 찾을 수 있을 것이다.

소셜 네트워크 저널리즘의 주요 특징은 개방적인 네트워크 효과로서 소셜미디어를 이용하는 사람들이 상호 소통하고 협력적으로 뉴스 콘텐츠를 생산한다는 점이다. 소셜 저널리즘은 언론인들의 참여를 배제하지 않는다. 웹2.0의 참여, 공유, 개방의 정신을 담은 SNS 플랫폼에서는 언론인들뿐만 아니라 일반시민들이 뉴스의 생산과 전파, 그리고 다양한 형태의 의제설정 과정에 함께 참여하고 협업함으로써 무엇이 진실하고 중요한지 상호 게이트키핑을 해나갈 수 있다. 물론 이와는 반대로 SNS를 통해서 잘못된 정보나 진실이 아닌 것들이 너무 많이 유포될 수도 있기 때문에 사실에 대한 '검증과 종합'이라는 언론인의 역할은 중요해질 것이며, 진실규명에 대한 기대감도 더욱 커질 것이다. 따라서 소셜 네트워크 저널리즘에서 저널리스트와 편집자들은 여전히 검증된 정보와 분석을 제공한다는 차원에서 역할이 중요하다고 할 수 있다. 하지만 SNS 이용자들 역시 정보원으로서뿐만 아니라 다양한 기사를 협력하여 만드는 뉴스생산자로서의 역할이 커질 수 있다. 특히 시민들이 주도하는 소셜 저널리즘은 민중의 역동성과 정보의 속도(velocity)에 의해 뉴스기사들을 온라인상에서 끊임없이 다양한 멀티미디어 형태로 생산할 수 있기 때문이다. 결국 주류 언론들은 전 세계에 SNS를 통해 네트워크화된 시민들과 협업하지 않을 수 없게 될 것이다.

한편, SNS는 사적 공간에서 이용자들이 공적인 뉴스와 정보를 공유, 소통하게 함으로써 주류 언론의 영향력을 더욱 보강, 강화시킬 수도 있다. SNS 이용자들은 무엇

＋ 미디어 생태계의 미래

보다 정보를 신속하고 광범위하게 확산하는 주체로서 활동하므로 개별 페이스북과 트위터 이용자가 전달하는 언론사의 뉴스기사는 피라미드 형태의 정보망을 타고 순식간에 확산될 수도 있다. 이러한 측면에서 전통적인 언론과 SNS가 결합되는 소셜 네트워크 저널리즘은 향후 더욱 확산될 것으로 보인다.

6. 결론: 저널리즘의 진화방향

소셜 저널리즘은 시민 저널리즘의 일환으로서 소셜미디어를 활용해 시민들이 뉴스정보를 생성하고 의견을 제시하는 새로운 유형의 정보수집과 보도 방식을 의미한다. 소셜 저널리스트들은 대부분 저널리즘 교육을 받지 않았음에도 사실(facts)과 정보를 단문 텍스트나 사진, 동영상 등 멀티미디어 형식으로 자신의 소셜 네트워크를 통해 빠르고 충실하게 전달하는 편이다. 이러한 단순 정보전달 이외에도 SNS를 통한 소위 소셜뉴스들이 저널리즘으로서 부상하는 이유는 무엇보다 주류 언론들이 해오던 '감시견(watchdog)' 역할이나 공적 이슈에 대한 적극적 지지 또는 비판 역할을 수행하기 때문이다.

저널리즘은 사회적 상황 속에 존재하고, 시민과 사회는 제 역할을 다하기 위해 사건에 대한 정확하고 신뢰할 수 있는 정보와 뉴스에 의존하기 마련이다. 소셜 저널리즘은 저널리즘의 본질과 원칙을 되찾기 위한 시민들의 노력의 결과이며, 저널리즘을 파괴하고 민주사회를 약화시키려고 위협하는 세력에 대한 방어 메커니즘의 일환으로 볼 수 있다. 시민들은 공익보다 사익에 점점 더 기여하는 주류 언론에 점차 의존하지 않으려는 경향이 있으며, 인터넷과 SNS를 통해 뉴스의 흐름을 주시하고, 뉴스의 출처인 정보원으로서 자신의 이야기들을 공유함으로써 정보의 투명화·민주화에 기여할 것이다.

미래의 뉴스 소비자들은 또한 정보를 공유하는 커뮤니티 중 어느 곳에든지 속해 있고, 어떤 방식으로 참여하느냐가 중요한 만큼 커뮤니티가 이들에게 저널리즘 역할을 대신하게 될 가능성이 크다. 이들이 온라인 커뮤니티에 뉴스정보를 의존하는 이유로는 인터넷상에 흘러 다니는 수많은 정보를 다 수용할 수 없어 자신이 선호하는 소셜 네트워크 서비스 안에서 믿을 수 있는 사람들을 통해 뉴스를 필터링하고, 필요한 정보만을 얻으려는 성향이 있기 때문이다. 물론 이로 인한 정보의 편식 현상이나 정확성 문제가 지속적으로 제기될 것이다. 뉴만(Newman, 2009)은 이러한 미래의 저널리즘 지형변화에 대하여 언론사들은 자신들이 소셜미디어보다 항상 뒤처질 수 있을 것이라는 사실에 익숙해질 필요가 있다고 역설하였다. 이에 반해 소셜미디어 전도사들은 SNS에서는 항상 신뢰와 맥락, 관점(perspectives)의 결핍이 있을 수 있다는 점을 인식할 필요가 있다고 강조하였다. 궁극적으로 어떤 뉴스와 정보를 신뢰하고 어디에 시선을 두어야 할지는 뉴스 소비자인 시민들이 결정할 것이다.

소셜미디어와 전문적인 네트워크 저널리즘이 결합된 소셜 네트워크 저널리즘은 양질의 저널리즘을 추구한다. 양질의 저널리즘이란 우리가 살고 있는 지역과 세상을 이해하는 데 도움을 주는 신뢰할 수 있고, 시의적절하며, 균형 잡히고, 포괄적인 뉴스를 실현하는 원칙들을 적용하는 언론이다(Kovach & Rosenstiel, 2001). 소셜 네트워크 저널리즘을 구현하기 위해서는 기존의 엘리트 중심의 뉴스생산 플랫폼을 시민들에게 개방하고 정보공유와 참여를 독려하며 오픈소스와 클라우드 소싱에 기반을 둔 뉴스생산 체제를 구축해야 할 것이다. 아울러 소셜 네트워크 저널리즘에서는 언론인들도 그들이 취재하는 인물과 권력기관에 요구하는 것과 마찬가지로 뉴스생산 과정을 투명하게 공개하도록 해야 할 것이다. 이러한 접근방식은 언론인과 시민 사이의 새로운 결합의 시작이며 대화형 저널리즘이 어떻게 전통 저널리즘이 추구해온 원칙들과 접점을 찾아나가고 있는지를 투명하게 보여 줄 수 있다. 또한 언론인과 시민들의 협업을 통해서 대중이 양질의 저널리즘을 만들어 가기 위한 하나의 세력이 될 수 있는지를 보여 주는 새로운 저널리즘 양식에 대한 실험이 될 수도 있다.

전 세계적으로 소셜 저널리즘의 부상은 이제 주류 언론들도 새로운 뉴스 제작방

     ✦ 미디어 생태계의 미래

식을 모색해 나갈 시점이 되었음을 시사한다. 즉, 기자들이 독자적인 판단과 보도자료를 바탕으로 기사를 작성하는 것이 아니라 시민들이 무슨 생각을 하는지 파악하기 위해 다양한 소셜미디어를 활용하며, SNS에서 기자들은 무엇을 하고 있는지를 공중에게 알려 저널리스트의 존재감을 독자들이 인식하게 할 필요가 있다. 또한 뉴스를 완성하고 나서 기사로 끝나는 것이 아니라 다양한 뉴스 플랫폼을 통해 관련기사를 실시간으로 제공하며, SNS에서 이를 공유해 나가도록 지원함으로써 진실한 뉴스와 정보를 빠르게 확산시킬 수도 있다. 따라서 지금까지 살펴본 해외 소셜 저널리즘 사례들과 네트워크 저널리즘이 국내 언론사에는 어떤 방식으로 어떻게 접목될지 귀추가 주목된다. 무엇보다 소셜 네트워트 저널리즘이라는 새로운 저널리즘 양식을 통해 향후 양질의 뉴스보도를 생산하고 보급하기 위해서 언론사들은 지금보다는 더욱 시민들과 SNS를 통해 상호작용하고, 소셜뉴스에 대한 뉴스생산 플랫폼을 어떻게 개방해 나갈 것인지 심각하게 고민해야 할 것이다.

참고문헌

공훈의(2010), 『소셜미디어시대 보고 듣고 뉴스하라: 스마트 리더가 만드는 미디어 혁명』, 한스미디어.

김명준 · 이기중(2010), 「커뮤니케이션학 차원에서 본 21세기 네트워크 사회에서의 '집단지성(Collective Intelligence)'」, 『한국언론학보』, 제54권 6호, pp.129~149.

김병철(2006), 『시민사회와 시민저널리즘』, 서울: 한국외국어대학교 출판부.

김성철 · 윤영만(2010), 『통합뉴스룸 환경에서 사용자제작콘텐츠(UCC) 활용방안 연구』, 한국언론진흥재단, 2010-06.

김윤화(2010), 「N-Screen 전략 및 추진 동향 분석」, 정보통신정책연구원.

김익현(2007), 『웹 2.0과 저널리즘 혁명』, 커뮤니케이션북스.

김 존(2011), 『공개와 연대위키리크스와 페이스북의 정치학』, 한석주, 이단아역.

설진아(2011), 『소셜미디어와 사회변동』, 커뮤니케이션북스.

설진아(2012), 「SNS시대의 시민 저널리즘과 정보의 민주화」, 제4차 언론정보학회 기획연구 세미나, 2012.2. 발제문.

설진아(2012), 「SNS와 저널리즘의 위기」, 서강대학교 언론대학원 · 언론문화연구소 학술세미나, 「소셜커뮤니케이션의 이론화」 발제문.

이희욱(2011.1.19), 「트위터 창업자, "한글 서비스 시작… 한국법인 설립은 아직"」, www.bloter.net.

조희정(2011), 「2011년 중동의 시민혁명과 SNS의 정치적 매개 역할」, 『한국정치연구』, 제20집 제2호, pp.309-338.

코바치 빌 · 로젠스틸 톰(2001), 『저널리즘의 기본요소』, 이종욱 역, 한국언론재단.

Anderson, K.(2011). "The Protester", *Time*, 2011.12.14.

Anderson, R., Dardenne, R.,& Killenberg, G. M.(1996). *The Conversation of Journalism: Communication, Community and News*, westport, CT: Praeger.

Atlee, T & Zubizarreta, R.(2003). *The Tao of Democracy: Using Co-Intelligence to Create a World That Works for All*, The Writers' Collective, Cranston, RI.

Bentley, C. H.(2008). "Citizen Journalism: Back to the Future?", Discussion paper prepared for the Carnegie-Knight Conference on the Future of Journalism, Cambridge, MA June 20-21, 2008.

Bowman, S., Willis, C.(2003). *We Media*. The American press institute.

Gallo, J.(2004). Weblog journalism: Between infiltration and integration.

http://blog.lib.umn.edu/blogosphere/weblog_journalism.html

Gillmor, D.(2005). The end of objectivity(version0.91). Dan Gillmor on Grassroots Journalism, etc.

http://dangillmor.typepad.com/dan_gillmor_on_grassroots/2005/01/

Gladwell, M.(2010). *Small Change*, The New Yorker.

Howe, J.(2006). The Rise of Crowdsourcing. Wired Issue 14.06, June 2006.

http://www.wired.com/wired/archive/14.06/crowds.html

Howe, J.(2008 · 2009). *Crowdsourcing: Why the Power of the Crowd Is Driving the Future of Business*. New York: Three Rivers Press.

Jarvis, J.(2006). Networked journalism.

http://www.buzzmachine.com/2006/07/05/networked-journalism

Jansen, B. J., Zhang, M., Sobel, K., & Chowdury, A.(2009). "Twitter Power: Tweets as Electronic Word of Mouth". Journal of the American Society for Information Science, 60(11), 2169-2188. doi: 10.1002/asi.21149.

Kovach B. & Rosenstiel, T. (2001). *The Elements of Journalism*. Theree Rivers Press, New York.

Levinson, P.(2009). *New New Media*, Pearson.

Massey, B., & Haas, T.(2002). Does making journalism more public make a difference? A critical review of evaluative research on public journalism. Journalism and Mass Communication Quarterly, 79(3), 559~586.

Mejias, U.(2011). The Twitter Revolution Must Die, http://blog.ulisesmejias.com

Newman, N.(2009). The rise of social media and its impact on mainstream, Reuters Institute for the Study of Journalism.

Nel, F., Ward, M., & Rawlinson, A.(2009). Gatekeeping and the phenomenon of news content non-journalist Is gatekeeping relevant in online media? www.theopennewsroom.com

Newson, A., Houghton, D,.& Patten, J.(2009). Blogging and other social media: Exploiting the technology and protecting the enterprise, farnham; Gower.

Outing, S.(2011). The 11 Layers of Citizen Journalism, www.poynter.org.

Platon, S., & Deuze, M.(2003). Indymedia journalism: A radical way of making, selecting and sharing news? Journalism, 4(3), 336~355.

Rhoads, C.(2011). "Technology Poses Big Test for Regimes". *The WallStreet Journal*(2011.2.12).

Rosen, J.(1999). *What are journalists for?*, New Haven. CT: Yale University Press.

Schudson, M.(1998). *The Good Citizen: A History of American Civic Life*, Harvard
University Press.

Shirly, Clay(2011). The Political Power of Social Media, *Foreign Affairs*.

Stengel, R.(2011). Person of the Year, Time.

Swaine, J.(2011). "Egypt crisis: the young revolutionaries who sparked the
protests", *The Telegraph*(2011.2.11)(London).

Zukerman, E.(2011.1.14). "The First Twitter Revolution?". Foreign Policy. http://
www.foreignpolicy.com/articles/.../the_first_twitter_revolution

Time(2011). "Wael Ghonim: Spokesman for a Revolution". Time, April.21. 2011,

http://www. time.com /time/specials/packages /article

http://www.time.com/time/specials/packages/article

http://emptydream.tistory.com

http://occupywallst.org

http://www.poynter.org

http://www.telegraph.co.uk/ news/worldnews

SNS의 등장과 시민사회의 변화

황유선 | 중부대학교 신문방송학과 교수

1. 들어가며

SNS(Social Network Sites)는 최근 사회적으로 가장 자주 회자되는 단어 중의 하나가 되었다. SNS를 이용하는 사람들의 수도 늘어났으며, 아시아 주요국에서만 보더라도 인터넷 이용자들의 74%가량은 SNS를 사용한 경험이 있고 한 달 평균 6시간 정도는 SNS 접속에 시간을 할애하는 것으로 나타났다(닐슨코리안클릭, 2010). 특히 언론에서는 SNS가 마치, 정보 소통 및 대인적 영향력 측면에서, 기존의 미디어 시스템과 견줄 수 있거나 혹은 능가할지도 모른다는 우려 어린 평가를 내리기도 한다. 언론은 SNS와 연관된 사안에 대해 민감하게 반응하며 각종 SNS 관련 기사들을 내보내고 있다. 이는 필연적으로 대중의 인식 체계에 영향을 미치게 되는데, 대중은 SNS의 사용이나 그로 인한 인과적 효과를 현재 사회적으로 중요한 시류로 받아들이게 된다. 이러한 배경에는 스마트폰(smart phone), 태블릿 PC의 등장과 함께 유수의 가전업체 및 IT 기업들이 벌이고 있는 홍보마케팅이 자리 잡고 있음을 부정할 수는 없다.

SNS는 스마트폰이나 태블릿 PC와 같은 스마트기기와 유연하게 연동됨으로써 사람들의 사회적 삶 속으로 깊이 파고들었다. 그러나 한편에서는, SNS에 대한 관심이 지극히 일시적인 현상에 불과할 것이라는 비판적 입장도 존재한다. 이 역시 전혀 무시할 수 없는 견해이지만, 분명한 것은 뉴미디어 테크놀로지의 지속적인 발전이 필연적으로 사회적 소통구조에 일정한 반향을 불러올 것이라는 점이다. 그리고 그 변화는 앞으로 지금까지보다 상호적이고 개방적인 형태로 대중의 참여를 유도할 것이다.

그렇다면 과연 무엇이 사람들로 하여금 SNS에 높은 관심을 갖도록 한 것일까? 그리고 SNS의 등장은 실제로 시민의 삶의 방식과 소통구조를 혁명적으로 바꾸어 놓을 수 있을 것인가? 본 장에서는 이러한 근원적인 질문에 대한 답을 찾아감으로써 결과적으로, SNS를 정책적 차원에서는 어떻게 활용할 수 있을 것이며 효율적인 정책방안에 응용 가능한 제언을 도출하도록 하겠다.

2. 소셜미디어와 SNS의 이해

1) 소셜미디어란 무엇인가

SNS의 유래와 소셜미디어의 정확한 개념에 대해서는 아직까지도 명쾌한 정의가 내려지고 있지는 않다. SNS는 소셜미디어의 일종으로서 소셜미디어의 여러 범주 중 하나에 속하는 인맥을 바탕으로 한 웹 기반의 서비스이다. 소셜미디어는 이미 전 세계적으로 소통의 범위를 확장하였으며 각각의 서비스마다 소통 형식에 차이가 존재한다. 그럼에도, 여전히 SNS는 소셜미디어 그 자체로 간주되기도 하고 각종 스마트 디바이스(e.g. 아이폰, 갤럭시 노트 등)를 통해 구동되는 모든 서비스가 곧 소셜미디어인 것처럼 인식되고 있다. SNS를 정의하기 위해서는 우선, 소셜미디어가 무엇인지를 파악해야 한다.

소셜미디어라는 용어를 처음으로 사용한 사람은 IT 분야 컨설팅 회사인 가이드와

이어 그룹(Guidewire Group)의 창업자인 크리스 시플리(Chris Shipley)[106]이다. 그는 지난 2004년 한 컨퍼런스(The BlogOn Conference)에서 IT 관련 회사의 담당자들을 대상으로 소셜미디어의 활용과 특성에 대한 화두를 처음 제시하였고 소셜미디어 세션을 구성하였다.[107] 이를 계기로 기업들 사이에서는 소셜미디어에 대한 관심이 점차 확대될 수 있었다.[108]

소셜미디어가 갖는 사전적 의미를 이해하기 위해서 이를 그대로 번역하면 '사회적 매체'가 된다. 즉, 소셜미디어라는 표현이 내포하고 있는 '사회적'이라는 것이 무엇을 뜻하는 것인지, 그리고 매체가 행하는 행위 혹은 매체가 생산하는 콘텐츠에 미치는 '사회적' 영향이 무엇인가를 파악하는 것이야말로 소셜미디어를 이해하는 핵심이 된다. 기존에 소셜미디어에 대해 내려진 정의들을 보면 "높은 접근성과 온라인상에서 확장 가능한 출판기술을 활용하여 사회적 상호작용을 하도록 만들어진 미디어(Social media are media for social interaction, using highly accessible and scalable publishing techniques)"로 규정되기도 하고,[109] "Web 2.0을 바탕으로 하는 인터넷 기반 애플리케이션의 총체이며 사용자에 의해 생산된 콘텐츠(user-generated content: UGC)를 만들고 이를 교환할 수 있도록 하거나 혹은 소비자에 의해 만들어진 미디어(consumer-generated media: CGM)"로 정의되기도 한다(Kaplan & Haenlein, 2010).

사실상 모든 미디어가 일정 부분 "소셜"한 측면을 보유하고 있지만 여기에서 중요

---

106 크리스 시플리는 테크놀로지와 그 관련 상품에 대한 분석가이며, 1996년 이후 테크놀로지 회사의 천여 개 생산물이 시장에 진입할 수 있도록 조언하였고 현재도 전 세계의 신생 테크놀로지 기업의 성공 가능성과 상품의 판매 활성화를 분석하고 있다(출처: http://guidewiregroup.com).

107 http://www.blogonevent.com/blogon2004/agenda/ 참조.

108 이듬해 소셜미디어를 주제로 한 컨퍼런스가 또다시 개최되기도 하였다(The BlogOn Conference: Social Media Summit). http://www.blogonevent.com/blogon2005/ 참조.

109 http://en.wikipedia.org/wiki/Social_media 참조.

　　　　　　　　✦ 미디어 생태계의 미래

한 것은, 소셜미디어의 등장이 그동안 미디어 기업들의 고유한 영역에 속했던 정보 생산과 정보유통 및 분배가 사회적 영역, 다시 말해 사회를 구성하고 있는 개인에게로 넘어왔다는 점이다. 즉, 소셜미디어로 인해 누구나 정보의 생산자가 될 수 있고 이를 전파할 수 있으며, 정보를 주제로 소통할 수 있게 되었을 뿐 아니라 사회구성원들의 자발적 참여와 동시적 피드백이 가능해졌다. 이 때문에, 소셜미디어는 많은 사람들이 자신의 생각과 의견 및 경험을 공유하고 서로 참여하도록 개방화된 온라인 툴과 플랫폼이라고 인식되어 온 것이다. 사회구성원들이 자유롭게 참여하여 정보를 제공하거나 이를 교환함으로써 활발한 인적 교류를 형성해 나가는 환경을 뒷받침하게 되는 것이야말로 소셜미디어를 이해하는 올바른 방식이 될 수 있다. 보다, 간단하게는 일반인이 주체가 될 수 있는 개방적이고 상호 소통할 수 있는 매체를 의미한다.

그러므로 소셜미디어는 제도권 혹은 권력층으로부터 대중에게 전달되는 일방적인 의사소통방식보다는 사회적 대화를 유도하며 지식과 정보의 민주화를 뒷받침하고 사람들을 콘텐츠 소비자에서 생산자로 탈바꿈시키는 데 공헌하였다. 또한 소셜미디어에 대한 정의에서 일관되게 드러나고 있는 부분은 특정한 가치를 공동으로 창출(co-creation of value)해내기 위해서 기술력과 사회적 상호작용이 어우러진다는 것이다. 온라인상에서 운용되는 소셜미디어는 참여(participation), 공개(openness), 대화(conversation), 커뮤니티(community), 그리고 연계성(connectedness) 등을 그 주요한 특징으로 갖는다(iCrossing, 2008).

구분	설명
참여(Participation)	관심 있는 사람들의 기여와 피드백을 촉진하며 미디어와 수용자의 개념 구분이 모호해짐
공개(Openness)	피드백과 참여가 공개되어 있으며 투표, 피드백, 코멘트, 정보 공유를 촉진함으로써 콘텐츠 접근과 사용에 대한 장벽이 거의 없음
대화(Conversation)	콘텐츠의 유통이 일방향이 아니라 쌍방향성을 띠고 있음

커뮤니티(Community)	커뮤니티의 구성이 신속하게 이루어지며 그 안에서 공통의 관심사에 대해 대화할 수 있음
연결(Connectedness)	다양한 미디어를 조합하고 링크함으로써 확장해 나감

* 출처: 황유선 · 박남기(2010, p.25).

표 1_ 소셜미디어의 특성

위와 같은 소셜미디어의 특성에 대해서 황유선과 박남기(2010)는 다음과 같이 해석하고 있다. 참여의 측면에서 소셜미디어는 이용자들에게 일정한 기여를 하거나 피드백을 제공하도록 권장하고 있으며 이러한 특성은 미디어와 수용자(audience)의 경계를 모호하게 만드는 효과를 가져왔다. 소셜미디어 서비스는 누구라도 참여할 수 있고 피드백을 할 수 있는 기회를 공개하고 있으며 이용자들이 코멘트나 정보를 자유롭게 공유하도록 한다. 전통 미디어가 브로드캐스트(broadcast) 방식의 메시지 전달 패턴을 채택하였다면 소셜미디어는 양방향 대화 방식을 지향한다. 소셜미디어에서는 커뮤니티를 신속하게 구성하고 효율적으로 운영할 수 있도록 되어 있으며 커뮤니티 속에서 사진, 정치적 이슈, 혹은 즐겨 보는 TV프로그램, 정보 등을 다른 이용자들과 나눌 수 있다. 마지막으로, 대부분의 소셜미디어는 연결성에 큰 의미를 두고 있기 때문에 다른 사이트나 다른 이용자들과의 링크를 이용할 수 있는 시스템으로 되어 있다. 즉, 소셜미디어는 집단 작업이나 대인 간 네트워킹에 의해서 운영되는 체계이므로 의사소통 매개체로서 그 편의성을 높인 차원이었던 기존의 미디어 개념에서 확장하여 스스로 생명력을 갖고 움직이는 미디어라고 할 수 있다. 그리고 이전에 비해서 이용자와 소비자 중심의 미디어 환경 확산에 기여하였다.

소셜미디어는, 전술하였던바, 종류에 따라 독특한 특징을 가지고 있으며 중점적으로 제공하는 서비스가 다르다는 점을 인식해야 한다. 즉, 소셜미디어를 단순한 하나의 개념으로서 이해하기보다는 특성에 따라 다양한 방식으로 구분하는 것이 선행되어야 한다. 소셜미디어의 범주는 크게 블로그(Blog), 소셜 네트워크 서비스(Social

✚ 미디어 생태계의 미래

Network Service: SNS), 위키스(Wikis), 콘텐츠 커뮤니티(Content communities), 팟캐스트(Podcast), 포럼즈(Forums)과 마이크로 블로깅(Microblogging) 등의 일곱 가지로 분류된다(FKII, 2008; iCrossing, 2008).

구분	설명
블로그	Web과 Log의 합성어로서 네티즌이 웹에 기록하는 일기나 일지를 의미하며 가장 최근의 업데이트 목록이 맨 위에 올라오게 되는 일종의 온라인 저널이라고 할 수 있다.
SNS	이용자들의 자신의 개인 웹페이지를 구축한 뒤 친구들과 연결하거나 콘텐츠를 공유하고 상호작용할 수 있도록 하는 서비스이다. 페이스북(Facebook), 마이스페이스(MySpace), 트위터(Twitter), 싸이월드(Cyworld) 등이 여기에 속한다.
위키스	콘텐츠를 추가하거나 정보를 웹페이지 상에서 편집할 수 있으며 일종의 공동의 데이터베이스 역할을 하는 것이다. 가장 보편적으로는 세계 각국어로 서비스되고 있는 온라인 백과사전인 위키피디아(Wikipedia)로서 영어로 된 2백만 개 이상의 문서가 존재한다.
팟캐스트	방송(broadcast)과 아이팟(iPod)의 합성어로서, 아이튠즈(iTunes)와 같은 서비스를 통해 오디오 및 비디오 파일들을 구독할 수 있는 것을 의미한다.
포럼즈	특정한 주제나 관심사를 두고 온라인 토론이 이루어지는 장소를 이르며 소셜미디어라는 용어의 등장 이전에 이미 활성화되었고 온라인 커뮤니티를 구성하는 보편적인 요소가 된다. 국내에서는 다음의 아고라 등이 대표적이다.
콘텐츠 커뮤니티	특정한 종류의 콘텐츠를 만들고 공유하는 커뮤니티를 이르며 대표적으로는 사진 콘텐츠를 중심으로 한 플리커(Flickr), 북마크 링크 중심의 딜리셔스(Del.icio.us), 그리고 동영상을 다루고 있는 유튜브(YouTube) 등이 있다.
마이크로블로깅[110]	휴대전화 등을 이용하여 간단한 콘텐츠(혹은 업데이트)를 배포하는 소셜 네트워크 서비스의 일종으로서 트위터가 대표적이다.

* 출처: 황유선 · 박남기(2010, p.27).

📂 **표 2_** 소셜미디어의 범주

결과적으로, 소셜미디어는 첨단정보통신 및 디지털 멀티미디어 기술의 발전과 융합의 결과로서 새로운 사회문화적 패러다임을 형성하였다. 컴퓨터, 디지털카메라, 사용이 간편한 편집 소프트웨어, 그리고 인터넷 서비스의 발달 등은 소셜미디어 확산의 배경이 되었다고 볼 수 있다. 즉, 누구라도 손쉽게 다룰 수 있도록 제작된 디지털미디어는 사람들이 각자의 개성에 따라 콘텐츠를 생산하고 배포할 수 있는 환경을 조성하였다. 그리고 소셜미디어는 일정한 미디어 형태를 이른다기보다는 복합적이고 다양한 미디어 형태를 포괄하는 개념이다(황유선·박남기, 2010).

2) SNS의 확산과 특성

소셜미디어를 규정하는 과정에서 SNS가 소셜미디어의 여러 범주 중 하나에 속한다는 것을 확인할 수 있었다. 즉, SNS는 소셜미디어와 완전히 동일한 차원의 개념이 아니라 소셜미디어에 포함되는 하위 개념이며, 우리가 흔히 알고 있는 페이스북과 트위터는 SNS의 구체적이고도 개별적인 서비스를 이른다고 보면 된다. 동시에, 소셜미디어 중에서도 가장 보편적으로 사용되고 많은 이용자 수를 가지고 있기도 하다.

나라마다 다양한 SNS가 각국의 언어로 서비스되고 있으나 SNS의 핵심은 웹상에서 인맥(friend)을 구축하고 이를 가시적으로 공개하며 이를 바탕으로 커뮤니케이션 및 정보의 교환이 이루어진다는 점이다(boyd & Ellison, 2007). 즉, SNS는 그 출발점이 대인관계를 효율적이고 풍부하게 운영하기 위한 발상에 있다. 또한 기존의 인터넷 커뮤니티와 달리 개인 중심의 서비스(individual-centered service)이며 SNS는 사회 네트워크나 사람들과의 사회적 관계(e.g. 공통 관심사 혹은 활동 공유)를 구축하는 데 중점을 두고 있는 개인 중심의 서비스(individualcentered service)이며 계정 소유자의 아이디어, 활동, 이벤트, 관심사 등을 자신의 인맥 혹은 익명의 다수와 공유

---

110 트위터와 미투데이(Me2Day)는 짧은 단문 위주의 포스팅을 올리도록 되어 있기에 '마이크로블로깅(microblogging)'으로 세분화될 수 있으나 본질적으로는 사회적 네트워크를 추구한다는 점에서 SNS의 범주에도 포함된다.

      ✦ 미디어 생태계의 미래

할 수 있다. 이러한 메커니즘을 통해 이용자들은 SNS상에서 다른 사람들을 만나거나 인맥을 구축하고, 좋아하는 post를 찾아 움직이고 군집하며, 정보를 전달하거나 수집하며, 사회적 여론을 형성하고 영향력을 행사하고 있다. 따라서 SNS를 통해서 오프라인 못지않게 유기체와 같은 모습을 갖추고 발전하는 온라인상의 사회가 새롭게 형성되고 있으며 오프라인에서의 사회적 삶이 본래의 것이라면 SNS는 온라인상에서의 또 다른 사회적 삶을 영유하도록 해주는 가상의 공간(virtual space)이 된다(황유선·박남기, 2010).

다음의 〈그림 1〉은 SNS의 초기 등장 시점에서부터 현재까지의 발전 과정을 도식적으로 보여 준다.

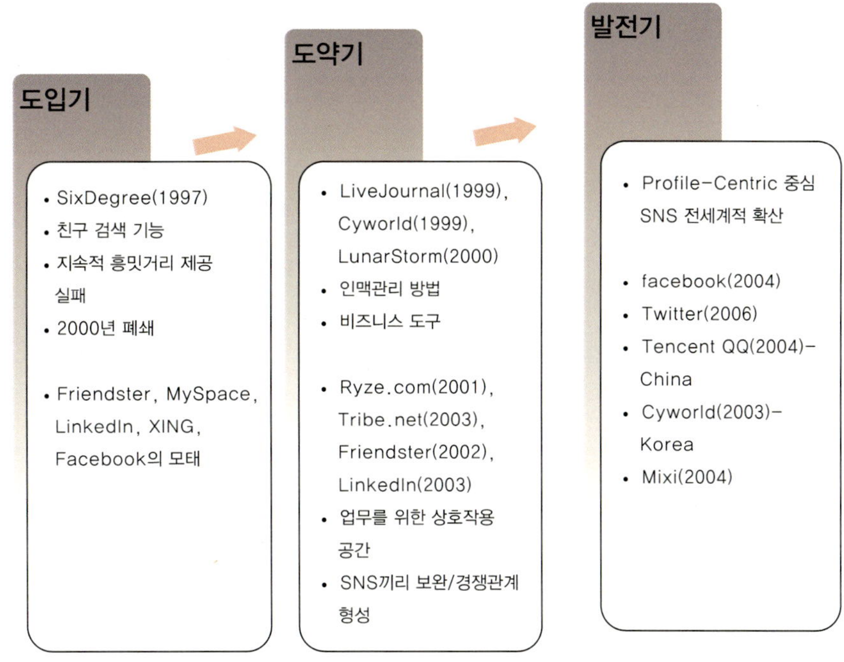

* 출처: 황유선·박남기(2010, p.35).

그림 1_ SNS의 진화 양상

지난 1997년 북미지역에서 시작된 식스 디그리(Six Degree)가 최초의 SNS라고 할 수 있다. 그 뒤를 이어, 1999년에서 2000년대 초반 사이에 라이브저널(LiveJournal), 싸이월드(Cyworld), 루나스톰(LunarStorm), 라이즈(Ryze), 트라이브(Tribe.net), 링크드인(LinkedIn) 그리고 프랜드스터(Friendster) 등이 등장하였다. 특히 식스 디그리는 친구, 가족, 지인 등의 인맥을 링크하도록 한 검색기능을 제공하였다면 라이즈, 트라이브 등은 비즈니스 도구를 제공한다는 특색이 있었다. 인맥관리와 비즈니스 도구로서 활약하던 도약기를 거쳐 2003년 이후에는 새로운 SNS들이 속속 등장하기 시작하였으며 그중에서 현재 가장 많은 이용자 수를 갖고 있으며 전 세계적으로 확산된 서비스가 바로, 페이스북(facebook)과 트위터(Twitter)이다. 이 외에도 큐큐(QQ), 싸이월드(Cyworld), 믹시(Mixi) 등이 있다.

SNS는 지역적 특성 혹은 이용자 집단의 성향이나 구성에 따라 다양한 문화적 특색을 내포한다(boyd & Ellison, 2007). 예컨대, 대부분의 SNS는 기존의 대인관계를 유지하도록 해주지만, 정치적 견해나 활동과 같은 공통의 관심사를 바탕으로 낯선 사람과 연결망을 형성하기도 한다. 또한 다양한 이용자들을 대상으로 하는 경우 및 특정 인종, 종교, 국적, 언어 등 공통의 특성을 갖는 집단을 대상으로 하는 경우(e.g. aSmallWorld, BeautifulPeopl, Mychurch) 등이 있으며 아예 목표 이용자를 대상으로 만들어진 서비스도 있다(지금은 전 세계적으로 가장 보편화된 페이스북이야말로, 지난 2004년에 론칭될 당시, 하버드대학교 재학생들만을 대상으로 한 SNS였으며 가입을 위해서는 Harvard의 이메일 계정이 필요했다. 이후, 하버드대 내에서 성공적인 론칭을 발판으로 아이비리그대학교를 중심으로 페이스북이 확산되기 시작했다). 또 기술적 측면에서는 연동 가능한 콘텐츠 유형(사진, 비디오) 혹은 디바이스(휴대전화 등)가 달라지기도 한다.

이처럼, SNS는 소셜미디어의 한 범주를 차지하고 있으며 다양한 활용 양상을 보여준다. 궁극적으로 SNS의 부상과 확산이 의미하는 바는 온라인 커뮤니티 조직의 변화이며, 이는 커뮤니케이션 체계의 변화를 견인할 수 있는 잠재력을 가졌다. 여타의

　　　　◆ 미디어 생태계의 미래

웹사이트들이 특정한 관심사나 토픽에 집중하고 집단을 단위로 구성되는 것과는 달리 SNS는 개개인을 중심으로 구축되고 소통이 이루어진다. SNS는 개별 개인이 커뮤니케이션 환경의 핵심에 놓이게 된 개인적 네트워크이며 그 안에서 타인과의 활발한 상호 교류를 통해 협력 및 이해, 그리고 사회적 공공 의제가 설정될 수 있는 새로운 틀이 되고 있다.

3. SNS의 사회적 기능

1) 참여: SNS 이용과 사회·정치 참여

스마트폰 등 휴대가 가능한 최첨단 디지털 디바이스를 이용하여 이동성과 실시간성을 보장받음으로써, 트위터와 같은 SNS의 확산은 사회적 여론 형성이나 시민 동원(mobilization)과 같은 단체 행동에 유의미한 영향을 미칠 수 있는 가능성이 높아졌다. 사회적으로 크고 작은 현안이 발생되면 즉각적으로 SNS를 통한 활발한 토론과 정보교환이 이뤄지게 된다. 예컨대, 사회에 물의를 일으킨 기업에 대해서는 SNS를 이용해 불매운동이 벌어지기도 하고,[111] SNS상에서 기부나 사회적 공익행사가 진행되는 경우도 있으며,[112] 지난 2010년 지방선거 때에는 SNS를 이용한 선거운동 및 투표 독려로 인해 투표율이 십수 년 만에 최고로 오르기도 했다.[113] 즉, SNS는 대인 간의 사적인 교류의 장일 뿐 아니라 사회적으로 정보유통의 창구가 되기도 하며, 더 나아가 사람들의 사회적 참여를 매개하고 독려하는 공간으로 새롭게 자리매김하고 있다.

특히 정치 영역에서는 SNS의 참여 유인 효과가 유용하게 활용되고 있는 모습이다

---

[111] 국민일보 2011년 4월 11일자.

[112] http://www.twitnanum.org 참조.

[113] 경향신문, 2010년 6월 3일자; 한국일보, 2010년 6월 3일자.

(황유선, 2011, p.57). 이미 지난 2008년 미국의 대통령 선거 당시 오바마 후보 진영에서는 트위터의 정보 확산력을 이용해 대중에게 메시지를 전달하며 선거 전략을 펼친 바 있다. 당시 트위터는 기부 동기를 유발하고 자발적 참여와 연계된 풀뿌리 민주주의를 구현할 수 있는 전국 단위의 가상공간을 구성했으며, 결국은 이를 통해 정치참여를 유도했다고 평가받는다(Cogburn & Espinoza-Vasques, 2011). 2010년 영국의 총선에서도 '트윗민스터(tweetminster.co.uk)' 같은 서비스를 이용해 대중과 정치권이 정보를 공유하고 의견을 제시하였다. 2009년 치러진 이란 선거에 불복종하는 젊은이들은 트위터를 통해 항의 의견을 개진하였고 시시각각 발생하는 사태 추이를 중계하기에까지 이르렀으며 결국 전 세계인의 관심과 참여를 이끌어내는 결과를 낳았다. 2009년 일본에서는 트위터의 정치사회적 위력을 의식해 트위터를 이용한 선거운동이 금지되기도 하였다. 이와 같은 사례들은 SNS가 시민과 정치영역 간의 직접적인 소통을 연계할 뿐 아니라 이들에게 사회정치적 참여의 장을 제공할 수 있는 가능성을 나타낸다.

전통적으로 시민들의 사회적 참여(civic engagement)는 사회공동체를 위해 행동하는 것을 의미하며 투표를 하거나 선거 캠페인에 참가하는 등의 정치적인 참여(political participation)까지도 포함하며(Omoto, Snyder, & Hackett, 2010) 사회 자본(social capital)을 구성하는 기본적인 개념이 된다(Putnam, 1993, 1995). 그러나 대중의 시민참여 혹은 정치참여가 보편화되지 못했던 이유는 첫째, 이들이 정치참여를 할 여건이 안 되며(they can't), 둘째, 정치참여를 원치 않을 뿐 아니라(don't want to), 셋째, 아무도 정치참여를 권유하지 않기 때문(nobody asked)이라고 볼 수 있다(Brady, Verba, & Schlozman, 1995). 무엇보다도, 시민들이 정치참여를 할 여건이 안 되기 때문에 참여를 하지 못했다는 점은 개인이 정치 참여에 필요한 시간이나 돈 혹은 사회적 기술(civic skills)과 같은 기본적인 자원을 갖추지 못하였다는 사실을 의미하는 것이기도 하다. 바꿔 말해, 참여적 시민이 되기 위해서 많은 돈이 들지 않거나 고도의 사회적 기술이 필요하지 않는다면 보다 많은 사람들이 사회적으로 참여할 수 있는 길이 열릴 수 있다.

그렇다면 SNS의 등장은, 혹은 활용은, 시민들의 참여적 행위에 고무적인 사건이라고도 할 수 있다. 고대 그리스에서 시작된 직접적 사회정치 참여의 관습은 확장된 영토와 인구 분산으로 인해 간접적 대의 민주주의로 변화되었으나 사이버공간이 생겨남으로써 다시금 부분적으로나마 시민들의 직접적 참여 형태가 재현되고 있다(Lévy, 1994). 인터넷의 등장 이전 모뎀 동호회 등을 통해서는 이미 다양한 정보가 교환되고 다른 사회구성원들과 긴밀한 상호작용이 이루어져 왔다(Rheingold, 2000). 네트워크 기반의 기술이 애초부터 정보를 공유하고 사회적 관계를 형성하는 목적으로 사용되었던 것처럼(Turkle, 2011) 인터넷 초기 유즈넷(user network)에서 비롯하여 온라인 커뮤니티는 시민참여의 장으로 활용되었다. 가상공간에서는 대중의 다양성이 반영될 수 있고 이견에 대해서도 적절히 반응함으로써 사람들의 지속적인 참여를 유도할 수 있다(Lévy, 1994).

그동안 커뮤니케이션 분야의= 학자들은 인터넷이나 휴대전화 등의 첨단기기를 정보교환의 목적으로 이용할 경우, 사회참여도가 증가됨을 반복적으로 확인해왔다(e.g. Campbell & Kwak, 2010). 즉, 웹을 매개로 한 커뮤니케이션은 시민참여를 확산하는 데 긍정적인 효과를 갖게 될 것이다. 최근 등장한 SNS는 기존의 웹(인터넷), 휴대할 수 있는 디바이스와 결합될 뿐 아니라 언론사의 뉴스 등을 연계됨으로써, 이용자들이 정보를 시시각각 교환할 수 있는 환경을 제공하기 때문에 참여와 공론의 공간으로 자리하게 되었다고 보아도 과언이 아니다.

또한 SNS의 고유한 특성으로서 소통의 단위가 되는 인적 네트워크는 시민들의 참여 행위를 고양시킬 수 있는 환경을 조성하게 된다. 다른 사람들과의 지속적인 관계는 이들에 대한 신뢰의 바탕이 되며 이는 곧 자신이 속한 사회의 신뢰 구축 및 사회적 참여로 이어질 수 있다(Putnam, 1995). SNS를 가동시키고 있는 커뮤니케이션 테크놀로지 기술은 온·오프라인을 망라해 대규모의 네트워크 조직, 구성해 사회적 참여를 가능하게 할 수 있을 만큼 발전하였다.

2) 지식: 사회 · 정치 관심과 SNS

일방적이면서도 대량적 소통(mass communication)을 주도해 왔던 전통 미디어가 이제는 대인 커뮤니케이션 채널로서의 소셜미디어, 특히 SNS와 역할분담을 해야할 시기가 되었다. 이는 휴대가 가능하면서도 최신의 애플리케이션(application)을 탑재한 포터블 스마트폰 등의 등장이 기여한 바가 적지 않다고 볼 수 있다. 스마트 디바이스를 사용함으로써, 애플리케이션 혹은 SNS를 통해 다양한 사람들과 광범위하게 소통함으로써 정보 획득의 경로가 다원화될 수 있었다. 이에, 개인은 권력기관이나 언론사 등에 의해 이미 한두 차례 정제된 정보를 수동적으로 습득할 수밖에 없었던 환경에서 정제되지 않은 데이터(raw data)에 직접 접속할 수 있도록 정보환경이 변화되었다. 이는 곧, 개인의 판단과 성향이 사회담론에 투영될 수 있는 가능성이 높아질 수밖에 없는 사회구조적인 요인과도 맞닿아 있다. 이 같은 변화는 결국, SNS의 특성인 '기능적 편리함'과 '조작의 간단함'이 주축으로 진행되는 것이며 대중의 사회 정치적 관심을 고양하는 데 결정적인 요인이 되고 있다. 이러한 점을 감안하여, 기업이 소비자의 반응을 빠르게 파악하고 이들의 관심을 높이기 위해 SNS를 이용한 소통을 시도하는 경우가 늘고 있다(서울신문, 2010.4.26).

대중의 관심은 그것이 자신과 관련 있거나 자신이 직접 생산해낸 물적 혹은 지적 자원에 대해서 더욱 높아지기 마련이다. 이러한 측면에서, SNS를 통해 정보의 직접적인 전파 확산이 가능하다면 그에 대한 대중의 관심이 증대될 것은 자명하다. 새롭게 등장한 미디어는 정보교환 행위를 보다 자유로운 환경 속에 가능케 함으로써 시민들의 참여의식을 고양시켰을 뿐 아니라 이들의 사회정치적 관여도 역시 향상시킬 수 있었다. 인터넷이 정보를 제공하는 원천이 되고 정치적 입장을 표명할 수 있는 장을 제공한다는 점을 감안한다면, 인터넷을 통한 정보 소비행위는 사회정치 현안에 대한 관심과 토론을 유발하고 이메일 등을 통해 각 사회 분야 사람들과의 상호 소통을 이끌어낼 수 있다(Shah, Cho, Eveland, & Kwak, 2005).

이러한 행위와 과정들은 SNS상에서 좀 더 효율적으로 진행될 수 있다. 가령 트위

＋ 미디어 생태계의 미래

터를 이용함으로써 사람들은 자신의 관심사에 부응하는 기관이나 타자를 팔로우하게 되고 자신이 추구했던 정보를 실시간으로, 별다른 큰 노력 없이, 받아 보고 확산할 수 있다. SNS는 무엇보다도, 여타의 선행 미디어보다 즉각적이고 공개적이라는 점에서 사회적인 관심을 모으는 데 유리하다.

주지하다시피, 튀니지에서 발발한 '재스민혁명'은 한 페이스북 이용자가 다른 이용자들의 관심을 끌었고, 그로 인해 전 세계적 사건으로 확산된 하나의 역사적 사건이다. 사람들은 튀니지에서 일어난 '안타까운' 사연을 자신이 직접 페이스북 친구들에게 전달하였고, 그러한 과정이 반복적으로 일어남으로써 정보가 확산됨과 동시에 관심도 고조될 수 있었던 것이다. 튀니지 혁명을 두고 주로 SNS의 전파력과 소통 체계의 혁신적 발전을 강조하는 경향이 있지만 그 이면에는 이용자들이 스스로 정보를 전달함으로써 느끼게 된 책임감, 그리고 사회적 관심이 주요한 동력으로 작용할 수 있었음을 간과해서는 안 된다.

마찬가지로, 지난 2010년 발생한 '천안함 사건'과 관련해서도 SNS 이용자들은 기성 언론보다도 신속하게 속보를 전파하였던 경험이 있다. 이들은 단순히 북한의 도발이나 미사일 발사와 같은 표면적 사건을 전달하였던 것뿐 아니라 그 이면에 존재하고 있는, 혹은 예측되는 정치적·외교적·군사적 그리고 사회적인 다양한 현안에 대해 관심을 높였고 이를 함께 전파하였던 것이다. 이렇듯, 종합적인 관점을 아우르는 대중의 관심이 SNS를 통해 유통될 수 있다는 점이야말로 SNS가 개인 단위의 미디어가 아닌 사회적 미디어로 자리매김할 수 있는 바탕이 된다. 더불어 이용자들 사이에 동영상이나 각종 관련 자료를 자유롭게 교환할 수 있기 때문에 사회적 공감대가 좀 더 쉽게 형성될 수 있기도 하며, 그로 인해 이용자 당사자들뿐 아니라 범사회적인 관심을 이끌어 내는 데에도 유용하다. 한 예로, 일본에서 독도를 일본 땅으로 표기한 교과서가 늘어나고 아사히맥주 명예회장이 신사 참배의 중요성을 강조한 것으로 알려지자 트위터 사용자들 사이에서는 아사히맥주 불매운동이 확산되기도 하였다.[114]

---

114 국민일보, 2011년 4월 11일.

4. SNS의 정책적 활용 가능성

지금까지 소셜미디어와 SNS의 정의와 특성, 그리고 참여와 지식의 관점에서 SNS 와 시민들의 사회적 활동과의 관계를 살펴보았다. 여기에서 중요하게 살펴보아야 한 부분은 참여와 관심은 밀접하게 연관된다는 것이다. 이미 정치적 관심은 시민참여 및 정치참여에 중요한 역할을 하는 것으로 알려져 있다(McLeod et al., 1999). 사회 정치적 관심은 가장 보편적인 참여의 형태인 투표를 비롯하여 서명운동이나 정치토 론, 정당활동 및 집회나 시위참여 등 사회적인 참여 행위를 고양하는 효과가 있다(민 영·주익현, 2007; Stromback & Shehata, 2010). 이는 사람들이 사회적으로 공적인 행위를 수행하기 위해서는 우선 사회적 현안에 대한 개인적 관심이 구축되어야 함을 이르는 것이기도 하다. 그리고 이러한 점에서, SNS는 지금까지 등장했던 인터넷 기 반의 어떠한 소통 채널보다도 시민들의 관심을 모으고 이들의 참여적 행위를 진작하 는 데 강력한 영향력을 발휘할 수 있다고 보인다.

1) SNS를 통한 정책적 관심 고양 및 참여 유발

SNS가 시민들의 사회적 관심을 고양하고 결과적으로 참여를 이끌어낼 수 있다면 이것을 적극 활용해야 할 필요가 있다. 그리고 그러기 위해서는 SNS를 가장 효과적 으로 활용할 수 있도록 전략적 관점에서 접근해야 할 것이다.

사람들이 공공정책에 대해 관심을 갖고 주목하게 된다면 결국 이들의 실질적인 참 여율은 증가될 수 있다(McLeod & McDonald, 1985). 그리고 이미 사회정치 현안에 대해 높은 관심을 갖고 있는 사람들일수록 각종 미디어를 통해서 전달되는 캠페인 및 뉴스에 대한 주목도가 높아지게 되는데, 이렇게 높아진 관심은 역시 시민들의 참 여적인 행위를 진작시키는 데 유의미한 효과를 갖는다(Bimber, 2001).

즉, SNS를 정책적으로 활용하기 위해서는 SNS를 통해 전해지는 사회적 현안, 다시 말해, 정책적 사안에 관심이 있는 사람들의 눈길을 잡을 수 있도록 해야 할 것이다.

왜냐하면, 정치적 관여도가 높은 사람들일수록 미디어상에서 시사 정보를 얻고자 할 것이며 그러한 과정에서 정보의 획득이 이루어 질 때 이들의 참여적 행위가 더욱 강화될 수 있기 때문이다(Johnson & Kaye, 2003; Pinkleton & Austin, 2001; Xenos & Moy, 2007).

그러나 여기에서 부각되는 또 하나의 현안은 정치 관심이 자연스럽게 미디어를 통해 사회정치적 정보 소비로 이어지게 되며 이것이 다시 시민, 정치 참여로 귀결될 수 있도록 하기 위해서 어떠한 이용자들을 목표층으로 해야 하는지에 관한 딜레마이다. 보편적으로 사회정치적 관심이 높은 계층은 그 사회 내에서 다소 보수적인 성향을 띠는 집단일 확률이 높다. 그리고 이들은 뉴미디어를 통한 정보의 회득보다는 신문이나 TV뉴스를 통해 정보를 접하려는 성향이 나타난다. 이를 해소하기 위해서는 이러한 기득권 집단의 사회적 수요와 정보적 갈증을 풀어줄 수 있는 고급정보 위주의 뉴스를 소통시킬 수 있는 인프라를 구축하여야 할 것이다.

2) 관심과 참여를 위한 콘텐츠 생산환경 구성

SNS를 통해서 사람들의 관심과 참여를 강화할 수 있다면, 이와 더불어 진지하게 다뤄야 할 부분은 SNS를 통해서 어떠한 참여를 어떻게 이끌어낼 것인가 혹은 SNS를 통해서 무슨 관심을 어떻게 고양시킬 것인가를 고민할 수 있는 인력 구조 내지는 환경을 구축해야 할 것이다.

SNS가 이루는 사회적 네트워크 속에서 시민들이 정책적 현안을 주제로 한 대화에 참여하고 그러한 이슈를 자주 접하게 됨으로써 정책적으로 부합하는 사회자본이 형성될 것이라는 점은 기대할 수 있는 부분이다. 그렇다면 이러한 틀 속에서 개별 정책 사안에 걸맞은 사회적 이슈를 형성하고, 정책을 최초로 소구할 수 있는 대상 집단을 선정하도록 해야 한다. 특히 이들 대상 집단은 마치 커뮤니케이션 이론에서 주장하는 이 단계 유통이론(two-step flow model)에서처럼 해당 커뮤니티 혹은 동질한 집단 내에 우호적인 의견을 구축할 수 있는 매개적 요인으로서 작용할 수 있다.

SNS는 약한 연계(weak-tie)의 네트워크로 이루어진 커뮤니케이션 공간이며 그 안에서는 다양한 주제가 소통될 수 있는 여지가 있다. 광범위한 네트워크를 통해서는 여러 가지 참신한 아이디어와 정보를 주고받을 수 있기 때문에 누구라도 이러한 소통 채널을 손쉽게 접할 수 있도록 사회적 정보소통 구조를 재편하는 데 공을 들여야 할 필요가 있겠다. SNS상에서는 인적 네트워크를 구축하고 그 안에서의 정보소통을 통한 대중적 관심을 고양하는 것이 궁극적으로 시민들의 사회정치 참여를 위해 강조되어야 하는 점이다. 이에, 정책 수립의 주체 기관에서는 다양한 정보가 SNS를 통해 다양한 계층의 시민들에게 전달될 수 있도록 스마트 디바이스 및 SNS 시스템을 연계해야 할 것이다. 이 과정에서 중요하게 여겨야 할 것은 소통채널을 무조건 추가하여 채널이 지나치게 분화되기보다는 하나의 중심축을 통해 다양한 정보로 통할 수 있도록 하는 식으로 체계적 소통체계를 수립하는 것이 보다 효율적이라는 점이다.

3) SNS의 이용자들의 자율성과 다양성 고려

SNS 이용자들이 SNS를 통해 소통되는 정책 정보에 대해 관심을 갖고 참여로까지 행위를 확산시키기 위해서는 첫째, 무엇보다도, 이들의 '주체성'을 살려야 할 필요가 있다. 전술하였다시피, 이들의 관심은 자신이 주체적으로 정보를 수집하고 이를 확산할 때 극대화될 수 있다. 즉, 어떠한 정보를 취사선택하고, 이를 누구에게 전파하는지 등에 관한 일련의 정책 정보활용 과정에 외적인 개입을 최소화하여야 한다는 것이다. 이용자들의 정보교환 과정에 규제를 가하거나 일방적인 규칙을 적용하고자 한다면 자칫, 반감과 부정적 이미지가 더 커지는 부작용을 초래할 수도 있음이다.

둘째, SNS라는 새로운 소통채널의 특성에 맞는 정보를 제공함으로써 그것이 활발하게 유통될 수 있는 계기를 마련해야 한다. 이는 두 가지 차원으로 접근할 수 있는데, 어떠한 정보가 SNS라는 '뉴미디어'에 적합한 것인지에 대한 고려와 어떠한 사람들이 주로 이 소통채널을 활발히 이용하는가에 대한 분석이다.

언론사를 비롯하여 정부 및 관공서에서 새로운 뉴스 전파의 플랫폼으로 SNS를 활

＋ 미디어 생태계의 미래

용하는 전략은 여전히 미미하다고 볼 수 있다(황유선·이재현, 2011). 이들은 SNS는 정보의 신속한 확산이 가능하다는 이점이 있지만 이러한 부분 이외에도 플랫폼의 특성에 맞는 적절한 전략이 발견되지 않았음을 지적하였다. SNS의 신속성에 기대어 모든 정보를 신속하게만 확산시키려고 하는 태도는 자칫 기대와는 다른 부정적 결과를 초래할 수도 있으며, 이와 같은 단순한 전략보다는 장기적 차원에서 매체 특성에 맞는 정보 형식에 대한 고민이 필요하다고 주장하였다. 즉, 뉴미디어로서 SNS의 장점을 유용하기 위해서는, 전통 미디어에서와 같은 뉴스생산 측면에만 국한하지 않고 대중에 의해 재생산되거나 가공되어 확산될 수 있는 고유한 메커니즘의 특성을 최대한 장점으로서 활용할 수 있는 혁신적 인식, 나아가 이용자 특성에 걸맞은 포맷으로의 전환이 필요하겠다.

SNS를 활용한 정책적 정보소통의 효과를 극대화하기 위해서는 현재는 정보유통 패러다임의 전환기라는 점을 인식해야 한다. 정보란 무엇인가? 그리고 그 정보는 누가 만드는가? 혹은 정보의 생산자로서 엘리트 집단은 누구인가 등에 대한 진지한 성찰이 앞서야 할 것이다(황유선·이재현, 2011). 과거 정보에 대한 가치 부여가 어느 부분에 중점적으로 놓였는지를 우선 이해하고, 새로운 미디어 환경에서는 그 가치인식이 어떻게 재편되고 있는지를 확인해야 할 것이다. SNS를 통해 정책정보를 접하게 되는 이용자들의 관심이 어디에 있으며, 이들은 과연 이러한 정보를 어떠한 식으로 활용하게 될 것인가를 예측할 수 있는 인적 그리고 기술적 시스템 마련이 시급하다.

참고문헌

닐슨코리안클릭(2010), 「Asia pacific social media trends: Global perspectives and local realities」.

민영·주익현(2007), 「사회자본의 민주주의 효과: 미디어 이용과 사회자본이 정치적 관심과 신뢰 및 참여에 미치는 영향」, 『한국언론학보』, 51권 6호, pp.190-217.

황유선(2011), 「트위터 이용이 사회 정치 참여에 미치는 영향: 전통 미디어 이용, 정치 관심, 트위터 이용 패턴의 효과를 중심으로」, 『한국언론학보』, 55권 6호, pp.56-81.

황유선·박남기(2010), 『미디어 기업의 소셜미디어 활용』, 서울: 한국언론진흥재단.

황유선·이재현(2011), 『트위터에서의 뉴스 생산과 재생산: 8개 언론사와 일반인의 트윗 및 전파 행태에 관한 연구』, 서울: 한국언론진흥재단.

Bimber, B.(2001). Information and political engagement in America: The search for effects of information technology at the individual level. *Political Research Quarterly, 54*, 53-67.

boyd, D. M. & Ellison, N. B.(2007). Social network sites: Definition, history, and scholarship. *Journal of Computer-Mediated Communication, 13*, 210-230.

Brady, H. E., Verba, S., & Scholzman, K. L.(1995). Beyond SES: A resource model of political participation. *American Political Science Review*, 89, 271-294.

Campbell, S. W. & Kwak, N.(2010). Mobile communication and civic life: Linking patterns of use to civic and political engagement. *Journal of Communication, 60*, 536-555.

Cogburn, D. L. & Espinoza-Vasques, F. K.(2011). From networked nominee to networked nation: Examining the impact of Web 2.0 and social media on political participation and civic engagement in the 2008 Obama campaign. *Journal of Political Marketing, 10*, 189-213.

FKII(2008). 「소셜미디어(Social Media)란 무엇인가?」IT 이슈 리포트.

iCrossing.(2008). What is social media? http://icrossing.com

Kaplan Andreas M. & Haenlein Michael(2010). Users of the world, unite! The challenges and opportunities of social media. *Business Horizons*, 53, 59-68.

Lévy, P.(1994). *L'intelligence collective*. Les Editions la Découverte.

McLeod, J. M. & McDonald, G. D.(1985). Beyond simple exposure: Media orientations and their impact on political process. *Communication Research, 6*, 463-487.

McLeod, J. M., Scheufele, D. A., & Moy, P.(1999). Community, communication, and participation: The role of mass media and interpersonal discussion in local political participation. *Political Communication, 16*, 315-336.

Omoto, A. M., Snyder, M., & Hackett, J. D.(2010). Personality and motivational antecedents of activism and civic engagement. *Journal of Personality, 78*, 1703-1734.

Pinkleton, B. E. & Austin, E. W.(2001). Individual motivation, perceived media importance, and political disaffection. *Political Communication*, 18, 321-334.

Putnam, R. P.(1993). *Making Democracy Work: Civic Traditions in Modern Italy*. Princeton, NJ: Princeton University Press.

Putnam, R. P.(1995). Tuning in, tuning out: The strange disappearance of social capital in America. *Political Science and Politics*, 28, 664-683.

Rheingold, H.(2000). *The virtual community: Homesteading on the electronic frontier*. Cambridge, MA: MIT Press.

Shah, D. V., Cho, J., Eveland, W. P., & Kwak, N.(2005). Information and expression in a digital age: Modeling Internet effects on civic participation. *Communication Research, 32*, 531-565.

Turkle, S.(2011). *Alone together*. New York: Basic Books.

Xenos, M. & Moy, P.(2007). Direct and Differential Effects of the Internet on Political and Civic Engagement. *Journal of Communication, 57*, 704-718.

소셜 네트워크 확산과 비즈니스 생태계의 변화

심용운 | SK경영경제연구소 수석연구원

1. 소셜 네트워크 서비스의 부상

전 세계적인 소셜 네트워크 서비스(social network service: 이하 SNS)의 확산으로 우리사회는 정보유통과 소통방식에 있어 커다란 변화를 겪고 있는 중이다. 실제로 '페이스북' 같은 글로벌 SNS의 등장 이후 SNS는 가히 폭발적인 성장세를 이어가며 웹의 주류로 부상하고 있다. 대표적인 SNS인 페이스북의 경우 2012년 3월 현재 8억 5천만 명을 넘어섰으며 최근 기업공개(IPO)를 통해 50억 달러를 조달할 예정이고 이에 따라 직원 3분의 1은 백만장자 반열에 올라선다는 보도가 있었다.[115]

이러한 페이스북과 트위터의 위력은 국내에 있어서도 예외가 아니다. 국내에서 가

---

115 페이스북은 2011년 37억 달러 매출과 10억 달러의 이익을 낸 것으로 알려지고 있다. 모바일 이용자도 4억 2천5백만 명에 이르고 사용자 증가율도 39%에 이르고 있는 것으로 보도되었다. 또 다른 조명을 받고 있는 마이크로블로그형 SNS인 트위터도 가입자 5억 명에 사용자 수가 1억 7천만 명을 넘어섰으며 일평균 트윗(Tweet)이 9천 5백만 개에 달하는 것으로 전해지고 있다.

장 자주 이용하는 SNS로 페이스북과 트위터가 이미 토종 SNS인 '싸이월드'와 '미투데이'를 추월하고 있다. 물론 가입자 측면에서는 아직까지도 싸이월드 같은 국내 SNS가 많다고는 하지만 실제로 사용하는 지표인 액티브 사용자(active user) 수에 있어서는 상대적으로 이야기가 다르다. 이제 7살배기 페이스북의 이러한 놀라운 성장은 또 다른 인터넷 붐의 시작이라는 긍정적인 전망과 함께 과거 닷컴 버블의 악몽이 다시 재현될지 모른다는 우려를 낳기에 충분하다는 평가다.

이러한 SNS의 위력에 대해 역사학자인 앨빈 토플러는 "SNS의 발달로 소비자가 생산과 서비스 혁신의 주체가 될 것"이라며 SNS가 우리 사회를 근본적으로 변화시킬 것이라고 내다보았다. 프랑스의 미래학자인 자크 아탈리도 "SNS와 같은 새로운 미디어 간 연계로 인해 기존의 단방향적 미디어는 도전을 받게 될 것"이라고 예측하였다.

과연 페이스북과 트위터로 대표되는 SNS가 이러한 폭풍성장을 한 이유는 무엇일까? 기존의 SNS와 다른 점은 무엇이고 어떤 점에서 파괴적 혁신을 끌어내고 있는 것일까? SNS의 등장으로 인해 비즈니스 생태계에 일어난 변화는 무엇인가? 이러한 질문에 답을 내기 위해서는 먼저 피상적인 서비스 트렌드 분석이나 개별 기업의 비즈니스 분석보다는 최근 SNS가 내재하고 있는 본질적인 이해를 통해 접근해보는 것이 필요할 것으로 보인다. 이를 위해 본 글은 SNS의 기술적 차원이나 서비스 차원의 접근보다는 인간관계의 본원적 측면, 즉 소셜 네트워크(social network) 자체에 대한 이해로부터 출발하고자 한다.

2. 소셜 네트워크에 대한 이해

소셜네트워크(social network)라는 말은 1800년대 후반 사회학자들 사이에서 처음 논의되다가 1954년 영국의 사회학자 반스(J. A. Barnes)가 처음으로 사용했으며 사회구성원 간 복잡한 관계를 설명하기 위해 사용된 용어이다. 소셜 네트워크는 둘

✚ 미디어 생태계의 미래

이상의 객체(node)가 관계(tie)를 가지고 상호작용하는 가장 기본적인 구성에서 시작한다.[116] 두 개의 객체로 이루어진 관계가 하나의 소그룹(small network)을 이루고 이 소그룹이 다른 그룹과 연결되어 더 큰 그룹(large network)으로 확장하는 방식인 것이다. 정리해서 말하자면 소셜 네트워크는 개인이 자발적으로 상호관계를 맺고 네트워크를 이루어가는 사회적 관계를 일컫는 용어이다.

여기서 간과해서는 안 되는 것은 개인이 만들어가는 이러한 관계는 겉으로 보기에는 무질서하고 복잡해 보이지만 나름대로 일정한 법칙이 존재하게 된다는 점이다. 이러한 복잡한 인간관계를 특징으로 하고 있는 소셜 네트워크를 다루는 학문으로 복잡계 네트워크이론을 들 수 있다. 사람과 사람들 간의 다양한 인간관계가 일어나는 우리 사회가 복잡계 네트워크의 대표적인 사례이기 때문이다.

복잡계 네트워크의 창시자인 알버트 바라바시(A. L. Barabasi) 교수는 자연과 생물세계, 그리고 인간에게 존재하는 전혀 다른 종류의 네트워크에 동일한 구조가 있음을 밝혀냈다. 그는 이러한 연구를 통해 인간의 행동은 90%까지 예측 가능하며 복잡한 인간관계에서도 몇 가지만 통제하면 전체 네트워크를 통제할 수 있다고 주장했다.

이러한 저명한 학자들의 소셜 네트워크 연구들을 분석해 보면 복잡계 네트워크 이론을 기반으로 인간세계를 설명하는 데는 대략 3가지로 나누어 볼 수 있다. 첫 번째는 좁은 세상 네트워크(small world network), 두 번째는 척도 없는 네트워크(scale-free network), 세 번째는 약한 연결망의 힘(strength of weak ties)이 그것이다.

1) 좁은 세상(small world network)

먼저 좁은 세상 네트워크(small world network)는 인간관계는 단지 몇 단계를 거치면 모두 연결되는 좁은 세상(small world)이라는 가정에서 출발한다. 실제 연구결과에 의하면 현실에서 인간관계 네트워크는 여섯 단계만 거치면 모두 연결되는 6단

---

116 소셜 네트워크의 구성요소는 개인(node), 관계(tie), 영향과 작용이다.

계 분리(Six Degrees of Separation) 법칙이 적용되는 것으로 나타났다. 미국의 심리학과 교수인 스탠리 밀그램(Stanley Milgram) 교수는 좁은 세상(small world)에 대한 실험을 통해 미국인들의 네트워크 구조를 분석했는데, 이 실험은 미국 내 임의의 두 사람 간 거리를 알고자 무작위로 선택된 두 개인 사이에 편지를 전달하는 실험이었다. 즉, 160명에게 지인들을 통해 소포를 보스턴 한 증권 중개인에게 전달될 수 있도록 요청한 결과 160개의 편지 중 42개가 최종적으로 도달했으며 평균 5.5 간계를 거쳐 전달되는 것으로 밝혀졌다. 이 결과를 통해 우리가 알 수 있는 것은 세상은 우리가 생각하는 것보다도 매우 짧은 단계로 연결되어진 좁은 세상(small world)이라는 것이다.

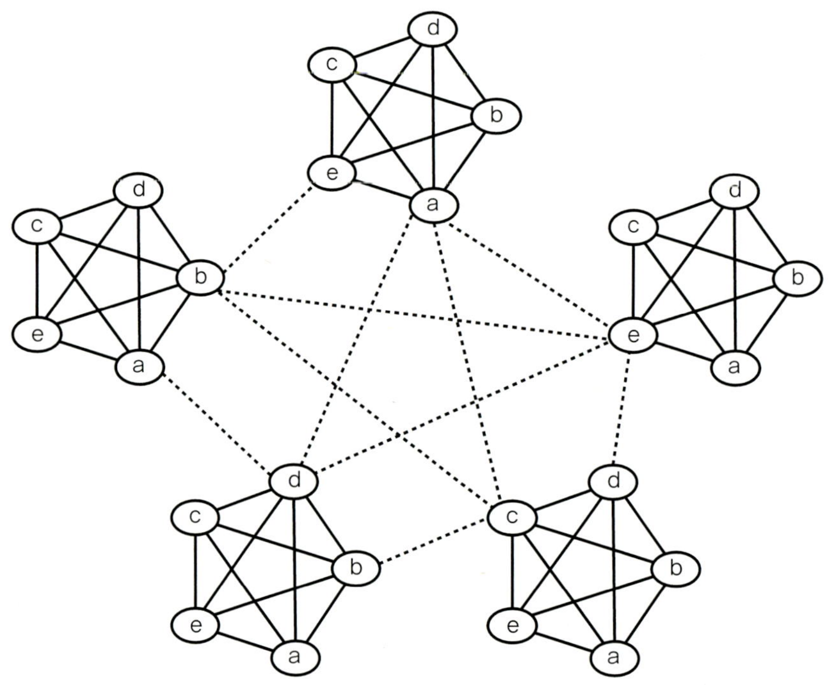

* 출처: Nature(1998)

그림 1_ 좁은 세상 네트워크

     ✚ 미디어 생태계의 미래

국내외 다른 연구에서도 밀그램(Milgram) 교수의 주장이 입증되었다. 1990년대 미국에서는 할리우드의 마당발로 통하는 배우 케빈 베이컨(Kevin Bacon)이 다른 할리우드 배우와 몇 단계를 거치면 아는 사인인지 검증하는 '케빈 베이컨 게임(Six Degrees of Kevin Bacon)'이 유행하였는데 실험결과 평균 3.65단계로 연결되는 것으로 조사되었다. 2003년 던컨 와트(Duncan Watts) 교수의 『Science』誌에 발표한 이메일 실험결과도 평균 5~6명을 거쳐 전달되는 것으로 조사되었으며, 2006년 호르비치의 연구결과도 MSN 메신저 사용자 대상 실험에서 모르는 사람들이 연결될 수 있는 가장 짧은 경로가 6.6명이라고 발표하기도 했다. 국내의 경우 연세대학교 사회발전연구소 실험에서 평균 3.6단계로 조사되었는데 이는 미국에 비해 한국사회가 학연·지연·혈연 등 상대적으로 좀 더 긴밀한 인간관계속에서 이루어졌기 때문인 것으로 보인다.

2) 척도 없는 네트워크(scale-free network)

이처럼 좁은 세상 네트워크로 이루어진 인간관계는 과연 어떠한 특성을 가지고 있을까? 지금까지의 인간관계를 나타내는 기존 설명은 인간관계 네트워크를 무작위적 그래프로 설명하는 에르되스-레니(Erdos-Renyi) 모델에 기반하고 있다. 이 모델에 의하면 무작위 네트워크는 수학적으로 푸아송(Poisson) 분포를 따르며 모든 점들이 동일한 확률로 여러 점들에 연결되는 기회를 갖는 종형 분포를 따른다는 것이었다.

하지만 복잡계 네트워크 창시자인 바라바시(A. L. Barabasi)는 거의 대다수 개체들이 비슷한 개수의 링크를 평균적으로 갖고 있다는 에르되스-레니 이론을 반박하였다. 그에 의하면 우리가 살고 있는 세상은 복잡(complex)한 네트워크를 형성하고 있으며, 이러한 네트워크는 척도가 될 만한 내재적인 기준점이 없는 척도 없는 네트워크(scale free network) 특성과 불균등한 질서와 법칙이 존재하는 멱함수분포(power law distribution)를 따른다는 것이다. 멱함수분포(power law distribution)는 척도 없는 네트워크의 특성을 수학적으로 표현한 L자형 그래프로 멱함수(거듭제곱)는 네트워크에서 얼마나 많은 점들이 몇 개의 연결선으로 연결돼 있는지를 보여 주는 연결선의 분포 함수이며 평균 주위에 정점(頂點)이 없고 계속 감소하는 모양을 가진다. 파레토 법칙(Pareto Law),[117] 지프의 법칙(Zipf's Law)[118] 등 자연현상의 많은 부분들이 멱함수분포를 따르고 있으며 이는 시스템 내 개체들의 불평등성을 의미한다.

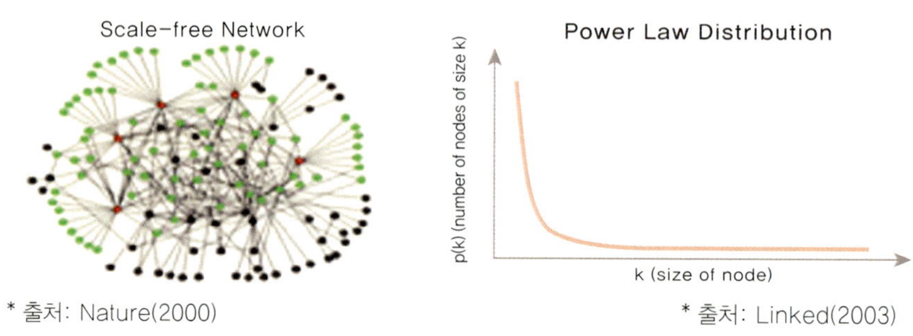

그림 2_ 척도 없는 네트워크와 멱함수

이러한 인간 네트워크는 우리가 알고 있듯이 모든 관계가 평균적으로 네트워크를 형성하고 있는 것이 아니라 소수의 허브(hub)가 많은 링크(link)를 갖는 구조를 가지고 있다. 즉, 우리가 사는 인간세계는 무작위적으로 연결된 것이 아닌 척도를 잴 수 없는 불균등한 분포를 나타내는 세상이라는 것이다. 저서 『링크드(Linked)』에서 바라바시 교수는 "대개의 현실네트워크에서 대다수의 노드들은 소수의 링크만을 갖고, 예외적으로 많은 링크를 갖고 있는 소수의 큰 허브들과 공존"한다고 주장하였다. 이러한 소수의 허브는 전체 네트워크의 구조를 지배하며, 그것을 좁은 세상으로 만드는 역할을 수행한다는 것이 그의 지론이다. 임의의 두 노드가 '척도 없는 네트워크'에

---

117 파레토 법칙은 전체 결과의 80%가 전체 원인의 20%에서 일어나는 현상을 지칭한 말이다. 이탈리아의 경우 상위 20%의 인구가 전체 토지의 80%를 소유하고 있는 것을 조사된 바 있다.

118 지프의 법칙은 단어들의 집합 사이의 관계, 즉 책에서 특정단어가 얼마나 자주 등장하는가를 결정하는 법칙으로 일상생활에서 많이 쓰이는 단어는 정해져 있다는 법칙이다. 예를 들어 영어에서 정관사 'the', 'a' 등이 이에 속한다.

    ✚ 미디어 생태계의 미래

서 더 짧게 연결된다는 것은, 전체 네트워크에 정보가 신속히 확산될 수 있다는 것을 보여 주는 것의 반증이기도 하다.

이러한 척도 없는 네트워크의 대표적인 사례로는 인터넷 세상, 즉 웹(web)이다. 웹에서의 링크의 분포를 분석해 보면 일반적으로 예상할 수 있는 정규 분포를 따르는 것이 아니라, 멱함수 분포를 따르는데, 이는 대부분의 트래픽을 끌어들이는 극소수의 웹사이트와 그저 그런 무수한 웹사이트가 존재하기 때문이다. 실증 연구결과에 의하면 인터넷상의 월드와이드웹(WWW)은 19번의 링크만으로 연결되는 좁은 세상으로 조사되었다.

멱함수 분포를 따르는 척도 없는 네트워크를 보이는 또 다른 사례는 항공노선 네트워크이다. 일반도로의 경우와는 달리 항공노선 네트워크는 무작위 네트워크(random network)가 아니라 수많은 항공편을 가진 몇 개의 허브가 수백 개의 작은 공항들과 연결되어 있는 척도 없는 네트워크의 대표적인 사례로 지목된다. 이처럼 대다수의 점들은 소수의 연결선을 갖고 예외적으로 많은 수의 링크를 갖는 소수의 큰 허브들이 공존하고 있다는 것이 바로 멱함수 법칙이며, 이 같은 허브의 존재는 척도 없는 네트워크를 결정짓는 중요한 특징이기도 하다.

3) 약한 연결망의 힘(the strength of weak tie)

인간관계를 설명하는 세 번째 중요한 특징 중의 하나는 약한 연결망 힘(the strength of weak tie)이다. 인간관계는 대략 강한 연결망(strong tie)과 약한 연결망(weak tie)으로 나눌 수 있는데 강한 연결관계는 혈연, 지연, 학연 등이고 약한 연결관계는 우리가 사회생활을 하면서 직간접적으로 알고 지내는 느슨한 관계를 말한다. 과거에는 강한 연결관계가 정보공유나 외부소통에 중요한 역할을 하는 것으로 알려졌으나 최근에는 오히려 인간 네트워크에 있어 링크 간의 약한 연결망이 외부세계와의 소통에 있어 결정적인 역할을 수행하는 것으로 밝혀지고 있다.

실제로 약한 연결망들이 외부 세계와 소통할 때 강한 연결망보다 훨씬 효과적이고 원하는 정보습득에 있어 결정적인 역할을 한다는 연구결과들이 많이 나타나고 있다. 이에 대한 실증적인 연구로는 미국의 사회학자 마크 그라노비터(Mark Granovetter) 의 한 연구가 있다. 그는 사람들이 구직정보를 얻는 대상이 주변의 친한 친구나 지인 보다는 약한 연결고리로 연결된 사람들이라는 데 주목했다. 그는 1973년 발표한 논 문「약한 연결망의 힘(the strength of weak tie)」에서 강한 연결망을 보유한 사람보 다 약한 연결관계를 가진 사람에게서 보다 유익한 정보를 얻게 된다는 것을 실증적 으로 제시한 바 있다. 그라노비터 교수는 미국 보스턴 근교 뉴턴 거주자 282명을 대 상으로 구직 경로를 조사해 보았는데 조사결과, 구직에 필요한 정보를 입수한 사람 들 중 30%만이 가족이나 친구 등 강한 유대관계에 있는 사람들이었고, 70%는 친밀 도가 약한 유대관계에 있는 사람들로부터 받은 것으로 드러났다. 그는 약한 유대의 연결은 사회적으로 멀리 있는 아이디어, 영향, 정보가 개인에게 닿게 되는 채널의 역 할을 제공한다고 말했다.

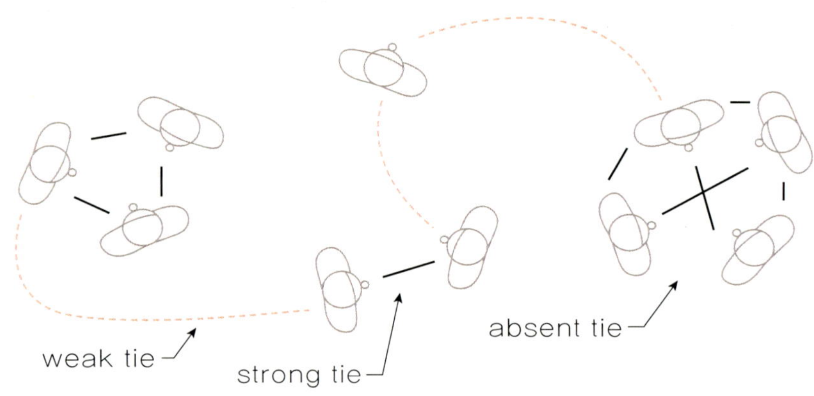

출처: The American Journal of Sociology(1973).

🖱 **그림 3_** 약한 연결망의 힘

경제학자이자 미래학자인 제레미 리프킨(Jeremy Rifkin)도 『소유의 종말』이란 저서에서 21세기 네트워크 경제가 도래하면서 가진 자와 못 가진 자의 격차보다 연결된 자와 연결되지 못한 자의 격차가 훨씬 중요한 사회이슈가 될 것이라고 전망한 바 있다.

최근 이단 바크시 페이스북의 데이터 과학자도 약한 연결고리가 전하는 정보는 사람들이 공유할 가능성을 10배 증가시키는 데 비해 강한 연결고리는 6배 증가시키는 데 그쳤다고 밝혀서 그라노비터 이론을 입증하기도 했다.[119]

이처럼 복잡계 네트워크 연구의 중요한 도구이자 세상의 네트워크 구조와 법칙을 나타내는 좁은 세상 네트워크(small world network)와 척도 없는 네트워크(scale-free network), 그리고 약한 연결망의 힘(the strength of weak tie)은 현실세계뿐 아니라 온라인상의 소셜 네트워크를 설명해주는 유용한 이론적 틀이라고 할 수 있다.

3. SNS 등장에 따른 파급효과

그렇다면 이러한 특성을 갖고 있는 SNS는 우리 사회에 어떠한 영향을 주고 있는 걸까? SNS의 등장에 따른 변화를 통해 보면 SNS는 1) 물결효과(Ripple Effect), 2) Law of Attraction(끌림의 법칙), 3) 양의 증가가 질의 차이를 유발한다는 '많으면 달라진다(More is Different)' 등의 속성을 가지는 것으로 특징지을 수 있다.

1) 물결효과(Ripple Effect)

SNS 등장 이후 정보의 유통과 재생산 메커니즘에 커다란 변화가 발생하고 있으며, 이로 인한 사회적 영향이 가시화되고 있다. 특히 정보와 의견이 실시간으로 전파되어 눈덩이 효과(Snowball Effect)가 일어나며 중요한 기사나 블로그에 대한 링크나 속보, 유익한 정보가 리트윗을 통해 빠르게 전파되고 있다. 과거의 SNS와 달리 페이

---

119 페이스북 데이터팀은 전체 이용자 중 링크를 공유하는 친구를 한 명 이상 둔 이용자 2억 5,300만 명을 대상으로 2010년 8월 14일부터 10월 4일 자료를 수집해 조사하였다.

스북이나 트위터 같은 최근 SNS는 실시간으로 쏟아지는 정보의 가치를 빠르게 판단할 수 있는 메커니즘을 제공함으로써 그 전파속도는 비교할 수 없게 되었다. 이처럼 사용자들이 정보의 중요도와 가치를 판단해 자신의 소셜 네트워크상에 퍼서 나르는 행위는 보다 강력한 파레토(Pareto) 법칙의[120] 작용으로 여론 형성과 쏠림 현상이 더 쉽게 발생한다. 이러한 물결효과는 정치, 경제, 사회, 문화 등 우리가 살고 있는 전 영역에 걸쳐 엄청난 파급효과를 미치고 있다.

실제로 영화계를 뒤흔든 트위터의 위력으로 「디스트릭트 나인(District 9)」과 「파라노말 액티버티(Paranormal Activity)」는 제작과 광고/마케팅에 별다른 투자 없이도 영화를 본 사람들의 트위터를 통한 추천과 입소문에 의해 「아바타(Avatar)」에 이어 2009년의 최고 흥행작에 등극한 바 있다. 또한 비평가의 호평 속에 개봉했던 「지아이조(G. I. Joe)」는 관객이 급격히 줄어든 반면, 트위터(Twitter)를 통한 입소문을 등에 업은 「트랜스포머(Transformer)」는 예상 밖의 흥행몰이를 했다. 이 외에도 허드슨 강에 비상 착륙한 항공기를 목격한 자니스 크럼스(Janis Krums)가 트위터에 올린 사진과 글은 리트윗에 의해 전 세계로 급속하게 확산되어 조기 사고수습을 통해 희생자 최소화에 기여하기도 하였다.

무엇보다 SNS는 민주주의가 정립되지 않은 일부 사회주의 국가에서도 그 위력을 크게 발휘하고 있다. 얼마 전 튀니지에서 촉발된 반정부 민중혁명인 재스민혁명 당시 페이스북과 트위터를 매개로 대대적인 정권퇴진 운동이 전개된 바 있다.[121] 언론에서는 이를 보고 "SNS가 꽃피운 재스민혁명"이라고까지 부르고 있다. 국내의 경우도 이제는 모든 정당이나 정치인들이 SNS가 총선 등에서 당락을 결정할 만큼 중요하다는 인식을 가지고 있는 것으로 알려지고 있다.

---

120 상위 10%의 트위터 사용자가 전체 메시지의 90% 이상을 작성하는 것으로 알려지고 있다.

121 튀니지는 인구의 60%가 25세가 이하인 국가라 페이스북 가입자가 18%에 이를 만큼 이용자가 많다고 한다.

2) 끌림의 법칙(Law of Attraction)

SNS는 인맥의 확대를 통해 사회적 자본의 증가를 가져오는 긍정적 효과가 있다. 시공간적인 제약을 벗어난 온라인 SNS는 인맥이라는 사회적 자본(social capital)을 끊임없이 확대 재생산하기 때문이다. 페이스북의 '친구의 친구 메커니즘(FOAF: Friend of A Friend)'은 친구를 통해 친구를 만들어 가는 아메바식 확장 메커니즘이다. 이러한 메커니즘을 통한 사회적 관계망의 확대는 사회적 자본의 증가를 가져와, 최근 연구결과에 의하면 SNS를 통해 연결되는 평균 인맥 수는 2009년 38.8명에서 2010년 52명으로 증가(emarketer 조사)한 것으로 조사되었다.

SNS는 또한 현실세계에서 얼굴조차 접하기 어려웠던 사람들 간에도 쉽게 인간관계를 맺게 한다. 트위터에는 정치인, 연예인, 일반인 등 각계각층의 다양한 사람들이 활동해 인맥을 형성하고 있기 때문이다. 대표적인 사례로는『시사IN』이란 잡지사에서 트위터를 통한 명사인터뷰 이벤트를 하였는데 평범한 여고생 김혜인 양이 가장 많은 수의 명사들과 인터뷰를 하여 우승을 차지한 바 있다. 이처럼 SNS는 과거에는 불가능했던 다양한 인간관계의 연결통로를 제공하는 혁신적인 역할을 수행하고 있는 것이다.

하지만 이러한 사회적 인맥 확대라는 긍정적인 측면의 이면에는 개인정보의 상업적인 이용이라는 부작용도 존재한다. 소셜 네트워크 연결망의 확대로 개인이 가진 인맥이 상업적인 용도로 이용되는 부작용이 종종 발생하기 때문이다. 페이스북의 소셜애드(Social Ads)는 수집된 회원의 프로파일을 이용하여 특정인에 대한 광고기능을 제공하여 비난받은 바 있다.[122]

한편 SNS는 인터넷에서 익명으로 무의미하게 존재하던 개인들의 소통욕구를 해소시키는 창구역할을 함으로써 개인의 적극적인 사회참여를 이끄는 사회적 순기능도 수행하고 있다. 우리 사회는 최근 지역과 혈연보다 자신이 속한 인터넷 커뮤니티

---

122 페이스북의 개인 구매정보 공유 광고시스템 비콘(Beacon)이 집단소송 후 서비스 대폭 수정된 바 있다.

에 강한 소속감과 유대감을 느끼는 현대인이 증가하고 있기 때문이다. 이들은 정형화되고 위계질서에 기반한 현실세계보다는 수평적이고 친밀감이 높으며, 자기가 주도적으로 참여가 가능한 온라인 커뮤니티에 강한 감정적 유대를 느끼는 경향이 높다.

이런 상황에서 SNS는 개인의 사회참여를 강화하는 기제로 작동하여 고립되고 파편화되었던 개인들이 소통욕구를 분출하고 사회이슈에 능동적으로 참여를 하게 만드는 '공론의 장(Public sphere)'이 되고 있다.

미국의 커피파티(Coffee Party)가 대표적인 사례이다. 미국의 온라인 정당정치에 일대 혁신을 가져온 커피파티는 기존 보수성향의 티파티에 대항해 나온 소셜 네트워크를 활용한 온라인 정당이다. 오마바 정부의 공적자금 투입에 반대해 주로 트위터나 페이스북에서 활동해온 티파이(Tea Party)에 대한 한국계 미국인 애나멜 박이 자신의 페이스북에 커피파티운동에 동참하자는 팬 페이지로부터 시작하여 수십만 명이 참여하는 온라인 거대 정당으로 탈바꿈했다.

이러한 사회참여 기능은 군중 속에서 내면적 고립감을 느끼게 되는 고독한 군중(lonely crowd)이 웹과 모바일에 기반한 SNS를 통해 사회에 적극적으로 참여하는 참여 군중인 스마트 군중(Smart Mobs)으로 변신한다는 하워드 라인골드(Howard Rheingold)의 주장과 일맥상통한다. 『스마트 군중(Smart Mobs)』의 저자 하워드 라인골드는 "온라인 커뮤니티는 사이버공간에서 충분한 감정적 유대를 가지고 공적인 토론을 나눌 때 도출되는 사회적 집합체"라고 말한 바 있다. 국내 연구에서도 국내 인터넷 이용자의 상당수가 SNS로 인해 사회 이슈에 관한 정보공유나 사회참여가 증가하고 있는 것으로 조사되었다.[123]

---

123 한국인터넷진흥원 조사에 의하면 SNS를 통해 정치, 사회 문제에 대한 관심이 증가(64.8%)했으며, 사회적 이슈에 관한 글을 직접 게시 (33.2%)하거나 타인의 글을 공유 또는 재전송 (30.9%)하는 비중이 높아진 것으로 나타났다.

✦ 미디어 생태계의 미래

3) 많아지면 달라진다(More is Different)

들끓는 현상에 의해 양의 증가가 질의 변화를 수반한다는 법칙이다. SNS는 광범위한 인적 네트워크 구성을 가능하게 해 창발(Emergence)[124] 현상이 발생할 수 있는 여건을 제공한다. 이러한 SNS 네트워크 구조에서 발생하는 창발현상은 개개의 구성요소에서는 발견할 수 없는 독특한 특성이나 행동이 전체 집단에서는 자발적으로 발생하게 된다.

그림 4_ 버섯흰개미집

창발현상의 대표적인 예로 거론되는 사례는 아프리카 초원에 사는 버섯흰개미이다. 각각의 흰개미는 집을 지을 만한 지능이 없지만 흰개미 집합체는 역할이 상이한 개미들의 상호작용을 통해 거대한 탑을 만든다. 특별히 지도자가 없이도 각자 시행착오를 거치며 자신들이 거주하게 될 높이가 무려 4미터나 되는 정교한 기능을 가지는 탑 모양의 둥지를 만드는 것이다.

최근 논의되고 있는 소셜협업(social collaboration)도 다수에게 생산과정을 개방하여 개개인의 역량 대비 높은 생산효율과 집단적 창의성(collective creativity)을 달성한다는 측면에서 창발현상의 하나라고 볼 수 있다.[125]

소셜협업(Social Collaboration)의 대표적인 사례는 인터넷신문으로 유명한 『허핑

---

124 창발(Emergence, 創發)이란 다수의 구성요소들이 모여 개개의 특성을 초월한 새로운 질서를 출현시키는 현상을 일컫는다. 창발이란 이전에는 단편적인 현상으로만 존재하던 것이 갑작스럽게 새로운 형태로 창조적으로 발현되는 것이다. 구성요소들의 자발적 상호작용을 통해 일어나며, 시스템을 관장하는 어떠한 초월적 힘에 의해 생겨나는 것은 아니다.

125 『군중의 지혜(The Wisdom of Crowds)』의 저자 제임스 쉬로위키(James Surowiecki)는 현명한 소수의 엘리트 집단보다 무작위로 섞여 있는 다수의 대중들이 더 훌륭한 결정을 내릴 확률이 통계적으로 높다고 말했다. 이는 한 명의 천재가 10만 명을 먹여 살린다는 국내 모 대기업 총수의 천재론과는 상치되는 논리이다.

턴 포스트(Huffington Post)』이다. 『허핑턴 포스트』는 미국 여류작가 애리아나 허핑턴이 2005년에 설립한 블로그 기사 기반의 온라인 뉴스미디어이다. 상근직원은 불과 50여 명이나 3,000여 명의 블로거 기자가 있으며 2009년 9월 이후 일일방문자에서 『워싱턴 포스트』를 추월하면서 유명세를 탔다. 2007년 미국 대선 최초로 대선주자 온라인토론회를 주관하였으며 오바마 대통령이 참모진에게 『워싱턴 포스트』와 함께 읽어 보라며 언급한 인터넷 미디어이기도 하다. 『허핑턴 포스트』는 SNS 기반 댓글 시스템을 통한 기사의 가치를 증대시키기 위해 독자들 간에 팔로잉(Following) 시스템을 도입해 댓글 작성자의 영향력 판단을 가능하게 만들었다. 특히 댓글 작성 시 페이스북 아이디(ID)로 로그인(Login)해 페이스북에서 기사 공유 및 댓글 작성자의 신상 확인이 가능하고 우수 댓글 작성자에게는 중재자(Moderator) 권한(댓글 삭제)을 부여해 독자 스스로 자정 기능을 수행하는 독특한 방식으로 좋은 반응을 얻고 있다.

4. SNS 등장에 따른 비즈니스 생태계의 변화

그렇다면 SNS의 등장은 비즈니스 생태계를 어떻게 변모시키고 있을까? 본 연구에서는 정보통신산업과 기업의 비즈니스 행위에 어떠한 영향을 주고 이에 기업들이 SNS를 어떻게 활용하고 있는지를 살펴보고자 한다.

1) 산업적 측면의 변화: 정보통신산업

소셜 네트워크 서비스의 확산은 무엇보다 정보통신산업 전 영역에 걸쳐 막대한 영향을 미치고 있다. 특히 정보통신 비즈니스의 서비스 플랫폼뿐 아니라 이동통신사의 핵심사업(Core Biz)에서 소셜 네트워크적 요소의 성공적 도입여부가 중요한 경쟁력으로 부상하고 있다. 이에 따라 글로벌 정보통신사업자들은 미래 정보통신사업 성패를 좌우할 중요한 경쟁력인 소셜적 요소를 기존 서비스플랫폼에 적극적으로 도입하

✦ 미디어 생태계의 미래

거나 접목시키고 있는 중이다.

대표적인 글로벌 사업자인 구글의 경우 최근 페이스북의 대항마적 성격의 구글플러스(Google plus)를 출시하면서 소셜 네트워크 서비스를 적극적으로 끌어안으려 하고 있다. 물론 일부에서는 구글이 페이스북과 직접 경쟁하는 것이 아니고 소위 정보검색에 기반한 흥미그래프(Interest Graph)를 만들기 위해 소셜그래프를 이용하고 있어 소셜그래프를 완성하려는 페이스북과는 다르다는 평가를 내고 있다. 하지만 구글의 경우 검색만으로는 향후 비즈니스의 미래를 장담할 수 없음을 깨닫고 소셜 네트워크 서비스에 대해 심혈을 기울이고 있는 것으로 판단된다.

이동통신산업의 경우 글로벌 통신사들도 핵심 비즈니스인 음성 및 인스턴트메시징(Instant Messaging: SMS, MMS) 서비스가 바이버(Viber), 왓츠앱(WhatsApp), 카카오톡 등 소셜 기반의 텍스트 메시징서비스 사업자들의 등장으로 위협을 받으면서 적극적 대응전략을 모색 중이다.[126]

이러한 경향을 반영하듯 최근 스페인 바르셀로나에서 열린 모바일월드콩그레스(MWC, 2012)에서는 이통사들이 자사 핵심비즈니스 수익 감소의 주범으로 오버더톱(OTT)[127] 사업자들을 지목하며 강도 높은 비난을 쏟아낸 바 있다. 이러한 상황에서 이통사들도 기존 음성이나 문자서비스를 단순 전송하는 기능을 넘어 주소록과 연동하여 통화 중 영상을 보낸다거나 채팅을 하는 등 이용자들에게 더 풍부한 커뮤니케이션 경험을 제공하는 진화된 차세대 통합커뮤니케이션 서비스(Rich Communication Suite)인 조인(joyn)을 공동으로 제공하기로 합의하기도 했다.

이러한 정보통신산업에서의 급격한 변화 외에도 SNS가 미디어 산업에 주는 파급

---

126 페이스북은 SNS와 인터넷전화(VoIP) 연계 서비스를 출시하였고 국내의 경우 SNS 인스턴트 메신저(IM)인 '카카오톡'이 빠르게 성장하여 가입자 약 4천만 명(2012년 3월 기준)에 이르고 있다. 네이버의 모바일 메신저 네이버 라인(Line)도 2,000만, 다음 마이피플이 1,600만 명, 매드 스마트의 틱톡이 1,500만 명에 이른다.

127 OTT(Over The Top): 바이버(Viber)나 왓츠앱(WhatsApp) 등 mVoip 업체뿐 아니라 넷플릭스 등 동영상 스트리밍업체, 구글, 페이스북, 트위터 등 업체를 총괄하여 지칭한다.

효과는 더욱 크다. 그 이유는 SNS사업자들이 자사 SNS를 미디어 플랫폼화하려고 하기 때문이다. 지금까지 SNS는 사람과 사람을 연결해주는 단순한 커뮤니케이션 소통도구로 이용되는 경향이 있었다. 하지만 최근에는 이런 차원을 넘어서 정보와 엔터테인먼트 콘텐츠가 유통되고 소비되는 미디어유통플랫폼으로 진화발전하고 있다.

현재 대표적인 SNS인 페이스북과 트위터를 보더라도 이들 사이트들을 통한 뉴스, 정보, 동영상의 소비경향이 급속히 증가하고 있다. 최근 조사에서도 전 세계 엔터테인먼트 트래픽의 절반 정도가 페이스북으로부터, 전 세계 뉴스사이트 트래픽의 절반 가량이 트위터를 통해 접속된 상태에서 유통되고 소비된다는 조사결과가 나온 바 있다.

또 다른 보도에서도 2011년 12월, 50대 주요 온라인 미디어 사이트의 페이스북 트래픽 총량은 전월대비 17% 증가하였고 이 중 4개 사이트는 페이스북으로부터의 트래픽이 70%가 증가했다는 조사가 나왔다. 특히 2011년 12월 50대 주요 온라인 미디어 사이트의 트래픽에서 페이스북의 점유율이 구글과 트위터보다 높게 나타난 것으로 드러나 페이스북의 미디어플랫폼화가 급속히 진행되고 있는 것으로 보인다.

서비스유형 측면에서도 기존의 TV 행태가 수동적이고 방송사에서 일방적으로 제공하는 프로그램을 시청하는 형태였다면 최근에는 TV 자체가 능동적인 커뮤니케이션을 기반으로 한 SNS 기능을 최우선으로 하여 서비스되는 형태로까지 발전하고 있다. 이는 TV를 보면서 친구들과 프로그램에 대한 의견을 교환하거나 친구가 무슨 영화나 음악을 시청했다는 기록을 볼 수 있음으로써 더욱 시청경험을 풍부하게 할 수 있기 때문이다.

대표적인 소셜TV인 미소TV(Miso TV)는 현재 TV에서 무엇을 시청하는지 감지하여 해당 TV프로그램의 페이지에 자동으로 체크인하고 페이스북과 트위터를 통해 댓글을 남기거나 팔로우할 수 있다.

이처럼 SNS가 매스미디어 이상의 미디어로 진화하는 데 대해 기존 미디어 기업들도 자사 방송플랫폼에 소셜적 기능을 적극적으로 접목시키려 하고 있다. 일본텔레비전네트워크(Nippon Television Network)의 경우 2012년 3월, TV 화면을 통해 페이스북상의 친구와 함께 TV방송을 시청할 수 있는 실험적인 소셜 시청서비스 조인TV(JoiNTV)를 발표했다.

이러한 기능적 접목 외에도 아예 방송프로그램 내용에도 SNS상의 시청자 의견을 적극 반영하는 경우도 있다. 얼마 전 종영된 「시크릿가든」이라는 드라마에서는 SNS를 통한 고객반응을 드라마 스토리에 적극 반영하는 바 있다.

방송뿐 아니고 음악의 경우에도 페이스북이 지난 2011년 F8 개발자 회의 이후 16주 동안 이용자들의 음악공유 이용횟수가 50억 회를 돌파했다고 발표했는데 이제 음악을 듣는 미디어 플랫폼도 SNS로 바뀌어 가고 있는 느낌이다.[128]

2) 기업 비즈니스적 측면

SNS가 산업 전반에 끼친 영향과 함께 주목해야 할 점은 기업의 비즈니스 행태가 바뀌고 있다는 것이다. 기업들이 SNS을 바라보는 관점은 단순히 개인과 개인 간의 커뮤니케이션 방식의 변화라는 차원에 그치지 않고 기존 기업의 조직문화뿐 아니라 기업의 혁신을 통해 새로운 가치창출을 가능하게 하는 그 무엇으로 인식하고 있기 때문이다.

(1) 기업조직문화

최근 기업들은 기존 경쟁의 틀을 뛰어넘는 혁신을 창출하기 위해 조직 간 관계를 다양화하고 구성원 간 좁은 세상 네트워크를 구축하려 하고 있다. 이는 소통과 협업을 극대화할 수 있는 좁은 세상 조직구조를 갖춤으로써 자기조직화[129]를 유도하여 결

---

128 페이스북은 이외에도 실시간으로 음악을 함께 들을 수 있는 스트리밍 음악공유 서비스 리슨위드(Listen With) 버튼을 페이스북 채팅(Facebook Chat) 메뉴에 추가했는데 페이스북이 현재 스포티파이(Spotify), 리오(Rdio)를 통해 음악공유서비스를 지원하고 있다.

129 자기조직화는 시스템 내부 구성요소들이 외부의 통제 없이도 자발적인 상호작용을 통해 새로운 질서를 만들어 내는 것을 의미한다. 완벽한 질서도 완벽한 무질서도 아닌 상태에서 미시적 요동이나 환경적 섭동으로 발생한 변화에 대해 시스템 구성요소 간 상호작용과 '양의 피드백'을 통해 스스로 고도의 질서를 만들어 가는 과정이다. 이는 자연 현상 외에 동물의 무리 생활

국 새로운 창발현상을 가져오겠다는 것이다.

최근 미국 경제전문지 『포춘(Fortune)』은 선호도가 높은 100대 기업에서 상위에 위치한 대부분의 기업들이 SNS를 활용해 창의성과 혁신성을 높이며 기업문화를 적극 바꿔가고 있다고 보도했다. 이들 기업들은 사내 블로그, 페이스북, 링크드인 등 다양한 SNS를 구성원 간 주요 커뮤니케이션 채널로 이용하고 있는 중이다.

구글의 협업시스템 웨이브(Wave)의 경우 개인이 낸 아이디어는 사내 시스템에 등록하고 전 구성원과 공유되며 다양한 정보 교환과 협업이 가능함으로써 업무효율을 극대화하고 있다. 시스코도 기업용 통합 소셜네트워킹 소프트웨어 '시스코 쿼드(Cisco Quad)'를 발표했으며, 미국 아이비엠(IBM)도 최근 기업용 소셜 네트워크 플랫폼을 출시하여 전사적 자료공유, 온라인 회의, 사내 메시징, 이메일, 캘린더 등을 쉽게 공동으로 이용하고 실시간 공동편집 기능을 통해 업무 효율을 높이고 있다.

(2) 기업의 효과적 대내외 커뮤니케이션

기업들은 대내외 커뮤니케이션을 효율적으로 하기 위해 SNS를 적극적으로 활용하고 있다. 기업형 블로그나 트위터를 활용하여 내부의 지식과 소식을 외부로 확산시키기 위해 SNS적 시스템을 개발하여 운영하고 있다. 또한 정보수집기를 통해 필요한 외부의 정보를 수집하여 내부구성원들에게 전달함으로써 내부구성원 간 정보교류를 증진시키고 있다. 예를 들어 정보의 자동수집 및 푸시(push) 알림, 내부정보 공유 활성화, 고객 및 파트너와의 유연한 커뮤니케이션, 스마트 디바이스를 활용한 정보 접근성 증대가 그것이다.

국내 기업들도 고객소통과 마케팅을 위해 SNS 전담팀을 신설하여 다양한 SNS를 활용해 기업마케팅은 물론 기업경영 전반에 대해 거래업체와 고객들에게 실시간으로 제공하는 등 소통에 힘쓰고 있다.

패턴에서도 발견된다. 자기조직화가 되기 위해서는 시스템이 '혼돈의 가장자리'에 위치하여야 하고 '양의 피드백(되먹임)'을 통한 증폭 현상이 발생해야 한다.

 ✦ 미디어 생태계의 미래

(3) 기업의 제품 및 사업 아이디어 창출

제품개발과 사업아이디어 단계에서 기업내부뿐 아니라 외부 파트너 및 고객과의 교류 및 정보공유를 위해 소셜 네트워크를 활용하는 추세도 늘고 있다. 제품에 대한 아이디어를 제시하고 투표에 참여하여 관련 아이디어에 대한 토론을 진행하는 온라인 사용자 커뮤니티가 그것이다. 델(Dell)의 아이디어스톰(IdeaStorm)이 대표적으로 4단계 프로세스(view-post-vote-see)를 통해 고객의 아이디어를 구체화하고 이들 중 좋은 아이디어는 사업으로 연계시키고 있다.

(4) 인재 확보

기업들은 트위터와 페이스북 등 SNS를 활용해 인재를 채용하는 경향이 증가하고 있으며 구직자들도 채용정보와 소통을 위해 SNS를 적극 활용하고 있다. 최근 기업들은 자사 웹사이트나 SNS에 채용관련 정보를 올리고 잠재적 채용 대상자와 의사소통을 하고 있으며, SNS 내에서 지인들을 통해 검증된 정보를 채용과정의 평가기준으로 활용하고 있다.

대표적인 사례로는 취업과 채용 관련 비즈니스 전문 인맥관리 사이트이다. 2003년 출범한 링크드인(LinkedIn)[130]의 경우 2012년 현재 가입자 1억 5천만 명으로 전 세계에서 가장 성공한 비즈니스 인맥사이트로 성장하였다. 월방문자 수 기준으로 페이스북에 이어 미국 SNS 중 2위이며 포춘 500대 기업 임원들도 대부분 가입되어 있다.

(5) 유통 및 마케팅

최근 일부 기업들의 경우 인적 네트워크 허브(Hub)와 우호적 관계를 형성해 제품 홍보 수단으로 활용하고 신제품 출시 시 우선적으로 파워블로거에 공개해 제품정보의 확산을 유도하고 있다. 또한 고객 사회활동자료(Social Life Log)를 분석해 잠재

---

130 지난 2011년 5월 기업공개(IPO)시 시가총액이 88억 달러에 이른바 있으며, 2011년 연간 매출액은 5억 2,220만 달러로 전년 대비 115% 증가하였다.

니즈를 포착하고 SNS 내에서 지인과의 사회적 관계 및 개인의 개방적 정보를 활용해 고객 니즈를 파악하기도 한다.

예를 들어 스타벅스는 SNS 마케팅을 적극 활용해서 성공한 사례로 꼽히는데 한때 위기에 빠졌던 기업을 살리고 타 경쟁업체들과의 경쟁력을 확보한 것으로 알려지고 있다.[131]

많은 업체들이 소셜분석 시장에 뛰어드는 이유는 소셜분석을 통해 제품에 대한 사용자의 반응을 바로 확인하거나 고객의 구매행태나 선호도 등을 분석할 수 있기 때문이다. 이러한 분석은 결국 기업들의 신규 제품과 서비스 론칭 시 마케팅 및 영업활동에 이용하게 된다.

5. 시사점

최근 미국에서 조사된 바로는 SNS를 이용하는 성인 중 대다수가 다른 이용자들과 우호적인 분위기 속에서 교류하며 높은 심리적 만족감을 느끼고 있다고 한다. 또한 SNS 이용 욕구가 술이나 담배보다 더 크다는 미국 시카고대학교 비즈니스스쿨 연구 결과도 보도되고 있다. 이처럼 우리 사회에 깊게 스며든 SNS의 영향은 더 이상의 사례를 일일이 열거하지 않더라도 충분히 일반인들이 느낄 수 있는 수준에 다다랐다.[132]

더욱 중요한 사실은 스마트폰에 이어 태블릿 PC 등 다양한 커넥티드 단말의 확산으로 SNS 이용이 더욱 증가할 것이라는 점이다. 실제로 일본의 한 연구결과에 의하면 SNS와 스마트폰 상관관계가 높게 나타났으며, 스마트폰 이용자의 70%가 SNS를

131 스타벅스의 트위터에서는 직원들의 소소한 일상이나 매장 내에서 있었던 일들에 대한 내용으로 대화가 활발히 진행되고 있다. 페이스북에서는 스타벅스의 제품에 대한 주제가 던져지고 이에 대한 소비자들의 의견공유가 일어난다.

132 국내의 경우도 최근 통계청 자료 '한국의 사회동향 2011'에 따르면 국내 청장년층 인터넷 사용자의 약 80%가 SNS를 이용하는 것으로 나타났다.

✚ 미디어 생태계의 미래

이용하고 있는 것으로 조사되었다.[133]

특히 최근에는 SNS와 다양한 서비스들이 결합함으로써 일반 이용자들에게 풍부한 이용자 경험(User Experience)를 제공하는 데 있어 SNS의 중요성이 더욱 커지고 있다. 예를 들어 '웨이즈(Waze)'처럼 내비게이션과 SNS 결합을 통해 운전자들끼리 도로교통 상황을 공유할 수 있는 앱이나, 의사들을 위한 SNS를 활용해 의료정보를 제공하는 '메드피어(MedPeer)'가 그것이다.[134]

하지만 이러한 소셜 네트워크 서비스의 긍정적 영향에도 불구하고 최근 SNS 확산으로 인한 부작용에 대해 적지 않은 우려의 목소리가 나오고 있는 것도 사실이다. 특히 SNS상의 개인정보 유출문제가 불거지면서 SNS 이용에 대해 회의적이거나 페이스북을 탈퇴하는 자살 사이트까지 등장하는 등 대대적인 반대운동까지 벌어지고 있는 실정이다. 페이스북은 이미 개인정보 유출에 대한 많은 비판을 받아왔으며 최근 개인 네트워크로 주목받고 있는 미국 패스(Path)조차도 아이폰용 앱 이용자들의 연락처 데이터를 무단으로 수집하여 공식적인 사과와 함께 저장된 데이터를 삭제하고 사양을 변경하기도 했다. 이와 같이 SNS에서의 개인정보 문제는 향후 SNS가 반드시 풀어야 할 과제가 되고 있다.[135]

이러한 맥락에서 최근 소셜 네트워크 서비스에 대한 전반적인 피로감이 확산되면서 새로운 서비스에 대한 니즈가 증가하고 있다는 일부 언론의 보도에 주목할 필요가 있다. 실제로 최근 개인정보 보안이나 개인의 니즈에 맞는 맞춤형 개인화 서비스를 제공하는 SNS들이 페이스북의 대안으로 등장하고 있기 때문이다. 물론 이러한 서

---

133 반면 일반 피처폰의 40%만이 SNS를 이용하고 있는 것으로 나왔다.

134 미 제약업체 글락소스미스클라인(GSK)도 희귀질환 관련 정보 공유를 위해 페이스북을 이용하고 있다고 밝힌 바 있다.

135 기업홍보나 마케팅 측면에 있어서도 순기능적인 효과가 많긴 하지만 한편에서는 부정적인 역기능 사례도 나타나고 있다. 예를 들어 맥도날드나 웬디스, 호주항송사 콴타스는 SNS를 활용한 캠페인을 진행하면서 오히려 악성댓글이 늘어나면서 오히려 기업이미지 하락을 경험하고 있다고 전해지고 있다.

비스들도 페이스북과 정면으로 경쟁하기보다는 페이스북이 가지고 있는 전 세계 8억 명이 넘는 거대한 가입자를 기반으로 혁신적인 서비스를 통해 서로 상생협력을 통해 새로운 신화에 도전하고 있다. 최근 페이스북과 협력하여 혁신적인 서비스로 각광받고 있는 흥미 기반의 개인화서비스네트워크 '핀터레스트(Pinterest)'가 대표적인 사례이다. 핀터레스트는 핀(Pin)과 흥미(Interest)의 합성어로 관심 있는 것을 핀으로 고정시킨다는 의미로 혁신적인 사용자 환경(user interface)을 기반으로 사진이나 정보를 지인들과 공유함으로써 SNS의 새로운 패러다임으로 떠오르고 있는 중이다.[136] 결국 향후 SNS의 미래는 소셜 네트워크라는 거대한 네트워크 특성을 이용하여 혁신적이고 인간의 감성에 기반한 이용자 경험을 줄 수 있느냐 없느냐에 따라 좌우될 것으로 전망된다.

---

[136] 2011년부터 12월간 429% 순 방문자가 급증하여 현재 누적 방문자수 1천1백만 명을 넘어섰다.

✚ 미디어 생태계의 미래

김용학 외(2005), 「인터넷시대의 사회적 위험」, 『21세기 한국 메가트렌드 시리즈』 05-36, KISDI. 2005.10.

김용학 외(2006), 「온라인사회 연결망의 구조분석: 싸이월드 일촌 연결망을 중심으로」, 『정보화정책』 제13권 제4호, 2006년 겨울, pp.167~185.

김중태(2010), 「IT 기술 발전과 소셜 플랫폼이 집단지성에 미치는 영향」, 『DigiEco 포커스』, KT경제경영연구소, 2010.8.9.

김지수(2004), 「디지털 인맥과 인간 관계망」, 『정보통신정책』 통권 354호, KISDI, 2004.9.1.

김철환(2010), 「소셜 커머스 해외 추진 사례와 전망」, 『DigiEco 포커스』, KT경제경영연구소, 2010.10.28.

서민석(2010), 「소통 방식의 변화를 주도하는 페이스북」, 『경영노트』 제75호, SERI, 2010.10.7.

윤영수 외(2006), 「격변기의 자기조직화 경영」, 『CEO Information』 제546호, SERI, 2006.3.29.

윤영수(2010), 「마당발 경영이 혁신을 부른다」, 『경영노트』 제50호, SERI, 2010.4.8.

이명진 외(2008), 「복잡계와 네트워크 사회의 변화」, 『한국 사회의 방송통신 패러다임 변화연구』 08-22, KISDI, 2008.12.

정지훈(2010), 「소셜 웹과 비즈니스 혁명」, 『DigiEco 포커스』, KT경제경영연구소.

조성원 외(2010), 「SNS가 Telco에게 주는 의미」, 『DigiEco 포커스』, KT경제경영연구소.

조용수(2010), 「10년 후 세상을 말한다」, 『LG Business Insight』, LG경제연구원, 2010.1.6.

천영환(2010), 「검색 패러다임의 변화: Facebook story」, 『2010년 하반기 인터넷산업 전망』, 신영증권, 2010.5.24.

Anderson, P. W.(1972). More Is Different, Science, New Series, Vol. 177, Issue 4047 (Aug. 4, 1972), 393-396

Barabasi, A(2003). Linked, A Plume Book

Jeong, H., Tombo, B., Oltvai, Z. & Barabais, A.(2000). The large-scale organization of Metabolic Networks, Nature 407, 651-654

Watts, D. J. & Strogatz, S. H.(1998). Collective dynamics of 'small-world' networks. Nature 393, 440__ 442.

구창환 외(2010), 『페이스북, 무엇이고 어떻게 활용할 것인가』, 더숲.

김덕희(2008), 『네트워크 이코노미』, 동아시아.

김중태(2010), 『소셜 네트워크가 만드는 비즈니스 미래지도』, 한스미디어.

박한정(2009), 『프랙탈 경영전략』, 책든사자.

인터넷진흥원 외(2010), 『마이크로 블로그 이용실태 조사』, 제2차 인터넷이슈 기획조사, 방송통신위원회.

윤영수 외(2005), 『복잡계 개론』, 삼성경제연구소.

A.L. Barabasi(2002). Linked: The New Science of Networks. 강병남·김기훈 역(2002). 『링크(Linked)』. 동아시아.

Barry Libert, John Spector(2010). We are Smarter Than Me: How to Unleash the Power of Crowds in Your Business. 김정수 역(2010). 『나보다 똑똑한 우리: 소셜 네트워킹과 집단지성의 비즈니스 혁명』. 럭스미디어.

Clay Shirky(2008). Here Comes Everybody. 송연석 역(2008). 『끌리고 쏠리고 들끓다: 새로운 사회와 대중의 탄생』. 갤리온.

Duncan J. Watts(2003). Six degrees. 강수정 역(2004). 『Small World』. 세종연구원.

 ✛ 미디어 생태계의 미래

Erik Qualman(2009). Socialnomics: How Social Media Transforms the Way We Live and Do Business. inmD 역(2010).『소셜노믹스: 세계를 강타한 인터넷 문화혁명, 트위터와 소셜미디어』. 에이콘출판사.

Mark Earls(2007). Herd. 강유리 역(2009).『허드, 시장을 움직이는 거대한 힘』. 쌤앤 파커스.

Matthew Fraser, Soumitra Dutta.(2008). Throwing sheep in the boardroom: How online social networking will transform your life, work and world. 최경은 역(2010).『소셜 네트워크 e혁명』행간.

Peter Miller(2010). Smart swarm. 이한음 역(2010).『스마트 스웜』. 김영사.

Atlas Research DB

blogs.hbr.org

www.apple.com/itunes/ping

www.apple.com/game-center

www.blippy.com

www.compete.com

www.comscore.com

www.gartner.com

www.groupon.com

www.huffingtonpost.com

www.microsoft.com/windowsphone/en-us/howto/wp7/apps/games-hub.aspx

www.shopsocial.ly

www.socialbakers.com

SNS시대, 역사 속
미디어의 속도와 무게
그리고 진실

김광옥 | 수원대학교 언론정보학과 명예교수

1. 들어가며

소셜미디어에는 블로그며 위키스, 팟캐스트, 포럼즈, 콘텐츠 커뮤니티, 마이크로 블로그 등이 있으나 여기서는 SNS를 중심으로 논의를 하고자 한다. SNS란 자신의 개인 웹페이지를 구축하여 친구들과 연결할 수 있도록 상호작용을 하는 서비스다. 페이스북(facebook), 마이페이스(Myface), 트위터(Twitter), 싸이월드(Cyworld) 등이 여기에 속한다.

우리나라에서는 1990년대 인터넷시대를 거쳐 1999년 이래 소셜미디어의 시대가 열렸다. 1999년 '아이러브 스쿨'을 시발로 2000년 '내 친구 담딤', 2003년 SK컴즈가 '싸이월드'를 인수했고 2004년 모바일 '싸이월드'가 시작되었다. 2009년 '미투데이'가 NHN에 인수되었다.

2004년 이후 SNS시대가 도래했다. 지금 불어닥친 SNS의 기이현상조차도 우발적인 것일 수는 없다. 초기의 비디오문화가 그랬듯이, 또한 인터넷문화의 역기능이 심화했듯이 SNS 현상도 초기부터 역동성과 문제점을 안고 출발하고 있다. 이는 정보사회인 이 시대의 한 현상이다.

트위터 분석업체인 투프차트에 의하면 세계적으로 트위터 가입자 수는 5억 5천 500만 명(2012년 2월)이고 1년 안에 10억 명에 이를 것이라는 전망이다. 트위터 등은 국내 미디어가 아니라 세계적인 미디어다. 세계적으로 함께 발전하거나 쇠퇴할 가능성이 있는 미디어인 셈이다.

그러나 SNS의 경우는 기존의 미디어와 달리 속도에서 그리고 사회적 영향력에서 기존 미디어보다 규모가 크기 때문에 그 비중도 중요하다고 하겠다. 이에 단순히 사회적으로 드러나는 현상을 분석하기보다는 역사적 시점을 가지고 나타나는 현재(顯在)에 관해 탐구해 보도록 한다.

우리나라 미디어 발전역사 속에서 그 근원을 찾아보고 SNS의 특성, 특히 정보의 속도 그리고 무게에 초점을 맞추어 본다. 더불어 SNS 정보가 갖는 진실의 문제를 통해 앞으로 어떤 방향으로 발전해 나가야 할지 미디어적 과제를 찾아보도록 한다.

미디어는 개인적인 차원의 관계 넓히기와 사회적 이슈에 대한 반응과 달리 사회적인 영향력은 크게 달라진다. 트위터와 페이스북의 성격이 다른 것도 하나의 예가 될 것이다.

2. 미디어의 역사

1) 역사 속의 미디어

역사 속에서 미디어는 어떤 작용을 하였을까. 몸짓언어에서 출발하여 사람이 말을 하게 되고 다시 글자를 만들게 된 것이 문화가 되는 첫 시작이었다. 그다음에 미디어가 문화가 된 기초는 구텐베르크의 인쇄술 혁명이다. 21세기가 될 때 미국언론사에서 과거 천 년간의 위대한 인물에 거론된 사람은 구텐베르크와 칭기즈칸이었다.

한 사람은 기술적인 커뮤니케이션 혁명가요, 다른 한 사람은 커뮤니케이션의 기본 축을 담당한 교통의 혁신가였다. 말을 통한 속도에서의 빠름뿐 아니라 바로 동서양의 문명과 문화를 이동시킨 결과를 가져왔기 때문이다.

우리나라에서는 글자는 있었으나 그 글자를 이용하여 대중을 상대로 한 인쇄술은 발전하지 못하였다. 세계 최고의 목판본이나 조선왕조실록 등 인쇄문화는 뛰어나지만 대중을 향한 인쇄술은 미약했다.

선조시대에 조보를 필사하여 지방에 보내던 30여 명의 종사자들이 조정에 의해 제재를 받아 1577년 귀양을 가기도 한 것은 한 예에 불과하다. 우리나라 역사에서 사회적인 미디어의 발전이 미미했다는 한 예다.

조선시대 중앙과 지방의 소식(메시지)을 전하는 통로(루트)는 제도 언론으로서 기별서리와 수단으로서의 파발마나 봉수가 있었다. 지방 향교와의 개인적인 통신자, 지방 출신관리가 타지에서 근무하게 됨에 따라 근무지와 고향과의 연락을 담당한 개인통신자 그리고 보부상 정도다. 그 외에 이동 가무단이라 할 풍물패가 있었으나 비정기적인 것이었다.

이러한 조선시대의 사회적 통신은 일제강점기를 거치며 자동차, 기차 그리고 우편제도나 전화기로 이어진다. 이러한 점에서 선을 거친 커뮤니케이션 제도는 마침내 현재에 이르러 네트워크를 이루게 된다.

〈인간과 사회의 힘〉

개인은 물론 사회적으로도 미디어의 발전이 사회변혁과 깊은 관계가 있다는 것은 새삼 강조할 필요가 없다. 개인은 개인의 욕구 증대를 위해 힘이 필요하고 이런 힘은 권력으로 대변된다. 사회는 사회적 통합력으로서의 권력이 필요해지는데 그 기초는 왕권이요, 왕권을 지지해주는 힘은 사대부들의 지식의 힘이었다.

인간은 개인적으로는 힘(지적, 경제적)을 기르고, 사회적으로는 권력을 얻으려는 욕구를 가지고 발전, 유지해 왔다. 개인의 욕구는 시대에 따라서 대상이 바뀔 뿐 그

     ✦ 미디어 생태계의 미래

성질이 바뀌는 것은 아니다. 다만 사회를 향해 자신의 욕구를 펼칠 수 있는 기회와 여건의 변화가 중요한데 이들 가운데 미디어의 역할에 대해 주목할 필요가 있다.

이런 힘의 관계에 작동하는 요인들은 시대에 따라 다른데 역사적으로 간략히 살펴보자.

2) 역사 속 송 · 수신 구조 변화

대중 커뮤니케이션의 차원에서 역사에 나타난 S-(M)-C-R-M-E의 규칙에 따른 구조의 변화를 보자.

(1) 발신자(sender)의 시각

사회에는 상부구조와 하부구조가 있다. 이는 역사적으로 일방 혹은 균형의 축을 위해 보이지 않는 경쟁을 해왔다. 지금까지 하부사회는 자기의 의사를 밝히고 자기의 힘을 나타낼 통로가 적었고 미약했다.

여론 표시의 대표라 할 미디어가 역사적으로 그리고 현대에 이르러서 1960년대 이래로 바뀌고 있다. 권력의 양상으로 나타난 발신자의 속성 변화를 보자.

구조/시대	고려	조선	근대	현대	현재
상부구조	혈연(부족) 교육	혈연(양반) 교육(한문, 유학)	권력 신교육	권력 경제력 학력 미디어 (조 · 중 · 동/ 지상파방송)	경제력(1990년대) 권력 정보 뉴미디어
하부구조	의병	민중반란 동학	시민데모 노조 지하언론	시민단체 인터넷	SNS 나꼼수방송, podcast

역사적인 상황과 변인들을 개략적으로 살피고 있지만 몇 가지 특성은 다음과 같다.

① 고려나 조선 그리고 근대까지는 혈연이나 양반 제도에 기초하여 한문이나 신교육을 받은 사람들이 엘리트로 활약했다.

② 현대와 현재에 이르는 동안 권력 유지에는 개인의 능력 이외에 미디어로서의 조·중·동과 지상파방송의 암묵적인 지원이 있었다. 2003년 김대중 정부 이래 조·중·동 대 한겨레의 대립이 이루어진다. 2008년 이래 지상파의 이념에 따른 분파(KBS, MBC의 변질 대 SBS 등), 인터넷 방송의 이념 분파(우파 대 좌파) 등이 이루어진다. 하부에 시민단체, 인터넷통신이 있고 인터넷 방송도 좌우로 나뉘게 된다.

③ '현재'에 이르러 지상파 조·중·동 대 SNS의 분파가 이루어지고 있다. 하부에 SNS가 있다.

④ 미국경제 가운데는 금융부자가 1% 대 나머지 99%의 구조가 생겨났다. 우리나라에도 경제적 양극화가 심화되고 있다.

기존의 지배언론에 의사를 표현할 수 있는 발신자는 국민 전체의 1%인 50만이 안될 것이다. 나머지 '99%가 나도 필자·출연자·발신자'라는 송신자의 지위를 맛보고 싶어 하는 욕구가 현재에 이르러 수많은 트위터를 생산하고 있다고 할 수 있다.

우리가 일상에서 말을 하는 것은 일상인가 저널리즘인가? 일상은 소모적 언술이고 (개인적) 저널리즘이 타인 지향(사회적)이라면 트위터는 이 둘을 융합한 모습이다. 사람은 자신을 유지하고 내세우기 위하여 무언가를 늘 발설하지 않으면 안 된다. 그리고 개인이나 조직을 유지하기 위하여 힘을 가져야 하는데 이것이 조직 차원에서는 영향력이고 권력이다. 유투브는 일인 방송국이라는 법원의 해석이 있었다. 이를 확대하면 트위터나 페이스북의 정보도 개인 간의 소통이 아닌 다수와 연결된 것을 전제로 한다면 내용이 사회적인 것이라면 뉴스 혹은 의견의 성질을 지니고 있다고 할 것이다.

한 언론사의 조사에 따르면 우리나라 파워조직에서의 영향력은 삼성(7.18점)-현대자동차-SK에 이어 4위는 헌법재판소(6.48점)이다. 이어 검찰과 LG, 대법원, 경찰, 국

       ✦ 미디어 생태계의 미래

세청, 청와대, 감사원, 금감원 순이다. 한나라당은 14위이고 16위는 전교조, 민주당은 17위다. 이어 경실련, 다음으로 민변, 참여연대, 민주노총, 한국노총, 뉴라이트, 민주노동당 순이다.

요약하면 대기업-사법기관-행정감시기관-청와대-민간사회단체 등의 순서다(중앙일보와 동아시아 연구원, 2011년).

영향력은 실제 권력과는 차이가 있을지 모르나 일반시민들이 법의 심판을 받을 기회가 거의 없다고 보면 사회를 움직이는 파워들 간의 힘겨루기가 바로 사회를 움직이는 힘으로 작용하고 있을 것이다. 그러니까 집단과 개인 사이에서 개인은 늘 하위구조 속에 놓이는데 개인이 집단화하는 힘을 모을 수 있다면 그 영향력도 함께 증대할 것이다. 그것이 트위터를 중심으로 한 SNS의 힘으로 나타나고 있다. 특히 사회적인 이슈에서는 선거라는 결과로 힘의 결정물을 제조할 수 있게 되었다. 2010년 10 · 26 서울시장 보궐선거에서 박원순 시장의 힘으로 나타났다고 평가하고 있다. 다만 이때도 젊은이들이 박원순 지지율이 증가했다기보다는 선거 참여율이 높아지며 자연스레 증가한 부분이 있었다는 분석도 있었다.

〈SNS 90:9:1의 법칙〉

인터넷이용자의 90%는 관망하고, 9%는 재전송이나 댓글로 확산에 기여하고, 1%만이 콘텐츠를 창출한다고 한다. 덴마크 인터넷 전문가 야콥 닐센(Jacob Nielsen)은 이 법칙을 들어 "쌍방향 소통이 활발해질 것이라는 예상과 달리 '참여 불균등론'이 심해질 수 있다"고 지적한다. 소셜 네트워크 서비스와 스마트폰의 출현 이후 영향력 있는 소수의 의견이 거의 일방적으로 흐르는 현상을 말한다.

많은 경우 긍정적인 동의에는 혼자 소화하지만 부정적인 일에는 누구나 동조를 지나 동참한다. 여성 방송인 H씨의 동영상에는 성행위장면은 물론, 여권 스캔, 병원 진료기록지까지 삽시간에 유포되는 일이 있었다.

이는 광고에서의 일반 반응법칙대로 좋은 물품을 구입했을 때는 20여 차례 이웃에게 자랑을 하지만 물건에 하자가 있을 때는 60여 차례 불평을 늘어놓는다는 인간의 보편적인 심리와도 상통하는 면이 있다.

SNS가 양방향 소통의 총아가 될 것이라는 예상과 달리 말 많은 극소수의 확성기로 변질되는 양상이 보이고 있다. 극소수의 영향력 있는 유명인이 일방적으로 던지는 대개는 정제되지 않은 140자 이내의 짧은 문장이 리트윗되면서 증폭되기 때문이다. 말없는 다수는 인지도나 권위가 없기 때문에 아무리 좋은 의견을 내더라도 그의 멘트는 주목을 받을 수 없다. 말없는 다수의 의견이 영향력을 형성하는 새로운 SNS의 출현이 필요해지는 시기가 되었다(강서규, 중앙일보, 2011.12.21).

(2) 통로 Channel

한국사회에서는 언론이 권력의 창출에 기여한 바 있다. 권력으로서의 미디어의 생태를 들여다볼 수 있다.

친정부의 서울신문의 전통에서 군사 정권 비판의 동아일보 시대에서 전국신문의 통폐합 그리고 조·중·동이 누려온 힘의 시대에서 다시 사회세력을 지지하는 한겨레, 경향신문 시대에 이르는 과정에서 신문에 힘이 있었다. 더불어 지상파방송도 사회적인 권력으로서의 힘을 가지고 있었다.

미디어/연대	1980	1990	2000	2010
전통(formal)	조·중·동 지상파방송	조·중·동 지상파방송	조·중·동 지상파방송 케이블	조·중·동 지상파방송 (케이블 종편사)
뉴미디어 (informal)	인터넷	인터넷	인터넷방송 댓글 휴대전화 딴지일보	인터넷 SNS 나꼼수방송

이런 제도적인 언론은 지상파방송과 함께 사회적인 영향력을 가지고 있었다. 그

런데 차츰 인터넷 시대 이후에는 이념적으로 진보와 보수하는 양극으로 매체들이 자기 정체성을 가지지 않을 수 없게 사회적 분위기가 조성되었다. 한겨레 대 조선일보, MBC 대 KBS 거기에 오마이뉴스 대 여타 인터넷 방송 등의 대칭도 이루어졌다. 2000년대 이후로 ① 정치권력은 1990년 이래 경제 권력보다 하위에 놓인다. ② 40~50의 스마트폰 세대로부터 20~40 중심의 젊은 SNS족이 급작하게 부상하고 있다.

(3) 수용자층 Receiver

기존 미디어와 SNS 이용자들의 미디어에 대한 반응은 같을 수 없다. 둘을 비교하면 다음과 같은 현상을 볼 수 있다.

미디어/속성	주 대상	속도	주관	판단	경향	컴 방식	의견
지상파/ 조·중·동	40/60세대	느림	경험적	상식+경험	보수/유지	잡담	여론화
SNS	20/40	빠름	희망적	꿈/감성	개혁	네트워크	루머화 시위

2000년대 후반 들어 수용자층의 변화가 시작되고 있다.

① 20~40세대의 매체에 대한 감각은 감성적이다.

② 20~40의 SNS미디어에 대한 참여와 그 반응 속도는 그 이전의 어떤 미디어와 달리 확산 속도가 빠르다.

③ 상대적으로 지상파의 영향력은 아직 남아 있으나 신문의 힘은 구독자의 감소를 통해 나날이 줄어들고 있다.

(4) 메시지(Message)

세대/속성	성향	의견	개진방향	준거
청년	개혁	동조적	파편	상식+감성
장년	보존	자기주장	독선적	지식+경험

① 20~40세대가 쓰는 문장은 140자로 '옳고/그름'보다는 '좋고/나쁘고'가 우선이다. 140자 문장의 구조는 결론이 앞서는 글일 수밖에 없고 그 좋고/나쁨에 대한 논리 전개는 불가능하다. 논리가 없는 글에서는 감성이 힘을 발휘하게 된다.

② 연예계에서 시작된 유행어지만 사물을 받아들이고, 판단하는 기준의 우선은 '호감·비호감'이다. 호감 여부가 반드시 비이성적인 것은 아니지만 감성은 사물을 새롭게 분석하는 과정을 막는다. 호감여부는 이미 그에 대한 선입견으로 이루어진 판단인 것이다. 사회는 복잡하다. 더욱 나날이 새롭게 변화해 가고 있다. 사회의 변화를 새롭게 평가하기 위해서는 전문적인 지식과 상황판단이 요구된다. 이때 기존의 자기 선입견(predisposition) 혹은 편향(biased) 또는 고정관념(stereotype)으로 판단한다는 것은 위험한 일일 수밖에 없다.

(5) 실행양상(Effect)

현대 정보사회에서 필요한 덕목은 무엇일까. 흔히들 '혼 창 통'이라는 이야기를 하지만 여기서도 반증하듯 이 시대의 덕목은 열정과 창의력과 소통이다. 많은 기업과 교육기관에서도 입만 열면 창의력을 강조하고 있다. 기술이 일반화된 사회에서 다른 기업과 사람과의 차별화란 창의력뿐이다. 그리고 이 모든 기반에 커뮤니케이션이 필요한 것이다. 그리고 커뮤니케이션과 창의력은 인간의 보편적 휴매니즘적 가치를 구현하여야 건강한 사회가 될 수 있다. 이를 정보 IT산업사회에 응용하면 보편성 추구와 융합 그리고 소통으로 요약할 수 있다.

① 보편성

보편성이란 개인 차원에서는 인간 휴머니즘 실현이고 세계적 차원에서는 인간 모두에게 행복을 가져올 수 있는 가치관의 추구이다. 극단의 원리주의에 동의할 수없는 이유가 여기에 있다.

원칙이란 보편적 가치를 추구해 가는 과정에서 방법론적으로 추구해 가야 할 방향이다. 많은 사회적 부정과 비리는 바로 민주주의에서 중요시 여기는 절차를 소홀히 여기는 데서 오는 부산물들이다.

② 융합과 창의

융합은 동질적인 것을 합치기도 하지만 이질적인 것도 조합할 수 있어야 한다. 결합, 복합, 혼합에 이어 융합의 단계에서 이전에 없던 새로운 기능들이 살아날 것이다. 이 모든 근저에는 창의력을 소중히 여기는 사회적 분위기가 필요하다.

③ 커뮤니케이션

과거 봉건사회와 현대의 차이는 사회적 커뮤니케이션 수단인 미디어의 차이로 정의할 수 있다. 현대에서도 후진국과 선진국의 차이는 사회적 미디어의 공정성 여부와 발달의 차이로 설명이 가능하다. 커뮤니케이션 시스템의 효율성이 있느냐 하는 차이다.

사회적인 이슈가 정상적인 미디어를 통해 토론이 이루어지지 못하는 사회와 국가에서는 루머와 괴담이 일어난다.

흔히 상수도와 하수도의 수량이 비슷하듯이 제도적인 언론의 양과 지하 언론(혹은 비제도 언론)의 양은 비슷하다고 할 수 있다. 건전한 사회는 이런 비제도 언론이 건전한가 여부에 달려 있다.

비제도 언론의 양상은 우리나라도 시대에 따라 달라져 왔는데 일반적인 거리의 낙서 그리고 군사정권 시절의 지하신문 이후 인터넷의 기사 올리기에서 웹사이트 운영

그리고 댓글 문화 등이 확장되어 오고 있다. 인터넷은 제도권에서 운영하지만 거기에 실리는 글이나 댓글은 비제도권적으로 활용되는 셈이다.

여기 실행 양상에서는 SNS시대에 당연히 제기되어야 할 덕목을 나열하는 데 그쳤는데 우리 사회가 SNS로 문제 삼는 이슈보다는 근본적인 부패의 정치사회 문화를 바꾸는 데 SNS가 활용되어야 한다는 한마디로 SNS를 통한 우리 사회의 미래 방향을 제안하고 싶다.

3. 미디어의 속도

사회의 발전이란 특히 모든 부분에 있어서 속도의 경쟁을 수행해 왔다. 속도란 시간의 개념이고 그 가운데 미디어에서도 속도가 중요시된다.

미디어를 통해 유통되는 정보에서 속도는 곧 시간인데 SNS가 바로 시간적 특성을 현실적으로 시현하고 있다. 사실과 루머의 차이는 바로 '시간의 차이'에서 오는 결과의 다름 아니다.

1) 속도

역사적으로 속도는 바로 생명과 직결된다. 원시인이 사냥에 나섰다가 맹수의 공격을 피하지 못하면 바로 죽음이다. 중세시대 이래 이동수단인 말의 속도는 바로 칭기즈칸을 낳았다. 전쟁에서도 활 대 총의 속도 차이에서 일본의 전국시대가 종결되는 모습을 볼 수 있다. 현대는 정보라는 또 다른 속도전이 되어 있다.

정보의 범주에 속하는 기상정보, 지진정보, 여론조사, 세계 금융계 정보가 바로 경제와 맞물려 있다. 현대는 속도를 유지하는 시스템의 경쟁인 셈이다.

우리의 하루는 시간과 공간 그리고 그 속에서의 의미부여로 구성된다. 우리는 시간에 표제를 붙이려고 한다. 공간적으로 많이 움직이는 사람은 일처리에서는 짧은

＋ 미디어 생태계의 미래

시간이 걸린다. 자가용 비행기를 타고 다니는 회장은 공간 이동이 넓다. 오토바이를 타고 다니는 택배기사들은 공간적으로는 움직이는 범위가 좁다. 펀드 운용자는 비록 제자리에 앉아 일하지만 인터넷을 통하여 전 세계를 휘젓고 다닌다. 일터가 세계인 셈이다.

이처럼 시간과 공간의 범위는 크기의 문제가 아니라 의미 부여에 따라 다르다. 이런 속에 SNS의 전파 속도는 어느 매체보다 강력하다.

2) 시간

같은 시간이라도 정거장에서 버스를 기다리는 시간은 무의미하다. 그러나 기차를 타고 여행하는 사람은 외부에 펼쳐지는 공간이 시간 위에 올라타고 있어 지루하지 않다.

시간의 의미란 그 시간이 주는 의미의 문제와 연결된다. 주제와 연결되지 않은 시간이나 자투리 시간은 지루하다. 또한 만족하지 않은 시간은 지루하다. 즉, 의미 없는 시간도 지루한 셈이다.

시간이란 공간과 의미와 연결되는데 우리가 지향해야 할 바는 자연의 리듬과 조화를 이루는 일이다. 강의를 듣는 때의 시간과 운동 할 때의 시간은 같을 수가 없다. 몸이 움직이는 리듬이 다르기 때문이다.

SNS에서도 이는 기존 미디어에 비하여 속도감에서 다른 감각을 지니게 될 것이고 소재나 이슈에 따라 만족감이 달라지리라는 걸 짐작할 수 있다.

3) 루머 · 괴담

루머란 확인되지 않은 사실이다. 역사적으로는 전설로 남아 있던 대왕암의 소문이 사실로 밝혀지기도 한다. 강남에서 퍼지는 루머는 사실인 게 많은 게 현실이다. 관계, 정계의 윗사람들이 강남에 살다 보니 그 입을 통해 새어 나오는 말들이 사실인 게 많다는 것이다.

아무리 언론의 자유 지수가 높아도 언론이 개인의 일이나 정치적인 뒷이야기까지 다 보도하지는 못한다. 일정량의 비제도적 어떤 형태로든 사회 안에서 흐르게 마련이다.

근년의 루머로는 다음과 같은 것이 있다.

- 미국소고기 수입하면 광우병에 걸린다.
- 한미 FTA로 우리는 미국 식민지로 전락한다.
- 방사능 유출이 현실화됐다. (노원구 방사능 아스팔트)

그 이전에는 최진실, 나훈아 사건 등이 있었다. 이전에는 유명인이 대상이 되었으나 요즘은 사회적 이슈로 확대되고 있다.

개인적인 흥미로 루머의 면역주사를 맞고 이제는 조금 더 큰 사회적 이슈로 번지고 있는 양상이다. 정부, 정치인, 전문지식인(학자), 언론에 대한 불신이 기초하고 있다. 불만과 불안은 정상적이지 않은 괴담 전파를 통해(욕설을 퍼붓듯) 쾌감을 느끼고 해소하고 있다.

괴담의 특성은 어떻게 나타날까. 괴담은 근원지를 모른다. 확인이 불필요하므로 이동에 필요한 정보의 무게가 가볍다. 확인이 필요하지 않은 준사실(準事實)이라고 믿기 때문에 간단하고 단정적이다. 또한 편향적이고 감정적이고 선동적이다. 이에 반하는 사실정보는 소스의 확인, 구조적 해석이 따르고, 토론과 논쟁적인 주제 등이라 할 수 있다.

괴담의 배경으로는 이해관계에 따라, 정치적 의도로 만들어 질 수 있는 능동적 생성시스템이 있다는 것이다. 괴담은 조선시대에도 참요라는 형태로 있었고 군사 정권시절에는 지하신문 형태로 있었다. 이전에는 변형된 미디어 혹은 콘텐츠의 형식이었다면 지금은 일상 매체를 통한다는 것이 무서운 일이다. 또한 정보의 속도는 일반뉴스보다도 빠르다. 옛날 루머에서의 귓속말(개인 간 SNS, 일촌)은 동일 집단(예로 지역, 농민, 보부상 등) 안에서 퍼지는 집단성을 함께 지니고 있었다(김광옥, pp.152~156). 그러나 지금은 사적 루트와 공공성을 지닌 SNS를 통해 전파되기도 한

     ✦ 미디어 생태계의 미래

다. 그러나 이러한 역동성은 사회적 위협과 미래에 대한 잠재 위협이 토양이 되고 있다. 와언(訛言)이라 할 소문이 퍼질 때도 일정 규칙이 있었다. 소문은 귓속말로 참요는 어린이를 통해 부르게 하고 양반을 비판할 때는 탈춤 형태를 빌리거나 판소리 공연을 통해서 간접적으로 나타냈다. 오늘날의 직설적인 SNS와는 차이가 있었다. 그런 면에서 패러디 동영상은 풍자 형식을 빌리고 있는 셈이다.

괴담이 퍼지는 데 대한 사회적 대안으로는 정치와 정부의 투명성과 필요한 소통의 방법, 루트를 개발해야 한다. 언론은 조금 더 심층분석 기사를 균형 있게 다루어야 할 것이다(현택수 참고).

최근 '나는 꼼수다' 등 정치소재를 한 주요 인터넷 팟캐스트를 조사한 바로는 총 주장 171건 가운데 가)사실을 근거로 한 주장은 24건(14%) 뿐이었고 나) 부적합한 사실을 근거로 한 주장은 68건(40%), 사실이 없는 주장은 79건(46%) 등이었다. (마동훈 고려대 교수 · 조선일보 공동 조사, '나는 꼼수다', '나는 친박이다', '저격수다' '그래 나는 꼼수다' 등 4개 팟캐스트 방송 2회분 씩 총 660여분 조사, 2012.5) 팟캐스트는 아직 저널리즘의 틀을 갖추지 못하고 있다고 하겠다.

팟캐스트인 나꼼수방송은 규정상 언론이 아닌 정보 통신이다. 이는 정보통신 심의위원회에서 심의할 수는 있으나 현실적으로는 많은 팟캐스트에 대한 심의는 불가능한 셈이다. 그러나 명예훼손이나 음란, 사행행위, 국가보안법에 대하여는 고소나 손해배상을 청구할 수 있다.

4) 속도의 힘

단순히 속도가 빠른 것이 어떻게 힘을 갖는가, 의문이 들 수도 있으나 현대사회의 속성을 고려하면 의외의 결과와 만나게 된다.

속보성에서 언론사의 독점적 지위는 더 이상 지속되기 힘들다. 2000년 1월 미국 허드슨 강 비행기 추락사고는 스마트폰 이용자가 트위터로 알렸다. 세계 곳곳에서 일어나는 사회적 소요는 이제 스마트폰의 대상이 되었다. 다음으로 SNS와 연결되는 뉴스가 플랫폼 형식을 취해 나타난 것으로 '트위터타임스(Twitter Times)'가 있다.
『허핑턴 포스트』는 페이스북 커넥트 서비스로 트래픽 상승과 방문자 상승을 주도해
2009년 9월에는 『워싱턴 포스트』의 순방문자수를 앞질렀다고 한다. 『허핑턴 포스트』
방문자의 50% 정도가 페이스북에서 유입된 것이라고 한다(김중태, 2009).

잘못된 정보로 일단 여론이 악화되고 나면 당사자는 나중에 사실이 정정되더라도
돌이킬 수 없는 피해를 입게 된다는 것이 루머의 속도에 대한 두려움으로 나타난다.

4. 미디어의 무게

1) 정보의 흡수와 소화

인간은 들은 만큼, 본 만큼, 머리에 찬 만큼 어떤 형태로든 밖으로 쏟아 내야 한다.

1980년대 군사정권 시절 그 많던 루머며 지하신문이며 거리와 화장실 낙서는 다
어디로 갔는가. 이는 1990년대 들어서며 인터넷 댓글 그리고 그 이후 게임으로 그리
고 SNS로 대체되어 있다고 보인다.

인지/송수신	수용	발신
듣다	라디오, TV, 친구의 잡담	말하기
보다	신문, 광고, 인터넷, 영화 등	손으로 클릭, 문자, 영상, 게임 등으로

청년에게는 SNS 등이 손으로 하는 언어가 되어 있다. 손으로 표현하고 행동으로
시위에 참여하는 적극적 언어 형태를 취한다. 현실의 벽에 부딪친 것에 대한 대안으
로 환영(illusion)을 찾아나선다. 하나의 환상적 시뮬레이션을 그려 보려 하고 있다고
설명할 수 있다.

한국인터넷진흥원 조사에서 현재 우리나라 인구의 77.8%인 3,701만 명이 인터넷
을 이용하고 있다. 이 중 65.7%인 2,431만 명이 싸이월드나 미니홈피, 블로그, 인터

     ✦ 미디어 생태계의 미래

넷 카페 등 SNS를 이용하고 있다(한국인터넷 진흥원, 2010).

이에 비해 신문구독자는 25% 내외다. 그리고 스마트폰 2,000만 대 중 약 25%인 480만이 트위터를 하고 있다(최근 통계청 자료로는 트위터 544만 명, 페이스북은 536만 명이다). 이런 수치는 조사할 때마다 변하겠지만 전체적인 경향은 인구의 2/3가 인터넷과 스마트폰을 쓰고 신문은 갈수록 구독자가 줄고 신문구독자와 트위터의 인구가 비슷하다는 것이다.

미국 시장조사기관인 퓨(Pew) 리서치센터에 따르면 SNS 이용에서 우리나라는 40%로 미국 46%, 폴란드 43%, 영국43%에 이어 40%로 4위라고 한다(2011.1. 기준).

여기서 신문구독자와 트위터 이용자 중 누가 더 많이 자기의 의견을 이웃에게 전파하느냐를 생각해 보면 신문 구독자는 침묵하거나 동료들과 잡담으로 그칠 것이지만 트위터를 주로 하는 20~40세대는 손가락을 활발히 움직일 것이다. 사회적인 전파력과 영향력은 소재에 따라 큰 차이가 있을 것이다.

여기서 아직 SNS의 초기시대라고 상정할 때 SNS의 정보적 가치와 유용성에 대한 논의가 필요하다.

미디어의 속도는 상호 간의 거리를 단축시키게 된다. 미디어의 기술은 대상을 재생하고 있다. 이렇게 재생의 현실에 대해 새롭게 해석한 현실 혹은 가상의 현실을 구성한다.

그리고 사이버 현실은 무한복제를 이룬다. 다시 사이버 현실은 유기적 무기적으로 이동한다. 거기에는 카오스(무질서)이면서 그 안에서의 통로가 형성된다. 그리고 차츰 사이버 세계에 대한 경험이 숙지된다. 그러면서 사이버 세계에 대한 믿음이 생긴다.

그 믿음은 차츰 행동으로 전이한다. 이럴 때 현실세계와 유리된 행동이 나올 개연성이 크다. 사이버 세계는 자기가 선택하고 조정할 수 있으나 현실에서는 벽에 부딪친다.

사회적 가치는 지식만이 아닌 경험과 감성에서 나온다. 이익추구 사회에서 안정과 편의(convenience) 추구의 가치관 변화가 오고 있다. 어느 사이 소통은 새 세대에게는 하나의 발산 행위가 되어 있다. 그들은 숨 쉬고 물 마시듯 정보를 소모하고 있다.

여기서 문제점은 종일 들어오는 정보가 많기 때문에 그 많은 정보를 몸 안에 축적시킬 수 없게 된다. 눈뜨며 보는 TV나 모바일 정보로부터 거리에 다니며 보게 되는 수많은 간판이나 광고 등 아무것도 하지 않고 있어 우리는 정보의 홍수 속에 밀려다니고 있다. 이렇게 우리 몸에 닿은 정보는 어떤 형태로든 소화하지 않으면 안 된다. 소화하지 생체 순환에 이상이 생긴다. 그것은 ① 먹으며 떠들거나 ② 운동하거나 ③ 말하고 문자 보내고, 인터넷 접속 등으로 소모하지 않으면 생체 흐름에 변이가 생긴다.

만일 말할 상대가 없거나, 자신이 해결책을 찾지 못하거나, 행동으로 풀지 못할 때 우울증에 걸리거나 자살하는 사람들을 이해하면 될 것이다. 우울증의 전조가 이해된다면 수없이 정보를 발산하는 개인들의 행위를 이런 우울증과 소외의 방지행위로 볼 수 있는 것도 이해할 수 있을 것이다.

현대의 정보는 점점 더 가벼워지고 있다. 쉽고 감성적이라는 뜻이다. 정보는 가볍기 때문에 마치 숨 쉬는 만큼 가볍게 우리는 정보를 흡수하고 있다. 그러나 이를 소화하는 방식은 개인에 따라 다를 것이다.

이런 상황을 상정한다면 SNS는 현대 젊은이들에게 필수의 소화, 배설의 통로로 활용될 수 있다. 이와 달리 장년들은 외부 정보에 대하여 비교적 둔감하고 또 그런 정보에 접하더라도 미리 각인된 자기 틀에 의하여 쉽게 걸러낸다.

2) 정보의 무게

정보에 무게가 있다는 건 그 정보가 갖는 중요도와 연계된다. SNS에서 다루어지는 정보의 중요도를 단순한 통계로 밝히는 건 의미 없는 일일 수 있다. 그러나 매체에 대한 이미지나 신뢰도 등은 그 매체에서 다루는 중요 기사 하나가 아니라 전체적인 분위기로 파악되어질 것이다.

현재 SNS 가운데 크게 주목을 받는 것은 트위터와 페이스북이다. 먹함수의 트위터와 작은 세상 네트워크의 페이스북은 속성이 조금 다르다(최준호, pp.48~55).

　　　　　　　　✦ 미디어 생태계의 미래

트위터에서는 파워 트위터가 계속 따르는 이를 더 많이 갖게 된다. 기왕이면 한 번 링크하여 더 많은 정보소통의 가능성을 갖고 싶어 하기 때문일 것이다. 이를 멱함수 분포로 '척도 없는 네트워크(scale free network)'라고도 한다. 그러나 이에 비해 페이스북은 동아리 네트워크의 형태다. 새로운 링크가 추가될수록 나의 관계망의 크기는 커지지만 어차피 친구의 친구 관계는 그대로 남아 있게 된다.

또한 관계망에 대한 구분으로 트위터는 경쟁에 기반한 행동 메커니즘이지만 사회적 흐름에 따라 서로 영향력을 주고받는 피드백적 관계망 속에 있다. 그들은 같은 이슈에 관심이 있으므로 쉽게 동조가 일어날 가능성이 높다. 페이스북은 응집성으로 정기적인 상호작용으로 이루어지는 만남으로 이루어져 상호 간에 영향을 미치는 구조다.

정보량에서는 차이가 없으나 트위터는 관심사에 따라 오프라인과 온라인의 경계 없이 인맥이 형성되고 보편적인 정보가 교류된다. 페이스북에서는 협동을 동인으로 규범을 공유하는 응집적인 집단(cohesive group)을 기반으로 개인적인 생활정보의 가치가 높이 평가받게 될 것이고 트위터에서는 경쟁을 동인으로 구조적 동인성을 가진 개인들이 사회적 이슈나 전문정보를 추구하는 데 용이할 것이다.

개인적인 정보는 인간관계의 관심도에 따라 다르겠으나 사회적인 이슈에 대하여는 개인적인 판단보다는 많은 사람들이 동의하는가에 따른 구조적 동인성에 의존할 가능성이 높다는 게 우려의 대상이 되고 있다.

3) SNS의 정보 특성

SNS 정보는 속도감이 있고 무게 또한 가벼움을 특성으로 하는 경향이 있는데 여타 SNS의 정보적 특성에 대해 살펴보자.

(1) 개인 간 사용이 주류를 이룬다

미국의 조사이지만 18세 이상 2,277명을 조사한바 미국 성인의 66%가 페이스북, 트위터, 마이스페이스를 이용하고 있는데 그중 2/3가 현재의 친구(67%)나 가족

(64%)과 연락하기 위해 주로 사용하는 반면 절반인 50%는 옛 친구와 연락을 취하기 위하여 주로 사용하고 있었다.

그리고 성별, 연령별로 이용목적에 차이가 있었는데 첫째, 여성이 남성보다 인맥 관리를 중요하게 생각하고 있었다. 가족과 연락하기 위해 사용하는 여성은 72%로 55%인 남성보다 많았다. 현재 친구와의 연락을 유지하기 위해 사용하는 경우도 여성이 70%로 63%인 남성보다 많았다.

둘째, 젊은 사람보다 나이 든 사람이 새로운 인맥 형성을 중요하게 생각하고 있었다. 50세 미만의 젊은 층의 70% 이상이 현재 친구와 연락, 53%는 옛 친구와의 연락에 주로 사용하고 30~40대 16%와 50~60대 18%는 취미와 관심사를 공유하려는 목적이 상대적으로 높았다. 반면 30세 미만은 취미와 관심사를 공유하려는 목적이 10%에 불과했다.

셋째, 그리고 미국적이기는 하지만 남성의 17%가 연인 찾기에 나섰지만 여성은 9%에 그쳤다. 그러나 양쪽 84%가 연인찾기가 중요한 목적이 아니라고 말했다(Pew 리서치센터, 2011.4월 26일~5월 22일 조사. 2,277명 대상).

이를 정리하면 친구와의 교류가 제일 큰 목적이고 다음이 취미와 관심사를 공유하려는 새로운 관계 맺기에 이용되고 있다.

(2) 감성적 언어로 구성된다

개인 간의 이야기 나누기는 우리가 말하는 잡담 수준이 일반적으로 이는 논리적인 말글이 아니라 감성적인 글말인 셈이다. 비록 문자를 보내지만 그것은 글자 형태로 된 말인 셈이다.

(3) 사회 · 정치적인 분야의 이슈에서는 영향력이 크다

우리나라에서도 이러한 경향은 비슷한 것으로 나타나고 있으나 사회적인 문제는 정치적, 사회적 이슈를 둘러싸고 일어나는 화제와 파급 효과다.

◆ 미디어 생태계의 미래

특히 2012년 총선과 대선을 앞둔 2011년부터 이런 분위기가 사회에 퍼져 있었다. 그리고 이를 겨냥하여 제도권의 판사며 새로운 유형의 언론인 팟캐스트(podcast) 방송 종사자들이 직접 정치권에 뛰어드는 사실이 나타났다.

〈서기호 판사 사건 외〉

서기호 판사는 2012년 2월 대법원으로부터 '재임용 부적합' 심사 통보를 받았다. 서 판사는 2011년 12월 7일 자신의 '페이스북'에 이 대통령을 조롱하는 단어로 사용되는 '가카의 빅엿'이라는 글을 써 소속 법원장으로부터 "신중하라"는 구두경고를 받은 바 있었다. 이정렬 판사도 페이스북에 '가카새끼 짬뽕' 등 이명박 대통령을 비하하는 게시물을 올려 좌파 네티즌들에게서 '개념판사' 등의 찬사를 받았던 이정렬(43) 창원지법 판사가 영화 「부러진 화살」 개봉의 유탄(流彈)을 맞고 있다. 이정렬 판사는 대법원 징계위원회로부터 6개월 정직의 징계를 받았다. 창원지법은 석궁사건의 김명호 전 성균관대학교 교수의 복직소송 사건에 있었던 재판부 합의 내용을 공개했다며 대법원 징계위에 징계를 청구했다. '논란을 망지하고 공정한 판결을 내리기 위해 재판 판결내용은 공개하지 않는다'는 법원 「조직법」 제65조를 어겼다는 것이다. 이에 대해 '법원 내부에서조처 엉터리 판결을 했다'는 이메일을 받아 실정법을 어기는 줄 알면서도 합의 내용을 공개하게 되었다고 말했다.

서기호 판사는 통합진보당 개방형 비례대표에 거론되었으나 탈락하고 말았다.

유사한 사건으로 김용민 사건이 있다. 「나는 꼼수다」의 멤버 김용민 씨가 같은 멤버인 정봉주 전 의원을 대신하여 노원 갑에 출마하기로 했다. 지역구 세습은 민주통합당의 경우에도 마찬가지라고 비판을 듣기도 했다. 이를 보면 긍정적인 면에서는 대통령의 BBK사건나 나경원 의원의 중구청 인사개입이며 피부과숍 자료를 이슈화하여 얻어 낸 것이 정치적 입신으로 치환되는 행위는 기존 제도권 언론의 언론인들이 정치인으로 변신하면서 비난받는 전례와 다를 바 없다. 이것이 우리나라 정치의 현주소임을 보여 주고 있는 셈이다.

4) 정보의 유통과 가치

SNS의 정보는 개인에게는 긍정적인 면이 많다면 사회적으로는 역기능이 나타나고 있다. SNS는 여러 문제와 이에 대응해야 할 과제를 안고 있다.

우선은 미디어 속도와 양의 증가가 질을 담보할 수 있는가이다. 다음으로는 속도에서 오는 다량의 정보가 지식이라고 믿을 수 있는가이다. 더불어 집단 지성을 통하여 지식으로 4차원의 인간 세계와 사회를 풀 수 있는가이다.

오늘의 SNS는 on & off 네트워크에서의 종합적인 지식과 행동의 관계를 다시 생각하게 한다. 그리고 미디어를 둘러싼 개인과 사회관계의 재정립이 필요한데 우선은 기계와 인간의 조화가 필요하다고 하겠다. 인간이 만든 기기에 대한 신뢰와 자세를 바로잡는 일이 필요하다. 정신적 세계의 과제여서 한 가지 방책으로 결정지을 수 없다는 안타까움이 있다.

5. 미디어의 신뢰

1) 클릭 언어

트위터의 140자 단어는 제시-상황-전개1-전개2-결어-한마디 등 5~6문장으로 끝난다. 이는 논리적 글이 아니라 주장이 우세하다.

청년	장년
· 새로운 경험들 · 도전의 세계 · 세상은 개혁의 대상 · 시간 속을 지나다(있는 시간 그대로 경험) · 새로운 주장 · 클릭은 손으로(SNS는 손의 도구어)	· 경험들의 재구성 · 유지의 세계 · 세상은 순조롭게 돌아가야 · 시간의 겉을 훑다(새 경험이 없어 있는 시간이 빠르게 흐른다) · 자기의 주관을 굳히는 · 말로 떠드는(SNS를 하지 못함)

✚ 미디어 생태계의 미래

젊은이들에게 트위터는 정보가 단순하고 관계 맺기가 일대일이고 정보의 확산속도가 빠르고 주목도가 높고 팔로우 기능이 있어서 젊음의 특성과 잘 부합하는 점이 있다. 그러나 장년은 세상에 대한 자기 주관이 있어 더 이상 다른 논평을 남에게 전달할 의욕을 가지지 못한다. 친구와 친지와의 잡담 수준에서 끝난다.

SNS를 통해 인간관계의 변화가 생겨나고 있다. '아는 사이'와 '친한 사이'의 가름이 생긴다. 그리고 잡담, 즉 스몰 토크(small talk)가 증가한다. 패러소셜(parasocial)인 관계인 일방으로만 친한 인간관계가 나타나는 것도 한 현상이다.

페이스북에서는 친밀한 인간관계가 유지된다면 'Twitter'에서는 감성놀이가 이루어지는 차이가 있다. SK컴즈의 싸이월드(cyworld)의 경우 86%가 오프라인에서 아는 사람들이라는 것이다.

페이스북 또한 오프라인의 연장이고 새로운 관계망의 사람은 '아는 사람의 아는 사람'의 수준에 머물러 있는 것이 일반적이다. 단순히 SNS의 연결로 인간관계가 새롭게 형성되는 것은 일반인으로는 어려운 과정으로 남아 있다.

이에 따라 언론에 오르내리는 리더들은 연예인이나 스포츠맨 혹은 기업인, 정치인들로 대개 사람들의 관심은 물론 자신이 속한 집단의 호의나 이익을 바라는 사람들인 것이다.

2) 속도와 진실

트위털로지의 차원에서 트위터로 나타난 정보를 분석해 본 일반적인 성향은 다음과 같다.

첫째, 단편성이다. 한 가지 주제에 대한 의견이다.

둘째, 토막성이다. 전체의 부분이다. 그러므로 전체로 접근하는 데 시간과 상당한 정보가 필요해진다.

셋째, 클릭으로 대변되는 리트윗의 현상이 일어난다. 숙고 없이 남과 동조할 수 있고 동조자를 부를 수 있다.

넷째, 독립성이다. 정보의 독립과 사실로부터의 독립, 즉 사실과의 괴리일 수 있다.

다섯째, 정보보다 단위정보로 단어일 뿐 문장이 되지 못한다.

미디어가 놀이가 되고 있다. 보면서, 수다 떨며, 노는, 즉 미디어를 소비하는 경험을 공유하고 있다. 정보와 오락이 혼재되고 수다를 통해 가십이 전달되고 새로운 가십이 생성되기도 한다. 이는 루머의 일반 법칙과도 다를 바 없다.

"악은 언제나 무지에서 나온다. 가장 구제불능한 악덕은 모든 것을 안다고 상상하고 그럼으로써 스스로에게 사람을 죽일 권리를 인정하는 따위의 무지함이다." 알베르 카뮈(1913~1960)가 장편소설『페스트』(1947)에서 한 이야기다.

2011년 8월 노르웨이 아네르스 베링 브레이비크의 유원지에서의 집단 살해사건은 개인의 독단적인 독선이 낳은 비극이다.

3) SNS의 활용

SNS는 그 정보의 다양성으로 개인 차원을 벗어나면 집단이라는 특성에 따라 마케팅이나 정치에서 활발히 활용하고 있다.

(1) SNS와 마케팅

SNS가 마케팅 수단으로 활용도가 높아짐에 따라 기업에게는 SNS가 양날의 검이 되고 있다. 기업을 알리는 효과적인 수단이 되고 있기도 하지만 뜻밖의 부작용도 만만치 않다. 아시아나 항공(@flyasiana)이 12만 8474, KT(@ollh)가 9만 7615, 삼성전자가 7만 9천, 대한항공이 6만 6천, SK텔레콤이 6만 8천 등이다(중앙일보, 2011.3.3.).

제품에 불만이 있는 소비자나 집단이 집단소송을 걸겠다는 식의 위협을 하는 경우다. 또한 정치적 이슈나 대기업 골목 상권에 대한 입장을 밝히라는 등 직간접의 압박을 가하는 수단이 되고 있기 때문이기도 하다. 질문이 곤혹스럽다고 일부러 지우기

    ✦ 미디어 생태계의 미래

라도 했다가는 더 큰 곤경에 처할 수 있기도 하다.

여기서 마케팅에서도 SNS의 순기능을 늘려야 할 것이다. 재능기부와 같은 기업의 사회공헌의 기회와 아이디어를 모은다든가 하는 경우다. SK텔레컴의 경우는 '트윗자키(TJ)'를 통해 라디오 프로그램의 디스크자키(DJ)처럼 유명인이 직접 트위터상에서 다른 사용자들과 이야기를 나누는 것이다. 전 야구선수 양준혁이 트윗자키로 활동 중이다.

이용자들에게 재미와 공감을 주면서 순기능을 극대화시키고 역기능을 줄이는 방안들이 계속 모색되고 있다. 마케팅에서 정치적인 방향은 다루지 않고 소비자의 이익을 늘리는 방안이 그 바른 방향일 것이다.

(2) SNS와 정치

정치에 SNS를 이용하는 것은 세계적인 현상이다.

권위주의 정부인 중국의 예이지만 중국 정부는 대규모 친정부 블로거 군단과 중국판 트위터를 활용해 민족주의, 애국주의를 퍼뜨린다.

우고 차베스 베네수엘라 대통령은 서방의 정치 평론가들에게 "안녕하세요, 사실은 나는 독재에 반대합니다"라는 트위터 메시지를 보낸다.

공영매체가 신뢰를 잃은 체제하에 사는 사람들은 SNS를 통해 확산되는 친정부 프로파간다를 상대적으로 더 신뢰한다.

이런 면에서 실적으로 웹사이트의 고객정보 수집은 검열을 주문제작하는 짓(customization of censorship)이라고 비난한다.

이렇게 보면 '사이버 유토피아'가 아닌 '사이버 현실주의'를 인식하여야 할 것이다. '인터넷은 중립적이다', '인터넷은 민주주의를 확산시킬 것이다'라는 찬사를 할 때 '그 기술이 사회정치적으로 확산되는 맥락'을 동시에 살펴보아야 할 것이다.

SNS가 정치는 물론 정치인을 자극하고 있다. 신문에서는 정치인들 중 누가 SNS를 잘 하는가 점수를 매기고 있다.

박재완 재정부장관은 페이스북 친구가 4,985명으로 1위이고 홍석우 지경부장관은 친구 556명, 권도엽 국토부장관은 트위터 팔로우가 3,533명, 서규용 농림부장관은 팔로어가 360명이다. 일반적으로 페이스북파는 재미있는 극로 교감을 하고 트위터파는 정책홍보를 많이 하고 있는 셈이다(중앙일보, 2012.3.8).

서 장관은 강원도 화천에 살고 있는 작가 이외수를 만나 뒤 트위터에 "이외수 님이 그리는 농어촌상은 우리 부가 추진하는 특색 있는 마을 조성과 일맥상통합니다. 의기투합했습니다"라고 올렸다. 서 장관은 파워 트위터리안 이외수를 만나기 위해 그의 집 앞에서 한참을 기다렸다고 한다. '아침형 인간'이 아닌 이외수의 아침잠을 방해하지 않기 위해서였다는 것이다.

신문이나 방송에서 한구석에라도 자주 비치는 것이 정치인의 사명이다 보니 어떤 형태로든 영향력을 미치는 SNS도 정치의 한가운데에 놓이게 된 것이다.

우리나라에서 SNS가 정치에서 위력을 발휘하기 시작한 것은 몇 차례의 선거를 중심으로 한 콘텐츠의 변화를 통해서다. 2010년 6·2 지방선거에서는 비교적 단순한 방식의 인증샷이 대세였다. 일종의 투표 독려였다. 하지만 2011년 4·27 재보선 선거에서는 인증샷과 더불어 유튜브의 활약이 두드러졌다. 8·24 무상급식 주민투표에서는「나는 꼼수다」라는 팟캐스트(1인 방송국)가 큰 역할을 했다. 10·26 서울시장 보궐선거에서도 SNS는 힘을 발휘했다(중앙일보 미래탐사팀 p.263).

여야가 총선 공천에 대하여 공정한 공천이라고 자화자찬하고 있지만 데이터 분석 전문회사 SAS 코리아·토털미디어그램과 함께 2월 26일부터 3월 9일까지 트위터에 올라온 새누리당 공천(7만 6천 건)과 민주당 공천(14만 9천 건)의 관련 글을 분석해 본 결과 민주당 공천에 긍정적인 글은 13%(9,696건), 부정적인 글은 87%(6만 4,848건)이었다. 새누리당 공천에 긍정적인 글은 26.5%(6,966건), 부정적인 글은 73.5%(1만 9,293건)였다.

2월 26일 광주에서 민주당 모바일 선거단 모집책이 투신자살한 사건이 일어나자 트위터 여론이 민주당에 비판적으로 돌아서기도 했다.

　　　　　　　＋ 미디어 생태계의 미래

선거에 비용이 들지 않는 제도로 새로운 트위터 선거를 받아들였으나 아직 트위터 문화에 대한 문화가 정착되지 않은 상태에서 너무 시류에 휩쓸린 선택이 아니었나 하는 의문도 있다. 유권자에게 전화나 문자가 오면 어떻게 해달라고 사전에 부탁하거나 나이 든 사람의 경우는 다른 사람이나 가족 중 젊은 사람이 대리로 처리한다든가 여러 가지 부작용의 사례도 들려온다. 새 시대 새 미디어를 이용해야 앞서간다는 강박관념이 정치계에 배어 있는 것이 아닌가 여겨진다. 바른 정치가 필요한 것이지 새로운 정치제도를 검증 없이 받아들이는 것이 급한 일은 아닐 것이다.

2012 총선거를 앞두고 '고대녀'로 알려진 김지윤 씨가 제주 강정마을 해군기지를 자신의 트위터에 3월 4일 '해적기지'라고 표현했다.

유시민 통합진보당 공동대표는 "정당 활동을 하는 사람이 합리적이고 적절한 이야기는 아니라고 하면서도 그런 시각이 있음을 인정해야 한다"고 말했다.

이제는 자기 의견을 아무 때나 트위터에 올릴 수 있게 됨에 따라 개인미디어 시대에 SNS에서의 표현수단이 보다 자극적이 되어 감을 보여 준다.

괴담 차원에서 보면 2011년 FTA를 비롯한 사회적 작은 사건이 트위터를 달구었다.

- 'FTA를 체결한 볼리비아는 미국과 FTA를 체결해 수돗물 값이 4배로 올라 빈민들이 빗물을 받아 마셨다.' 볼리비아는 비국과 FTA를 체결하지도 않았다 그러나 이 글은 트위터리안과 네티즌을 통해 삽시간에 퍼졌다.
- 인천지법의 최은배 부장판사는 한·미 FTA와 관련해 대통령을 비난하는 글을 올렸다.
- 공지영 씨는 손학규 미주당 대표를 '한나라당에서 파견되신 분… 맞죠?'라고 공격했다.
- 2월에 발생한 채선당 사건은 CCTV를 확인하여 "종업원이 임신부의 배를 찬 사실이 없다"는 결론이 나면서 사건의 진위가 반전되었으나 이후 양측의 감정의 앙금은 가시지 않고 있다. 그러나 그런 일을 경찰에 신고하지 않고 왜 인터넷에 올렸는가 하는 점이다. 결과는 결국 경찰이 조사하게 되었는데….

• 2월 서울의 한 대형서점 안의 식당에서 초등학교 2학년 남자 어린이가 물을 가지러 갔다가 뜨거운 국물을 받아 오던 여인과 부딪쳐 얼굴에 국물을 뒤집어 쓴 사건도 결국 어린이가 부딪친 것으로 CCTV에서 드러났다.

이러한 일방적 화풀이 글에 대하여는 그에 상응하는 벌이 따라야 한다는 게 이런 사건 뒤에 나타난 여론이 되고 있다.

지난 4·11총선거에서 SNS민심과 유권자표의 관계에서 30곳 중 11곳만 일치했다. 트위터가 힘을 쓰지 못한 이유로는

첫째, 트위터리안은 그들만의 리그에서 바깥 여론과 괴리되었고

둘째, 자극적 소재에서 치중하여 흥미 위주의 여론화를 꾀하고

셋째, 이슈의 지속성이 떨어져 여론 숙성에 한계가 있고

넷째, 수도권이나 대도시 중심적이고 지방에는 아직 힘이 미치지 못하고

다섯째, 2000년대 인터넷 시대에 비하면 아직 몸집이 작은 편이다. (중앙 SUNDAY, 2012. 4.15~16)

일반적으로 SNS는 빠른 속도로 이슈를 전하기는 하지만 이슈를 만드는 능력은 아직 기존 미디어에 비해 뒤져 있는 셈이다.

막말로 비난받은 김용민이 낙선했다. 그가 마지막 순간 사퇴를 했으면 민주당에 대한 호응이 훨씬 높아졌으리라는 평이 있다. 자기끼리만 소통해 판세를 착각한 한 예라 하겠다.

다만 많이 모이면 힘이 된다. 힘은 사회를 움직인다. 앞으로도 결코 SNS의 힘을 가볍게 여길 수 없는 이유는 충분하다. 사회의 한 현상으로 이에 대한 합리적인 활용을 개발해 나가야 한다.

(3) 미디어 신뢰에 대한 논의와 대안

트위터에 나타난 이념 성향을 보면 트위터상에서는 47.7%가 민주당이나 민노당을 지지했다. 한나라당 지지는 2%에 불과했다. 그러나 온라인 국내 10만 명 조사에

     ✦ 미디어 생태계의 미래

서 정당 지지도는 민주+민노당이 23.45%인 반면 한나라당은 26.7%였다(한규섭, 2011.11.29).

트위터가 정치적으로 이용되는 분야에서는 좌편향이 되어 있음을 보여 주고 있다. 어떤 면에서는 사회적 저항 혹은 울분 토로의 수단이 되어 있음을 보여 주고 있다.

정치적인 루머에는 정치적 의도가 숨어 있고 루머에는 루머꾼이 있다. 그들은 루머를 생산하는 사람들이다.

'삐뚤어진 생각을 가지면 루머를 신뢰하고 그에 따라 루머가 확산된다. 그 뒤에는 다른 사람과의 고립을 피하기 위해 틀려도 루머를 믿고 사이버 상의 요새화를 이룬다(김영석, 2011.11.28).'

〈트위터의 힘〉

트위터는 세계적으로 정치적인 이슈에서는 큰 힘을 발휘한다. 그러나 트위터의 힘은 아직 그 나라 전체적인 정치 · 문화 구조 아래 놓여 있다.

2009년 이란 대선 부정선거로 시위가 발생했다. 이를 두고 세계에서 여러 가지 평이 나왔다.

> "트위터 없이는 일어날 수 없는 일." (월스트리트 저널)
> "깡패는 총알을, 시위대는 트윗을." (뉴욕타임스)
> "새로운 정보통신 기술 덕에 이란 청년들이 국가권력에 기존 정치의 힘의 간섭에서 벗어나 자유롭게 자신들의 생각을 말할 수 있게 됐다." (미 국무부)

그러나 현실적인 힘은 만만치 않았다. 이란 정부는 시위 참가자들을 가려내는 데 웹에서 찾아낸 사진과 동영상을 이용했다. 그리고 이란 정부는 반대파를 쓸어내고 살아남았다.

SNS는 혁명을 유도하지만 완성시키는 건 다음 차원으로 국가별 사회시스템과 관계가 있다.

'인터넷 등의 뉴미디어 기술은 친민주주의적인가?'라는 질문에 대해 낙관론자들은 '사이버 유토피아적' 시각을 가지고 있어서 서방의 정책 결정자들은 '자발적인 지적 장애'에 걸리고 민주주의 확산이 더 어려워진다고 하는 반론도 있다.

중국에서는 전인대(全人大)를 앞두고 저장성 대표인 차이치(蔡奇)는 중국판 트위터인 웨이보를 통하여 무려 1만 5천여 건의 정책제안을 받아 이를 부문별로 분리해 50개를 골라 이날 서민주택으로 '보장형 주택'이 필요하고 이는 관련법 개정 없이는 불가능하다고 설파했다. 이는 중국식 웨이보 민주주의의 한 실례이다. 중국판 트위터 웨이보는 사용인구가 2억 5천만에 네티즌 이용비율이 48.7%라고 한다(중앙일보, 2101.3.12). 정부에서 부정적인 정보는 통제하면서 긍정적인 면에서는 독려하는 중국의 이중적인 한 모습이지만 그 논의는 별개로 하더라도 중국에서 SNS를 긍정적인 정치에 활용한 정책개발의 한 예라 할 수 있다.

정치와 관련한 SNS에서의 활용에서는 SNS에도 이러한 범위 안에서 민형사상 책임을 지도록 하는 제도적 보완이 필요하다는 의견인 나오고 있다. 특히 안보나 권익 침해, 경제 무질서 등을 허위로 이야기할 때는 그에 맞는 제재가 필요하다는 것이다.

이에 반대하는 의견도 있으나 무질서를 방치한다는 것은 SNS 자체 발전에도 결코 득이 되지 않으리라는 충고는 받아들일 이야기다.

침묵하는 다수가 제 목소리를 낼 통로를 찾아야 한다고 말한다. SNS의 제자리 잡기 흐름이 빠른 시일 안에 SNS문화로 정착되어가야 할 것이다.

6. 나오며

1) 현상

휴대전화가 스마트화해지면서 컴퓨터와 스마트폰이 결합되었다. 이에 따라 트위터며 페이스북 같은 SNS는 더욱 활성화된 환경이 조성되었다.

　　　　　　　✦ 미디어 생태계의 미래

2012년 선거부터는 SNS를 이용한 선거운동이 가능해졌다. SNS가 정치 영역에서 새로운 미디어로 자리를 잡은 것이다. 또한 인터넷에서의 실명 확인제도 없어질 것이라고 방통위는 말하고 있다.

새로운 미디어 환경이 새로운 제도를 만들어 가고 있다. 첫째는 비용이 안 드는 선거가 될 수 있다는 것이다. 그보다는 사회의 변화며 이 변화를 가로막을 어떤 명분이 없다는 것이 더 큰 이유라 할 것이다. 억제해 보아도 SNS는 성행할 것이고 부작용이 더 크게 나타날 수 있기 때문이다. SNS의 선거이용을 막는다면 오히려 수많은 범법자를 만들어 낼 소지가 있는 것이다.

미국에서 2010년 당시 트위터에 올라온 메시지를 분석한 바를 보면 다음과 같다.

· 보수, 진보 각각 자신과 성향이 비슷한 의견만을 퍼다 나른다.
· 특정 의견이 전체를 대표한다고 믿었다(필리포 멘저, 2011.11.1).

아직 트위터에 대한 신뢰에 미약한 점이 있는 상황이다.

광고용 앱에 페이스북 공유 기능을 넣으면 광고메시지가 400% 빠르게 확산(사이언 애럴, 2011.11.1)된다는 조사도 있지만 기업이나 자신의 홍보를 필요로 하는 연예인, 작가, 정치인들은 새로운 미디어를 활용할 것이다.

미국에 새로운 학문이 생겼다. 트위터 메시지를 분석하는 학문으로 트위터로지(twitterology)라고 부른다(사이언스, 2011.9). 트위터 메시지 약 5억 개에 쓰인 단어들을 통해 분석한 예도 있다.

새 미디어가 새로운 기능을 창출하여 새로운 시대환경에 기여할 수 있어야 할 것이다. 문화인류학자는 이제 트위터를 뒤지며 인간 행동의 패턴을 분석하고 있다.

다른 한편에서는 더 느리게, 더 조용한 곳으로 자신을 찾아 떠나는 슬로 운동이 확산되고 있다.

소셜미디어의 기능으로는 광범위한 의견에 대해 자유롭게 토론에 참여할 수 기회를 갖고 자기 의견을 발표할 수 있다는 것, 그리고 집단 지성으로 나아가 전문가의 참여로 합리적인 판단을 할 수 있다는 점이 있다.

그러나 다른 한편으로는 집단 지성이 과연 옳은 정보냐 하는 의문도 남는다. 과학이라 하더라도 진위를 밝히 수 없는 과제를 집단의 의견으로 지성화하는 순간, 이는 과학이 아닌 사회적 문제로 변해 버리고 말게 될 것이다. 그리고 집단 속에서 자기의 주장은 리더의 주장에 묻혀 정보유통에서 불평등 관계에 빠지게 될 위험이 높은 것이다. 어느 사이 순응에 응하고 있는 자기를 발견하게 될 것이다. 그리도 또한 사회적 약자나 빈곤 층 등은 이용할 기회가 없어 더욱 약자로 남게 될 것이다. 그리하여 점차 사회적 기능은 줄어들고 개인의 스몰 토크의 수단으로 남게 되는 공공 정보제공(informer)이 아닌 개인정보 교환(Meformer)의 수준에 머무르게 될 것이다.

인터넷 시대에 젊은 층에게 좌냐 우냐는 중요하지 않다. 그들은 수평적 민주화를 원한다(2012. 5 제러미 러프킨, 서울 인터뷰 중).

한국에 사는 외국인이 증언하는 바로는 한국은 SNS 강국이라는데 세대 간 소통은 약하다는 것이다. 수평(친구, 동료 간)으로는 뻗어 있으나 위아래 세대 간에는 소통이 막혀 있다는 것이다. 우리에게 과제를 제시하고 있다.

2) 과제와 대안

종래의 미디어에서 활용하던 방법을 그대로 가지고 온다면 새로운 미디어는 또다시 'one of them'의 미디어가 될 것이다.

SNS가 정치적 대안 매체로, 사회 부조리 발견의 자유시장이 될 수 있도록 제도적으로 그리고 사회문화적으로 발전해 나갈 수 있게 되어야 한다. 법적인 문제와 사회 윤리 운동이 같이 필요한 것이다.

소셜미디어에 대한 역기능을 막기 위한 과제로 법적 고려사항들이 있다.

첫째는 명예훼손에 대한 위험성이다. 둘째는 프라이버시 침해에 대한 위험성이다. 셋째는 보안 위협에 대한 위험성이다. 수많은 금융사기 사건은 개인의 신상정보 노출로부터 시작하여 보이스피싱으로 이어진다. 넷째는 저작권 침해의 위험성에 노출되고 있다는 것이다. 다섯째는 사이버 스토킹의 위험성이 있다는 것이다(설진아, pp.240~250).

현재 국내 포털은 모든 정보를 스스로 제공하고 이용자들을 자기 영역 안에 잡아 두고 있으려 한다. 이렇게 어느 순간 다른 사이트로 가는 길이 막혀 버린 상황에서 '줌'은 다시 길을 터주려 한다. 한 예로 대형포털이 주식시장정보를 자체 제공할 때 줌은 '팍스넷'으로 연결해 보다 전무적인 지식을 줌과 동시에 중소 사이트와의 상생 공존을 모색한다는 것이다.

인터넷 시대에 인터넷 댓글이 사회적으로 문제시된 시기가 있었다. 지금 SNS에 대하여 그러한 혼란을 겪고 있다. 정보사회에서 겪고 이겨내야 할 과제들이다.

SNS를 바라보는 시각은 우리 생활에 깊숙하게 들어와 있는 이러한 SNS를 바르게 활용할 방안을 찾고 사회적인 윤리의식을 높일 방안을 함께 모색하는 일과 실천운동 으로 나아가는 길이 있을 뿐이다.

인터넷에서 악플이 번질 때 '선플' 시민운동이 일어났다. 대형 포털들이 유행성 제목을 달아 사람들을 모으는 데 애쓸 때 "낚시성 제목을 안 달겠다"고 시사적 선플 0 운동을 표방하고 나선 포털이 나타났다. 2011년 9월부터 시범 서비스를 시작한 '줌 (zoom.com)'이 차츰 인기를 얻고 있다. 6개월이 지난 금년 3월에는 주간 순간 방문자 수 180만 명에 이르러 국내 사이트 70위권까지 올라왔다.

우리가 활용하는 SNS의 긍정적인 발전은 우리 문화 범위 안에서 시민운동으로 이루어 내야한다. 바로 그 운동에 SNS를 활용할 수 있어야 할 것이다. 지금까지 사회가 우리를 감시하는 파놉티콘의 이제는 권력자와 대중이 서로를 감시하는 메커니즘으로의 시놉티콘(Synopticon) 시대를 SNS를 통해 열어갈 문화를 이루어 가야 할 것이다.

참고문헌

강명현 외(2006),『모바일 미디어』, 커뮤니케이션북스.

김대호 · 이성우 · 최준호 · 김은미 · 김성철 · 심용운 · 안재현 · 김도연 · 김영주 ·
　　최선규(2011),『미디어

생태계』, 커뮤니케이션북스.

김은미 · 이동후 · 임영호 · 정일권(2011),『SNS혁명과의 신화와 실제』, 나남.

김중태(2009),『모바일 혁명이 만드는 비즈니스 미래지도』, 한스미디어.

대화문화 아카데미(2010),『소통문화의 지형과 지향』, 대화출판사.

박영숙 · 제롬 글렌 · 테드 고든 · 엘리자베스 플로레스큐, 유엔미래보고서 2025, 교
　　보문고, 2011.

설진아(2011),『소셜미디어와 사회변동』, 커뮤케이션북스.

이상헌(2011),『생태주의』, 책세상.

중앙일보 중앙SUNDAY 미래탐사팀(2012),『10년 후 세상』, 청림출판.

최준호,『소셜 네트워크서비스와 생태계 변화』, pp.48~55.

김영석,「한국언론재단 주최 'SNS를 통한 루머 확산, 무엇이 문제인가?」 토론,
　　2011.11.28.

과학저널『사이언스』, 2011.9.

사이넌 애럴 뉴욕대학교 교수,『조선일보』, 2011.11.1.

「2011년 파워 조직 영향력 · 신뢰도 조사』, 전국 성인남녀 1,800명, 중앙일보와 동아
　　시아연구원 조사, 2011.11.

퓨 리서치 센터(Pew Research Center) 조사, 2011.1.

필리포 멘저 인디애나대학교 컴퓨터 과학과 교수,『조선일보』, 2011.11.1.

한국인터넷 진흥원 2010조사, 2011.5 발표.

한규섭 서울대학교 교수 조사,『중앙일보』, 2011.11.29.

현택수 칼럼,『조선일보』, 2011.11.16. 참고.

Castells, M, Communication Power, Oxford University Press, 2011.

Jenkins Henry, Convregence Culture : where Old Media Collide, Revised ED, NYU Press, 2006.

www.skype.com

www.twittown.com

www.value-networks.com

미디어 포화시대의 생태계 전망

최성진 | 서울과학기술대학교 IT정책전문대학원 교수

1. 들어가며

21세기 지식정보화사회에서 중추적인 역할을 담당하는 방송과 통신 분야에 동일한 디지털신호처리기술과 광대역 네트워크 기술이 적용되면서 방송이 통신 분야로 진입하고, 통신이 방송 분야로 진입하는 방송통신융합시대가 도래하였다. 이러한 방송통신융합은 네트워크의 융합으로 출발하여 매체 간 융합을 통해 관련 산업구조에 영향을 미치며, 나아가서는 수용자 요구에 맞추기 위한 다양한 서비스의 총체적인 통합을 이룰 것으로 예상된다.

이러한 현상으로 미래의 미디어시대는 하나의 정보원으로부터 불특정 다수에게 정보를 전달하는 방송과 일대일로 정보를 전달하는 통신이 융합된 종합적인 디지털 광대역 커뮤니케이션 서비스로 확대 전환될 것이며, 각각의 서비스들이 독립적인 산업으로서가 아니라 구조 및 수용자 측면에서 대체재 및 보완제로서의 역할이 구별되는 경쟁매체로서 한층 복잡한 양상을 나타낼 것으로 예상된다.

이를 뒷받침하듯 최근 서비스 측면에서 디지털기술의 발달에 힘입어 방송 네트워크의 광대역성과 통신네트워크의 양방향성이 결합된 방송통신융합 서비스인 IPTV, 스마트TV, 티빙, 에브리온, 모바일 웹서비스 등과 같은 융합서비스들이 등장하여 제공되고 있으며, 이러한 서비스들은 N-스크린 서비스 단말인 텔레비전, PC, 이동수신기 등을 통해 접할 수 있다.

이러한 모든 서비스들은 유무선 네트워크로 연결될 수 있게 됨으로써 사람 또는 기기들이 언제 어디서나 네트워크에 실시간으로 연결되어 다양한 서비스를 실현하는 유비쿼터스[137] 사회로 진화할 것이다.

이러한 유비쿼터스 환경은 언제, 어디서, 어떠한 형태의 정보도 수신 · 발신할 수 있으며, 커뮤니케이션 행위를 할 수 있고, 동시에 어떠한 단말기와 장비를 가지고 있어도 연결이 가능한 '5-Any(Anytime, Anywhere, Anynetwork · Anydevice, Anyone, Anything)'의 공간이다. 이러한 환경을 기반으로 '5C Every', 즉 컴퓨팅(Computing Every), 커뮤니케이션(Communication Every), 접속(Connectivity Every), 콘텐츠(Contents Every), 쾌적함(Calm Every)을 모두 실현시킬 것이다.

이러한 유비쿼터스 사회는 "전산화→정보화→지식화→유비쿼터스화"라는 4단계 패러다임에 따라 진화할 것이며, 커뮤니케이션 형태와 대상을 중심으로 3단계로 나누어 발전할 것이다. 제1단계는 유비쿼터스 네트워크 단계(사람 대 사람 통신)로서 N-스크린 서비스와 같이 언제 어디서나 유 · 무선 광대역 네트워크로 연결된 이동단말기, DTV 등을 통해 모든 사람이 서비스를 제공받는 단계로서 이미 도래하였고, 제

----

137 유비쿼터스(ubiquitous)란, 라틴어 '유비(ubi: where)' 또는 '유비크(ubique: everywhere)'에서 유래한 용어로 '언제 어디서나 동시에 존재한다'라는 뜻으로 물이나 공기처럼 도처에 편재(遍在)한 자연 상태를 의미한다. 이러한 유비쿼터스 개념은 1988년 제록스 팰러앨토연구소의 마크 와이저(markweiser)가 처음 제시한 유비쿼터스 컴퓨팅이 그 효시이다. 즉, 유비쿼터스 컴퓨팅의 목표는 모든 인공물에 컴퓨터 기능을 심고, 이들이 유무선 네트워크로 연결될 수 있게 함으로써 사람 또는 기기들이 언제 어디서나 네트워크에 실시간으로 연결되어 다양한 서비스를 실현하는 것이다. 이 용어가 정보화 사회의 차세대 키워드가 되면서 현재 유비쿼터스 컴퓨팅, 유비쿼터스 네트워크라는 용어가 사용되기 시작하였다. 즉, 유비쿼터스 컴퓨팅, 유비쿼터스 네트워크란 물이나 공기처럼 우리 주변 환경에 내재돼 모든 사물 및 사람이 보이지 않는 네트워크로 연결된 새로운 공간이다.

2단계는 유비쿼터스 센서 단계(사람 대 사물 통신)로서 사람뿐만 아니라 모든 건축물과 사물들에게 센서를 부착하여 사물 인식능력을 갖는 단계이다. 제3단계는 유비쿼터스 컴퓨팅 단계(사물 대 사물 통신)로서 모든 사물에 부착된 센서 간에 상황인식(context awareness)에 의한 자율서비스가 제공되는 지능화 단계로 완전한 의미의 유비쿼터스 상황이 실현되는 것을 의미한다.

결국 방송통신융합 현상에 의해 현재와 같이 다양한 미디어와 서비스들이 등장하고, 이들이 서로 경쟁관계 및 보완 관계를 유지하면서 사회적 수요에 의해 서비스들이 정리되면서 유비쿼터스 환경 속으로 진화하게 될 것이다.

2. 유비쿼터스에 따른 미디어 산업구조 변화

미디어 생태계의 핵심이 될 유비쿼터스는 현대 미디어 기술발전의 결정체가 될 것으로 전망되고 있다. 유비쿼터스 환경에서는 미디어가 융합되고 네트워크가 결합되며, 이를 통해 사람과 집단이 통합되는 환경이 조성될 수 있다. 따라서 유비쿼터스는 미디어의 융합현상과 불가분의 관계를 맺게 되고, 결과적으로 현재 진행 중인 방송통신융합의 문제와도 무관할 수 없다.

이런 관점에서 본다면, 유비쿼터스 단계에서는 미디어에 대한 개념 자체가 변화되어야 할지도 모른다. 연결과 중개를 의미하는 미디어의 본래적 의미에서 원격통제와 환경관리 등의 개념이 추가되어야 할 것이다. 미디어는 단순한 전달수단이 아니라 우리가 주변공간을 조직화하고 관리하며, 사람들과 관계를 맺고 활동하는 데에 필수적인 도구로 진화하고 있기 때문이다.

이러한 측면에서 미디어 진화의 과정을 살펴보면, 제3세대 뉴미디어의 최대 특징은 올드미디어에 컴퓨터와 네트워킹 그리고 전자상거래 기능이 추가적으로 통합되어 가는 것이라고 할 수 있다.

특징 \ 세대	제1세대: 중계미디어 (~1939)	제2세대: 멀티미디어 (1939~1994)	제3세대: 뉴미디어 (1994~)	차세대: 지성미디어 (2005?~)
주요 미디어 기술	인쇄, 전파, 전화통신, 카메라 기술	컬러TV, 초기 위성방송, PC통신, 케이블TV(CNN, TBS 등) 등	디지털 압축과 복원 기술, 휴대 통신 기술, 동영상 기술	나노 테크놀로지 (지능을 가진 컴퓨터), 인터넷
주요 미디어 서비스	정보, 영상, 소리 등의 중계 (Intermediary)	비디오, 오디오, 텍스트가 결합된 멀티미디어 서비스	통합 미디어 서비스 (convergence service)	인텔리전트 미디어 서비스

출처: 심상민, 『미디어는 콘텐츠다』.

📁 **표 1_** 미디어 진화의 발전 경로와 시기 구분

올드미디어의 진화도 이러한 변화 과정과 불가분의 관계를 맺는다. 값싸고 대중적인 미디어인 TV의 경우, 개인을 위한 맞춤 TV인 '마이채널(My TV)' 개념의 확산으로 계층화가 나타나기 시작했고, 미디어 수용자의 저변도 달라지고 있다. 고급 콘텐츠를 제공하는 서비스가 정착되어 시장의 계층화와 그룹화가 급속히 진행되고 있는 것이다.

1) 컨버전스에서 유비쿼터스로의 변화

미래의 가전은 단독제품의 시대를 지나 TV · 통신 · 컴퓨터가 복합적으로 합쳐진 융합 또는 통합의 시대로 진행되고 있다. 현재 우리는 복합기(복사+팩스+스캐너), 노트북(내장형MP3플레이어+무선랜), 셋톱박스(내장형 하드디스크), 카내비게이션(교통정보+DMB), 인터넷정보가전(인터넷TV · 냉장고 · 세탁기 · 전자레인지 · 보안 시스템), 휴대전화(MP3플레이어+디지털카메라+캠카메라+휴대인터넷), 스마트폰(PDA+휴대전화+동영상), PMP(DMB+게임기+라디오), IPTV(방송+VOIP+초고속인터넷) 등 컨버전스 제품이 넘쳐나는 사회에 살고 있다.

아날로그 미디어가 분리형 미디어였다면, 디지털 미디어는 통합형 미디어로 방송,

통신, 컴퓨터, 가전 등에서 고유기능들이 융합함으로써 새로운 형태의 제품과 서비스가 등장하고 있다. 특히 통신기술(정보전송기술)과 컴퓨터기술(정보처리기술)이 결합하여 발전한 정보통신기술(ICT)은 전통산업의 디지털화를 견인하고 있으며, 이는 미디어산업, 통신산업 및 제조산업 등에 새로운 비즈니스 기회를 제공하고 있다.

커뮤니케이션 분야에서 융합은 서로 다른 미디어시스템이나 조직이 서로 결합하고 교차하는 것을 의미하며, 미디어 융합화란, 다른 종류의 네트워크 플랫폼이 기본적으로 같은 종류의 서비스를 전송할 수 있는 가능성을 의미하거나 전화, TV, PC 등의 소비형 기기의 통합화를 말한다. 디지털 미디어 융합은 디지털기술을 매개로 컴퓨터, 가전, 통신, 멀티미디어 등 여러 디지털 기기와 기반기술, 콘텐츠가 서로 유기적으로 합쳐지게 되는 현상이다. 이처럼 디지털 미디어 환경에서 콘텐츠의 융합, 네트워크의 통합, 플랫폼의 융합, 단말기의 복합은 기업, 산업, 법제도까지 확산시켜 사회적 융합을 유도하고 있다.

유비쿼터스 사회는 디지털 컨버전스의 완성으로 이루어지는 지능사회이다. 오늘날 융합은 크게 기술, 고객, 정부(규제), 기업이라는 동인에 의해 가속화되고 있다. 융합과 유비쿼터스 환경의 관계는 크게 기술동인과 고객동인을 중심으로 통합과 확장을 가속화하는 방향으로 전개되고 있으며, 이 가운데서 규제와 기업 동인이 유비쿼터스 환경의 진행속도를 결정할 것으로 보인다.

2) 유비쿼터스와 미디어산업 가치사슬 체계의 변화

컨버전스는 미디어콘텐츠의 기획, 제작, 유통으로 이루어지는 미디어산업의 가치사슬체계를 근본적·혁신적으로 변화시키고 있다. 예컨대, 가치사슬 체계가 기능적으로 모호해지고 있으며, 미디어산업 내 또는 산업 간 보완, 경쟁, 대체기능을 통해 타 산업 전반에 영향을 미치고 있다.

향후 유비쿼터스 패러다임은 문화콘텐츠의 생산 및 소비양식을 새롭게 창조하여 미디어산업뿐만 아니라 연관산업을 중심으로 산업전체에 큰 파급효과를 불러일으킬 전망이다. 예컨대, 공급자 측면에 있는 기업에게는 유비쿼터스-비즈니스의 기회를 제공할 것이며, 수요자 측면에 있는 소비자에게는 소비자의 아이디어가 신제품 개발에 직접 관여하는 유비쿼터스-프로슈머[138]의 역할을 제공할 전망이다.

이처럼, 컨버전스와 유비쿼터스 환경은 현재의 방송, 인터넷, 신문, 출판, 모바일 콘텐츠 등 미디어산업의 차별화된 장르적 성격을 모호하게 변형시키고 있으며, 미디어 네트워크 발전에 기반한 유통채널의 다변화로 미디어콘텐츠의 유비쿼터스화를 가속화시키고 있다. 또한 유비쿼터스 미디어 콘텐츠는 이용자의 다양화·다변화하는 필요와 욕구에 대해 언제, 어디서나 충족시킬 수 있는 생활 기능적·지능적 성격으로 확대될 것이다.

3. 유비쿼터스에 따른 방송통신 산업의 변화

1) 방송통신의 개념 변화

유비쿼터스 환경에서 방송은 통합된 네트워크를 통해 제공되는 다양한 형태의 디지털 콘텐츠 중 하나의 형태로 이해할 수 있다. 이미 기존 지상파와 케이블방송의 이동수신이 가능해지고, 그 방식도 집단시청과 VOD와 같이 개인시청 등 다양한 방법으로 구현되고 있다. 이처럼 단말기기의 다양화, 시청방식의 변화, 시청시간의 유연성 등은 기존 방송의 편성 개념이나 시청 개념에 대해서도 변화를 가져오고 있다.

방송서비스 및 산업의 차원에서 보면, 유비쿼터스 방송은 방송과 통신, 그리고 컴퓨터의 융합에 의해 발전하는 개념으로 그 중심에는 디지털방송이 자리하게 된다. 방송 디지털화가 의미하는 것은 첫째 '고화질화'이다. 디지털방송은 아날로그 방송

---

138 프로듀서(producer)와 소비자(consumer)의 합성어로 남들이 제작하거나 상업용으로 제작한 음악, 게임, 영화 등 콘텐츠를 즐기는 소비자인 동시에 스스로 전문가용 소프트웨어나 기기를 이용해 콘텐츠의 제작자가 되기도 하는 사람들을 지칭한다.

에 대비해 2~5배의 고화질 영상을 구현할 수 있다. 둘째, 시청방식의 변화를 의미한다. 기존의 일방적인 단방향 정보전달에서 양방향의 정보전달 기능으로 변화했다. 셋째, 방송의 정보기기화를 의미한다. 홈 서버 등 다양한 부가기능을 수행하는 방송용 정보기기가 등장하기 시작할 것이다. 마지막으로 방송의 '유비쿼터스화'를 의미한다. 방송의 멀티미디어화를 통해 다양한 방식으로 언제 어디서나 방송을 시청할 수 있는 환경이 구축될 것이다.

방송의 디지털화란 좁은 의미에서 보면 방송기술이 기존의 아날로그에서 디지털 방식으로 전환되는 기술적 변화를 의미한다. 그러나 보다 넓은 의미에서 보면, 이는 그러한 기술상의 변화뿐만 아니라 방송의 개념과 존재방식은 물론 방송서비스의 영역, 방송과 수용자의 관계, 그리고 방송산업의 구조 등에 일대 혁신을 가져오는 변화를 의미한다. 따라서 방송의 디지털화는 방송에 있어서 일종의 패러다임의 전환이라는 성격을 지닌다.

방송의 디지털화는 우선 방송의 전통적인 개념 자체에 새로운 변화를 만들고 있다. 본래 방송(broadcasting)이라 함은 방송사가 불특정 다수의 시청자에게 일시에 일정한 메시지를 일방적으로 전송하는 매스미디어의 영역에 속하던 것이었다. 방송의 디지털화를 통해 가능하게 된 다채널화와 그에 따른 다양한 전문채널의 등장은 보다 많은 수용자들을 대상으로 한 '협대역 방송(narrow-casting)'을 가능하게 하였고, 보다 최근에는 개별 수용자의 취향이나 요구에 따라 양방향 서비스가 가능해진 수준으로 발전함에 따라 VOD와 같이 여러 가지 주문형 서비스가 가능한 '개인형 방송' 단계로까지 진전되고 있다.

이러한 상황에서 방송 콘텐츠는 일종의 문화상품으로 인식되고, 미디어의 발전은 이러한 문화적 상품의 생산과 유통 및 소비방식에 있어서 다양화와 다원화가 가속화될 것이다. 따라서 유비쿼터스와 같은 네트워크의 통합구조 속에서 기존의 지상파나 케이블방송의 위상 변화를 간단히 전망하기는 힘들다. 그 이유는 기술발전에 따른 순수하게 기술적인 요인 외에도, 시장에서의 사업자 경쟁 구도나 이용자의 수요 변

　　　　　　　　　　　　　✦ 미디어 생태계의 미래

화 또는 정부의 산업 정책적인 동인 등 다양한 요인들이 개입될 것이기 때문이다.

2) 유비쿼터스에 따른 방송통신 산업구조의 변화

방송과 통신 등은 제각각의 독자적인 망과 콘텐츠를 제공하였고, 이러한 서비스는 디지털화와 융합을 거침으로써 이른바 디지털 혁명을 맞게 되는데 유무선, 방송통신 융합서비스의 등장이 그것이다. 여기에서는 방송 콘텐츠는 단일망이 아닌 복합망을 통해 다양한 방식으로 제공되었고, 원소스 멀티유즈(OSMU: One Source Multi Use), 원소스 멀티디바이스(OSMD: One Source Multi Device)라는 가치사슬 구조가 생겨났다.

방송과 통신 및 관련 산업은 현재의 독자적인 시장영역에서 망의 고도화, 미디어 기술의 발전, 신규 단말기의 발전 등의 시장 변화 요인에 의해 방송·통신 간 미디어 통합을 가속화시킴으로써 새로운 비즈니스 모델을 예고한다. 〈그림 1〉은 방송통신 융합에 따라 콘텐츠-플랫폼-네트워크-단말기 흐름이 어떻게 변하고 있는지를 보여준다. 각 채널별로 각기 다른 콘텐츠가 각기 다른 플랫폼 및 네트워크를 통해 각기 다른 단말기로 전송되던 이전의 모델에서 핵심 사업자군은 이른바 종합미디어그룹으로서 디지털 콘텐츠 사업에 경쟁적으로 진출한다. 이들 사업자군은 콘텐츠 및 플랫폼의 디지털화와 망의 고도화 및 통합화, 단말기 진화라는 변화에서 살아남은 융합매체로서 통합 디지털 콘텐츠를 통합 네트워크를 통해 이용자가 보유하고 있는 유비쿼터스 단말기에 서비스를 제공한다.

이러한 비즈니스 모델에서 유비쿼터스 방송은 전통적인 위성, 지상파, 케이블은 물론이고 모바일, T-커머스, VOD, PPV, 양방향, 개인화, 인터넷, 이메일 등 넓은 부가서비스를 실현할 수 있다.

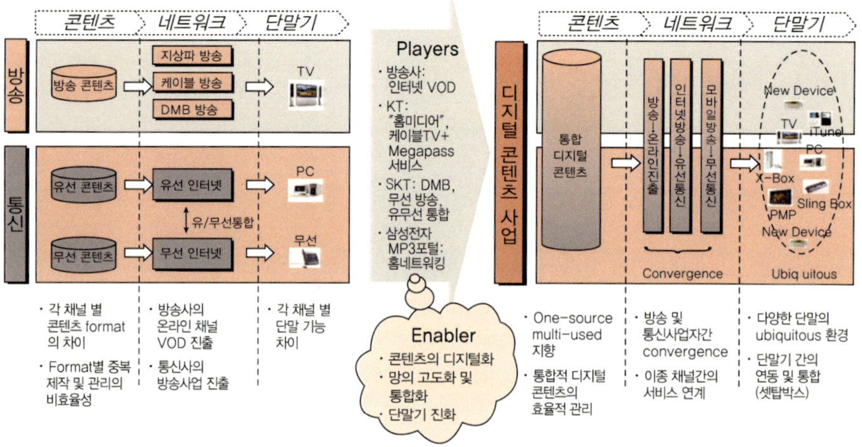

출처: 방송통신 융합과 미디어 트렌드의 변화, 2006.

그림 1_ 방송통신융합에 따른 비즈니스 모델

〈그림 2〉는 미디어포화시대에 유비쿼터스 방송에서의 새로운 비즈니스를 보여준다. 기존의 텔레비전은 전송 네트워크나 프로그램 면에서 전통적인 방식에서 벗어나 핵심 콘텐츠와 더불어 다양한 부가서비스를 통해 구체적인 이익을 실현할 수 있다. 유비쿼터스 시대의 방송 사업자는 통합 디지털 콘텐츠를 통합 네트워크를 통해 각기 다른 다양한, 혹은 통합 수신단말기에 성공적으로 서비스해야 하는 것이다.

이러한 비즈니스는 최종적으로 이용자의 삶의 질을 향상시켜 준다. 이는 방송 콘텐츠가 유비쿼터스 비즈니스 모델에 따라 크게 세 가지로 기획될 수 있음을 의미한다. 첫째는 컨시어지형으로서 자신이 위치한 공간에서 최적의 방송을 즐길 수 있어야 한다. 컨시어지형 사업모델이란 유비쿼터스 네트워크를 활용하여 사람들의 불안과 고민을 해소하고 생활의 질을 향상시키기 위해 보이지 않게 일상생활을 지원하는 것으로 불안 해소차원에서는 건강 방범(건강 화장실, 지킴이 핫라인, 홈 보안) 등이 있으며, 자기실현차원에서는 여가, 이동, 개발(음악선생, 여행스케줄 관리, 내비게이션) 등이 있다. 둘째 지식·자산관리형으로 자신이 요구하는 정보, 지식, 엔터테인먼

✚ 미디어 생태계의 미래

트 등을 방송 동영상은 물론이고 오디오, 데이터방송 등을 통해 제공해야 한다. 세 번째는 광역계측형으로 메인 콘텐츠를 제공함과 동시에 교통, 날씨, 기후, 방재 등에 대한 정보에 접근할 수 있어야 한다. 유비쿼터스 방송 환경에서 방송 콘텐츠는 동영상 및 보다 확장된 콘텐츠를 통해 이러한 서비스를 제공할 수 있다.

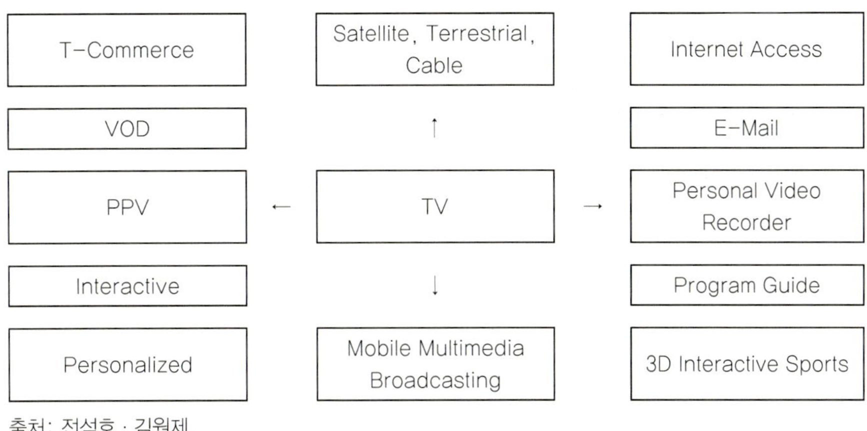

출처: 전석호 · 김원제.

그림 2_ 미디어포화시대에 u-Broadcasting BM

참고문헌

김영주(2005), 「융합형 서비스의 등장과 규제정책의 딜레마」, 『한국방송학보』.

미래비전위원회(2008), 「방송영상산업 미래비전 2012」, 『한국방송영상산업진흥원 연구보고』.

서홍수(2007), 「디지털 결합형 미디어의 상호작용성에 관한 연구」, 서강대 언론 대학원 석사학위 논문.

이우종(2008), 「멀티미디어 단말장치 동향과 전망 세미나」, 휴대폰 시장 동향 발표자료, 삼성SDI.

정인수 · 김경환 · 김희경(2007), 「방통융합시대 데이터방송 규제정책 연구」, 『방송위원회 연구보고서』.

정지홍(2006), 「TV와 HCI, 미래IT융합기술」, 『한국정보처리학회 제11회 정보통신응용기술 워크숍』.

최세경 · 윤승욱(2007), 「통합 플랫폼 환경에서 방송 이용행태 변화와 이용자 니즈의 차별성 연구」, 『한국 방송 광고공사 연구보고서』.

PART 06

SNS시대의 인간과 소통

SNS시대의 인간성을 진단한다
(박효종 서울대학교 윤리교육과 교수)

한국사회 공생의 소통체계를 위하여
(윤석민 서울대학교 언론정보학과 교수)
(오형일 서울대학교 언론정보학과 박사과정)
(조경민 서울대학교 언론정보학과 석사과정)

SNS시대의 인간성을 진단한다

박효종 | 서울대학교 윤리교육과 교수

1. 문제의 제기

인간이 어떤 존재인가 하는 문제는 영원한 물음이고 또 근원적인 물음이기도 하다. 이처럼 영원하고 근원적인 물음이기에 역시 거대담론의 성격을 지닌 답변들이 다수 나온 것은 당연한 일이다. '호모사피엔스(homo sapiens)'인 '이성적 동물'에서부터 시작해 '호모파베르(homo faber)'인 '도구적 동물', 심지어는 '호모루덴스(homo ludens)'라고 하여 '유희하는 인간상'도 나왔다. 이런 거대담론적인 답변은 지금도 '소비하는 인간'이니 하는 식으로 하루가 멀다 하고 끊임없이 쏟아져 나온다.

그러나 이런 본질적인 인간성에 대한 추구가 진지하긴 하지만, 어딘가 만족스럽지 못하다면 그 이유가 무엇일까. 아마도 리얼리티와 구체성을 결여하고 있기 때문일 것이다. '영원한 빛 아래(sub specie aeternitatis)에서' 인간을 본질적으로 조명하는 것은 그 자체로 불가능한 일일 뿐 아니라 실효성도 떨어진다. 플라톤의 '이데아 세계'에서나 있을 법한 인간상을 추구해봤자 '지금, 이 자리에' 있는 실존적 인간을 파악하는 데 과연 어떤 유용성이 있을 것인가. 그보다는 '당대의 입장에서(sub specie durationis)' 우리에게 친숙한 시대적인 인간상을 조망하는 편이 훨씬 더 유용하다. 주어진 시대, 주어진 상황에서 치열하게 삶을 살아가는 인간의 다이내믹한 모습을 관찰하는 것이 중요한 이유다.

지금 우리 한국인은 이른바 SNS시대에 살고 있다. 이 SNS시대는 과거 우리가 살아왔던 어떤 시대보다도 역동적이며 소통이 광속도로 이루어지는 시대다. 그렇다면 이 시대를 살고 있는 한국인은 어떤 필요를 절실한 것으로 판단하고 있으며, 행복으로 체감하는 것, 또는 비전으로 염두에 두고 있는 것이 무엇일까. 생각해보면 아리스토텔레스의 고전적 표현대로 인간을 '이성적 동물'이라고 해도 그 이성을 어떻게 개념화하는가 하는 문제는 당대를 살아가는 사람들의 몫이다. 과거에는 노예를 인정하는 것이 이성적 판단이라고 하였으나, 지금은 그렇게 생각하는 사람이 없다. 행복도 그렇다. "인간은 행복(eudaimonia)을 추구한다"는 그리스적 명제가 성립한다고 하더라도 SNS시대를 살아가는 한국인에게 과연 행복이 무엇인가 하는 물음은 새삼 조명해보아야 할 문제다.

희로애락(喜怒哀樂)이라고 하는 것도 마찬가지다. 인간이 희로애락의 감정을 가지고 살아가는 것은 과거나 현재나 동일하지만, 무엇을 보고 기뻐하며 무엇을 보고 분노하고 슬퍼하는지는 시대적 상황에 따라 다르다. 특히 급격한 사회·경제적 발전을 경험해온 한국의 경우, 행복이나 희로애락의 현상에 대해서는 과거 세대와 다르게 경험하고 있고 또 개념화하고 있다. 사회변화의 속도가 빠르기 때문에 지금의 세대는 삶을 받아들이는 태도에 있어 과거의 세대와는 다른 모습을 보이고 있는 것이다. 행복과 성취, 성공을 평가하는 잣대나 실패와 불행을 평가하는 잣대가 시대에 따라 다른 이유다.

이번 논의에서는 SNS시대를 살아가는 한국인들의 인간성을 조명하면서 그런 인간성이 보안되어야 할 요소와 방향에 대해서도 고민해보기로 하자.

2. SNS시대의 총아, 2030세대의 전반적 경향

SNS시대를 주도하고 있을 뿐 아니라 만끽하고 있는 현 한국의 세대라면 단연 2030세대다. 사실 2030세대는 요즘 들어와 구(舊)세대라고 볼 수 있는 5060세대와 여러 가지 측면에서 차이를 보이고 있어 '세대갈등'이라는 조어(造語)가 실감날 정도다. 차이는 다름을 넘어 긴장과 갈등을 유발시키고 있기 때문이다. 그들이 삶에 임하는 태도나 정치·사회·경제적인 가치관은 과거세대라고 볼 수 있는 5060세대와 판이하게 다르다.

치열한 경쟁시대를 사는 2030세대는 무엇인가에 바쁘고 또 부지런하다. 열심히 공부하고 열심히 스펙을 쌓고 또 열심히 아르바이트도 한다. 대학에 와서 논다는 것은 옛말, 죽자 사자 하며 공부한다. 재학 중에 해외연수는 필수 코스이고, 졸업하고 연봉을 많이 주는 일류회사에 취직하고자 사력을 다하고 있다.

2030세대는 또 자유분방하다. 인터넷 공간에서는 진보가 나름대로 유행이어서 2030세대가 그쪽으로 쏠리는 경향이 있지만, 그렇다고 그들이 확실한 이념을 갖고 있는 건 아니다. 다만 자기소신과 자기주장이 강하다는 것이 특징이다. 자기 생각이 뚜렷하기 때문에 기성세대가 의도적인 발언을 하면 바로 마음의 방어벽을 치기도 한다.

그런가 하면 2030세대는 '현재'에 열광한다. 2030세대에게 그들이 태어나기 전이나 그들의 유년시절에 유명했던 사건과 사람들에 대해 질문하면 의외라는 듯이 눈만 껌벅거린다. 혹은 그 자리에서 컴퓨터를 두드려보고 고개를 끄덕이는 친구들도 있다. 검색 만능시대를 살아가는 2030세대는 궁금한 게 생기면 인터넷상의 정보검색을 통해 바로 해결하고 잊어버린다. 이것은 마치 운전자가 목적지를 향해 길을 갈 때 내비게이션으로 길을 찾고 바로 잊어버리는 것과 같다.

2030세대는 인기 있는 사람이 하는 말을 귀담아듣고, 지금 이슈가 되는 일에 참여하는 것을 좋아한다. 그들의 관심을 끄는 것은 TV와 인터넷에서 '바로 지금' 각광받는 사람과 사건이다. 그들은 TV에 나오거나 인물정보에 이름이 떠야 유명한 사람으로 인정한다. 100만 팔로어를 거느린 작가나 정치사회적으로 민감한 이슈를 건드리는 연예인이나 작가들에게 폭발적인 관심을 보이는 것도 이 때문이다. 바로 그렇기 때문에 그들의 현재적 관심사를 정확히 파악해야 2030세대와 소통할 수 있다. 2030세대와 소통하고 싶다면 그들의 '현재성'에 주목해야 하는 이유다.

또한 2030세대가 예전보다 풍요로운 건 사실이자만, 상대적 박탈감이 훨씬 크기 때문에 그 갭을 메우지 못해 가슴앓이가 심하다. 2030세대는 번영과 풍요한 가정 분위기 속에서 자라왔지만, 현실은 그들에게 가혹하다. 오늘날의 젊음은 스펙 쌓기로 긴 겨울나기처럼 더디게 오다가 봄가을처럼 짧은 시기에 사라지고 만다. 이들 세대가 소셜미디어를 통해 위로와 공감을 얻고 있는 이유도 여기에 있다. 그 과정에서 2030세대의 분노는 미디어에 적나라하게 표출되고 있다.

특히 현 한국사회가 직면해 있는 하나의 특징으로 '분노'를 꼽을 수 있다면, 바로 2030세대의 분노다. 서구에서는 제2차 세계대전 이후의 전후세대를 '잃어버린 세대', 즉 'lost generation'이라고 했지만, 한국 젊은 세대의 특징은 '분노의 세대', 즉 'angry generation'이다. 이 젊은 세대의 분노가 기성세대와 다른 점은 무엇인가. 지금의 기성세대라고 해서 분노가 없는 것은 아니다. 하지만 지금의 5060세대는 근본적으로 '헝그리 세대'였다. 배가 고팠던 세대이기 때문에 다른 것들은 생각할 겨를이 없었다. 따라서 이들에게도 삶의 영역에서 느끼는 상대적 박탈감이나 제도와 관행의 불공정성에 대한 불만은 있으나, 배고픔과 헐벗음의 기억이 생생했던 만큼 분노가 있다고 해도 그것은 희로애락의 여러 정서 가운데 하나에 불과할 뿐이다.

그러나 지금 2030세대의 분노는 하나의 정체성이 되었다고 할 정도로 강렬하다. 이들은 집에서 '귀공자'와 '귀공녀'로 성장했고, 빈곤 속에서 태어난 것이 아니라 냉장고와 에어컨이 있는 풍요 속에서 태어났다. 그런데 이들은 풍요했던 부모의 품을 떠나면서 새로운 약속의 땅이나 기회의 땅을 바라보는 것이 아니라 취업난이라고 하는 어두운 미래에 직면하고 있다는 것이 문제다. 따라서 의기소침해진 나머지 이들에게는 '청춘의 패기'라든지 '젊음의 용기'와 같은 것들은 찾아보기 어렵다. 이들 젊은 세대가 느끼는 상대적 박탈감이나 제도와 관행의 불공정성에 대한 분노가 클 수밖에 없는 이유다. 특히 이들은 '의무'나 '책임'의 개념보다는 '권리'에 익숙한 세대로서 자신들의 시작이 풍요했기 때문에 사회로 나오면서 난관을 겪는 문제에 대해 부조리한 것으로 생각하고 이를 타개할 급격한 변화에 대한 욕구가 강하다.

중요한 것은 이 젊은 세대의 분노는 특정한 이념에 편향되어 나온 것이라기보다는 '나'를 기준으로 사고하고 판단한 데서 나온 것이라는 점이다. 개별적인 범주를 넘어 세대적인 공감대를 이루고 있는 것도 특징이다. 자신들의 분노에 대해서 기성세대나 부모세대에게 책임을 묻고자 하는 경향도 현저한 것도 이 때문이다.

이 분노의 응집을 현저하게 목격할 수 있는 것이 바로 선거에서 표출되는 '영파워(young power)'이다. 과거 젊은이들은 정치에 무관심했다. 정치에 불만은 있으나, 그들의 힘으로 정치를 바꿀 수 있다는 생각은 하지 못했다. 이른바 '무력감' 현상이다. 특히 데모나 시위로 자신들의 요구를 표출했던 운동권 문화가 퇴조하고 성상적인 대의정치와 선거민주주의가 정착되면서 젊은이들은 효율적인 집단행동의 어려움을 절실히 깨닫게 되었다. 그러나 새로운 정보화 시대가 도래하면서 무력감을 느꼈던 젊은이들의 멘털리티는 변했다. 트위터나 페이스북 등, SNS가 일상화되면서 얼마든지 투표를 통해 스스로 뭉치고 자신들의 단결된 힘과 목소리를 낼 수 있다는 효능감과 자신감을 가지게 된 것이다. 이런 그들의 '영파워'는 2011년 서울시장 보궐선거에서 유감없이 발휘되었다.

인증샷은 물론 트위터를 통한 소통과 동원능력은 젊은이들의 새로운 무기가 되었다. 이처럼 SNS에 의해서 자신감을 얻은 젊은 세대는 투표에 적극 참여함으로써 자신들의 정체성은 물론 불만과 분노, 욕구와 선호를 여과 없이 보여 줄 수 있는 힘을 갖게 된 것이다.

　　　　　　　✚ 미디어 생태계의 미래

3. 2030세대의 구체적 특징

2030세대는 부모 세대와는 다른 모습을 보이고 있다. 과연 그 다름이란 것이 무엇인가. 무엇보다도 2030세대는 5060세대와는 달리 '장유유서(長幼有序)'로 특징지어지는 위계질서와 관직의 엄숙성과 같은 것들을 싫어한다. 자유를 구속하는 한 질서의 개념이나 엄숙한 가치에 대해 본능적으로 싫어하는 것이다. 그들은 학교에서건 직장에서건 혹은 모임에서건, '카페'와 같은 문화와 분위기를 좋아한다. 서로 편하게 앉아서 상대방으로부터 일방적으로 듣는 것이 아니라 서로 더불어 화통하게 이야기하는 것을 좋아할 뿐 윗사람이나 어른과 같은 위계질서적인 존재를 의식해야 한다는 것에 대해 질색이다. 그 결과 엄숙한 것이라면 무엇이나 싫어하고 회피한다.

어디를 가도 카페와 같은 분위기를 좋아하는 것이지 정신을 집중해야 되고 말을 아껴야 하는 엄숙함의 분위기는 결코 성에 차지 않는다. 그래서 졸업식에도 엄숙함이 없고 결혼식에도 엄숙함이 없다. 그저 가서 같이 이야기하고 같이 마시며 식사한다는 것, 즐거운 시간을 갖는다는 것에 최고의 가치를 두는 것이다. 사실 결혼식의 하객으로 참여했다고 하는 것은 특정한 선남선녀(善男善女)가 백년해로의 약속을 한 것에 대한 증인이 되고 축복한다는 것이 아니겠는가. 그것은 그만큼 엄숙한 일이지만, 이 엄숙성 자체를 싫어하는 것이다. 물론 결혼 당사자에게도 결혼식에 대해 하늘이 맺어준 배필을 맞아들인다는 식의 엄숙성은 없다. 두 사람이 행복하고 화목하게 살 수 있으면 '좋은 삶(good life)'일 뿐, 성격이 맞지 않으면 곧장 이혼해 버린다. 결혼에 대한 신성성을 찾아보기 어려운 대목이다.

이런 현상들을 보고 기성세대의 입장에서는 '참을 수 없는 존재의 가벼움' 정도로 치부할는지 모른다. 그러나 2030세대에게 있어 중요한 것은 거대하게 격식을 차리는 허례허식과 같은 것이 아니라, 파티와 같은 자유로운 분위기 속에서 스스로를 표현할 수 있는 그런 자유로움이다. 혹시 엄숙성을 강요하는 분위기가 있으면, 그것 자체가 '꼰대스러움'이고 또 '잔소리쟁이'의 말에 불과하다. 위계질서가 있는 엄숙함보다 자유분방한 카페문화, 언제든지 마음대로 들어왔다 나갈 수 있으며, 심지어는 아예 가지 않을 수도 있는 분위기가 선호의 대상이다. 들어올 때도 허락을 맡아야 하고, 나갈 때도 허락을 맡아야 하는 분위기가 있다면, 바로 그런 것 자체를 '억압'으로 생각하는 것이다.

그런가 하면 두 번째로 2030세대에게는 '권위'에 대한 감수성이 없다. 그들에게 있어 '권위(authority)'라고 하면 '권위주의(authoritarianism)'를 연상시킨다. 권위란 무엇인가. 권위란 특별한 현상이다. '권력(power)'과 비슷한 것 같지만 다르고 특히 '권위주의'와는 전혀 다른 것이다. 권위란 한마디로 몸센(W. J. Mommsen)의 표현을 빌리자면, "거부할 수 없는 충고"이다. '충고'의 성격을 가지고 있다는 점에서 강제적 성격이 두드러지는 권력과는 다르고 '거부할 수 없다'는 점에서 규범적 성격이 들어난다. 권위야말로 사람들로부터 자발적인 승복을 이끌어내는 규범적 힘이다.

셰익스피어의 작품 『리어왕』에는 이런 권위의 특성이 선명하게 나타나 있다. 영국의 늙은 왕 리어는 어느 날 자신의 딸, 고네릴, 리건, 코델리아를 불러 각자 얼마나 아버지를 사랑하는지 말해보도록 요구한다. 사랑한다는 말의 정도에 따라 딸에게 돌아갈 재산의 크기를 결정하겠다는 것이 그의 의도였다.

리어왕의 큰딸 고네릴과 작은딸 리건은 마음에도 없는 아첨의 말을 늘어놓자 그들에게 권력을 이양한다. 결과는 참담했다. 모든 재산과 권력을 물려받은 고네릴과 리건은 권력을 이양하고 자신들의 집에서 사는 늙은 아버지를 구박하고, 그의 신하들을 업신여겨 그 수를 줄이려 한다. 이에 분노한 리어는 두 딸을 설득하기도 하고 비난하기도 하는 등, 그들의 마음을 돌려보려 안간힘을 쓴다. 허나 두 딸들은 아버지의 분노를 아랑곳하지 않고, 그를 폭풍우 속에 쫓아내 버린다.

영토와 실권을 건네주고 난 후 왕의 권위와 명예만을 보유한 상징적인 왕으로 전락한 리어는 두 딸로부터 자기가 기대하는 권위, 명예, 아버지 그리고 노인으로서 받을 존경마저 모두 박탈당했다는 사실을 깨닫게 된다. 그러나 충직한 신하 켄트에게만은 리어는 늙고 쓸모없는 존재가 아니라 무섭고 장대하며 뭇 인간들 중 왕이다. 켄트는 '권력'을 다 잃고 이름만 남은 리어왕을 '권위'라는 이름으로 끝까지 숭배해 마지않는다. 켄트가 왕이 정신이상이 된 폭풍우 장면에서도 옛날의 존경의 말투였던 'your grace', 'my lord,' 'sir'과 같은 경어를 사용하기를 주저하지 않는 이유다.

정신이 나간 리어, 그를 끝까지 따라다니는 켄트, 두 사람 사이의 대화가 압권이다.

> 리어: 넌 나를 아느냐?
> 켄트: 아뇨. 그러나 당신의 거동에는 제가 기꺼이 '주인님(master)'이라고 부르고
>   싶은 것이 있습니다.
> 리어: 그게 무엇이냐?
> 켄트: 권위(authority)입니다. 〈제1막, 제4장, 26-30〉

물론 21세기 한국의 공동체에서는 왕과 신하의 '주종관계'가 아니라 자유인들의 '평등한 관계'가 특징이다. 사람들 위에 군림하고 그런 존재를 받들어 모시는 군신(君臣)의 관계가 아니라 주인의식을 갖는 '시민들 사이의 관계'라는 뜻이다. 그렇다면 이런 평등한 관계에서도 시민들이 "캡틴, 캡틴, 우리 캡틴"이라고 할 수 있어야 권위가 살아있다는 표증이 되지 않을 것인가. 하지만 문제가 있다. 우리 공동체에서 대학교수의 얼굴을 보면서 "당신의 얼굴에는 제가 '선생님'이라고 부르고 싶은 것이 있습니다"라고 말하는 대학생들이 있는가. 또 판사를 보면서 "당신의 얼굴에는 제가 '판사님'이라고 부르고 싶은 것이 있습니다"라고 말하고 또 국회의원을 보면서 "당신의 얼굴에는 제가 '존경하는 의원님'이라고 부르고 싶은 것이 있습니다"라고 말하는 2030세대가 있는가.

사실 5060 기성세대에는 권위가 시퍼렇게 살아 있었다. 어렸을 때는 부모가 있었고 학교에 가서는 선생님이 있으며, 대학에 가서는 은사가 있고, 결혼 이후 가정, 특히 여자의 경우 시어머니가 있었다. 당연히 직장에는 상사가 있었다. 이들 존재는 한결같이 권위를 가진 '권위체'였다. 어려서부터 성인이 될 때까지 부모의 권위, 학교의 권위, 직장의 권위, 상사의 권위, 시어머니의 권위에 익숙해져 살아온 것이 5060세대

다. 이런 권위가 없다면, 바로 그 자체가 무질서라고 생각한 나머지 불합리한 권위라고 해도 불복종하기보다는 복종하기를 선택했던 것이다.

특히 이 많은 권위의 규범들 가운데 가장 일반화된 것이 바로 '장유유서(長幼有序)'라고 할 수 있다. 장유유서란 나이에 따라 존경과 권위를 부여하는 질서 체계요, 규범이다. 그래서 여러 사람들이 같이 모여 식사를 할 때도 어른이 먼저 수저를 들어야 아랫사람이 숟가락을 들고 식사할 수 있으며, 나갈 때도 윗사람이 먼저 나가야 비로소 아랫사람들이 나갈 수 있다. 이런 권위의 규범들은 단순한 식탁의 규범뿐만 아니라 조직운영이나 회의운영에 있어서도 엄격하게 적용됐다. 회의체에서 대표를 뽑는 경우만 보아도 형식적으로는 추천이나 선거에 의해서 뽑는다 하더라도 실질적으로는 연장자(年長者)가 장이 되는 것이 관행적 규범이었다.

기성세대에게 있어 유교의 전형적인 규범인 장유유서의 장점은 어떤 상황에서든 무질서를 없애고 질서를 만들 수 있는 마력을 발휘할 수 있다는 것이었다. "나이 많은 사람의 이야기를 한번 들어봐." 이런 말이 나오면 그것만으로 사람들의 모임에서 혼란과 무질서를 종결짓는 종결자의 언어가 되었다. 그러나 2030세대에 있어서 장유유서의 부조리함은 명백했다. '나잇값'을 할 수 없을 정도로 식견과 상식이 모자라는 연장자의 말을 들을 필요가 없다는 것이다. 따라서 2030세대에게 장유유서는 질색하는 규범이고 오히려 '유장유서'가 규범이 될 수 있다고 생각하기도 한다. '세대교체'라고 하는 용어가 중요한 정치와 사회적 격변의 상황에서 항상 인기어로 부상하는 현상도 바로 이 장유유서 규범에 대한 피로감을 말해주는 것이다.

그렇다면 이 2030세대는 장유유서가 아닌 어떤 방식으로 질서와 순응의 규범을 만들어낼 수 있다고 믿는 것인가.

이런 맥락에서 볼 때, 세 번째로 2030세대는 '장유유서의 규범'보다는 대화와 토론을 통해 질서를 만들어내는 '소통의 규범과 방식'을 좋아한다. 소통의 기본정신은 나이의 적고 많음이 아니라 이성과 판단의 타당성이다. 따라서 상식과 이성, 및 분별력이 우세한 담론이면, 그것이 그 자체로 지배적인 공동체의 담론이 되어야 한다고 믿

◆ 미디어 생태계의 미래

는 것이다. 이 소통에는 당연히 자기 자신이 주역이 될 수밖에 없다. 따라서 부모님이든 선생님이든 윗사람이든 시어머니든, 일방적으로 말을 듣기보다는 자신에게도 생각이 있고 입이 있다며 자신이 적극적으로 의사표현을 해나가는 것이다. 바로 이것이 소통과 토론, 대화를 좋아하는 이유다. 이들 현상들은 모두 기존 권위에 대한 존중에서 나온 것이 아니라 자신의 이성과 판단을 중시하는 데서 나오는 것이다.

물론 2030세대가 소통을 좋아하느냐 하는 문제와 소통을 잘 하느냐 하는 문제는 구분되어야 한다. 소통을 좋아한다고 해서 소통을 잘 하느냐 하는 것은 또 다른 문제이기 때문이다. 이것은 민주주의를 좋아한다고 해서 민주주의를 잘 하느냐 하는 문제와 다른 것과 마찬가지다. 그럼에도 불구하고 2030세대는 단순히 위로부터의 명령과 지시를 받기보다는 자신들이 '스토리'를 만들어내는 '스토리텔러'가 되기를 좋아한다. 상대방이 이야기를 해도 중간 중간에 끼어드는 동등한 '스토리텔러'로서 행동하며 단순한 이야기의 경청자가 되는 것은 아니다.

이처럼 2030세대는 소통과 토론을 통해서 일정한 결론과 메시지가 나오면 그것을 명령과 지시와 같은 '권위 있는 것'으로 받아들이기보다는 친구가 하는 '충고와 같은 것'으로 받아들이게 된다. 그들이 부모에 대해서도 '부모 같은 부모'보다도 '친구 같은 부모'를 좋아하는 이유도 여기에 있다. 5060세대의 경우 명령과 지시는 거부하기 힘들 정도로 엄격한 것이지만, 2030세대의 경우 충고는 받아들일 수도 있고 받아들이지 않을 수도 있을 정도로 유연한 것이다. 그래서 2030세대는 술을 끊으라는 호랑이같이 무서운 부모나 선생님의 지시와 명령에 대해서는 반감을 느끼지만, 술을 끊으면 좋겠다는 친구와 같은 선생님의 충고는 기꺼이 받아들일 수가 있다.

네 번째로 2040세대는 '엔터테인먼트', 즉 오락적인 요소를 좋아한다. 단순히 독립적인 범주로서의 여가가 아니라 자신이 하는 일의 유기적 부분으로 엔터테인먼트를 좋아하는 것이다. 2030세대에게 있어 오로지 당위적인 규범을 가지고 삶을 살아간다는 것은 숨이 막힐 정도로 답답하다고 느껴진다. "무엇을 해서는 안 된다, 또 무엇을 해야 한다." 이런 식의 금기나 당위, 혹은 "무엇을 하지 않으면 안 된다"라고 하는 형태의 '의무감'은 결코 좋아하지 않는다. 그것은 그 자체로 스트레스다. 중요한 것은 '무엇을 해야 한다'보다는 '그 무엇이 즐거워야 한다'는 것이다. '무엇을 해야 한다'가 성립하기 위해서는 그 이전에 '그 무엇이 즐거워야 한다'가 전제되어야 한다.

부모나 선생님이 무엇을 해야 하고, 어떤 규범을 지켜야 한다고 말하면 식상해하지만,「개그콘서트」의 '애정남'이 말하면 고개를 끄덕인다. 말하는 것이 재미있기 때문이다. 또 "감사합니다, 미안합니다"라는 말을 해야 한다고 선생님이 말하면 잔소리로 알아듣지만,「개그콘서트」에서 특별한 리듬에 맞추어 재미있게 "감사합니다, 미안합니다"를 말하면 마음속 깊이 받아들인다.

공부나 결혼도 마찬가지다. 학생으로서는 공부를 해야 하지만 공부를 하려면 공부가 즐거워야 하고, 또 이왕 백년해로의 약속을 맺었다면 결혼 상대방에 대한 신의도 지켜야 하지만 그보다는 결혼생활이 먼저 즐거워야 한다. 마찬가지로 직장에 들어가서 돈을 버는 것도 중요하지만 직장생활 자체가 즐거워야 한다. 슬겁지 않나면 '하기 싫다'는 것이 아니라 '할 수 없다'가 되는 이유가 여기에 있다. 바로 그렇기 때문에 어떤 일은 반드시 조건 없이 해야 한다는 칸트식의 '정언명법(定言命法)'은 2030세대에겐 통하지 않는다. 항상 '가언명법(假言命法)'이 중요하다. 가언명법의 조건절이라면, "즐겁다면"이라는 형태로 나타난다.

바로 이것이 지금 2030세대가 생각하고 있는 '행복' 개념의 핵심이다. 행복이라고 하는 것은 장기간에 걸쳐 오랜 노력 끝에 성취하는 그 어떤 열매나 '고진감래(苦盡甘來)'처럼 힘든 일을 하고 난 다음에 찾아오는 안락함이 아니라 이미 노력하는 과정 그 자체에서 행복감을 맛볼 수 있어야 한다. 우리가 알고 있는 고대 그리스의 '시시포스의 신화'에서 무거운 돌을 산 위로 끌어올릴 때 소요되는 노력의 의미는 지금 2030세대에게 있어서는 별로 찾아볼 수 없다. 그보다는 카뮈가 '시시포스의 신화'를 재해석한 것처럼 무거운 돌을 산꼭대기로 올리는 그 과정 자체가 즐거워야지 노력에 의미를 부여하게 되는 것이다.

이와는 달리 5060세대에게 있어서는 노력이나 인내와 같은 것은 항상 쓰디쓴 것

     ✦ 미디어 생태계의 미래

으로 치부되었다. 그러나 그 쓰디쓴 노력 다음에 비로소 달콤한 열매가 열리는 것을 행복감의 핵심이라고 보았던 것이다. 행복이란 것이 수도꼭지를 잠깐 비틀어 물을 받듯이 받아내는, 그런 성격의 현상은 아니지 않겠는가. 혹은 일회용 자판기처럼 동전만 집어넣으면 바로 커피가 쏟아져 나오는 식의 즉석 쾌락감은 아닐 터이다. 그래서 "인내는 쓰다, 그러나 그 열매는 달다"고 믿어왔다. 그러나 2030세대에게 있어 쓰디쓴 노력과는 구분되는 달콤한 열매라고 하는 것을 기다릴 여유는 없다. 그것은 이미 그 자체로 불확실한 미래에 속하는 것이기 때문이리라. 지금 당장 이 자리에서 즐거움과 통쾌감을 누리는 것이 삶의 행복을 느끼게 만드는 요소가 된다.

다섯 번째로 그러다 보니 2030세대는 희생과 헌신과 같은 것들을 싫어한다. 사실 이 희생과 헌신은 물론 개인 자신의 경우에 있어서도 미래의 성공이나 커리어를 위해 필요할 수도 있겠지만, 여기서 주로 문제가 되는 것은 공동체를 위한 헌신이다. 우리는 지금으로부터 700년 전 생피에르로 대표되는 '칼레의 시민들'이 자신들의 공동체를 위해서 목숨을 버리기로 선택한 삶을 알고 있다. 또 영화「300」에서 나오는 것처럼 페르시아의 크세르크세스에 맞서 장렬하게 싸우다 전사한 레오니다스를 비롯한 테르모필레의 스파르타 용사들의 이야기도 감동적이다. 5060세대에게 있어 '칼레의 시민'이나 '300의 전사' 이야기는 굉장히 익숙한 이미지다.

6·25 때 학도병이나 지원병들이 의무가 없었음에도, 또 훈련 등 준비가 전혀 되어 있지 않았음에도 스스로 전쟁에 참여한 것은 바로 '한국판 칼레 시민'이고 '한국판 전사 300'이었음을 보여 주는 것이다. 그 영웅다운 희생과 헌신, 특히 안중근 의사가 설파한 '위국헌신(爲國獻身)'의 정신과 통하는 희생은 5060세대에게 있어서는 자연스러운 것이었다. 나라를 위해서나 이웃을 위해서, 또 가족을 위해서 '나' 자신의 젊음을 희생하고 심지어 '나' 자신을 버리는 것은 특별히 영웅적인 행위가 아니라 당연히 '나'에게 요구되는 소명의식이었던 것이다. 그런 영웅적 희생을 마다하지 않는 기성세대에게 있어 공동체에 대한 헌신은 '살신성인(殺身成仁)'의 행위였고 혹은 '사즉생(死卽生)'의 정신이기도 했다.

생각해보면 우리 한국 사회에서만 유일하게 볼 수 있는 '기러기 아빠'도 바로 그런 헌신과 희생정신의 결정체다. 자녀와 아내를 먼 곳으로 보내고 홀로 내핍 생활을 하고 있는 가장의 모습은 가족의 행복을 위해 부부의 즐거움까지 포기한 살신성인의 행위가 아닐 수 없다. 그렇기 때문에 몇 년 전『뉴스위크』에서는 'goose father'라고 해서 대서특필하기도 했다. 세계적으로 그런 희생을 하는 아빠를 상상해볼 수 없기 때문이다. 그러나 지금의 2030세대에겐 다르다. 그들에게 있어 '심청이의 이야기', 즉 아버지 심 봉사의 눈을 뜨게 하기 위해서 자신의 몸을 희생한 것은 바보스러운 짓이라고 낙인을 찍을지언정 감동적인 스토리로 생각하지 않는다. 왜냐하면 심청이의 희생과 헌신에는 결국 '에고(ego)', 즉 실현해야 할 자기 자신이 소멸되었기 때문이다. 바로 그런 의미에서 심청이의 행동은 벤치마킹해야 될 영웅적인 모델이 아니라 생뚱맞은 어리석은 행동이다.

여섯 번째로 바로 이런 2030세대의 정신과 태도야말로 공동체의식의 왜소함과 개인주의의 풍성함으로 표출된다. 우리가 살고 있는 사회는 결국 하나의 공동체다. 이 공동체에는 당연히 너와 나의 일이 아닌, '우리 모두의 일', 즉 공동의 성격을 갖는 가치가 있다. 예를 들면 납세나 국방의 행위와 같은 것이 그런 것이다. 그런데 그런 공공재 가운데서도 가장 중요한 것은 국방의 문제가 아니겠는가. 나라라는 공동체가 지탱하기 위해서는 세금을 내는 것만으로 충분치 않고 나라를 위해 목숨을 바치는 등, 헌신하는 행위가 요구되는 것이다. 하지만 지금 2030세대에 관한 한, 딱히 눈에 보이지 않는 공동체에 대한 헌신보다는 자기 자신을 풍성하게 만드는 자기실현(自己實現)이 급선무다. 따라서 내가 무엇을 하고 내가 어떤 꿈을 갖고 있는가 하는 것이 중요하며, 내가 어떤 스펙을 쌓는가 하는 문제가 중요한 것이지, 우리 공동체가 어떻게 이룩되어 왔고 우리 공동체가 어떤 방향으로 나아가야 하는지에 대한 관심과 의식은 부족하다. 공동체에 대한 비전을 생각하기보다는 자기 자신의 이해득실이 판단의 주가 되는 것이다.

아버지 세대에 있어서는 산업화와 민주화처럼 확실한 시대정신이 있었고 또 굳이

✚ 미디어 생태계의 미래

지금의 시대정신을 든다면 선진화 일터이다. 그러나 2030세대에게는 본인들의 행복과 삶의 질 개선이 이루어지지 않으면 선진화는 공허한 언어다. 선진화는 공동체전체의 화두라고 할 수 있겠지만, '나'의 삶의 현장에서 구체적인 변화가 이루어지지 않는 한 나라의 품격이나 국민의 품격이 올라가는 것에 의미 부여를 하지 않는 것이다. 제아무리 한국경제의 세계랭킹이 올라간들 '나'의 행복체감과 간극이 있는 한 가치를 부여하기 어렵다. 이른바 '엄친아'나 '엄친딸'처럼 남에게 무시당하지 않고 '나'의 가치를 극대화하는 것이 성공이라는 가치관에 매료되고 있는 것이다.

바로 이와 같은 개인주의적 성향은 '존재감'을 중시하는 것으로 나타난다. '내'가 아무리 어떤 단체, 어떤 모임에 소속되어 있다고 하더라도 '나'의 존재가 다른 사람에게 알려져 있지 않으면 '존재감'은 없는 것이다. 이처럼 지금 2030세대에게 있어서는 '존재 이유'보다는 '존재감'의 의미가 훨씬 더 크게 다가온다. 기존의 5060세대에게 있어서는 존재감이 없더라도 자기 자신이 있는 자기의 자리에서 묵묵히 자신의 임무를 다 하는 소명의식과 존재이유가 중요했다. 그러나 개인주의가 팽배하고 있는 2030세대에게는 '나'의 존재가 다른 사람들로부터 어떻게 평가를 받느냐 하는 문제가 중요한 것이지 '묵묵히 내 임무를 다한다'라고 하는 점에서 특별한 자존감을 느끼는 것은 아니다.

4. 2030세대, 무엇을 할 것인가

이 SNS시대의 총아인 2030세대는 장점과 아울러 단점을 가진 세대다. 자유분방함, 수평적 의사소통선호, 탈권위주의속성, 자기소신과 같은 부분은 분명 장점이다. 하지만 원숙한 세대가 되기 위해서는 보완해야 할 점도 있다. 그들이 무엇인가.

무엇보다도 2030세대에게는 '현재'가 최대 관심사다. 태어나자마자 풍요로운 시대에서 살아온 2030세대는 불과 40년 전에 보릿고개가 있었다는 사실을 잘 모른다. 또

대한민국은 몇 년도에 건국되었는지, 6·25전쟁은 몇 년도에 일어났는지 모른다. 또 애국가를 누가 작곡했는지도 알지 못한다. 또 아이돌의 가사는 글자 하나 틀리지 않고 외울 정도로 잘 알지만, 애국가는 가사 2절만 해도 쩔쩔맨다. 그러나 올림픽이 언제 열렸는지, 혹은 한일 월드컵이 언제 개최되었는지는 잘 알고 있다. 특히 월드컵 4강 신화는 2030세대에게 정체성과 자부심의 원천이 되어 있다. 이처럼 비교적 현재에 대해서는 정통하지만, 지나간 공동체에 대한 기억과 역사에 대한 관심은 전무하다시피 한 것이 그들의 특징이다.

그렇기 때문에 20년 전 오늘, 30년 전 오늘, 무슨 일이 일어났는지 알지도 못하고 또 알려고 하지도 않는다. 5060세대에는 이것을 이해하기 힘들다. 그들은 조선왕조의 순위를 "태정태세문단세…" 하는 식으로 지금도 너무나 잘 기억하고 있기 때문이다.

공동체에 대한 기억이 희미해지면 공동체는 지속가능성을 가지기 어렵다. 전(前)세대와 후(後) 세대를 이어주는 것은 역사에 대한 기억이다. 역사를 모르면 현실을 제대로 파악할 수 없고, 현실을 모르면 미래를 설계할 수 없다. 로마인들이 과거와 미래를 동시에 바라보는 야누스 신(神)을 숭배한 것도 바로 이 때문이다. 5060세대의 우려와 걱정은 여기서 비롯된다. 장차 이 나라를 짊어지고 갈 2030세대가 공동체에 대한 기억이 희미하고 역사를 모르면 우리나라의 미래가 어떻게 되겠는가.

영국을 보라. 영국은 19세기 거문도 무단점거 사건 당시 남겨둔 영국 해군의 유해를 21세기에도 찾아와서 참배할 정도로 공동체에 대해 선명하고도 투철한 기억을 가지고 있다. 우리의 경우는 6·25전쟁 전사자 유족에게 불과 5,000원을 지급하는 실정이다. 공동체에 대한 기억이 미흡하기에 이것이 얼마나 잘못되었는지조차 모른다. 2030세대가 공동체에 대한 역사와 기억을 중요시하지 않는 한, 6·25전쟁 유족에게 5,000원을 지급하는 황당함을 그대로 반복할는지 모른다.

두 번째로 2030세대는 수평적 소통을 지향하고 권위주의에는 강하게 반발한다. 사실 5060세대의 가장 큰 문제점으로 권위주의적 사고와 행동을 꼽고 있기도 하다. 이런 경향을 어떻게 보아야 할까. '권위주의' 청산이나 해체를 감행하겠다는 시도는 물

     ✦ 미디어 생태계의 미래

론 바람직하지만, 문제는 그것이 '권위' 그 자체의 청산과 해체로 이어진다는 점이다. 아무리 민주사회가 평등한 자유인들의 사회라고 해도 이성적 지시나 명령을 내리는 권위를 행사하는 '권위체'는 있어야 한다. 그것은 자유로움 속에서 질서와 품격을 부여하기 위함이다. 이 권위체는 물론 상하(上下)의 개념과 연관되어 있다. 하지만 상하의 관계라고 해서 질색할 필요는 없다. 운동선수들 간의 평등한 경기에도 권위를 가진 심판의 권위 있는 판정이 필요하지 않은가. 또 평등한 토론자들이 토론을 하는 과정에도 권위를 가진 사회자의 조정과 관리가 요구될 터이다.

이런 점에서 보면, 지금 한국사회는 국가의 권위는 물론 시민사회의 권위가 날개도 없이 추락하는 상황에 직면해 있다. 공동체의 질서와 지속가능성을 위해 국가권위를 행사해온 대통령, 행정부, 입법부 및 사법부가 근본부터 흔들리고 있는 것이다. 대통령을 비판할 수는 있으나, 욕설로 일관하는 것은 문제다. 대통령 개인을 넘어 대통령직 자체에 대한 냉소와 비아냥거림은 권위의 추락을 단적으로 보여 준다.

「부러진 화살」의 흥행성공이야말로 판사의 실추된 권위를 여실히 나타내주는 사례다. 국회의 권위는 더 말할 것도 없다. 국회의원 개개인에 대한 불신은 물론 입법부에 대한 반감과 불신은 최악의 수준이다. 그렇다고 시민사회의 권위가 건강한 것도 아니다. 종교계의 권위 역시 빠른 속도로 무너져 내리고 있지 않은가. 2011년 조계종 조사에서 종교계의 신뢰도는 시민단체, 의료계, 학계는 물론이고 대기업보다도 낮은 것으로 나타났다. 2010년 개신교 단체인 '기독교윤리실천운동'이 실시한 조사에서도 '한국 교회를 신뢰하느냐'는 설문에 17.6%만이 '신뢰한다'고 응답했을 뿐이다.

'교실 붕괴'로 상징되는 학교의 권위 추락도 어제 오늘의 일이 아니다. 학생으로부터 매를 맞는 선생님이 생겼고 초등학생까지 "선생님, 학생인권조례 생겼으니 저한테 간섭 마세요"라며 맞서는 세상이 되었다.

문제는 공동체권위의 실추가 공동체 해체로 이어진다는 점이다. 물론 권위란 의심스러운 면을 가지고 있다. 가장 의심을 불러일으킬 수 있는 대목이라면 '권위주의(authoritarianism)'로 흐를 수 있다는 점이 아니겠는가. 스승의 권위는 "스승의 그림자도 밟지 않는다"는 준칙에서 현저하게 나타나지만, 한편 스승의 말은 무조건 따라야 한다는 권위주의로 나타날 가능성이 있다. 권위주의는 권위를 '완벽한 것' 또 '절대적인 것'으로 간주할 때 나타나는 현상이다. 권위를 완벽한 것(complete)으로 볼 경우, 권위는 사람들의 생활 구석구석으로 파고들어가게 된다. 또 권위를 '절대적인 것(absolute)'으로 볼 때 권위에 의한 요구는 다른 어떤 행위자에 의해서도 합법적으로 도전받을 수 없음을 의미한다.

그러나 그래서는 안 된다. 민주사회에서 행사되는 권위를 전통적인 의미에서 명령과 복종의 관계로 이해해서는 곤란하다. 민주주의 권위는 '명령과 지시를 위한 권위'보다는 '설득을 위한 권위', '충고를 위한 권위'로 조망되어야 한다. 설득을 위한 권위는 고대 아테네 민주주의에서 유래한 것으로서, 인간이 '이성적 동물(rational animal)'이며 동시에 '정치적 동물(political animal)'이라는 명제에서 구체화된다. '이성성(理性性)'과 '정치성(政治性)' 사이의 연계는 의미심장하다. 이성을 가진 존재들 사이에서 이루어지는 상호작용은 강제나 일방적 지시보다는 설득이 되어야 하지 않겠는가. 이 설득은 이성을 가진 존재에서 가능한 것이다. 물론 설득에 의한 공동체의 권위라고 해서 설득에 만능의 의미를 부여할 필요는 없을 것이다. 설득은 상호적인 것이기 때문이다. 또 그것이야말로 설득의 매력적인 부분일 터이다. 설득은 상대방을 설복시키기도 하지만, 또 상대방으로부터 설복을 당하기도 한다는 차원에서 '일방향 의사소통'이 아니라 '쌍방향 의사소통' 방식이라고 보아야 한다.

문제는 지금 한국사회에서 그런 이성적 충고와 지시를 내리는 권위들조차 추락해 있다는 점이다. 진실이 아닌 '진실과 비슷한 허위', 분노, 불신, 조롱 등이 권위의 빈자리를 메워나가고 있다. 참으로 우려할 만한 현상이 아닌가. 이 권위해체가 방치되면 결국 '아노미 사회'가 되어 공동체의 해체까지 이어질 것이다. 분노나 악의, 불신, 허위가 단순히 소수의 비아냥거림의 수준을 넘어 공동체의 '메인스트림'으로 자리 잡을 때, 우리의 미래는 없다. 2030세대의 공동체 권위에 대한 새로운 인식이 절실하게 필요한 이유다.

세 번째로 풍요로운 시대에 태어나 어릴 때부터 많은 정보를 흡수한 2030세대는 사이버세계에 열광한다. 또 실제 세계보다 사이버 세계에서 유통되는 정보를 더 신뢰한다. 2008년 광우병 촛불집회에 엄청난 수의 사람들이 참석했는데 그 가운데 많은 숫자가 2030세대였다. TV시사 프로그램과 인터넷에서 출처도 불분명한 정보를 수없이 쏟아내자 나름대로 확신을 갖고 참석한 것이다. 천안함 폭침 때도 북한의 소행이 아니라며 수많은 의혹을 제기한 세력이 있었는데, 많은 2030세대가 그 의혹에 동조하기도 했다.

'타진요'라는 블로그에서 가수 타블로의 학력 위조 의혹이 제기됐을 때 많은 네티즌들이 동조한 것은 왓비컴즈라는 인물이 정교하게 조작한 증거물을 끊임없이 제시했기 때문이다. 이처럼 2030세대는 현실에서 인정받는 사안이어도 사이버 세계에서 인정하지 않으면 쉽게 받아들이지 않는다.

2,500년 전 그리스의 소피스트 시대를 방불케 할 만큼 '데마고그'들이 동분서주하고 있으며 '에피스테메(episteme)'보다는 '독사(doxa)', 혹은 진실을 의미하는 '베리타스(veritas)'보다는 '진실과 비슷하지만 진실은 아닌 것'을 뜻하는 '베리시밀리튜드(verisimilitude)'가 괴력을 발휘하는 것도 사이버 세계의 특징이다.

왜 그런가. 문제는 사이버세계에는 '이야기꾼들'이 존재하고 있다는 것이다. 또 누구나 이야기꾼이 될 수 있다는 점도 특징이다. 이 사이버세계에서 왕성하게 활동하는 이야기꾼들의 이야기는 사실의 진위와 관계가 없다. 그것은 참일 수도 있고 거짓일 수도 있지만, 그들의 이야기에서는 아무래도 상관이 없다. "옛날 옛적에…"로 시작하는 할머니·할아버지의 이야기에서 '참이냐, 거짓이냐'가 중요하지 않고 '재미있느냐, 재미없느냐'가 중요한 것처럼, 혹은 '졸린 눈을 동그랗게 뜨고 들을 만큼 재미있느냐', 아니면 '졸음이 올 정도로 재미없느냐'로 판가름이 나는 것처럼, 사이버세계의 이야기꾼들에 있어서도 '참이냐, 허위냐'보다는 '재미가 있느냐, 없느냐'로 성패가 판가름 난다.

예를 들어 "동해물과 백두산이 마르고 닳도록 하느님이 보우하사 우리나라 만

세"로 시작하는 애국가의 가사를 보자. 애국가를 개그 소재로 삼아 패러디한 게시물들이 인터넷에 떠돌고 있다. 문제는 이에 대한 누리꾼들의 반응이다(조선일보 2012.3.2).

광주광역시의 A초등학교의 한 학급 카페에는 '역시지연vs아이유(step_1)'라는 아이디의 학생이 "동해물과 백두산이 폭발, 하느님이 사망, 보우하자마자 사망'으로 시작하는 글을 올렸다. "우리나라 멸망, 무궁화 멸종"이란 표현도 썼다. 놀라운 것은 이 글에 학생들은 '진짜 만빵!!!!!', '재밌다' 등의 댓글을 달았다는 점이다. 또 네이버에 있는 '친구 애인 친목 만들기' 카페에도 '사랑이란(pyo2927)'이라는 아이디로 "동해물과 새우깡은 마르고 닳되도록 하느님은 보온하사 우리나라 만세" 등의 글이 올라왔다. 역시 '재밌다'는 댓글이 눈길을 끈다.

사실 애국가를 가지고 이처럼 저급한 방식으로 패러디했다면, '신성모독'이라고 비판할 만도 한데 '재미있다'는 반응이 나오는 것이다. 이처럼 사이버 세계의 이야기는 진위를 초월해 흥미를 지향한다. 이야기꾼들의 의도는 진실도 거짓도 아닌 오직 흥미를 유발시킬 만큼 그럴듯한 주장을 하는 데 있다. 이런 의미에서 사이버 이야기꾼들은 구체적 진실을 전달하는 메신저가 아니라 어떤 방식으로든 재미있게 이야기를 만들어 누리꾼들을 낚는 '낚시꾼들'이다. 어떤 사물을 흥미로운 방식으로 진실이라고 선언함으로써 그 사물을 정말 사실로 만들어 버리기 때문이다.

이 사이버 세계의 '이야기꾼들'이 만들어내는 이야기의 목표는 일차적으로 그 이야기가 많은 사람들, 즉 누리꾼들에게 전파되어야 한다는 것이고 두 번째는 누리꾼들이 그 대상에 대해 흥미와 호감을 가지고 있어야 한다는 것이다. 사이버 세계 이야기의 속성은 우선 많은 누리꾼들로 하여금 알게 하고 그다음으로 누리꾼들에게 흥미로움을 유발하는 것이기 때문이다. 흥미로움을 유발하기 위해 반드시 진실만을 말할 필요는 없다. 아니 진실을 말하지 않을수록 흥미의 효과는 더 크다. 이야기 자체의 완성도만 높으면 된다.

그렇기 때문에 지금 사이버 세계에는 거짓을 말하는 '양치기소년들'이 너무나 많

    ✦ 미디어 생태계의 미래

다. 이들 양치기소년들은 단순히 민가에 늑대가 나타났다고 소리만 지르는 것이 아니라 사회담론의 흐름을 주도하고 있다. 그 결과 진실과 거짓, 지성과 반지성이 뒤섞여 혼란스럽기 짝이 없거니와 불신과 조롱, 냉소와 비판이 유행처럼 번지고 있다. 문제는 이런 흐름이 밀(J. Mill)이 말한 대로 단순한 '악마의 대변자역(devil's advocate)'을 수행하는 것이 아니라 건전한 비판, 정당한 문제 제기, 대안을 도출하기 위한 과정을 크게 벗어나 허위가 판치는 '암흑의 공동체'를 향해 나가고 있다는 점에 있다. 이제 우리 사회에서 사실이나 진실이 무엇인지는 전혀 중요치 않게 되었다. 더구나 트위터나 페이스북을 비롯한 SNS시대의 특징을 틈타 허위, 몰상식, 궤변, 분노가 광속도로 전파되고 있는 실정이다.

이제 2030세대가 보다 날카로운 지성의 눈을 가지려면 사이버 세계에만 몰입되지 말고 오프라인 세계에도 당연한 관심을 가져야 한다. 그들이 살고 있는 두 개의 세상과 다 함께 친밀해져야 비로소 세대의 빛을 발할 수 있다.

네 번째로 2030세대의 개인주의는 각각의 개인이 공동체의 구성원으로서 갖고 있는 존재의 엄숙함을 인정하고 개인의 개별성을 신중하게 받아들이고 있다는 점에서 중요한 의미를 갖는다. 개인이 자신이 속한 공동체의 집단적 가치에 매몰되어 한 개인의 힘으로는 더 이상 '인간적인 인간'다울 수 없었던 구시대의 굴레를 벗는 데에 합법성과 도덕성을 부여한 개인주의는 각 개인의 정당한 몫을 제도적으로 보장하는 이론적인 바탕을 제공함으로써 전근대적인 사회에서의 비인간적인 개인의 삶을 비로소 인간답게 바꾸어 놓았다.

그러나 2030세대의 개인주의는 '그의 몫'이라는 '정의'의 이념을 실현하기 위하여 '개인의 권리'나 '자유'의 측면에 지나치게 경사되어 '자신이 가져야 할 몫'에는 배타적이고, 이기적인 자기 이익과 효용의 몫은 충만한 반면, 그 개인들이 함께 나누어야 하는 '공동의 몫'에는 소홀하다. 그 공동의 몫에는 개인에게 혜택으로 돌아가는 '이익의 몫'도 있지만, 그 전체를 유지하고 기능하도록 하기 위한 '책임의 몫'도 있는 것이다.

이런 점에서 볼 때 2030세대의 지나친 권리의식은 문제다. '나'는 '나'의 권리를 가지고 있고 '너'는 '너'의 권리를 가지고 있다는 사실만으로 모든 인간관계를 가늠하려 한다면, 문제가 발생할 수밖에 없다. 대로변에서 '나'는 조용히 길을 걷고 싶고 또 그럴 누릴 권리도 있다. 그러나 굉음을 내며 오토바이를 타고 싶어 하는 상대방은 자신도 그럴 권리가 있다고 생각한다. 문제는 이 두 가지 권리가 충돌할 때, 어느 한쪽, 혹은 둘 다 마음을 상하거나 얼굴을 붉힐 수밖에 없다는 점이다. 이러한 상황이라면 '양보의 원리'가 나와야 되는데, 권리만을 중시하는 권리만능주의 사회에서는 그 '양보의 논리'가 도출될 수 없다.

엄밀한 의미에서 권리란 '무엇을 할 수 있다'는 점만을 규정할 뿐, '무엇을 하는 것이 좋다'든지 '무엇을 하는 것이 훌륭하다'고 규정할 수 있는 것은 아니다. 예를 들면, 백년해로의 배우자라고 해도 그와 마음이 맞지 않거나 성격이 맞지 않는다고 본인이 판단했다면, 이혼을 선택할 수 있다. 이때 이혼할 수 있다는 것은 '권리'의 개념이다. 그러나 자녀가 있는 경우, 이혼을 '좋은 것'이라는 의미에서 '선(善)'이라고 할 수 있겠는가. 물론 이혼을 '절대악(positive evil)'이라고까지 단죄할 필요는 없을 것이나, 그렇다고 해서 '적극적 선(positive good)'이라고 평가할 수 없음도 확실하다. 기껏해야 '필요악(necessary evil)'이라고 말해야 하지 않을까. 이처럼 이혼과 같은 권리의 개념은 '허용된 행위(permissible act)'이기는 하다. 그러나 '허용되었다'는 의미를 갖는 권리의 행위를 행사했다고 해서 그 행위를 두고 '훌륭한 것'이라든지, '우아한 것'이라든지, '감동을 줄 수 있는 행위'라고 말하기 어렵다. 권리란 그 자체로 '선한 것'이라고 규정하기는 어렵고 기껏해야 '허용 가능하다' 혹은 '할 수 있다'는 정도의 평가를 받을 뿐이다.

그럼에도 2030세대 가운데는 권리의 개념을 개인이 해야 할 행동의 모델이나 나침반인 양 생각하는 풍조가 만연하고 있다. 그러나 권리가 모든 것이라는 이 권리만능주의로 인해 자신의 권리가 훼손당했다며 분노하는 2030세대의 소리만 넘쳐날 뿐, 의무나 책임을 이행하는 문제는 사소한 문제로 밀려난다. 권리를 위해서는 거리에 나서는 2030세대가 부지기수이나, 의무를 위해서 거리에 나서는 2030세대는 없다.

 ✛ 미디어 생태계의 미래

그러나 의무에 관한 인식이 바로 되어 있어야 권리의 개념과 균형을 이룰 수 있다. 그렇지 못하고 의무감이나 의무에 관한 '도덕적 감수성(moral sensitivity)'이 결여된다면, 불균형공동체가 될 수밖에 없다. 의무에 침묵하고 권리만 주장하는 권리만능의 사회는 '벌거벗은 임금님'의 사회와 같다. 자신이 멋진 옷을 입었다고 착각하는 나머지, 벌거벗었으면서도 벌거벗은 사실조차 모르는 것이다. 이제부터라도 2030세대는 권리는 물론 의무와 책임, 그리고 한걸음 더 나아가 자신의 의무는 아니면서도 자발적으로 고초를 겪는 사람을 위해 희생과 헌신을 했던 '착한 사마리아인'처럼 '초과의무(supererogation)'의 개념을 더불어 말함으로써 균형감을 가진 세대가 되어야 한다.

마지막으로 2030세대는 공동체에 대한 강렬한 사랑을 가져야 한다. 이와 관련, 2030세대에게 공동체에 대한 사랑이 과연 충분한가를 물어보지 않을 수 없다. 2009년 한국청소년 정책연구원에서 실시한 조사결과를 보면, 청소년 10명 중 6명이 다른 나라 사람으로 태어나 살고 싶다고 대답했다. 참으로 놀라운 수치가 아닐 수 없다.

대한민국이 어떤 나라인가. 파란만장했던 20세기 우리 현대사에서 주목할 만한 성취들을 여럿 들 수 있겠으나, 그 가운데 가장 중요한 성취라면, 단연 대한민국 건국일 터이다. 이 대한민국의 건국을 계기로 대외적으로는 독립국가로 섰으며, 대내적으로는 민족 역사상 처음으로 주권이 국민에게 있고 국민 모두가 법 앞에 평등하며 국민 개개인의 안전, 자유, 행복을 추구할 권리를 보장함을 최고의 이상으로 하는 자유민주공화국 헌법체제를 갖추게 된 것이다.

아버지·할아버지 세대가 자유민주주의와 입헌주의를 지향하는 '공화국'을 세웠다는 것은 공동체의 차원은 물론 개인의 차원에서 볼 때 의미심장한 것이다. 공화국의 수립은 공동체구성원들에게 명령과 지시를 내리는 중앙집권적 권력기제가 수립되고 또 특정한 정치·사회세력이 다른 세력과 경쟁하여 '위너'가 됨으로써 정치권력을 장악했다는 사실 이상의 의미를 함축한다. 공화국이란 서로 다른 이해관계를 갖는 개인과 사회집단을 '위계적인 방식'이 아닌 '평등에 입각한 방식'으로 통합하는 정치적 기제로서, 이러한 성격의 정치체가 출범했다는 것은 단순히 '공공재문제(public goods problem)'의 해결기제로서 정부라는 기능적 권력체의 수립을 넘어서는 쾌거가 아닐 수 없다.

당연히 대한민국의 건국을 계기로 하여 '개인'의 위상도 달라졌다. 유교적 질서의 전(前)근대적 '조선인'은 근대의 '한국인'으로 탈바꿈한 것이다. 개인들이 직면하는 사회적 협력과 경쟁, 소통과 통합의 논리와 게임규칙이 달라졌으며, 자유와 평등에 기초한 새로운 질서의 규칙이 도입되었다. 집단과 분리된 개인은 타인에게 양여할 수 없는, 이른바 천부적 권리를 가진 존엄한 존재가 됨으로써 아리스토텔레스가 말한 것처럼, "번갈아가며 통치받고 통치하는", 본의적 의미의 '정치적 인간(zoon politikon)'이 출현한 것이다.

이와 동시에 국가와 개인의 위상의 변화로 인해 '정치권위(political authority)'의 성격도 달라졌다. 공화국 수립으로 인해 평등과 자유에 기조한 성지권위의 정당화가 이루어짐으로써 대한민국은 왕조국가와 달리 시민들의 진정한 충성심과 애국심의 대상이 되는 국가가 된 것이다. 대한민국이 명실 공히 '공화주의적 애국심(republican patriotism)'의 대상이 되었다는 의미다.

바로 이런 맥락에서 "누구도 국가가 위대하기 때문이 아니라 자신의 나라이기 때문에 사랑할 뿐(Nemo patriam amat non quia magna est, sed quia sua)"이라고 설파한 로마의 세네카(Seneca)의 절규나 "조국을 위해 죽는 것은 달콤하고 명예롭다(dulce et decourm est mori pro patria)"라고 읊조린 로마의 서정시인 호라티우스(Horatius)의 호소가 우리 대한민국의 2030세대에게도 감동적으로 다가와야 한다.

북한과 같은 현대판 전제정 국가가 아닌 공화국으로서 대한민국에 대한 나라사랑이 특별한 것은 자유와 평등에 기반한 애국심이며 '법', 특히 그와 같은 가치들을 규정해놓은 '헌법'에 기초한 애국심이기 때문이다. 자유와 평등 및 인권을 보장하는 정치공동체에 대한 헌신과 희생을 말하는 애국심이라면, 절대 군주나 독재자 한 사람을 위하는 일인숭배형의 헌신이나 희생과는 질적으로 다를 수밖에 없다. 할아버지 ·

　　　　　✦ 미디어 생태계의 미래

아버지 세대는 대한민국이라는 공화국을 수립함으로써 이런 '헌법적 애국심'과 '공화주의적 헌신'이 가능한 나라를 만든 것이다.

그렇다면 이런 나라에 태어난 것을 축복으로 생각하며 감사해야지 후회로 생각하며 회한에 젖어서는 곤란하지 않는가. 그러지 않아도 "다시 태어난다면 어디에?"라는 제목의 어느 한 광고(SK telecom)에서는 그 문제를 이렇게 다루고 있다.

> 대학생 여러분,/ 이런 질문을 받았다면서요./ "다시 태어난다면/ 어느 나라에 가고 싶은가?"/ 여러분 중에 62%가/ 대한민국을 선택하고 싶지 않다고/ 했다면서요./ 이유를 물으니, 아주 간단하게/ 잘라 말했다면서요./ "선진국에 태어나고 싶다."/ 솔직히 말씀드릴까요./ 그 말을 듣는 순간,/ 어른들은 조금 섭섭했습니다./ 여러분이 나고 자란 땅에 대한/ 여러분들의 사랑이/ 그 정도인가 해서요./ 여러분들이 그렇게 말하면/ 이 나라는 누가 키워갈 것인가/ 궁금해져서요./ 그러면 어떤 대답을 듣고 싶으냐고요?/ 이런 대답.
>
> "지금은 좀 불만족스럽지만 다시 태어난다면 꼭 대한민국에 태어나고 싶습니다. 그때는 세계 어느 나라 부럽지 않은 선진국이 되어 있을 테니까요. 아니, 우리 세대가 그런 나라를 이루어낼 것이니까요."

비록 공익광고의 문안도 아니고 일반 기업체가 내놓은 광고의 문안에 불과하지만, 정곡을 찌르고 있는 내용이 아닌가. 모름지기 2030세대는 이 광고의 문안에 배어 있는 화두를 가슴 깊이 명심해야 할 것이다.

5. 결어

SNS가 삶의 환경을 바꿀 수는 있으나, 인간성 자체를 바꿀 수 있는 것은 아니다. 원래 인간은 불완전하기 때문에 계속해서 완전성을 향해 나아가야 하는 모습은 그대로이다. 즉, 루소(J. J. Rousseau)의 표현대로 '완전해질 수 있는 존재'가 인간이기 때문이다. 그렇기 때문에 소통이 광속도로 된다고 하여 인간이 광속도로 행복해지는 것은 아니며, '희로애락(喜怒哀樂)' 가운데 '희락(喜樂)'이 급속도록 높아지고 '노애(怒哀)'가 현저하게 줄어드는 것도 아니다. 또 진실과 상식이 더 쉽게 받아들여지고 허위와 비상식이 더 획기적으로 줄어드는 것도 아니다. 과거의 신세계를 보더라도 전화가 발명되고 자동차가 달리며, 비행기가 날아다니는 시대가 도래했지만, 그럼에도 불구하고 자동차 사고나 비행기 사고로 불행을 겪는 사람들도 많아졌고 또한 험담과 비방의 빠른 소통 때문에 자살의 충동을 느끼고 가슴앓이 하는 사람들도 많아졌다.

인간이 '절차탁마(切磋琢磨)', 즉 보다 큰 완전성을 향해 지속적으로 노력해야 하는 것은 어느 시대를 막론하고 또 어느 세대와 상관없이 주어진 책무다. 희생, 헌신과 공동체 의식, 권리 못지않은 의무의식과 초과의무의식, 이런 가치들은 시대가 변하고 세대가 달라져도 보석처럼 불변의 소중한 것으로 남아 있어야 하는 덕목들이다.

이런 점에서 볼 때 SNS는 소통 그 자체가 아니라 소통의 수단에 불과할 뿐이다. 소통의 질이 좋지 않은데 소통수단이 빨라지고 편리해졌다고 해서 자연스럽게 양질의 선진화된 소통 공동체가 되는 것은 아니다. 소통자들의 끊임없는 자성과 자기 채찍질이 필요한 것은 바로 이 때문이다. 한 인간 개인이 20년의 세월을 통해 자기 자신을 성숙시키는 것처럼, 한 세대도 마찬가지다. 세대란 어느 세대를 막론하고 윗세대와 아래세대가 있다. 아래세대는 시간이 가면 저절로 윗세대가 된다.

그렇기 때문에 세대 간에 차이가 있는 것은 당연하지만, 아랫세대는 윗세대와 절연함으로써 정체성을 찾기보다는 허물은 버리되 그 지혜와 덕목은 배움으로써 품격을 갖춰야 한다. 세대 간의 화목이 '장유유서(長幼有序)'보다는 '온고지신(溫故知新)'의 정신에 의해 보완되어야 할 이유가 아니겠는가. 2030세대와 5060세대가 모든 면에서 같을 필요는 없다. 그런 점에서 '동이불화(同而不和)'를 주장할 수는 없는 일이다. 하지만 '구동존이(求同存異)'는 중요하다. 2030세대는 '구동존이'를 통해 5060세대와 달라야 할 것은 다르게 한다고 하더라도 공유해야 할 좋은 점들은 같이 나누어

　　　　　　　　　　✦ 미디어 생태계의 미래

야 한다.

사이버 세계가 5060세대에 있어 친숙하지 못한 특별한 세계이긴 하나, 그렇다고 엘리스가 살았던 '이상한 나라'라고는 할 수 없다. 가상의 세계라고 해도 현실의 세계를 기반으로 하여 성립하는 것이지 그와 절연해서 성립할 수 있는 것은 아니다.

바로 꿈의 세계가 그렇지 않은가. 우리 인간에게 꿈은 필요하다. 실제 세계에서 성취하지 못한 사람은 꿈을 꾸면 된다. 그러나 그렇다고 해서 꿈의 세계가 현실의 세계를 대체할 수 있는 것은 아니다. 이처럼 현실세계에서 통용되는 진실이나 순리, 상식의 잣대가 사이버 세계에 간다고 해서 전혀 달라지는 것은 아니다. 그런 점에서 인내와 정직, 진실, 신뢰 등 현실세계에서 존중받는 덕목들은 사이버 세계에서도 소중한 것으로 인정받고 살아 꿈틀거려야 한다. 2030세대는 사이버 세계에서만 사는 것이 아니라 현실 세계에서도 엄연히 책임 있는 삶을 살며 행복을 추구해야 하기 때문이다.

2030세대여! 부디 한쪽 세계만 탐닉하지 말고 공히 가상세계와 현실세계, 이 두 개의 세계에 정통한 세대가 되라. 사이버 세계의 이야기꾼들의 솔깃한 이야기에만 귀 기울이지 말고 현실세계에서 통용되는 진실과 사실, 그리고 공동체의 역사와 상식에도 마음의 문을 여는 것이 중요한 이유다.

한국사회 공생의 소통체계를 위하여

윤석민 | 서울대학교 언론정보학과 교수

오형일 | 서울대학교 언론정보학과 박사과정

조경민 | 서울대학교 언론정보학과 석사과정

1. "소통 위기" 담론

현시점에 우리 사회를 특징짓는 키워드로 "소통"보다 적합한 말은 없다 할 것이다. 사회성원들은 그물망과 같은 미디어 네트워크 속에서 쉼 없이 정보와 의견을 제공받고 또 제공한다. 이처럼 각종 미디어, 스마트 어플리케이션, 개인용 단말기를 통해 숨 돌릴 틈 없이 전개되는 점 대 점의 네트워크 환경 속에서 사회적 소통은 오히려 혼란과 위기를 겪고 있다는 평가를 듣고 있다. 사회적 소통이 공생의 토대를 만들기보다는 사회분열과 갈등을 초래하는 방향으로 이루어지고 있다는 것이다.

이러한 사회갈등 내지 병리현상은 흔히 소통의 위기로 규정된다. 그 주요 원인은 왕왕 절차를 무시하고 효율성만을 강조하는 대통령의 통치스타일, 정부의 홍보활동 미숙, 파당적 뉴스를 양산하는 미디어에서 찾아진다. 하지만 우리가 목격하는 소통의 위기는 정치권력과 국민 사이에서만 목격되는 것이 아니다. 정치권의 극한적 대립, 권력다툼, 시민집단 내부의 분열, 학술단체 내부의 융해되지 않는 반목, 네티즌

✚ 미디어 생태계의 미래

간의 인격 파괴적 설전, 숙려의 과정이 결여된 SNS 소통이 야기하는 말썽 등 사회적 상호작용의 전 층위에서 상시적, 전면적으로 병리현상이 발생하고 있다. 이에 소통의 위기를 진단하며 처방을 만들어 내려는 시도는 이처럼 복잡하게 얽힌 변수들의 상태와 상호작용을 다각적으로 고려해야 한다.

이 글은 공생발전에 기여하는 사회적 소통체계를 모색하는 데 주목적이 있다. 이를 위해서는 우선적으로 사회문화적 현상인 동시에 정치적 현상이고 또한 미디어 현상인 한국사회의 소통의 위기를 진단하는 것이 필요하다. 2000년대 이후 한국사회가 탄핵방송 사태, 황우석 사태, 광우병 촛불시위, 미네르바 사건, 미디어법 사태, 천안함 사태, 타블로 학력위조 논란 등 사회적 소통의 위기와 이에 따른 극심한 분열과 갈등의 양상을 만성적, 반복적으로 경험하고 있는 이유는 무엇인가? 이러한 위기는 어디에서 초래하였으며, 그 원인과 해법을 모색하는 논의는 어디에서 출발해야 하는가? 이러한 질문에 대한 구체적인 답변을 모색하는 것은 한국사회에 공생의 네트워크를 확대시켜 나가는 데 전제조건이 된다고 할 수 있다.

이 글의 목적은 구체적으로 다음 세 가지로 정리해볼 수 있다.

첫째, 이른바 소통위기 담론의 의미와 원인을 분석한다. 이 분석에서 특히 주목하는 대상은 바로 우리 자신이다. 소통위기의 일차적 원인은 사회적 상호작용 및 소통행위를 만들어내는 행위주체이자 소통자들인 한국사회 사회성원들의 모습 속에서 찾을 수밖에 없기 때문이다. 소통의 비정상적 작동은 상당부분 그 소통의 주체인 우리 자신에 대한 성찰로 귀결되며, 그러한 성찰이 전제되지 않은 어떠한 분석도 공허할 수밖에 없다. 이에 이 글은 우리 사회의 구성원들이 시대를 가로질러 드러내는 변화의 방향성을 확인해보고, 역사적 흐름 속에서 구성된 우리 자신의 모습이 현재 소통위기 담론과 어떻게 맞물려 있는지를 살펴보고자 한다. 이와 함께 이 분석에서 중요하게 주목하고자 하는 또 다른 대상은 바로 정치권력이다. 2000년대 이후 소통위기의 국면이 가장 도드라지게 나타난 사건들에는 언제나 정치권력이 중요한 변수로 작용했다. 사회적 소통이 많은 부분 국가와 밀접하게 연관되어 있다는 점을 고려할 때도, 사회적 소통위기의 원인을 파악하는 데 있어서 정치권력을 배제하기 어렵다. 이 연구는 지난 10년 노무현 정부와 이명박 정부의 통치 행태를 분석하고, 그것이 사회적 소통의 위기에 어떻게 연결되어 있는지를 살펴보고자 한다.

둘째, 디지털 미디어 테크놀로지 및 네트워크 기술의 발전이 지니는 함의, 그로 인해 새롭게 재편되는 신문, 방송, 인터넷, 소셜미디어 등 한국사회 미디어의 종합적 지형 등을 분석한다. 미디어는 사회적 소통을 매개하는 제도적 실체로서 정치권력과 밀접하게 관련되어 있을 뿐만 아니라, 사회성원의 구조적 특성 및 이들이 전개하는 상호작용과 소통행위를 긴밀하게 반영하며 그에 상응하여 작동한다. 이 소통의 매개 과정 속에서 미디어는 그 사회의 상호작용과 소통의 구조 속에 잠복한 위기를 발현하고 증폭시키기도 한다. 이 연구는 우선적으로 신문, 방송, 인터넷 등 개별 미디어의 위기 양상을 살펴보고, 그 위기가 상승적으로 서로를 부추기며 전체 미디어의 위기로 치솟고, 이러한 미디어의 위기가 다시 사회적 소통의 위기를 증폭시키는 악순환적인 양상을 살펴보고자 한다.

셋째, 이러한 연구를 바탕으로 미디어 제도 전반의 건강성, 사회적 소통의 활성화, 성숙한 여론 형성, 사회성원의 시민적 덕성 제고, 고도화된 디지털문화의 창출 등의 선순환으로 이어지는 공생의 소통 네트워크 정립 방안을 제안할 것이다.

2. 이론적 논의: 사회적 소통구조와 미디어[139]

1) 사회적 소통구조

한국사회 소통의 위기 현상의 구조를 그리기 위해서는 그 현상을 구성하는 기본단위들(유형)에 대한 이론적 구분이 선행되어야 한다. 이 연구는 소통의 최소단위는 두 사람으로 구성된 다이어드(dyad)이며, 이 두 사람의 정체성은 개인, 집단의 성원, 그리고 사회의 구성원에 걸쳐져 있다는 점에 착안하여, 인간 상호작용 및 이에 수반된 소통현상의 구조를 9개의 유형으로 구분한 윤석민(2007, 2011)의 이론틀을 차용하고자 한다. 이 이론적 틀은 다른 소통자들 간에 이루어지는 소통현상까지 모두 아우르며, 역사적 흐름 속에서 한국사회의 구성원, 정치권력 그리고 미디어가 어떠한 방향으로 변화하고 있는지를 가시화시켜 줄 수 있는 분석틀이라는 것이 필자들의 공통된 의견이다. 소통자로서 개인의 정체성을 개인, 집단, 사회로 구분한 이 분석틀은 한국사회의 소통구조가 개인의 어떠한 정체성을 강화시키고, 어떠한 정체성을 위축시켜 나갔는지를 양적, 질적으로 분석하게 해줄 수 있게 해준다. 더 나아가 정치권력의 소통 행위의 특징과 미디어의 변화 방향, 개개인의 미세한 욕구로부터 최상위의 거시적 사회구조까지 모든 층위의 사회적 요소들이 상호작용하고 역동하는 상태까지 살펴볼 수 있게 해주는 장점을 가지고 있다.

이 이론틀을 좀 더 구체적으로 살펴보면, 아래 〈그림 1〉에서 각 열(row)은 행위자(발신자), 각 행(column)은 행위의 대상(수용자)을 나타내며, 상호작용의 주체는 크게 개인, 집단, 사회로 구분되어 있다. 이에 따라 구분된 각 셀은 이러한 주체가 다른 주체와 물리적 및 소통적으로 상호작용하는 유형을 나타낸다.

---

139 이 항은 윤석민(2011) 1부의 내용을 주로 참고하였다.

행위의대상(수용자) ⇨	개인	집단	사회
개인	1 사생활 영역 사적 대화, 통신	2 개인/집단 소통영역 집단을 대상으로 한 개인적 욕망의 표출	3 개인적 욕망의 사회적 표출 일탈, 금기, 파격의 영역
(소)집단	4 집단/개인 소통영역 개인에 대한 설득, 포섭, 의식화	5 시민사회, 일상적인 집단 내 집단 간 상호작용 및 소통	6 집단/사회 소통영역 광고, 홍보, 정치인의 발언, 도구적 소통
사회	7 통치행위 영역 명령, 강제, 주입, 의무, 공적 정보, 사회적 규범의 전달	8 사회/집단 소통영역 집단이익 추구 행위에 대한 공적 판단의 전달	9 사회적 상호작용의 영역 궁극적 이념적 가치 영역 최상위 정치 영역

행위자(발신자) ⇩

표 1_ 사회적 상호작용과 소통 행위의 종합적 구조

위 표에서 '개인'이란 사적 욕구나 욕망에 기초하여 자유로운 사적 행위=비구조화된 (비공식적) 행위를 수행하는 개인적 주체를 의미하며, 집단, 사회로 올라갈수록 이와 반대로 집단적 행위=구조화된 (공식적) 행위를 하는 주체를 나타낸다. 집단과 사회의 구분과 관련해, 사회를 가장 큰 규모의 집단이라고 할 때 개념적으로 집단은 사회를 포함한다. 하지만 한 집단적 주체가 수행하는 행위의 속성 또는 중요성이 전 사회구성원 차원에서 미미한 수준에 머무를 때 집단, 그 속성 또는 중요성이 전 사회구성원 차원에서 중요한 의미를 지닐 때 사회라고 구별할 수 있을 것이다. 현실적으로 한 주체에서 개인성, 집단성, 사회성이란 각기 동떨어진 속성이 아니라 하나의 주체를 구성하는 실체적 조건으로 결합되어 있기 때문에 현실적으로 개인, 집단, 사회의 구분이 쉽지는 않다. 따라서 개인, 집단, 사회의 구분은 엄격히 말하면 특정한 상황에서 특정 행위자에게 중심이 되는 정체성이 무엇인가를 나타낸다고 할 것이다. 대개의 사회적 상호과정에는 이러한 복합적 정체성 중 특정한 정체성을 전면에 끌

✚ 미디어 생태계의 미래

어내는 절차가 수반된다. 〈표 1〉에서 대각선(개인-개인, 집단-집단, 사회-사회)에 해당하는 셀들은 동등한 위상의 사회적 행위자 간에 상호작용이 이루어지는 영역이다. 한편 오른쪽 상단의 영역들(2, 3, 6)은 개인이 상위의 사회적 주체인 집단 내지 사회와 상호작용하는 상향적 행위영역으로, 이 영역은 상위의 공동체적 구조(법, 제도, 규범, 가치관, 관행, 문화, 이념)에 도전하는 영역으로 구조변화의 계기가 여기에서 마련된다. 이에 반해 왼쪽 하단의 셀들(4, 7, 8)은 사회가 그 하위적 주체인 집단이나 개인과 상호작용하는 하향적 행위영역으로 종래의 공동체적 구조가 확대 재생산되고 유지되는 영역이다. 이러한 영역들에서 변화와 유지의 길항작용이 끊임없이 발생하는 가운데 그 미세한 조절이 균형을 이루는 지점이 대각선에 해당하는 셀들이라 할 것이다.

이러한 사회적 소통구조의 성격은 역사적으로 변화한다. 이 변화는 인류역사가 시작된 이래 한시도 멈춤이 없이 지속되는 과정이며, 현 시대 우리에게 중요한 의미를 지니는 소통문제에 대한 진단 역시 이 변화의 방향과 의미를 생각해보는 데서 출발해야 한다.

2) 사회적 소통과 미디어

사회적 소통위기와 미디어의 관계를 분석하기 위해서는 좀 더 구체적으로 미디어를 분석하는 이론틀에 대한 설명이 필요하다.

가장 일상적인 미디어 유형구분 방법은 미디어의 채널 내지 신호전송 기술모드에 따라 종이(인쇄) 미디어, 전파미디어(무선통신, TV, 라디오), 유선미디어(유선통신, 유선방송) 등의 식으로 미디어를 구분하는 것이다. 하지만 이와 같은 미디어 유형 구분은 편의적이며 이론적 의의가 애매하다. 또한 디지털 미디어 융합이 진전됨에 따라 기술적 차원의 미디어 구분은 점차 의미를 상실하고 있는 추세다.

그렇다면 미디어 유형을 구분하는 보다 본질적이고 타당한 방식은 무엇일까? 미디어란 사회적 소통을 매개하는 제도적 실체로 정의된다. 따라서 미디어 유형을 구분하는 타당한 출발점 역시 특정한 미디어가 매개하는 소통행위가 무엇인가를 살피는 것이라고 할 것이다. 이러한 맥락에서 미디어의 유형은 근원적으로 '사적 소통의 미디어', '집단적 소통의 미디어' 그리고 '사회적 소통의 미디어'로 구분된다.

사적 소통의 미디어란 개체와 개체 간의 사적 대화 내지 순수한 대인적 소통을 매개하는 미디어다. 이 미디어는 개인 대 개인의 미세한 정서적 혹은 도구적 문제들을 조정하는 미시적 단위의 사회적 상호작용 및 소통활동에 토대를 두고 있다. 이는 무엇보다 각 개인들의 내밀한 자기 세계, 사적 관계, 사적 대화의 형식과 욕구에 부응해야 한다. 그 대표사례가 소통의 채널만 제공하되 그 소통행위가 언제 발생하고 내용이 무엇인지는 자유롭게 열려 있는 통신이라 할 것이다.

사회적 소통의 미디어는 정반대로 가장 공공적인 사회적인 소통을 가능하게 해주는 미디어다. 불규칙하고 비공식적인 사적 대화를 매개하는 사적 미디어와는 달리 사회적 소통의 미디어는 수많은 사람들이 동시에 관여할 수 있게끔 공식화된 소통형식을 갖추어야 한다. 이러한 소통 수요를 충족시키는 미디어의 중심에 방송이 있다. 방송은 누구에게나 중요하고 관심거리가 되는 내용을, 누구나 이해하기 쉬운 동영상 메시지로 구현하여, 사회 전 구성원에게 보편적으로 도달 가능한 채널을 통해 제공한다. 소통대상은 가장 큰 범주의 사회공동체다. 통신은 소통의 실질적인 발생빈도, 형식과 내용 자체에 개입하지 않는 반면 방송은 흔히 공익으로 총칭되는 공동체의 이익차원에서 소통행위의 형식과 내용을 엄격하게 규정한다.

집단적 소통의 미디어는 사적 미디어와 사회적 미디어의 중간자적 위치에서 개인과 집단, 집단과 집단, 집단과 사회의 소통행위를 매개하는 미디어를 총괄한다. 소통의 형식과 내용 차원에서 소통행위의 형식과 내용이 불규칙하고 필요에 따라 발생하는 사적 미디어와 소통행위의 발생, 형식과 내용이 엄격하게 규정된 사회적 미디어의 속성을 공유하며 상황에 따라 탄력적으로 기능한다. 인쇄출판 미디어는 이러한 집단적 소통의 미디어의 대표사례라 할 것이다.

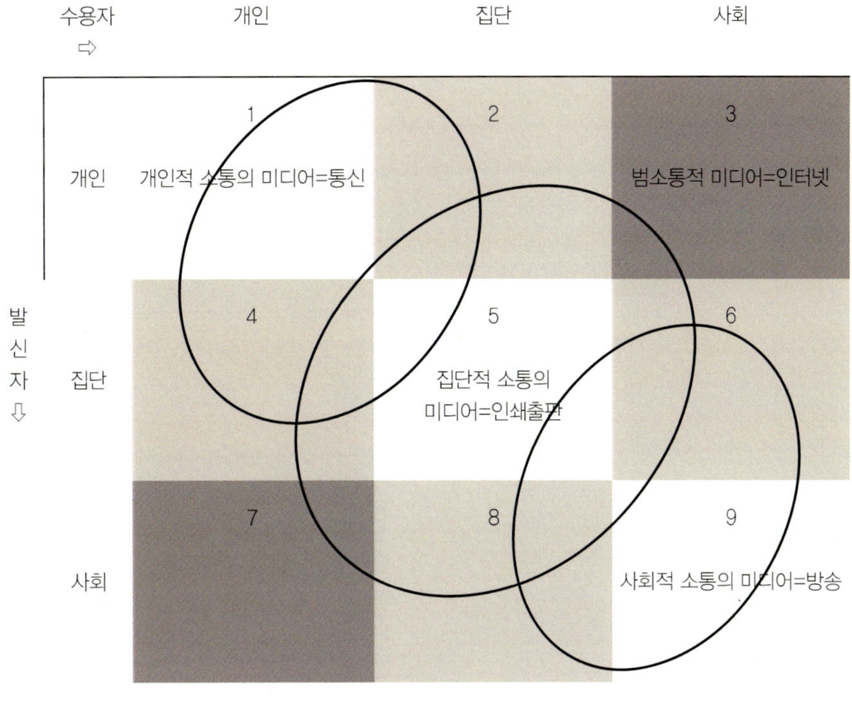

🗂 **그림 1_** 사회적 소통영역과 미디어

〈그림 2〉와 〈그림 3〉은 전근대 사회와 현시대에 있어서 사회적 상호작용 및 소통 구조, 그리고 그에 따라 나타나는 미디어 지형변화의 큰 방향을 나타내 본 것이다. 이 변화의 특징을 요약해보면 다음과 같다.

첫째, 역사의 진전 속에서 사회적 관계와 상호작용은 한층 복잡해지고 사회적 소통은 지속적으로 활성화된다. 보다 다양한 사회적 주체들이 보다 다양한 방식으로 관계를 맺고 상호작용하는 가운데 이들 간의 소통적 상호작용이 급속히 성장한다. 이 같은 상호작용의 증대는 근대화로 통칭되는 사회발전의 자연스러운 경향이다. 근대화란 본질적으로 보다 많은 사회구성원들이 상호작용을 통해 자신의 필요, 주장, 욕망을 충족시키고, 이를 통해 삶의 질을 끌어올리고, 보다 고도화된 욕구충족을 위해 다시금 역동적으로 상호작용에 참여하는 상태다. 소통의 양식도 일방향에서 쌍방향, 일대일에서 일대다, 다대일, 다대다 소통으로 다양해지는 양상을 보이게 된다. 소통혁명, 정보혁명의 본질이 이에 다름 아닌바, 이는 사회적 소통구조의 전체 크기가 확장되는 변화로 나타난다.

둘째, 사회적 소통의 구조 역시 변화한다. 역사적으로 관측되는 변화의 방향이 사회성원들의 개인 및 사회적 정체성은 강화되는 반면 집단적 정체성은 약화된다고 가정할 때, 사적(1) 소통영역과 사회적(9) 소통영역, 그리고 상하방의 급진적 소통영역(3, 7)이 활성화되는 반면, 집단적 소통영역(5)은 위축되는 양상이다(윤석민, 2007, 4장).

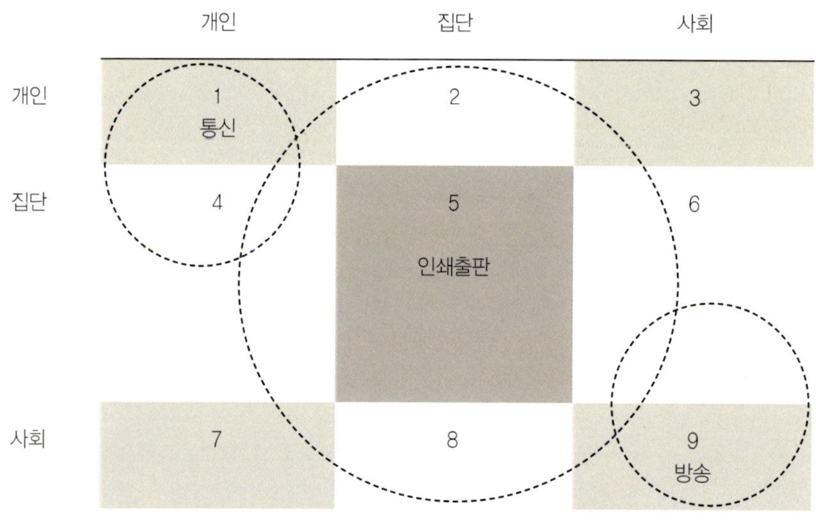

그림 2_ 전근대 사회의 상호작용 · 소통구조와 미디어

　　　　　　　　　　　　✦ 미디어 생태계의 미래

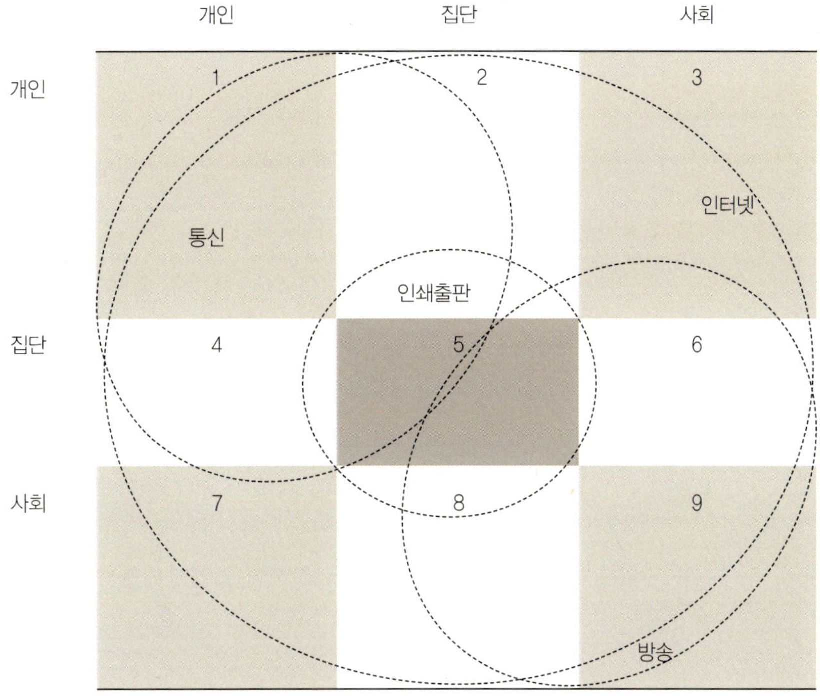

그림 3_ 현시대의 상호작용 · 소통구조와 미디어

셋째, 이처럼 근원적이고도 고유한 소통영역의 구분에 상응하는 미디어들이 통신, 인쇄출판, 방송이라 할 것이다. 이 각각의 미디어가 매개하는 소통행위에는 본질적인 차이가 있다. 순수한 의미의 통신은 개인과 개인 간의 사사로운 소통행위를 매개하는 미디어다. 방송은 사회와 사회 간의 소통행위를 매개하는 미디어다. 이 양 극단의 중간영역에 집단적 소통을 매개하는 인쇄출판 매체가 위치한다.

넷째, 사회적 소통구조의 변화 및 미디어에 대한 사회적 수요의 변화에 따라 미디어 시스템은 변화한다. 통신미디어의 경우 더 이상 사적 소통만을 매개하는 것이 아니라 집단 및 사회적 소통을 매개하는 다기능 미디어로 진화중이다. 구형전화(plain old telephone)에서, 디지털전화, 휴대전화를 거쳐, 스마트폰으로 발전하는 추세가 그것이다. 방송미디어의 경우도 방송(broadcasting)에서 협송(narrowcasting)을 거처 통신과 다를 바 없는 점송(pointcasting)으로까지 진전되고 있다. 통신미디어와 방송미디어가 이처럼 약진하는 반면에 인쇄매체는 위기를 겪고 있다. 그 대표적인 예가 신문의 위기이다. 궁극적으로 전통적인 미디어의 구분 자체가 약화되거나 사라지고, 미디어 사업자들은 하나의 영역기반을 넘어 범커뮤니케이션 사업 내지 범미디어 사업이라는 정체성을 제시하며 경쟁적으로 영역을 확장하고 있다.

다섯째, 하나의 미디어가 모든 소통을 매개할 수 있는 미디어 융합이 진전된다고 해서 사적 소통, 집단적 소통 그리고 사회적 소통이 뒤섞이는 것은 아니다. 개체, 집단 그리고 사회성원으로서의 우리의 삶이 근본적으로 바뀌지 않는 한, 이러한 소통을 매개하는 기술적 수단이 어떻게 변화하건 이러한 소통영역의 차별성은 엄존하게 될 것이다. 서로 상이한 소통영역을 결합시키려는 사업적 시도들, 예를 들어, 방송과 통신 서비스를 결합한 영상전화, 쌍방향 정보와 TV시청을 연결하려는 쌍방향 방송 서비스가 지속적으로 실패해 온 이유는 바로 이러한 점을 간과했기 때문이다. 최근 들어 페이스북, 트위터 같은 SNS가 사적 소통과 공적 소통을 뒤섞어 사회적 논란을 초래하는 이유 역시 여기서 찾을 수 있다. 이 같은 과도기적 혼란은 SNS 이용자들이 사적 대화와 집단적 교신, 그리고 사회적 발언을 분별할 줄 아는 경험과 지혜를 체득할 때 해결의 실마리를 찾게 될 것이다.

이상에서 제시한 사회적 소통구조의 변화, 그리고 그와 동전의 양면처럼 연계된 미디어 지형의 변화는 세계 어느 나라보다도 우리 사회에서 뚜렷하게 관측되고 있다는 것이 필자들의 판단이다.

     ✦ 미디어 생태계의 미래

3. 한국사회 소통의 위기와 원인[140]

2천 년대 이후 우리 사회에는 탄핵방송사태, 황우석 신드롬, 미국 쇠고기 광우병 괴담, 촛불시위, 미디어법 파동, 천안함 사태, 미네르바 파동, 타블로학력 진실 공방 등 여론 형성의 오작동, 신드롬 내지 패닉이라 할 병리적 군중심리의 형성, 미디어의 파행, 극한적인 사회적 의견대립 및 충돌이 이어져 왔다.

이러한 사태들은 그 계기나 배경, 내용의 차이에도 불구하고, 공식적인 정보에 대한 극한의 불신, 근거가 약하거나 괴담 수준에 가까운 정보의 유통, 수많은 사람들의 동시적 관여, 패닉에 가까운 군중심리의 촉발, 그리고 정상적인 소통의 마비 등과 같은 유사성을 드러낸다. 유사한 양상의 사태가 만성적으로 되풀이되고 있다는 점에서 일시적이라기보다는 구조적이다.

이처럼 쳇바퀴처럼 되풀이되는 사회적 갈등 내지 병리현상은 흔히 소통의 위기로 규정된다. 그 주요 원인은 절차를 무시하고 효율성만을 강조하는 현 대통령의 통치스타일, 정부의 홍보활동 부족, 양극화되어 파당적인 뉴스를 양산하는 미디어에서 찾아진다. 이른바 "소통위기 담론"이다.

이러한 진단은 과연 제대로 된 것인가? 이는 부분적으로만 타당하다는 것이 연구자들의 판단이다. 문제를 소통의 위기로 규정하는 것은 타당하지만 위기의 원인을 현 정치권력의 문제로 돌리는 인식에는 한계가 있다. 소통의 위기는 정치권력과 국민 간의 관계에서만 목격되는 것이 아니다. 소통위기는 정치권, 시민사회, 학술단체, 미디어, 가정 등 말 그대로 사회적 상호작용의 모든 거시적 및 미시적 층위에서 상시적, 전면적으로 발생하는 병리현상의 양상을 띤다.

사회적 소통의 불협화음을 증폭시키는 데 미디어가 중요한 역할을 수행함은 분명하다. 극심한 경영위기 속에 수구적 보수와 파괴적 진보로 양극화되어 싸우는 신문,

---

140 이 항은 윤석민(2011) 2부의 내용을 수정, 보완하였다.

사사건건 불공정시비에 휘말리는 방송, 난장 상태의 인터넷, 끊임없이 시빗거리를 양산하는 소셜미디어들이 그 장본인들이다. 하지만 미디어는 우리와 동떨어진 존재가 아니라 우리들이 소비하고 또 직접 참여해 만들어 내는 소통의 매개체다. 소통의 매개체는 사회적 소통의 구조 속에 잠복한 위기를 발현시키고 증폭시키는 역할을 하지만, 위기의 일차적 원인은 아니다. 오히려 근본적인 원인은 사회적 상호작용 및 소통행위를 만들어 내는 행위주체이자 소통자들인 한국사회 사회성원들의 모습 속에서 찾아야 할 것이다. 또한 스스로가 중차대한 사회적 소통자이자 미디어에 직간접적인 영향력을 행사하는 정치권력, 그 우산 아래 있는 미디어 정책시스템 역시 사회적 소통의 불협화음과 직접적인 관련성을 지닌다. 종합적으로, 우리 사회의 소통의 파행 내지 위기는 사회성원, 미디어체계, 정치권력과 같은 변수들이 복합적으로 작용한 것이고, 이에 대한 종합적인 검토가 전제될 때, 현재의 소통위기를 제대로 이해할 수 있다.

1) 소통자로서의 한국사회 성원

지난 한 세기 동안 소통자로서 한국사회 구성원은 어떤 변화를 거쳤을까? 일제식민지, 6·25전쟁, 군사독재, 민주화, 세계화, 미디어의 팽창 등의 큰 흐름 속에서 한국사회 구성원의 존재양식과 소통적 실천에는 어떠한 변화가 있었는가? 이러한 변화의 지층들이 켜켜이 쌓이면서 축적되고 변이된 소통자로서 한국 사회성원의 모습은 오늘의 소통위기와 어떤 상관관계가 있는가?

20세기 이후 한국사회의 변화 양상을 살펴보면 크게 두 가지 경향성을 보인다. 그 첫 번째 방향성은 개인성의 성장이다. 19세기 말 이후 개인의식의 성장, 개인적 욕망 내지 정체성의 외부적 표현, 봉건적 가치관의 탈피, 여권의 신장 등은 한국사회의 역사적 흐름 속에서 현저하게 관찰 가능하다. 근대적 개인의 등장은, 대다수 조선인들의 삶을 지배하고 있던 전근대적인 문화가 구미와 일본에서 수입된 생활양식과 새로운 사회적 소통체계에 의하여 도전을 받던 1920~1930년대, 군사정권의 강력한 통제

✦ 미디어 생태계의 미래

속에서도 미국식 자유주의와 대중문화를 대폭 받아들인 1960~1970년대, 민주화와 세계화의 흐름 속에 인터넷, 모바일 등 개인미디어의 성장으로 전 세계적인 개인주의 문화가 더욱 강화되는 경향을 보이는 1990~2000년대 등 지난 한 세기 한국사회의 역사적 흐름 속에서 지속적으로 나타난다.

1920~1930년대는 조선사회에 뿌리 깊게 자리 잡고 있던 봉건적 토대와 유교적 질서가 급격한 해체의 움직임을 보이던 시기다. 이 시기의 지각변동은 개인의 정체성을 축으로 하여 일어난다. 근대라는 새로운 지평이 열리면서 가족, 집단, 마을 등 공동체에 대한 귀속과 의무의 관점에서 규정되던 개인의 정체성에 공동체 외부에 존재하는 욕망, 가치, 자율성, 독립성이 덧붙여지기 시작한 것이다.

소통의 영역에서 이러한 근대적 개인의 등장은 독자로서의 개인의 출현을 통해서 엿볼 수 있다. 개인으로서 독자가 탄생하기 이전의 책읽기는 대개 "한 사람이 집단 속에서 다른 사람들에게 읽어서 들려주는 사회적 활동"을 의미했다. 이러한 공동체적 독서에는 '유식한' 이가 공동체의 구성원들 앞에서 신문, 책 등을 비롯한 읽을거리를 낭독하고 설명해 주던 행위, 도시와 농촌의 여염집 사랑방이나 안방에서 소규모로 이루어진 가족구성원들의 독서 등이 포함되었다(천정환, 2003, pp.109~11). 그러나 개인으로서의 독자가 탄생한 이후, 독자들은 상상 속의 화자인 작가, 나아가 자신의 내면과 감정을 마주하는 고독하고 외로운 작업에 임하게 되었고, 이러한 작업을 통해서 스스로를 독립된 개인으로서 인식하게 되었다. 묵독하는 독자들이 출현하게 되면서 작가 개인과 독자 개인의 소통이 가능해지고, 이러한 교감을 통해서 독자 개개인들은 타인들의 해석과 감성과는 별개의 주체적인 내면의식의 형성을 경험하게 된 것이다(윤석민, 2011, pp.101). 이와 더불어 여성 단발, 자유연애 사상, 트레머리, 하이힐, 재즈, 서구 브랜드 상품, 레코드 등 이 시대에 나타난 새로운 문화적 스타일들은 전통적 가치로부터 스스로를 차별화하고 새 시대의 가치로서 다양성, 개성화, 개인의 취향과 선택권, 남녀평등 사상 등의 인식과 가치관을 드러낸다. 이것은 단순히 스타일의 문제가 아니라, 가족, 집단, 마을을 넘어선 새로운 개인의 탄생과 맞물려 있다고 볼 수 있다. 물론 이 시대 역시 여전히 봉건주의적이고 전통적인 가치관이 지배적이었던 것은 사실이다. 사회적 통제와 도덕적 비판에 맞서 스스로의 욕구와 취향을 쟁취했던 일부 용감했던 모던 세대들이 분명 존재했지만 이들은 극소수에 지나지 않았다. 그럼에도 불구하고, 기존에는 볼 수 없었던 새로운 개인이 근대화의 물결과 함께 한국사회에 탄생하기 시작하였으며, 이 시기 이후 개인성의 성장이 거스를 수 없는 역사적 흐름이 된 것 역시 중요하게 인지되어야 할 사실이다.

산업화 이데올로기와 민족주의 이데올로기가 사회 전반을 지배하던 1960~1970년대 역시 청년세대를 중심으로 개인성의 성장이 두드러지게 나타난 시기이다. 1960~1970년대 청년세대들은 전후세대로서 미국문화의 영향에서 성장한 세대이며, 1960년 4·19혁명으로 시작된 학생운동을 경험한 세대이자, 60년대 서구사회에서 타올랐던 청년문화의 영향을 직간접적으로 섭취하며 성장한 세대였다. 이들은 일제하에서 살아온 기성세대의 권위주의적 문화에 대한 거부감을 가지고 있었고, 특히 미국식 자유주의와 대중문화를 수용하면서 과거 세대와는 다른 가치체계와 취향을 형성하고 있었다. 이 새로운 세대가 사회의 주역으로 떠오르면서 한국사회의 대중문화는 해방 후 처음으로 세대 간 차이와 대립의 현상을 보였고, 이는 문화정체성 갈등의 양상으로 나타나게 된다(김창남, 2003). 1970년대 초반 청년문화 담론의 중심이 되었던 것은 당시 대학생층에게 폭발적인 인기를 누리며 확산되었던 포크 음악이었다. 포크 음악의 유행은 1961년 5월 16일 군사정변 이후 암울했던 우리 시대상을 반영하고 있었다. 4·19 혁명이 뿌리를 내리기도 전에 일어난 군사정변은 민주주의를 고대하던 사회 각계각층에 절망감을 안겨줄 수밖에 없었고, 특히 4월 혁명의 주축 세력이었던 대학생들의 무기력과 절망감은 클 수밖에 없었다. 이 무기력과 절망감을 위로하고, 오랜 침묵을 깨어내도록 만든 매개가 바로 포크였다. 기타 선율에 맞추어 젊은이들이 다시 '말'을 하기 시작했다. 자유, 순수 그리고 사랑을 노래하며 가장 원초적이고 개인적인 가치들을 점검하기도 했고, 아니면 삶의 어두운 면과 정치적 질곡을 노래하면서 민주주의의 필요성을 다시 한번 숙고하기도 하였다. 포크 음악으로 표상되는 70년대 초반 청년들의 정체성에는 기존 세대의 권위주의에서 탈피한 자유주의적인 정서와 태도가 담겨 있었다(김창남, 2003). 물론 70년대의 청년문화는 독재권력, 지배문화에 저항하는 것이 아니라 소극적 의미의 자기표현을 의미할 뿐이었고(주창윤, 2006), 소수 대학 엘리트들을 중심으로 형성된 청년문화가 사회적 보편성을 얻는 데는 실패했다. 지식인 진영은 서구 청년문화의 저항성을 강조하면서도, 한국 청년문화의 실천에 대해서는 함구한 채 규범적 결론을 내리며 담론을 주도했고, 언론 역시 청년문화에 나타난 시대의식이 아니라 청년문화의 외양과 소비적 속성에만 관심을 두었다. 그리고 1970년대 중반 정치권력의 통제와 억압은 청년문화 담론을 사실상 종결시켰다(주창윤, 2006). 그럼에도 불구하고 이 시대의 청년문화는 국가 중심의 사회적 구조 속에서도 자유, 개성 등 개인성의 성장이 근대화라는 역사적 궤도 속에서 지속적으로 이어지고 있음을 보여 준다.

개인성의 성장이 가장 폭발적으로 이루어진 시기는 1990년대 이후다. 1986년 6월 항쟁으로 본격화된 군사정권에의 저항과 1992년 김영삼 문민정부 출범, 1997년 김대중 정부 출범으로 인한 수평적 정권 교체, 2002년 노무현 정부 출범 등으로 이어진 민주화 과정은 개인의 다양한 욕구가 분출될 수 있는 제도적 계기를 마련하였다. 1960~1970년대의 독재적인 정치적 틀이 깨어지고, 정치사회적으로 국민 개개인의 표현의 자유와 행동의 자유가 제도적으로 보장되기 시작하면서, 그동안 억눌려 있던 다양한 불만과 욕구가 다양한 모습으로 표출되기 시작했다. 이와 더불어 세계화와 커뮤니케이션 기술의 발달은 글로벌한 차원에서 미국 등 서구문화의 유입이 한층 쉬워져 서구의 개인주의 문화가 더욱 강화되는 경향을 보이게 되었다. 특히 인터넷, 휴대전화와 같은 미디어 이용에 대한 개인의 개입도가 큰 정보통신기술의 발달은 개인들이 보다 능동적인 커뮤니케이션의 주체로서 자리 잡게 해주는 중요한 토대가 되었다.

지난 한 세기 동안의 한국사회의 압축적 근대화 과정을 보면, 집단, 마을, 커뮤니티를 넘어선 개인성의 탄생과 성장을 지속적으로 발견할 수 있다. 그러나 이러한 개인성의 성장이 주체성도 높고, 연결성도 높은 개인의 탄생으로 이어졌다고 보기에는 무리가 있다.

개인성의 성장과 함께 지난 한 세기 동안 우리 사회성원들이 겪어온 또 하나의 변화는 분열된 사회적(국가적) 정체성의 강화다. 특히 우리 현대사에서 중요한 시기는 1960~1970년대다. 이 시기에 국가 주도의 근대화, 이른바 시민사회의 성장 없는 물질적 성장 중심의 산업화가 관철되었다. 분단된 병영국가 체제 속에서 이루어진 물질적 성장의 이면에는, 가족이기주의, 성공제일주의, 천민자유주의 등으로 불리는 왜곡된 집단성의 그림자가 짙게 묻어 있다. 박정희 정부는 "정치, 경제, 사회, 문화 모든 분야에 걸쳐 조국의 근대화를 촉성하는 것"을 국가의 궁극적 과제로 삼았다. 이러한 목적하에 개인과 민족의 동일시와 국가경제 발전을 강조하는 담론들을 주도적으로 생산해 나갔다. 국가의 발전을 위하여 개인의 욕구를 억누르고, 국가의 일원으로서 획일적이고 동일한 정체성을 체화해야 하는 것을 강조하는 국가의 담론에 대하여 당대의 사회구성원들이 보여 주었던 반응은 부정적인 것만은 아니었다. 뿌리 깊은 가난과 고통에 시달렸던 당시의 대중들에게 가장 절실했던 문제는 무엇보다 경제적 궁핍함으로부터 벗어나는 것이었고, 국가발전과 조국의 근대화는 이러한 일상적인 어려움과 빈곤을 해결할 수 있는 최선의 방안으로서 사회적으로 합의되고 있었다. 먹고사는 일차적 문제를 해결하기에 급급하였던 당시대의 대중들에게 정부가 제시하는 풍요로운 삶에 대한 핑크빛 청사진은 이들을 동기화하는 강력한 비전으로 작용했다. 박정희가 연임을 거듭하면서 이러한 사회적 분위기는 심화되어 1970년대에 이르면 새마을운동과 함께 '인간성 개조론' 혹은 '민족성 개조론'이라는 형태로 표출되게 된다. 새마을운동은 이러한 국민들의 인간성 개조, 즉 '근면, 자조, 협동'의 정신을 적극적으로 실천하는 인간형을 길러내는 것을 목적으로 하였다.

1960~1970년대 한국사회에서 근면, 자조, 협동의 새마을 정신을 체화한 인간형이 위로부터의 의도를 통해서 형성된 긍정적 인간상이었다면, 인구증가와 도시집중 현상으로 경쟁이 심화되면서 자생적으로 형성된 이상적인 인간형은, 명문고등학교와 명문대학교에 진학하여 사회적으로 성공하고 경제적 부를 달성함으로써 부모님

     ✦ 미디어 생태계의 미래

을 호강시켜 주는 이른바 출세한 인간이었다. 이러한 인간형은 매년 입시철마다 각종 매스컴을 장식하던 "대학입시가 끝나면 식당, 파출부 하며 자식 교육시킨 홀어머니의 부어터진 손을 붙잡고 환하게 웃던 '수석입학자'의 모습"이었다. 성공신화 담론이 대량생산되고, 명문대학 졸업장이 성공의 보증수표가 된다는 것이 주변사람들의 삶과 현실 속에서 재확인되면서, 대한민국의 국민들은 '나도 할 수 있다' 혹은 '내 자식도 할 수 있다'라는 의지를 다지며 출세를 위한 향학열을 불태우게 된다. 이러한 출세지향적 문화는 1960~1970년대 한국사회를 지배하는 코드였다. 이 코드의 근저에는 내 자식만은 좋은 학교를 가야 하고, 성공해야 한다는 '비도덕적 가족주의(amoral familism)'(Banfield, 1958)가 자리 잡고 있다. 가족주의는 가족에 대한 애착이 다른 의욕과 동기를 압도하고 행동의 주도권을 갖는 생활태도를 지칭한다. 전통적 시각에서 가족주의는 공동체주의를 의미하는 것이지만, 한국전쟁, 군사독재를 거치면서 형성된 경제적 빈곤, 정치적 억압이라는 독특한 사회적 맥락에서, 한국의 가족주의는 공동체주의가 아닌, 가족단위의 이기주의로 현상화되었다. 이것은 전쟁과 독재를 거치면서 변형, 왜곡된 형태의 개인주의였다. 국가는 서구 복지국가의 경우처럼 개인의 안전을 보장해 줄 수 있는 지위를 지니지 못했고, 개인들은 사회적 안정망의 부재 속에서 효와 자애라는 유교주의적 가치와 가족을 중심으로 단결하였다. 가족은 개인의 이익을 실현할 수 있는 유일한 영역이었고, 자신이 사회적 경쟁에서 낙오하였거나 늙어 병들었을 때 의존할 수 있는 최후의 보루였던 것이다. 부모는 자식을 독립적인 존재로 보기보다는 가족의 구성원으로 보는 사고와 생활방식을 가지고 있었고, 자식들에게도 당연히 그러한 가족중심적 삶을 살 것을 기대하였다. 이러한 사고방식에 따르면, 자식 세대에게 기대되는 역할은 부모의 희생과 지지에 대하여 출세를 통해서 금전적 보답(효)을 하고, 늙은 부모의 노후를 책임지는 것이었다. 하지만 1960~1970년대 서구적 합리주의 교육을 받고 받아들인 자식 세대들은 부모와는 차별되는 가족 관념을 서서히 배양해 나가게 되었고, 이들은 '소를 팔아' 자신을 뒷바라지한 부모에 대한 의무감과 개인주의 사이에서 괴로워하는 분열 상태에 빠지게 된다. 이러한 상태는 1960~1970년대에 젊은 시절을 보낸 '혼란 세대'들이 부모가 되고, 이들의 아들 세대가 출현하고, 동시에 IMF 시대, 신자유주의 시대가 전면화되는 1990년 후반에 들어서면서 극명하게 나타나게 된다.

한편 1960~1970년대를 관통하며 사회, 문화 전반에 변화를 일으켰던 핵심적인 사건은 텔레비전 방송의 시작이었다. 텔레비전은 군사정부의 출범과 함께 시작된 근대화 작업의 핵심적 수단으로 간주되었다. 텔레비전은 대내외적으로 근대화된 조국의 발전상을 보여 줄 수 있다는 측면에서 근대화 이데올로기와 정부업적을 널리 알리는 홍보창구로 인식되었고(임종수, 2004, p.90), 공장 근로자들과 농어촌의 주민들에게 대도시의 새로운 환경과 근대적인 생활습관 등을 가르쳐 주는 교육적 기능을 수행하였으며, 대중들에게 보다 효과적으로 국가정체성을 체득할 기회를 부여했다. 텔레비전은 개인을 조국근대화에 앞장서는 경제적 성원으로서 동원하고 애국심을 고취할 수 있는 효과적인 이데올로기적 기구였던 것이다. 임종수(2004)의 표현을 빌리자면, 텔레비전은 "근대화의 새로운 가치관을 주류의식으로 통합해 내는 기반으로서 정치적 변동을 문화적 차원의 정신세계로까지 연결시켜 내는 핵심 테크놀로지"였다.

1960년대 후반에서 1970년대까지의 텔레비전은 국가적 차원에서는 정책홍보도구이자 이데올로기적 수단이었지만, 일반대중에게 텔레비전은 부와 근대화의 상징이자, 일상적 오락매체로서 인식되고 있었다. "텔레비전이 없으면 심심해서 못 살 만큼"(허연금, 1975, p.11) 텔레비전은 대중들에게 중요한 오락거리였다. 텔레비전은 방송 시작 이후 불과 10년이 안 되는 짧은 기간 동안 대중들의 행동양식과 사회규범, 문화의 형태까지 바꾸는 영향력을 행사했지만, 그 방식은 무엇인가를 가르치는 교훈적인 것이 아니라, 즐길 거리를 제공하는 것이었다. 당시의 대중들은 텔레비전이 제공하는 볼거리와 이야깃거리 등을 통해서 공통적 연결점을 찾았고, 이들은 공통의 경험을 향유하는 주체로서, 텔레비전 수상기 및 텔레비전이 광고하는 상품을 구매하는 소비자로서, 근대적 의미의 대중(mass)으로서 부각되기 시작한다.

요컨대 1960년대 후반~1970년대 우리 사회성원들은 정치적으로는 국가적 이념성

✦ 미디어 생태계의 미래

강화, 사회적으로는 비도덕적 가족주의와 이에 따른 분열된 세대주체의 등장, 그리고 문화적으로는 텔레비전의 확산에 따른 근대적 의미의 대중으로서의 부각이라는 특징을 보이면서, 가족이기주의, 성공제일주의, 천민자유주의 등으로 불리는 분열된 집단성의 사회적 정체성을 발현시킨다.

1960~1970년대의 분열된 사회적 정체성 강화 흐름은 이후 1980년대 전두환 정권과 1990년대 민주 정권의 등장, 그리고 2000년대 세계화와 맞물린 신자유주의의 거센 물결 속에서 좀 더 가속화된다. 1987년부터 민주화항쟁에서부터 2012년 현재까지 이른바 한국사회 성원을 명명하던 다양한 기표들, 386세대, IMF세대, 88만원세대(촛불세대) 등은 단순히 특정 세대의 특징을 부분적으로 설명하는 것을 넘어, 한국사회의 정치·경제학적 구조 변동과 이에 대응하는 세대주체들의 분열된 사회적 정체성이 가치론적으로나 의미론적으로 순환적인 반복과 강화의 고리를 가지고 있음을 보여 준다.

다음은 이명원(2010), 이동연(2004) 등이 제시한 세대별 특징을 바탕으로 1980년대 이후 현재까지 사회적으로 구성된 세대별 정체성의 내용을 정리해본 것이다.

(1) 386세대(현재 40대)

반독재 민주화운동을 통해 1987년 6월 항쟁을 이끌었고, 이후 형식적 민주주의의 진전과 쇠락을 동시에 추동한 세대다. 정치적 민주주의에 대한 열망이 강해 김대중, 노무현 정부의 탄생을 가능케 했지만, 신자유주의체제의 심화에 대해서는 적극적으로 저항하지 않고, 그 안에서 적응하고자 했다. 기성세대가 된 지금은 일정하게 부동산 자산을 축적하여 중산층으로 편입된 상황이지만, 경제상황의 변화에 따른 자산 가치의 하락을 걱정하고, 급격한 경기변동을 원치 않는 보수성을 보여 주고 있다. 정치·문화적으로 사회적·국가적 정체성이 강렬해 선거 국면이나 촛불항쟁 국면에서는 집단적 선택과 행동의 태도를 보이기도 한다. 1987년~1992년 민중항쟁기에 20대를 경유하면서 강력한 정치적 투쟁의 연대 감정과 이후 상대적 안정기와 IMF 시기를 경유하며 신자유주의적 금융화의 시기를 주도한 세대라는 점에서 가장 모순적이고 갈등적인 감정구조를 체화한 세대라 할 수 있다.

(2) IMF세대(30대)

핵가족이 자리 잡은 상태에서 자본주의화된 방식으로 어린 시절을 경험했고, 1990년대 중반의 풍요로운 시기에 대학 시절을 경험한 후 신자유주의 시대에 사회에 진출했기 때문에 철저하게 세대 내부에서 계급적 양극화를 체험하기 시작함과 동시에 경제적 풍요에서 궁핍으로의 반전을 젊은 시절부터 경험하기 시작한 세대다. 20대 초반에는 386세대의 민주화투쟁에 강렬한 자극을 받았지만, 서태지의 등장 이후 신세대 문화에 열광적으로 동참하기도 한 세대이기도 하다. 대학졸업 무렵 IMF체제의 도래에 따른 실업과 불안정 노동 상황 때문에 고통을 겪었고, 그러나 2002년 월드컵 거리응원 경험과 미선효순 추모 촛불집회, 2002 대선에서 노무현 당선에 따른 희망과 실정에 대한 절망 모두를 맛본 세대라 할 수 있다. 386세대에 비하자면 고용과 신분불안정 때문에 부동산 자산을 축적하지 못한 세대로 경제적으로는 진보적 정책을 지지하는 편이고, 문화적으로 다원주의에 입각한 개인주의적 성향을 보여 주지만, 정치적·국가적 변화에 대한 열망이 상대적으로 높은 세대다.

(3) 88만원세대(20대)

스스로를 잉여라고 간주하는 세대로, IMF세대와 마찬가지로 양극화와 상대적 궁핍함을 경험하고 있는 세대다. 청소년 시절에 부모의 IMF 경험으로 인해 경제적 비극과 불안에 노출되었고, 대학에 들어서자 승자독식의 스펙경쟁에 내몰리고, 동시에 고액의 등록금 때문에 알바와 대출금에 전전긍긍하는 모습을 보이기도 한다. 88만원세대로 명명당한 이후 오히려 공포와 순응에 젖어 버렸고, 세대 착취라는 개념을 알고 난 이후부터 386세대를 혐오에 가까운 시선으로 바라보게 되었다. 보수와 전통은 스타일 면에서 촌스럽다는 감각적 인상이 강하고, 친구들과의 직접적인 대면소통보

✛ 미디어 생태계의 미래

다 게임과 인터넷을 통해 간접적으로 소통하고, 표현하는 데 익숙하다. 초등학교 시절부터 인터넷, 휴대전화 커뮤니케이션을 체화한 본격적인 디지털 세대라는 점에서 위의 모든 세대와 근본적인 차이가 있다. 정치에 대해서는 대체로 무관심한 편으로 냉소적인 성향이 강하고, 세상이 어떻든 나는 나의 길을 간다는 성향 역시 강하지만, 청년실업 등 사회구조적 문제가 일상의 불안과 궁핍함을 가속화시키면서, 급속도로 정치화되고 있는 양상을 보이고 있다.

이상에서 살펴본 세대론들(386세대론, IMF세대론, 88만원세대론)에는 상당한 허구성과 논리적 비약이 잠재하고 있다. 하지만 이와 같은 세대론들이 구체적인 한국사회의 정치경제학적 흐름 속에서 지속적으로 반복 재생산되고 있다는 것, 그리고 이러한 기표에 담긴 의미가 국가적·사회적 정체성의 강화 흐름과 맞물려 있다는 것을 아는 것 역시 중요하다. 이들 세대 담론은 특정 시기에 출몰했다가 사라지는 것이 아니라, 지속적으로 한국사회의 거시적 흐름과 교호하면서 한국 사회구성원의 사회적 정체성 강화라는 보편성으로 이어진다.

지난 한 세기 동안 우리 사회성원들이 겪어온 개인성의 강화와 사회성의 강화라는 두 가지 방향은 소통구조의 변화를 촉발한다. 〈그림 2〉와 〈그림 3〉은 한국사회의 근대화 이전의 소통구조와 근대화 이후의 소통구조를 비교해 본 것이다. 전근대 사회의 소통구조는 전체적으로 사회적 상호작용 및 소통이 활성화되어 있지 못한 상태이며 이는 전체적으로 작은 소통구조의 크기로 나타난다. 상호작용 및 소통구조의 내부구조에도 독특성이 존재한다. 전근대사회 내지 공동체사회의 성원은 연결성은 강한 반면 개별성 또는 주체성은 미숙한 소통자로서의 특성을 지닌다. 집단적 정체성은 강한 반면 개인적 정체성이 위축되어 있으며, 전통적 공동체 규모를 벗어난 사회적 정체성의 발현 역시 미미한 상태다. 이 소통구조는 앞서 살펴본 소통자의 유형에서 묵묵이들이 다수를 이루는 구조이다. 이처럼 개별성은 약한 반면 연결성이 강한 전극대적 성원들이 만들어 내는 소통구조의 가장 두드러진 특징은 집단 대 집단의 소통영역이 확장되어 있는 반면 개인생활 및 소통영역(1)과 사회적 상호작용 및 소통에 해당하는 영역(9)이 미성숙한 모습을 보인다는 것이다. 급진적 상호작용에 해당하는 3과 7의 영역 역시 발전해 있지 못하다. 이는 사회적 구조에 도전하는 일탈, 도전, 파격의 시도가 위축되어 있고, 동시에 전 사회적 차원의 규율과 지배 역시 제대로 성립되고 있지 못하다는 것을 보여 준다.

20세기 이후 한국사회의 압축 근대화는 종래의 전근대적 상호작용 및 소통구조가 양적, 질적으로 변화시킨다. 가장 우선적으로 소통자의 개인성과 사회성이 강화되면서 양적 차원에서 전체 구조의 크기가 확대되었다. 질적 차원에서 가장 두드러진 변화는 전통사회에서 지배적이던 공동체적 정체성이 약화되면서 동시에 개인적 정체성과 사회적(국가적) 차원의 정체성이 과잉 활성화되는 것이다. 개인적 정체성의 과잉활성화는 소통자의 유형에서 묵묵이에 대비되는 떠버리들이 다수를 이루는 구조를 의미하며, 이러한 조건 속에서 소통 구조는 개인 대 개인의 생활 및 소통이 이루어지는 1영역이 과잉 활성화되고, 상대적으로 집단의 소통이 이루어지는 5영역이 과잉 축소화되는 특징을 보인다. 한편 사회적 정체성의 과잉 활성화는 소통자의 유형에서 국민, 시청자, 대중, 소비자로 동원되는 수동적 사회성원, 이른바 어리바리류의 소통자들이 다수를 이루는 구조를 의미하며, 이러한 조건 속에서 소통구조는 사회적(국가적) 소통이 이루어지는 9영역이 과잉 활성화되는 특징을 보인다. 그리고 개인적 정체성과 사회적(국가적) 차원의 정체성이 과잉활성화되고, 집단적 정체성이 약화되면서, 정상적인 상하향적 소통을 매개하는 2, 4, 6, 8영역이 상대적으로 약화된다. 반면 급진적 상호작용에 해당하는 3의 영역과 강제적 지배행위의 영역에 해당하는 7의 영역이 확장된다. 이러한 변화의 방향은 근대국가가 경험하게 되는 전 세계적인 방향이기는 하지만, 한국의 경우 이 변화가 훨씬 더 가시적이고, 변화의 속도 역시 빨랐다. 그리고 이는 한국사회의 소통의 불협화음이 지속, 강화되는 데 주요한 요인이 된다.

1980년대 후반 이후 민주화과정을 통해 군사 권위주의 정부를 청산하고 2000년대 진보권력 시대에 진입하면서, 우리 사회에는 시민성의 성숙에 관한 전망들이 쏟아졌다. 표현의 자유와 행동의 자유가 보장되면서 억눌렸던 다양한 욕구가 분출되었다. 여기에 이동전화와 인터넷의 급속한 보급 등 사회적 소통의 물리적 가능성이 비약적으로 제고되었다. 사람들은 새로운 소통 테크놀로지를 빠르게 수용하여 적극적으로 자신을 드러내며 사회적 관계의 폭을 확장시키는 것처럼 보였다. 이러한 관찰은 멀티태스킹에 능숙하고, 신속한 반응을 추구하며, 적극적으로 자신을 드러내는 디지털네이티브(digital native)세대, 사회 전반에 대한 적극적인 참여 (Participation) 속에서 열정(Passion)과 힘(Potential Power)을 바탕으로 사회 패러다임의 변화를 일으키는 세대(Paradigm-shifter)로 명명된 P세대, 사회적 · 개인적으로 잘 통합되고(Well-Integrated), 숙성된 새로운 어른 세대(New Elder)란 뜻이 담긴 와인(WINE)세대 등의 담론을 형성하면서, 개인성과 시민성이 이상적으로 신장된 ‘연결된 개인성(networked individualism)’을 지향하는 개인이 우리 사회의 다수를 이루기 시작했다는 긍정적 전망으로 이어졌다.

하지만 2000년대 이후 우리가 겪어온 사회적 소통의 파행은 이러한 전망이 지나치게 성급했음을 보여 준다. 시민사회 영역이 위축된 가운데 개인은 정치영역, 내지 국가와 급진적 방식으로 연결되었다는 것이 보다 정확한 분석이다. 개인주의는 ‘연결된 개인주의’로 진전되지 않았다. 오히려 개인이 개인을 만나는 공식적, 비공식적 집단, 이들이 구성하는 시민사회 영역이 위축 내지 상실된 가운데 개인은 사회, 정치영역, 또는 국가와 급진적 방식으로 연결되었다. 2000년대 이후 우리가 겪어온 사회적 소통의 파행적 사태들이 그 방증이라 할 것이다.

현 시대 우리 사회를 특징짓는 대표적인 사회문화적 현상들 몇 가지만 살펴보더라도 개인적 영역과 국가적 영역의 과잉, 반면에 상대적으로 위축된 양상을 보이는 집단적(시민적) 영역은 우리 사회성원들의 두드러진 모습임을 알 수 있다. 불륜공화국, 명품소비로 대표되는 과도한 육체와 소비욕구의 분출, 신도 수가 수십만에 달하는 거대교회, 거대사찰, 어떤 정부에서건 어떤 수단으로도 잡히지 않는 사교육 열기, 위아래, 옆집에 누가 사는지도 모르는 모래알 같은 아파트 생활, 국가대항 운동경기가 있을 때 넘쳐나는 길거리응원 열기, 하지만 정작 자신이 몸담고 사는 지역사회 또는 공동체에 대해서는 철저히 무관심한 상태 등은 사적 삶의 영역과 시장에 있어서 욕망의 폭발, 소비에 국한된 자유의 진전, 그리고 애국주의 내지 국가주의의 만연인지는 모르지만 건강한 공동체, 집단, 시민성의 성장과는 분명 거리가 있다.

사회성원의 대다수가 과잉 개인화된 동시에 과잉 정치화된 상태, 시장영역과 국가영역이 과잉 비대화된 반면 시민사회는 여전히 미숙한 상태는 다양한 양상의 사회문제들을 창출한다. 사적 욕망이 과잉 비대화되고, 집단에 의해 걸러지지 않은 거친 욕망, 미성숙한 의견이나 괴담이 사회적으로 횡행하며, 그 반작용으로 구시대적 권위주의 통제가 다시 모습을 드러내고, 과잉 정치화에 따라 국가정책을 둘러싼 극한적 갈등이 만성화되는 양상이 동시적으로 나타나기 시작한다. 탄핵방송 사태, 황우석 사태, 광우병 촛불시위, 미네르바 사건, 미디어법 사태, 천안함 사태, 타블로 학력위조 논란, 무상급식 논란 등 우리가 겪어온 일련의 소통위기들 속에서 우리가 관찰한 작용과 반작용의 양상들이 이러한 구조가 내포하는 파행적 사태들과 본질적으로 다르지 않다고 할 것이다.

2) 정치권력의 문제

사적 욕망과 이념적 가치로 양분된 사회성원들의 문제가 심화된 데는 2000년 이후 정치권력도 주요 변수로 작용했다. 노무현 정부와 이명박 정부는 이념차원에서 상반되지만 통치차원에서 유사한 한계를 드러냈다. 그것은 개인성과 이념성이라는 상호 모순된 우리사회 성원들의 과도기적 상태를 충분히 이해 못하고, 각 정권의 이념적 강조점에 따라 그 한 측면에 강조점을 두고 접근했다는 것이다.

노무현 정부가 주목한 한국사회 구성원의 모습은 이념적으로 과잉되어 있는 사회성원들의 모습이었다. 하지만 이들이 동시에 억눌려지지 않는 사적 욕망의 주체라는 사실은 간과되었다. 참여정부 시절, 이상적 시민성을 가정한 나이브한 주택, 교육, 사회, 노동정책이 추진된 것은 이러한 맥락이었다.

✦ 미디어 생태계의 미래

참여정부는 부동산 대책에 정권의 모든 것을 걸겠다고 공언하며 취임 초부터 다양한 부동산 대책을 내놓았지만 이러한 정책은 번번이 실패로 돌아갔다. 아파트 분양가 상한제, 원가공개 등 시장원리를 무시하며 무리하게 가격을 통제하려는 조치들, 집 한 채 갖고 있는 평범한 봉급생활자 내지 은퇴한 고령자들에게까지 무차별적으로 적용된 종합부동산세와 같은 징벌적 과세 조치는 오히려 집값을 폭등시키고 납세자들의 불만을 야기했다.

교육정책도 마찬가지였다. 참여정부는 대통령 직속 자문기구로 교육혁신위원회를 설치하고 공교육 정상화, 교육격차완화 조치를 연이어 추진했다. 하지만 학벌과 시험, 경쟁을 중시하는 교육의 폐해는 개선하지 못한 채 참여정부 기간 동안 가정에서 지출되는 사교육비는 과거 어떤 정부 때보다도 급격히 증가했다. 노동정책도 나이브한 이상적 가정을 법제화시킴으로써 현실에서는 상당한 사회적 비용을 초래했다. IMF 체제 후 급속하게 증가하는 구조조정과 비정규적 고용을 줄여 나가고자, 2년 이상 근무한 기간제 노동자를 정규직으로 전환하는 것을 핵심 내용으로 하는 '기간제 및 단시간 근로자 보호에 대한 법률'을 제도화하였지만 이 법은 기업으로 하여금 2년 이하의 단기고용을 부추기고, 직접고용 대신 외주, 용역 등 간접고용을 늘려 나가는 결과를 초래했다. 사회적으로 성매매를 근절하기 위해 성매매 알선 등 행위의 처벌에 관한 법률과「성매매 방지 및 피해자 보호 등에 관한 법률」(일명 성매매 특별법)을 제정한 것은 사회성원들을 가르치고 훈계하려 한 도덕국가 정책의 결정판이라 할 것이다.

이러한 일련의 정책이 여론의 반발을 초래한 것은 당연한 결과였다. 노무현 정부는 이를 이념정치로써 돌파하려 했고, 결국 집권기간 내내 의사소통 부족, 독선적 통치라는 시비에 시달려야 했다. 이 상황에서 참여정부는 소통과 여론을 통제하려는 권위주의로 귀결되고 만다. 실제로 참여정부 시절 정치권력에 의한 소통과 미디어의 통제는 심화된 양상을 보였다. 2005년 국정홍보처를 시작으로 정부 각 부처에 인터넷 검열 시스템이 도입된 것이 그 대표적 사례다. 민간인 사찰도 이루어졌고, 많은 사람들이 참여정부를 비판했다는 이유로 좌천, 해임되었다. 대 언론정책 차원에서도 보수신문에 대한 노골적 적대감을 드러내면서 진보적 미디어에 대한 정부 광고 밀어주기가 심하게 나타났다. 급기야 2007년 12월 취재지원 선진화 방안이라는 명분으로 브리핑실과 기사 송고실을 통폐합하고 일선 공무원에 대한 기자들의 접근을 통제하는 취재 제한 조치를 강행하기에 이른다. 이러한 이율배반적 통치행위의 결과는 거대한 민심의 이반이었다. 노무현 정권에 많은 기대를 걸었던 사회구성원들은 역설적으로 이 정권의 피해자가 되었고, 피해자들은 이념적 논쟁에 더 이상 버티기 어려웠다. 〈그림 4〉에 제시한 것처럼 노무현 정부는 한국사회의 성원들이 다양한 개인적 욕망의 주체라는 사실을 간과했고, 보수와 진보, 정의와 부패를 이분법적으로 구분하는 정치행태와 과도한 이념의 과잉은 한국사회의 소통의 불협화음을 촉발하는 주요한 변수가 되었다.

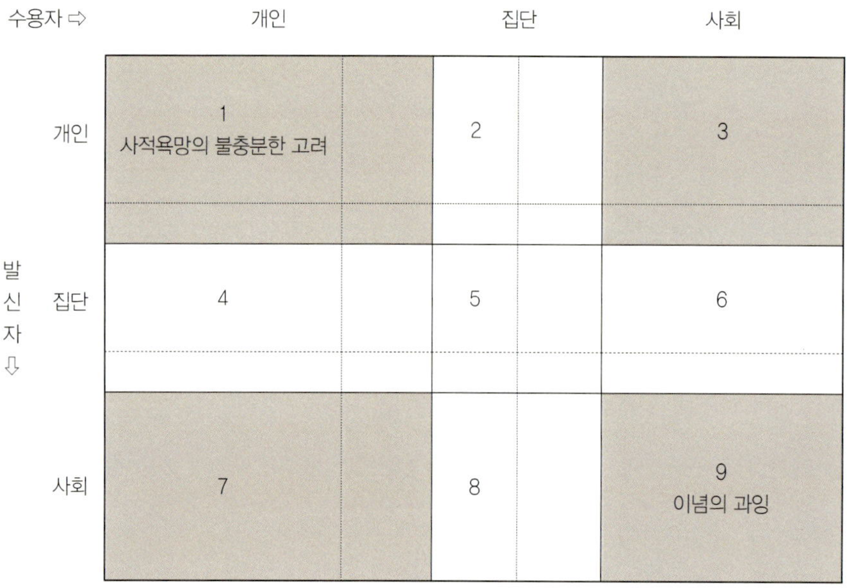
수용자 ⇨
개인
집단
사회
발신자 ⇩
개인
집단
사회
1
사적욕망의 불충분한 고려
2
3
4
5
6
7
8
9
이념의 과잉

그림 4_ 우리 사회의 지배적 상호작용 및 소통구조와 노무현 정부의 실패

* 실선은 한국 사회구성원의 실질적 상태
점선은 노무현 정부가 가정한 사회집단.

2007년 말 대선에서 주요 후보들은 여야를 불문하고 "실용"을 앞세웠다. 이념정치와 선을 긋고자 했던 것이다. 그중 가장 분명하게 실용을 주장한 것은, 건설 대기업 CEO 출신으로 시민사회 및 정치에 대한 강한 불신을 지닌 이명박 후보였다. 이명박 정부는 정치권 및 시민사회 영역과 거리를 두고, 정치적 절차를 생략한 실용정책 노선을 강력히 추진했다. 앞의 정권들이 형식적으로라도 정치영역과 시민사회에 우호적인 제스처를 취했다면 그 흉내마저 포기했다. 이들은 노무현 정부와 반대로 한국사회 성원들이 사적 욕망의 주체임과 동시에 이념적 가치를 갈망하는 정치적 존재라는 사실을 간과했다. 결국 이명박 정부는 노무현 정부와 정반대 방향의, 하지만 같은 유형의 오류를 저지르게 된다. 이번에는 정치적 과정과 이념의 과소가 문제였다.

이명박 정부 시절 일련의 경제, 문화, 노동 정책들은 경제적 실용성이 다른 사회적, 이념적 가치를 압도했다. 게다가 실용성을 앞세웠지만 정작 사적 욕망의 주체로서 개인의 경제적 욕망을 충족시켜 주지도 못했다. 가령 이명박 정부가 추진한 저금리 정책은 원화 절상을 가져와 수출 상품에 대한 가격경쟁력을 높여 주고, 수출 주도형 산업의 성장을 가져왔지만, 그 반대급부로 물가상승 등으로 서민경제가 큰 타격을 받게 되었다. 이와 함께 종합소득세 인하, 1세대 1주택자 양도세 비과세 확대, 법인세 인하 등 감세정책을 추진하는데, 이는 국가 채무만 증가시켰을 뿐, 경제성장에는 커다란 효과를 미치지 못했으며, 감세 포퓰리즘 및 부자감세라는 논란만 불러일으킨다. 또한 부자들의 세금을 내려주면 투자 및 경제성장이 잘 된다는 잘못된 전제로 부자와 빈자, 기업과 노동자 사이의 심리적, 소통적 거리만 멀게 하는 결과를 초래했다.

실제로 실용정부를 표방한 이명박 정권이 들어선 후 역설적으로 우리 사회의 사회성원이 살아가기는 더 힘들어졌다. 물가는 큰 폭으로 상승했고, 소득불평등 정도를 나타내는 지니계수는 악화되었으며, 임금 상승률도 선진 27개국 중 가장 낮아 이명박 정부 출범 이후 3년 연속으로 마이너스를 보였다. 오르지 않은 것은 임금뿐이라는 푸념이 나올 정도로 경제적 상황은 악화됐다. 이명박 정부가 경제정책의 최우선에 두었던 일자리 정책도 그 효과는 미미했다. IMF 이후 최대 경상수지 흑자를 기록한 2009년, 주가가 2000포인트를 돌파한 2010년에도 일자리 여건은 전혀 좋아지지 않았다. 오히려 김대중, 노무현 정부에 비해 청년 일자리 창출 수는 감소했고, 2009년에는 사상 처음으로 실업자 수가 90만 명을 돌파하여 최고치를 기록했고, 젊은 층들의 취업 악순환, 빈곤 심화로 3포세대(사랑, 결혼, 출산의 포기 세대)라는 씁쓸한 조어가 만들어지기도 했다.

노동정책에 있어서도 노동자와 경영자 간의 갈등이 일어난 경우, 과도하게 경영자 입장에만 선다는 비판을 받아왔다. 기업의 입장에서는 실용적이지만, 노동자의 입장에서는 실용적이지도 공평하지도 않았다. 대표적인 사례가 쌍용자동차 사태와 한진중공업 사태다.

이명박 정권이 실용주의를 표방하면서, 정치적 과정과 이념의 과소의 문제점을 가장 적나라하게 드러내는 부분은 바로 정치 부분이었다. 실용적인 능력과 자질만 갖추었다면 어떠한 도덕적 문제가 있다 하더라도 이명박 정권에서는 문제가 아니었다. 이명박 정부는 고위 공직자들의 불법과 탈법 전력에 유난히 관대했다. 대통령부터 장관에 이르기까지 상습적 위장전입과 악성 부동산 투기, 석연찮은 병역문제 등과 관련이 없는 경우를 찾기 어려울 정도였다. 가장 엄격한 도덕적 잣대가 요구되는 고위 공직자의 도덕성이 아무 것도 아닌 것처럼 취급되면서 우리 사회는 이전에 비해 민간과 공직에서의 불법과 비리가 전반적으로 급증했다. 주민등록 위반자, 병역기피자, 공무원의 뇌물 수수와 공금 횡령 등의 비리가 급증했고, 도덕적으로, 윤리적으로 문제가 있다하더라도 능력만 있으면 괜찮다는 인식이 깊고 넓게 퍼졌다. 위장전입, 병역면제, 투기, 탈세가 이명박 정권 고위공직자들의 4대 필수과목이라는 웃지 못 할 이야기는, 이 정권이 얼마나 사회적 책임과 윤리, 이른바 사회적 정체성의 왜소증에 빠져 있는지를 상징적으로 암시한다.

이러한 일련의 실용주의 정책의 실패와 이념의 왜소증이 여론의 반발을 초래한 것은 당연한 결과였다. 이명박 정부는 이를 해고와 고소정치로서 돌파하려 했고, 결국

　　　　　　　　　　　＋ 미디어 생태계의 미래

집권기간 내내 독선적이고 독재적인 통치라는 시비에 시달려야 했다. 이 상황에서 이명박 정부는 노무현 정부와 마찬가지로 소통과 여론을 통제하려는 권위주의의 모습을 드러낸다. 그 대표적 사례가 인터넷에서 이명박을 비판하는 동영상을 올린 네티즌에 대한 청와대의 불법사찰이다. 이에 더해 많은 언론인들과 네티즌들이 이명박 정부를 비판했다는 이유로 해임되거나 고소되었다. 이명박 정부 출범 뒤 총 61명의 언론인이 기소됐고, 183명이 해고를 포함한 중징계를 받았다. KBS 정연주 사장 해임과 배임혐의 기소 등 적법한 절차를 무시한 방송 장악 시도는 이명박 정권 내내 지속되었다. 대 언론정책에 있어서도 노무현 정부와 반대로 보수적 언론에 대한 밀어주기가 심하게 나타났다. 검찰의 무리하고 불법적인 수사로 정치적인 대립자들을 전방위적으로 탄압하는 고소 정치는 이 정권의 사회적 정체성이 유아적인 수준에 머물러 있음을 보여 주는 극명한 사례였다. 이명박 정부가 핵심적으로 추진하였던 4대강 사업과 미디어법도 민주적 토론과 숙의 과정의 배제로 많은 사회적 비용을 초래했다. 이러한 통치행위의 결과는 거대한 민심의 이반이었다. 사회의 구성원들은 정의롭지도, 실용적이지도 않은 이 정권에 실망했고 분노했다.

이러한 상황에서 보수진영과 진보진영 간 대립은 한층 심화되고 시민사회 영역은 급속히 정치화되어 집권세력에 대항하는 진보연대 세력에 편입된다. 이른바 양극화 갈등구도다. 여기에 친이와 친박으로 통칭되는 여당진영의 분열까지 더해졌다. 모든 국가정책이 극한적인 편가르기, 이념대결, 정치투쟁의 대상으로 변질되고 각종 정부기구, 전문가 집단 및 국회와 같은 제도화된 공론장조차 갈등과 대립의 장으로 오작동하기에 이르렀다. 소통의 위기가 본격화된 것이다.

〈그림 5〉에 제시한 것처럼 이명박 정부는 한국사회의 성원들이 이념적, 사회적 주체라는 점을 간과했고, 과도한 실용의 과잉과 이에 따른 정치적 과정과 이념적 철학, 그리고 도덕성에 대한 무시는 한국사회의 소통의 불협화음을 촉발하는 주요한 변수가 되었다.

🔖 그림 5_ 우리 사회의 지배적 상호작용 및 소통구조와 이명박 정부의 실패

* 실선은 한국 사회구성원의 실질적 상태
점선은 이명박 정부가 가정한 사회집단.

3) 미디어 지형의 변화

미디어 지형의 변화는 우리의 정치, 사회, 문화적 환경에 지대한 영향을 미친다. 최근 우리가 국내외적으로 공통적으로 목격하는 새로운 미디어 지형의 특성은 신문 미디어의 위축, 방송 미디어와 통신 미디어의 지속적인 성장, 그리고 인터넷과 SNS 의 비약적 발전으로 요약해 볼 수 있다.

현재의 미디어 변화 상황 속에서 가장 큰 어려움을 겪고 있는 미디어는 두말할 나 위 없이 신문이다. 독자 수, 열독시간, 공신력 차원에서 신문의 위상하락은 이미 상 당 기간 세계적으로 관측되어 온 현상이다. 신문의 위기에는 치열해진 미디어 경쟁 환경에 부응하지 못하는 신문경영진, 신문미디어의 편향성, 더 나아가 종이미디어의 위기가 영향을 미친다. 하지만 보다 근원적으로는 사회적 소통구조의 변화 및 그에 따른 집단적 소통의 위기 내지 저널리즘의 위기에서 위기의 원인을 찾을 수 있다.

✚ 미디어 생태계의 미래

이와 관련하여 미국의 정치학자 퍼트남(R. Putnam)은 그의 저서『홀로 볼링하기(Bowling Alone)』에서 흥미로운 자료를 제시한다. 미국사회에서 지난 100여 년간 사회구성원들의 참여단체 수, 사회적 신뢰, 신문 구독률, 투표율이 놀라운 일치성을 보이며 함께 하락해 왔다는 것이다. 사회구성원들의 참여단체 수, 사회적 신뢰가 건강한 시민성(집단적 정체성)의 지표이고, 투표율은 민주주의의 지표라고 할 때 이 분석의 함의는 분명하다. 신문의 위기는 민주주의의 위기이며, 이는 건강한 시민적 정체성의 위기이기도 하다는 것이다. 민주주의와 시민사회, 건강한 신문(저널리즘)은 동전의 양면처럼 상호 결합되어 있는 현상이다. 바로 이점이 신문의 위기를 종이 미디어의 위기로만 치부할 수 없는 이유이다. 저널리즘이 새로운 미디어 지형 속에 안착할 수 있을 때까지 과도기적으로 신문미디어의 위기를 극복하기 위한 공적 지원이 필요하다는 주장이 힘을 얻는 이유이다.

방송은 정치, 경제, 사회, 문화의 제반 영역에서 사회구성원들이 가장 보편적으로 소비하는 콘텐츠의 제공을 통해 방대한 직접적 영향력 내지 외부효과를 창출하는 사회적 소통의 미디어다. 방송은 여전히 21세기 한국사회의 소통을 주도하는 가장 영향력 있는 미디어로서 새로운 미디어 지형 속에서도 그 위상은 굳건히 유지되고 있다. 하지만 방송 내부에서 사회적 소통영역의 중추인 공영방송의 공정성과 신뢰성이 위협받고 있고, 때로는 방송이 정파적인 이해관계를 대변하면서 사회적 소통의 갈등을 촉발하는 진통이 지속되고 있다. 이에 더해 종래 지상파 중심의 방송이 다채널 플랫폼 방송, 쌍방향 디지털 플랫폼 방송으로 확대발전하면서 다플랫폼 다채널의 무한 경쟁 상황을 연출하고 있고, 이 과정에서 사회적 소통을 매개하고, 사회구성원 간의 경험과 기억을 공유토록 하는 장이 줄어들고 있다는 우려의 목소리도 높아지고 있다. 더 나아가 과잉 개인화되고 과잉 국가화된 사회성원들의 욕망에 맞추어, 때로는 지극히 사적이고 선정적인 욕망에, 때로는 지극히 이념적이고 정치적인 열망에 경도되어, 사회적 갈등의 불씨를 폭발하는 기폭제의 역할을 하는 결과를 초래하기도 한다.

우리나라 미디어 지형도에서 가장 눈부신 발전양상을 보여 주는 것은 통신 미디어 및 이에 기반한 인터넷과 SNS다. 통신은 종래의 유선전화에서 무선전화, 휴대전화를 거쳐, 초단기간에 스마트 미디어로 발전하였다. 스마트 미디어는 손안의 고성능 컴퓨터이다. 단순한 음성통신을 넘어 언제 어디서든 광대역 네트워크에 연결될 수 있는 접속 수단이다. 이러한 네트워크의 대명사가 인터넷이다. 인터넷은 현시대의 세계를 연결하는 가장 촘촘하면서도 방대한 네트워크이다. 사사로운 욕망을 소통하는 사적 소통수단이자 기본적인 생활정보 및 뉴스를 얻는 정보미디어, 인쇄 출판 미디어는 물론 방송을 접하는 사회적 소통의 수단이다. 인터넷은 역사상 그 어떤 매체보다도 짧은 기간 동안 우리의 일상, 문화, 여론, 정치를 이끄는 가장 강력한 도구로 자리잡았다. 인터넷은 그 자체가 끊임없이 진화하며 발전한다. 최근 이러한 변화의 큰 방향을 통칭하는 용어가 웹2.0이다. 이는 서버-클라이언트 방식의 기존 웹 환경과 달리 개방과 참여, 공유, 협업의 가능성을 극대화시킨 웹 환경을 의미한다. 1인 미디어로 각광받는 블로그, 위키피디아나 지식iN과 같은 지식·정보공유수단, 그리고 SNS가 웹 2.0의 대표적 서비스다. 웹 2.0 환경하에서 사회의 모든 성원들이 언제 어디서건 타자와 연결되어 정보와 의견을 주고받는 일이 인간 역사 그 어느 때보다도 신장되고 있다. 하지만 그에 따른 문제점도 두드러지고 있다. 연결과 소통의 가능성이 그 어느 때보다 비약적으로 신장되면서 비이성적 또는 충동적 성향에 따라 저급한 정보, 소통이 만연하고, 여론이 왜곡되는 현상이 그것이다. 이는 인터넷이 사적, 집단적, 그리고 사회적 소통을 총체적으로 매개하는 미디어로서의 역할에 상응하는 규범체계를 제대로 갖추고 있지 못한데 기인한다.

한국사회는 악성 댓글, 유언비어, 명예훼손, 그에 따른 모니터링 의무화, 삼진아웃제, 실명제, 사이버모욕죄 도입에 따른 표현의 자유와 인터넷 규제 논란 등 가히 인터넷의 발전이 초래하는 갈등을 집약적으로 보여 주는 전 지구적 테스트 베드라 할 만한다. 이러한 규제의 필요성이 지속적으로 제기된다는 사실 자체가 인터넷의 무규범 상태에 대한 사회적 관용이 한계에 다다랐음을 반증한다 할 것이다.

최근 들어 트위터나 페이스북과 같은 소셜미디어가 전체 미디어 지형을 뒤흔드는

     ✦ 미디어 생태계의 미래

새로운 강자로 대두하고 있다. 하루가 멀다 하고 최근 페이스북으로 강도를 잡고, 트 윗으로 재해지역을 피해 가거나 휴지가 떨어진 공중화장실의 난처한 상황을 모면했 다든지 하는 놀라운 얘기들이 전해지고 있다. 소셜미디어의 정치적 소통력과 동원력 이 종래의 정치 판도를 근본적으로 뒤흔드는 위력을 지니고 있음은 국내외의 여러 사례를 통해 입증되고 있다.

하지만 단순 정보가 아닌 의견의 유통 차원에서 소셜미디어가 과연 제대로 된 미 디어로 기능할 수 있을지 여부는 여전히 미지수다. SNS는 메시지 생산과 전달, 소비 의 시공간 장벽을 짧은 메시지와 하이퍼링크로 뛰어넘는 인터넷 미디어의 새로운 전 개방식이다. SNS을 기존의 미디어에 맞서는 대안미디어로 바라보는 관점은 SNS의 가능성을 오히려 지나치게 협소하게 보는 한계를 드러낸다. 특정한 상황에서 SNS는 때로 대안미디어로 작용하지만 또 다른 상황에서 기존 미디어를 보완하는 역할을 수 행할 수 있음은 물론이다. SNS는 사적, 집단적, 그리고 사회적 소통을 망라하는 인터 넷 미디어의 가능성 그리고 인터넷이 초기에 그랬듯 그에 따른 과도기적 혼선을 공 유하는 상황이다. SNS의 인기는 기실 모든 사회성원들이 그들의 지위와 역할과 무관 하게 연결될 수 있는 가능성을 실현한다는 데 있다. 이러한 연결 가능성은 사회적 소 통을 양적으로뿐만 아니라 질적으로 성장시켜 나갈 가능성과 오히려 사회적 소통의 위기를 가속화시킬 위험성을 동전의 양면처럼 지니고 있다. 이 가능성과 위험성을 만들어 나가는 주체가 우리 사회구성원이라고 할 때 과잉 개인화되고 과잉 국가화된 우리 사회성원들이 SNS를 선용할지, 악용할지, 그리고 SNS의 확대에 따라 우리 사회 구성원의 소통자로서의 성격이 어떻게 변화해 나갈지는, SNS를 대하는 우리 사회의 성숙과 관용, 그리고 SNS의 변화 방향에 막강한 영향을 미치는 사회적 제도 시스템 의 성격에 따라 달라질 것이다.

4. 공생의 소통체계를 향하여

우리 사회가 직면하고 있는 소통의 위기는 구조적이고 전면적이며 역사적이다. 이는 정부의 홍보 부족이나 그 수반의 통치스타일의 문제를 넘어, 내지 정권의 교체에 따른 권력투쟁의 양상을 넘어 궁극적으로 우리 사회가 선진시민사회로 진전하기 위해 넘어야 할 근대성의 성숙문제와 밀접하게 맞닿아 있다. 이는 결국 사회적 상호작용 및 소통의 주체인 사회성원의 변화를 토대로 한다. 공공문제에 대한 관심, 식견 있는 시민, 평등, 합리성, 절제, 성찰적 평정, 관용, 공동체의식을 갖춘 이들이 사회적 다수를 구성하는 상태가 그것이다.

이러한 시민적 덕성(civic virtue)의 차원에서 우리 사회의 성원들은 여전히 불안정한 상태에 놓여 있는 반면, 급팽창한 미디어는 소통의 물리적 연결성을 급신장시켜 왔다. 그 결과 질이 담보되지 못한 미숙한 소통의 양이 폭발적으로 증가하는 소통의 난장상태가 심화되고 있다.

따라서 현재와 같은 과도기에 소통의 위기는 어떤 의미에서 불가피하며 중장기적으로 극복해야 하는 문제라는 인식을 갖는 것이 중요하다. 이는 결국 시민사회의 성숙과 궤를 같이하는 것이다. 단기적으로 이러한 문제를 인위적으로 바로잡으려는 시도는 오히려 사태를 악화시킬 수 있다.

이러한 전제하에 갈등과 분열이 아닌 공생의 소통체계를 건립하기 위한 방안을 제시하면 다음과 같다.

첫째, 미디어의 위기가 극복되어야 한다. 사회적 소통을 매개하는 과정에서 미디어는 종종 문제를 증폭시킨다. 하지만 미디어의 문제 역시 인위적 개입은 부작용을 초래할 수 있다. 소통과 미디어의 위기는 동전의 양면처럼 서로 맞물려 있는바, 미디어의 위기에 대해서도 중장기적으로 그 기반을 강화하는 접근이 필요하다.

주요 미디어별로 핵심적 위기의 양상에는 차이가 있다. 우선, 신문 미디어는 심각한 생존의 위기에 직면해 있다. 이는 저널리즘의 위기, 민주주의의 위기로 이어지기

✦ 미디어 생태계의 미래

에 가장 시급히 대처해야 한다. 방송의 위기는 공정성의 위기다. 특히 사회적 소통의 정점에 위치한 공영방송의 독립성과 공정성을 회복하기 위한 노력이 필요하다. 인터넷, 그리고 소셜미디어에서 나타나는 위기의 본질은 규범부재의 위기인바, 적절한 규범체계가 정립되어야 한다.

이러한 노력을 통해 우리가 지향하는 궁극적 목표는 모든 유형의 소통이 활성화되면서 균형을 이루는 이상적 소통상태로 나아가는 것이다. 성숙한 시민사회, 민주적인 정치권력, 정작동하는 미디어는 이와 동시적으로 진행되며 상승하는 과정이다. 이러한 차원에서 사회적 소통과 미디어의 문제는 21세기 한국사회를 발전시키기 위한 무엇보다 핵심적인 과제로 조망되어야 한다.

둘째, 사회적 소통의 문제는 궁극적으로 소통자의 문제이자 미디어를 활용하는 수용자의 문제다. 따라서 사회적 소통 내지 미디어 문제의 가장 기본적이면서도 궁극적인 해결책은 사회성원들의 소통능력 및 미디어 활용능력 제고에서 찾아져야 한다.

최근 급격히 복잡해진 미디어 환경은 제한적이면서 경제적 부담 없이 이용 가능한 미디어 서비스에 익숙해져온 사회성원들 입장에서 전적으로 새로운 미디어 환경이다. 동시에 과거 어느 때보다 많은 사람들이 미디어를 통해 환경을 인식 또는 체험하고 여론을 형성한다는 점을 고려할 때 사회성원들의 미디어 해독 및 사용능력, 이른바 미디어 리터러시의 중요성은 새삼 강조할 필요가 없다. 이는 미디어 구조를 건강하게 유지하기 위해 필수적인 시민사회역량 강화와도 직결된다. 실제로 캐나다와 영국 등에서는 1980년대 후반 이후 제도화된 미디어 교육이 실시되고 있다.

미디어 리터러시는 TV 프로그램이나 비디오, 컴퓨터 PPT 등을 수업 보조기구로 이용하는 시청각교육이나 컴퓨터 리터러시 수준을 넘어, 종래 국어의 읽고 쓰기의 범주를 미디어로 확대시키는 교육에 비유될 수 있다. 특정 미디어의 표현양식이 텍스트의 내용에 미치는 영향을 이해하고 미디어가 전달하는 내용속의 사실과 의견, 편향과 객관성을 구별하는 비판적 사고능력을 제고시킴과 동시에 제작교육을 통해 미디어에 대한 주체적 이용 능력을 제고시킴을 의미한다.

우리나라에서도 최근 미디어 교육의 중요성이 사회적 주목을 받고 다양한 교내외 미디어 교육이 활성화되고 있다. 다음은 현재 한국사회에서 시행되고 있는 미디어 교육의 몇 가지 사례다.

- 국립중앙도서관의 외국 이주민 대상 미디어교육: 외국 이주민들을 대상으로 매주 일요일 2시간씩 디지털도서관 소회의실(B2)에서 교육 실시함.
- CJ CGV의 '토토의 작업실': 문화소외지역 아동들을 대상으로 카메라 작동법, 시나리오 작성, 촬영, 연기, 영화홍보 등 영화 만들기 전 과정에 대한 교육 실시함.
- 청소년 다큐제작 워크숍(Youth Doc): DMZ 국제다큐멘터리영화제가 방송콘텐츠진흥재단(BCPF) 후원으로 실시하는 청소년대상 겨울방학 제작교육프로그램임.
- 다음세대재단 유스보이스 센터: 지역 청소년들에 대한 미디어 교육과 미디어 창작활동을 장기적, 체계적으로 지원함으로써 해당 청소년들의 미디어 리터러시를 증진시키는 것을 목표로 함. 2006년 6월부터 2009년 8월까지 총 4개 센터(성남 디딤돌 센터, 인천 언덕을 오르는 바닷길, 천안 해누림청소년지역아동센터, 청주 일하는 사람들)를 지원함.

이러한 제도권 밖의 미디어 교육은 교육의 대상, 내용의 체계성 및 지속성 차원에서 많은 한계를 지니고 있는 실정이다. 제한적, 비체계적, 일회적 이벤트성 사업의 한계를 벗어나 중장기적으로 국민들의 미디어 리터러시 및 소통능력(communicative competency)을 끌어올리기 위해서는 초중등 의무교육과정을 통한 체계적 미디어 교육의 제도화가 요구된다.

셋째, 미디어 정책의 개선이 필요하다. 종래 우리나라 미디어 정책은 종합적 청사진이 없이 각 매체단위 정책이 추진된 관계로 정책 간의 논리적 비일관성 내지 충돌문제가 적지 않았다. 정책 난개발 상태라고 해도 과언이 아니다. 다플랫폼 다채널환경에서 일관되고 체계적인 미디어 정책이 추진되기 위해서는 공영방송과 민영방송,

✦ 미디어 생태계의 미래

지상파, 케이블과 위성 등 다채널 플랫폼, MMS, 스마트TV, PP, 팟캐스트 등을 아우르는 정책의 청사진, 이른바 미디어 정책 그랜드 플랜이 설정되어야 한다.

그랜드 플랜 설정에 있어 가장 중요하게 염두에 두어야 하는 것이 공영방송의 공고화와 인터넷과 SNS에 대한 규범 수립이다. 기간공영방송은 여타 매체들과 차별화된 양질의 콘텐츠를 제공하며, 가장 기초적이고 중요한 사회적 공론장으로 기능한다. 사회적 소통의 중심축 내지 보루로서 미디어 시스템 전반의 이념과 운영의 좌표를 제시하는 중심적 미디어이자 국민의 눈과 귀, 사고 장치, 권력기반 자체라고 해도 과언이 아니다. 미디어가 폭증하면서 공영방송 제도를 통해 우리가 지키고자 했던 사회적 공동선의 실천은 더욱 절실하다. 따라서 공영방송은 굳건한 경영기반하에 공익성의 사명을 더욱 안정적으로 추구하는 "경쟁력 있는 공영방송", 더 나아가 "경쟁력 있는 공적 미디어"로 거듭나야 한다. 이는 전 세계 주요 공영방송이 나아가는 방향이기도 하다. 이를 위해서는 공영방송 자체의 노력과 함께, 정치권, 여론지도층, 그리고 국민들의 역할이 뒷받침되어야 한다. 그 첫 단추가 수신료의 현실화다.

한편 우리 사회에는 인터넷과 SNS같이 새롭게 확장된 연결과 소통의 공간을 신뢰와 책임의 네트워크가 아니라 불신과 무책임한 인격파괴의 공간으로 변질시키는 이들이 다수를 점하는 실정이다. 그중 일부는 존중돼야 할 정치적 소수라기보단 교화돼야 할 도덕적 일탈자의 모습에 가깝다. 과도하게 개인화되어 어두운 욕망으로 침잠하면서 동시에 과도하게 정치화되어 공론의 장에 거친 욕망과 충동을 투사하기 일쑤인 우리 모두가 이러한 비판에서 완전히 자유로울 수 없다. 따라서 일종의 필요악으로 인터넷 및 SNS에 대한 규범이 요구된다. 현재까지 논의되어온 대안들을 검토해 볼 때 현시점에서 SNS에 대한 법률적 규제가 부적절하다는 건 재론할 필요가 없다. 논란 끝에 흐지부지된 국가기관의 SNS 심의도 마찬가지다. 시민교육, 미디어 교육은 중장기적 대안으로 중요한 의미를 지니지만 단기적으로 실효성 있는 대안의 마련이 시급히 요구된다.

현시점에서 민간 주도의 협업적 여과(collaborative filtering)가 최선의 대안이라

할 것이다. 속칭 '나가수' 시스템처럼, 주요 인사들의 인터넷 및 SNS 발언에 대해 자발적인 전문가 및 일반인 평가단이 순위를 매기고 잘못된 정보를 걸러내며 저질 정치인을 퇴출시키는 프로그램들을 전 사회적으로 작동시키는 것이다. SNS업체, 포털 내지 이동통신사가 이를 후원하면 가장 바람직할 것이다.

이와 관련하여 주목할 만한 사례로 미국 플로리다 주 Tampa Bay Times가 운영하는 사실검증 웹사이트인 PolitiFact를 들 수 있다. PolitFact는 진실미터기(Truth-O-Meter)라는 독특한 척도로 정치인들의 발언을 '진실'부터 '새빨간 거짓말'에 이르기까지 6단계로 평가한다. 가장 우스꽝스러운 거짓말의 경우 "Pants on Fire(엉덩이에 불침을 놓을 만한 거짓말)" 등급을 판정한다. 우리의 경우 유사한 사례로 한국 메니페스토 실천본부 사이트의 활동을 들 수 있다.

정치권도 책임 있는 인터넷 및 SNS 정치 실현을 위한 운동에 적극 동참해야 한다. 새누리당(구 한나라당) 비상대책 위원회는 최근 총선후보 공천심사 기준으로 SNS 역량지수 제시한 바 있다. 동 지수는 SNS 단순 사용량이 아닌 질적 수준을 평가할 수 있어야 함은 물론이다. 또한 각 당은 온라인 선거운동 내용과 비용을 합리적으로 제한하는 기준을 마련해 국민에게 알려야 할 것이다.

이 글의 논의를 마무리하면서 필자들이 강조하고 싶은 바는, 소통위기의 극복은 실로 어렵지만 그만큼 가치 있는 과업이라는 점이다. 불안정한 사회성원의 상태, 미디어 체계, 정치체계를 그대로 둔 채 단기적 또는 정치공학적으로 "대통령의 통치스타일 변화," "국정홍보" 강화, 내지 미디어 시스템의 인위적 개편을 통해 문제를 바로잡으려는 시도는 오히려 갈등을 키우고 위기를 악화시킬 뿐이다. 2천 년대 이후 우리가 겪었던 사회적 혼란이 이를 여실히 보여준다. 소통의 위기는 인내심을 갖고 총체적 사회역량강화를 통해 극복해야 하는 거시적, 중장기적 과제인 것이다.

하지만 우리 사회가 극심한 소통의 위기를 겪고 있다는 것은 반드시 부정적으로 인식될 일만은 아니다. 건강하게 작동하는 사회적 소통과 미디어 시스템은 시민성의

     ✦ 미디어 생태계의 미래

성숙, 민주적으로 작동하는 정치권력, 효율적인 미디어 정책시스템의 정립을 초래한
다. 소통과 미디어가 이 모든 변수들의 토대를 구성하기 때문이다. 이러한 의미에서
우리가 당면한 사회적 소통과 미디어의 위기는 우리가 산업화로 통칭되는 미성숙한
근대화의 사슬을 끊고 진정한 선진시민민주주의 사회로 진전해가기 위한 일종의 성
장통이자 기회이기도 한 것이다.

강준만(2010), 『영혼이라도 팔아 취직하고 싶다』, 개마고원.

김영주(2011), 「한국 신문과 디지털 테크놀로지: 뉴스미디어 지평의 확대 또는 축소」,
　　　　'한국언론학회 기획연구 Ⅱ 한국 사회의 디지털 미디어와 문화' 발제문.

김영주·정재민(2009), 『미디어 소비: 경기 변동과 미디어 이용』, 한국언론재단.

김창남(2004), 「청년문화의 역사와 과제」, 『문화과학』, 37호, pp.173-185.

닐슨코리안클릭(2010), 『코리안 클릭 리포트』, 닐슨코리안클릭.

문화체육관광부(2011), 『2010 콘텐츠산업통계』, 문화체육관광부.

박승관(2005), 「군론의 출현과 한국 민주주의」, 서울대 언론정보연구소 주최 세미나
　　　　(2005.6.3.) '21세기 한국사회의 변화와 언론이 나아갈 길' 발표논문.

방송통신위원회(2010·2011), 『방송산업 실태조사 보고서』, 방송통신위원회.

방송통신위원회(2010), 『2010년 방송통신 융합 연구』, 방송통신위원회.

방송통신위원회(2011), 『2010년도 방송사업자 재산상황 공표집』, 방송통신위원회.

방송통신위원회·한국인터넷진흥원(2009), 『인터넷이용자의 SNS 이용실태조사』, 방
　　　　송통신위원회.

방송통신위원회·한국인터넷진흥원(2010a), 『스마트폰이용실태조사 Ⅱ』, 방송통신
　　　　위원회.

방송통신위원회·한국인터넷진흥원(2010b), 『2010년 인터넷이용실태조사』, 방송통
　　　　신위원회.

방송통신위원회·한국인터넷진흥원(2010c), 『마이크로블로그이용실태조사』, 방송
　　　　통신위원회.

삼성경제연구소(2011a), 「SNS에 대한 4가지 오해」, 『SERI 경영 노트』, 2011년 5월 19
　　　　일, 제103호.

삼성경제연구소(2011b), 「소셜미디어가 여는 새로운 정책 환경」, 『CEO Information』,

2011년 6월 15일, 제808호.

우석훈(2007), 『88만원 세대』, 레디앙.

윤석민(2011), 『한국 사회 소통의 위기와 미디어』, 나남.

윤영철(2011), 「인터넷과 소통의 위기」, 한국언론학회 주최 세미나(2011.5.26.) '한국 사회의 소통위기: 진단과 전망' 발제문.

이동연(2004), 「세대문화의 구별짓기와 주체형성-세대담론에 대한 비판과 재구성」, 『문화과학』, 37호, pp.135-153.

이명원(2004), 「자율노동과 백수 이미지」, 『문화과학』, 37호, pp.56-65.

이명원(2010), 「세대연합과 감정혁명-386세대에서 촛불세대까지 은폐되거나 억압된 것들」, 『문화과학』, 2010년 가을호, pp.87-106.

이원태 · 차미영 · 박현유(2010), 『디지털컨버전스 기반 미래연구Ⅱ 시리즈 10-26, 모바일 소셜미디어에서 유력자(influentials)의 역할』, 정보통신정책연구원.

이은주(2011), 「컴퓨터 매개 커뮤니케이션으로서의 트위터」, 『언론정보연구』, 48권 1호, pp.29~58.

임영호 · 김은미(2011), 「소셜미디어의 등장과 언론학의 과제」, '한국언론학회 기획연구Ⅱ 한국 사회의 디지털 미디어와 문화' 발제문.

임정수(2011), 「한국의 미디어 플랫폼 진화와 콘텐츠 생산양식」, '한국언론학회 기획연구Ⅱ 한국 사회의 디지털 미디어와 문화' 발제문.

임종수(2004), 「1960~70년대 텔레비전 붐 현상과 텔레비전 도입의 맥락」, 『한국언론학보』, 48권 2호, pp.79~109.

장덕진 · 김기훈(2011), 「한국인 트위터 네트워크의 구조와 동학」, 『언론정보연구』, 48권 1호, pp.59~86.

정보통신정책연구원(2010b), 『컨버전스 미디어지형 동향 분석』. 정보통신정책연구원.

정유진(2007), 「소셜네트워크 서비스의 동향과 전망」, 『Emerging Issue Report』, 정보
　　통신정책연구원.

제일기획(2004~2012), 『광고연감』, 제일기획.

주창윤(2006), 「1970년대 청년문화 세대담론의 정치학」, 『언론과 사회』, 14권 3호,
　　pp.73-105.

천정환(2003), 『근대의 책읽기: 독자의 탄생과 한국의 근대문학』, 서울: 푸른역사.

최영재(2011), 「분열 정치와 분열 언론 그리고 분열 여론의 악순환 이론」, 한국언론학
　　회 주최 세미나(2011.5.26.), '한국 사회의 소통위기: 진단과 전망' 발제문.

한국언론진흥재단(2010a), 『2010 언론 수용자 의식 조사』, 한국언론진흥재단.

한국언론진흥재단(2010b), 『2010 신문 산업 실태조사』, 한국언론진흥재단.

한국언론진흥재단(2011a), 『2011 언론 수용자 의식 조사』, 한국언론진흥재단.

한국언론진흥재단(2011b), 『2011 Korea Press』, 한국언론진흥재단.

한국인터넷진흥원(2010), 『2010 무선인터넷 이용실태조사』, 한국인터넷진흥원.

한국정보화진흥원(2010), 『2010년 국가정보화백서』, NIA.

한국콘텐츠진흥원(2011), 『2010 해외콘텐츠시장조사: 방송, 게임, 광고, 지식정보콘
　　텐츠, 출판, 영화, 총괄』, 한국콘텐츠진흥원.

허연금(1975), 「취미여담」, 『방송윤리』, 102호(1975.3), 11.

황유선·심홍진(2010), 「트위터에서의 의견 지도력과 트위터 이용패턴: 이용동기, 트
　　윗 이용패턴, 그리고 유형별 사례분석」, 『한국방송학보』, 24권 6호,
　　pp.365~404.

AGB닐슨미디어리서치(2000~2011), 『연간 시청률 동향 보고서』, AGB닐슨미디어리서치.

KBS(2011), 『2011 해외 지상파TV 편성구조 및 동향』, KBS내부자료.

KBS·서울대언론정보연구소(2001·2006·2011), 『2000, 2005, 2010 국민생활시간

　　　　　　　　　　　　　✦ 미디어 생태계의 미래

조사』, KBS 한국방송.

Carr, N.(2010), 「The Shallows: What the Internet Is Doing to Our Brains」, 최지향 역(2011),『생각하지 않는 사람들』, 서울: 청림.

Castells, M.(1996), The Information Age: Economy, Society, and Culture(vol 1). The Rise of the Network Society. Malden, Mass: Blackwell Pub. Inc.

Castells, M.(2000). The Rise of the Network Society. 김묵학 · 박행웅 · 오은주 역 (2005),『네트워크 사회의 도래』, 서울: 한울.

Infoma Telecoms & Media(2010), Americas TV 14th edition.

Infoma Telecoms & Media(2010), Asia Pacific TV 14th edition.

Infoma Telecoms & Media(2010), Western European TV 14th edition.

ITU World Telecommunication 홈페이지, ICT indicators Database.

NHK(2006, 2011), Japanese Time Use. NHK.

OECD(2010), The Evolution of News and the Internet. OECD.

Ofcom(2010), Communication Market Report. www.ofcom.org.uk/cmruk.

Postman, N.(1992), Technopoly, 김균 역(2009),『테크노폴리』, 서울:궁리.

Putnam, R.(2001), Bowling alone: The Collapse and Revival of American Community, 정승현 역(2009),『나 홀로 볼링』, 서울: 페이퍼로드.

PWC(2010), Global Entertainment and Media Outlook 2010-2014, PWC.

Rifkin, J.(2009), The Empathic Civilization, 이경남 역(2010),『공감의 시대』, 서울: 민음사.

Tapscott, D.(2009), Growing Up Digital: How the Net Generation is Changing Your World, 이진원 역(2009),『디지털네이티브』, 서울: 비즈니스북스.

U.K. National Statistics(2006, 2011), The Time Use Survey, National Statistics.

United States Department of Labor(2006, 2011), America Time Use Survey, United

States Department of Labor.

World Association of Newspaper(WAN)(2010), World Press Trends: Annual
Reports, WAN.

Wu, S., Mason, W. A., Hofman, J. M., & Watts, D. J.(2011), Who says
What to Whom on Twitter, Proceedings of the 20th International
Conference on World Wide Web.

(사)21세기방송통신연구소 발자취

1992. 연구소 개소식

1992. 창립기념식에 참석한 정원식 총리

창립기념식에서 정원식 총리

창립기념식장

✚ 미디어 생태계의 미래

제3회 방송세미나

2004. 백두산 방문(대방포럼회원)

2004. 백두산 천지에서(대방포럼회원)

2004. 해외방송심포지엄(중국 연길)

  ✛ 미디어 생태계의 미래

일본MBCO방문(방통융합포럼회원)

2006.제주세미나(방통융합포럼회원)

2007. 몽골 방문(대방포럼회원)

2011. 방통융합포럼회원 상주워크숍

✚ 미디어 생태계의 미래

(사)21세기방송통신연구소 현황 및 연혁

사단법인 21세기방송통신연구소는 우리나라에 케이블TV가 등장하고 본격적인 다매체, 다채널 시대가 예고되고 있던 1992년에 설립되었다.

그때부터 20년간 미디어 환경의 격변기를 함께 겪으면서 케이블TV, 위성방송, DMB, SNS, 스마트TV에 이르기까지 미디어 생태계의 생성과정을 지켜보게 되었다. 따라서 21세기방송통신연구소의 20년 발자취는 바로 우리나라 방송·통신의 변천과정과 맥을 같이하고 있다.

21세기방송통신연구소는 1992년부터 2006년까지 주로 방송 중심의 정책과 현안에 대해 모두 29회의 세미나를 개최하였다. 이 기간 중 6년간은 계간지『방송2000년』을 발행한 바 있다. 또한 2004년부터는 당시 방통융합의 트렌드에 따라 연구소 안에 방통융합포럼을 만들어 매년 10여 회 정도의 포럼을 개최하여 2012년까지 모두 69회의 포럼을 개최하였다.

따라서 20년간 세미나 및 포럼을 합하여 모두 98회의 연구실적을 기록하였으며 일본, 중국, 몽골 등지에서 다섯 차례 해외 세미나와 다섯 건의 용역을 수행한 바 있다.

단체명 : 사단법인21세기방송통신연구소

대표자 : 강 용 식(이사장)

주　소 : 서울 강남구 역삼동 824-11 한라클래식오피스텔 1305호

전화번호 : 6241-0399. 508-1748. 556-4731

팩　스 : 567-4964

설립일자 : 1992. 5. 29.(사단법인 21세기방송연구소)

주요실적

1992 제1회 방송세미나 - 한국형CATV의 방향과 모색

제2회 방송세미나 - 무궁화호 방송채널, 어떻게 쓸 것인가?

계간 『방송2000년』 창간호 발행 (공보처 등록번호 바1778) 92. 10. 1

1993 제3회 방송세미나 - 방송환경의 변화 어떻게 대응할 것인가?

제4회 방송세미나 - 정보화시대의 방송과 통신의 관계

계간 『방송2000년』 제2호 발행(93. 2. 1)

계간 『방송2000년』 제3호 발행(93. 4. 20)

계간 『방송2000년』 제4호 발행(93. 9. 20)

연구용역 - 무궁화위성의 방송채널 운영방안(체신부 무선관리사업단)

1994 제5회 방송세미나 - CATV 잘 되고 있는가?

제6회 방송세미나 - 다매체 다채널 시대 어떻게 대처할 것인가?

계간 『방송2000년』 제5호 발행(94. 2. 15)

계간 『방송2000년』 제6호 발행(94. 6. 25)

계간 『방송2000년』 제7호 발행(94. 12. 15)

1995 제7회 방송세미나 - 한국의 해외 위성방송 정책-코리아채널을 중심으로

제8회 방송세미나 - 후보자TV토론 이대로 좋은가-한국적TV토론 모델 개발을 위해

계간 『방송2000년』 제8호 발행(95. 7. 1)

계간 『방송2000년』 제9호 발행(95. 12. 10)

1996 제9회 방송세미나 - 투표자 조사, 어떻게 할 것인가

제10회 방송세미나 - 드라마, 쇼, 코미디 프로그램 이대로 좋은가

제11회 방송세미나 - 위성방송 정책의 방향 모색

연구용역 - 지방화, 다체널시대의 지역방송 정책방향 연구(무선국관리사업단)

국내영상정보관련 법 제도 개선방안에 관한 연구(무선국관리사업단)

계간 『방송2000년』 제10호 발행(96. 7. 1)

    ✦ 미디어 생태계의 미래

계간 『방송2000년』 제11호 발행(96. 12. 31)

1997 제12회 방송세미나 - 아시아 위성방송 동향 및 우리의 대응방안

　　　제13회 방송세미나 - 바람직한 대선TV토론 프로그램의 방향 모색

　　　계간 『방송2000년』 제12호 발행(97. 6. 30)

　　　계간 『방송2000년』 제13호 발행(96. 12. 1)

1998 제14회 방송세미나 - 새로운 방송정책 방향 및 현안과제 진단

　　　제15회 방송세미나 - 인터넷방송의 현황과 전망

1999 제16회 방송세미나 - 새 방송법 쟁점에 관한 해결 모색

　　　제17회 방송세미나 - 디지털방송의 과제와 전망

2000 제18회 방송세미나 - 인터넷TV의 과제와 전망

　　　제19회 방송세미나 - 인터넷 콘텐츠 산업의 현황과 전망

2001 제20회 방송세미나 - 위성방송 출범과 매체간 공존 방안

　　　제21회 방송세미나 - 데이터방송의 미래와 과제

2002 제22회 방송세미나 - 21세기 한국방송의 진로

　　　제23회 방송세미나 - 국회방송의 발전방안

2003 제24회 방송세미나 - 국제스포츠와 미디어

　　　제25회 방송세미나 - TV홈쇼핑채널 확장에 따른 쟁점 논의

2004 제26회 방송세미나 - 국회방송 전문채널의 운영방안에 관한 연구

　　　제27회 방송세미나 - 글로벌시대 한민족공동체를 위한 해외방송 발전 방안

　　　방송·통신융합포럼 - 위성DMB 상용화 전망과 과제 외 4회

2005 제28회 방송세미나 - 한국과 중국, 대만의 홈쇼핑 비즈니스 성공모델

　　　방송·통신융합포럼 - 방송·통신융합 논의 경과 및 평가. 전망 외 9회

2006 제29회 방송세미나 - 디지털컨버전스 시대에 인포머셜전문채널의 방향과 정책

　　　연구용역 - 국회방송프로그램 모니터링 연구(국회사무처)

　　　방송·통신융합포럼 - 방송·통신융합시대의 방송트렌드 변화 외 8회

2007 방송.통신융합포럼 - 2007 정보통신의 흐름과 변화 외 7회

2008 명칭개정 21세기방송통신연구소

　　　방송 · 통신융합포럼 - 모바일라이프 2,0 현황과 미래 외 8회

2009 방송 · 통신융합포럼 - 미디어빅뱅 외 9회

2010 방송 · 통신융합포럼 - 한국의 디지털미디어 경제 외 9회

2011 방송 · 통신융합포럼 - 미디어생태계 외 10회

2012 방송 · 통신융합포럼 - NFC, RCS 외 2회

✚ 미디어 생태계의 미래

강용식(康容植) 이사장 약력

1958. 서울고등학교 졸업
1963. 서울대학교 법과대학 행정학과 졸업
1997. 고려대학교 언론대학원 최고위과정
1964. ~1980.　　　 중앙일보 • 동양방송 기자, TBC 보도국장
1981. 2~1985. 4.　　 KBS 보도본부장
1985. 4~1988. 3.　　 제12대 국회의원
1988. 3~1989. 12.　　 문화공보부 차관
1990. 1~1990. 12.　　 공보처 차관
1990. 12~1992. 2.　　 국무총리비서실장
1992. 5~1996. 5.　　 제14대 국회의원
1996. 5~2000. 5.　　 제15대 국회의원
2002. 7~2004. 7.　　 국회사무총장
1992. 5~현재　　　 (사)21세기방송통신연구소 이사장
2009. 3~현재　　　 서울마주협회 회장

1983. 국민훈장 목련장
1989. 체육훈장 맹호장
1992. 황조근정훈장
2005. 청조근정훈장
2010. 10. 지속경영가능대상 개인부문
2010. 10. 중앙언론문화상

『당신의 미래는 방송에 있다』(1994)
『인생은 짧지만 남기고 싶은 이야기는 많다』(2000)

미디어
생태계의 미래

초판인쇄   2012년 6월 15일
초판발행   2012년 6월 15일

엮은이   (사)21세기방송통신연구소
펴낸이   채종준
펴낸곳   한국학술정보(주)
주소   경기도 파주시 문발동 파주출판문화정보산업단지 513-5
전화   031) 908-3181(대표)
팩스   031) 908-3189
홈페이지   http://ebook.kstudy.com
E-mail   출판사업부 publish@kstudy.com
등록   제일산-115호(2000.6.19)

ISBN   978-89-268-3452-7 93330 (Paper Book)
       978-89-268-3453-4 98330 (e-Book)